Alfred Schmid

Die Erfindung der Nativität. Zur Entstehung der Horoskop-Astrologie im spätptolemäischen Ägypten

Bibliographische Information der Deutschen Nationalbibliothek: Die Deutsche Nationalbibliothek verzeichnet diese Publikation in der Deutschen Nationalbibliographie; detaillierte biographische Daten sind im Internet über dnb.dnb.de abrufbar.

Kontakt: lunal@bluewin.ch
Verlag: BoD · Books on Demand GmbH, In de Tarpen 42, 22848 Norderstedt
Druck: Libri Plureos GmbH, Friedensallee 273, 22763 Hamburg

ISBN: 978-3-7597-8316-5

Inhalt:

Vorbemerkung

Dieses Buch ist die Frucht eines durch die **Deutsche Forschungsgemeinschaft (DFG)** grosszügig vier Jahre lang finanzierten Forschungsprojekts mit eigener Stelle an der Martin-Luther-Universität Halle-Wittenberg, dort angesiedelt im Fachbereich Alte Geschichte unter der Ägide von Stefan Pfeiffer.

Dass es in dieser etwas 'selbstgebastelten' Form veröffentlicht wird, hat mit den Umständen seiner Entstehung zu tun, die in die Zeit von 2018-2022 fiel, d. h. in die Zeit der Corona-Restriktionen, die mir auch seit Anfang 2020 nicht mehr erlaubten, nach Deutschland zu reisen. Immerhin sind in der ersten Phase noch Dienstreisen nach Cambridge, Oxford und Heidelberg möglich gewesen. Ein lange geplanter *workshop* zum Thema der „Ordnung des Singulären" (*„The Cultural Background of Birthchart-Astrology. Vorsehung, Schicksal, Teleologie"*) hat dann im März 2022 im online-Format doch noch stattgefunden und wäre ohne die kundige Organisation und Leitung von Nesina Grütter nicht möglich gewesen. Ich habe von verschiedener Seite für mein Arbeiten und Fortkommen Hilfe, Zuspruch und Anregung erhalten. Besonders hervorheben möchte ich, neben den schon genannten Stefan Pfeiffer und Nesina Grütter: Enno Rudolph, Stefan Rebenich, Rita Gautschy, Andreas Winkler, Ian Moyer, Hubert Cancik, Hildegard Cancik-Lindemaier, John Weisweiler, Joachim Friedrich Quack, Francesca Rochberg, Geoffrey Lloyd, Livia Capponi, Franziska Naether, Sandra Scheuble-Reiter und Monika Leonhardt als Ansprechpartnerin in Halle. Das Manuskript ist gründlich lektoriert und auch stilistisch sehr verbessert worden durch Viviane Fahr Gratzl. Meine Frau Marceline hat mir die ganze Zeit den Rücken freigehalten.

Die erschwerten Umstände haben die Ausarbeitung meines Projekts nicht entscheidend behindern können, sie haben aber das wissenschaftliche Umfeld, in dem es offiziell, und vom deutschen Steuerzahler unterstützt, angesiedelt war, radikal verändert. Was sich für mich verändert hat, ist die Wissenschaft als Institution einer an Rationalität, Evidenz und intellektueller Redlichkeit ausgerichteten Öffentlichkeit. Diese mag zwar schon immer mehr Ideal und fraglos beschworene Norm gewesen sein als selbstverständliche Praxis, doch schien wenigstens die Norm im Bedarfsfall unter guten Umständen einklagbar zu sein, oder sie wirkte mindestens als Drohung durch das Gewicht einer gewaltigen Autorität, die durch Jahrhunderte von fleissiger und ingeniöser Arbeit aufgetürmt worden ist und im Seminar meiner Ausbildung noch mit Mommsens stechendem Blick über dem Eingang zur Bibliothek Wache hielt. – Das abschreckende Bild der angsteinflössenden Autorität des 19. Jahrhunderts ist übrigens schon länger verschwunden, die Bibliothek in einer grösseren aufgehoben.

Das gewaltige, längst auch schon staatstragende Gewicht wissenschaftlicher Publizität beruht auf der Anstrengung von vielen Generationen, die sich um eine Ausweitung der Lesbarkeit in irgend einer Form, ja der Plausibilität dieser Welt bemüht haben, indem sie die Ergebnisse anderer aufgenommen, in ihren Intentionen verstanden und mit dem schöpferischen Ingenium des Verstehens erneuert weitergegeben haben.

Das alles ist achtunggebietend und tritt entsprechend autoritär im Debattenraum unserer modernen Gesellschaften auf. Und gerade diese Autorität hätte es leicht verhindern können, dass mit Beginn im März 2020 fast alle Gebote wissenschaftlicher Redlichkeit öffentlich missachtet, ja sogar geächtet und bisweilen gar verboten worden sind, dies weltweit und empörender Weise mit der Berufung auf „die Wissenschaft", die sich eine anfangs nicht sehr grosse, aber medial omnipräsente Kamarilla mediokrer und zutiefst unredlicher Geister als Alleinbesitz[1] angemasst hat. In Wirklichkeit hat man überall angefangen, unter Missachtung des angesammelten Wissens über den besten Umgang mit epidemisch viralen Erkrankungen, einer in Panik geratenen und von der Möglichkeit autoritären Durchgreifens elitär faszinierten Politik Hunderttausende von „Studien" hinterherzuwerfen, um das unerhörte Unternehmen, auf das man sich kopflos und medial aufgehetzt eingelassen hatte, „wissenschaftlich" zu rechtfertigen und damit zu legitimieren. Und nicht nur das: man hielt es von Anfang an für nötig, abweichende Einschätzungen – also alles in einem ernsthaften Sinne Wissenschaftliche – zu diffamieren, zensorisch auszuschalten oder moralisch zu diskreditieren.

Dabei ist die angemessen kritische Einschätzung dieser „Pandemie" und ihrer politischen Verarbeitung ein Thema für sich; sowohl der wissenschaftliche wie der mediale *mainstream* – beide weichen kaum voneinander ab – fallen hier aus, weil sie sich in den Prozess der verfassungswidrigen Autorisierung einspannen liessen, somit selbst Teil sozial destruktiver Politik geworden sind. Unter den Publikationen, die das heute immer erkennbarer werdende Debakel dieser Jahre beschreiben und zunehmend auch seine Vorgeschichte zu erhellen beginnen, nenne ich hier nur einige – ihre Lektüre lässt die Ausmasse eines Desasters klar erkennen, das auch ein Desaster der Wissenschaftlichkeit gewesen ist: WODARG 2021; KENNEDY 2021; VAN ROSSUM 2021; LAUSEN/VAN ROSSUM 2021; FRANK 2023; MAUL 2023; MEYEN 2024; RÖHRIG 2023 (zur Rechtslage); KUTSCHERA 2022, ANONYM 2022 (ein französisches Autorenkollektiv), DESMET 2022, HOFBAUER 2022 (zur Entstehung aktueller Zensurpraxis); SÖNNICHSEN 2023; MÜLLER-ULLRICH 2023 (eine Quellensammlung zum öffentlichen Stil); die französische Überblicksdarstellung von MICHEL (2024), von der ich erst den ersten Band gelesen habe, und zuletzt als ernsthafter Aufarbeitungsversuch aus der Wissenschaft selbst diverse Beiträge in BUCHENAU/FECHNER 2024. All diese Bücher – einige sind brillant geschrieben, alle sind sie anständig recherchiert und transparent – haben offenbar gemeinsam, dass man sie auf Universitätsbibliotheken kaum findet. Sie werden auch medial nicht besprochen oder auf Praktikantenniveau diffamiert, ohne dass je auch nur ein Argument aus ihnen zitiert worden wäre – kurz: sie existieren öffentlich nicht, auch nicht für den wissenschaftlichen Debattenraum. Was den Medizinanthropologen Jean-Dominique Michel angeht – seine Darstellung ist besonders konsequent („*Autopsie d'un désastre*") und schlicht beklemmend –, so hat es dieser Autor sogar geschafft, von Wikipedia, einem Zentralorgan des aktuellen „polit-medialen Komplexes", offenbar zur Strafe gestrichen worden zu sein.

Gewiss kann rechtlich niemand verpflichtet werden, sich Klarheit über das Geschehen seiner Zeit zu verschaffen, auch deshalb, weil das zur politischen

---

[1] Anthony Fauci, eine der einflussreichsten Figuren dieser Jahre und der höchstbezahlte Beamte der USA, meinte öffentlich, dass, wer sich gegen ihn stelle, sich gegen die Wissenschaft stelle: in einem Interview vom 9. Juni 2021: *" 'Attacks on me', he explained, 'quite frankly, are attacks on science'."* (KENNEDY 2021, xvii).

Stellungnahme und damit gefährlich werden kann. Für Wissenschaftler lag aber und liegt der Fall hier noch etwas anders: Sie sind dafür zuständig, werden dafür bezahlt und haben meist diesbezüglich noch einen Promotionseid beschworen, wo sie versprechen *„die Wahrheit zu suchen und zu bekennen"*, dass gerade sie den Bereich öffentlicher Rationalität vor jedem Zugriff, auch der Politik, die gerade als Demokratie auf Öffentlichkeit beruht, zu schützen hätten. Sie sind die Priester einer kunstvoll und bisweilen umständlich geregelten Debattenkultur, in der es zur unabdingbaren Pflicht gehört, jedes mögliche Argument, das gegen das eigene spricht, anzuhören und das eigene schlüssig zu verteidigen oder fallenzulassen. Bei „Corona" hat das alles nicht mehr gezählt, deswegen sind soziale Experimente mit Menschen im grössten Ausmasse möglich geworden, denn es gab für fast alle sogenannten „Massnahmen" – von Abstandsregeln und Lockdowns bis Maskenpflicht – keine wissenschaftlichen Grundlagen, dagegen viele fundierte Einwände, und gerade die so ungemein wirksamen „Modellrechnungen", die der degradierten und desinformierten Öffentlichkeit vormachten, wieviele Hunderttausende bei Nichtannahme ihrer autoritären Vorgaben zur Sozialdisziplin umkommen müssten, lassen sich einwandfrei als wissenschaftlicher Betrug oder als Scharlatanerie erkennen. Ihr grundlegender Schwindel bestand schon darin, eine empirische Sozialwissenschaft wie die Epidemiologie mit der prognostischen Prägnanz einer exakten Naturwissenschaft auftreten zu lassen.

Im Moment, wo gerade Anthony Fauci in den USA vor dem Repräsentantenhaus zugibt, für seine Abstandsregeln keine wissenschaftliche Basis gehabt zu haben – das wurde offenbar von ihm einfach *ad hoc* erfunden[2] –, wo auch der regierungsberatende deutsche Soziologe Heinz Bude am 21. 1. 24 in einer öffentlichen Diskussion in Graz von *„Folgebereitschaft"* sprach, die es bei den Leuten in künftigen Krisensituationen zu erzeugen gelte, und er sich brüsten konnte damit, dass man 2020 Parolen dafür gefunden habe, die *„so nach Wissenschaft aussehen"*, wie *„flatten the curve"*[3], – und wo man, wenn man will, in einem *videofeature* den damals amtierenden „Mister Corona" der Schweiz, der für alle Bundesmassnahmen letzte Instanz gewesen ist und sich übrigens auf Anfrage öffentlich als Anhänger des Schwindelmodellierers Neil Ferguson bezeichnete, erklären hören kann, wie doch die Massnahmen eigentlich „böse gesagt" „mimikry", also Nachahmung dessen, was andere machen, gewesen seien (hätte China nicht angefangen, „ein totalitäres Land mit totalitären Massnahmen", so hätten wohl viele Länder anders reagiert)[4] – in diesem Moment werden immer noch Menschen verurteilt, die damals etwa gegen die Maskenpflicht verstossen, an untersagten Demonstrationen teilgenommen oder als Ärzte Maskenatteste, etwa eine Kinderpsychiaterin für Kinder, ausgestellt haben. Wobei es niemals eine wissenschaftliche Evidenz für die epidemiologische Wirksamkeit des allgemeinen Maskentragens aber viel Evidenz gegen sie gab und gibt.[5] Allein die

---

[2] *Berliner Zeitung* am 4. 6. 2024
[3] „Gesellschaft im Ausnahmezustand. Was lernen wir aus der Coronakrise?", Diskussion mit Heinz Bude, Alexander Bogner, Klaus Krämer am 24. 1. 24 in Graz, auf *youtube* leicht zu finden.
[4] *https://youtu.be/BdYpbiszdUc* („Wie souverän ist die Schweiz").
[5] Anstelle von unzähligen hier anzuführenden Belegen sei nur auf die eben freigeklagten RKI-Files mit den Sitzungsprotokollen der in Deutschland massgeblichen Instanz verwiesen; siehe etwa bei *https://norberthaering.de/news/rki-protolkolle-masken/*. Dort steht etwa am 31. 3. 20: *„Wo keine/mangelnde Public Health Evidenz verfügbar ist, muss auch weniger harte Evidenz genutzt werden, wichtig ist die Sprachregelung, um für die Bevölkerung akzeptabel zu sein"* und

Tatsache, dass Schweden, das auch diese Pflicht niemals kannte, für den gesamten Zeitraum der Pandemie die niedrigste Übersterblichkeit der Bevölkerung in ganz Europa aufweist,[6] liesse das Ausmass an todernst „wissenschaftlichem" Humbug im Dienste einer vom Weg abgekommenen Macht erkennen.

Politiker können sich täuschen – sie bleiben dennoch Politiker. Wenn aber Wissenschaftler sich weigern, eine Sachlage rational zu debattieren und jedes mögliche Argument kritisch und unvoreingenommen zu evaluieren, dann hören sie einfach auf, Wissenschaftler zu sein.

So hat z. B. ein führendes Mitglied der „wissenschaftlichen Taskforce" in der Schweiz im August 21 hochoffiziell verkündet: *„Liessen sich alle impfen, wäre die Epidemie in acht Wochen vorbei."*[7] Und wäre er ein Astrologe oder Wahrsager gewesen, hätte das niemanden erstaunt, für einen Wissenschaftler vom Fach sind solche Aussagen aber einfach unzulässig, auch oder gerade wenn sie einfach die Reklame des Herstellers, in diesem Falle Ugur Sahin von der Firma *BionTech*, wiedergaben. Laut einem Kommentar auf *mdr* vom 2. Dez. 22[8] hat sich Sahin im Februar 21 auf eine israelische Studie bezogen: *„Doch die angepriesene Hoffnungsstudie war keine wissenschaftliche Arbeit im herkömmlichen Sinn, sondern ein vorläufiger Bericht des israelischen Gesundheitsministeriums und der Hersteller Biontech und Pfizer. So gaben die Autoren des Papiers selbst zu bedenken, dass der Effekt der Impfung auf Infektionen überschätzt werden könnte."* Und: *„Dabei sei das Versprechen einer Herdenimmunität von Anfang an nicht zu halten gewesen, so der Virologe Alexander Kekulé. Bei Atemwegsinfektionen gebe es kein einziges Beispiel, dass dies gelungen sei."* Ein Proseminarist wäre ob solch unfundierter Meinungsäusserung sofort zurechtgewiesen worden – aber in dem zitierten Fall wäre jeder Einwand unverzüglich als „verschwörungstheoretisch" diffamiert worden. Dabei ist gerade diese Art der Diffamierung, die eine nie geführte Debatte ersetzen musste, in Deutschland nicht zuletzt durch den zur irrealen Lichtgestalt erhobenen 'Staatsvirologen' Christian Drosten sozusagen zur Norm erhoben worden, der wiederholt davor warnte, Leuten zu glauben, welche andere Ansichten als die seinen bzw. ihm genehmen verbreiteten – laut der Boulevardzeitung *Blick* vom 13. 5. 20 übte er scharfe Kritik an Ärzten und Wissenschaftlern, die *„irgend einen Quatsch in die Welt*

---

dann am 4. 4.: *„Empfehlung für Mund-Nase-Bedeckungen in der Bevölkerung noch nicht aktiv genug propagiert. Die Problematik müsste so aufgearbeitet werden, dass zusätzliche Maßnahmen angesichts der gemäß NowCast weiter steigenden Fallzahlen sinnvoll erscheinen, auch wenn Evidenz für das Maskentragen in der Gesamtbevölkerung noch fehlt"* – Diese Evidenz fehlt bis heute. – Die bis anhin seriöseste und gründlichste Studie dazu vom Februar 23 (*https://www.cochranelibrary.com/cdsr/doi/10.1002/14651858.CD006207.pub6/full*), welche die völlige Nutzlosigkeit der Maskenpflicht nahelegt, ist zwar in unserer Presse von medizinischen Laien für unzuständig erklärt worden, hat aber immerhin in den USA Anthony Fauci zur seltsamen, teils höhnisch kommentierten Aussage auf *CNN* gebracht (dazu *New York Post* vom 3. Sept. 23), Masken würden zwar allgemein nichts aber doch individuell etwas nützen (*https://www.youtube.com/watch?v=e3AMslS6cKw*).

[6] Graphik bei MICHEL 2024, 304 nach *Svenska Dagbladet*.
[7] Die Gratiszeitung *20 Minuten* vom 4. 8. 2021.
[8] CHRISTIANE CICHY: Corona-Impfung. – Ungeimpfte zu Unrecht beschuldigt? Kommentar am 02.12. 2022

setzen." Er forderte *„härteres Vorgehen"* gegen abweichende Meinungen *(„Corona-Falschinformation")* – diese *„Verschwörungstheorien"* seien *„sehr gefährlich und unverantwortlich".* – Das öffentlich durchgesetzte Verbot abweichender Meinungen wird im Moment auch von einem in der Corona-Zeit amtierenden Schweizer Bundesrat, der damals selber im Zentrum der Macht sass und als zuverlässige Quelle gelten muss, als symptomatisch moniert; in einer Titelüberschrift der *NZZ* vom 4. 2. 24 wird Altbundesrat Maurer folgendermassen zitiert: *„Wer eine kritische Frage stellte, wurde aussortiert, indem man ihn als 'Verschwörer' oder als 'Rechtsextremen' brandmarkte".* Das „Frageverbot", im Sinne Eric Voegelins ein zuverlässiges Symptom für das Vorhandensein einer Ideologie,[9] wurde oft als striktes 'Diskussionsverbot' greifbar, bezeichnend dafür die Äusserung eines ZDF-Moderators: *„Wenn die andere Seite vollständiger Quatsch ist, dann dürfen wir unsere Zeit nicht damit verschwenden, ihnen zuzuhören."*[10]

Dazu noch ein kleines Beispiel aus der Schweiz: Dem Infektiologen Pietro Vernazza, der sich für eine *„gezielte Durchseuchung"* aussprach und durchaus als Fachmann gelten darf, wurde via *Twitter* von einem Journalisten vorgehalten, dass er *„Stuss"* erzähle, was dem Journalisten das öffentliche Lob des abtretenden damaligen Vorsitzenden der wissenschaftlichen „Task-Force" des Bundes (Matthias Egger) einbrachte (am 20. 7. 20 siehe *medinside.ch/de/post/chefarzt-vernazza-erzaehlt-stuss*). Am 26. 7. 20 lasen wir dazu in der Boulevardzeitung *Blick,* dass die aktuelle Task-Force gegen solche Ansichten vorgehen wolle: schon *„die Aussage, dass man Covid-19 mit einer Grippe vergleichen könne, sei falsch";* und weiter heisst es dazu: *„Die Taskforce will verhindern, dass Vernazzas Idee an Popularität gewinnt. Laut der 'SonntagsZeitung' hat sie eben erst beschlossen, einen sogenannten 'Policy Brief' zum Thema Durchseuchung zu verfassen. Die vom Bund eingesetzte Taskforce hat schon diverse solcher Faktenblätter publiziert, an denen sich Behörden und Politik orientieren."*

Andreas Sönnichsen verlor als führender Vertreter des Ärzte-Netzwerks „Evidenzbasierte Medizin" seine Professur in Wien, dabei hatte er nur das getan, was dieses Netzwerk immer getan hatte, nämlich Therapien und Methoden auf ihre Effektivität hin zu überprüfen: *„Die meist bewusst kritischen Stellungnahmen des Netzwerks wurden vor Corona nicht immer geliebt, aber doch in der Regel diskutiert und, wie in der Wissenschaft bisher selbstverständlich, als fundierte Beiträge zum wissenschaftlichen Diskurs respektiert."*[11] – Was an die Stelle des „wissenschaftlichen Diskurses" trat, war der Kult um angebliche Superwissenschaftler wie Drosten in Deutschland, zu dem sich der Altersmediziner Jürgen Pantel am 23. 10. 23 auf *multipolar* äussert (zur Art und Weise, in der Drosten medial dargestellt wurde, hier noch im Herbst 23 auf der Frontseite der *Zeit*): *„Schon auf der Titelseite prangt ein halbseitiges Portraitfoto mit verschmitztem Lächeln und Wuschelhaar, als handele es sich bei dem*

---

[9] Das ist ausgeführt wohl erstmals Voegelins Münchner Antrittsvorlesung („Wissenschaft, Gnosis, Politik", München 1959, 21-61) – Jetzt auch in: Der Gottesmord, München 1999, spezifisch S. 69ff.
[10] Zitiert bei Müller-Ullrich 2023, dort als Nr. 191
[11] Die Angst- und Lügenpandemie, Norderstedt 2023, 60.

Drosten-Interview um das wichtigste Ereignis der vergangenen Wochen. So präsentiert man nicht einen von vielen Experten, sondern einen Popstar, den Dalai Lama, den Papst oder eine andere nicht hinterfragbare Instanz. Entsprechend kommen kritische Fragen im Laufe des Interviews praktisch nicht vor."[12]

Wie sehr die Notstandsherrschaft im Namen der nicht hinterfragbaren „Wissenschaft" – bekannt der Ausspruch des deutschen RKI-Chefs, des Tierarztes Lothar Wieler vom 28. 7. 2020: Die Massnahmen „dürfen nie hinterfragt werden. Das sollten wir einfach so tun" – auf nonsense beruhte, belegt schon die Art und Weise der Erhebung der Verstorbenenzahlen, die für die Einschätzung der Schwere des Geschehens und damit für politisch weitreichende Entscheidungen absolut zentral waren. Bekanntlich hat man nicht zwischen „an" oder „mit" Corona Verstorben unterschieden, und dies nicht bloss aus Zufall. Es gibt dazu eine Erläuterung des schweizerischen Bundespräsidenten, der auch ausgebildeter Arzt ist; in einer Diskussionssendung am Fernsehen meinte Ignazio Cassis – er ist nicht deutscher Muttersprache – auf Anfrage: „Also einer der mit einem Autounfall stirbt und Corona-positiv ist, ist ein Corona-Toter. [D. h. der berühmte George Floyd, der laut Autopsiebericht Corona-positiv war, war statistisch in den USA ein Corona-Toter! – und wurde als solcher erfasst] Das hängt von der Definition ab. Weltweit hat man Definitionen festgelegt, und die müssen überall gelten. Ob die absolute Zahl richtig oder ... oder fast richtig ist, kommt gar nicht drauf an, weil ganz wichtig ist in einer Epidemie der Verlauf, und es hat immer ein marge d'erreur, also eine Fehlermarge in jeder Aufstellung, aber Sie müssen ja irgendwie eine Corona-Falldefinition haben, wenn Sie den Fall Corona nicht definieren, wie können Sie das zählen? [...] Aber Entschuldigung, das hat gar nicht die Schweiz gemacht, das hat die WHO gemacht, damit wir alle gleich zählen, sonst zählen die andere Kartoffeln und die andere ... äh ... Äpfel".[13]

Diese Art der Erhebung ist in der Weise ihrer bundespräsidialen Erläuterung reines Kabarett, sie hat aber mit Sicherheit dazu gedient, die Wirklichkeit des Krankheitsgeschehens weltweit zu verschleiern, denn die Tests sind nachweislich äusserst ungenau gewesen, so dass die Fehlannahmen hier gewaltige Dimensionen annehmen mussten. Auch der Impfstatus der Hospitalisierten wurde übrigens nie systematisch erhoben – etwa der französische Senat hat auf Anfrage eines Epidemiologen die Forderung nach Erhebung des Impfstatus aller Verstorbenen explizit abgelehnt.[14] – Kurz: so verhält sich Wissenschaft nicht, bloss noch ihre Parodie. Und das Perverse

---

[12]https://multipolar-magazin.de/artikel/interview-pantel. – Dass solche Interviews wie viele andere wichtige Informationen nur in 'alternativen' Medien erscheinen können – die „Leitmedien" ignorieren sie offenbar prinzipiell, oder belegen sie bei unumgänglicher Erwähnung regelmässig mit dem Label „rechts", was meist gar nicht stimmt; auch die oben zitierten Autoren sind politisch fast alle eindeutig der Linken zuzuordnen – ist selber Symptom einer ernsthaft deformierten Öffentlichkeit.

[13] https://youtu.be/wFEkMiqb018 – eine satirisch kommentierte Version..

[14] Dazu MICHEL 2024, 71ff. Der völlige Mangel an belastbaren Daten noch im Juni 2021 wurde etwa vom Medizinpsychologen BORIS KOTCHOUBEY (siehe unten, Anm. 21) moniert.

solcher Parodie des befugtesten Ernstes war einfach der Ausdruck davon, dass Wissenschaft Komplizin und Sprachrohr der aktuellsten Form der Macht geworden war.[15]

Ein mir präsentes Beispiel dafür ist der erste Vorsitzende der spontan gebildeten wissenschaftlichen „Taskforce" des Bundes in der Schweiz, der Virologe Matthias Egger, der dieses Gremium fast im Alleingang mit seinen Gesinnungsgenossen bestückt hat, und der damit Vorsitzender eines politisch und gesellschaftlich enorm einflussreichen Gremiums wurde, von dem in einem kritischen Artikel vom 19. 2. 21 auf *Re-Check.ch* (CATHERINE RIVA, SERENA TINARI) zu lesen war: *„Es soll zunächst daran erinnert werden, dass die Task Force ein nicht gewähltes und nicht repräsentatives Gremium ist, sie ist weder dem Volk noch dem Parlament gegenüber rechenschaftspflichtig. Sie hat sich auf Initiative, unter anderem, einiger ihrer Mitglieder selbst konstituiert".* Im Auftrag des Bundesrates – vorgeschlagen haben sich die hier federführenden Wissenschaftler mit einem Konzept allerdings selbst – wurde eine regierungstreue Eingreiftruppe gebildet (Abweichler der Einheitsmeinung wurden gar nicht zugelassen), welche die Bevölkerung zielgenau mit den üblichen Alarmbotschaften im Namen der „Wissenschaft" terrorisierte. Regelmässig (es gibt keine Protokolle und Unterlagen zur entsprechenden Meinungsbildung) wurden *„policy briefs"* publiziert. Dazu RIVA/TINARI (wie oben): *„Ende Juli 2020 wies InfoSperber darauf hin, dass im Policy Brief 'Strategy to react to substantial increases in the numbers of SARS-CoV-2 infections in Switzerland' (Nur auf Englisch verfügbar) vom 1. Juli 2020 z. B. die Behauptung, eine Meta-Analyse habe gezeigt, dass das Tragen einer Maske die Übertragung des Virus 'um bis zu 80%' reduzieren könne, auf methodisch unhaltbaren Verkürzungen und ungenauen Zitaten beruht. Aber es gab den Medien die Munition, um Druck auf die kantonalen Behörden und den Bundesrat auszuüben. Und wurde trotz der von InfoSperber aufgezeigten Mängel nicht korrigiert. "*

Als uneingeweihter Beobachter hatte man im Juli 2020 den Eindruck, dass diese Einführung der Maskenpflicht in der Öffentlichkeit in der Schweiz vor allem das Werk des „Vorsitzenden" Egger im Verbund mit der Boulevardzeitung *„Blick"* gewesen ist, die zuvor ein wochenlanges mediales Trommelfeuer veranstaltet hat, in dem unter anderem fast täglich für Schweden apokalyptische Zustände prophezeit worden sind, die dann nie eintrafen. Der Skandal bestand aber schon in der unangemessenen Stellung Eggers, der damals zugleich der Präsident des Schweizerischen Nationalfonds gewesen ist. Diese Institution ist in der Schweiz für alle Forschung, die nicht direkten Zugang zu industrieller Förderung hat, die konkurrenzlose Instanz für Drittmittelgelder. – Selbstverständlich hätte Egger in seiner Position niemals dieses hochpolitische Amt des

---

[15] Da unterdessen die RKI-Files vollständig öffentlich gemacht wurden – das Schweizer Fernsehen musste sich nach Klage von der eigen Ombudsstelle öffentlich rügen lassen, weil es darüber nicht berichten wollte – lässt sich nach ersten Auswertungen der riesigen Datenmengen offenbar mit Gewissheit feststellen: Das RKI, vor den deutschen Gerichten letzte Instanz für das „wissenschaftlich" Gebotene, hat regelmässig seine Einschätzung der Gefahrenlage nach den Bedürfnissen/Weisungen der Politik ausgerichtet. Es hat Politik zu „Wissenschaft" gemacht, das kommt immer auf Ideologie heraus. Umgekehrt hat die Politik als implementierende Instanz der Erkenntnisse der „Wissenschaft" ihre autoritären Übergriffe, ja ihre Verbrechen an der Demokratie als über alle Zweifel erhabene „Wissenschaft" legitimiert.

Taskforce-Vorsitzenden annehmen dürfen, solange er sozusagen Herr über die Forschungsgelder in der Schweiz war. Denn der SNF agiert wie eine Stiftung und soll die Freiheit der Forschung, auch gerade gegenüber der Politik, garantieren. Und natürlich wollte niemand über den Skandal reden, denn das hätte ebenso wie das Äussern abweichender Meinung zu „Corona-Massnahmen" als Mass aller Wissenschaftlichkeit ernsthaft die eigene Karriere (zunehmend letztes Erkenntnisziel aller Forschung) gefährdet. Egger hat damit ungestraft im Alleingang der freien Forschung in der Schweiz ein Ende gesetzt. Und er besass auch die Verlogenheit, in mehreren Interviews zu betonen, er sei an Politik überhaupt nicht, sondern nur an Wissenschaft interessiert.

Nicht dass die wissenschaftlichen Bundesexperten sich irrten ist das Problem – RIVA/TINARI schreiben mit Fug dazu: *„Die von diesen Forschern erstellten Szenarien, Analysen und Modelle haben sich regelmässig als falsch erwiesen"* – sondern die unkontrolliert autoritäre Manier ihres Auftretens, die von den unzähligen „Kollegen" bestallter Wissenschaft nie in die Schranken gewiesen wurde. Und so wurden sie von grauen Mäusen aus dem Hades institutioneller Ununterscheidbarkeit zu überall zitierten, interviewten und abgebildeten Popstars, an deren befugten Lippen das ganze Land hängen musste, weil sie erklären durften, was man noch tun und was man noch denken und sagen durfte. Und so haben sie unzählige Vorschriften erlassen – etwa auch darüber, wann und wie lange eine Prostituierte beim oralen Geschlechtsverkehr die Maske abnehmen durfte – die zweifellos irgendwann als der perfide Unfug ersichtlich sein werden, der sie von Anfang an gewesen sind.[16] Und ich verstehe dabei sehr wohl den Rausch der Macht, der schon stärkere Geister korrumpierte, und das erhebende Gefühl, „etwas bewirken zu können", für das gerade Intellektuelle so anfällig sind. Aber damit, dass eine weltweit alimentierte und sozial prominente Wissenschaft als Institution all diesen verheerenden Unsinn mitgetragen hat, hat sie all das verloren, was ihren mehr als sozialen Rang, ihre echte Würde und ihre Bedeutung ausgemacht hat.

Genau wie die Medien, wie die Presse, die sich sehr anmassend und zu Unrecht vor etwa 60 Jahren selber zur „vierten Gewalt" erklärt hat, so als wäre sie eine unabhängige Alternative zur staatlichen Macht, diese in Schranken haltend,[17] ist auch die Wissenschaft nur noch als expertokratisch-elitistische Fassade eine die Offenheit des Öffentlichen behütende Instanz neben der soziopolitischen Machtentfaltung. – Der Medienwissenschaftler Michael Meyen – auch er als Abweichler im Sinne der aktuellen Wahrheitsministerien vom Verfassungsschutz bestraft und von Kollegen ausgegrenzt –

---

[16] Einer der bekanntesten von ihnen, Marcel Salathé, dessen Gesicht in der Schweiz jedes Kind kennen musste, verkündet unterdessen, im Herbst 24, dass er das Interesse an Corona verloren habe, und meint (laut *SonntagsZeitung* vom 14. 9.): *„KI ist die wichtigste technologische Erfindung der Menschheit (Der bekannte Epidemiologe beschäftigt sich kaum mehr mit Corona. Dafür spricht der Co-Chef des neuen KI-Zentrums der ETH Lausanne über das 'fast unermessliche Potenzial' künstlicher Intelligenz")*.
[17] MEYEN 2024, 25. ROLAND HOFWILER (2024, 312), Gründungsmitglied der *taz* und langjähriger *Spiegel*-Redakteur zitiert den Leiter einer Journalistenschule zu den Allmachtphantasien von Journalisten: *„Besonders in Deutschland"* sei die *„Neigung der Journalisten gross, sich mit dem verfassungsrechtlich bedenklichen Begriff der 'vierten Gewalt' zu identifizieren und sich damit als politisch-moralische 'Über-Instanz' zu definieren"*.

erklärt zum „vierten Stand": *„Das sind wir alle". „Die Leitmedien sind da nur Mitspieler unter vielen und auch nur dann relevant, wenn sie tatsächlich allen ein Forum bieten. Vierte Gewalt heisst dann: Meinungsbildung jenseits von Parlamenten, Apparaten, Gerichten, Meinungsbildung auf der Strasse, am Stammtisch und über Kanäle, die nicht der 'Koalition zwischen den Unternehmen und dem Staat' (Sheldon Wolin) gehören."*[18] Meyen betont, dass Journalismus unter aktuellen Bedingungen – die *„Medienhäuser gehören entweder ultrareichen Familien oder sind fest in der Hand der Politik"*[19] – gar nicht unabhängig sein kann. Er hat seine servile Gesinnung in den zurückliegenden Jahren schliesslich eindrücklich bewiesen und rührt unterdessen eifrig überall die Kriegstrommel. Doch was für ihn gilt, muss auch für die Wissenschaft gelten: sie wird von der *„Koalition von Staat und Unternehmen"* bezahlt, und sie dient sich dieser immer professioneller und immer schamloser an. – Damit hat auch sie die Bedeutung einer „vierten" oder überhaupt einer wenigstens geistig unabhängigen Instanz verloren, ja sie ist, wie wir alle sehen konnten, ohne Widerrede in den zunehmend auswechselbaren Funktionärsbestand staatlich-autoritärer Wahrheitsministerialität übergegangen. – Doch wie Balzac schon 1843 in der an Victor Hugo gerichteten Vorrede des Romans *„Verlorene Illusionen" (Illusions perdues)*, der wohl das Vernichtendste ist, das man über den Journalismus schreiben kann, sagen konnte: Es sind nicht die Journalisten, welche im Beschreiben der menschlichen Welt die Obrigkeit nicht verschonen, sondern die Dichter, Leute wie Hugo und Balzac – und gilt das etwa weniger von der Wissenschaft? Hat sie nicht ihre Stellung als Hüterin der Demokratie verwirkt, die als einzige Staatsform ohne wahre Öffentlichkeit, die ihr erst ihre Weltlichkeit verschafft, nicht existieren kann?

Denn in den Gemeinschaften menschlicher Autonomie und Eigenweltlichkeit muss die Offenheit zur Welt und ihrer Wirklichkeit durch Denken und Bewusstsein immer erst erschlossen werden. Ihre Welt wird nicht durch den König als anwesende Sonne erhellt, sondern durch die Offenheit eines von allen geteilten Horizonts für das bedeutsam leuchtende Hellsein der Welt. Das ist die frei zugängliche, auch digital nicht verwaltbare Erhellung einer gemeinsamen Welt, nie endgültig gegeben, nie einfach verfügbar und doch allen prinzipiell zugänglich wie der spontane Akt des Denkens oder das Licht der Sonne. Die „vierte Gewalt" ist die unkontrollierbare, politisch nie fixierbare und kollektiv nicht organisierbare Basis aller Öffentlichkeit, eben als prinzipielle Weltoffenheit menschlichen Bewusstseins. Sie bietet auch Göttern, Träumen, ja den 'Urgewässern' des Unbewussten, aus denen die Welt jeden Morgen als neue heraufsteigt, eine Bühne; aus ihrem Bereich ist die Stimme des grossen Geschichtenerzählers Herodot und seines Nachfolgers Thukydides zum ersten Mal zu hören gewesen, ebenso wie zuvor die Stimme Homers und zu allen Zeiten die Stimme etwa einer Grossmutter, die ein altes Märchen kennt. Sie ereignet sich und tritt in Kraft überall wo Menschen sind, ob zusammen im Gespräch oder allein in der belebten Stille des Denkens, weil sie durch den gemeinsamen Horizont der Welt, der sich spiegelt in der Sinnhaftigkeit gemeinsamer Sprache, verbunden sind. Nur dieser im realsten Sinne öffentliche Horizont gibt auch aller wissenschaftlichen Erkenntnis erst ihren Sinn. Wo sich die Wissenschaft – elitär sich selber Autorität über das Öffentliche anmassend – dieser Quelle auch ihres Bedeutens

---

[18] Ebd.
[19] Ebd.

verschliesst, erziehend, beschneidend, *„ratiofaschistisch"* verallgemeinernd, aus purem Opportunismus, aus der kollektiv narzisstischen Gier nach Macht und dem Glanz der „Karriere", da wird eben auch die Wissenschaft in all ihrer institutionell angewachsenen Mächtigkeit und Organisation bedeutungslos. Die gewesene *ancilla theologiae* ist ganz offensichtlich inzwischen zur eilfertig eifrigen *ancilla potestatis* geworden.

Weil Wissenschaft jedenfalls dort, wo sie für mich etwas bedeuten konnte, belanglos wurde – gewiss gibt es Ausnahmen, und alle sind eingeladen, für sich die Ausnahme zu reklamieren – besteht für mich auch kein Anlass mehr, einen „wissenschaftlichen" Verlag zu suchen, in welchem diese Vorbemerkung mit Sicherheit nicht hätte gedruckt werden dürfen. Obschon die vorliegende Arbeit eine wissenschaftliche nach all den Regeln ist, die ich gelernt und gelehrt habe, und obwohl in ihr, schon der zeitlichen Ferne des Gegenstands wegen, die Aktualität ihrer Entstehungszeit kaum oder bloss indirekt reflektiert wird, möchte ich mich ohne Reue im Anschluss an sie – ein Wink an potentielle Rezensenten! – aus dem Reich der „ernstzunehmenden Wissenschaft" verabschieden. Letztere ist, ich wiederhole mich, belanglos geworden, und ich möchte mit dem Wort eines echten Wissenschaftlers schliessen, das heute im Internet gerade noch auffindbar ist im Rahmen einer Stellungnahme von unbotmässigen Wissenschaftlern,[20] verschwiegen oder diffamiert vom 'botmässigen' *mainstream*: *„Ich schäme mich, Wissenschaftler zu sein."* (Boris Kotchoubey)[21]. – Auch diese Leute gab es. Die meisten allerdings schämten sich gar nicht. Und sie haben das, was an der Wissenschaft ehrenwert war, zerstört.

Lauwil, am 14. 6. 2024

---

[20] Unter dem hashtag *„wissenschaftstehtauf"* damals auf der website der *Stiftung Corona Ausschuss* veröffentlicht mit zahlreichen anderen Dissidentenstimmen.
[21] am 2. Juni 2021, jetzt noch gefunden unter:
https://player.odycdn.com/v6/streams/3e82713b33e6d959257191adbbafl1a0cdb56146/b35bba.m p4

Die Geschichte der Astrologie ist seit längerem Gegenstand von Wissenschaft. Sie zieht sich bei einem weiteren Begriff, der die babylonischen Gestirnsomina einbezieht, von den Sumerern bis in die Neuzeit hinein; sie hat selbst in der Gegenwart nicht aufgehört, auch wenn man sie da akademisch längst nicht mehr ernst nimmt, anders als noch im Spätmittelalter, als es in den Curricula wichtiger Universitäten Vierjahres-Kurse zu Ihrer Erlernung gab,[22] und damit auch explizit astrologische Lehrstühle. Es hat diverse Versuche zu Gesamtdarstellungen gegeben,[23] und doch konnte zu ihr jüngst von Darrell Rutkin gesagt werden: *„Although there is much excellent scholarship in many languages over its entire history, there does not yet exist a fully satisfacory overall history in any language.“*[24]

Ein wichtiger oder der entscheidende Abschnitt dieser Geschichte ist sicherlich die Antike[25] seit der „Erfindung" des Geburtshoroskops,[26] die Gegenstand dieses Buches ist. Diese Entwicklung oder Erfindung ist spezifisch zu thematisieren; sie setzt eine allerdings nur hypothetisch zu datierende epochale Markierung. Sie verschafft der Geschichte der Astrologie einen neuen Anfang: von nun an ist sie die Geschichte der Horoskope und damit an ein graphisch darstellbares 'kosmisches Formular' gebunden.

Das Epochemachende an der Entwicklung des Horoskops ist nicht bloss wissenschaftsgeschichtlich relevant, denn diese war auch kulturgeschichtlich epochal angesichts der langen Karriere dieser Astrologie. Die Horoskop-Astrologie ist eine der

---

[22] VANDEN BROECKE 2003, etwa 14 (entsprechende Kurse in Bologna und in Ferrara); sein generalisierendes Statement: *"the general importance of astrological 'theory' (however interpreted) was almost widely recognized in late medieval universities"* (15); ausführlich dazu RUTKIN 2019, bes. 385-418 und sonst.

[23] Ich nenne nur KNAPPICH 1967; TESTER 1989; CAMPION 2008/9; VON STUCKRAD 2003; HOLDEN 2006; STEGEMANN 1931/2.

[24] 2019, ix A 16.

[25] Grundlegend waren BOLL 1894; 1903; BOUCHÉ-LECLERCQ 1899; CUMONT 1912; 1937; BOLL/ BEZOLD 1911; BOLL/ BEZOLD/ GUNDEL 1926, dazu viele RE-Artikel vorab von W. GUNDEL; F. CUMONT; F. BOLL; W. KROLL und E. RIESS. Zu erwähnen ist auch die grosse Edition astrologischer Quellen in 12 Bänden, angestossen von BOLL und CUMONT: *Catalogus Codicum Astrologorum Graecorum* (CCAG), Brüssel 1898-1953. Als weitere wichtige Meilensteine der älteren Forschung seien nur genannt: CRAMER 1954; NEUGEBAUER/ VAN HOESEN 1959; GUNDEL/ GUNDEL 1966 – Überblick zur Forschungsgeschichte bei PÉREZ JIMÉNEZ 2001; HEILEN 2015, 3-9. Neuere wichtige Monographien umfassen: GUNDEL 1992; BARTON 1994; PINGREE 1997; BECK 2007; HEILEN 2015; diverse Arbeiten von W. HÜBNER (etwa 1982); zu Rom Arbeiten von LE BOEUFFLE (etwa 1989); ABRY (etwa 1993); SCHMID 2005; zur Rechtsproblematik FÖGEN 1997. – Zur babylonischen Vorgeschichte (u. a.): KUGLER 1907-1935; ROCHBERG-HALTON 1988; HUNGER 1992; REINER 1995; KOCH-WESTERNHOLZ 1995; HUNGER/ PINGREE 1999; BROWN 2000; ROCHBERG 1998; 2004; konziser Überblick zur Forschungsgeschichte bei SWERDLOW 1999.

[26] *„sometime in the late 2nd or early 1st century BC someone, perhaps in Egypt, invented genethlialogical astrology"* (PINGREE 1997, 26).

kulturübergreifend nachhaltigsten Erfindungen überhaupt, und sie wurde zur wichtigen Klammer wissenschaftlichen Austausches zwischen der muslimischen und der christlichen Welt des Mittelalters.[27] Ein Grund des Epochalen ist aber erst noch zu finden; er könnte dem damals Neuen einen kulturellen Hintergrund verschaffen. Das läuft auf eine Definition von Astrologie hinaus, die es noch gar nicht gibt – so meinte jedenfalls der Mediävist Steven Vanden Broecke:[28] *„Astrology hardly monopolized the prediction of future events in the sixteenth century. Some of its most important contenders were Christian theology, popular proverbs, and medical prognosis. This means that a reliable definition of astrology must include a characterization of the things, the ideas, and data that were specific to it. This characterization should also have sufficient spatio-temporal stability to be at least relevant to late medieval and Renaissance Europe."* – Offenbar hat Vanden Broecke keine spezifischen "Dinge, Ideen und Daten" gefunden, die der Astrologie als eigentlicher, ihr eigentümlicher 'Gegenstand' dienen könnten; seine Definition verbleibt in begriffsgeschichtlichen Abgrenzungen. Damit bliebe ein eigentümliches, ihre supponierte Erfindung erst motivierendes Erkenntnisobjekt der Astrologie als Wissenschaft erst noch zu suchen, was die Forschung bisher offensichtlich unterlassen hat; vielleicht, weil man eh von der Abwegigkeit ihres Wissenschafts- und damit Erkenntnisanspruchs ausging.

Meine Arbeitshypothese zu dieser Frage war, dass das Horoskop von Anfang an Individualität, als fatale Identität, beschreiben sollte. Damit würde der Astrologie erstmals ein eigentümliches Erkenntnisinteresse zugeschrieben. Sie wäre schon im Altertum mit Individualität in einem ontologischen Sinne beschäftigt gewesen. – Diese Hypothese erscheint deshalb als problematisch, weil „Individualität" ein durch die Moderne exklusiv beanspruchter Begriff ist. So wird zum Beispiel, und das ist plausibel, in der europäischen Bewegung der Romantik eine neue Gewichtigkeit des Individuellen greifbar.[29] Es lässt sich zeigen, wie das individuierte Subjekt, nachdem die Kirche als kollektive Instanz an Gewicht eingebüsst hatte, gleichsam zum Tempel von Erhabenheit und Wirklichkeit aufsteigen musste; ja wie seine „Empfindsamkeit" dem Absoluten gerade in der Kunst zum selber erhabenen Gefäss werden sollte. Und es ist offensichtlich, dass die Historisierung der für das epochale Selbstverständnis der Moderne gewichtigen Individualität im üblichen Modernisierungs-Diskurs[30] aus einer neuen Kontingenzerfahrung hergeleitet wird, die mit dem Ableben grosser Traditionen und Institutionen und ihrer kollektiv identitätsstiftenden Funktion einherging.

Wäre dagegen schon die antike Astrologie massgeblich mit einer fatalen Ersichtlichkeit des Individuellen beschäftigt gewesen, dann hätte die herkömmliche Geschichte der Individualisierung einen Haken: sie würde eine Vorgeschichte ausblenden, die noch hinter das Mittelalter zurückreicht. Diese Vorgeschichte kann übrigens auch im Rahmen meines Forschungsprojekts als ganze nicht rekonstruiert werden. Nicht mehr als der möglichst fundierte Hinweis auf eine kulturell erfolgreiche

---

[27] Ein Klassiker dazu ist LEMAY 1962.
[28] 2003, 7.
[29] Etwa MATUSCHEK 2021, 304 zu dem neuen Dante-Bild der Gebrüder Schlegel *„Das Dichterindividuum soll mit einem einzelnen, originellen, grossen Werk aufs Ganze gehen und aus sich heraus etwas Allumfassendes erschaffen."*; 214: *„das Neue, das sich mit der Romantik ereignet, ist aber die Markierung der Individualität"*.
[30] Dazu unten, Kap. 3.

antike 'Technologie' der Objektivierung von Singularitäten[31] kann hier geboten werden. Dabei wird eine vorzunehmende Begriffsunterscheidung, ausgeführt im dritten Kapitel, zwischen „Subjektivität" und „Individualität" eine gewichtige Rolle spielen. Indem ich annehme und dies vorab im vierten Kapitel anhand von Quellenstellen aus der antiken astrologischen Literatur illustriere, dass die „Genethlialogie" um Individualitäten kreise – die damit auch Explananda in der multi-kulturellen Umwelt des späteren Hellenismus gewesen sein müssen – bin ich im Rahmen der Arbeitshypothese zu einem Konzept von Individualität gelangt, das sich an der antiken Struktur des Horoskops orientieren kann und sogar an ihr exemplifizieren lässt. Individualität als ein historisierbares „*Anthropologem*" (Enno Rudolph) wird dann auf einem antiken Hintergrund ersichtlich, der schon vor der Astrologie im Rahmen des Wesens- oder Substanzen-Essentialismus der platonischen Schule Konturen annahm. Ich habe das anderswo mit dem Konzept einer griechischen „Anti-Moderne", mit der epochalen Dramatik einer griechischen Moderne und ihrer Krise seit dem 4. Jhdt. v. Chr. in Zusammenhang gebracht,[32] doch würde auch dieser Rahmen zu gross werden, um ihn hier angemessen zu erzählen, und er würde als Ingredienz der „hellenistischen" Astrologie nur die griechische Seite[33] des kulturell hybriden Konstrukts beschreiben, das diese Astrologie gewesen ist.

Was hier vorliegt, ist der ausgeführte Hinweis auf ein vergessenes und doch grundlegendes Kapitel in der Geschichte moderner, vormoderner und anti-moderner Individualität, ihrer Erfahrbarkeit und Reflexion, einer Reflexion, die in umfassend systematisierter Form 'vorliegt'[34] in dem, was man zeitgemäss den antiken „astrologischen Diskurs" nennen könnte. Ich habe, ausgehend von meiner Individualitäts-Hypothese, auch von einer antiken „Psychologie", einer antiken Psychologie der Individualität im Kontrast zu moderner Psychologie der Subjektivität gesprochen (ausgeführt im 4. Kapitel). Ich möchte die Schwierigkeiten, in welche hier jede Erzählung als Deutung geraten muss, an dem mittelalterlichen Beispiel der astrologischen Autobiographie des Henry Bate, eines mittelalterlichen Zeitgenossen des Thomas von Aquin, mit dem er persönlich bekannt war,[35] illustrieren. – Dieses Dokument einer Selbstreflexion mit dem Instrument des eigenen Horoskops als ein eminentes kulturgeschichtliches Zeugnis – nichts Vergleichbares ist aus der Antike übriggeblieben – eignet sich hervorragend zur Untermauerung meiner These: Das Horoskop dient der systematisierten Beschreibung fataler Identität eines Individuums.[36] Henry Bate liefert

---

[31] Das Thema ist durchaus aktuell (siehe nur etwa RECKWITZ 2019), und der Missverständnisse sind viele, gerade im Zusammenhang mit dem modernen Individualismus-Postulat; einige davon hoffe ich etwas zurechtrücken zu können.

[32] SCHMID 2020; 2016 (Kap. 7).

[33] Eine etwas ausführlichere Beschreibung dieser 'metaphysischen' Vorgeschichte (z. T. auf den Spuren von FESTUGIÈRE's magistraler Darstellung im zweiten Band seiner „*révélation d' Hermès Trismegiste*") von Platon bis Augustus in SCHMID 2005, 119-202.

[34] Das 'Vorlegen des Vorliegenden' entspricht der herodoteischen Bedingung des „Historischen" (das immer schon Erzähltes erzählt) als dem *legein ta legomena*. Das kommt natürlich auf ein Deuten und Interpretieren heraus.

[35] STEEL/VANDEN BROECKE in STEEL 2018, 33.

[36] Aus dem Klappentext der Buchrückseite der modernen Edition: *"The present book reveals the riches of the earliest known astrological autobiography, authored by Henry Bate of Mechelen (1246–after 1310). Exploiting all resources of contemporary astrological science, Bate conducts in his 'Nativitas' a profound self-analysis, revealing the peculiarities of his character and*

ein echtes astrologisches Selbstportrait, mit Körperbau und Konstitution, mit durchgemachten Krankheiten (durch „Primärdirektionen" als idiosynkratische Fatalitäten eingeordnet),[37] der Beschreibung seiner Musikalität, der Neigung des Klerikers zu Frauen, udgl., und dies, wie die Herausgeber betonen, 300 Jahre vor Cardano,[38] dessen astrologisches Selbstportrait für Jacob Burckhardt noch zum Beleg eines erwachenden modernen Menschseins dienen konnte.

Laut Steven Vanden Broecke liegt hier eine „Selbstanalyse" vor, die *„is both intensely personal, meandering and exploratory"*[39], wobei der Kleriker aus dem 13. Jhdt. deutlich artikuliert, dass es ihm um das Eigene (*proprium*) geht, und genauer noch um das Verhältnis des Selbst (*meipsum*) zur Objektivität des Urteils über sich, das aus dem astronomisch berechneten Horoskop (also aus einer 'astronomischen Objektivität') abgeleitet wird. Die Berechnung des Horoskops würde die Selbstbeurteilung (das *officium iudicis*) externalisieren: *„Bate thus portrayed astrological judgement as a profoundly disinterested and philosophical art, which allowed the self to assume the voice of the philosophers in judging itself."*[40]

So weit, so gut. Doch dem folgt die unvermeidliche Richtigstellung: Das Mittelalter habe *„our twentieth-century notions of the 'individual' or 'the personality'"* nicht haben können.[41] – Das mag so allgemein natürlich stimmen, doch ist es mindestens missverständlich und als Argument vermutlich zirkulär (ein vormoderner Mensch kann nicht wirklich über Individualität reflektieren, weil diese eben modern ist[42] – aber eben das Letztere wäre zu begründen, und dazu wäre schon eine Analyse der Begrifflichkeit in Wortfeldern wie „Individualität", „Subjektivität", „Selbst" oder „Identität" unerlässlich).[43] Wenn für den mittelalterlichen Befund spezifisch zur Astrologie hervorgehoben wird, man habe hier Diversität aufgefasst als *„an epiphenomenon of a variable but universal human relation to an equally universal invisible heaven"*, und behauptet wird, *„human diversity is reduced to (chronological) variety"*,[44] dann fasst das zwar die Konzeption des Singulären im Formular des Horoskops gut zusammen,[45] und das mag im astronomischen Weltbezug des distinkt Persönlichen auch tatsächlich unmodern sein. Doch daraus folgt nicht, dass damit nicht gerade Individualität

---

personality at a crucial moment of his life (1280). The result is an extraordinarily detailed and penetrating attempt to decode the fate of one's own life and its idiosyncrasies."
[37] STEEL/VANDEN BROECKE in STEEL 2018, 40ff.
[38] Ebd. V; zu Cardano und Astrologie GRAFTON 1999.
[39] VANDEN BROECKE ebd. 57.
[40] Ebd. 58.
[41] Ebd. 60.
[42] Weitere Beispiele solch zirkulärer Argumentation, die im Rahmen soziologischer Modernisierungstheorien die Regel ist, die aber auch in mediävistische und althistorische Fachbereiche eingedrungen ist, unten, vorab Kap. 3. – Zu dem speziellen, damit zusammenhängenden Problem einer angeblich exklusiv modernen „Geschichtlichkeit" siehe schon SCHMID 2016, 451-466 (zu Kosellecks These vom „Kollektivsingular") sowie SCHMID 2020; REBENICH 2020.
[43] Siehe auch CANCIK 2020 und CANCIK-LINDEMAIER 2020, die 'erzmoderne' Kategorien wie Kulturgeschichte und Selbstreflexion in der Antike nachweisen.
[44] VANDEN BROECKE 2018 in STEEL 2018, 60 – dort auch etwa *„variety inside this universal model"*.
[45] Dazu ausführlich unten, Kap. 2; Kap. 4, 5 und 6.

beschrieben und theoretisiert worden wäre. – Tatsächlich ist nach dem Horoskop die beschriebene Singularität ein globales Format von Identität.[46] Doch wer sagt denn, dass nicht gerade dieser 'Weltbezug' Individualität im dezidierten Gegensatz zur kulturell und sozial gebundenen, kollektiv verallgemeinerbaren Subjektivität[47] bezeichnen kann? Und müsste nicht zumindest in Betracht gezogen werden, dass Individualität gerade nicht als exklusiv Modernes, ja dass sie seit dem „Paradigmenwechsel" des 4. Jahrhunderts v. Chr.[48] sogar als ein polemisch akzentuiertes Gegenüber zur Moderne einer im Kollektiv triumphierenden menschlichen Subjektivität erhöht, ja geheiligt worden wäre? Ich wähle zur Illustration des besagten anti-modernen Paradigmenwechsels wie schon John Stuart Mill[49] die revoltierenden Individualitäten von Sokrates und Christus, die zu biographisch reflektierten Paradigmata einer entschiedenen Unmittelbarkeit des Menschlichen zum „Umgreifenden" der Wirklichkeit der Welt geworden sind. Das war eine Erhöhung des Individuellen zum kontingenten Gefäss des Göttlichen, während vergleichbar die antiken Handbücher zur Astrologie eine umfassende Ausweitung der Zuständigkeit himmlischer Providenz auf die Fährnisse des 'banalen', idiosynkratisch-persönlichen Alltags[50] erkennen lassen. Für das Mittelalter ist schon einmal explizit von einer „Kontingenzkultur"[51] gesprochen worden; ich denke, dass auch der astrologische Befund verdeutlichen kann, dass diese mittelalterliche „Kontingenzkultur" aus der Antike stammt.

Dem Verstehen einer kulturgeschichtlich fundierenden Episode hellenistischer Antike stehen also Hindernisse in Form von unzureichend analysierten philosophischen Annahmen, etwa über das Wesen von Individualität, und von historischen Epochalisierungen, etwa im Selbstverständnis der Moderne als **der** Befreiung zum Erfahren von Kontingenz und Individualität im Wege. Das führt dazu, dass in diesem Buch immer wieder entsprechende Abgrenzungen vorgenommen werden müssen, wodurch der Rahmen einer althistorischen Forschungsarbeit stark strapaziert wird. – Man kommt eben nicht immer um begriffliche Abklärungen herum; schon der Begriff des „Althistorischen", der „Antike" oder gar des „Hellenistischen" enthält Vorstellungen, welche immer wieder als Reflex auf die beanspruchte „Modernität" derer fungieren, die sich forschend mit einer epochalisierten Vergangenheit beschäftigen. Dass die grosse Erzählung der Genese von Individualität in meinem Rahmen nicht einmal umrissen werden könnte, versteht sich vielleicht. Ursprünglich war auch ein illustrierender Vergleich der hier thematisierten „gräko-ägyptischen" mit der chinesischen und indischen Astrologie geplant gewesen, doch erwies sich dann schon das engere Feld dieser im spätptolemäischen Kolonialreich auftauchenden „Nativitäten"-Astrologie als ein Thema, das nur auf ganz bestimmte Fragestellungen hin im gebotenen Zeitrahmen zu bearbeiten war. Vieles, darunter auch das Problem des rechtlichen Status der Astrologie

---

[46] Dazu auch unten, Kap. 6 zur Verbindung von Astrologie mit alexandrinischer Sphären-Geographie.
[47] Das Nicht-Individuelle und grundsätzlich Verallgemeinerbare von Subjektivität im Gegensatz zur Individualität wird breiter ausgeführt unten im 3. Kapitel.
[48] SCHMID 2020.
[49] Unten, 79f.
[50] Unten, Kap. 4.
[51] SCHELLER 2016. Dazu unten, 108.

im römischen Reich oder ihr Verhältnis zum sich ausbreitenden Christentum und später zum Islam musste auf gelegentliche generelle Bemerkungen begrenzt werden.

Ich habe mich auf den Versuch beschränken müssen, der nie wirklich gestellten Frage nach einer 'Gegenständlichkeit' für diese Astrologie nachzugehen, und bin, gerade was die Frage nach der Motivation ihrer präsumptiven 'Erfinder' angeht, nicht über Mutmassungen hinausgekommen. Dies auch deswegen, weil hier ein mentaler Horizont in einem durchaus „hellenistisch" interkulturellen Rahmen formend und bedingend wurde, dessen Einschätzung eine gewisse Vertrautheit mit ägyptischen Verhältnissen und ägyptologische Kenntnisse voraussetzen muss. Auch hier waren meinem forschenden Zugriff Grenzen gesetzt.

Das Buch ist folgendermassen angelegt:

im **ersten Kapitel** wird die Ausgangsfrage zur antiken Astrologie, deren antikes Selbstverständnis sowie ihre Kuriosität für die wegweisende moderne Forschung thematisiert.

Im **zweiten Kapitel** wird versucht, das Formular des Horoskops auf seine strukturellen Voraussetzungen hin abzufragen, und damit auch auf die 'Weltanschauung', hier im Wortsinne, die es enthält und transportiert. Es werden Argumente versammelt, welche die Richtigkeit der 'Individualitätsthese' belegen oder nahelegen können.

Im **dritten Kapitel** wird der für dieses Buch zentralen Definierbarkeit von Individualität, Identität, Subjektivität und Verwandtem ausführlicher nachgegangen. Dazu wird auch ein idealtypisches Schema entwickelt, nach welchem sich die „Anthropologeme" Individualität und Subjektivität nicht bloss unterscheiden, sondern nach dem sie sogar antagonistisch einander ausschliessen, während sie gleichzeitig „dialektisch" aufeinander bezogen bleiben müssen. Die Modernität autonomer und anti-monarchischer Subjektivität wird einer antimodernen und eher Monarchie-affinen Individualität gegenübergestellt. Astrologie kann in diesem Zusammenhang zum Beleg einer vor- oder anti-modernen „Kontingenzkultur" dienen.

Im **vierten Kapitel** soll möglichst aus den antiken Texten selbst der Frage nach einer spezifischen „Psychologie" dieser antiken Astrologie, also nach einer Eigenart ihres Charakterisierens nachgegangen werden. Dabei hat sich der Begriff einer „teleologischen Psychologie" als brauchbares heuristisches Instrument erwiesen, ebenso wie die Hypothese einer „eventualistischen" oder „ereignisfixierten" Typologie. Die Astrologie soll als „nicht-subjektive" Psychologie, und damit eben als Psychologie der individuierenden Singularität sinnvoll gelesen werden können. Wobei das 'unterbelichtete' Subjekt auch die Unfähigkeit oder Unwilligkeit dieser Psychologie erklären kann, die Bereiche des „Nicht-Ichs" aus der biographisch erzählbaren Identität auszuschliessen, die hier auch Affinitäten zu Partnerschaften, Berufen, Besitztümern, Geschwistern und Nachkommen, Lebensmitteln, Katastrophen, Todesarten und anderen „Idiosynkrasien" umfasst. Und damit erklärt sich auch die methodische Uferlosigkeit dieser Astrologie. Ein Zusatz widmet sich der Eigenart des astrologischen Ereignis-Verständnisses im Vergleich mit der Heideggerschen Emphase des „Ereignisses". – Das

Kapitel hat auch einen Nachtrag, der dem strukturellen Vergleich von Astrologie mit aktueller „Persönlichkeitspsychologie" gewidmet ist.

Im **fünften Kapitel** soll der ägyptische Hintergrund für die Astrologie beleuchtet werden. Dazu gehört das Königtum und seine Ritualität, die in Ägypten gerade als Kult des Sonnenlaufs auch eine Ritualität der Zeitlichkeit war; ihr entsprach eine 'Semantisierung' der Sektoren des Himmels. Das Horoskop könnte, als „Formular" unmittelbarer Verbundenheit mit dem göttlichen Kosmos, als Kompensationsform für eine Schwäche des in Ägypten fremden hellenistischen Königtums dienen. Damit antwortete es, gerade in seiner kulturellen Hybridität, auch auf eine koloniale Realität. Der König diente dabei als paradigmatisches Individuum; seine 'Welt-Unmittelbarkeit' – etwa als Verwandter der Sonne – kann auch Vorbild für die neue „Nativität" des Menschlichen gewesen sein. Die Frage nach Hybridität, nach interkultureller Wesensdifferenz und deren Artikulation und Reflexion auch im Medium der Astrologie, ist hier eigens zu behandeln, ebenso wie die modernen „postkolonialen" Auffassungen der Dynamik im Verhältnis von „westlicher" Dominanz zu indigenem Widerstand. Ein Nachtrag widmet sich der kulturellen „Gleichzeitigkeit des Ungleichzeitigen" in hellenistischen Kolonialreichen und der Rolle, die einer spezifisch astrologischen Zeitlichkeit hier zukommen könnte.

Im **sechsten Kapitel** stellt sich die Frage nach dem konkreteren priesterlichen Umfeld, in welchem die ersten Texte der Horoskop-Astrologie offenbar entstanden sind. Dafür wird ein Blick auf Literatur, die im selben Umfeld entstanden ist, geworfen: vorab auf die hermetische und alchemistische, und auch auf demotische Erzählungen, in denen Priester als 'Helden' auftreten. Die 'Anschauungswelt' dieser Texte soll auch den Horizont der frühen Astrologen erhellen helfen. Spezifisch wird nach der Rolle, und einem möglichen Selbstverständnis im „hellenistischen" Rahmen, eines griechisch gebildeten ägyptischen Priestertums gefragt, nach vermutbaren mentalen Prämissen, nach Bildung und Interessen. – Durch solch indirekte Hinweise soll dem völligen Mangel an biographischen Daten für das Personal der präsumptiven 'Konstrukteure' der neuen Astrologie nach Möglichkeit abgeholfen werden.

Ein **Fazit** fasst kurz ein Ergebnis zusammen.

1: Einführendes zur Methode

Hat die antike Astrologie einen Gegenstand? – Die Frage ist so unverblümt bisher zumindest in der Forschung nicht gestellt worden. Dies vielleicht deswegen, weil das Definieren von 'Gegenständen', etwa im Sinne der alten sokratischen 'Was-ist-das-Frage', in den Geisteswissenschaften nicht gerade *en vogue* ist (wegen des Verdachts auf „essentialistische" Festlegungen), und dazu kommt, dass die hier am ehesten zuständige Philosophie sich mit Astrologie kaum beschäftigt hat. Gemeint ist natürlich nicht die antike Philosophie, von der Wilhelm und Hans-Georg Gundel noch meinten, in ihr habe die *„werdende Astrologie"* eine *„sehr starke Stütze"* gefunden.[52] – Die Altertumswissenschaft, die damit für das philosophisch-wissenschaftliche Aschenbrödel zuständig wurde, sieht in dieser Horoskop-Astrologie vor allem – und dies schon zu Zeiten eines Auguste Bouché-Leclercq – eine Methode oder Technik, mittels welcher Experten (die Astrologen) Aussagen machten, in der Regel über die Zukunft der fragenden Klienten. Damit kommt sie als 'historisches Phänomen' in Betracht, dessen Grössenordnung schon Bouché-Leclercq mit erlauchten Namen illustrieren konnte: diese Astrologie habe *„des millions d'hommes"* interessiert, und habe Einfluss gehabt auf Leute wie *„Auguste"*, *„Tibère"*, *„Charles-Quint"*, *„Catherine de Médicis"*, *„Wallenstein"* und *„Richelieu"*.[53] Bei Tamsyn Barton kommt als Pendant moderner Prominenz noch Ronald Reagan dazu.[54]

Für die Geschichte und zumal die Kulturgeschichte der Antike, insbesondere der hellenistisch-römischen Antike, ist die Gegenständlichkeit dieser Astrologie in einer Praxis menschlicher Handlungen gegeben, die genügend direkte und indirekte Spuren hinterlassen hat, um dadurch ein „Forschungsgegenstand" zu sein.[55] Der letztere wird etwa bei Roger Beck in seiner *„Brief History of Ancient Astrology"* lapidar präzisiert: *„I have centered my account on the system itself, how horoscopes were constructed and interpreted."*[56] Bei Beck steht diese Angabe nach der Feststellung einer vergleichbaren 'Ungeschichtlichkeit' der Astrologie als *„pseudo-science"*, die sich im Vergleich mit der Astronomie und ihrem *„progressive mathematical refinement"* eben kaum verändert

---

[52] 1966, 98 (mit dem Hinweis auf Akademie – die *„auch weiter den astralreligiösen und astralmythischen Standpunkt des älteren Platon"* vertreten habe –, Peripatos und dann vorab, *„kaum zu überschätzen"*, Stoa).

[53] 1899, iv; vgl. BOLL/BEZOLD/GUNDEL 1926, VI: Die geschichtliche Forschung könne nicht darauf verzichten, *„eine Wissenschaft wieder verstehen zu lernen, auf die nach den Worten eines modernen Philosophen mehr Zeit, Geduld, Scharfsinn und Geld verwendet worden ist als auf irgend eine derer, die wir wahr zu nennen pflegen."* – Der „Philosoph" wird auch in den Anmerkungen nicht genannt – da Franz Boll mit Aby Warburg in Kontakt kam, könnte wohl Ernst Cassirer ein Kandidat sein.

[54] 1994, 4. – NEWMAN/GRAFTON 2001, 2, weisen darauf hin, dass *„between 20 and 50 percent of the population of the world's developed countries, in Western Europe, North America, and Asia, believe mildly or strongly in astrology, right now"*. – Siehe auch LUDWIG 2005, 9: *"Nach einer Umfrage glauben über 50% der Deutschen in irgend einer Form an Astrologie"*.

[55] Die strukturelle Unübersichtlichkeit der Astrologie hat auch dazu eingeladen, sie hauptsächlich als Text, als generisch-rhetorisches Phänomen zu betrachten: LIGHTFOOT 2020, bes. 41, auf den Spuren von BARTON 1994a.

[56] 2007, xii.

habe und daher keine *story* im wissenschaftsgeschichtlichen Sinn hergebe;[57] sie blieb ihren Grund-Methoden mit ungeheurer Zähigkeit treu – noch heute verwenden ja Astrologen methodische Grundsätze, die auf dem verschollenen gräko-ägyptischen Text des Nechepso/Petosiris fussen, welcher seinerseits teils erheblich älteres babylonisches 'Material' an Methoden enthielt.

Die Ereignisgeschichte der Astrologie wird in fachhistorischen Erzählungen vorab durch ihre sozio-politische Sichtbarkeit in der römischen Kaiserzeit seit Augustus zum Gegenstand,[58] doch hat man auch hier die fundamentale Spezifik dieser Horoskopier-Technik nicht substantiell zu ergründen versucht: Astrologen (und damit Astrologie) stehen als meist etwas ambivalente Figuren neben den Kaisern, wie zuerst der berühmte Thrasyllus, der schon bei Tacitus legendenhafte Züge aufweist.[59] Sie werden Teil der Legitimierung von Macht und somit öffentlich sichtbar, aber damit ist erst eine politische Funktionalität dieser Astrologie erschlossen,[60] die zwar für die babylonischen Voraussetzungen der späteren Horoskop-Astrologie eine mitdefinierende Rolle gespielt hat,[61] die aber für die Nativitäten-Astrologie selber nicht auslösend gewesen sein kann. Es gibt jedenfalls keinen Hinweis darauf, dass diese einen 'amtlichen Grund' für ihr Entstehen gehabt hätte. Ein 'Anstoss von oben', d. h. von der monarchischen Spitze der Gesellschaft (sei es im achämenidisch-seleukidischen Mesopotamien oder im ptolemäischen Ägypten), ist bisher nicht belegbar.

Was von Anfang an im Vordergrund stand bei der Charakterisierung dieser Astrologie war ihr 'religiöser Horizont', der sie in den grösseren Zusammenhang einer umfassender erforschten und anthropologisch vielfach beschriebenen menschlichen Praxis von „Divination" stellen musste. Von deren Erforschung her kam auch Bouché-Leclercq zur Astrologie, wobei ihm der Spezialfall der letzteren („*unique dans l'histoire de la pensée humaine*") in einer „*étrange association de raisonnements à forme scientifique et de foi masquée*" bestanden hat.[62] – Das wurde dann zum Projekt einer

---

[57] Siehe aber HOLDEN 2006, der eine solche Geschichte erzählt, allerdings selber von der Astrologie herkommt.

[58] CRAMER 1954 ist als Erzählung schwer zu überbieten. Zur Rechtsproblematik nebst Cramer immer noch FÖGEN 1997. – Etwas anderes ist, seit CUMONT 1937, der Versuch, astrologisches Material als sozialgeschichtliche Quelle zu benutzen: so MCMULLEN 1971 und jetzt LIGHTFOOT 2020, bes. 279-369. Hier ist aber die Astrologie nicht eigentlich Gegenstand, sondern mehr Instrument, mit dem nach sozialhistorisch relevanten Hinweisen (etwa nach Erwartungen, sozialen Hierarchien, Berufswelt, gängigen Klischees, Moralvorstellungen etc.) geforscht werden kann.

[59] Zu ihm SCHMID 2005, bes. 355ff.

[60] Nebst obgenannten CRAMER und FÖGEN zum Politischen etwa SCHMID 2005 und BECHTHOLD 2011, dazu HEILENs umfassende Untersuchung zur Auslegung des Hadrianshoroskops (2015), die aber vorab die astrologische Lehre des Astrologen Antigonos samt deren Voraussetzungen rekonstruieren will und damit keine Antwort auf unsere Frage gibt, sehr wohl aber das Material zu einer solchen umfassend aufarbeitet.

[61] KOCH-WESTENHOLZ 1995; MAUL 2013; HUNGER 1992; PARPOLA 1993; BROWN 2018; 2000 (bes. 33-52).

[62] 1899, i.

Geschichte jenes *„seltsamsten Mischgebildes, das Religion und Wissenschaft je hervorgebracht haben."*[63]

Nun ist die Frage nach einem religiösen Gehalt oder Bezug dieser Astrologie etwas kompliziert, denn sie überschneidet sich thematisch mit derselben Frage in Bezug auf einen Bereich, den ich mit dem allgemeineren Begriff einer, meist gelehrten, antiken „Kosmosfrömmigkeit"[64] bezeichnen möchte.[65] Dazu kommt, dass es 'Gemeinschaften' wie die Hermetiker gab, die als religiös einstuft und verschiedentlich mit dem Ursprung der hier untersuchten Horoskop-Astrologie in Zusammenhang gebracht wurden;[66] wobei es keineswegs sicher ist, in wie weit der Schritt zu dieser Horoskopform, wenn er wirklich im ptolemäischen Ägypten erfolgte,[67] mit hermetischen Bedürfnissen oder Anschauungen zu tun hatte. Dazu ist schon die Chronologie der hermetischen Literatur und der 'Bewegung', die sie hervorbrachte, zu wenig geklärt, und es ist offenbar nicht zu belegen, dass Astrologie zum harten Kern hermetischer Lehre gehören musste.[68] – Das heisst natürlich nicht, dass die 'religiöse Dimension' der Astrologie und vor allem des mentalen und sozialen Umfelds, in dem sie entstand, ausser Betracht zu lassen ist. Und dies auch deswegen nicht, weil Franz Boll zu Recht immer wieder darauf hinweisen konnte, dass Astrologie oder eine ihr entsprechende Auffassung von Status und Wirkmacht der Gestirne und des Himmels seit ihrem 'Aufstieg' in der römischen Kaiserzeit recht markante Spuren, auch in religiösen Bereichen, hinterlassen hätte.[69]

Es scheint aber, wenn ich den astrologischen 'Primärquellen' und nicht der gelehrten Himmelsfrömmigkeit als Voraussetzung der gesellschaftlichen Karriere der Astrologie in der römischen Kaiserzeit folgen will, dass Religiosität mindestens im

---

[63] BOLL/BEZOLD/GUNDEL 1926, VII; vgl. 72 (Astrologie als *„ Wissenschaft und Religion zugleich"*). – Dieser 'Mischcharakter' der Astrologie wird schon im Mittelalter hervorgehoben und gilt dort als Stärke: So meinte der anonyme Autor des *Speculum astronomiae*, in dem man lange Albertus Magnus vermutete, dass die Astrologie als Bindeglied zwischen Naturwissenschaft und Metaphysik diene (*ligamentum naturalis philosophiae et metaphysicae*; zit. RUTKIN 2019, 6).
[64] Dazu nur etwa SCHMID 2005, 119-183; 2007 (zur „Physiko-Theologie"); 2009; KARFIK 2004 (zu Platon); KRÄMER 1964 (zu Platon und Aristoteles); SCOTT 1991 (zum Leben der Sterne); MOREAU 1939 (zur Weltseele); FESTUGIÈRE 2014 (II 1949); BOLL/BEZOLD/GUNDEL 1926, 20ff. mit den Anm. Gundels
[65] Der Unterschied von „Sternglaube" und „Sterndeutung" steht im Titel eines wichtigen Buches zur Astrologie (BOLL et al.: siehe die vorige Anm.). Dazu BOLL 1950 (1920), 63: „Sternglaube *und* Sterndeutung *sind, wie ich vorausschicken muss, nicht ohne weiteres identisch: der Glaube an die göttliche Macht und Beseeltheit der Sterne brauchte nicht notwendig zu dem Versuch zu führen, ein Menschenschicksal aus den Sternen zu lesen"*.
[66] Dazu jetzt etwa BULL 2018, bes. 383-394; vgl. FOWDEN 1986; WILDBERG 2020.
[67] Laut BROWN 2018, 55ff.; 414ff. wäre er schon in Mesopotamien gemacht worden.
[68] WILDBERG 2020. – Näheres dazu Kap. 6.
[69] Siehe nur etwa BOLL 1914 (zur Johannes-Offenbarung) oder CUMONT 1912; BOLL nahm das 'Phänomen' der historischen Kontinuität von Astrologie (und „Sternglauben") auch zum Indiz dafür, dass Oswald Spenglers Annahme von geschlossenen Kulturkreisen (als *„ der völligen seelischen Abgetrenntheit der verschiedenen Kulturen gegeneinander"*) irrig sein müsse (1950 (1920), 73): *„Ich sehe nicht, dass das Weltgefühl eines Astrologen des 15. oder 17. Jahrh. im Wesen von dem* verschieden gewesen wäre, *das sich im Gedicht des Manilius um Christi Geburt oder auch nur in der arabischen Literatur ausspricht."* (Folgt der Hinweis auf *„Jacob Burckhardts Glaube an die grosse Kontinuität der neueren Weltentwicklung"* die sich hier in einem lehrreichen Fall darstelle).

herkömmlichen Sinn keine ernsthafte Rolle in den antiken astrologischen Texten spielt. Jedenfalls dann nicht, wenn wir ausgesprochen deterministischen Fatalismus nicht mit Frömmigkeit gleichsetzen wollen – was, im Zusammenhang mit der Anschauungswelt der Stoa, durchaus möglich wäre. Doch spricht vieles dafür, dass die alles besiegende *ratio*, die Manilius besingt,[70] zwar die erweiterte Berechenbarkeit eines naturgesetzlich geordneten Kosmos anspricht – und doch dabei vorab die Kunst des Astrologen und die Macht seiner vermessenen Kalküle meint, und nicht die Übermacht der Götter, die sich hier im Gegenteil einer umfassenden 'Lesbarkeit' der Welt einzufügen hatten. Und für die Planeten – bei Platon noch die „neuen Götter",[71] die vermutlich Philipp der Opuntier als die „schönsten Standbilder der Götter" bezeichnet hatte[72] – gilt hier gewiss auch, was Cicero spöttisch zu den Himmelsgöttern der Stoiker anmerkt: dass ihnen, ewig durch physikalische Gesetze zum Kreisen gezwungen, ein eher schwindelerregendes Dasein beschieden sei[73]. Waren sie wirklich viel weniger profan als ihre modernen Pendants in Sachen physikalisch-genetischer Determination – etwa die Gene und sonstige Agentien unserer „Biologie"?

Da man vermuten darf (seit Franz Cumont),[74] dass für die Neubildung der Nativitäten-Astrologie ein (bilingues) ägyptisches Priestermilieu der späteren Ptolemäerzeit von entscheidender Bedeutung war,[75] ist auch hier die Frage nach einer 'religiösen Dimension' naheliegend. Doch kann man in den zuständigen Priestern auch einfach die 'indigene' intellektuelle Elite in Ägypten sehen. Sie kommt besonders deswegen in Betracht, weil das entscheidende Strukturelement der astrologischen „Häuser" (der *loci*), mit dem die schon im Nechepso/Petosiris-Text (**im Folgenden als NP-Text** bezeichnet) offenbar ziemlich vollständig vorhandene Systematik der Horoskopdeutung dann steht und fällt, mit guten Gründen aus ägyptischen Prämissen hergeleitet werden kann.[76] Aber auch das wiese nur auf ein (bikulturell-koloniales) Milieu und einen sozialen Ort hin, der für die Erfindung dieser neuen Technik astraler Prognostik wohl historisch bedingend war. Es erklärte aber das Eigenartige dieser Methodik noch nicht, sie liesse sich aus dem, traditionell mit der royalen 'Liturgie' verbundenen, Aufgabenhorizont ägyptischer Tempel nicht einfach herleiten, auch wenn man berücksichtigt, dass Divination im Verbund mit Himmelskunde (mit Rezeption mesopotamischer Parameter) schon vor den Griechen zum Bildungshorizont ägyptischer Priester gehörte.[77]

---

[70] *ratio omnia vincit* (IV 932; vgl. 1.95ff).

[71] Plat. Tim. 41a ff.; 42d; dazu KARFIK 2004, 117ff.; 139ff.

[72] (Plat.) Epin. 986a-987d; 984a.

[73] Cic. nat. deor. II 46 zu Epikurs Spott über den dauernd kreisenden Gott.

[74] 1937, 7; 113ff. und sonst.

[75] Zur Autorschaft des „Nechepso/Petosiris" (im Folgenden: *NP*)-Textes HEILEN 2011; 2015, 555ff.; QUACK 2018, 110-120; zu belegbarer astrologischer Tätigkeit in ägyptischen Tempeln der Kaiserzeit WINKLER 2016; 2021; generell zum ägyptischen Anteil dieser Astrologie QUACK 2018; WINKLER 2011(unpubl.); JONES 1999.

[76] QUACK 2018; 2016, 238, wonach das Häusersystem „*completely unknown in cuneiform texts*" sei: „*Evidently, decisive steps towards shaping ancient astrology into what we know as typical came about on Egyptian soil, and this is reflected in Demotic as well as Greek texts.*"; WINKLER 2016; GREENBAUM/ROSS 2010 (zum Aszendenten). Weitergehendes unten, Kap 5.

[77] QUACK 2018, bes. 109f. (mit der These, dass auch die Griechen mesopotamisches Wissen über Ägypten bezogen hätten).

Nun ist ja die Auffassung, dass eine Art göttlicher Vorsehung das Kontingente und Singuläre des Ereignishorizonts, in welchem sich unser aller Leben abspielt, in einen umgreifenden Zusammenhang stellt, der 'von oben her' sinnvoll oder konsequent erscheinen kann, allen antiken Kulturen rund um das Mittelmeer gemeinsam gewesen. Das ist eine Klammer, die Ägypten, Mesopotamien, Griechenland, Judäo-Palästina und Rom samt ihren als vergleichsweise unzivilisiert betrachteten Nachbarn verbinden konnte und nachweislich verbunden hat. So ist etwa babylonische Himmelskunde und Eingeweideschau offenbar ein 'Exportschlager' für alle umliegenden Kulturen gewesen, inklusive Griechenland und Rom, und dies lange bevor wieder die Astrologie dasselbe Terrain (bis nach Indien)[78] erobert hat. Und wenn man möchte, kann man auch das Christentum als eine Lehre göttlicher Providenz verstehen, die da noch alle Haare zu zählen vermag, die einer auf dem Kopfe trägt. – Dieses religiöse 'Phänomen' ist selber ein *„thomaston"*, eine „erstaunliche" Merkwürdigkeit im herodoteischen Sinne, und damit ein eminenter Gegenstand von „Historie"; und es hat wahrhaft kulturübergreifende und –verbindende[79] Dimensionen. – Doch in diesem grösseren Horizont einer „Ordnung des Singulären"[80], deren Erkundung, Behauptung oder auch Verkündung meist die Wissenschaft von Priestern gewesen ist, verliert sich die Frage nach dem Spezifischen der Nativitäten-Astrologie. – Um „Divination", um die Bestimmbarkeit des 'Bestimmten', um Fatalität und die Welt als Botschaft der Götter geht es natürlich auch, wenn man die Frage nach Astrologie stellt. Aber sie lässt sich aus einem entsprechenden menschlichen Bedürfnis nach 'Lesbarkeit', nach transtemporaler Struktur angesichts der zeiträumlich divergierenden Kontingenz[81] der Welt allein nicht verstehen. Denn das Angebot an, öfter rituell verankertem, Umgang mit dem überlegenen 'Götterwissen',[82] das solche Anordnung sinnstiftend erschloss, war vergleichsweise gewaltig, auch zu der Zeit, in der das 'Formular' des Horoskops erfunden wurde. Und es wurde 'priesterlich' professionell und in der Regel 'staatlich' protegiert, finanziert und kontrolliert verwaltet.

Was nun die neue Astrologie, die zu einem der 'nachhaltigsten' Theoriegebilde aller Zeiten[83] wurde, besonders charakterisieren könnte, und was damit auch ein Motiv

---

[78] Zu Indien PINGREE 1978; BROWN (*et al.*) 2018, 515-776; zu China BROWN ebd. 777-790; PANKENIER 2013.

[79] Das in jüngster Zeit noch übliche Wort „ökumenisch" hatte ja immer auch sozusagen einen Hauch göttlicher Vorgesehenheit um sich, und dieser Hauch wiederum wies von der christlichen Frohbotschaft unter anderem auf das pagane römische Sendungsbewusstsein des astrologiegläubigen Augustus zurück – laut PETERSON 1935, 28f. war es gerade die Erfahrung des Prinzipats als 'Weltherrschaft', die Philon v. Alexandria dazu brachte, die Gründertätigkeit des Augustus mit dem 'Weltordnung' schaffenden Akt des ausgesprochen „providentiellen" Demiurgen in Platons Timaios zu vergleichen (Phil. leg. ad Gai. 147).

[80] So der Titel einer online-Tagung, die in Zusammenarbeit mit und hauptsächlich organisiert durch Nesina Grütter (Basel) im Frühjahr 22 stattgefunden hat.

[81] Zur Kontingenz siehe Cic. Div. I 9: Divination gehe auf das „Zufällige" (*quae fortuitae putantur*) – und vgl. I 71, wonach Divination des Zufällige sozusagen aufhebt und in Notwendigkeit (oder Fatalität) verwandelt: *aliquid esse ita divinatum, ut nihil fortuito cecidisse videatur.*

[82] Dazu jetzt der Begriff *„surplus knowledge"* nach STRUCK 2016.

[83] Das legt der Umfang ihrer Rezeption und Anwendung nahe. Als Gesamtüberblick etwa BOLL/BEZOLD/GUNDEL 1926; KNAPPICH 1967, TESTER 1989, HOLDEN 2006, CAMPION 2008 und

für ihr hier postuliertes Auftauchen etwa im 2. Jhdt. v. Chr. in einem hellenistischen Kolonialreich hätte sein können, lässt sich wohl am besten von den elaborierten astrologischen Quellen her erforschen. Dazu muss man diese Quellen spezifisch befragen – es ist sehr wahrscheinlich, dass auch meiner Lektüre viele mögliche Antworten und Hinweise entgangen sind, weil ich gerade nach ihnen nicht suchte und ihre Relevanz übersah. – Was die oben aufgeworfene Frage nach der 'Frömmigkeit' dieser Astrologie betrifft, gibt es immerhin einige gewichtige Belege dafür, dass diese Astrologie sich selber als Instrument der religiösen 'Desillusionierung' sehen und dass sie auch so verstanden werden konnte. – So sei der Kaiser Tiberius laut Sueton gegen Götter und Religion gleichgültig gewesen, da er von Astrologie geradezu abhängig gewesen sei und einzig an das (errechenbare) *fatum* geglaubt habe.[84] Hier wird die Astrologie zum 'Instrument' eines religiösen Agnostizismus: Ersetzt sie nicht geradezu traditionelle „Religion"? – Jedenfalls betont der Astrologe Vettius Valens, dass die üblichen Opfer zum Beginn von Unternehmungen (das war „Religion") nutzlos seien, wenn die Konstellationen zum Zeitpunkt des Beginns schlechte wären (V 2,24).[85] – Es scheint, dass der Ausschliesslichkeitsanspruch dieser Astrologie, als eine Art Deutungsoberhoheit, einen durchaus 'naturwissenschaftlichen' Anstrich hatte. Und dieser ist auch gut bezeugt: gerade Vettius Valens betont öfter, dass er der *physis*, also dem Plausiblen schlechthin, folgen will: er will, im Stile des Thukydides, anstelle verworrener Buntheit das „Klare" darlegen (III 1,1),[86] alles strikt nach „natürlichen" Ursachen erforschen (VI 4,7), wobei er auch in den wissenschaftsgeschichtlich epochalen 'Originalton' des Thukydides verfallen kann, der ja seine mühsam erworbene Forschung abgrenzte gegen das „Sagenhafte" (*to mythodes*), ebenso wie des Thukydides 'Held' Perikles sich gegen das „Wortgeklingel" episch überhöhter Grösse stellte, um die reale und authentisch erlebte Grösse seiner Gegenwart zu schildern.[87] *„Dies habe ich nicht wie ein Dichter verfasst, nicht also wie manche, die entweder mit künstlich gesetzten Worten eine verführerische Vorlesung veranstalten oder auch die Hörer durch den Wohlklang des Versmasses betören, dabei aber märchenhaft erdichtetes, dunkles Zeug vortragen. Ich dagegen achtete nicht auf schöne Reden, sondern mühte und quälte mich gewaltig, nahm die Dinge wirklich in Augenschein, überprüfte sie und schrieb sie dann erst nieder. Die Erfahrung ist nämlich mehr wert als blosses Hören"* (Vettius Valens VI 9,7f.; Übers. Schönberger/Knobloch).

Dass sich Valens als Empiriker sah,[88] lässt sich belegen, und man sollte den Anspruch ernst nehmen, denn er war offensichtlich ein Praktiker der Astrologie, anders als etwa sein Zeitgenosse Ptolemaios, bei dem schon das völlige Fehlen von Beispiel-Horoskopen belegt, dass er an Astrologie ein, allerdings beträchtlich ausgreifendes, rein

---

VON STUCKRAD 2003 (mit Abstrichen), und nicht zuletzt die relevanten Passagen in THORNDIKE 1923-60. Als ausführlicherer Lexikonartikel sei hier bloss STEGEMANN 1931/2 erwähnt.

[84] *Circa deos ac religiones negligentior, quippe addictus mathematicae plenusque persuasionis cuncta fato agi.* (Tib. 69,1).

[85] Und siehe V 6,10: Gebete und Opfer ändern das Verhängte nicht, sind also für den 'rationalen' Astrologen sinnlos.

[86] Dazu schon KOMOROWSKA 2004, hier 178f.: Valens grenze sich ab, indem er das Vokabular von *„mathematicians and scientists"* strapaziere.

[87] Thuk. I 21,1; II 41, 2–5.

[88] Explizit auch II 1,2.

theoretisches Interesse hatte.[89] – Dagegen bemüht sich Valens immer wieder, seine eindringlich vorgetragenen Kausalverbindungen am 'lebendigen Beispiel' zu veranschaulichen und zu beweisen. Wobei es meist den Praktiker verrät, dass er sein eigenes Horoskop benutzt, weil ihm ja so der durch den Astrologen am besten 'observierbare' Lebenslauf zur Veranschaulichung dienen kann.[90] – Und es ist auch der Praktiker, der sich in der umständlich rechthaberischen Kasuistik verrät, mit der Kalküle als gültig bewiesen werden, die sich im Übrigen genau so abenteuerlich und skurril ausnehmen wie diejenigen seiner Berufskollegen,[91] in denen mit den Worten Franz Bolls *„phantastische Erfindung und eine eigensinnige Konsequenzmacherei miteinander zu ringen scheinen."*[92] Valens geht auf explizit „natürliche" Kausalitäten aus, und dies eben paradoxerweise dort, wo es um Bereiche geht, die wir gerade dezidiert einem 'kulturellen' Bereich zuschreiben würden, wie die Partnerwahl in der Ehe. Die zuständige Partnerschaft wird traditionell dem sogenannten 7. Haus (also dem Untergangspunkt am Ortshorizont) des Horoskops zugeschrieben, das tun eigentlich alle Astrologen, aber Valens meint explizit, dieses Eheverhältnis sei *„physikōs"*, also dezidiert „naturwissenschaftlich" auf das 7. Zeichen vom Aszendenten zu beziehen (II 38,2). – Das wäre dem Anspruch nach etwa einer behaupteten biologisch-genetischen Affinität zu einem bestimmten Partnertypus äquivalent (bloss dass die antiken Astrologen beim bloss Typologischen nicht stehenblieben: bei Dorotheus von Sidon kann man auch eine Frau bekommen, die einem Gift zu trinken gibt, an dem man dann auch stirbt)[93].

Auch der besonnene Ptolemaios betont ausdrücklich, dass man Prognosen offenbar nur von Dingen machen kann, die „eine *physis* haben",[94] und damit will er offensichtlich sagen, dass Astrologie deswegen möglich sei, weil sich ihre Voraussagen auf „physikalische" Verhältnisse der astronomisch verifizierbar gesetzmässigen

---

[89] Das lässt sich auch etwa zu Firmicus Maternus sagen, dessen Horoskop-Beispiele in der Regel exemplarische Fiktionen sind, dem also jener Ehrgeiz fehlt, seine Methoden durch 'Autopsie' seiner Praxis zu empfehlen, der m. E. den Berufsastrologen verrät.

[90] Siehe GRAFTON 1999, 380 zu Girolamo Cardano, der auch die Astrologie für eine *„zutiefst empirische Wissenschaft"* gehalten habe (ebd. ff. zu dessen Meinung, durch Sammlung zuverlässiger Genituren und der zugehörigen Lebensdaten die Mängel der Astrologie ausmerzen zu können). – Weiteres zur frühen Neuzeit (wo diverse Humanisten astrologische Autobiographien verfassten) bei NEWMAN/GRAFTON 2001, 9-14; VANDEN BROECKE 2003.

[91] So heisst es etwa zum Zeichen Stier *„schiefe Haltung und Lahmheit wegen des Fussgelenks, Augenschmerzen und gefährliche Anschuldigungen oder Beraubung aufgrund der Pleiade. Dieses Tierkreiszeichen ist aber auch servil und bringt Schandtaten hervor. Es bewirkt aber auch Zuckungen, Ausschneiden des Halszäpfchens, brandige Gesichtsschwären"* udgl. (II 37,7) – Zum Krebs erfährt man, mitten in einem Katalog medizinischer Pathologie: *„ wird von Wassertieren angegriffen"* (ebd. 37,10). Der Steinbock, nicht zuletzt für die Knie zuständig, macht laut Valens auch lesbisch (37,17). Der Schütze ist nicht nur gross gesonnen, sondern bewirkt auch Mundgeruch (36,16) – wobei ja der Mond im Schützen laut Rhetorios die „Brüder wegnimmt" (59 p. 109 HOLDEN) etc. – Die Beispiele für den mehr als gewagten Assoziationsstil – es geht ja hier um 'Entsprechungen' – liessen sich endlos vermehren. Auf eine ihnen eventuell entsprechende 'Psychologie' wird zurückzukommen sein.

[92] 1950, 74.

[93] *„ his wife will give him poison to drink so that he will die by means of it"* (II 26,13, p. 230 PINGREE).

[94] *physin echonton* (Ptol. Tetr. I 2,6).

Himmelskörperlichkeit stützen. Und er betont explizit, dass er (in der Astrologie!) naturwissenschaftlich vorgehen wolle (*kata ton physikon tropon*: II 1,53). Und dabei nimmt er offenbar eine fundamentale und dezidierte Kausaleinwirkung aus dem astronomischen *periechon* an (I 3,9). – Dass die Konstellationen der griechischen Astrologie kausal das sublunare Geschehen bewirken, und nicht wie in Mesopotamien als Botschaften der Götter in „himmlischer Schrift" anzusehen sind, hat wohl zuerst Francesca Rochberg hervorgehoben.[95] – Bei Valens zeigt sich das auch in der Wortwahl: die Planeten wirken ja spezifisch auf die Dinge ein, und so heisst es zu Mars, dass er Bestimmtes „bringt, herbeiführt" (*epagei*: I 1,22); oder er „macht" (*poiei*) etwa Handwerker mit „harter Materie" aber auch „Herrschaft" (*archas*) und Heerführung. Oder er „besitzt" das (*echei*) oder er „herrscht" über (*kyrieuei*) das Wesen (*ousia*) des Eisens (I 1,25). Und die Venus „ist" (*esti*) das Verlangen (ebd. 1,28) oder sie „bedeutet" (*semainei*) die Mutter des Nativen und „macht" (*poiei*) auch Priestertümer. Oder aber sie „bringt zustande" (*apoteleuei*) wenn gut positioniert (1,30). Oder sie „schenkt" gar (*didosi*), nämlich Vorteile durch königliche Frauen (1,31). Eventuell „hilft sie mit" (*synergesasi*), etwa beim Erlangen von Ruhm (ebd.).

Gewiss kann das alles und wird auch regelmässig im Rahmen des Repertoires zeitgemässer gelehrter Himmelsverehrung[96] als Aufweisen göttlicher Macht und kosmischer Providenz dargestellt, vorab in den Proömien der astrologischen Literatur oder in mehr literarischen Werken wie dem Lehrgedicht des Manilius. Der Berufsastrologe Vettius Valens spricht von der Schwierigkeit seiner Ausbildung (erfolglos ist er durch viele Länder und durch Ägypten gereist: IV 11,4) und betont, dass ihm am Ende das *daimonion* aufgrund von Vorsehung (*pronoia*) zu Hilfe kommen musste. Das göttliche Schicksal musste ihm dazu verhelfen, durch *autopsia* nach vielen Irrtümern eine „*heilige und unsterbliche Theoria*" zu erlangen (11,9), bei welcher es nicht zuletzt um seine Spezialität, nämlich die Errechnung und Zuordnung der differierenden Phasen eines Lebens ging. Dem folgt (11,11) der beschwörende Appell an die Leser, dies einzigartige Wissen geheimzuhalten: „*bei der Wölbung des gestirnten Himmels, beim zwölffachen Kranz der Tierkreiszeichen, bei Sonne und Mond und den fünf Wandelsternen, die unser ganzes Leben lenken, bei der Vorsehung selbst, bei der heiligen Notwendigkeit (*hiera ananke*)*" – man könnte das auch mit dem „heiligen Zwang" übersetzen, denn laut Passows Handwörterbuch ist die 'anankische' „*Nothwendigkeit*" immer auch etwas Unfreiwilliges, das sich gewissermassen gegen jede Autonomie durchsetzt.[97] – Was immer hier an religiös Erbaulichem verkündet werden könnte: eine fröhliche Botschaft ist es kaum, denn ihre Essenz scheint das Negieren von Freiheit und das Übergehen von menschlicher Autonomie zu sein. Und es darf in diesem Zusammenhang auch auf das Gewicht des „Anankischen" schon in den frühen griechischen Texten zur „Naturphilosophie" verwiesen werden: das Zwingende oder auch

---

[95] Etwa ROCHBERG-HALTON 1989; 1988, 1-17.

[96] Für sie spricht allein der ungeheure Erfolg der Phainomena Arats oder des platonischen Timaios, der die neue Göttlichkeit der Sterne lehrte (vgl. SCHMID 2007).

[97] Valens bezeichnet den vernünftigen Menschen auch als „*Soldaten des Schicksals*" (V 6,9) und uns alle als Knechte desselben: „*ist doch niemand frei und sind doch alle Knechte des Schicksals*" (VI 9,12). – Zu „Gesetzen des Schicksals" (*nomous tēs heimarmenous*) schon Platon (Tim. 41c).

'Unspontane' charakterisiert griechische Natur-Konzeptualität[98] gerade im Vergleich mit chinesischen und besonders markant von daoistischen Weltauffassungen.[99] Damit sei betont, dass der freudlose Determinismus hier durchaus auf einer 'griechischen' Annahme der Plausibilisierbarkeit der Welt unter „zwingenden" Prämissen der Naturgesetzlichkeit beruhen dürfte.[100] – Der „heilige Zwang", den Vettius Valens wörtlich beschwört, ist wohl vor allem der Zwang der Plausibilität und Folgerichtigkeit seiner Kalküle.

Das Abenteuerliche, Absurde und überdeterminiert Anmassende dieser kalkulierenden Kombinatorik zu beurteilen macht nun aber so lange wenig Sinn, als wir uns über das Motiv hinter dem nach den erhaltenen Quellen sehr erheblichen theoretischen Aufwand nicht im Klaren sind.[101] – Man kann ja Prognosen über Kontingentien viel gefahrloser im Ungefähren und Allgemeinen lassen – wobei natürlich einzuräumen ist, dass die 'cartesische Kautel' möglichster Irrtumsfreiheit von Aussagen mit wissenschaftsfähiger Relevanz hier noch keineswegs in Geltung war. – Es sollte auf jeden Fall nach dem „hermeneutischen" Prinzip die Frage nach einer möglichen Fragwürdigkeit gestellt werden,[102] auf welche das greifbare Quellenmaterial zur antiken Horoskop-Astrologie sinnvoll zu antworten vermöchte.

Ausgangspunkt dieser Untersuchung soll eine 'Ikonographie' des Horoskops im weitesten Sinne sein, um welches die Zeugnisse zu dieser Astrologie allesamt kreisen, bzw. das sie stets, als grundlegendes 'Formular', besprechen, konstruieren, deuten, errechnen. Das umfasst eine sehr reale astronomisch-geographische Komponente, als rationale und bildlich vorgestellte Konstruktion eines Ortshorizonts im Sinne einer exakten Lokalisierung, die auch eine physikalische Veranschaulichung und lokale Fixierung von Zeit und Zeitlichkeit impliziert. Dabei ist die mathematisierbare

---

[98] Eine Tendenz zur 'Physikalisierung' auch des Göttlichen lässt sich wohl auch einer Beobachtung HEILENs entnehmen, nach welchem der Wortgebrauch sich von Planetenbezeichnungen wie „Stern des Kronos" (=Saturn) zu „Kronos" mit der Zeit verschiebt: „Der sichtbare Himmelskörper und der Planetengott sind nun eins" (HEILEN 2015, 573). – Das Prinzip der „sichtbaren Götter" entsprach in der hellenistischen Welt auch den politischen Tatsachen, wo ja der sogenannte „Herrscherkult" die religiöse Ritualität zunehmend dominierte (PRICE 1984).

[99] Dazu SCHMID 2016, 178ff. (Mangel an Spontaneität im Vergleich); 210 (wo das mit dem Gesetzeszwang eines politischen Kollektivs verglichen wird, das nicht aus Neigung zusammenlebt). – Als Beispiel etwa Parmenides DK 28 B 10; den „Zwang der Natur" (ἀνάγκη φύσεως) betont im 5. Jahrhundert u. a. auch Euripides (Troerinnen, 884).

[100] Nach DK 22 B 11 gilt bei Heraklit „Jedes über die Erde hinkriechende Wesen wird mit der Peitsche gehütet".

[101] Ein solches Motiv für eine „would-be-exact-science" (5) wird bei LIGHTFOOT (2020) offenbar gar nicht vorausgesetzt.

[102] Eine solche bestünde etwa nach LIGHTFOOT in einer erfahrenen „Instabilität" der Welt: 2020, 5 zur „idea of instability" auch in den Evangelien. Sie spannt den – kaiserzeitlichen – Bogen von Vettius Valens über Seneca, Lukian, den griechischen Roman („Trimalchio's dining-room or Heliodorus' pirates") bis zu Jesus in Kapernaum. Und der Vorstellung „all the world's a stage" (ebd.). – Hier wäre die Astrologie ein auch für LIGHTFOOT pseudowissenschaftlich missglücktes Ordnungsangebot. Aber das erklärt nicht, was es von anderen, literarischen, philosophischen, religiösen und rhetorischen Ordnungsangeboten – man denke auch an traditionelle Kultausübung, an Priester-Divination, Orakel, Mysterien und Magie oder an den omnipräsenten Herrscherkult – unterschied und damit als ein zusätzliches empfahl.

Phänomenalität zugleich eine 'symbolische', dominiert in den griechischen Texten durch das Sphären-Weltbild, dessen wissenschaftlich-normatives Modell von dem Autor einer unserer einflussreichsten Quellen, Ptolemaios, stammt. Symbolhaft ist schon der Tierkreis als Zwölfteilung der Ekliptik, nicht weniger als die Zwölfteilung des Tages in Stunden und des Himmels in „Häuser". Und natürlich ist schon das Weltbild selber, das man als geozentrisch oder ptolemäisch bezeichnet hat, ein „Symbol" – ersichtlich als kugelhafter Abschluss, das einen „Weltinnenraum"[103] schafft und im unentwegten Kreisen um und in sich selbst auch eine Art von 'Autarkie' dieser, nach der griechischen Metaphysik „einzigen",[104] Welt realexistierend zum Ausdruck bringt. – Schon vor jeder astrologischen 'Spezialbedeutung' von Zeichen, Planeten, Himmelssektoren, Winkeln und Abstandssummen, welche sehr oft babylonischen, im Fall der „Häuser" und „Dekane" sicher ägyptischen Ursprungs sind, liegt dem Horoskop als astronomischem Formular ein Bündel physiko-theologischer Annahmen zugrunde, die in den astrologischen Handbüchern meist nicht reflektiert oder besprochen werden, und die von den Astrologen aus der zeitgenössischen Philosophie, von der Akademie bis zur Stoa, nach Bedarf bezogen werden konnten.[105] Dabei war es nicht notwendig, in die Tiefen platonischer oder aristotelischer Kosmo-Theologie eingeweiht zu sein, ebensowenig in die Finessen hipparchischer Trigonometrie oder später in ptolemäische mathematische Modellbildung. Ein gewisses Flair für kosmische Relationen, vergleichsweise viel astronomisches Laienwissen und wohl auch die Ansicht von der Göttlichkeit der Gestirne dürften, schon über den Einfluss der Stoa, zur 'Normalbildung' hellenistischer Intellektueller gehört haben.

Das Horoskop war als Instrument von Erkenntnis in eminenter Weise ein deutbares Zeichensystem, und in den erhaltenen Handbüchern finden sich vor allem Regeln zur Deutung für den Astrologen. Damit sind sie Reflexion offenbar vorhandener Praxis, in der sich fragende Klientel und deutender Experte gegenüberstehen mussten. Und natürlich lassen sich hier Rückschlüsse ziehen über die Bedürfnisse der Fragenden und die Strategien der Experten, wobei zu beachten ist, dass diese Handbücher in der Regel von Experten für Experten geschrieben sind (der Standpunkt der fragenden Klienten kommt eigentlich nicht oder nur indirekt vor), dass sie tendenziell die eigene Methode anpreisen und rechtfertigen und überhaupt Reklame-Charakter aufweisen. Wir können aus ihnen nicht ohne weiteres auf den realen Verlauf des grundsätzlich mündlichen Ereignisses einer astrologischen Beratung schliessen. – Und doch können wir Strukturen einer Betrachtbarkeit, eines Umgangs mit dem fragwürdigen Ereignischarakter menschlichen Lebens aus diesen Quellen erschliessen. Ja, wir können diese Texte auch zu einer ihnen möglicherweise innewohnenden 'Psychologie', und deren Eigenart im Vergleich zu anderen möglichen, befragen. Dies im Rahmen einer arbeitshypothetischen Annahme, wonach diese offenbar recht verbreitete Horoskopdeutung Menschen eine bestimmte Identität zuschrieb, in der sie als ontologische Individuen durch ihre Fatalität vereinzelt und als solchermassen Vereinzelte kenntlich oder lesbar werden sollten. – Damit werden Definitionsfragen aufgeworfen: Was ist Individualität? Kann Individualität zur Grundlage von Identität werden – gerade

---

[103] Von einem „autonomen Weltinnenraum" spricht RUDOLPH (1992, 33).

[104] Zur Einzigkeit der Welt etwa Arist. Met. 1074a 30-38; cael. I 8-9.

[105] Im Falle des doch wohl einflussreichen Thrasyllos (zugleich als Platon-Herausgeber tätig) war das der Neupythagoreismus (TARRANT 1993; SCHMID 2005, 305ff.).

in Rücksicht auf moderne Theoretisierungen von Identität, Subjektivität, Individualität – und wie verhält sich dies zu einem Anspruch exklusiver Modernität des Individuellen? Zugleich ist nach einem Konzept von Zeit und Zeitlichkeit und nach deren Lokalisierung in einem räumlichen Horizont zu fragen, der bei geographisch (oder „klimatisch") dem Anspruch nach exakter Ortsbezogenheit unzweifelhaft ein „globaler" ist.

Über solches Befragen der Quellen nach strukturellen Eigenheiten sollen hier auch Fragen nach dem sozialen und mentalen Ort dieser Theorie als Praxis formulierbar werden. So die Frage nach „Religion" (wo die astrologisch aktive Zone „supralunarer" Agentien und Parameter nach allen Quellen prinzipiell als göttlich angesehen wird, womit ein Horoskop auch als Formular einer Bezogenheit auf oder Involviertheit in das Göttliche interpretiert werden muss), einer Religion, die in den Gesellschaften, auf die wir uns zu beziehen haben, als rituelle Ausübung eng mit der Monarchie und der Funktion und 'Liturgie' des Königtums verbunden war. Mit einem religiösen Potential hängt dann auch die Nähe oder Affinität etwa zu Hermetismus oder Alchemie zusammen. Und vielleicht auch das Personal, das man hinter der gründenden 'Konstruktion' vermuten kann; ich denke an den pseudonymen NP(=Nechepso/Petosiris)-Autor, den man ganz hypothetisch als Phantom eines Autors in den Umrissen einer historischen und sozialen Position zu (re)konstruieren versuchen kann: in ihm kann man seit Cumont einen hellenisierten ägyptischen Priester wenigstens mit einiger Plausibilität vermuten.[106] Und damit einen indigenen, bilinguen Intellektuellen in einem hellenistischen Kolonialreich, der, vergleichbar mit besser greifbaren Figuren wie Manetho oder Berossos,[107] das griechische Medium benutzt um teils nicht-griechische Inhalte zu theoretisieren – im Falle der eben genannten das 'Medium' der Geschichtsschreibung, im Falle der pseudonymen NP-Autorschaft die 'Physikalität' der griechischen Astronomie, die sich wohl hinter dem Determinismus verbirgt, den offensichtlich und stilbildend schon diese kanonische „Bibel"[108] der griechischen Astrologie wenigstens dem Ansatz nach enthalten haben dürfte.

In gewisser Weise geht es also darum, einen idealtypischen Exegeten des Horoskops als eines „Geburtsformulars" aus den Quellen zu konstruieren, und damit auch Umrisse einer Praxis und von Bedürfnissen der 'Klienten', die als das theoretisierte oder objektivierte Gegenüber dieser Exegese (wovon?) zu supponieren sind. – Verkürzt würde dann einfach die Frage gestellt: Was ist eigentlich ein (antikes) Horoskop, als ein ganz offensichtlich 'suprakulturelles' und übernational erfolgreiches Format von Identität oder Identifizierung, und was will es eigentlich beschreiben? – Dies lässt sich methodisch, nach Eric Voegelin, auch als die Suche nach dem „Erfahrungsgehalt" (*experiential core*) von „Symbolen" bezeichnen: „*Um kulturell, mental oder religiös tragenden Konzepten auf die Spur zu kommen, müsse man zu dem „Erfahrungsgrund" („*experiential core*") vordringen, der ihnen Bedeutung gab, als sie neu entstanden oder ihre Bedeutung wandelten".*[109] Was ich in einer früheren Monographie auf einen Begriff des

---

[106] GUNDEL/GUNDEL 1966, 30ff.; HEILEN 2011; 2015, 39-52; 555ff.; RYHOLT 2011; QUACK 2018, 110-120
[107] DILLERY 2015.
[108] BOLL/ BEZOLD/ GUNDEL 1926, 23f.
[109] So SCHMID 2016, 15f.

„Geschichtlichen" anzuwenden versuchte,[110] das liesse sich hier auf das Horoskop als ein in diversen Quellen wortreich umkreistes ganzes System an „Zeichen" und Verweisen übertragen. Wobei die postulierte und in durchgehenden Analogien angewandte Kohärenz offensichtlich durch ein sphärisch in sich geschlossenes Modell des Kosmos garantiert wurde. Und diese 'Kohärenzbasis' wurde auch anschaulich dargestellt – sie galt als 'realexistent'[111] – in Arbeitsgeräten, die etwa modernen Ausdruck-Formularen entsprachen, die vom Astrologen ausgefüllt werden konnten und immer die Kreisform der Ekliptik in graphischer Abstraktion enthielten. In der Antike waren rein graphisch wohl nur ein Kreis (für Himmelskugel/Ekliptik) und die beiden Hauptachsen der astronomischen Phänomenalität eines Ortshorizontes, nämlich die Horizontlinie und die Linie der oberen/unteren Kulmination, also das Achsenkreuz von Aszendent/Deszendent (*horoskopos/dysis*) sowie Medium Coeli und Imum Coeli (*mesuranema/antimesurenma*)[112] als Basis-Visualisierung nötig – Siehe Abb. I, II und III.

Weitere Details, vorab die Einteilung der Häuser, die in der Regel einfach der Abfolge der Tierkreiszeichen entlang führte, sowie die genauen Positionen der Planeten samt ihren Abständen und sonstigen astronomischen Relationen, konnten schriftlich ergänzt oder eingetragen werden.[113]

Das hier zu erforschende „Formular" hatte eine anschauliche Dimension – es war ja eine graphische Abstraktion der Welt oder der Weltlichkeit, wie sie sich für einen bestimmbaren Horizont astronomisch präsentierte. Die Frage danach, wofür das nun wohl stehen sollte, was es beschreiben, bewirken oder ansprechen wollte, könnte uns dann auch eine neue Hinsicht auf die alte Frage nach den Ursprüngen[114] dieser Astrologie eröffnen.

---

[110] Ebd. *passim*: Die Historie, verstanden als ein solches „Symbol", verwies auf die Erfahrung kollektiver Autonomie auf politischer Grundlage, in welcher sich eine menschliche „Eigenwelt" profilierte, ein Selbstbezug des Humanen, den ich auch als „neue Sichtbarkeit" bezeichnet habe. In ihr wird der menschliche Bereich zur Bühne einer neuen, wahrnehmbaren und erzählbaren, „Grösse", deren Autonomie sich unter anderem darin kundtut, dass es in diesem Bereich vor dem Humanen kein Entrinnen mehr geben kann.

[111] SCHMID 2006.

[112] Siehe die Abbildung bei NEUGEBAUER/VAN HOESEN 1959, 18.

[113] Zum vermuteten fortgeschrittenen Gebrauchswerkzeug einer illustrierten Tafel, mit diversen 'Markern' zu belegen, siehe EVANS 2004; ABRY 1993; KÜNZL 2005, 13ff.; allgemein zu Tierkreisdarstellungen GUNDEL 1992.

[114] Zuletzt dazu umfassend BROWN 2018.

2: Das Formular

Ein Horoskop ist gewissermassen ein Modell vom Aussehen der Welt an einem bestimmten Ort zu einer bestimmten Zeit. Es entspricht einer Vorstellbarkeit der Welt und sagt viel über die Möglichkeiten der Theoretisierung des Ganzen zur Zeit des Gebrauchs dieses Vorstellungsmodells aus, dessen astronomische Basis durchaus normativen und damit universal akzeptablen Charakter hatte. Das war der Bereich, den man bis heute auch für „wissenschaftlich" hält, und er ist in mathematisierbaren Parametern nachvollziehbar, so dass man in seinem Rahmen, also „astronomisch", auch die Technizität dieser Formulare reproduzieren, sogar kritisieren oder verbessern kann.[115]

Aber die 'Aspektualität' als die Aussicht von einem bestimmten Zeit-Ort auf die Welt ist gleich wieder zu relativieren: ein Horoskop ist eine Abstraktion, das die wichtigsten Parameter einer astronomisch lokalisierten Weltlichkeit als Welt-„Konstellation" festhält und zur Darstellung bringen kann. Und dabei ist die Sichtbarkeit nicht auf die konkrete Anschaulichkeit, auf die Landschaft eines konkreten Horizonts angelegt: Es kommt nämlich zur Darstellung eine verallgemeinerbare und verallgemeinerte Phänomenalität dieses Horizonts, die den Himmelskreis als Ekliptik (scheinbare Sonnenbahn) mit den bekannten und möglichst positionsgenau auf dieser Ekliptik verorteten Planeten nachvollziehbar evident oder 'ablesbar' machen will. Deshalb sind auch die nicht sichtbaren Planeten und Konstellationen unter dem Horizont Teil des dargestellten Ensembles.

Genau genommen handelt es sich beim Horoskop als Weltmodell auch nicht um einen 'Ausblick' – oder mindestens um eine sehr hybride Weise der Perspektivierung. Zwar stellt ein Horoskop den Ortshorizont zu einem bestimmbaren Zeitpunkt dar: im Beispiel des Horoskops des späteren *princeps* Augustus also den Horizont von Rom kurz vor Sonnenaufgang[116] am 22. September des Jahres 63 v. Chr. – das war der 'Zeit-Ort' der Geburt des Augustus, wobei das selbstverständlich einer modernen Kalendarisierung entspricht und als Datum nach zeitgenössischem Standard ganz anders zu formulieren gewesen wäre (behaftet mit dem zusätzlichen Problem einer kalendarischen Unordnung in Rom vor der julianischen Reform).[117] – Siehe Abb. III.

Aber die Zeit (hier der Geburt des Augustus), nach unseren Massstäben, lässt sich durch direkte und indirekte Angaben über astronomische Realien seines Horoskops[118] einigermassen plausibel rekonstruieren. – Wir hätten als konkret Anwesende in Rom damals bei unbewölktem Himmel vor der Dämmerung den hellen

---

[115] NEUGEBAUER/VAN HOESEN 1959; JONES 1999; BROWN 2018, 390-455; HEILEN 2015, 587-632.

[116] *paulo ante solis exortium* laut Sueton (Aug. 5); dazu und zum korrekten Datum SCHMID 2005, 19-30.

[117] SCHMID ebd.; BRIND'AMOUR 1983; generell FEENEY 2007.

[118] Hier vor allem, nebst der Zeitangabe Suetons, die eigentlich für eine Horoskopberechnung recht genau ist – ich habe eine Viertelstunde vor Sonnenaufgang berechnet – der Hinweis auf die Bedeutung des Zeichens Capricorn in der Ikonographie der 'Augustus-Identität' (SCHMID ebd. *passim* mit weiterer Lit.; dazu, mit Abstrichen, TERIO 2006).

Jupiter in der Himmelsmitte beim Kulminationspunkt der Planetenbahn klar erkennen können. Schon schwerer zu sehen gewesen wären bei unverstelltem Horizont im Westen der rötlich schimmernde Mars mit dem schwach sichtbaren, 'bleiernen' Saturn. Die Dämmerung hätte aber die Sterne am Himmel von Osten her unsichtbar gemacht, und auch der über dem Horizont im Osten stehende Merkur wäre vom Licht der nahen Sonne 'verschluckt' und nicht sichtbar gewesen. – Die Venus (im Zeichen Skorpion) stand ebenso unter dem Horizont wie der Mond im Steinbock. – Der Rest der unzähligen Gestirne, ob sichtbar oder nicht, spielte erst einmal keine Rolle. Diese Gestirne wurden in verschiedenen Systemen zusätzlich berücksichtigt als die sogenannten „Paranetellonta", also Sterne, die mit dem Horizont aufgehen und nicht schon in den „Tierkreiszeichen" der Ekliptik enthalten waren.

Bevor wir zum hauptsächlichen Gliederungsmerkmal der himmlischen Topographie, dem Tierkreis kommen, hier noch eine grundsätzliche Anmerkung zur Vorstellbarkeit der Kreis- oder Sphärenform des Himmels. Diese ist nicht bare Gegebenheit der Welt als solcher, sondern ein geometrisch explizites Modell ihrer Vorstellbarkeit. Und in dieses Modell sind Erfahrungen, theoretische Auseinandersetzungen, sind Krisen der politischen Lebensform und ihrer Öffentlichkeit im Rahmen einer 'idealistischen' Bewältigung eingegangen.[119] Es enthält das 'welt-anschauliche' Fundament dessen, was man als griechische Metaphysik bezeichnet.[120] – Damit ist auch impliziert, dass diese enorm einflussreiche Metaphysik eine weltlich-kosmologische und damit auch phänomenale oder 'physische' Basis hatte, die sie erst in der Neuzeit, nach Descartes und Galilei, wieder verlor. Und diese sichtbare, im vielfach dargestellten Himmels-Globus haptisch greifbare Gegenständlichkeit des „metaphysisch" und sphärisch Idealen bildete der Himmel als der *kosmos/ouranos*,[121] der seit Platons Timaios zu einem neuen Referenzpunkt des *physis*-Denkens, also der 'Natur'-Wissenschaft, wurde. Und er wurde dies als ein sehr hybrider Körper, der in seiner 'aitherischen' oder 'quintessenziellen' Physis[122] ebenso Gegenstand der Naturbetrachtung wie religiöser Verehrung sein konnte. Seine Physik, als mathematische Astronomie, die erlauchte Namen der Wissenschaftsgeschichte erforschten und entwickelten, war zugleich Theologie.[123] Und was das Hybride betrifft, so lässt sich plausibel machen, dass für die neue 'geometrisierende' Kosmosfrömmigkeit der Griechen das Vorbild babylonischer Sternkunde und ägyptischer Priesterweisheit ein wichtiger Anstoss gewesen sein muss.[124] Und zwar nicht nur für die Frömmigkeit, sondern auch für Platons wegweisenden Glauben an eine essentielle Mathematisierbarkeit der Welt als Kosmos, der im Timaios zum Versuch geführt hat, die Welt aus Zahl und Symmetrie entstehen zu lassen.[125]

---

[119] Schmid 2009; zur Sphäre Lerner 1996; Montelle 2020.

[120] Schmid 2006.

[121] Zur platonischen Synonymik von *kosmos* und *ouranos* siehe Festugière 1949, 128 Anm. 2; 244 Anm. 4 (= 2014, 600; 716).

[122] P. Moraux, RE XXIV (1963), 1171-1263 s. v. *Quinta essentia*; Schmid 2005, 167 A 235 mit weiterer Lit.; dazu Cic. Acad. Post. I 7,26 zum *quintus genus e quo essent astra mentesque*.

[123] Ausführlicher dazu Schmid 2005, 158-174; 2007 zur „*Physiko-Theologie*".

[124] Schmid ebd. 152ff. zu einer älteren Debatte über den Einfluss des Orients auf Platon. – Näheres dazu im letzten Kapitel.

[125] Ebd. 133 zur grundlegenden Symmetrie von Platons Weltkonzept.

Wir haben hier also ein 'frommes' Formular, denn es stellt als Modell eine Einkreisung des menschlichen Erlebnishorizonts durch Sphären dar – die Planetensphären galten als transparent und beseelt, da sie im platonischen Sinne 'selbstbewegt' waren[126] –, die als Manifestationen göttlicher Vitalität[127] galten. Die Göttlichkeit der Gestirne ist auch jenseits von Astrologie ein tragendes Element hellenistischer Religiosität gewesen, nicht zuletzt bei der griechischen und gräzisierten Bildungsschicht.[128] – Wenn das Horoskop als Formular etwas beschrieb oder theoretisch objektivierte, dann musste das Beschriebene als bestimmt oder definiert durch divine Parameter erscheinen, die ihre bestimmende Funktion als mundane Agentien von den Rändern der Welt her ausübten, von der göttlichen Schale, die die Welt umgab. Ein Gedanke, der Aristoteles, den zentralen Architekten dieses 'uranozentrischen' oder 'uranokratischen' Weltvorstellens, keineswegs irritierte – dächten doch alle Menschen, Barbaren wie Hellenen, sofern sie überhaupt an Götter glaubten, dass diese im Himmel residierten.[129]

Das ideale Modell globalen Zusammenhalts der Welt, welche durch die göttliche Schale ihrer Wirklichkeit begrenzt wurde, die zugleich unendlich geistvoll, ja der „Geist" selber[130] war, hatte allerdings einen Haken, der das Modell allerdings zu 'imperialen Verwendungen' umso geeigneter erscheinen ließ.[131] Der Globus, der primär ein Himmelsglobus war,[132] war ja ein Modell, in dem die Welt sozusagen eingeschlossen war in die Kugel ihrer Vorstellbarkeit. Als diese Kugel war die Welt gefangen in ihrer Oberfläche (astronomisch genauer: in einem System konzentrischer Oberflächen).[133] Die Welt war damit als ‚endgültiges' Phänomen gleichsam unter das ‚Auge Gottes' gebracht – d. h. eigentlich in das Wahrnehmungsfeld einer absolut autonomen Subjektivität.[134] Damit wäre der Globus das Symbol des imperialen Anspruchs eben dieses Subjekts: nämlich seiner Autonomie gegenüber der Welt, seiner Weltlosigkeit, die sich in der Betrachtung von Himmelsgloben gerade als welterhaben inszenierte. Der Anspruch zeigt

---

[126] LERNER 1996, 75; TAUB 1993, 113ff.; SCHMID 2006. – Zum Leben der Sterne ist Grundlegend SCOTT 1991.

[127] Nach GUNDEL/BÖKER 1972, 467 sei der *Zodiakos* eigentlich nicht der „Tierkreis", sondern der Kreis der „Lebewesen" (*zodia*) und das wird mit der platonischen, aristotelischen und stoischen Auffassung vom Leben der Sterne in Zusammenhang gebracht.

[128] SCHMID 2005, 158 (mit Lit): in der älteren Forschung finden sich Begriffe wie *„Sternreligion", „star-religion", „stellar religion"* (zu Aristoteles), *„astral religion"* oder *„Sternfrömmigkeit"*, auch *„mysticisme cosmique", „religion du Dieu cosmique"* oder einfach *„religion du monde"*.

[129] Arist. De cael. 270 b5-21; vgl. Met. 1074 b1-14 (zur uralten Überlieferung der Göttlichkeit der Gestirne).

[130] Arist. Met. XII 7.

[131] Zur Verwendung des Globus als 'Symbol' weltumgreifender Dominanz jetzt SCHMID 2017.

[132] Zur Debatte über die Priorität von Himmels- und Erdglobus SCHMID 2005, 248 A 14.

[133] SCHMID 2006.

[134] Diese Konsequenz muss man ziehen in Anbetracht antiker Himmelsgloben, die in der Tat ‚von außen' angeordnet sind, d. h. dass die Sternbilder alle seitenverkehrt dargestellt worden sind, nicht wie sie ein irdischer Betrachter als das ‚Obere' wahrnehmen würde. Wir betrachten sie *„wie von ausserhalb des Himmelsgewölbes, auf die imaginäre Aussenhaut des Himmelsgewölbes blickend."* (KÜNZL 2005, 65). – In China, wo man nie von einem 'extramundanen' Standort her argumentiert hätte, wäre solche Aussensicht undenkbar gewesen.

sich als Zugriff einer Rationalisierung, die aus dem ‚Extramundium' jener kollektiven Autonomie heraus, die sich politisch ihre eigene Welt geschaffen hatte, die Welt zu ‚ihrer' Erscheinung sozusagen ‚herunterformatiert' hatte: zu dem, was dem politisch autonomen, weil Eigenwelt bildenden Subjekt erschien, was somit unter **seine** Wahrnehmbarkeit fiel.[135]

Die sphärische Abstraktion des Horoskops enthält also auch das Bekenntnis zu einer Rationalisierungsmethodik, die dem griechischen *physis*-Konzept entspricht. Diese Methode operierte sozusagen aus einer imaginären Gegenwelt heraus, die ihrerseits aller Welt wie einem in sich 'verkugelten' Ding oder Gegenstand gegenüber lag. Diese Gegenwelt war die Welt der Autonomie des Menschlichen; ich habe sie eine „Eigenwelt" genannt und ihre Autonomie oder Eigenweltlichkeit als das Politische bezeichnet.[136] Und damit ist wiederum impliziert, dass dieses hier vorgestellte Modell auch durch Erfahrung und mentale Horizonte griechischer Polis-Gesellschaften und spezifisch durch den Einfluss ihres „Natur"-Begriffs geprägt worden sein muss.

Der Natur-Begriff oder eine ihm gemässe *physis*-Rationalität wiese auf eine erfahrene „Autonomie" hin, nämlich auf die Autonomie eines beobachtenden Subjekts, welches diese Autonomie einem kollektiven Selbstbezug verdankte, der sich „politisch" wohl erstmals eine 'Welt' geschaffen hatte, die sich mundanen Parametern entzog. In dieser politischen, kulturellen oder inter-humanen Eigenwelt wurde sich das Humane selber zur Bedingung und zum Gesetz, und eben dieses sich-zur-Bedingung-Sein war es, was in den Volks-Versammlungen auf den *agorai* griechischer oder „hellenistischer" Städte inszeniert worden ist, solange dort noch der Status des „Politen" etwas galt. Im gemeinsamen Entscheiden inszenierte sich somit eine Freiheit von allem, was diese Autonomie des Entscheidens über das Entscheidende verhindern oder schmälern konnte. – Es gab eine Welt, in der der Mensch zum entscheidenden Akteur geworden war, und ihre „Geschichte" wurde von Thukydides, und vor ihm von Herodot, erstmals erzählt: in ihr war der Mensch zur unentrinnbaren Bedingung für seinesgleichen geworden. Es gab vor ihm unheimlicherweise kein Entkommen,[137] was schon der berühmte „Melier-Dialog" des Thukydides[138] anschaulich werden liess.

Die „Natur" war eigentlich alles, was jenseits dieser neuen Selbstmächtigkeit des Humanen als des politisch oder im „Allgemeinen" entscheidend gewordenen Subjekts

---

[135] Siehe Platon, *Theaitetos* 167c: „*Denn was jedem Staate* (πόλις) *schön und gerecht erscheint* (δόκῃ), *das ist es ihm ja auch, solange er es dafür erklärt*" (ταῦτα καὶ εἶναι αὐτῇ ἕως ἂν αὐτὰ νομίζῃ); vgl. 172a: „*was in diesen Dingen der Staat für eine Meinung fasst und daran festhält als gesetzmässig, das ist es nun auch für jeden in Wahrheit, und in diesen Dingen ist um nichts weiser ein einzelner als der andere noch ein Staat als der andere*" (Übers. Schleiermacher; wird als Ansicht des Protagoras referiert).

[136] Schmid 2016; 2020.

[137] Diese Unentrinnbarkeit des Politischen ist in der Zeit von dessen modern-bürokratischem Ausbau in zwei Romanen Franz Kafkas („Der Prozess" und „Das Schloss") mit grosser Eindringlichkeit beschrieben worden. Der Autor beschrieb in ihnen eine „alternativlose" Macht, die ihn selber als Juden unfehlbar getötet hätte, wäre er nicht schon in jüngeren Jahren einer Krankheit erlegen.

[138] Thuk. V 85-112; vgl. dazu Schmid 2016, Reg. s. v. Melierdialog.

lag. Sie war ein Bereich mit eigenen Gesetzen,[139] die von dem politisch omnipotenten Wollen oder Dafürhalten[140] der Bürger-Subjekte nicht abhingen und von ihm nicht verändert, sehr wohl aber ausgenutzt werden konnten. Das Wissen um die Regelfälle der aus sich selber bewegten 'natürlichen' Welt war der Schlüssel zu einer Berechenbarkeit, in deren Namen das autonome Subjekt diese Welt als das „Natürliche", wesentlich Einsehbare und dem Zwang[141] ihrer (seiner?) Folgerichtigkeit Gehorsame in Schach oder unter Beobachtung hielt.

Natur ist also das wesentlich Beobachtbare,[142] sie ist phänomenal oder das Erscheinende und impliziert und akzentuiert somit die Prominenz eines beobachtenden Subjekts.[143] Seit der Neuzeit wird diesem Subjekt auch explizit Herrschaft über die ihm phänomenal verfügbar oder nützlich gewordene Welt als „Natur" zugesprochen, etwa bei Descartes, der die „praktischen" Kenntnisse über Kräfte und Wirkungen hervorhebt: *„nous les pourrions employer en même façon à tous les usages auxquels ils sont propres, et ainsi nous rendre comme maîtres et possesseurs de la nature".*[144] Und in ähnlichem Sinne bei Hume: *„The only immediate utility of all sciences is to teach us how to control and regulate future events by their causes."*[145]

Das sind nun aber dezidiert neuzeitliche Positionen, und in der Tat wird öfter die Natur-Begrifflichkeit überhaupt, besonders aber ihre markante Autonomie im betonten Gegensatz zum „Kulturellen", spezifisch der Moderne zugeschrieben.[146] Doch dabei handelt es sich um ein Missverständnis, denn es ist offensichtlich, dass die seit dem letzten Viertel des 5. Jahrhunderts v. Chr. in Griechenland intellektuell sehr einflussreiche Antithese von *nomos* und *physis* genau den Gegensatz von „Kultur" und „Natur" hervorhebt und damit eine Tradition begründet.[147] Das verweist auf eine gewisse 'Modernität' griechischer *physis*-Rationalität – und zugleich auf ein ernsthaftes Problem, das sich jedem Versuch, antike Natur-Konzeptualität zu theoretisieren, stellen muss, ein Problem, das allerdings als solches nicht wahrgenommen wird.

---

[139] Eine Definition einer *"modern Western conception of nature"* etwa bei Rochberg 2016, 40: *„an independent physical realm of material phenomena subject to its own laws, one that could be considered with 'detachment'".*

[140] Vgl. die Formel *„es schien dem Demos richtig".*

[141] Zum „Anankischen" bei den „Naturphilosophen" siehe oben, 28f.

[142] Vgl. Spaemann 2010, 21 zur neuzeitlichen Naturwissenschaft: *„In dem Masse aber, wie sie in der Behandlung ihres Gegenstandes diesen zunächst auf das pure Vorhandensein im Raum zu reduzieren suchte, musste ihr der Begriff 'Natur' ein gleichgültiges Synonym für 'alles Beobachtbare' werden."* – Zur fundierenden Phänomenalität schon des frühen griechischen Natur-Verstehens Schmid 2016, bes. 182-195.

[143] Schmid ebd., 100, wo Heinrich Barth zitiert wird (1966, XI), nach welchem das „Sein" ein Erstes und Letztes „dem Wesen nach" sei, dagegen Erscheinung ein Erstes und Letztes „in Rücksicht auf uns", sowie Hannah Arendt (1998, 55): „was auch erscheint, es ist auf einen Empfänger gemünzt, ein mögliches Subjekt".

[144] Discours de la méthode VI 2, 62.

[145] *An Enquiry concerning Human Understanding*, zit. nach Rochberg 2016, 159.

[146] Schmid 2020 (mit Belegen); 2016, 165-218. – Dazu etwa die typische Aufassung Jack Goody's, wonach die Kultur/Natur-Dichotomie als *„eighteenth-century piece of western intellectualism"* anzusehen sei (zit. nach Rochberg ebd. 44).

[147] Schmid 2020, 97f.; dazu Lovejoy/Boas 1935, 106 ff.; Heinimann 1945; Müller 2003, 17 f. zu *nomoi* und *technai* als antiken Entsprechungen des Begriffsfelds „Kultur".

Nimmt man nämlich den oben zitierten Text aus Descartes, so wird sofort deutlich, dass seine 'utiliaristische' Emphase aus einem polemischen Zusammenhang stammt. Descartes wendet sich gegen eine 'ältere' Theoretisierung der Natur – nennen wir sie provisorisch eine „antimoderne"[148] –, die er als *„cette philosophie spéculative, qu'on enseigne dans les écoles"*[149] bezeichnet. Mit dieser unpraktischen oder „spekulativen" Philosophie ist offensichtlich gemeint die Naturvorstellung, die von der griechischen Metaphysik und ihrem theologisch[150] orientierten Essentialismus geprägt worden ist. Das Vorstellen der „Natur" ist vorab im Gefolge des platonischen „Timaios" grundlegend revidiert worden, man könnte von einem 'kosmifizierenden' oder 'uranokratischen' Paradigmenwechsel des Denkens sprechen.[151] In ihm spielte eine nicht geringe Rolle die Einführung des „Vorsehungs"-Begriffs (griech. *pronoia*) in das Naturkonzept als in die 'Akropolis' einer durch Autonomie des Betrachters geprägten Rationalität.[152] – Wie sehr sich die Naturvorstellung gewandelt hatte gegenüber einer älteren, durchaus mechanistischen und nicht-teleologischen Naturkonzeption bei den Vorsokratikern und den Sophisten,[153] zeigt sich schon bei Aristoteles, wenn dieser explizit *physis* als *telos* definieren[154] konnte: *„Wie beschaffen ein jegliches ist, nachdem sein Werden zu Ende gekommen ist, das ist, so sagen wir, seine Natur."*[155]

Das ist zunächst ein sehr komplizierter, vielleicht auch etwas hybrider Befund: denn Aristoteles, dessen Definitionen auch für die aktuelle Forschung noch erhebliches Gewicht haben, kann den modernen Interpreten, der ihm ein griechisches Auffassen der „Natur" entnehmen will, in die Irre führen, wenn er den grundlegend revisionistischen Charakter dieser Definitionen verkennt. Denn in ihnen steckt wie schon bei Platon erstens eine Kosmologie auf der Basis phänomenaler Reduktion zum 'natürlichen' Gegenstand, in welcher schon bei Thales laut Jaap Mansfeld die *„alte Ausnahmestellung der Götter"* *„vorüber"* sei,[156] und zweitens die revisionistische „Re-Mythisierung"[157] der 'phänomenalisierten' Natur zu einer durch „Vorsehung" entworfenen und gelenkten Inkarnation des Göttlichen in dessen „eingeborenem Sohn", dem *kosmos/ouranos*.[158] In dieser theoretisch kosmifizierten Natur-Konzeption der griechischen Mataphysik ist eine

---

[148] Dazu SCHMID ebd.

[149] Discours, VI 2, 62.

[150] Der Begriff „Theologie" geht auf Platon zurück: JAEGER 1947, 4 zu Plat. Pol. 379a; vgl. HWPh 10 (1998), 1080f. s. v. Theologie (O. BAYER/ A. PETERS). – Ausführlich auch FESTUGIÈRE 2014, 1071-1077 (1949, 598-605).

[151] SCHMID 2005, Kap. 5; 2020; 2016, Kap. 7; 2006; 2007.

[152] Zur *pronoia*, die ihre Karriere als Leitbegriff einer teleologischen Naturbetrachtung (und in einer gewissen Nähe zu 'fataleren Schwestern' wie *tyche, heimarmene* und *fatum*) im *Timaios* (30c) begann: SCHMID 2009, 214f.; REYDAMS-SCHILS 1999.

[153] Dazu SCHMID 2016, Kap. 4 (im Vergleich mit China), bes. 182-218.

[154] *he de physis telos estin* (Politik1252b 33).

[155] Ebd., zit. nach NISSING 2010, 10 (dort als Beleg für eine teleologische Konzeption, mit weiteren Stellen).

[156] 1983, 42.

[157] Dazu SCHMID 2005, 145 A 115 (nach ERIC VOEGELIN und HANS JOACHIM KRÄMER); vgl. auch SCHEFER 1996.

[158] Der *monogenes ouranos* im Schlusssatz des platonischen Timaios (der „einzigartige" oder eben „eingeborene" Himmel – vgl. Joh. 1, 14, wo das deutsche „eingeboren" auf Luther zurückgeht. Der Bezug zum Timaios wird offenbar in der Exegese kaum hergestellt).

zuvor entgötterte Natur wieder mit „neuer Göttlichkeit"[159] erfüllt worden, und dies durchaus in polemischer, ja in „kulturkritischer"[160] Absicht. Das Problem dieser in sich dialektisch gespaltenen (re-theologisiert naturalen) Welt-Konzeption hat sich in der Kosmologie bis in die frühe Neuzeit hinein ausgewirkt etwa in der Frage nach der Beseeltheit der ihrerseits explizit göttlichen und zugleich korporealen Sphären und generell in der theoretischen Ambiguität der Sterne, sofern diese einerseits natürliche Dinge und andererseits göttliche Agentien[161] sein sollten.[162] Und hier berühren wir einen Bereich, der für die griechische Konzeption der Astrologie und deren intellektuelle Akzeptanz von grösster Bedeutung gewesen ist – es ist kein Zufall, dass ein theoretisch und astronomisch ambitionierter Astrologe wie Ptolemaios sich mit dem Problem des 'bewegenden Prinzips' (also der expliziten Beseelung) der Gestirnssphären im Anschluss an Aristoteles auseinanderzusetzen hatte.[163] Ptolemaios stand im 2. Jhdt. vor der Aufgabe, wie andere Astrologen vor ihm, eine durch die babylonische Omen-Tradition und deren gräko-ägyptische Überarbeitung vorgegebene Göttlichkeit der Gestirne, die bekanntlich durch „charakteristische" Eigenschaften und die Namen griechischer Götter bezeichnet waren und ein sehr wirkmächtiges und kausal bewegendes Leben führten, mit einem „physikalisch" beschreibbaren Kosmos als vorliegend phänomenalem Gegenstand in Einklang zu bringen.

Die „physiko-theologische"[164] Neukonzeption der Welt als eines göttlich geplanten und angeordneten Naturdinges, die auf die platonische Schule zurückgeht, ist eine wesentliche Voraussetzung für die 'griechische Seite' der Astrologie geworden – und sie ist es ebenso für den Schicksals-Determinismus der Stoa,[165] welcher stets als wichtiger Faktor allgemeiner Akzeptanz von „kosmischer Sympathie"[166] gegolten hat, und welcher Determinismus die Astrologie mit geprägt hat, während sie wiederum ihn veranschaulicht oder gar 'wissenschaftlich' plausibilisiert hat.[167] – Darauf wird zurückzukommen sein, es ist aber wichtig, hier anzumerken, dass schon diese, im strengen Sinn prä-astrologische, „kosmosfromme" oder „sternreligiöse" Wende griechischer Philosophie kaum ohne Anregung aus mesopotamischen und ägyptischen Quellen denkbar ist. Und es ist auch wahrscheinlich, dass der bei Platon auffällige neue Glaube an eine Mathematisierbarkeit der Welt, nahegelegt durch die fundierende Regularität der Himmelskörperlichkeit dieser Welt, durch Kunde von erfolgreicher mesopotamischer Astrologie/Astronomie angeregt worden sein dürfte. Es ist nicht

---

[159] Die Sterne als *neoi theoi* bei Platon (Tim. 37c 6-7); dazu SCHMID 2007, 69.

[160] SCHMID 2020; 2009.

[161] SCOTT 1991.

[162] Zum supralunaren Bereich der Himmelssphären, in welchem sich das „Leib-Seele" Problem sozusagen externalisierte oder eben naturalisierte (weil auch die Gestirne beseelt und zugleich Körper waren) SCHMID 2005, 172-178; 2006, 137f. – In diesem Zusammenhang wurde auch der Ausdruck „negative Physik" (LERNER 1996, 153) verwendet.

[163] SCHMID 2006, 134ff.

[164] SCHMID 2007.

[165] BOBZIEN 1998. Zum Einfluss der Metaphysik auf die stoische Kosmologie HAHM 1977; SCHMID 2005, 176ff.

[166] REINHARDT 1926; SCHMID 2005, 176ff.

[167] SAMBURSKY 1987.

auszuschliessen, dass entsprechende 'orientalische' Kunde über die rationalisierbare 'Ordnung der Welt' über Ägypten vermittelt worden wäre.[168]

Biographische Quellen jedenfalls schreiben dem sterbenden Platon (auch der „Timaios" gilt bekanntlich als Spätwerk) Bekanntschaft mit einem „Chaldäer" zu.[169] Auch ein Perser Mithradates findet im Zusammenhang mit Platons angeblicher „*Perserbegeisterung*" (W. Jaeger)[170] Erwähnung, welcher in der Akademie eine Statue Platons stiftete (D. L. III 25). Und schliesslich hat Philipp v. Opus (der Autor der „Epinomis") für die Lehre von der Göttlichkeit der Gestirne explizit die Priorität der „Barbaren" betont; der *protos heuretes* stamme aus Gegenden wie *„Ägypten und Syrien"*.[171] – Es gibt aber auch eine direktere Quelle (von der viel debattierten angeblichen Kunde von „Astrologie" bei Eudoxos und Theophrast hier einmal abgesehen),[172] nämlich Platon selbst, der laut einer in allen erhältlichen Ausgaben emendierten Stelle des „Timaios" zu den astronomischen Konstellationen schreibt: *„Aber die Reigentänze [choreias] dieser Götter selber und ihre Konstellation [parabolas] zueinander sowie das Zurückkehren dieser Kreise gegenüber ihrer eigenen Kreisbewegung und ihr Voranschreiten, welche dieser Götter bei ihrem Zusammentreffen in Vereinigung treten und wieviele in Gegenposition und hinter welchen sie voreinander stehen und zu welchen Zeiten jegliche so den Augen entzogen werden und, wenn sie wieder zum Vorschein kommen, denjenigen, welche so etwas* nicht *zu berechnen vermögen* [tois ou dynamenois logizestai] *Schrecken oder Vorzeichen* [phobous kai semeia] *der Dinge, die da kommen sollen, senden"* (Plat. Tim. 40cd; Übers. Müller). Und nun ist allerdings das allgemein akzeptierte, hier unterstrichene „nicht" in keiner Handschrift überliefert. Es wurde stillschweigend nach der lateinischen Timaios-Paraphrase des Cicero eingefügt, und spielt bisweilen etwa zum Beleg für Platons Distanz zu 'abergläubischen' Praktiken in der Diskussion eine Rolle, wie ich anlässlich eines Disputs mit einer der grössten aktuellen Platon-Kennerinnen selbst in Erfahrung bringen konnte.

Nun ergibt aber der solchermassen emendierte Text mindestens nach historischen Prämissen kaum einen Sinn, denn das würde er wohl nur, wenn Platon ein Aufklärer des 18. Jahrhunderts gewesen wäre. Wer solche astronomischen Verhältnisse nicht berechnen kann, der könnte ja wohl auch kaum Angst vor ihnen haben, weil er sie schon gar nicht bemerken würde. Andererseits passt die überlieferte, unkorrigierte Passage sehr gut zu der babylonischen Omen-Literatur und ihren astronomischen Prämissen und Implikationen. D. h. die Aussage macht eigentlich nur in der griechisch überlieferten Fassung Sinn als eine ziemlich gute Beschreibung mesopotamischer Praxis und organisierter Tempel-Wissenschaft von aussen. – Einen griechischen Volksglauben etwa kann sie nicht gemeint haben, denn es ist von Verhältnissen die Rede, die zum Teil gar nicht wahrnehmbar, sondern nur berechenbar sind. Jedenfalls haben schon Wilhelm

---

[168] Siehe QUACK 2018, 109.

[169] Ein solcher soll zusammen mit Philipp dem Opuntier am Sterbebett Platons anwesend gewesen sein – zur Quelle (Neanthes von Kyzikos, der sich auf seine Bekanntschaft mit Philipp v. Opus beruft) und ihrer Einordnung SCHORN 2007, bes. 119ff.

[170] Zur älteren sog. *„Orientalistenthese"*, die vor und nach dem 2. Weltkrieg lebhaft diskutiert wurde, siehe SCHMID 2005, 152-157.

[171] Epin. 986e-987a.

[172] Cic. Div. II 87; Proklos, in Tim. III 150f. DIEHL; dazu BROWN 2018, 241-244.

und Hans-Georg Gundel (1966, 79), die allerdings die emendierte Textgrundlage kommentarlos übernehmen, hier den *„ältesten Reflex wirklich astrologischer Praxis"* erkennen wollen. – Es gibt im Übrigen auch den Erklärungsversuch, nach welchem die Streichung des angeblich im Originaltext vorhandenen „nicht" (die ja dann angenommen werden muss) auf den antiken Platon-Herausgeber Thrasyllos[173] zurückgehe, der ja wohl so etwas wie der „Star-Astrologe" seiner Zeit gewesen ist.[174]

Es empfiehlt sich aber, den griechischen Handschriften zu trauen und das angeblich vorhanden gewesene „nicht" wieder zu streichen; Ciceros Abneigung gegen Astrologie ist aktenkundig und es besteht mehr Grund, ihn hier der 'Manipulation' zu verdächtigen, zumal in einer Paraphrase, als den Thrasyllos. Den babylonischen „Schreibern" konnten die Konstellationen, die sie als erste umfassend beobachteten und errechneten, in der Tat angsteinflössende „Zeichen" senden. Berechenbarkeit als 'rationale' Prädizierbarkeit und Ominosität schliessen sich ja in mesopotamischem Kontext keineswegs aus, wie Francesca Rochberg am Beispiel einer Finsternisprognose explizit festhält: *„despite its being predictable by calculation, the eclipse was still viewed as a dangerous omen."*[175]

Wir können also für unser Formular von der strukturellen Bedingung eines „Natur"-Konzepts ausgehen, das seinerseits bedeutende Modifikationen erfahren hatte. Die „Physiko-Theologie" der griechischen Metaphysik ist die bedeutendste, welche ihrerseits, wie etwa durch den Stoizismus, weitere Sicht- oder Argumentationsweisen in sich aufnehmen und sich dabei weiter modifizieren konnte. Die 'teleologische Aufrüstung' der „Natur" liess diese erst kompatibel werden mit einer astrologischen Methodik, die den für jede *physis*-Rationalität entscheidenden Unterschied zwischen *physis* und *nomos*, also zwischen „Natur" und „Kultur", so beharrlich und prinzipiell unterlief (etwa indem ein natürlicher Körper wie die Venus „Priestertümer" als soziokulturelle Positionen für einen Nativen „machen" konnte – s. o. zu Vett. Val. I 1,28). – In der Welt, aus der die Astrologie ursprünglich stammte, war die „Natur" nie ein eigenständiger, aus dem Ensemble menschlicher Objektivierungen ausgegrenzter Bezirk. – Man kann das genannte Ensemble mit einem Begriff Eric Voegelins als „Kompaktheit" des Vorstellens oder auch als „Konsubstantialität" der Welt bezeichnen: Mensch und Welt bilden hier keinen Gegensatz, der nicht auf verschiedenste Weisen unterlaufen, überbrückt oder gar nivelliert werden kann.[176] Ein bekanntes Mittel der Beschwörung der „Konsubstantialität" von Gesellschaft und Welt ist das Ritual, und man hat sogar von anthropologischer Seite her sagen können, dass der König – der oft als himmels-, sonnen- oder sternverwandter Mittler[177] zwischen Gesellschaft und götterbewohnter Welt diese „Konsubstantialität" geradezu verkörperte – durch Ritualität wesenhaft bezeichnet oder geschaffen werde.[178] Deswegen versteht es sich, dass das 'Auseinanderreissen' von

---

[173] Zu ihm SCHMID 2005, 355ff.; ausführlich TARRANT 1993.

[174] TARRANT ebd. 7, mit weiteren Stellen aus Platon, die der Manipulation durch Thrasyllus verdächtigt werden.

[175] ROCHBERG 2016, 222.

[176] Siehe dazu SCHMID 2016, 165-182.

[177] Material dazu bei SCHMID 2005, 65-91

[178] Siehe MAURICE HOCART (1970, 86) zum König als *„principal of the ritual"*; SCHMID ebd. 74, sowie 89 zum König als *„Zentralfigur der rituellen Konstruktion des sozialen Mikrokosmos"*.

Kultur und Natur, also die konsequente Naturbegrifflichkeit selbst, die soziokulturelle Funktionalität des Königtums ernsthaft stören oder gefährden musste.[179] Deswegen hat schon der Staatsrechtler Hans Kelsen – er gehörte zu Voegelins Lehrern – in einer kaum mehr zitierten Schrift von 1946 betont, dass *„the dualism of society and nature, so characteristic of the thought of civilized man, is thoroughly foreign to primitive mentality"*.[180] – Wir brauchen uns bei der damals zeitgemässen Kategorie der „Primitivität" nicht weiter aufzuhalten, sie entspricht einem Fortschrittsdenken, das seit der Aufklärung durchaus rassistische Implikationen haben konnte,[181] und können den Schluss ziehen, dass ein expliziter Naturbegriff nur in anti-monarchischen Gesellschaften entstehen konnte. Francesca Rochberg meint: *„Although nature functions as a historically variable category, it seems particularly endemic to Western cultures descended from the classical world."*[182] – Schon Jean-Pierre Vernant hielt den Naturbegriff für 'Polis-spezifisch': *"La cité réalise, en effet, sur le plan des formes sociales, cette séparation de la nature et de la societé."*[183] Und wiederum Francesca Rochberg zitiert Geoffrey Lloyd mit der Ansicht, *"that the idea of nature as a domain inclusive of phenomena occurring in the nonhuman-made environment was an invention of the Greeks."*[184]

Nun hat aber gerade Rochberg betont,[185] dass es *"before nature"* in Mesopotamien eine bedeutsame Tradition von „Wissenschaft" gegeben habe, die wesentlich auf Beobachtung und somit auch auf Phänomenalität und Empirie beruhte[186] und für alle spätere, gerade auch griechische, „Wissenschaft" von Bedeutung gewesen sein muss.

Was wäre nun aber als Unterschied zwischen einer systematischen Wahrnehmbarkeit der Welt in Mesopotamien und in griechischen Polis-Gesellschaften auszumachen? – Ich denke, dass das Verhältnis zur Monarchie in dieser Frage als Schlüssel dienen kann: Die babylonischen „Wissenschaftler", die den Himmel exakt und auch schon methodisch gerüstet beobachten, halten nämlich Wache im Auftrag des Königs,[187] an den auch das Ergebnis ihrer Arbeit, als an die zuständige Instanz von 'Öffentlichkeit', etwa schriftlich verschickt wird. Sie spähen somit aus nach Botschaften der Götter, von denen das Land, als 'politische' Einheit, abhängt – so gesehen sind sie eigentlich die Agenten einer Wachsamkeit des Königs, einer *statio principis*. Er, der König, und nicht der Bürger eines autonomen Kollektivs, ist das theoretische oder prinzipielle Subjekt dieser Wahrnehmung und Empirie.

---

[179] SCHMID 2020, 94 mit dem Hinweis auf die hochmittelalterliche Rezeption des griechischen Naturbegriffs als *„Anfang vom Ende der Monarchien"*.

[180] KELSEN 1946, vii.

[181] REIMANN 2017; zur Kritik an der 'Unvollständigkeit' eines „vorwissenschaftlichen" Denkens ROCHBERG 2016, 8ff.

[182] Ebd. 54.

[183] VERNANT 1974 II, 114.

[184] ROCHBERG 2016, 2, nach LLOYD, Methods and Problems in Greek Science, Cambridge 1991, 418.

[185] 2004; 2016.

[186] Vgl. etwa 2016, 205 zu einer *„observation without naturalism"*.

[187] Ebd. 208.

Was könnte nun aber den grössten Unterschied zwischen einem 'königlichen' Beobachter-Subjekt, das kann auch ein Beobachter im Auftrag des Königs sein, und einem Bürger-Subjekt ausmachen? – Gewiss gilt: der König ist niemals ein 'absolutes' Subjekt. Er steht der Welt nicht als einem 'Anderen der Natur' als ein selber kulturelles, politisches oder soziales und darin kollektiv autonomes Wesen gegenüber. Er ist als König mit dem numinosen Glanz der Welt eng verbunden oder gar verwandt; er ist sogar Teil dieses Glanzes, als die verkörperte Garantie ritueller Verbundenheit von Gesellschaft und Welt. Er ist, der Sonne notorisch ähnlich, mit den Himmelsphänomenen verwandt, d. h. er kann nie ein 'weltloses' Subjekt sein, ihm fehlt gerade die Entschiedenheit des Gegenübers, die der Naturbegriff als Objektivierung der Wahrnehmbarkeit für ein generalisierbares Subjekt schafft und aufrechterhält. – Dagegen das Bürger-Subjekt ist durch seine politische Eigenwelt der kollektiven Autonomie aus der Welt ausgeschnitten; es nimmt daher die Dinge als 'fremde' wahr und versucht sie nach Analogie zu Bekanntem (die Lötrohr-Mechanik bei Anaximander etc.)[188] konstruktiv einzuordnen. Dabei erhalten die Dinge eine neue Kontur, in der sie quasi in ihre Phänomenalität wie in eine neue Haut eingesperrt sind. In solcher 'Eingeschlossenheit' sind die 'physikalischen' Dinge der Welt nur noch in abgeleitet-sekundärer Weise Bedeutungsträger, d. h. eine ominöse Signifikanz müsste ihnen sozusagen nachträglich eingeschrieben werden – das gilt dann auch noch für die griechischen Planeten-Götter.[189]

Die Kosmologie des 12. Buchs der aristotelischen Metaphysik kann nun als das Meisterwerk vorgenannten „Einschreibens" gelten, wobei es bei Aristoteles kein 'Einschreiben' konkreter Ominosität, aber doch einer verallgemeinerbaren und weltkonstruktiven Göttlichkeit war. Als die Offenbarung einer göttlichen „Wirklichkeit", die „am meisten" eine (ideale Kreis-)„Bewegung" war,[190] kann das als eine Theologie der Physik gelten. Der Geist als Bewegendes formte die Substantialität, die Wesentlichkeit in den Erscheinungen der Welt. Er formte die Substanz, deren Erscheinung die Dinge in ihrer wahrnehmbaren Physikalität eigentlich waren. – Als wäre Erscheinung zum blossen Schatten geworden, den die Wesentlichkeit der Dinge auf die Projektionsfläche der Wahrnehmung würfe.

Das war die Einlösung der angeblich platonischen Maxime der „Rettung der Phänomene".[191] Und diese Maxime, und ihre paradigmatische Realisierung, welche die Potenz besass, seit Ptolemaios zum mathematisch repräsentativen Weltmodell einer idealen Physikalität zu werden, welche wiederum einer platonischen Forderung nach 'Realexistenz' des Idealen „in Bewegung" entsprach,[192] setzt voraus, dass die *phainomena* und damit die Phänomenalität selbst problematisch geworden waren. – Die Phänomenalität der Welt, d. h. das Gewicht autonomen menschlichen Wahrnehmens, muss in Griechenland zum 'eigenständigen' Problem geworden sein. – Dagegen ist es wahrscheinlich, dass für die „Schreiber" in Babylon oder Uruk die Phänomenalität, die sie in mancher Hinsicht methodischer beobachteten und rationalisierten als die Griechen,

---

[188] DK 12 A 11 = 18 MANSFELD (Gestirn als Feuer, das durch ein Lötrohr bricht).
[189] Cic. Nat. deor. II 46 zur epikureischen Kritik an „*dauernd kreisenden und runden*" Göttern.
[190] Arist. Met. 1047a 30–32.
[191] Dazu SCHMID 2005, 163f.
[192] Ebd. 129 (zu Plat. Tim. 19b-c).

nicht autonom oder absolut und damit ähnlich wie wohl in China[193] auch nicht als zentrales Erkenntnisproblem anerkannt war. War in Mesopotamien „Erscheinung" eine Kategorie oder wurde sie jemals Ausgangspunkt erkenntnistheoretischer Reflexion?

Ein zentrales Element der Objektivierung der astronomischen Phänomenalität ist der Tierkreis. Er ist in seiner antiken Endform (in der er in 12 Zeichen zu je 30 Graden à 60 Bogenminuten und 60 Bogensekunden unterteilt werden kann) ein Instrument exakter Lokalisierung der Planeten in ihrer doppelten Bewegung auf der Ekliptik und mit dem Himmel um Horizont und Himmelsmitte. Zugleich hat er als geometrisierbare, 'physikalische' Oberfläche in der Astrologie eindeutig mythische Eigenschaften, denn er trägt Bedeutung als Kreis von „Zeichen", die auf alles einwirken, was mit ihnen zu tun hat, etwa indem es sie durchläuft, wie die Planeten und die „Lichter" Sonne und Mond. (So nimmt in einem oben schon genannten Beispiel der Mond im Zeichen Schütze die Fähigkeit an, die „Brüder wegzunehmen").[194] Die Bedeutung des „Sonnenstandes" ist noch heute populär und illustriert das Prinzip: Wer geboren wird, wenn die Sonne im August durch das Zeichen Löwe wandert, darf sich „einen Löwen" nennen. Und in diesem Fall hat offensichtlich für antike Astrologie nicht nur eine Affinität zu einem schematisch zugeordneten Planeten, im Fall des Löwen der Sonne,[195] sondern auch zum konkreten Tier[196] bestanden, denn Dorotheus von Sidon betont bei scharfen Konstellationen von Mars und Sonne gerne die Gefahr, durch Löwen gebissen zu werden,[197] und dasselbe dürfte dann auch bei prominenter Stellung des Mars im Zeichen Löwe angenommen werden.

Der Tierkreis ist als solcher ein Produkt babylonischer Himmelskunde und Beobachtung, und scheint im 5. Jhdt. v. Chr. entwickelt worden zu sein.[198] Er entsprach offensichtlich einer schematischen Jahresteilung in 12 Monate,[199] und ist eigentlich eine räumliche 'Modellierung' der Zeit, wie sie als astronomisches Ereignis eines jahreszeitlichen Zyklus erfahrbar ist. Die periodische Struktur der Welt ist eine Grundlage für das menschliche Vertrauen in Ordnungsverhältnisse. – Wenn ein heller Fixstern in der Jungfrau jeweils vor Sonnenaufgang im März im Westen untergeht, dann kann er je nach

---

[193] LLOYD 2006; LLOYD/SIVIN 2002, 203ff. (die Dichotomie von „Wesen" und „Erscheinung" sei in China ohne Parallele).

[194] Laut Rhetorios, 59 p. 109 HOLDEN.

[195] Die kanonischen Zuordnungen, laut dem sog. *thema mundi* (mit Löwe-Sonne/ Mond-Krebs/ Merkur-Zwilling und Jungfrau/ Venus-Waage und Stier/ Jupiter-Schütze und Fische/ Saturn-Steinbock und Wassermann) sind offenbar vor dem NP-Autor nicht belegt.

[196] Laut GUNDEL/BÖKER 1972, 467 bedeute *zodion* eigentlich „Lebewesen", nicht „Tier", sodass der Tierkreis eigentlich der „Kreis der Lebewesen" war, was auf die platonisch-aristotelisch-stoische Vorstellung von dem Leben der Sterne zurückweise. (Vgl. oben, 33 A 127).

[197] Dorotheus v. Sidon, etwa II 22,5 p. 225 PINGREE und sonst.

[198] Siehe ROCHBERG 2004, 128ff.

[199] Ebd. 129: „*The division of the schematic calendar into 12 months of 30 days each, such as was used in MUL.APIN, the Astrolabes and* Enūma Anu Enlil, *could be correlated with twelve constellations through which the sun was found to travel in one ideal "year" of twelve 30-day months.*" Die ersten Belege für die Verwendung des Tierkreises finden sich in keilschriftlichen Dokumenten, die gegen Ende des 5. Jhdts. datiert werden können (ebd. 130). – BROWN 2018, 46-50.

Klima und lokaler Kultur als 'Phänomen' die Zeit zur Aussaat anzeigen. Doch die Zeichenhaftigkeit mundaner Phänomenalität kann noch viel weiter gehen unter Prämissen, die einer Trennung von „Natur" und „Kultur" kein vorrangiges Gewicht einräumen.[200] Regularität schliesst dann auch Ominosität nicht aus: Wenn der Sirius (im Löwen) Hitze oder eben die „Hundstage" bringt, ist das nach unseren Prämissen noch eine 'natürliche' Kausalität (weil ja Sirius morgens vor Sonnenaufgang im Hochsommer wieder sichtbar wird), aber wenn, sagen wir, ein Himmelsabschnitt der Ekliptik wie der Widder mir unfehlbar ein 'voranstürmendes' Temperament zuteilen soll,[201] weil ein tragendes Systemelement meines Horoskops mit ihm verbunden ist, dann nimmt die Zeichenhaftigkeit – die man in Mesopotamien noch als semantisches Arrangement am Himmel interpretieren konnte, in dessen Rahmen die Götter den 'lesend' interpretierenden Menschen Botschaften zukommen liessen[202] – auch kulturell konstruktive Züge an. – So verleiht unter 'günstiger Aspektierung' der Himmelsabschnitt, den man nach dem Sternbild als „Stier" bezeichnet, laut Vettius Valens offensichtlich sozialen Aufstieg (I 2,16). Das ist eine Verheissung, im besten Fall einer Honoratioren-Existenz, die sogar durch Standbilder geehrt werden wird (ebd.). – Aber damit ist das Ausmass der 'Regenz' dieser Zeichen noch nicht erschöpft: bei Valens, der hier repräsentativ ist, sind etwa dem Widder auch noch Weltgegenden zugeordnet, ebenso wie gewisse Wetterphänomene, sie „unterstehen" (*hypotetagmena*) ihm als Zonen seiner Autorität.[203] – Die Welt hat in ihrer klimatisch-geographischen Varietät „Eigenschaften" (wir sprechen von „rauhen", wilden oder lieblichen Gegenden) und solche werden hier einer mundanen Autorität oder semantisch weltkonstruktiven Potenz zugeschrieben. Und solches Zuordnen, in der Regel von Dingen, Gegenden, Gattungen und Spezies der „Natur" zu Göttern und ihrem Einflussbereich, scheint in allen Gesellschaften vorzukommen, die keinen expliziten Naturbegriff kannten.[204] Sie spiegeln dann den 'konsubstantialen' Charakter aller Dinge, die eine Gemeinschaft bilden, der Natürliches ebenso wie Menschliches und Göttliches angehören kann.

Um das konkrete Beispiel zu suchen (Abb. III): im Horoskop des Augustus war der kulminierende Jupiter, selber nach allen Quellen ein „Wohltäter",[205] im Zeichen Krebs mit Sicherheit ein verheissendes Zeichen, denn im Krebs stand Jupiter im „Zeichen" seiner „Erhöhung" (*hypsoma*), und galt als besonders wirksam, nach einem Schema, das nachweislich schon mesopotamischen Ursprungs ist.[206] – Im Übrigen gab es Feineinteilungen, die jeweils einzelnen Abschnitten eines Zeichens wiederum die „Herrschaft" entweder eines Planeten oder eines anderen Zeichens zuteilten, was die Deutung massiv erschwerte, gerade weil diese zusätzlichen Zuordnungen die

---

[200] Überblick zur antiken Semantik der Tierkreiszeichen bei BOUCHÉ-LECLERCQ 1899, 130-179; ausführlicher HÜBNER 1981 (von Manilius ausgehend).

[201] Vettius Valens I 2,1. – Zur Lehre von astrologisch zugeordneten „Temperamenten" GIESELER GREENBAUM 2005, 1-44.

[202] ROCHBERG 2004 („The Heavenly Writing").

[203] I 2,3 (Wetter); I 2,7 (Gegenden).

[204] Zu Ägypten etwa VON LIEVEN 2004.

[205] Die binäre Qualifikation der Planeten in „Wohl"- oder „Übeltäter" ist letztlich babylonischen Ursprungs (ROCHBERG 2010, 135-142) und ein zentrales Element aller überlieferten Strategien der Horoskopdeutung (sehr konsequent angewandt etwa bei Dorotheus von Sidon).

[206] Ebd. 147-155.

kombinatorischen Möglichkeiten für die Interpreten massiv erhöhten. Aber das konnte als Annäherung an die Uneinheitlichkeit der zu interpretierenden Phänomene gelten. Wir gehen an dieser Stelle nicht weiter auf die Fülle an Zuordnungen ein – deren Anwendung weitgehend von den Vorlieben und Möglichkeiten des Interpreten abhing.

Dass der obgenannte Jupiter – seine auch kulturell 'gemischte' Göttlichkeit soll uns an dieser Stelle nicht beschäftigen – auch noch kulminierte, also beim *mesuranema* stand, weist auf das wohl wichtigste Strukturelement des Horoskops, die „Häuser" (*loci,* griech. *topoi*)[207] hin (Abb. II). Sie teilen den Himmelskreis in 12 Sektoren, in der Antike wohl meist einfach den Zeichen entlang, so dass das zweite Haus, wenn wir den Aufgangspunkt im Osten oder „Aszendenten" in der Waage annehmen (gegen den Uhrzeiger wurde gezählt) mit dem Zeichen Skorpion zusammenfiel, das dritte mit dem Schützen, etc. – Die in obiger Figur (Abb. III) angewandte Methode der Einteilung der Himmelsektoren, die heute von den meisten Astrologen angewandt wird und auf welche die gebräuchlichsten Tabellen geeicht sind, ist anspruchsvoller und stammt von dem spätmittelalterlichen Gelehrten Placidus de Titis. – Diese Häuser, die im Beispiel die Zeichen des Tierkreises überlagern, bzw. in sie einschneiden, bilden eine „semantische Topographie" (Abb. II) sehr wahrscheinlich ägyptischen Ursprungs oder mindestens von ägyptischer „Dämonisierung" von Himmels- als Zeitsektoren inspiriert,[208] welche sozusagen kanonisch den Zeichen an 'Wirkungsvollmacht' vorausgehen soll.[209] Sie wurde mit Bezirken menschlicher Erfahrungs- oder Lebenswelt verbunden, so das zweite Haus u. a. mit „Besitz", *lucrum* im lateinischen Merkvers, und das achte Haus notorisch mit Tod und Todesart, bei Augustus mit den notorischen „Malefikanten" Mars und Saturn besetzt, da diese Planeten im Südwesten des Horoskops standen. Das 10. Haus am *mesuranema* zeigte „Ehren" (*honores*) an, das 12. notorisch Feindschaften und Versklavung, während dem 4. die Schicksale der Eltern und des eigenen Alters zu entnehmen sein sollten. – Als besonders potent galten die vier „kardinalen" Ecken (*kentra*) des Horoskops, die zugleich die Himmelsrichtungen anzeigten: der *horoskopos* im Osten, der Untergangspunkt im Westen, die Himmelsmitte im Süden. Das war für die Interpretation des „imperialen" Sonnenstands (beim Aufgangspunkt) ebenso wie der Jupiterstellung (beim Kulminationspunkt) im Augustus-Horoskop sicher sehr relevant. Was hier aber interessieren soll, ist die Visualisierung von Zeit als Form der Objektivierung des 'Momentanen': Die Häuseranordnung in den einzelnen Tierkreiszeichen (die dann semantisch akut wurde)[210] wandert ja mit der Zeit durch den Tierkreis: in durchschnittlich 4 Minuten steht der Aszendent/Horoskopos einen Tierkreisgrad weiter vorne. In durchschnittlich zwei Stunden durchwandert er, und mit ihm das 'Gefolge' der Häuser, ein Zeichen. Genaugenommen verändern sich die Positionen der Häuserspitzen – im exakteren Modell des Placidus gut nachvollziehbar –

---

[207] BOUCHÉ-LECLERCQ 1899, 257-288; ausführlicher BRENNAN 2017, 319-414.
[208] WINKLER 2011, 236f. („*This shows that the concept of the* loci [...] *are derived from ancient Egyptian demonology.*") mit dem Hinweis auf VON LIEVEN (1999, 101f. und 2007, 147 zu älteren ägyptischen Vorläufern der *kentra*). – Dazu ausführlicher unten, Kap. 5.
[209] Manilius II 857: *locus imperat astris.*
[210] Im Beispiel: Skorpion beherrscht das 2. Haus, und die Venus steht darin – mit etwas Phantasie werden hier Umstände des Besitzes als bedingt von Erbschaft, wegen des Skorpions, eines der Venus unterstellten Mannes angezeigt. Wobei offensichtlich die Venus oft Frauen bedeutet (erlangt Besitz durch einflussreiche Frauen, oder dergleichen).

laufend. – Etwa eine halbe Stunde später wäre die Sonne des Augustushoroskops im 12. Haus gestanden. Je nach Einteilungsweise auch erst dann, wenn der Aszendent das Zeichen Skorpion erreichte. Und das hätte dann nach ziemlich monoton in der antiken Literatur angewandten Interpretationsschematismen dem Augustus wohl ein eher glanzloses Dasein verheissen.[211] – Mit einem derartigen Horoskop hätte er schlecht renommieren können,[212] Caesar hätte ihn vielleicht gar nie adoptiert und der achte Monat trüge bei uns einen anderen Namen.

Die dezidierte Zeitlichkeit, die das Horoskop ausdrückt, ist nun aber strukturell relevant. – Ist diese Zeitlichkeit spezifisch, d. h. kann man im Horoskopformular auch eine eigene Objektivierung von Zeit und Zeiterfahrung sehen? Diese Frage ist hier erst vorläufig zu erörtern im Rahmen einer Abklärung struktureller Elemente des Horoskops und ihrer Zuordnung.

Es darf zuerst auf eine grundlegend vormoderne oder „vorindustrielle" Zeitlichkeit hingewiesen werden, die sich nach Denis Feeney negativ durch das Fehlen von *„clock regulation for synchronizing mass labor and travel"* umreissen lässt.[213] – Zwar gab es in der Antike durchaus Ansätze zu mechanischer Rekonstruktion von Zeit,[214] aber was uns jedenfalls das astrologische Formular zweifelsfrei bedeutet, ist die vergleichsweise Unverfügbarkeit[215] des Himmels als Uhr. Aber durch den Bezug zum Himmel, dessen Bewegung auch für Aristoteles das eigentlich „Zählbare" der Zeit war,[216] ist das Spezifische astrologischer Zeitlichkeit noch nicht ausreichend definiert. Das wird schon durch die Kalenderprobleme und das entsprechende Bedürfnis nach Synchronisierungen in antiken Gesellschaften deutlich.[217] Wenn in unserem Beispiel der Astrologe Theogenes in Apollonia zwei jungen Römern (dem späteren Augustus und seinem Freund Agrippa) im Jahr 46 v. Chr. das Horoskop stellte, musste er römische Kalenderdaten, die gerade für das Geburtsjahr des Augustus notorisch unklar waren,[218] in astronomische umrechnen können, die von den sozialen, kulturellen, historischen und politischen Umständen, welche die Form und das Funktionieren von Kalendern hervorbringen und steuern, eigentlich vollkommen unabhängig[219] sein sollten. – Diese

---

[211] Das 12. Haus wurde kanonisch dem *kakos daimon* zugeordnet, galt daher als ungünstig (zur Schematik GIESELER GREENBAUM 2016, 6f.; 400ff.).

[212] Er liess das seinige selbst per Edikt publizieren (Suet. Aug. 94.12; Cass. Dio 56,25,5; dazu SCHMID 2005, 19).

[213] FEENEY 2007, 2.

[214] JONES 2017.

[215] Also beispielsweise die Einführung einer Sommerzeit oder anderer übergreifender Zonenzeiten wäre undenkbar gewesen, wo all die Uhren fehlten, die man synchronisieren oder 'umstellen' könnte.

[216] Zeit als Zahl der Bewegung: Arist. Phys. 219b; Met. 1020a; Cael. 279a.

[217] FEENEY 2007, bes. 7-20.

[218] Zur Kalenderproblematik des Jahres 63 v. Chr. (vor der iulianischen Reform) SCHMID 2005, 21-25.

[219] Das stimmt so natürlich auch nicht, wenn wir z. B. astronomische Daten in Keilschrifttexten, in chinesischer, indischer oder griechischer Literatur vergleichen. Das mathematisierbar Reguläre solcher Daten ist allerdings vergleichsweise leicht übertrag- oder umrechenbar. D. h. dass die Annahme eines 'naturalen' Horizonts astronomischer Phänomenalität zur universalisierenden Basis „wissenschaftlicher" Rationalisierung auch von Zeit werden kann.

Unabhängigkeit oder 'sozio-kulturelle Absolutheit' des vorab durch den Einfluss hellenistischer Astronomie 'naturalisierten' Himmels[220] hatte aber den Nachteil, dass astronomische Datierungen im Gegensatz zu den 'bürgerlichen' Konzeptionen von Zeitlichkeit zu den fundierenden Epochalisierungen solcher Zeitlichkeit (wie „nach Christus" oder im „xten Regierungsjahr" eines amtierenden Königs) beziehungslos blieben. Die Astronomie gab aus sich selber keine historischen Epochen her (von den 'historisch neutralen' Basisparametern von Jahr und Tag abgesehen), wo solche nicht, wie in der mittelalterlichen Periodisierung nach den „Grossen Konjunktionen", astrologisch konstruiert worden sind.[221] Spektakuläre astronomische Ereignisse sind daher in der Regel nachträglich zur Illustration von historischer Bedeutsamkeit verwendet worden (der Stern von Bethlehem oder das *sidus iulium*),[222] aber sie haben selbst Epochalität nicht begründet. Und auch in einer astrologischen Zeitlichkeit könnte man ein eigentlich a-historisches Format postulieren.

Allerdings lässt sich dem entgegenhalten, dass das Horoskop eine eigene „Epoche" begründet für jeden „Eigner": seine Epochalität wird durch die Geburt als Anfänglichkeit markiert. Somit objektiviert dieses Formular eines jeden Epoche durch Natalität. Es 'konstruiert' eine kontinuierliche Vergangenheit, die von der fragenden Gegenwart, in der idealerweise das Horoskop erstellt und gedeutet wird, zurückreicht zur Geburt, und es entwirft die Struktur einer Zukunft, die von dieser Gegenwart voraus bis an den Tod reicht. – Diese Epochalisierung ist nun offenbar eine individuelle, sie ist auf jeden „Nativen" eigens zugeschnitten; das gilt dann wohl auch für eine ihr entsprechende Zeitlichkeit als Erfahrbarkeit von Zeit. – Damit fällt solche Zeitlichkeit aber aus dem Interessenbereich einer historischen Forschung, die sich typischerweise konzentriert auf „*the more public as opposed to private dimensions of* […] *time*",[223] was unter anderem explizit Astrologie ausschliesst.[224] Denn die Zeitlichkeit der Astrologie wäre dann ja dem „Privaten" zugeordnet und damit keine „öffentliche" Dimension mehr. – So kommt auch etwa Katherine Clarke in ihrer Untersuchung zu antiken Formen der Zeitlichkeit stets auf den Ausgangspunkt zurück: „*the question of how time reflects and matters to society*".[225]

Diese soziokulturelle Betrachtung von Zeit[226] stellt erst einmal die Frage danach, wie denn nun ein Horoskop „Identität" konstruieren würde, wenn es dies in einem explizit

---

[220] Gemeint ist ein einheitliches Bezugssystem, das mit allgemein akzeptierten oder leicht transponierbaren Symbolen arbeitete, wie das astrologische in Ansätzen wohl schon beim NP-Autor: Tierkreiszeichen und Planeten konnten verschiedene Bezeichnungen haben, waren aber zunehmend durch griechische Nomenklatur geprägt: griechische Texte wurden für die Astrologie dominant.

[221] Zu den Konjunktionen etwa NORTH 1980.

[222] Es gab unter dem Einfluss einer sozial relevant gewordenen Astrologie auch Ereignisse, die durch astrologische Deutung von Konstellationen hervorgebracht wurden, wie die Erwartung einer Sintflut im Jahr 1525 (siehe TALKENBERGER 1990, 151-335). – In Gesellschaften 'kompakten Stils' wie in Mesopotamien konnten astronomische Phänomene umfangreiche rituelle Veranstaltungen herbeiführen (MAUL 2000).

[223] FEENEY 2007, 2.

[224] Immerhin erwähnt FEENEY (ebd. 219 A 139) die Astrologie, welche „*really did provide a supranational and agreed-upon scheme of time*".

[225] CLARKE 2008, 10.

[226] Auf eine Formel gebracht etwa ebd. 7: „*that time as a culturally determined concept reflects society, and can be used to create or reinforce communal identity*".

48

nicht-öffentlichen Bereich täte.[227] Und, ohne einer genaueren Analyse eventueller 'Psychologie' des Horoskops vorgreifen zu wollen, lässt sich leicht feststellen, dass es hier nicht ohne weiteres um Konstruktion sozialer Phänomenalität gehen konnte: Zwar finden sich in der Horoskopdeutung Zuordnungen von Rollen und Positionen (vom Imperator bis zum Sklaven), aber diese sind definiert als Fatalitäten, die notorisch in der typischen Auslegung des Horoskops bloss Behauptungen ohne vorhandene 'soziale Evidenz' sein konnten. – Auch die Göttlichkeit des Augustus, vor welcher der Astrologe Theogenes in Anbetung ausbrach (Suet. Aug 94,12) war im Jahr 46 v. Chr. nur eine Prognose. Sie wurde nur Teil einer öffentlichen Identität des Augustus, weil dieser als Person, nämlich als *privatus*, zum Kaiser geworden war, an dessen Person dann alles öffentlich sein konnte. Die durch den Astrologen eventuell eruierte 'Identität' eines Klienten war aber normalerweise keine, welche sozial ersichtlich wurde, wenn er seinen astrologischen Berater verliess. Er konnte nicht wissen, ob etwa die Prognose einer gefeierten Honoratioren-Existenz in Erfüllung gehen würde: solch prospektiv-fatale Identität war also eine 'Innensicht' für ihn: Fatalität und Vorsehung waren keine Kategorien, die besonders sichtbar waren. Und im Falle der gedeuteten Berühmtheit (wie bei Hadrian) wurde die Fatalität an eine schon vorhandene soziale Identität angepasst. Im Prinzip wurde sie in ein 'kosmisches Format' gebracht oder transponiert, als ein Götter-bewegtes und mundan verfügtes. Damit in ein Kosmos-unmittelbar substantiales. Und das war im Allgemeinen nur indirekt vermittelbar: Nur ein König konnte diesen Anspruch 'Kosmos-unmittelbarer' Wesentlichkeit der eigenen Identität wirklich zur Erscheinung bringen und sie damit zum sozialen Phänomen machen. Dies auch schon deswegen, weil sich kaum jemand, ausser seinem Astrologen, für das Horoskop eines 'Normalbürgers' interessierte. – Die astrologische war also sozial eine inoffizielle Identität, und nicht einmal der Geburtsaugenblick, aus dem sie zu eruieren war, war als exakter offensichtlich. Er war als zeitliche Entsprechung des Tierkreisgrades des Aszendenten (des bei Geburt aufsteigenden Zeichens) errechnet, wie das ganze Formular. Wir könnten daher von einer (durch *mathematici*) errechneten Identität sprechen.

Hatte sie dann, als prognostische Eventualität, überhaupt eine ontologische oder realexistierende Grundlage? – Dies kann man bejahen: sie fand ihren 'ontologischen Anker' in der Wirklichkeit der Geburt, die als solche aller Methodik und Berechnung gleichsam apriorisch vorauslag. Sie war als nicht rückrufbare Vergangenheit genetisch potent. Und zwar in der Annahme, dass alles, was geschieht, den Konfigurationen des aktuellen kosmischen Ensembles entspricht. So dass man auch die chronische Singularität der Zeit in der Konstellation eines Augenblicks beschrieben zu sehen hoffte. – Entscheidend war dabei, dass man den Augenblick, den Moment der Zeit, in einem astronomischen Format als konkrete, auch geographisch zu bestimmende Zeit-Ort-Relation ausdrücken konnte. Dadurch wurde Singularität zu einer korporeal fassbaren Gestalt, eigentlich zur aktualen Zuständlichkeit des Kosmos in einem genau bestimmten Horizont. Der bewegte Kosmos lieferte dem Singulären eine Körperlichkeit als Objektivierung. Der Augenblick der Geburt war die Aktualität einer „Wirklichkeit in

---

[227] Für das Postulat einer mindestens ambivalenten Öffentlichkeit der Astrologie gibt es gute Argumente, vorab ihre regelmässigen Verbote und explizit das Verbot des Augustus von astrologischen Konsultationen ohne Zeugen (Cass. Dio 56,25,5; vgl. CRAMER 1954, 248ff.).

Bewegung"[228], die die Welt laut Aristoteles, wesentlich war. Daher könnte man auch sagen, dass sich in jeder Singularität einer Geburt die Wesentlichkeit der Welt sichtbar realisierte. – Diese nun als ein Zeichensystem zu deuten, war sicherlich eine Vorstellung, die auf mesopotamischen und ägyptischen Auffassungen beruhte. Die Deutungssystematik der astrologischen Handbücher liesse sich aus aristotelischen Prämissen allein gewiss nicht herleiten.

Man sollte aber ein Paradox nicht verkennen: Wie oben angemerkt, und durch Denis Feeney im Austausch mit Anthony Grafton artikuliert, hatte die Astrologie eigentlich ein astronomisch universalisiertes Format der Zeitlichkeit zu bieten, das sie gerade in einem kulturell heterogenen Milieu mit dem entsprechenden Bedarf nach „Synchronizitäten"[229] empfehlen musste. Die erwähnte 'soziale Unbrauchbarkeit' der Astrologie bot die Chance einer 'dritten Lösung' unvermittelter Universalität einer individuierten oder gar individuierenden Zeit. Denn die soziale Absolutheit dieser Zeit ermöglichte es, Identität jenseits sozialer Ersichtlichkeit zu definieren, in einem Format, das keiner historio-politischen Epochalität verpflichtet, also keine bürgerliche oder religiöse Zeit war mit Festkalender und kommunalen Verpflichtungen, sondern ihre Epoche immer neu aus der Geburt von individueller Einmaligkeit, von Ereignissen als Singularitäten nahm oder gewann. Die Natalität selber markierte hier Epoche, und das hiess: das Individuum nahm es mit den Kollektiven auf. Es hatte eine eigene Epochalität und Periodizität gewonnen. Und das war doch wohl auch ein ganz neues Format der Zeitlichkeit.

Wenn wir von einer individuellen Zeit sprechen, müssen wir natürlich berücksichtigen, dass das Horoskop überhaupt ein 'individuelles Format' ist, denn es betrifft notorisch Individuen – zweifellos wird man ausschliesslich als Individuum geboren, das gilt selbst für Zwillinge, die aber nicht zufällig zum Argument gegen den angeblichen Anspruch der Astrologie wurden,[230] dem Individuum ein eigenes Schicksal zu berechnen. – Dass ein Horoskop die Identität von Individuen und damit Individualität objektivieren, beschreiben oder erkunden wollte, und damit auch als Formular individueller Identität anzusehen wäre, ist nach dem Zeugnis der Quellen eine plausible Hypothese.

So kann man auf Vettius Valens (IX 12,19) verweisen, welcher betont, dass er sich aus der „Prognosis" (dem Horoskop) selber erkenne, und zwar als jemand, der „*unmöglich anders sein*" könne. Ptolemaios gebraucht mehrfach das Wort *idiosynkrasia*, das er vermutlich als Neologismus[231] selber geprägt hat (siehe etwa Tetr. I 2,5 und sonst), offenbar zu dem Zweck, einen Gegenstandsbereich astrologischer Interessen zu bezeichnen.[232] Er gebraucht auch *idiotropia*, vermutlich ebenfalls eine von ihm

---

[228] Arist. Met. 1047a 30–32.
[229] FEENEY 2007, 7-67; DILLERY 2015, 55-122.
[230] Zum „Zwillingsproblem" siehe GUNDEL/ GUNDEL 1966, Reg. s. v. *Zwillingsproblem*.
[231] Diese Erkenntnis habe ich Passows Handwörterbuch der griechischen Sprache, *s. v.*, sowie den entsprechenden Belegen im TLG entnommen: das Wort ist sonst nur beim etwa 30 Jahre jüngeren Galen belegt.
[232] Bezüglich Galen konnte zu dessen Verwendung von *krasis* gesagt werden: „*the concept of* krasis *took on a special significance in Galen's view on the nature of human bodies: it became the*

geschaffene Substantivierung,[233] etwa Tetr. I 2,8; oder IV 10: *tas ton psychon idiotropias*, was man recht gut mit „seelische Eigenarten" übersetzen könnte. Besonders explizit formuliert es Ptolemaios in der Einleitung zur Tetrabiblos, die zugleich eine Apologie der Astrologie gegen kritische Einwände ist: Wer die *dynamis* der Planeten und die distinkte Eigenheit der Konstellationen kennt, wie soll der nicht auch kennen die *kath' hena hekaston ton antropon ten poiotheta tes idiosynkrasias* (die Wesensart des Menschen nach der spezifischen Einmaligkeit seiner Idiosynkrasie, und zwar explizit aus der Konstellation des *periechon*, der umgebenden Himmelssphären). Ptolemaios hat das so deutlich formuliert, als wolle er jeden Zweifel an der expliziten Individualität seines Gegenstandes ausräumen.

Man darf beachten, dass zu dem hier gewichtigen Wortfeld „*idios*" Passows Handwörterbuch angibt: „*im Gegens. zum Staat od. zum Gemeinwesen, dem Einzelnen angehörig, den Einzelnen betreffend, angehend, ihm gehörig, zukommend, von ihm ausgehend*".[234] – Dass es sich vornehmlich um das einem Individuum Spezielle handeln muss bei dem, was Astrologen im Horoskop betrachten wollen, legt auch Cicero in seinem Astrologie-kritischen Referat nahe (De div. II 89f.), wo er bemerkt, wie angeblich durch eine *temperatio aeris* die Kinder „*bei der Geburt beseelt und gebildet*" würden. Man würde alles Mögliche der Nativität entnehmen, jedenfalls aber, was „jeder für ein Naturell hat" (*qualis quisque natura* [...] *sit*).[235] Ein Zauber-Papyrus bietet ein Ritual, um das „*astrologisch vorbestimmte Schicksal zu ändern*", mit einer Anrede an einen mächtigen Gott: „*Du frag: 'Herr, was ist mir bestimmt?' Und er wird dir von deinem Stern erzählen, und wie dein Dämon beschaffen ist und wie dein Horoskop, und wo du leben und wo du sterben wirst.*"[236] Und es zeigt sich auch in den Quellen zur magisch-theurgischen Ritualität nach den Zauberpapyri, dass dort ein „persönlicher Daimon"[237] öfter mit Parametern des Horoskops zusammenhängt, etwa mit dem „Hausherrn", vermutlich des ersten Hauses.[238] Schliesslich als 'älteste' Quelle Petosiris (also unser „NP-Autor") laut Vettius Valens 2,41,3, wo der „Haus-Herr" (der *oikodespotes*, als der

---

key to the doctor's diagnostic assessment and understanding of individual *features of human bodies.*" (VAN DER EIJK 2020, 71).

[233] Das Wort ist laut PASSOW sonst offenbar nur bei Kleomedes und Eustathios belegt.

[234] Vgl. FRANK 1986, 18, der den „*allgemein pejorativen Sinn*" betont, den die Ausdrücke haben, „*in denen der Stamm *ἴδιο *auftritt*".

[235] Schäublin übersetzt: „*Wie ein jeder hinsichtlich seines Wesens beschaffen* [...] *sein werde.*" Vgl. Cic. Div. I 2: die Chaldäer wüssten vorauszusagen *quid cuique eventurum et quo quisque fato natus esset*.

[236] VON LIEVEN 1999, zit. PGM XIII 708-14. Der hier erwähnte *Daimon* und seine ägyptische Entsprechung ist ein zentrales Konzept in der Genese des Horoskopformulars. Monographisch dazu jetzt GIESELER GREENBAUM 2016.

[237] PACHOUMI 2013, 52 mit Stellen zum persönlichen Daimon aus der Literatur (von Platon bis zum Derveni Papyrus).

[238] Dieser soll den persönlichen Daimon verleihen (ebd. 47). Vgl. 54 ebd.: „*a connection with the personal daimon is accomplished through a series of transitional ritualised processes from the external astrological entities of Place, House and Day, the abstract cosmic concept of the encompassing and the great cosmic god Helios to the internalised concept of the personal daimon. Hence, by controlling all these external astrological entities, the magician situates himself in the right astrological condition of getting hold of his personal daimon identified with his internal nature and synkrasis.*"

Planet, der dem Zeichen zugeordnet war, der einen der 12 Himmelssektoren ekliptisch beherrschte) vollkommen deutlich mache, *„wie geartet der Geborene sein"* werde (*hoitines esontai*) – und weiteres dort unter *„hopoios"*, wobei es unzweifelhaft um individuelle Singularität geht.[239] Manilius betont öfter, dass es ihm um die grosse Varietät des Singulären zu tun ist; er meint explizit, dass die Tierkreiszeichen den Völkern *vitas et fata* verschaffen, *ac proprios per singula corpora mores* (II 85f.)[240] Des Weiteren rechtfertigt er die Zusatzeinteilungen innerhalb der Zeichen (Dodekatemoria) durch die Verschiedenheit der im selben Zeichen Geborenen (*„Darum, obwohl sie im selben Sternbild geboren sind, zeigen Menschen verschiedenen Charakter und gegensätzliche Wünsche"*: II 708f.; Übers. Fels). Es lässt sich aus vielen Stellen bei Manilius zeigen, dass die Unübersichtlichkeit und Widersprüchlichkeit der Deutungsregeln gerade aus dem Anspruch dieser Astrologie begründet sein muss, das je Einzelne in seiner Besonderheit über allgemein normative Fundamentalien herzuleiten.[241]

Was spricht also dagegen, in dieser Astrologie den dezidierten Versuch zu sehen, die anthropologische Fundamentalie der Individualität in einem theoretischen Format mit offensichtlich wissenschaftlichem Anspruch zu objektivieren? Zumal es gute Gründe gibt, gerade diese Fundamentalie in den Zusammenhang mit der „Gebürtlichkeit" des Menschen zu stellen, was jedenfalls Hannah Arendt schon sehr prägnant getan hat:

„Und diese Begabung für das schlechthin Unvorhersehbare wiederum beruht ausschliesslich auf der Einzigartigkeit, durch die jeder von jedem, der war, ist oder sein wird, geschieden ist, wobei aber diese Einzigartigkeit nicht so sehr ein Tatbestand bestimmter Qualitäten ist oder der einzigartigen Zusammensetzung bereits bekannter Qualitäten in einem 'Individuum' entspricht, sondern vielmehr auf dem alles menschliche Zusammensein begründenden Faktum der Natalität beruht, der Gebürtlichkeit, kraft deren jeder Mensch einmal als ein einzigartig Neues in der Welt erschienen ist. Wegen dieser Einzigartigkeit, die mit der Tatsache der Geburt gegeben ist, ist es als würde in jedem Menschen noch einmal der Schöpfungsakt Gottes wiederholt und bestätigt".[242]

---

[239] Dezidiert zur Individualität auch etwa Firmicus, Math. I 5,5; I 9,2 (zur Verschiedenheit, die von den Sternen herrühre). – Vgl. dazu auch eine spätere Definition der astrologischen „Doktrin" nach Caspar Peucer, der von (in der Eigenschaft der Gestirne begründeten) *„qualitates, temperamenta et inclinationes"* spricht (Zit. LUDWIG 2005, 27 A 42), sowie aus demselben Kreis um Melanchthon in einem kurzen Lehrgedicht des Georg Cracovius (De Utilitate Astrologiae): *„Damit du die geistigen Anlagen erkennst und erheuchelte Gefühle enthüllen kannst, lehrt die Astrologie, wie einer in seinem Geist und Charakter ist."* (*Ingenia ut noscas simulataque corda reveles,/ Sit quis ut ingenio et moribus, illa docet.*): ebd. 37ff.

[240] Vgl. etwa II 270f. *et privas quas dant leges nascentibus astra* („und die besondere Art, die die Sterne verleihn am Geburtstag"; Übers. Fels).

[241] Auch HEILEN (2015, 35) spricht zur Materialsammlung des Vettius Valens von einem „Archiv" von „mehr oder weniger vollständig dokumentierten Individualschicksalen". Vgl. schon, sehr explizit, BOUCHÉ-LECLERCQ 1899, 83ff. (u. a. „la destinée de chaque individu").

[242] ARENDT 1981, 167.

3. Identität

3.1.: Ist das Horoskop als ein Identitäts-Formular überhaupt denkbar?

Wenn die Astrologie nach den Strukturelementen des Horoskops Identität, offenbar von Individuellem, thematisieren, objektivieren und offensichtlich auch 'deuten' hätte wollen, gäbe es gegen solche Hypothese viele mögliche Einwände. Zuerst einmal ist der Begriff „Identität" keineswegs etwas Gegebenes oder Eindeutiges. Auch scheint er hier mit dem Begriff des „Individuums" zusammenzuhängen. Das gehe aber, so Jürgen Straub, niemals zusammen, denn Individualität sei unerkennbar, ihr fehle alles, was „*für die Identität konstitutiv ist: Einheit, Kontinuität, Kohärenz*", während alles Individuelle durch Einmaligkeit, durch „*Unerwartetes und Unvorhersehbares, Unerhörtes und Unwiederbringliches*" bezeichnet sein müsse.[243] Identität und Individualität seien „*zwei sachlich unbedingt zu unterscheidende Aspekte einer Theorie menschlicher Subjektivität*".[244]

Diese Aussage darf als Hinweis auf die Schwierigkeiten der Einordnung vorliegender Fragestellung gelten. – Dass Individualität und Identität konzeptuell Unterschiedliches meinen, leuchtet zwar ein, wo wir das Einmalige der Individualität betonen und in ihm das Kohärente nicht finden: wie soll das Einmalige kontinuierlich und bleibend sein? – Andererseits ist das durchaus der Anspruch einer Identität des Individuellen: von der Wiege bis ins Grab dieselbe eine Person zu sein.[245] Schwerer noch wiegt allerdings der Einwand der Unerkennbarkeit von Individualität: wie kann es für das noch nie da gewesene eine Kategorie oder ein „Prädikat" geben? – Laut Enno Rudolph kennen unsere Sprachen „*keine Prädikate, die nur auf einen Fall im Universum anwendbar wären.*"[246] Deswegen wird in solchem Zusammenhang der bekannte Goethe-Satz stets zitierbar bleiben: *individuum est ineffabile*[247] – es gibt keine Worte für das exklusiv Einmalige, weil kein Wort es wirklich meinen könnte, wo es das völlig Unerhörte, das totale Unikat ist. Und das betreffende Unikat könnte in der Welt nicht existieren, es dürfte keinen Leib haben, nicht Erscheinung werden und nicht einmal aus Materie irgendeiner Art bestehen – weil das schon ein Gemeinsames wäre und die Totalität der Einmaligkeit durchbräche. Man kann also einräumen, dass das Individuum per se unerkennbar sein muss; aber das völlig Einzigartige ist hier wohl auch nicht gefragt

---

[243] 1998, 80.
[244] Ebd. 78.
[245] Das ist offenbar auch das „*molekulargenetische Paradigma*" in der aktuellen Persönlichkeitspsychologie, denn nach diesem „*verändert sich das Allelmuster zwischen Zeugung und Tod nicht*" (NEYER/ASENDORPF 2018, 62).
[246] 2020, 135.
[247] Goethe, Briefe. Hamburger Ausgabe Bd. 1 (1962), 325; vgl. RUDOLPH ebd. 134ff.; ANGEHRN 1996, 211.

(es könnte höchstens noch der einzige Gott sein, dem zu eigen dann alles wäre, was als „Universum" sich gemeinsam auf die Singularität dieses Gottes bezöge).[248]

Supponieren wir das Horoskop als Formular von Identität, so zeigt sich ohne eingehendere Analyse, dass es in der üblichen Kreisform, wie sie etwa eine scheibenförmige Pinax[249] (eine Holztafel) als wahrscheinliches Arbeitsinstrument von Astrologen aufwies,[250] der Kosmos selber als eine göttliche Sphärenschale der Welt war (dargestellt ist die Lage der Ekliptik als eingefügt in einen aktuellen Ortshorizont mit zugehöriger Kulmination, der seinerseits die Himmelskugel als kosmische Schale der Welt teilt), der hier für Kohärenz, Einheit und Kontinuität sorgte. (Abb. I und III).

Himmel und Sterne als Imago für das schlechthin Bleibende, zu dem auch noch unsere entferntesten Nachfahren aufblicken werden, sind wohl so etwas wie eine anthropologische Konstante. Wenn durch dezidiert kosmische Parameter Individualität definiert, angezeigt[251] oder objektiviert werden sollte, dann wurde hier in der Tat das Ephemerste[252] durch das Bleibendste bestimmt und das Einmalige durch das Immerwährende, das in seiner steten Bewegung die Wirklichkeit des göttlich mit sich einigen Seins verkörperte[253] — jedenfalls in seiner aristotelisierenden 'Version'. Ich möchte dieses Horoskopmodell in seiner kanonischen und idealtypischen Form arbeitshypothetisch als 'aristotelisches Formular von Identität' bezeichnen,[254] obwohl es keineswegs aus einer griechischen Tradition allein entstanden sein und verstanden werden kann.

Dabei wird das Individuelle als „Objektivierung" einer Identität im Horoskop ikonographisch nicht eigens sichtbar:[255] ihm entspricht offenbar allein das Einmalige des Geburtsaugenblicks, der ja als Horoskop astronomisch möglichst genau rekonstruiert

---

[248] Die Unerkennbarkeit des völlig Singulären zeigt sich auch in der Unmöglichkeit aller Urknall-Theorien, bis an den Anfang, die Singularität selber, also die Zone vorzudringen, die schon durch eine 'metaphysische' Vorsilbe („Ur-") bezeichnet ist. Alle Beschreibungen reichen nur haarscharf, sei es Billionstelsekunden, an die auslösende Singularität heran, und auch dabei hagelt es metaphysische Ungrössen (wie „unendliche Temperatur"). Das hat offenbar Stephen Hawking bemerkt, der daher ein Modell ohne Singularität entwarf.

[249] Siehe HEILEN 2015, 578ff., der dabei auch von der „geläufigen Analogie von Mikrokosmos und Makrokosmos" spricht; GIESELER GREENBAUM 2020, 455ff.

[250] Zur anschaulich bildhaften Dimension ABRY 1993; EVANS 2004 (die „Tafeln von Grand"); GUNDEL 1992.

[251] Siehe die kaiserzeitlichen Reliefs mit Parzen in der Rolle von Astrologinnen, die auf dem Himmelsglobus eine Geburt (als Ortshorizont) anzeigen (wozu SCHMID 2004, 99).

[252] Der Mensch als *ephemeros* war ein beliebter Gegenstand archaischer Anthropologie: FRÄNKEL 1955.

[253] Vgl. SCHMID 2006.

[254] Zum 'aristotelischen Charakter' dieser Astrologie JONES 2003, 240; ROCHBERG 2010, 146; ähnlich auch schon PINGREE (zit. ROSS 2020, 449: sie sei wie hellenistische Astronomie „rooted in Aristotelian physics").

[255] Veranschaulicht wird es durch eine semantische „Topikalisierung" des Himmels im astrologischen Formular, die vergleichbar ist mit anderen 'Landschaften des Bedeutens' im divinatorischen Zusammenhang (etwa auf der Leber bei der Leberschau oder im sektorierten Raum für die Vogelflug-Orakel), wozu Näheres unten.

werden soll.[256] Das Individuelle ist hier der Augenblick, als 'Expression' der Zeit – wenn wir die Zeit als das Individuierende schlechthin bezeichnen könnten. Denn schon Herodot, der fundierende Historiker als Künder der stets unwiederholbaren[257] Menschengrösse liess den weisen Solon betonen, dass doch im langen Leben eines Menschen kein Tag dem anderen völlig gleiche.[258] Und das kann erschreckenderweise auf den Moment, ja auf die Sekunde übertragen werden: kein Augenblick gleicht völlig dem anderen. Und in solchem Zusammenhang lässt sich auch behaupten, als Folgerung aus einem Horoskop als 'Geburtsformular', dass wir ebenso individuell oder einmalig wären wie der Augenblick, der uns gebar.[259] – Die oben angesprochene Unvereinbarkeit von Individualität und Identität könnte, dies hypothetisch als Folgerung aus einem aristotelisierenden Idealtyp des Horoskops, hier gerade mitreflektiert sein. Das Horoskop erwiese sich dann sogar als Lösung dieses Problems, denn es hätte nichts Geringeres zu seinem Gegenstand als die hypothetische Aufgabe der realisierbaren 'Effabilität des Ineffablen': ausgerechnet aus dem Individuellen eine (neuartige?) Identität zu machen.

Aber durch diese Verschärfung der Ausgangshypothese entstehen weitere Probleme, denn wie schon angetönt ist natürlich „Identität" kein Begriff, über dessen Geltungsbereich Einigkeit besteht. – Was für ein Konzept von Identität könnten wir hier – als möglicherweise im antiken Material nachzuweisendes – überhaupt in Anwendung bringen? Und was genau besagt dann hier „Individualität"? War das überhaupt denkbar?

Individualität und moderne Identität

Individualität gilt als etwas Modernes, ja geradezu als Markenzeichen von Moderne, als Teil von exklusiv moderner Identität.[260] Individualisierung, und zwar als Leitsymptom,

---

[256] Horoskope werden in der Regel nachträglich erstellt, d. h. die mit Zirkel und Globus bei der Geburt hantierenden Parzen sind eine Fiktion (siehe etwa HEILEN 2020; GIESELER GREENBAUM 2020; ROCHBERG 1998).

[257] „Herodot des Halikarnassiers Vorweisung (ἀπόδεξις) der Erkundung (ἱστορίης) ist dies, auf dass weder das Geschehene (Gewordene, Erwachsene) von Menschen her (τὰ γενόμενα ἐξ ἀνθρώπων) durch die Zeit verschwinde (ἐξίτηλα γένηται), noch Taten (Werke, Gewirktes: ἔργα), gross und erstaunlich, von Griechen und Barbaren vorgewiesen (ἀποδεχθέντα), durch die Zeit (χρόνῳ) ruhmlos würden (ἀκλεᾶ γένηται) – manches sonst und auch die Ursache (αἰτίη), warum sie einander bekriegten." (Nach SCHMID 2016, 29).

[258] I 32,2-4: „*Auf 70 Jahre setze ich die Dauer des Menschenlebens. [...] Von allen Tagen dieser 70 Jahre – es sind 26250 – bringt keiner etwas, was dem anderen völlig gleicht.*" (Übers. Feix).

[259] In diesem Zusammenhang ist das Horoskop als Hinweis auf emphatisches Zeit-Erfahren ernst zu nehmen, wozu Weiteres im nächsten Kapitel.

[260] Zu dieser These als oberflächliche Auswahl nur etwa SONNTAG 1999; TAYLOR 1996; FRANK/HAVERKAMP 1988; BECK/BECK-GERNSHEIM 1994; RAAB/ SOEFFNER 2011, 343f. zur klassischen, auf SIMMEL und DURKHEIM zurückweisenden Auffassung einer gesellschaftlichen „*Differenzierung am Übergang von der Neuzeit zur Moderne*". Man sieht in der „*Arbeitsteilung das Hauptentwicklungsmoment der Gesellschaft*"; das führt zu neuen und differenzierten „*Handlungsanforderungen*" und Rollenerwartungen. Individualität wird also aus einer sozialen Dynamik hergeleitet (in einer soziologischen Analyse ist das erwartbar): „*Die Bedingungen für eine Ausbildung von Individualität und Identität sind also sozio-historisch.*" – Dazu als Überblick auch: ROSA 2018, 85ff.; 101-113; 204-224.

spielt daher in allen Modernisierungstheorien eine gewichtige Rolle.[261] Das hat verständlicherweise zur Folge, dass es schwierig wird, ein dezidiertes Reflektieren von Individualität in der 'Vormoderne' überhaupt wahrzunehmen – schon um die Stringenz der Theorie nicht zu gefährden.[262] Man kann daher öfter lesen, wie in der Vormoderne, zu der ja die Antike notgedrungen gezählt werden muss, auch wenn die Rolle der typischen „Vormoderne" meist dem Mittelalter zukommt, Individualität kaum eine Rolle spielte oder zumindest nicht gegen ein Kollektiv dramatisch abgegrenzt worden sei.[263] „Der Mensch" war eingebunden, wo nicht in Tradition und ständisches Kollektiv, dann in einen „Kosmos". Da liest man dann etwa von *„anachronistischer Projektion des modernen, isolierten' Individuums auf frühere Zeiten"*; man vernimmt, wie *„Individualisierung und Sozialisierung vor der Moderne keinen Gegensatz, sondern ein gegenseitiges Steigerungsverhältnis bilden"*, ja *„schon die elementare Frage, was ein Individuum von der Gesellschaft und anderen Individuen unterscheidet"* sei *„eine moderne, keine mittelalterliche Frage"*.[264]

In einem Handbuch zur Theorie des Subjekts,[265] das hier etwas ausführlicher zitiert sei, heisst es:

„Das Individuum als individuelles Subjekt, das eigene Meinungen äussert, Verantwortung trägt, Dissens anmeldet und autonom handelt, hat es nicht immer gegeben. In archaischen Gesellschaften ging und geht der Einzelne im kollektiv praktizierten Mythos, in der von Durkheim beschriebenen mechanischen Solidarität auf, die von der Ähnlichkeit der Stammesmitglieder lebt. Auch im Feudalismus denkt, spricht und handelt er im kollektiven Kontext der religiösen Gemeinschaft, der Gilde, der Sippe. Erst die moderne Marktgesellschaft setzt ihn frei, und Klaus-Jürgen Bruder stellt zu Recht fest: 'Der Begriff des Individuums ist selbst ein moderner Begriff.'[266]

Bruder beruft sich dabei auf Norbert Elias, der der antiken Welt eine Auffassung von Individualität im modernen Sinn abspricht: 'Nobert Elias verweist darauf, dass es in den antiken Sprachen kein Äquivalent zu dem Begriff ,Individuum' gegeben habe, mit dem wir ,die Einzigartigkeit jedes Menschen, die Besonderheit seiner Existenz, verglichen mit der aller anderen Menschen' bezeichnen und mit dem wir ,zugleich die hohe Wertschätzung einer solchen Einzigartigkeit' zum Ausdruck bringen. Elias erklärt das damit, dass ,offenbar kein Bedürfnis nach einem solchen Begriff für die moderne ,Ich-Identität' bestanden' habe. ,Die Gruppenidentität des einzelnen Menschen' habe ,in

---

[261] Eine griffige Zusammenstellung zentraler Kriterien für Modernität bei VAN DER LOO /VAN REIJEN 1997; Überblick zu einer Geschichte der Individualisierung JUNGE 2002, 29-42; ABELS 2017, 13-192.

[262] Zum Teil überschneidet sich das mit der durch REINHARDT KOSELLECK sehr erfolgreich vertretenen „Kollektiv-Singular"-These, wonach es eine dezidierte Geschichtlichkeit erst seit der sog. „Sattelzeit", also in der Moderne gebe: dazu kritisch SCHMID 2016, 451-466.

[263] Das gilt auch für Identität: laut DANZER 2017, 15 gelte: *„Die meisten Menschen vor Anbruch der Neuzeit empfanden Identitätsthemen und –probleme wahrscheinlich als für sie nicht relevant. Sie fühlten sich Zünften, Ständen, Sippen, Familien, Glaubensgemeinschaften sowie Ortschaften, Städten, Fürsten- oder Herzogtümern zugehörig, und dies sorgte bei ihnen für stabile Identitäts- und Rollenübernahmen."*

[264] VON MOOS 2004, 2f.

[265] ZIMA 2017, 4f,

[266] Subjektivität und Postmoderne, Frankfurt a. M. 1993, 38.

der gesellschaftlichen Praxis der antiken Welt (...) noch eine viel zu grosse Rolle' gespielt'."

Nun verweise ich zum angeblichen, durch die Autorität eines bedeutenden Soziologen erst Gewicht erhaltenden Mangel eines antiken Äquivalents zum „modernen" Begriff „Individuum" auf Theo Kobusch (Handwörterbuch der Philosophie = HWPh IV, 300 s. v. *Individuum, Individualität*), laut dem *individuum* sicher seit Cicero die lateinische Übersetzung des griechischen *atomon* war. Und es werde laut Kobusch „*das Individuum in der aristotelischen Philosophie zu einem in einer uneinheitlichen, variablen Terminologie (*atomon, *Individuum,* tode ti, *dieses Ewas,* kath' hekaston, *Einzelnes) fassbaren Hauptgegenstand.*" – Individuum, das sei hier also schon angemerkt, ist selbst ein antiker Begriff. Und es, das Individuum, wurde laut Kobusch gar „*Hauptgegenstand*" aristotelischer Theorie.

Wie ungewöhnlich schon nur der Gedanke an eine Theoretisierung von individueller Identität in der Antike erscheinen kann, lehrt ein Überblicksartikel zur Geschichte von Identität im *Routledge Handbook of Identity Studies*,[267] wo der Autor in der Antike vergeblich nach einem antiken „*Self concept*" sucht. Gestützt auf die Lektüre von Teilen aus Platons *Politeia* sowie auf die Autorität von Charles Taylor bemerkt er immerhin, dass wir von dem griechischen Wort „*psychos*" (sic!) die „*modern idea of psyche*" bezögen; aber selbst Charles Taylor[268], „*who does his best to find an aspect of the modern Self in the Greeks (particularly Plato), concedes that at best they offer a moral source for the Self concept*".[269]

Die aktuellen Strategien und Ansätze zur Theoretisierung oder Objektivierung von Identität scheinen auch mit jeder denkbaren astrologischen kaum kompatibel zu sein. – Dass in der aktuellen Debatte „Identität" auch dort, wo sie nicht auf Formen sozialer Zugehörigkeit fokussiert ist, in der Regel als soziales Phänomen, als Konstrukt oder Ausdruck sozialer Dynamik aufgefasst und fast ausschliesslich theoretisiert wird, ist unübersehbar. Was jemand ist, und mehr noch: wodurch jemand zum sozialen Phänomen wird, das gilt als Folge von familiären, gesellschaftlich-kulturellen und damit auch historischen Bedingungen. Der Zustand und der Horizont des Kollektivs sind die entscheidenden Parameter bei der Formierung von Identitäten; das Wissen darum ist in einer Zeit organisiert vermehrter historischer und soziologischer Wissensbestände immer bedeutsamer geworden: In welche Epoche, in welche soziale Schicht, welche Kultur und

---

[267] LEMERT 2011.

[268] Siehe TAYLOR 1996. – Das Buch wird oft wie eine historisch letztgültige Autorität benutzt, dabei ist der Autor kein Historiker und seine Quellenauslegung durchaus anfechtbar. – Zur Platon-Interpretation Taylors diesbezüglich SCHMID 2016, 392 mit A 115.

[269] LEMERT 2011, 5f. – Für GILL 2006, 395 ist etwa der Kontrast zwischen innerlich subjektiver Erfahrung und einer „*objective, external world*" erst cartesisch; TAYLOR (ebd. 224f.) will etwa die Stellen zum „inneren Menschen" (Plat. Pol. 589a 7: τοῦ ἀνθρώπου ὁ ἐντὸς ἄνθρωπος, und Vergleichbares) bei Platon herunterspielen. Öfter wird für die Antike auch der 'Holismus' etwa der Stoa oder der ihr zugrundeliegenden Kosmologie der platonischen Schule zum Argument (so GILL ebd. XV), ohne dabei den grundlegend revisionistischen (oder eben „anti-modernen") Charakter dieser neuen Kosmosfrömmigkeit zu bedenken, der auch für die griechische Akzeptanz von Astrologie bedeutsam war und jene „Kontraste" zwischen Subjektivität und Welt, die er „holistisch" aufhebt, gerade voraussetzen muss. – Zur „Anti-Moderne" jetzt SCHMID 2020.

konkret psychologisch in welche familiäre Situation hinein ein Individuum geboren wird, das muss gewusst werden um Aussagen über es überhaupt zu wagen. – Und dass im Gegensatz dazu ein Horoskop zwar ungemein exakt den Zeitmoment der Geburt reflektiert (nur eben gar nicht historisch, sondern kosmologisch oder astronomisch), aber alles Soziale, Familiäre, Kulturelle schlicht übergeht bzw. aus der offenbar 'totalen' oder absoluten genetischen Potenz der Sterne herleiten will, ist auch ohne näheres Wissen über astrologische Deutungsstrategien nachvollziehbar. Der Gegensatz in Strategie und Methodik theoretischer Objektivierung von Identität ist hier so eminent, dass die astrologische „Nativität" wie ein Gegenmodell erscheint zu fast allen heute geläufigen Herangehensweisen der Konzeptualisierung von Identitäten. – Oder umgekehrt: moderne sozio-kulturell historisierte Theoretisierungen erscheinen als die Faust aufs Auge von a-historischen oder sozial absoluten und essentialistischen Modellen. Gewiss repräsentativ hält etwa Jürgen Straub fest,[270] dass, wer die *„wesentlichen Züge des Identitätsbegriffs der modernen Sozial- und Kulturwissenschaften rekonstruieren will"*, sich *„nicht mehr besonders für die noch immer kursierenden, zweifellos anachronistischen Auslegungen des Konzepts"* interessiere, zu denen *„Auslassungen über eine substantiell und statisch bestimmte, oft [...] universalisierte 'Identität', die es im Sinne einer 'konservativen' Kultur- oder Gesellschaftskritik gegen die Zumutungen moderner Existenzen abzuschotten, zu verteidigen oder wiederzugewinnen gelte"* gehören.

Modernes Wahrnehmen von Identität ist immer wieder betont flüssig und dementsprechend reserviert gegenüber „Substantiellem", als gegenüber allem, was sich der Historisierung und Kontextualisierung entzieht.[271] Identität ist, wo nicht ganz und gar ein soziales Konstrukt, mindestens eine *„Schnittstelle zwischen Subjekt und Gesellschaft"*.[272] Sie ist stark aussengeleitet als gesellschaftsbezogen (*„Identität ist das Bewusstsein des Bildes, das andere von uns haben"*)[273] und wird als Rolle,[274] Maske[275] oder auch als *„Adresse"*[276] definiert. Dabei ist offensichtlich das Kollektiv die massgebende formale Instanz, gerade in „systemtheoretischen" Ansätzen, wo Individuen analog zu sozialen Institutionen als „Systeme" aufgefasst werden (nach Talcott Parson), da sie wie die gesellschaftlichen „Systeme" – etwa Finanzamt, Familie oder Fussballmannschaft – in *„Denken und Handeln"* eine *„typische Struktur"* aufweisen.[277]

---

[270] 2011, 279 A 11. – Vgl. KEUPP 1997, 12 zum *„Versuch, sich von einer substantialistischen Vorstellung von Identität zu verabschieden, die als 'Akkumulation innerer Besitzstände' zu charakterisieren wäre, und hier die alltägliche 'Identitätsarbeit' ins Zentrum zu rücken, in der Subjekte ihr Gefühl für beziehungsweise Verständnis von sich selbst suchen und konstruieren"*.

[271] Ein Forschungsüberblick bei ZARNOW 2010, 7-32; Überblick mit relevanter Literatur bei ZIRFAS 2010; wichtige Aufsätze in DU GAY *et al.* 2000; siehe auch die Beiträge in MARQUARD/STIERLE 1979; HALL *et al.* 1997; BARKHAUS *et al.* 1996; zusammenfassende Darstellung aktueller Positionen bei ABELS 2017, 193-440; ein psychoanalytischer Überblick zur Problematik bei DANZER 2017.

[272] KEUPP 1997, 28.

[273] ABELS 2017, 199.

[274] Ebd. 238ff.; GOFFMAN 2003.

[275] ABELS 2017, 284ff.

[276] FUCHS 1999, 278ff.

[277] ABELS 2017, 239. Wo personale Identität als „psychisches System" aufgefasst werden kann, steht sie in einer phänomenalisierbaren Relation zu sozialen Systemen, die für sie extern sind wie andererseits *„psychische Systeme für Sozialsysteme Umwelt darstellen"* (FUCHS ebd. 275).

Dabei scheint der aus der Biologie übernommene Systembegriff besonders geeignet dazu, das soziologisch erwünschte Einebnen der Differenz von Individuum und Gesellschaft und damit den soziologischen Zugriff auf Identität des Singulären zu ermöglichen.[278] Und auch sonst ist das Minimieren dieser Differenz, die etwa als „Scheinproblem" bezeichnet werden kann, im Trend.[279] Die „dekonstruktive" Tendenz ist prominent, selbst in der Psychoanalyse nach Lacan, wo Identität etwas Irreales ist, eine Projektion von aussen, die scheitern muss.[280] Identität sei zu sehen „*as something constructed rather than basic, something importantly flawed rather than assumed to be ideally whole*".[281]

Als moderne Identitäts-Objektivierung käme nun auch die Psychologie in Frage. Hier ist als psychoanalytischer Identitäts-Theoretiker und Therapeut Erik Erikson führend geworden.[282] Er geht nach Freud von einem Ich aus, das bedroht wird durch ein „Es" (das ist das biologisch triebhafte Element): „*Das Ich, dieses individuelle Zentrum organisierter Erfahrung und vernünftigen Planens, war einerseits von der Anarchie der Triebe, andererseits von der Gesetzlosigkeit der Gruppenpsyche bedroht.*"[283] Identität ist psychoanalytisch Teil eines pathogenen Spannungsfelds, in dem eine „*Ich-Identität*" offenbar entwickelt werden muss als „*Ich-Synthese*".[284] Diese Identität ist im Prozess des Aufwachsens und der Adoleszenz zu erarbeiten und zu behaupten, z. B. gegen „*Reste des kindlichen Narzissmus*".[285] Sie hat offensichtlich stabilisierende Funktion, nicht zuletzt für die Gesellschaft. So wird der Erwachsene durch eine stabile Ich-Identität fähig zur „*Bindung der Genitalität an Liebesobjekte mit komplementärer Ich-Identität und Übernahme des in die Gemeinschaft wirkenden Sinns der Fortpflanzung.*"[286] In der Beschreibung der gelungenen oder „gesunden" Persönlichkeit (Identität), die eine „*gewisse Einheitlichkeit*"[287] aufweisen soll, spielen Begriffe wie „*Kohärenz*", „*Synchronisierung*", „*Gleichheit und Kontinuität*" eine Rolle.[288] Es bildet sich in der durch Vertrauen geprägten (also der 'idealen') Elternbeziehung die „*Grundlage des Identitätsgefühls, das später zu dem komplexen Gefühl wird, 'in Ordnung zu sein', man selbst zu sein und einmal das zu werden, was die Umwelt von einem erwartet.*"[289]

---

[278] Diesbezüglich kritisch zu Luhmann: SCHMID 2016, 497f.

[279] Das Scheinproblem nach BOURDIEU im Handbuch von DANIEL 2001, 186; auch für HARDT/NEGRI 2000, 73 gilt: „*the singular is presented as the multitude*", und nach STOLLBERG-RILINGER (2010, 32) habe auch die Mentalitätengeschichte dazu beigetragen, eine „*irreführende Gegenüberstellung zu überwinden, nämlich den vermeintlichen Gegensatz zwischen Individuum und Kollektiv oder zwischen der 'eigentlichen' Realität einerseits und den Vorstellungen und Darstellungen der Realität andererseits*".

[280] FROSH 2011, 60f.

[281] Ebd. 62.

[282] Zu ihm auch DANZER 2017, 30ff. Zur zeitgenössischen „Persönlichkeitspsychologie" im Vergleich unten Kap. 4.1.

[283] 1973, 13.

[284] Ebd. 17.

[285] Ebd. 40.

[286] Ebd. 43.

[287] Ebd. 57.

[288] Ebd. 42.

[289] Ebd. 72.

Eriksons Konzeption von Identität ist durchaus an einer Pathologie orientiert, die das Individuum als Gemeinschaftswesen, etwa im möglichen Scheitern sozialer Rollen[290] und Verantwortlichkeiten wahrnimmt. *„Identitätsbildung"* dient offensichtlich dazu *„seinen Platz in der Gesellschaft einzunehmen"*[291]. Dabei ist möglichst zu vermeiden, ein *„mit sich selbst uneiniges Wesen"*[292] zu werden, wobei grundsätzlich gilt: *„Der Begriff Identität drückt also insofern eine wechselseitige Beziehung aus, als er sowohl ein dauerndes inneres Sich-Selbst-Gleichsein wie eine dauernde Teilhabe an bestimmten gruppenspezifischen Charakterzügen umfasst."*[293]

Es ist offenbar, dass nach dieser Auffassung Identität nichts Gegebenes ist, und schon gar nicht 'von oben' herab, sondern ein Ideal, eine Norm, und diese ist nichts weniger als sozial absolut. Es scheint im Gegenteil so, dass Identität ausschliesslich aus sozialer Bezogenheit im weitesten Sinne entstehen kann (weil andere 'Generatoren' gar nicht in den Blick geraten oder nicht Teil der Debatte sind, wie die genetischen): Eine 'absolute' Quelle der Identität (wie die Konstellationen des Horoskops) existiert nicht – und offenbar kann Identität im Konflikt mit der Gesellschaft auch gar nicht gelingen, da sie weitgehend als (stabilisierende aber auch zur Zufriedenheit verhelfende) soziale Funktion wahrgenommen wird. Zur Identitätsfindung heisst es etwa, dass der *„junge Erwachsene"* durch *„freies Rollen-Experimentieren sich in irgendeinem der Sektoren der Gesellschaft seinen Platz sucht, eine Nische, die fest umrissen und doch wie einzig für ihn gemacht ist."*[294]

Besagte „Sektoren" lassen an die sog. *„loci"* der antiken Astrologie, die Sektoren oder „Häuser" des kreisförmigen Horoskop-Formulars, denken (Abb. II).

Wo die Planeten hineinfielen oder welches „Zeichen" die 12 Sektoren der *loci* anschnitten, dort wiesen sie ebenfalls Plätze oder Lebensbereiche zu, die ihrerseits sozial sehr explizit sein konnten,[295] wie im notorischen Beispiel Hadrians, dem die Himmelssektorielle Zuteilung mit allen Implikationen laut Antigonos von Nikaia die königliche Rolle zuwies,[296] wie sie dies vor ihm schon geradezu offiziell für Augustus getan hatte.[297] Und es ist offenkundig, dass im Gegensatz zur astrologischen Version von Identität, welche auch soziale Rollen zuweisen kann, Erikson ein 'aszendentes' Modell vertritt: wo im Horoskop das Zugeteilte „deszendent" vom Himmel herabsteigt, was einer

---

[290] Etwa 137 zu „Rollen" die von der Gesellschaft als irreversible auferlegt werden.

[291] Ebd. 135.

[292] Ebd. 83.

[293] Ebd. 124.

[294] Ebd. 137f.

[295] Die kanonische Zuteilung wurde bis in die Neuzeit fast unverändert beibehalten. In Kurzform (vgl. Abb. II) vom Aszendenten gegen den Uhrzeigersinn gezählt lauten lateinische Merkwörter: *vita, lucrum, fratres, genitor (parentes), nati, valetudo, uxor, mors, sapiens, regnans (honores), benefacta (amici), daemon (inimici).* Da geht es etwa um den Eigner selbst (*vita*), den Besitz und Besiztum überhaupt, Geschwister (auch kleine Reisen), Eltern, Nachkommen, Krankheit, Ehe (Gattin, Partner), Tod, grosse Reisen oder Weisheit, Ehren und Würden (d. h. soziale Eminenz), Freundschaft (Wohltaten) und geheime Feinde.

[296] Heilen 2015.

[297] Schmid 2005.

„deszendenten" Legitimität römischen Kaisertums sehr entsprach,[298] da steigt Identität bei Erikson aus den empirisch zur Kenntnis genommenen Kontingentien des Heranwachsens in einer sozialen und familiären 'Konstellation' als ein zu Erwerbendes und zu Erarbeitendes geglückter sozialer Funktion auf. Und das hat nicht nur, aber eben doch auch, mit der politischen Struktur zu tun, in der die Modelle entstanden sind: Erikson schrieb als jüdischer Immigrant in den 50er Jahren in der führenden Demokratie Amerika; das Horoskop-Modell ist auf jeden Fall in einem monarchischen Horizont entstanden.[299]

Unübersehbar ist also die grosse Distanz moderner Identitätskonzeptionen zum teleologisch-deterministischen Modell einer 'kosmo-genetischen' Fundierung. – Kann nun Identität sogar als „*Bewusstsein eines Individuums von seiner Eigenart und das Gefühl, nach dieser Gestalt konsequent zu leben*" bezeichnet werden,[300] so wird mit „Bewusstsein"[301] ein weiterer Faktor relevant, der offenbar im Horoskopformular keine Rolle spielen kann. Die Strategie, Identität am Bewusstsein festzumachen, geht offenbar auf John Locke zurück.[302] Und hier scheint der Rückzug auf das Bewusstsein (als Erinnerung) auch ganz dezidiert gegen die Annahme einer Substantialität gerichtet, die jenseits des Bewusstseins begründet wäre, und damit jenseits der Person, die nach Locke „*ein denkendes, verständiges Wesen, das Vernunft und Überlegung besitzt und sich selbst als sich selbst betrachten kann*"[303] sein soll. – Für das Fehlen einer 'substanziellen' Konsistenz von Identität soll das Erinnern einspringen: es trägt dann den transtemporalen als biographischen Zusammenhang der Identität im Verschiedenen der Erlebnisse.[304] Der Soziologe Alois Hahn spricht etwa von „Biographiegeneratoren" als sozialen Faktoren bei der historischen Genese von individueller Identität und wählt als ein Beispiel die Beichte – denn „*die Sünde individuiert vor Gott*".[305] Damit übernähme hier die „Sünde" die Rolle des Fatums in der Nativität. Auch bei der Beichte wäre ein bewusstes, aktives menschliches Verhalten, ein Bekenntnis, dem ein Erkennen zugrunde liegt,

---

[298] Die Unterscheidung „aszendent"/„deszendent" hier nach einem mediävistischen Handbuch, wo „aszendente", aus der Gesellschaft aufsteigende, und „deszendente", quasi vom Himmel herabsteigende Legitimierung von
Herrschaft unterschieden wird (WALTER ULLMANN, A History of Political Thought: The Middle Ages, Harmondsworth 1970, 12f.).

[299] Daher kann es passend aus den Quellen erschlossen werden, dass „*Astrologers are fixated on relations with 'kings', whether via office-holding or the less tangible goods of amicable reflections and influence.*" (LIGHTFOOT 2020, 292).

[300] ABELS 2017, 315, nach CHARLES TAYLOR: Identität werde nach Taylor erst virulent in der Krise der Anerkennung (316). – Siehe auch FRIESE 1998, 26, wo mit Hegel Identität als „*Bewusstsein seiner selbst*" aufgefasst wird.

[301] Auch nach MEAD (1973, 216) ist das „*Wesen der Identität*" „*kognitiv*".

[302] „*Die Grundidee von Locke ist es, die Identität der Person von der Vorstellung einer Substanz, die diese Identität trägt, zu befreien und ausschliesslich in das Selbstbewusstsein zu verlegen.*" (QUANTE 1999, 10).

[303] Ebd., zitiert nach dem „*Essay Concerning Human Understanding*" von 1694. – Darin schildert Locke „*den hypothetischen Fall, dass die Seele eines Fürsten mitsamt dessen gesamten Erinnerungen in den Körper eines Schusters wandert, um plausibel zu machen, dass wir nur das Bewusstsein in Form von Erinnerungen als Identitätskriterium ansehen.*" (Ebd. 11).

[304] SHOEMAKER 1999; ABELS 2017, 333ff. zur biographischen Identität.

[305] BOHN/HAHN 1999, 45.

61

identitätsbestimmend. – Betrachten wir noch das weltlos gewordene Ego, das sich im Falle von Descartes lediglich über seinen Zweifel daran, ob ausser ihm noch etwas existiere, definieren kann: Identität muss hier 'präkosmisch' absolut aus einer vorweltlichen oder provisorisch weltlosen Selbstbezogenheit des Subjektiven heraus vorstellbar werden. Das führt tendenziell in ein aktiv-konstruktivistisches Auffassen von Identität,[306] im konturierten Unterschied zu einer passiven oder 'tragischen' Konzeption, die als astrologischer Fatalismus Identität eher als Negation und Beschränkung der Freiheit des Handelns wahrgenommen hat.[307]

Identität kann also, wo sie der transzendentalen Substanz-Grundlage entbehrt, offenbar nur aus dem Subjektiven selber hervorgehen, aus dem innerlichen Erinnern oder aus der Reflexion sozialer Zugehörigkeit, in der das Subjekt eine Identitätsrolle übernimmt. Das heisst aber auch, dass Reflexion von Identität unweigerlich mit dem Problem des Essentialismus zusammenhängen muss: Durchwegs können 'moderne' Konzeptionen aus dem Scheitern einer Substanz-Annahme hervorgehen oder dieses auch polemisch postulieren. Eine transzendentale Erhöhung des Singulären, die etwa bei Cusanus diesem allein Wirklichkeit zuschreibt, weil in ihm gerade das Universale sozusagen zusammenfalle,[308] bedarf ja keiner 'aszendenten' oder 'subjektiven' Begründung oder Herleitung von Identität mehr. Und im Falle des Cusanus kann man die Astrologie, mit der er sich ja beschäftigte, zu dem Hintergrund rechnen, vor dem diese Koinzidenz des Universalen mit dem Singulären denkbar wurde. Im Horoskop ist es nämlich – als Tierkreis, welcher der Explikation von Nativitäten zur Unterlage diente, auf welcher die 'Zutaten' der Planetenkonstellation angeordnet wurden: Identität als Visualisierung im kosmischen Formular – der ganze Himmel als „Umgreifendes"[309], der die Identität zu einem in sich selbst mündenden Kreis von Signifikanz zusammenschloss (Abb. III und IV).

Wenn sich seit Locke der Begriff der Identität vom Substanzbegriff entfernt hat und stattdessen im Subjekt und seiner auch kollektiven (Selbst)Bezogenheit rekonstruiert werden muss oder will, kann die Kritik an dieser Auffassung ihrerseits wieder zum Substanzdenken tendieren. So jedenfalls bei Leibniz, der seine „substanzontologische" Konzeption offenbar in Auseinandersetzung mit Locke entwickelt hat.[310] Leibniz nahm ein inneres Vitalprinzip in den Organismen an, um deren Identität als transtemporalen Zusammenhalt zu begründen, also eine Art von „biologischem Code", wo laut Leibniz

---

[306] Zum Sozialkonstruktivismus mit definitorischem Wert SCHULZE 2005, 80: „*Im Mittelpunkt dieser Theorie steht das Subjekt, gewissermassen als Bauherr der Konstruktionen, um die es hier geht.*" – Sozialkonstruktivismus ist also wesentlich Ausdruck und Anspruch der (im Kollektiv) triumphierenden Subjektivität.

[307] Wobei anzumerken ist, dass dieser Freiheit negierende Fatalismus wie in der griechischen Tragödie die (politische) Freiheit und ihre Aporien des Handelns gerade zur Voraussetzung hatte – der Determinismus in der Astrologie ist griechischer Herkunft: er enthält die Freiheit in der Erfahrung ihrer Negation (SCHMID 2009, 215ff.).

[308] *Solum enim singulare actu est, in quo universalia sunt contracte ipsum* (De docta ignorantia II 6, zitiert bei GERHARDT 2000, 27 als Beispiel für „*Radikalisierung von Individualität*").

[309] Vom „Umgreifenden" (τὸ περιέχον) spricht Ptolemaios (Tetr. I 1–3; vgl. SCHMID 2005, 32 Anm. 63.

[310] So ZARNOW 2010, 83, und zwar in der Tradition der „Seelenmetaphysik".

„*im Anfang bereits* [...] *alle Fortschritte enthalten sind.*" [311] Und das klingt wie Astrologie[312] (*finisque ab origine pendet*[313]). – Christopher Zarnow spricht von „*Leibnizens Versuch einer rationalen Rekonstruktion der Lehre von der göttlichen Vorsehung, der Providentialehre, auf dem Boden seiner Substanzmetaphysik. Der Begriff einer individuellen Substanz enthält alles, was ihr jemals widerfährt.*"[314] Der Erhellung eines solchen „Begriffs"[315] aber, zu der es für Leibnitz des göttlichen Verstandes bedurfte,[316] galt durchaus unbescheidener Weise der Ehrgeiz der antiken Astrologen, die ihr Geschäft denn auch immer wieder als „Divination", als Götterwissen oder Teilhabe an göttlichem Wissen verstehen wollten.

Es ist nicht zu belegen, dass sich Leibniz mit Astrologie befasst hat,[317] oder sich direkt von ihrem genetischen Theoriemodell inspirieren liess. Aber es gibt für sein Identitäts- bzw. Individualitätskonzept eine 'Quelle', die eben auch als Quelle für die Nativitäten-Astrologie gelten kann, nämlich Aristoteles. Leibniz war laut Enno Rudolph „*bekennender Aristoteliker*"[318] und seine Auffassung war durch das aristotelische „Entelechie"-Konzept angeregt. Danach wäre Individualität die formende Potenz der Seele, des Lebens als der Wirklichkeit eines Körpers (nach Arist. *De anima* 412a). Leibniz hat sich damit gegen einen „kognitivistisch" engen Seelenbegriff bei Descartes gewandt.[319] Er hat aber auch mit der Vorstellung einer „Entelechie" des Lebendigen ein Konzept von Individualität angenommen, das diese als Angelegtsein auf einen bestimmten *bios*, und somit als eine biographische Potenz und als Identität denkbar werden liesse. Das ist auf jeden Fall erstaunlich kompatibel mit einer supponierten Theorie der Identität in der Nativitäten-Astrologie. Doch läge die explizit substantialistische, an der griechischen Metaphysik orientierte Konzeption des Individuellen bei Leibniz dann ebenso quer zu einer dominant Essentialismus-kritischen Tendenz der Moderne und Postmoderne wie ein mögliches Identitätskonzept der Astrologie.

Individuum und Subjekt

Der Heidelberger Philosoph Enno Rudolph hat eine eminent klärende Unterscheidung gemacht: er moniert, dass in der Debatte um Individualität und Subjektivität die „*Prädikate 'subjektiv' und 'individuell' unbekümmert bedeutungsäquivalent verwendet*

---

[311] Ebd. 89f. A121.
[312] Vgl. ebd. 93f.: Es ist laut Leibniz „*offensichtlich, dass der Begriff jeder Person oder anderen individuellen Substanz ein für allemal alles, was ihr je widerfahren wird, enthält*".
[313] Manil. IV 16.
[314] 2010, 94.
[315] Ebd. 97: „*Die Bedingung der Möglichkeit dafür, dass das Subjekt im Wechsel seiner Zustände dasselbe bleibt, besteht in dieser Theorieperspektive darin, dass diese Zustände apriori in seinem vollständigen Begriff beschlossen sind.*"
[316] „*Allein der göttliche Verstand hat einen vollständigen Begriff des Individuums.*" (Ebd. 95).
[317] Er hat sich immerhin eine Weile mit Alchemie beschäftigt (HIRSCH 2016, 23), deren Ursprünge man in der Nähe der Astrologie annehmen muss, wozu Weiteres unten (Kap. 6).
[318] 2020, 135.
[319] ZARNOW 2010, 103.

werden. " So könne auch die Moderne, wenn sie durch die Dominanz des Subjekts (und des Selbstbewusstseins) bezeichnet wird, *„nicht das Zeitalter des Individuums sein":*[320] Das Subjekt ist nämlich kollektivierbar, es ist auch konstitutiv *„für stabile Intersubjektivität"* und „kollektive Rationalität".[321] – Könnte es dann nicht einfach sein, dass die aktuellen Identitätstheorien allesamt an einer Identität des Subjektes orientiert und interessiert sind, wodurch sie dann aber nicht zugleich Theorien der Individualität sein könnten? Identitätstheorien, die von der Selbstvergewisserung des Subjekts ausgehen, feiern dann nicht das Individuum, sondern *„den Triumph der Dominanz des Subjekts"* wie Rudolph schreibt: *„Bei den epochalen Strategen der Subjektivität ist das Individuum entweder nicht im Blick, oder aber als Abweichler bzw. subversives Element. Das gilt vom Standpunkt des Descartes'schen Ego* cogito *ebenso wie von Kants transzendentalem Subjekt oder Fichtes Ich: das Individuelle ist das von der Norm abweichende, die Ausnahme vom allgemein Gültigen, welche die Regel bestätigt. Kants Regeln des Erkennens sind nicht bei jedem andere, sie sind vielmehr die Konstituentien des transzendentalen Subjekts: das Subjekt – das sind wir alle."*[322] – Bedeutet dies nun, dass es seit Descartes oder Locke keine Objektivierung von individueller Identität geben kann, weil sie hier gerade zum Anhängsel einer Theorie des weltbildend Subjektiven werden müsste, und dass dazu die einzige Alternative in die Unaussprechlichkeiten einer anti-modernen und damit nur dialektisch modernen Substanzen- oder Seelenmetaphysik führen müsste?[323]

Ich möchte im Folgenden den von Rudolph betonten Unterschied zwischen Subjektivität und Individualität auch als historisch bedingter und bedingender Faktoren etwas plastischer herausarbeiten. Ich beginne mit der Subjektivität und merke gleich an, dass sie auch dann, wenn man sie begrifflich gegen Individualität ausspielt, mit dieser verbunden bleibt.[324] Individualität als zeitlich akzentuierte Einmaligkeit eines unwiederholbaren Lebens, aufgespannt zwischen den Singularitäten von Geburt und

---

[320] RUDOLPH 2020, 133.

[321] Ebd. 136; zur Intersubjektivität als zentralem Faktor neuerer Subjektivitätstheorien HAGENBÜCHLE 1998, 5f.

[322] Ebd.; vgl. zum transzendentalen Subjekt und seiner abstrakten Allgemeinheit auch ULRICH 2002, bes. 85-120; zur Reflexion seiner Dominanz in der Moderne und ihrer Geschichte HÜBENER 1988.

[323] Dass Hegel alle Probleme beseitigen wollte, indem er die Substanz zum Subjekt erklärte, gehört letztlich in den Katastrophen-Horizont der Moderne, sofern auch hier die Erhöhung des massenhaft Subjektiven zur substantiellen Individualität die Kollektiv-Identitäten (scheinmetaphysisch zu „Volksgeistern" erhöht) zu Epiphanien des Weltgeistes, damit in eine sinnstiftend definitive Dimension erhob. – Zum Verhältnis von Individuum und Subjekt bei Hegel auch ANGEHRN 1996: *„Die Selbstwerdung des Geistes muss über die Gestalt der Individualität hinausgehen, deren 'Mangel an innerer Subjektivität' beheben."* (217): *„Nicht Individualität, sondern erst Subjektivität ist die dem Geist angemessene Seinsform. Individualität ist reflexionslos, zumal ohne jene Tiefe der Reflexion, die in sich das Allgemeine des Geistes erfasst und seine Besonderheit mit diesem vermittelt."* (216).

[324] Zum Wort „Subjekt" als Übersetzung des griechischen *hypokeimenon* (etwa das „Zugrundeliegende"), *„worin die ursprüngliche ontologische Bestimmung und der Bezug zum Substanzbegriff noch klar erkennbar sind":* HAGENBÜCHLE 1998, 4.

Tod,[325] ist eine ontologische oder fundamentalanthropologische Bedingung auch für Subjektivität, die stets in individuierter Form 'realexistierend' sein muss. – Wenn oben[326] von Jürgen Straub gesagt werden konnte, Identität und Individualität seien *„zwei sachlich unbedingt zu unterscheidende Aspekte einer Theorie menschlicher Subjektivität"*, dann hat sich hier ein Gewicht verschoben, insofern Subjektivität als ontologisch primär angesehen wird; Individualität und Identität wären dann bloss noch „Aspekte" von Subjektivität. – Wie kommt es zu dieser Gewichtung, die natürlich dem modernen Gewicht des Subjektes und seines „Selbstbewusstseins" entspricht? Warum ist das Subjekt, zeitlich gar nicht akzentuiert und als Möglichkeitshorizont Ausgangspunkt von Wahrnehmen, Wollen und Handeln im Gegenüber zu einer fundamentalen 'Objektität' der Welt, hier das Dominante, die potente und doch fluide Substanz, von welcher Individualität nur die aspektuelle Akzidenz zu sein hätte?

Der Primat des Subjektiven ist m. E. ontologisch nicht zu halten, entbehrt aber nicht eines 'Realgrundes', sofern man sagen könnte, dass das historische Heraustreten des Subjekts in einen definierenden Gegensatz zur Welt zur Basis einer Isolierung auch des Individuellen geworden ist, auf der die Subjekte als „autonom" existierende beruhen. Die Subjektivität ist das tragende Element einer gegen- oder eigenweltlichen Autonomie des Menschlichen, wie sie sich besonders markant in den griechischen *polis*-Gesellschaften aus einer „kompakten"[327] Zugehörigkeit zur Welt emanzipierte. Das Subjekt, eminent als Bürger-Subjekt, ist die fundierende Instanz des Freiheits-Konzepts, und es ist diese Instanz nur im Kollektiv der autonomen *polis*, es ist sie nur politisch.[328] Dass aber die im Kollektiv freien Subjekte in ihrer „Wirklichkeit" – mit einem Leitbegriff aus dem Arsenal der Reflexion von Individualität – zugleich Individuen sein müssen, und damit „Sterbliche", das gehört zur existentiellen Bedingung dieser Subjekte und es ist symptomatisch, dass in den frühen Kollektiven der Autonomie diese unaufhebbare Individualität als „tragische" Bedingung der Freiheit emphatisch reflektiert worden ist.

Das Subjekt ist das politisch mächtige in den organisierten Kollektiven, die bei Thukydides zu den Trägern der Handlung, zu den Akteuren der „Geschichte" als einer Erzählbarkeit autonom menschlicher Grösse werden. Es tritt organisiert, diszipliniert, im sogenannten Ernstfall militärisch formiert auf, und die Grösse, die seine Taten unvergleichlich und sein Potential „im Bösen wie im Guten" der Rede wert erscheinen

---

[325] Bündig zusammengefasst im Ausspruch des Paters Pirrone im Roman *Il Gattopardo* von GIUSEPPE TOMASI DI LAMPEDUSA: *"tutti noi, egualmente soggetti alla doppia servitù dell'amore e della morte"*.

[326] Anm. 244.

[327] Der Begriff der „Kompaktheit" nach Eric Voegelin: siehe VOEGELIN 2002, insb. 19ff. (Einführung von J. ASSMANN). Als Leitsymptom dafür möchte ich das Fehlen eines Natur-Begriffs bezeichnen, das es etwa ermöglicht, weltliche Ordnungsgeneratoren – wie den Sonnenlauf in Ägypten – als verbindlich für die Ordnung der Gesellschaft anzusehen. Offensichtlich ist auch die häufige 'Sonnenverwandtschaft' von Königen.

[328] Subjektivität ist expressiv und agiert im Sichtbaren; sie wird als Trägerschaft von (kollektiver) Autonomie zur dramatischen und eminent („historisch") erzählbaren Grösse; d. h. nur im subjektiven Rahmen ihrer Expression, also indirekt, wird auch Individualität selber historisierbar. – Zur Geschichte und Historisierbarkeit der Subjektivität etwa HAGENBÜCHLE 1998, 9ff. und *passim*.

lässt,[329] erlangt es nur im Kollektiv, in dem es sogar noch das Unglück des Einzelnen zu absorbieren vermag.[330] Es wird als einzelnes, also individuell, zum Träger von Ansicht, Meinung und vor allem: Stimme. Damit wird es entscheidend, und entscheidend wird es in seiner eigenen Welt, die das Politische und im handelnden Vollzug dieser Eigenweltlichkeit das Historische ist. Thukydides hat es ja in seinem „Melierdialog" anschaulich gemacht: hier ist eine Welt, in der der Mensch auf Gedeih und Verderb an seinesgleichen ausgeliefert ist: er fällt hier sozusagen notorisch seinesgleichen und damit sich selbst in die Hände, und das ist unheimlich, denn der Mensch ist ein „ungeheures" Wesen, dem grad noch der Tod widersteht. [331] Er ist dies Ungeheuerliche aber zuerst als Subjekt, das durch seine Fähigkeit zur Organisation[332] sich von allen anderen Wesen der Welt unterscheidet.[333] Er hat als solches Subjekt, fähig zu handeln und die ihm zuhandene Welt durch seine „Kunst" zu gestalten, eine neue Unabhängigkeit von allem, was nicht seinesgleichen ist und mit dem er nicht „intersubjektiv" als mit seinesgleichen verbunden und in bewusst organisierter Gemeinschaft steht. Er steht als Subjekt einer Welt gegenüber, die er zu seiner Wahrnehmbarkeit als zur „Natur" degradiert. Die Folgerichtigkeit seiner Wahrnehmung und Wahrnehmungsperspektive wird zur Rationalität und über sie zu einer Gesetzlichkeit des Verallgemeinerns, der er die Welt als „Natur" (*physis*) unterwirft. Dieses Verallgemeinern entspricht der allgemeinen Anerkennung des „zwingend"[334] Evidenten, der freien Zustimmung zum Plausiblen durch die anderen Subjekte in den Bezirken menschlicher Autonomie, die somit eine Öffentlichkeit kritischer Subjekte hervorbringen wird, die ihre Basis in der Volksversammlung hat, die über ihre Eigenwelt entscheidet. Die Versammlung beschliesst über Krieg und Frieden, Leben und Tod, und was Recht und Unrecht sein soll.[335] Sie stellt über Abstimmung durch Mehrheitsentscheid einen finalen Konsens aus den Absichten und Ansichten der entscheidenden Subjekte her. In der Folge dieses rechtsgültigen Konsenses kann die Polis „mit einer Stimme" sprechen,[336] als ob sie selber ein kollektives Subjekt wäre (*„es schien dem Demos richtig …"*). Und diese Verallgemeinerbarkeit unterscheidet das Subjektive gerade gegenüber dem Individuellen.

Zwar ist ein politischer Konsens nicht immer das, was das Evidenteste und Klügste ist; es wird politisch viel Widersinn beschlossen. Aber die kritische Abschätzung

---

[329] „*Im Bösen wie im Guten*": Thuk II 41,5; vgl. Soph. Ant. 332–375: „*Weiser Erfahrung reich, ja das niemals Geahnte ersinnend, eilt er zum Bösen, zum Guten*" (Übers. Buschor) – gemeint ist der Mensch; bei Thukydides sind die Athener gleichsam dieser Mensch (vgl. SCHMID 2016, 53f.). – *Axiologotatos* („überaus erwähnenswert"): Thuk. I 1.

[330] Thuk. II 60.

[331] Zur „Ungeheuerlichkeit" des Menschen vgl. SCHMID 2016, 53ff.

[332] Platon, Protagoras 320c-322d, vgl. UTZINGER 2003, 118ff.

[333] Archelaos DK 60 A 4, wo sich der Mensch in der Vorzeit kollektiv absondert: *"Und die Menschen sonderten sich von den anderen Lebewesen ab und setzten Führer ein, stellten Gesetze auf, richteten Künste, Städte und das Übrige ein."* (UTZINGER ebd. 116).

[334] Zum Gewicht des „Anankischen" in der sog. „Naturphilosophie" siehe SCHMID 2016, Kap. 3 und sonst.

[335] „*Denn was jedem Staate schön und gerecht erscheint, das ist es ihm ja auch, solange er es dafür erklärt*"; „*was in diesen Dingen der Staat für eine Meinung fasst und daran festhält als gesetzmässig, das ist es nun auch für jeden in Wahrheit*" (Platon, Theaitetos 167c; 172a; Übers. Schleiermacher).

[336] RAAFLAUB/WALLACE 2007, 23: *"the polis speaks, in its own voice".*

von Wahrnehmungen und Wahrnehmbarkeit durch menschliche Subjekte, die hier entscheidend, ja sogar welttragend und weltbewegend wird, erreicht doch ein erhebliches Niveau im abstrahierenden Vergleichen und in dem Aufspüren des Verallgemeinerbaren. Insbesondere wird die Welt als „Natur" und damit als das erscheinende Gegenüber oder das „Phänomen" zum Gegenstand für eine neue 'generalisierte' subjektive Instanz, die sich ihrerseits zum übertragbaren Über-Ich aufschwingt, das als wissenschaftliches, vernünftiges General-Ich[337] mit entsprechend asketischer Zurückhaltung aller Strebungen,[338] die nicht öffentlichkeitswürdig weil nicht verallgemeinerbar sind,[339] quasi-priesterliche Orientierungsfunktionen übernimmt.[340] Dieses sozusagen stellvertretende Ich wird zur Stimme des Kollektivs oder genauer: des kritischen Potentials dieser geballten Wahrnehmungskraft der autorisierten Subjekte: es tritt mit der Autorität evidenter, beglaubigter, geprüft-überprüfbarer oder authentisch bezeugter „Kunde" auf,[341] und ist so die „wissenschaftliche" Instanz kritischer Öffentlichkeit autonomer Kollektive, die aus autonomen Subjekten bestehen. – Besagtes stellvertretendes Ich wird auch zum auktorialen Erzähler der Welt- als der Menschengeschichte, welche eigentlich nur die Geschichte der autonomen Kollektive ist, und es wird ebenso zum auktorialen 'Erläuterer' der wissenschaftlichen Evidenz über das natürliche Vorhandensein der Welt. Es ist die wahre Instanz der Rationalität, sofern diese als „fille de la polis", wie Jean-Pierre Vernant noch meinte,[342] dem mentalen Horizont

---

[337] Für es gilt auch, was RUDOLPH folgendermassen ausdrückt: „Denn nicht vom Subjekt als dem jeweiligen Individuum in seiner Unterschiedenheit von allen anderen Individuen ist hier die Rede, sondern vom Subjekt, für dessen Typos alle Individuen als exemplarische Fälle gelten." (2020,133) – Hier denkt RUDOLPH an ein Subjekt als „Ausgangspunkt und die Grundlage erkennender Welterschliessung und einwirkender Weltgestaltung". Und dasselbe könnte man vom Subjekt des Bürgers autonomer Kollektive sagen: politisch exemplifizieren alle Individuen als Bürger diesen Typus. Und er wird zur Norm gerade auch, wo er Individuelles und „Idiosynkratisches" beschneidet.

[338] Zur diesbezüglich demonstrativ angestrengt wirkenden Haltung der 'Objektivität' bei Thukydides, in der sich das Übergewicht einer entscheidenden Subjektivität verbirgt, siehe SCHMID 2016, 294f.; zur grundsätzlichen Stilisierung des öffentlichen Verhaltens im klassischen und nachklassischen Athen ZANKER 1995, 54.

[339] Perikles, der demokratische Staatsmann par excellence, soll nie gelacht haben und überhaupt in seinem Auftreten eine betonte Zurückhaltung geübt haben (Plut. Per. 5; 7; SCHMID 2016, 163).

[340] Die „maîtres de vérité" (DETIENNE 1967).

[341] Siehe die einleitenden bzw. methodischen Bemerkungen des Herodot und des Thukydides. – Dass dabei der Individualität der Autorschaft eine entscheidende Bedeutung zukam, ist allerdings im Auge zu behalten. Sie zeigt sich nicht nur in dem namentlichen 'Signieren' des Textes, sondern auch inhaltlich in der Affinität zur Kontingenz des Geschehens und einer entsprechenden, der Tragödie nahestehenden Besinnlichkeit, wie sie vielfach den Akteuren in den Mund gelegt wird. Man vergesse nicht, dass es diese 'tragische' Individualität war, die als Grundlage für die reflexive Distanz eines Bürgersubjekts zu der politisch autonomen Menschengrösse diente, der es als Subjekt selber angehören musste, und passend schreibt dann Thukydides als Verbannter seines Kollektivs. Und nur in dieser Distanz wird Historie zur Reflexion und zur Erzählung der kollektiven menschlichen Autonomie. – Wird also der Autor in seiner notorischen Individualität „verabschiedet", entfällt das, was Historie von Politik unterscheidet – und Geschichte wird zum Anhängsel einer Sozialwissenschaft, die historisch gesehen zu ihren Derivaten gehört.

[342] VERNANT 1962, 131ff.

der ermächtigten Subjekte autonomer Kollektive und ihrem spezifischen Selbstbewusstsein[343] entsprang.

Das menschliche Subjekt ist in der Welt ein Fremdling.[344] Da es in der Welt keinen Halt findet, hält es sich an seiner selbst organisierten Eigenwelt. In der „Natur" kann es Selbstbewusstsein nicht erlangen, denn in ihr ist es ein Mängelwesen, an sich selbst defizitär, eine Leerstelle, die nur reflexiv, mit Hilfe der Vorstellbarkeit, der Spiegelung in anderen Bewusstseinen, in der Wahrnehmung anderer, als Erscheinung und soziales Phänomen zu etwas, zu einer Identität werden kann.[345]

Das Subjektive ist also im Unterschied zum Individuellen nicht nur zum Handeln im Kollektiv fähig, sondern in seiner Autonomie, also auch: in seiner „historischen" Visibilität,[346] auf ein Kollektiv als das 'Gefäss' seiner Autonomie angelegt, denn nur politisch kann sich das Menschliche aus seiner defizitären Verbundenheit mit und Abhängigkeit von der Welt lösen.[347] Politisch wird der Mensch eigenweltlich, er betritt eine eigene Welt, in welcher die Abhängigkeit von seinesgleichen und die Ansehnlichkeit für seinesgleichen alle anderen Abhängigkeiten entwertet, so auch die Abhängigkeit vom Familiären, das zum „Privaten" reduziert werden kann, weil es jetzt den Bereich des Öffentlichen und Offiziellen gibt, der das Subjektive befreit, weil es nur dort souverän ist. – Dieses Missverhältnis zum Familiären scheint griechischen Ursprungs zu sein, kann aber auch, gerade im Vergleich mit China,[348] als Bestandteil westlicher Autonomie-Konzeption gedeutet werden: es zeigt sich schon bei Hesiod, der beim Hausbrand die Nachbarn und nicht die Familie zur Hilfe zu holen mahnt,[349] oder in der Tragödie, wo das Familiäre als Terrain des Schreckens und der Konkurrenz erscheint, so dann auch in der

---

[343] Vgl. den *metron-anthropos*-Satz und Thuk. II 41, 4 (Übers. LANDMANN): „ *Und mit sichtbaren Zeichen üben wir wahrlich keine unbezeugte Macht, den Heutigen und den Künftigen zur Bewunderung (θαυμασθησόμεθα), und brauchen keinen Homeros mehr als Sänger unseres Lobes noch wer sonst mit schönen Worten für den Augenblick entzückt – in der Wirklichkeit hält dann aber der Schein der Wahrheit nicht stand; sondern zu jedem Meer und jedem Land erzwangen wir uns durch unseren Wagemut den Zugang, und überall leben mit unseren Gründungen Denkmäler unseres Wirkens im Bösen wie im Guten auf alle Zeit.* "

[344] Das hat schon der Autor der hippokratischen Schrift *De vetera medicina* bemerkt – nicht einmal die ihm zuträgliche Nahrung bringt die Natur hervor; er muss erst kochen lernen, um zu überleben (3, 3).

[345] Zur „ *Konfliktstruktur*" des Subjekts (das sich selber schon „ *immer entfremdet*" sei) und seiner „ *Dialektik*" (etwa zwischen „innen" und „aussen" oder zwischen „ *Nichtung*" (nach Sartre, durch die Anderen) und Freiheit: HAGENBÜCHLE 1998, 11ff. (wo allerdings nie zwischen Subjektivität und Individualität unterschieden wird).

[346] Zum Historischen als dem „ *Format einer neuen Ersichtlichkeit des Menschen*" SCHMID 2016, 435 und sonst.

[347] Auch ZIMA (2017, 20f.) unterscheidet zwischen Individuen und Subjekten so, dass Subjekt das sozial Handlungsfähige meint: ein Kleinkind ist schon Individuum, wächst aber erst in seine Subjektivität hinein. Laut ebd. 8 A 15 bezeichne „ *'Individuum' die biologische, aber gesellschaftlich stets vermittelte Grundlage individueller Subjektivität.*"; laut 28 sei Individualität die „ *Körperlichkeit und materielle Basis der Subjektivität*"; 49 wird nach ANTHONY GIDDENS von einem „ *Nexus von Individualität als Körperlichkeit und Subjektivität als Diskurs*" gesprochen. – Es ist klar, dass dabei auch die Dichotomie von „Kultur" und „Natur" angesprochen ist.

[348] Siehe etwa ZHOU 2010, 19 zur „Privatisierung" des Familiären als etwas spezifisch Griechischem.

[349] Erga 343f.

Psychoanalyse oder bei Darwin[350], oder in der dezidierten Familienlosigkeit – oft und nicht zufällig mit misogynem Beiklang[351] – entscheidender Akteure im stets umstrittenen Reich menschlicher Freiheit. Es ist nicht unwichtig, dass es in Griechenland kaum ernsthaften Ahnenkult[352] gab in der Zeit, in welcher sich das einflussreiche Selbstbewusstsein autonomer Subjektivität im Rahmen des Selbstbewusstseins des Politischen bildete,[353] während in China laut Yiqun Zhou Identität definiert worden sei durch *„roles in the descent line"*[354]. Der Ahnenkult habe in China *„the religious underpinnings and moral rationale for both the polity and the family"* geliefert,[355] und man könnte aus diesem Vergleich den Schluss ziehen, dass in Griechenland das Politische eine Sphäre jenseits des Familiären wurde: in ihm emanzipiert oder entfremdet sich das Subjekt als einzelnes – *„one man, one vote"* – aus der Familie und wird, wie ausgesprochen erstmals die sophokleische Antigone, ein „autonomes"[356] Subjekt.

Als somit dezidiert autonome wird Subjektivität nach Rudolph *„nicht nur konstitutiv für stabile Intersubjektivität, sondern sie verpflichtet und nötigt zu gelingender Wechselseitigkeit: zu Zustimmung, kollektiver Rationalität, Solidarität etc. Individualität hingegen entbindet, sie ist tendenziell anarchisch. In verhohlener Konkurrenz laufen diese beiden Anthropologeme bis heute nebeneinander her."* Und weiter: *„das Subjekt ist gesellschaftsfähig; das Individuum ist ein* misfit.*"*[357]

Dass moderne Identitätstheorie in aller Regel eine Identität des Subjekts und des Subjektiven meinen muss, ist somit überdeutlich – und gewiss ist auch, dass der Wortgebrauch meist in der Tat „Individuum" und „Subjekt" vollkommen *„bedeutungsäquivalent"*[358] bezeichnet (so z. B. durchgehend George Herbert Mead) oder den betreffenden Unterschied in dem oft diesbezüglich unscharfen Begriff des „Selbst" verschwimmen lässt.[359] Dabei ist aber fast durchgehend das eben präliminarisch umrissene „Subjekt" vornehmlich gemeint, so in aller Deutlichkeit formuliert bei Mead: *„Ein Mensch ist eine Persönlichkeit, weil er einer Gemeinschaft angehört, weil er die Institutionen dieser Gemeinschaft in sein eigenes Verhalten hereinnimmt."*[360] Oder: *„Es kann keine scharfe Trennungslinie zwischen unserer eigenen Identität und der Identität anderer Menschen gezogen werden, da unsere eigene Identität nur soweit existiert [...] wie die Identitäten anderer Menschen existieren",*[361] denn *„Der Prozess, aus dem heraus sich Identität entwickelt, ist ein gesellschaftlicher Prozess, der die gegenseitige*

---

[350] Freuds Begriff der „Urhorde" stammt direkt aus Darwin – man kann sich kein düstereres Bild ausserziviler Ursprünge menschlicher Gemeinschaft denken.

[351] Das Missverhältnis des Sokrates zu seiner Familie ist ein Exempel, in welchem bekanntlich NIETZSCHE sogar den Grund seines Philosophierens erkannte (Menschliches, Allzumenschliches Nr. 433).

[352] SCHMITZ 2007, 17.

[353] CHRISTIAN MEIER sprach bekanntlich von einer „politischen Identität" (1983 *passim*.)

[354] 2010, 16; vgl. 99-157.

[355] Ebd. 16.

[356] *autonomos*: Soph. Ant. 821.

[357] 2020, 136.

[358] Ebd. 133

[359] So TAYLOR 1996; vgl. BÖHME 1996; spezifischer zur Antike LONG 1991.

[360] 1973, 204f.

[361] Ebd. 206.

Beeinflussung der Mitglieder der Gruppe, also das vorherige Bestehen der Gruppe selbst voraussetzt. "[362] – Und dieser Primat des Kollektiven ist durchaus verständlich, wo das Subjektive in seiner historischen Genese angesprochen wird: das autonome Kollektiv ist die Grundlage seiner 'persönlichen' Autonomie, das gilt auch noch für das cartesische *Ego cogitans*, dessen Weltlosigkeit nicht in einem Inneren gründet, sondern in der historischen Erfahrung des Politischen, die das Subjekt geformt hat, das der Welt als Natur (= des **ihm** Erscheinenden) gegenübersteht, so als wäre er nicht Teil von ihr.[363] Und dazu befugt ihn allein jene „Eigenweltlichkeit"[364], die seinem Rationalisierungstyp zugrunde liegt und im Politischen, und im Historischen als dessen Reflexion, wurzelt. – Das politische oder proto-politische „soziale" Substrat dieser Identität des Subjektiven kommt auch bei Mead verschiedentlich als ein (politischer) Optimismus des kollektiven Vermögens zum Ausdruck: *„Wir können die Dinge verändern, wir können darauf bestehen, die Normen der Gemeinschaft zu verbessern. Wir sind durch die Gemeinschaft nicht einfach gebunden. Wir stehen in einem Dialog, in dem unsere Meinung von der Gemeinschaft angehört wird; ihre Reaktion wird davon beeinflusst.* "[365]

Individualität

Wie sähe nun demgegenüber, und möglicherweise in dezidiertem Gegensatz zu Subjektivität, Individualität aus? Ist das Individuum vom Subjekt unterscheidbar und was wären seine 'Leitsymptome', was ist seine Welt, wenn wir eben schon dem Subjektiven das Kollektive, sozio-politisch organisiert, das Rationale und wohl auch das gesellschaftsrelevant 'Kulturelle'[366] zugeschrieben haben? – Es zu beschreiben ist, vorab aus „moderner" Perspektive, nicht ganz einfach, wenn anders die Neuzeit *„allenthalben als die Epoche der Herrschaft des Subjekts"*[367] gilt. In diesem Rahmen ist Individualität vielleicht sogar eine Leerstelle, oder genauer: eine dezidierte Unbestimmtheit,[368] die

---

[362] Ebd. 207.

[363] Diese Ausserweltlichkeit des Subjekts wird deutlich bei den antiken Himmelsgloben, die den Sternenhimmel spiegelverkehrt darstellten, so dass der Betrachter in der Tat den Kosmos von aussen – aus einer irreal weltlosen Position – zu sehen bekam (SCHMID 2017, mit der These, dass diese Ausserweltlichkeit nur in der Autonomie des Politischen wurzeln könne).

[364] Zum Begriff SCHMID 2016.

[365] MEAD 1973, 211. Auch LONG (1991, 118) denkt, wo er auf Individualität explizit zu sprechen kommt, an Rollen.

[366] Vgl. HANSEN 1993, wonach Kultur *„in Kollektivität"* gründe; dabei gehe es um *„Machen und Erzeugen von nichts Geringerem als der Wirklichkeit"*, diese sei *„ein Konstrukt der Kultur"* (13).

[367] RUDOLPH 2020, 135: *„Das privilegierte Subjekt hat das Individuum durch seinen inklusiven Anspruch im Kampf um Selbsterhaltung in eine Defensive gedrängt. Die einschlägigen philosophischen Theorien von Descartes bis Kant flankieren dieses Urteil, insofern sie mit massgeblicher Wirkung den Begriff des Subjekts als Gattungsbegriff eingesetzt haben und keineswegs – wie es der populäre Gebrauch des Adjektivs „subjektiv" nahelegen könnte – als einen Terminus ins Feld geführt haben, mit dem das jeweilige Individuum und seine spezifische Weltsicht im Unterschied zu allen anderen „subjektiven" Standpunkten gemeint wäre. Das Individuum – das bin ich im Unterschied zum Rest der Menschheit, ich in meiner einmaligen Identität, die ich mit niemandem teile"*.

[368] MEAD 1973, 218f. zur Unbestimmtheit des Ich (engl. *„I"*) im Gegensatz zum sozial orientierten *„Me"*, das vorab aus der *„Übernahme all dieser organisierten Haltungen"* (der

durch die Identitäts-Setzungen des kollektiv Subjektiven in fluider, stets provisorischer Weise ausgefüllt wird. Sie wird variable Basis für „Kompetenzen" des Subjekts, wie zustimmend bei Straub (nach Lothar Krappmann) zitiert: *„Empathie, Rollendistanz, Ambiguitätstoleranz, Identitätsrepräsentation und das diese Fähigkeiten tragende Sprachvermögen".*[369] – Auch Erikson bringt Individuelles nur als Fallbeispiel, etwa für einen „biographischen Ansatz" G. B. Shaw,[370] in dessen Memoiren verschiedene Rollen[371] und ein ödipaler Konflikt fassbar werden. Erikson untersucht Identität als Prozess von „Identifikation"[372] oder „pathographisch" in ihrer Diffusion,[373] aber als positiv einmalige Individuen kommen Identitäten hier nicht wirklich vor, sondern durchwegs als Repräsentanten übertragbarer psychosozialer Strukturelemente, zu denen auch übergreifend kollektive – als Amerikaner, Jude, College-Studentin aus konservativem Milieu udgl. – gehören. – Dazu passt ein zusammenfassendes Statement bei Straub:[374] *„Identität ist als theoretische Kategorie – im Pragmatismus, im symbolischen Interaktionismus, in der Psychoanalyse, der Theorie kommunikativen Handelns und andren Ansätzen – ein im wesentlichen formaltheoretischer Begriff. Auf theoretischer Ebene geht es eben nicht um qualitative Bestimmungsmerkmale der Identität konkreter Menschen, sondern um formale Strukturmerkmale eines spezifischen Selbst- und Weltverhältnisses von Personen, einer historischen und kulturspezifischen Subjektivitätsform."*

Individualität wird zum Hindernis oder Vorurteil: so heisst es zur geistigen Atmosphäre, in welcher Meads dezidiert modern sein wollende Identitätstheorie entstand: *„Sogar der nachdarwinistische Einfluss biologischer Auffassungen konnte lange Zeit die ererbten individualistischen Vorurteile nicht brechen".*[375] – Wo versteckt sich denn nun das „ineffable" Individuum in einer Moderne, die dem Fortschrittsgeist des sich stets optimierenden, Traditionen innovativ durchbrechenden Subjekts entspricht und entsprang, wobei die Wesens-Fluidität dieses Subjektiven es auch erlaubt, die Dominanz des Männlichen als lange Zeit alleiniger Ikone autonomer, freiheitlicher und bisweilen revolutionärer Subjektivität zu durchbrechen, weil *„Subjektivität vermittelt; Individualität trennt"*[376]?

Wenn wir an der Modernität, oder genauer, der Modernisierungsfähigkeit des Subjektiven festhalten, liegt es nahe, im Individuum historisch eine anti-moderne Kategorie, eine gegen das Subjekt antagonistische Instanz zu vermuten. Das liesse sich dort rechtfertigen, wo wir historisch eine reflektierte Individualität ihr 'Reich' in einer kulturkritisch aufgeregten Atmosphäre der Moderne- und dezidierten Demokratie-

---

anderen) besteht. – Man könnte generalisierend von einer unausgesprochenen oder latenten Individualität sprechen.

[369] 1998, 95.

[370] 1973, 125ff.

[371] Etwa als *„Snob", „der Lärmmacher", „der Diabolische".*

[372] Ebd. 136-152.

[373] Ebd. 153ff.

[374] 1998, 92.

[375] CHARLES W. MORRIS in Mead 1973, 15f.

[376] RUDOLPH 2020, 135.

Skepsis aufrichten sehen können.[377] Markante Individuen wie Sokrates und Christus[378] geraten als Träger einer sozial unverfügbaren „Wirklichkeit" oder „Wahrheit" in entschiedene und tödliche Opposition zu den legitimen und bürgerlich „modernen" Kollektiven: das Individuum, Inkarnation eines Königtums Gottes oder des „Geistes" und Prophet der Autorität sozialer Unsichtbarkeiten, mit neuen Leitbegriffen wie „Seele" und „Geist", wird zum König einer 'anti-modernen' Welt, in der die Herrschaft der kollektivsubjektiven Autonomie utopisch oder gar apokalyptisch gebrochen erscheint. Oder mindestens als untergeordnet, etwa wie die *poleis* als Zentren der politischen Modernität den hellenistischen Gottkönigen und römischen Kaisern, oder die Kaiser selber dem heiligen Geist, der ihn salbte, oder die weite Erde den göttlichen Planetensphären, die sie in ontologisch erhabener Essentialität umgaben. – Das ist aber nur eine Seite, denn gewiss kann der Antagonismus von Individualität und Subjektivität kein vollständiger sein. Beide bedingen sich auch und gehören zusammen; ich würde daher ihr Verhältnis als ein dialektisches bezeichnen – der Antagonismus taucht wieder auf in dem Hegelschen von „Phänomenologie"[379] und „Geist", wo dem Subjekt die Welt des Wahrnehmbaren zugeordnet werden kann. – Ich würde daher arbeitshypothetisch nicht, wie oben Straub, Identität und Individualität als Aspekte einer Theorie der Subjektivität betrachten, sondern Subjektivität und Individualität als Aspekte, als zwei ganz unterscheidbare Seiten, von menschlicher Identität.[380]

Ein Schema der Gegenüberstellung soll das dialektische Verhältnis von Subjektivität und Individualität assoziativ – und durchaus experimentell, ohne jeden systematischen Vollständigkeitsanspruch – etwas illustrieren. Die Gegenüberstellung operiert mit Idealtypen, dagegen ist die Wirklichkeit in aller Regel gemischt:

---

[377] Dazu SCHMID 2020; 2016, 367-437.

[378] Laut HAGENBÜCHLE 1998, 23 war Sokrates ein „*Wendepunkt in der Geschichte der Subjektivität, der in seiner Bedeutung erst von der Gestalt Christi und dessen radikalem Aufruf zur Authentizität der Innerlichkeit [...] überragt werden sollte.*"

[379] Zur strukturellen „*Erscheinungsobsession*" der Moderne (und menschlicher Autonomie) SCHMID 2020; 2016, Kap. 2.

[380] Welche Bereiche unserer Identität zum Gegenstand von Astrologie werden könnte, das bezeichnet DANZER (2017, 151f.) ohne an Astrologie zu denken als: „*Rahmenbedingungen unserer Existenz, die wir kaum oder überhaupt nicht beeinflussen können, und die massgeblich unsere Identität mit determinieren: Ort und Zeitpunkt unserer Geburt und unseres Heranwachsens: die Konstitution des Organismus bis hinein in seine genetische Ausstattung; das biologische Geschlecht; die Stellung in der Geschwisterreihe; unser Temperament; der ökonomische und psychosoziale Status von Eltern und anderen Erziehern sowie die politischen, gesellschaftlichen und kulturellen Ereignisse und Prozesse um uns her.*" – Man bedenke auch, was an dieser Aufzählung im Horoskop fehlt (das Historio-Politische und die Kultur), und wie es hier heisst „*um uns her*". –Wer ist „*uns*", und was ist das durch diese (subjektive) Instanz Externalisierte an offensichtlich aussersubjektiven Faktoren der Identität? Gehört nicht gerade das Individuelle dazu? – Und könnte nicht das für uns Seltsame der Astrologie gerade in der Integration dieser Bereiche in eine fatale Identität bestehen?

Subjekt:	Individuum:
Politisch orientiert *"es geht nicht darum, die Welt zu verstehen,* *sondern sie zu verändern"*	Historisch orientiert Zählung der Getöteten nach der jeweiligen Katastrophe des Politischen
Zukunftsorientiert (optimistisch) Fortschritt/ Modernität/Innovation als gemeinsames Unternehmen	Vergangenheitsorientiert (pessimistisch) Kulturkritik/Anti-Modernismus/die Singularitäten des Unverhofften
Demokratie Gleichheit als Voraussetzung funktionierender Intersubjektivität/ die *agora* und der Markt als Raum freier Konkurrenz	Monarchie Elitarismus; der König als Symbol oder Ikone unmittelbarer Verbundenheit mit der Welt, spezifisch mit den Himmelssphären als Quellen von Ordnung und 'wahrerer' Wirklichkeit/ Der 'Anarch'
Sozial orientiert Tendenz zur Generalisierung und generalisierenden Konzepten, wie "Natur". Naturalismus, die Rationalität des wiederholbar Evidenten, die allgemeine Evidenz der Visibilität	Der Aussenseiter Melancholie des sozial isolierten Genius, dem Einfluss eines dunklen Sterns assoziiert durch Renaissance-Humanisten; Metaphysik der sternverwandten "Seele"; Romantizismus des sozialen Scheiterns (*bohême*)
Diesseitigkeit Kult des Sichtbaren und Säkularen; Urbanität	Jenseitigkeit Das Gewicht des Unsichtbaren, wie Substanz, Seele, Geist, das Göttliche überhaupt; Die Wälder der Romantik
aktiv, dynamisch	passiv, tragisch
Freier Wille, Autonomie *"Beliebigkeitskontingenz"*[381] (schliesst Determinismus im natürlichen Bereich des phänomenal Verfügbaren ein)	Fatalismus *"Schicksalskontingenz"*
Sympathikus Der Unternehmer, der Wohltäter, der Manager; Utilitarismus	Parasympathikus das *laissez-faire* des daoistischen *freaks*; sozial unbrauchbar ausser als Künstler, Genie und manchmal Religionsstifter
Potentialität *Dynamis*	Actualität *Energeia*

---

[381] Zu den Begriffen der „*Schicksals*"- bzw. „*Beliebigkeitskontingenz*" (nach ODO MARQUARD)
ausführlicher unten.

Reaktivität	Spontanität
Identität als soziale Rolle – im Spiegel der Anderen (das *"me"* bei H. G. Mead)	Identität als irreversible Markierung (siehe auch Fingerabdruck)
Kollektivierung	Vereinzelung
"horizontale Identität" (nach Habermas)	„vertikale Identität"
„Erlebnis"	„Ereignis"

Das dialektische Verhältnis antagonistischer Verflochtenheit zweier konkurrierender *„Anthropologeme"* (Rudolph)[382] als Grundkomponenten von Identität erinnert an einen Aphorismus Kafkas über ein 'doppeltes Bürgertum' des Menschen (Nr. 66 in Brods Zählung):

„Er ist ein freier und gesicherter Bürger der Erde, denn er ist an eine Kette gelegt, die lang genug ist, um ihm alle irdischen Räume frei zu geben, und doch nur so lang, dass nichts ihn über die Grenzen der Erde reissen kann. Gleichzeitig aber ist er auch ein freier und gesicherter Bürger des Himmels, denn er ist auch an eine ähnlich berechnete Himmelskette gelegt. Will er nun auf die Erde, drosselt ihn das Halsband des Himmels, will er in den Himmel, jenes der Erde. Und trotzdem hat er alle Möglichkeiten und fühlt es; ja, er weigert sich sogar, das Ganze auf einen Fehler bei der ersten Fesselung zurückzuführen."

Franz Kafka, dessen Werk die Fremdheit des Individuums in einer Welt unheimlich organisierter Subjektivität beschreibt, evoziert in diesem Zitat melancholischerweise Identität als doppelte Fesselung des gegenseitig sich Ausschliessenden. Man denke sich einen unwiderstehlichen Trieb, die Gemeinschaft zu suchen, den zugleich ein anderer Drang, die Gemeinschaft zu fliehen, immer in Schach hielte. – Vermutlich arrangieren sich die Komponenten durch wechselnde Dominanz, wie im Rhythmus von Wachen und Schlafen oder von Ebbe und Flut.[383]

---

[382] 2020, 136.

[383] Eine Unterscheidung zwischen „Ich" und „Selbst", wie sie der Hallenser Psychiater HANS-JOACHIM MAAZ (2017, bes. 18ff.) verwendet, scheint dem Obigen ziemlich zu entsprechen: MAAZ nennt dabei das *„Selbst"* die *„Struktur der Person"* und erwähnt auch ein *„angeborenes Selbstpotential"* – demgegenüber meint das *„Ich"* die *„sekundären psychosozialen Leistungen,*

Der vielbeschworene „Individualismus" der Moderne ist zu der angedeuteten Anti-Modernität des Individuums dort kein Widerspruch, wo Individualität auch zum Programm, also zu einer sozialen Norm der Subjekte erhoben wird. Eine solche kann allerdings gerade Individualität niemals sein. Michael Jäckel zitiert dazu Gerhard Schulze: „Unter dem Etikett der Individualisierung erobern sich neue Formen der Vergesellschaftung die Sozialwelt." Und weiter: „Davon profitiert insbesondere der Markt der Konsumgüter, genauer: der Erlebnismarkt, der das 'etwas andere' zur Norm erhebt."[384] – Das „etwas andere" ist ein gutes Stichwort, denn es könnte nahelegen, dass es sich dabei um Domestizierung der (s. o.) von Enno Rudolph als „anarchisch" bezeichneten Individualität handelt. Individualität bleibt ja eine Grundbedingung und damit unausweichlich für Menschen auch als kollektiv autonome Subjekte, so wie die Erfahrung der Zeitlichkeit unausweichlich ist, die ein Leben nur als stete Einmaligkeit zwischen Geburt und Tod erlebbar macht.

---

um zwischen strukturellen Möglichkeiten und Begrenzungen und den Anforderungen der Realität zu vermitteln". – In einer tabellarischen Gegenüberstellung (20) wird dem Ich (also in der Entsprechung: dem Subjekt) an Eigenschaftswörtern etwa zugeschrieben: „gemacht, erworben/ veränderbar, lebenslang lernfähig/ bildet die soziale Fassade und die sozialen Rollen" – während dem „Selbst" (analog also: dem Individuum) an Eigenschaftswörtern zukommt: „gegeben/ grundsätzlich basale Matrix, nur in der frühen Lebenszeit ausformbar/ ist der Kern der Persönlichkeit" udgl. – MAAZ fasst auch zusammen: „Es ist der Unterschied zwischen Haben und Sein. Das Ich hat, aber es ist nicht. Das Selbst ist, aber es hat nicht." – Für den Psychiater spielt dabei eine Rolle, dass das „Ich" eine Störung bzw. Verhinderung des „Selbst" kompensieren muss: so ist durch „Ich-Leistungen" ein falsches Leben auszubauen, „von inneren Zweifeln und äusserer Infragestellung abzupanzern und das falsche Leben zur Anerkennung zu bringen" (20).
[384] JÄCKEL 1999, 224. – SCHULZE hat unter dem Titel „Erlebnisgesellschaft" reiches Material zur 'Kollektivierung des Individuellen'; siehe etwa 2005, 99 (wie sich „innenorientierte und aussenorientierte Sinngebung nicht gegenseitig ausschliessen"); 110 zur „Semantik der Distinktion": „Paradoxerweise arten freilich Versuche der ästhetischen Individualisierung immer wieder in Massenbewegungen aus (Alternativtourismus, Motorradfahren, Diskothekenkultur)"; 119 zur „Aura der Einzigartigkeit": „Trotz der Massenhaftigkeit des Artikels wird dieser als Metapher für Individualität offeriert und akzeptiert. Bestimmte Zigaretten, Surfbretter, Motorräder, Luxuslimousinen, Lederjacken, Geländeautos, mal kurze, mal lange Haare sind Beispiele für allgemein bekannte Varianten gemässigter Exzentrizität. Man wird durch ihren Besitz zum Mitglied einer Gemeinschaft von Individualisten."

3.2.: Warum ist es so schwer, der Antike eine Kultur des Individuellen zuzusprechen?

Dass ein reflektiert 'individualistisches' Verhalten und gar ein systematisches Theoretisieren von Individualität für die Vormoderne überhaupt vorausgesetzt werden kann, ja dass ein ganz einmaliges So-Sein 'damals' sogar zur Identität erhoben worden wäre, wegweisend zweifellos für die Renaissance und damit auch für die Neuzeit, ja die Moderne selbst, ist nach den heute gültigen Prämissen historischer und historisierender Forschung nur schwer vermittelbar. Allerdings ist das auch nicht ganz selbstverständlich: Man denke nur einmal an das erratische Verhalten des gründenden Kynikers Diogenes in Athen, der zur Demonstration allgemeiner Überschätzung des Sexualtriebs auf der Agora onanierte – der Hunger, meinte er, sei nämlich keineswegs so einfach ruhigzustellen,[385] oder die noch erratischere, nur anekdotisch überlieferte Figur des „Menschenfeindes" Timon,[386] der noch auf seinem Grabstein alle zum Teufel wünschte. Unter den Zelebritäten gab es masslose Exemplare, die sich ihrer erlauchten Exzeptionalität durchaus bewusst waren und sich diese auch, vielfach bezeugt unter römischen Kaisern,[387] astrologisch explizieren liessen, im Wissen darum, dass ihre bisweilen exzentrisch zur Schau gestellte Individualität unterdessen staatstragend, in Rom dann gar welt-ordnend geworden war. Und es gab zivilere Varianten, wie den dandyhaften Petronius *arbiter*, der den Tag gern im Bett und die Nächte als „Schiedsrichter des Geschmacks" und Mann der gebildeten Ausschweifung[388] verbrachte. Als Autor eines Romans über die abgehobene Exzentrik von Neureichen ist er bis heute unvergessen; Tacitus beschreibt seinen stilvoll ironischen Abgang – ein Selbstmord auf Neros Befehl – und unlängst hat man endlich auch einen Asteroiden nach ihm benannt.

Was Autorschaft anbelangt, so ist gerade im Vergleich mit chinesischen Gepflogenheiten der auftrumpfende Stil bemerkt worden,[389] in welchem sich griechische Schriftsteller namentlich selbst, und d. h. dezidiert individuell, an den Anfang ihrer Texte setzen. Und bisweilen unterscheidet man sich dabei betont herablassend vom Rest der Menschheit (der in erster Linie aus Griechen besteht), wie schon in archaischer Zeit Hekataios von Milet: *„Das Vorliegende schreibe ich so, wie es mir wahr zu sein scheint, nieder; die Erzählungen der Hellenen nämlich sind – so kommen sie jedenfalls mir vor – ebenso zahlreich wie lächerlich"* (FGrHist 1 F 1a; Übers. J. Latacz). – Und mag man noch darüber streiten, ob es hier nicht ebenso um geltungssüchtige Subjektivität wie um Individualität gehe, so ist doch bei der Betrachtung der Mumienporträts aus dem ptolemäisch-römischen Ägypten kein Zweifel mehr möglich an einer elaboriert gestalteten Wahrnehmbarkeit von Individualität, deren intendierte Einmaligkeit angesichts der Mumiensarkophage, auf denen sie ja als Porträts der unwiderruflich

---

[385] D. L. VI 46.
[386] Plut. Ant. 69ff.
[387] Dazu immer noch CRAMER 1954.
[388] *eruditus luxus*, laut Tac. Ann. 16,18,1.
[389] SCHMID 2016, 216 A 245, wo nach SHANKMAN/DURRANT 2000, 96 des Thukydides Auftreten als Urheber seines Textes im Vergleich zum grossen chinesischen Historiker Sima Qian als „arrogant" bezeichnet werden kann.

Verstorbenen angebracht worden sind, ausser Frage stehen muss. – Und dann mag noch etwa des Favorinus von Arles gedacht sein, der Primadonna unter den Rhetorik-Stars seiner Zeit, der es sich erlauben durfte, selbst Hadrian, den Kaiser zu nötigen, dem er übrigens auch als scharfer Kritiker der Astrologie widersprach.[390] Er war öffentlich stolz darauf, dass er als „Eunuch" (er war ein Zwitter) gar des Ehebruchs angeklagt zu werden vermocht hatte.[391]

Diese Beispiele könnte ein Kenner antiker Kulturgeschichte leicht vermehren. Und trotzdem kann man in einem Handbuch zur Modernisierung Folgendes nachlesen: *„Bis zur Renaissance wurden Individuen vor allem als Teil einer Kollektivität gesehen. Die kollektive Identität war wichtiger als die individuelle Identität. Die Antwort auf die Frage 'Wer sind wir?' war wichtiger als die Antwort auf die Frage 'Wer bin ich?'. Mehr noch, die zweite Frage war kaum relevant."*[392]

Dass es bei grundlegenden Epochalisierungen nicht ohne Verallgemeinerungen abgeht, ist hinzunehmen. Aber sie sollten nicht irreführend sein. – Wie kam es, dass die Zeugnisse antiker Reflexion über Individualität und Subjektivität – einst „humanistisch" als Basis für die Modernität der eigenen, „wiedergeborenen" Moderne betrachtet – hier völlig unter die Räder oder den Tisch geraten sind?

Dafür gibt es vielleicht einen ganz offensichtlichen Grund, der viel mit der kollektiv und damit auch subjektiv identitätsstiftenden Funktion[393] der Modernitäts-Zuschreibung zu tun hat.[394] Modernität gilt sich selbst zunehmend als einmalig und einzigartig,[395] wodurch eine Undenkbarkeit entstehen muss, wo ihr wesentliche Züge einer Vorzeit entstammen sollen. Und dazu passt es auch, dass die zeitliche Abgrenzung des 'eigentlich' Modernen immer weiter 'herauf' gerückt wird. Moderne wird historisch immer exklusiver, während sie zugleich räumlich – in der „Globalgeschichte" – immer inklusiver wird. Wo Jacob Burckhardts Gleichnis von dem Erwachen der Moderne aus dem Traumschlaf des Mittelalters als der paradigmatischen Vormoderne noch humanistische Brücken in die Antike begehbar sein liess, werden nun laufend neue „Sattelzeiten" proklamiert, die metaphorische Gebirge zwischen der Moderne und ihrer Vergangenheit auftürmen. Sie rücken immer näher.[396]

Dass man sich schwertat, das – wie hier erst zu zeigen ist – gewichtige Element der Astrologie in diesem Zusammenhang zu berücksichtigen, mag mit einer einflussreichen Tradition zusammenhängen, nach welcher Astrologie als Import aus dem Orient – einer gegenmodernen Zone schicksalsergebener Unterwerfung unter despotische Autoritäten – gegolten hat. Mit dieser Gegenwelt sollte eine Kultur der Freiheit als

---

[390] Gell. noct. Att. XIV 1.

[391] Philostr. vit. soph. I 8.1

[392] VAN DER LOO/ VAN REIJEN 1997, 182; weitere ähnlich lautende Einschätzungen oben (55ff.)

[393] *„an essential part of being modern is thinking you are modern"* (so BAYLY 2004, 10).

[394] Dazu gehören umfangreiche Assoziationsmöglichkeiten, die semantisch oft in dem Modernebegriff mit enthalten sein können oder wollen, wie *„fortschrittlich"*, *„innovativ"*, *„dynamisch"*, *„offen für Neues"*, *„tolerant"*, *„unkompliziert"*, *„aufgeschlossen"* udgl.

[395] VAN DER LOO/ VAN REIJEN 1997, 12: *„dass unsere moderne Welt eine historisch gewachsene Wirklichkeit mit einmaligen Charakterzügen ist"*; *„der einzigartige Charakter der modernen Gesellschaft"*.

[396] SCHMID 2016, 492f. zur aktuellen Konjunktur von „Sattelzeiten".

menschlicher Autonomie erst in ihrer „Dekadenz" etwas tun gehabt haben.[397] Mit Modernisierung konnte das nicht zusammengehen, obschon die Renaissance-Forschung eigentlich gerade das Gegenteil nahezulegen schien. – Jedenfalls ist es auffällig, dass in Arbeiten zur Historisierung von Individualität der Begriff „Astrologie" meist nicht einmal im Index vorkommt.

Der oben schon thematisierte Mangel an Unterscheidung von Begriffen wie „individuell" und „subjektiv" eröffnet sicher einen Weg zur Erklärung des aktuellen Verkennens von antiker Erfahrung und Reflexion von Individualität. – Denn was uns die Horoskop-Astrologie schon auf den ersten Blick begreifen lässt, immer unter der Annahme, sie bilde Individualität willentlich ab, ist ja das 'Gebundensein' einer individuierten Identität. Was das entsprechende Formular thematisch 'einkreist', erscheint als bestimmt: diese Konstellation der Einmaligkeit verpflichtet das Individuum auf eine fatal bestimmte Formalität des Lebens, damit beschränkt sie auch explizit die Optionen des derart individuierten Subjekts; sie beschneidet dessen Autonomie, und damit natürlich die Basis einer kollektiven Lebensform menschlicher Selbstbestimmung und Selbstbezogenheit, die zum Kernbestand, ja zur Bedingung von Modernität gehört.[398] Unter dem Titel „Daimon"[399] meinte auch Goethe (in „Urworte orphisch"):

„Wie an dem Tag, der dich der Welt verliehen,
Die Sonne stand zum Gruße der Planeten,
Bist alsobald und fort und fort gediehen
Nach dem Gesetz, wonach du angetreten.
So mußt du sein, dir kannst du nicht entfliehen,
So sagten schon Sibyllen, so Propheten;
Und keine Zeit und keine Macht zerstückelt
Geprägte Form, die lebend sich entwickelt."[400]

Moderner klingt das etwa so (bei Ilse Aichinger):

„Gefragt wird keiner: nicht nach der Bereitschaft zur eigenen Existenz und noch weniger
zu einigen entscheidenden Details: dick oder dünn, halbwegs erfolgreich oder gleich am

---

[397] SCHMID 2005, 8ff.

[398] So auch RUDOLPH 1991, 64: *„Wenn es Schleiermacher zufolge richtig ist, dass wir durch unsere Freiheitsbegrenzung und nicht durch unsere Freiheitserweiterung individualisiert werden, dann kommt hier* passio *vor* actio. "

[399] Der *Daimon* und seine ägyptische Entsprechung wurde ein wichtiges Konzept für die entstehende Nativitätenastrologie: GIESELER GREENBAUM 2016.

[400] Bezeichnend ist es, wenn in einer aktuellen, psychoanalytisch orientierten Arbeit zur „Identität" (DANZER 2017, 105) genau dieses Gesetz nach Goethes Gedicht als Entscheidung oder *„Schwur unseres Charakters"* (ebd. 106) eines Vierjährigen aufgefasst wird. Letzterer legt sich als Antwort auf psychosoziale Umstände ein *„Lebensgesetz"* zu (es ist strittig, wieviel eigene Reflexion dabei im Spiele war), das dann im Goethe'schen Sinn die Freiheit des Erwachsenen beschneidet. Bemerkenswert ist vor allem, dass der bei Goethe unübersehbare Hinweis auf das Horoskop (mit dem „Gruss der Planeten") bei DANZER kommentarlos übergangen wird. – Man kann hier an Hegel denken (nach welchem das Subjekt selber zur Substanz werden soll); DANZER ist psychoanalytisch offensichtlich von Sartre beeinflusst (*„Urwahl unserer Existenz"*, wobei das meine, dass sich das Kind *„unbewusst einen Charakter schafft"*).

Rand, schwachsinnig, lebensfähig oder keins von beiden. Erstaunlich viele nehmen alles lieber in Kauf als die Möglichkeit, nicht da zu sein. Bei der Geburt wird zwar die Möglichkeit, da zu sein, gegeben, aber nicht die Möglichkeit, nicht da zu sein."[401]

Und das widerspricht etwa schon dem Prinzip einer „Selbstentfaltung", deren Gewichtigkeit die Theorie der Moderne in der Regel hervorhebt.[402] Und zudem einer Grenzenlosigkeit der Optionen, die eine von Traditionen befreite Subjektivität als „Individualität" bezeichnen soll,[403] und die als Basis unabschliessbarer Optimierung zur Fortschrittsidee gehören muss.

Deshalb birgt Individualität im Rahmen von moderner Subjektivität ein dialektisches Widerspruchspotential, das sich als Negiertes kollektiver Modernisierung immer wieder als „*Störenfried*"[404] erweisen kann, als „*Widerpart*"[405] oder gar als „*Wurzel des Bösen*"[406]. Ihre Emphase in Theorie und Praxis ist das Fanal einer fundierenden Anti-Moderne seit dem 4. Jhdt. v. Chr. geworden,[407] und von daher kann sie, gerade als Element 'kulturkritischen' Widerstands[408], zu einem verkannten Traditionsbestand gehören, auf dem noch die modernste Modernität beruht. – Als Paradigmen von modernitätskritischer und darin selbst potentiell moderner Individualität

---

[401] Film und Verhängnis, Blitzlichter auf ein Leben, Frankfurt 2001.

[402] „*Selbstentfaltung, Selbständigkeit und Privatheit* [...] *während das gefügige Leben auf der Basis von Traditionen immer seltener wird. Selbst entscheiden können, ein aufregendes Leben führen, etwas im Leben erreichen, sich persönlich entwickeln, das Leben geniessen, solange es noch geht – das sind die Dinge, nach denen die Menschen heutzutage streben.*" (VAN DER LOO/ VAN REIJEN 1997, 179). – Ein antikes Pendant dazu, nämlich den „Hedoniker", hat der kulturkritische JACOB BURCKHARDT schon als modern erachtet, etwa 2012, 461 (unter der Überschrift „Die Abwendung vom Staat"): „*Bezeichnend bleibt die vollkommene Naivetät, womit der genusssüchtige Privatphilister zum Unterschied von den Cynikern sein Programm entwickelt, und seine bis heute gültige Moral an den Tag legt.*"

[403] VAN DER LOO/VAN REIJEN ebd. 189: „*die schier grenzenlosen Bedürfnisse moderner Individuen*"; 191: „*die 'Beliebigkeit', die nach Meinung mancher Autoren die moderne Identität kennzeichnet*". – Siehe zur politisch fundierenden „Grenzenlosigkeit" des Handelns ARENDT 1981, insb. 183. – Kritisch ULRICH 2002, 120: „*die universelle Mobilisierung des Individuums und seine kapitaladäquate Zurichtung zum flexiblen und mobilen* homo optionis *in der 'Kultur des neuen Kapitalismus' (Sennett)*".

[404] FRANK 1986, 18: „*Individualität gilt* [...] *als Störenfried in der geebneten Landschaft einer streng rationalen Ordnung des Wissens.*"

[405] RUDOLPH 1991, 8.

[406] Ebd. 48.

[407] SCHMID 2020; 2016 (Kap. 7).

[408] Siehe FRANK 1986, 10 zu einer Kritik (von Nietzsche bis Foucault), nach welcher die „*Ausbildung des Gedankens der Subjektivität*" der „*vorerst letzte und entscheidende Ausdruck der Machtergreifung von Rationalität*" gewesen sei. HORKHEIMER/ADORNO 1988, 15: „*Das Erwachen des Subjekts wird erkauft durch die Anerkennung der Macht als des Prinzips aller Beziehungen.*" FRANK spricht auch von faschistischen Weltbildern, „*in deren Vorgeschichte der Wunsch nach Abdankung des autonomen und souveränen Subjekts ja ebenfalls eine unvergessliche Rolle gespielt hat und noch spielt*" (ebd.). – Siehe zu Nietzsche und Heidegger als Apologeten von Individualität RUDOLPH 1991, 76-105;

werden Sokrates und Christus[409] auch erwähnt in der Schrift „*On Liberty*" von John Stuart Mill,[410] die als Zeugnis von unbestritten moderner Hochschätzung des Individuellen gelten kann. – Mill möchte explizit, dass sich in einer modernen Gesellschaft Individuen entfalten und behaupten können, denn sie sind die für jede Gesellschaft notwendigen Ressourcen der Genialität[411] und Originalität. Dabei war seine Vorstellung vermutlich auch von der thukydideischen „Leichenrede" des Perikles, in welcher jeder Bürger nach Verdienst und nicht nach Zugehörigkeit etwas galt, und wo man einander in Freiheit leben liess,[412] inspiriert.[413]

Mill ist 1859 noch keineswegs der Meinung, dass Individualität nur 'seiner' Moderne zukomme; ganz im Gegenteil vermutet er, sie sei in der Vormoderne stärker wirksam gewesen: *"In ancient history, in the Middle Ages, and in a diminishing degree through the long transition from feudality to the present time, the individual was a power in himself; and if he had either great talents or a high social position, he was a considerable power. At present individuals are lost in the crowd. In politics it is almost a triviality to say that public opinion now rules the world. The only power deserving the name is that of masses, and of governments while they make themselves the organ of the tendencies and instincts of masses."*

Das Individuum ist hier einerseits als Gegenspieler der „Masse" gesehen, es verkörpert aber zugleich eine Potenz, die der Mehrheit der Gesellschaft zuträglich ist. Diese Individualität ist ein Ideal, auf das sich wohl auch die pädagogische Reform Wilhelm von Humboldts bezog. Mill hat wohl nicht umsonst ein Humboldt-Zitat an den Anfang seiner Freiheits-Schrift gesetzt. – Kann es sein, dass in dieser Idealität, als politisch-sozialer Wünschbarkeit, ja Nützlichkeit, gerade das Unterscheidende moderner Einschätzung von Individualität besteht? – Hier zeichnet sich ja Individualität als das Positive freier Entfaltung einer zu öffentlicher Wirksamkeit potentiell begabten Persönlichkeit ab, nach obiger Unterscheidung: als 'vitalisierendes' oder auch genial orientierendes Element inter-subjektiver Autonomie. Damit kann sie Bestandteil sein eines demokratischen Projekts kollektiver Wohlfahrt und als solche am Ende – das ist paradox – zum allgemeinen Motto des je individuellen „*pursuit of happiness*" im Kollektiv. Und in solchem Rahmen kann auch ein „Konformismus des Andersseins" (Norbert Bolz) plausibel werden, oder jene „Erlebnisgesellschaft", der ein „*expansiver Erlebnismarkt*", eine „*Ausweitung der Konsumpotentiale*" und ein neuer Bedarf nach berufsmässigen „*Erlebnishelfern*" entsprechen soll (Gerhard Schulze) [414].

---

[409] Schmid 2016; 2019; Rudolph ebd. 65: „*Christus ist der Prototyp des Menschen als Individuums.*"

[410] 2001, 25f.

[411] Ebd. 61: *"I insist thus emphatically on the importance of genius, and the necessity of allowing it to unfold itself freely both in thought and in practice".*

[412] Thuk. II 37.

[413] Aus Thukydides stammt jedenfalls Mill's Perikles-Bild: siehe 2001, 58: *"There is a Greek ideal of self-development, which the Platonic and Christian ideal of self-government blends with, but does not supersede. It may be better to be a John Knox than an Alcibiades, but it is better to be a Pericles than either; nor would a Pericles, if we had one in these days, be without anything good which belonged to John Knox."*

[414] 2005, 58ff. und sonst.

Dieses 'wünschbare Individuum'[415] ist möglicherweise etwas, das in der Antike wenig thematisiert wurde – das oben genannte Beispiel der athenischen Selbstdarstellung als 'liberaler' Demokratie, bei Thukydides nicht zuletzt als rhetorisches Gegenbild zur intoleranten Lebensform der Spartaner fungierend, ist zwar in viele moderne Vorstellungen von demokratischer Freiheit eingegangen, aber spätestens seit Burckhardts „unglücklichen" Griechen begann das antike Ideal einer nackt und frei stehenden Grösse von in sich ruhender Einfalt an Fremdheit zu gewinnen. Burckhardt selbst, der ja seiner wegweisenden Beschreibung der *polis* Dantes Höllenfahrt durch die *città dolente* als Motto voranstellte, hat stets den ambivalenten Charakter antiker Autonomie hervorgehoben, die das Individuum, das sie zwingend hervorbrachte, gleichzeitig negieren musste.[416] – Und ob man nun die Antike kulturkritisch als Gegenbild der Moderne hinstellen wollte,[417] oder ob man im Gegensatz dazu, und bisweilen mit denselben Gewährsleuten, die illiberale, primitiv barbarische, abergläubisch religiöse, tribalistische und ritualistische Gebundenheit antiker Lebenswelten betont, wie das in der aktuellen Forschung recht üblich ist: das Unterscheidende wird aus ganz verschiedenen Gründen und Bedürfnissen hervorgehoben.

Antike Biographie – auch als Enkomium und Apologie – kennt zwar sehr wohl die Idealisierung von Individuen, bis hin zur Hagiographie;[418] aber im Allgemeinen scheint das Individuelle für die Antike weniger ein Projekt als eine Fatalität gewesen zu sein. Es galt –Biographien exemplarischer Individuen wie auch die Tragödie legen es nahe – als „melancholischer" Faktor; jedenfalls dort, wo die Reflexion über die „Aussergewöhnlichkeit" als soziales Phänomen einsetzt.[419] Die dem Aristoteles

---

[415] Ebd. 58: „*Die als gestaltbar definierten Bereiche der Alltagswirklichkeit haben ungeahnte Dimensionen angenommen. Psyche, Beziehung, Familie, Biographie, Körper, all das gilt zunehmend als machbar, reparierbar, revidierbar. [...] Entscheidend ist, dass immer mehr Menschen ihre Existenz in einem umfassenden Sinn als gestaltbar ansehen. Damit eröffnen sie sich neue Möglichkeitsräume, die vorher durch kognitive Barrieren (Fatalismus, Schicksalsbegriff, Vorstellung der Gottgegebenheit) verschlossen waren.*"

[416] Etwa 2002, 61: „*Die griechische Staatsidee nämlich, mit ihrer völligen Unterordnung des Einzelnen unter das Allgemeine, hatte, wie sich zeigen wird, das Individuum auf das Stärkste vorwärtszutreiben.*"

[417] So neben Burckhardt sein zeitweiliger Basler Kollege Nietzsche, wo dieser das modern „Individualistische" als unaristokratisches Bedürfnis nach dem 'kleinen Talent' definiert, das das Gleichheitsprinzip nicht verletzt und eine „*Wuth*" gegen das „*Vornehme*" hat: „*Die Forderung gleicher Rechte (z. B. über alles und jeden zu Gericht sitzen zu dürfen) ist* anti-aristokratisch.
Ebenso fremd ist ihm das verschwundene Individuum, das Untertauchen in einem grossen Typus, das Nicht-Person-sein-wollen: worin die Auszeichnung und der Eifer vieler hohen Menschen früher bestand (die grössten Dichter darunter); oder 'Stadt-sein' wie in Griechenland; Jesuitismus, preussisches Offizier-Corps und Beamtenthum; oder Schüler-sein und Fortsetzer grosser Meister: wozu ungesellschaftliche Zustände und der Mangel der *kleinen Eitelkeit nöthig ist.*" (Fragmente 1884-85 40[26]). – Oder etwa ebd. 44[7]: „*Das griechisch-römische Alterthum hatte eine tyrannische und übertreibende Anti-Natur-Moral nöthig; die Germanen ebenfalls, in anderer Hinsicht.* Unsere *jetzige Art Mensch* entbehrt *eigentlich der Zucht und der strengen Disciplin; die Gefahr ist dabei nicht gross, weil die Art Mensch schwächer ist als frühere* [...] *Aber wie Menschen aus der Zeit Pascals zusammengehalten werden mussten!*"

[418] HÄGG 2012.

[419] Man kann hier auch an die antike Physiognomik denken (ZUCKER 2016), in welcher sich die Frage nach der Diversität von „Charakteren" artikulierte (ebd. 492); doch gilt offenbar, was das

zugeschriebenen Gedanken über die schwarze Galle (Probl. XXX 1)[420] jedenfalls bringen gerade diese Ungewöhnlichkeit[421] von Menschen (explizit als *„Philosophen, Staatsmänner, Dichter oder Künstler"*[422]) mit der Melancholie, dem Einfluss der schwarzen Galle in Zusammenhang. Und da diese Auffassung offenbar für den modernen Genie-Begriff fundierend war,[423] darf man sicher sagen, dass der erste selbstreflexive Auftritt einer emphatisch welttragenden Individualität in der Neuzeit ein melancholischer war, wobei die astrologische Deutung von Horoskopen, insbesondere die Stellung des Planeten Saturn, eine gewichtige Rolle spielte.[424]

Die Traurigkeit des Individuums würde auf sein Aussenseitertum, als Sonderfall im Einmaligsein, verweisen, das wiederum nicht recht zur Individualität als Element progressiv-optimistischer Modernisierung, die ja nur organisiert kollektiv möglich ist, passen will. Moderne Konzeptionen sehen wohl tendenziell Individualität als Chance, so auch Arendt, bei der die Menschen als natale Einmaligkeiten Neuankömmlinge sind, die damit auch etwas Neues zur Erscheinung bringen,[425] und das heisst wohl auch, dass sie Individualität (in der Antike 'tragische' Wirklichkeit) von der fundamentalen Optionalität des Handelns als von dem freien Möglichkeitshorizont des Subjekts her betrachten, der sich ja intersubjektiv weltgestaltend organisiert.[426] Die moderne Konzeption des Individuellen scheint vergleichsweise (amerikanisch?) gutgelaunt und wenig tragisch zu sein.[427] Das zeigt sich auch im Vergleich von moderner mit vormoderner Astrologie – jedenfalls wird in einem Buch, dass den Philosophen Giorgio Agamben mit Astrologie in Zusammenhang bringt, Vasily Rozanow zitiert, welcher einer modernen *„contemporary horoscopy"* die vergangene Möglichkeit von *„horrifying horoscopes, horoscopes unrivalled in history, which freeze the soul"* abspricht.[428] Im Gegensatz zur einfühlsam psychologisierenden Praxis, die zweifellos dem modernen Publikumsgeschmack entspricht, nehmen sich antike Deutungen ziemlich rücksichtslos aus, und zumindest insinuieren prominente historisch überlieferte Beispiele, dass auch das Todesdatum zum *service* gehört haben muss.[429] – Erstaunlicherweise sieht Paul Colilli hier die Schwäche

---

kulturelle Gewicht angeht, dass (nach BARTON 1994a, 96) die antike Physiognomik sich im Vergleich als *„a pale shadow of astrology"* ausnehme. Sie belegt aber in jedem Fall ein aktives Interesse an der Phänomenalität des Individuellen.

[420] Dazu KLIBANSKY 1992, 59ff. und sonst.

[421] περιττοί.

[422] Probl. 953a 11f.

[423] KLIBANSKY 1992, 351ff.

[424] Ebd. *passim.*

[425] ARENDT 1981, 52; vgl. SCHMID 2005, 84f.; 2016, 92ff.

[426] SCHULZE 2005, 40: Der Mensch werde zum *„Manipulator seines Innenlebens"* oder zum *„Manager seiner eigenen Subjektivität"*; 41: *„Gesellschaftstheoretisch ist es ein wichtiger Unterschied, ob Erlebnisse ungewollt kommen wie Sternschnuppen oder ob sie Gegenstand der Handlungsplanung sind."*.

[427] SCHMID 2016, 255 A 173 zu einer aktuellen Unzumutbarkeit des Tragischen.

[428] COLILLI 2015, xii.

[429] ADAIR 2015, 54 mit Stellen aus Firmicus Maternus zu Konfigurationen, welche dem Geborenen zukünftige Kreuzigung voraussagten. Die frühneuzeitliche Astrologie war nicht grundlegend anders: so heisst es vom Astrologen Morin de Villefranche, dieser habe *„in der verkündung des todes mehrgenannten Cardinals Richelieu nur 10 stunden verfehlet"* (J. C. ISELIN, Neu-vermehrtes Historisch- und Geographisches Allgemeines Lexicon, Bd. 3, Basel 1729, 566).

nicht bei der brutalen antiken, sondern bei der modernen Variante, die laut Adorno Teil der Konsumindustrie sei und damit laut Colilli *„bereft of any possibility of tragedy or catastrophe"*. Sie sei daher, so geht es in heideggerischem Pathos weiter, *„oblivious to the fuller spectrum of human existence and thus could not capture the subtleties and depths of ontology, of being-in-the-world"*.[430]

Nun wird auf die 'Psychologie' antiker Astrologen zurückzukommen sein; es sei vorerst generalisierend, und im spezifischen Bezug zu möglichen Identitäts-Konzeptionen, auf das vergleichsweise fatalistisch Unsentimentale theoretischer Wahrnehmung von Individualität in der Antike hingewiesen. Der Unterschied zu moderneren 'Versionen' mag nicht zuletzt aus der Eigenart des modernen Bekenntnisses zur Individualität hervorgehen, das dort, wo explizit Staat und Gesellschaft zu den Garanten der Freiheit dieser Individualität werden sollen, auch ein politisches ist. Modern wäre dann eine Vorstellung der Harmonie von Politik und Individualität.[431] Viele soziologische Untersuchungen halten seit Tocqueville an der Verbindung von Staatsausbau, der Individualität entlaste und so erst befreie, und individualisierten Lebensstilen fest,[432] und das dürfte zwar in des Aristoteles Auffassung, dass der Mensch nur in der Polis ein ihm gemässes Leben finde, eine Art von Entsprechung haben, es steht aber im Widerspruch zu dem Fundament der bitteren Auseinandersetzung, welche das antike Theoretisieren des Individuellen hervorgebracht und geprägt hat.[433] Hiervon legt die antike Astrologie in ihrer ausgereiften Form beredtes Zeugnis ab: Wo sie das Individuelle zu einer Identität – und zwar zur existentiell fundierenden, das Leben biographisch anordnenden Identität – erklärt, da kann sie das nur im Gegensatz zu anderen Identitäten, im griechischen Bereich paradigmatisch zu der politischen als der nach Christian Meier zentralen Identität für die Bürger[434] tun. – Dann ist Individualität eine Alternative, als Gegenentwurf einer Identität jenseits oder unabhängig von der *polis*. – Eine Identität des Individuellen als kosmische Fatalität ist ja unmittelbar weltlich, und das heisst, sie kommt als das was sie ist ohne ihr soziopolitisches Umfeld zustande; sie wird geformt von einer göttlichen *physis*, welche den *nomos* schon aufgesogen hat, sie besteht gerade auch jenseits der „Kultur" und ist in dieser kosmischen Physikalität oder Himmelsbezogenheit sozusagen kulturkritisch *ab ovo*.[435] Und wenn diese Konzeption einflussreich war, dann hat sie zum ersten Mal mit Nachdruck Individualität als etwas 'in sich selbst' Wesentliches aufgefasst. Und das kann nur auf eine entsprechende Schwäche der politischen Identität als einer erscheinend personalen in bürgerlicher Öffentlichkeit

---

[430] Ebd.

[431] Hegels Gleichsetzung von Substanz und Subjekt und sein Philosophieren überhaupt war die „absolute" Version dieser Harmonie, in der die Gegensätze, auch von Individualität und Staat, eigentlich „aufgehoben" sein sollten.

[432] VAN DER LOO/ VAN REIJEN 1997, 179ff.

[433] Der Gründertext solchen Theoretisierens, der auch historisch einen Anfang setzt, ist die platonische Apologie des Sokrates, die eine Atmosphäre zeichnet, in der es keine Kompromisse gibt.

[434] MEIER 1983, 247ff.

[435] Das ist etwas vergleichbar mit dem, was BARTON (1994a, 95) zu einem *revival* der Physiognomik in der Romantik anmerkt: es zeige sich ein *„concern for the truth of 'nature unadorned'"*.

verweisen oder diese kompensieren. Und ihr entspräche im 4. Jhdt. v. Chr. auch die theoretische Abwertung des Erscheinenden als des eigentlichen Mediums der Politik. Dieser Abwertung musste die Aufwertung des 'authentisch' Wesenhaften, des Innerlichen, „Seelischen", Wahren, Eigentlichen (etc.) und des „Seins" als substantiell bestimmten wiederum das Entsprechende sein.

Das Individuum als antike Identität ist somit eine tragisch bestimmte, damit aber auch in seiner Individualität fatale, sozial absolute Grösse. Und sie war – trotz und auch wegen Astrologie[436] – eine Grösse von zweifelhafter 'Berechenbarkeit', war sie doch stets eine Konzeption des Singulären. – Ihr gegenüber scheint das moderne Ideal der sozial erwünschten Individualität eine domestizierte Form zu sein. Ihr fehlt in der expliziten sozialen Akzeptabilität die Kontur der sozialen Negativität, die sich in antiken Paradigmen als tödlicher Konflikt mit dem Kollektiv, vergöttlichte Sonderstellung als Monarch, oder melancholisches, eventuell auch kynisch anachoretisches, stoisches oder epikureisches Aussenseitertum realisierte. – Dabei wird in der Moderne der Mangel an konfliktischer Wirklichkeit des Individuums reintegriert in der romantischen wie biographischen Hagiographie des Genies und der behaglichen Lektüre seines wissenschaftlich erforschten sozialen Versagens, und natürlich im dezidiert 'kulturellen' Bekenntnis zur Kunst,[437] das auch die Anteilnahme am verächtlich über den Boden watschelnden Künstler-Albatros einschliesst, wo man sogar dessen „Blumen des Bösen" bewundert. Grosse Individuen haben Denkmalformat und übernehmen damit kollektive Funktionen, das galt schon in der Antike.[438] Und in diesem Format verschwindet auch das Individuelle in den Rollentypologien diverser Erwartungen und Bedürfnisse: das Individuum wird zum 'Vorbild' des Subjektiven in seiner kollektiven Autonomie,[439] und eine wissenschaftlich geschulte Erhellung von Biographie findet hier immer wieder Beschäftigung, indem sie die „Retouchen" der Vorgänger entfernt.

Wenn die Moderne eine besondere Nähe zum Individuellen beansprucht, muss man also genauer hinsehen: da Rationalität und Subjektivität zusammengehen – *„Rationalität scheint in einem wesentlichen Sinne ohne den Begriff der Subjektivität nicht gedacht werden zu können"*[440] – und zugleich Rationalisierung das Leitmotiv ist, nach welchem sich Modernität ihre „entzauberte" Welt schafft,[441] ist es plausibel, dass laut Habermas Hegel die Subjektivität als *„das Prinzip der neuen Zeit"* entdeckt habe.[442] –

---

[436] *ratio omnia vincit* (ein Motto ausgerechnet aus dem astrologischen Lehrgedicht des Manilius: IV 932, dazu CANCIK 1998, 58ff.).

[437] RUDOLPH 1991, 49ff. zur Ästhetik bei Kant, wo das *„transzendentale Subjekt"* von *„seinen transzendentalen Organen befreit"* ist (es darf also der intersubjektiv unverbindlichen Singularität der Wahrnehmungen frönen). – Auch das moralisch verantwortliche Bürgersubjekt, heisst das wohl, darf in der Kunst das amoralische Schauspiel der assoziierten Einmaligkeiten der Dinge geniessen. – Vgl. 57 ebd.: *„Das Gefühl ist gleichwohl die Einfallsstelle der Individualität."*

[438] ZANKER 1995.

[439] Die Einleitung zur Perikles-Vita des Plutarch ist hier besonders instruktiv.

[440] FRANK 1986, 13.

[441] HABERMAS 1988, 28 zur objektivierenden Wissenschaft, die *„zugleich die Natur entzaubert und das erkennende Subjekt befreit"*. Dazu zitiert er Hegel: *„So wurde allen Wundern widersprochen; denn die Natur ist nun ein System bekannter und erkannter Gesetze, der Mensch ist zuhause darin, und nur das gilt, worin er zuhause ist, er ist frei durch die Erkenntnis der Natur."* (= Vorlesungen über die Philosophie der Geschichte, Frankfurt 1986, 522).

[442] Ebd. 27.

Und nun ist ja das Individuelle auf eher anarchische Weise[443] dem Rationalen fremd, weil nicht fassbar und damit auch „unheimlich", mit einem Wort, das Heidegger vereinnahmt hat. Es ist die existentielle Gegebenheit und als solche die Bedingung alles Subjektiven, das gerade dort, wo es sich unbedingt und absolut[444], so Hegel, oder transzendental, so Kant, setzt, von solcher Bedingtheit nichts wissen kann.

Schleiermacher hat diese Bedingtheit als ein die absolute Freiheit begrenzendes Moment im Bewusstsein der Abhängigkeit definiert[445]; es sei „*das Bewusstsein, dass unsere ganze Selbsttätigkeit ebenso von anderwärts her ist, wie dasjenige ganz von uns her ist, in Bezug auf das wir ein schlechthinniges Freiheitsgefühl haben sollten. Ohne alles Freiheitsgefühl aber wäre ein schlechthinniges Abhängigkeitsgefühl nicht möglich.*"[446] Das nennt Rudolph eine „*plausible dialektische Erklärung*",[447] und in der Tat nimmt sich die angesprochene Antinomie von Freiheit und Abhängigkeit wie eine Variante des Verhältnisses von Individualität und Subjektivität aus. Es ist damit aber auch nahegelegt, dass die Individualität als kontingente Fatalität der Dinge in ihrer Unverfügbarkeit für das Wollen und Planen der Subjekte[448], welche als solche noch das Subjektive selber dem eigenen Zugriff entzieht – so dass es nach Freud nicht einmal im eigenen Hause Herr sein kann – einer Sphäre zugehört, die in der Regel durch den 'religiösen Sektor' bewirtschaftet wird. In diesem Bereich müsste man denn auch nach den 'Symbolen' suchen, die das Erfahren von Individualität, und damit die Kontingenz des Singulären, die sich in der Vergänglichkeit der Welt manifestiert, anzeigen, definieren und exprimieren. Wenn dem so ist, dann spielt eine Rolle, dass die Religion in einer selbstbewusst „säkularen" Moderne an Gewicht und an Definitionsmacht verliert. Denn damit verschwindet ein Ausdrucksmedium für die Erfahrung des Kontingenzcharakters[449] 'geeigneter' Existenz und auch des 'unmittelbaren Weltbezugs'[450], der das

---

[443] RUDOLPH (s. o.); FRANK 1986, 19 zum „*okzidentalen Rationalismus*" und seinem „*Affekt gegen den 'a-systatischen', im Wortsinn 'an-archischen' Zug im Gedanken des Individuellen.*"

[444] Als absolutes ist das „selbstbewusste" Subjekt sozusagen alles selbst: „*In der Moderne verwandeln sich also das religiöse Leben, Staat und Gesellschaft, sowie Wissenschaft, Moral und Kunst in ebensoviele Verkörperungen des Prinzips der Subjektivität.*" (HABERMAS 1988, 29).

[445] RUDOLPH 1991, 61.

[446] Zit. ebd. aus Schleiermacher, Der christliche Glaube, §4.

[447] Ebd.

[448] „*weil Existenz die merkwürdige Eigenschaft hat, dass der Existierende existiert, ob er will oder nicht*" (SÖREN KIERKEGAARD, hier zitiert nach MARQUARD 2013, 155).

[449] SCHOENER 2016, 35: „*In der heutigen Religionsforschung besteht weitgehend Konsens darüber, dass sich der Religionsbegriff philosophisch an Kontingenzproblemen als Bezugsfeld orientiert.*"

[450] Individualität ist im Gegensatz zum weltlosen Subjekt welthaft, schon dort, wo sie als Identität auf der zeitlichen Einmaligkeit der Welt insistiert, damit in ihrer Einzigartigkeit mit der Welt verbunden, ja wesenhaft als die Expression der Einzigartigkeit der Welt gelten kann. In ihr gebärdet sich also die chronische Individualität der Welt, d. h. deren Wirklichkeit. – Die Monarchie entspricht anthropologisch der Unterstellung der Kollektive unter die Autorität der weltverbundenen und weltvermittelnden Individualität: des Einzelnen, welches metaphorisch das Ganze verkörpert: *heis koiranos esto!*– Fehlt nun ein Kosmos (wo er in der Moderne als die umgebende Metaphysik des Individuums 'verabschiedet' wurde), werden Wälder, wilde Landschaften, Einöden oder andere Manifestationen einer wiederverzauberten Welt aufgesucht; bisweilen helfen auch Drogen, stets aber die Kunst, zur Evokation einer zur 'Anwesenheit' illuminierten Welt.

melancholische Individuum aus der Gemeinschaft absondern konnte. Dadurch ist das Individuum in der Moderne gezwungen, sich im Medium des Säkularen, des ersichtlich Rationalisierbaren von Evidenz,[451] zu erweisen, zu behaupten und sich vor allem auch nützlich zu machen. Es wird damit auch zur Rechtfertigung, zum Markenzeichen und gar zur Apotheose von, „absoluter", Subjektivität als dem „Prinzip der neuen Zeit", es dient zu dessen Illustration und der kulturellen Aufwertung seiner „eigenweltlichen" Freiheit, mit der sich besonders der Liberalismus brüstet. – Damit wäre schon eine gewisse Plausibilität dafür gewonnen, dass der moderne Blick auf die Antike in ihr die eigene, modernisierte Version von Individualität nicht mehr erkennt, die an der Handlungsoptionalität zunehmend ermächtigter und kollektiv befreiter Subjektivität ermessbar werden soll. Die somit als Accessoire einer emanzipierten Subjektivität gelten muss, welche die Welt wie ein Kind seinen Baukasten betrachten und vor allem behandeln darf.[452]

Individualität und ein „liberales" Bekenntnis zu ihr gelten als distinktives Merkmal einer „okzidentalen" Moderne,[453] die sich damit auch dezidiert vom Barbarentum als mehr oder weniger finster imaginierten Vorzeiten distanziert. Jacob Burckhardt sah in solcher Distanz ein Leitsymptom für Kulturfähigkeit, und diese wiederum sah er durchaus noch humanistisch durch die Antike und eine Kontinuität, die bis zu ihr zurückreichte, geprägt. In diesem Sinne fiel ihm auf, dass schon Homer eine Freude am Bezeichnen des Individuellen durch leichte und „massenhafte" Namengebung habe (wie bei der Aufzählung der 50 Nereiden in der *Ilias*)[454], wogegen „*die stärkste Verneinung alles Individuellen*"[455] für das barbarische Kastenwesen typisch sei. Und nun war ja Burckhardt gegenüber der Modernisierung, deren progressive Dynamik er miterlebte, durchaus skeptisch eingestellt,[456] weswegen es ihm wohl auch weniger Mühe

---

[451] D. h. etwa: als historisches (man denke nur an die Leben-Jesu-Forschung des 19. Jhdts.) oder auch soziologisches bzw. biologisch-genetisches Phänomen.

[452] Wo sich die Welt weigert, dieser Baukasten zu sein, wird sie eben dazu gezwungen. Wird auch dieses zu mühsam, wird sie durch eine virtuelle, berechenbarere von „Algorithmen" ersetzt. – Die Gegenposition dazu ist wohl Plat. nom. 903c (wonach das All „*nicht um deinetwillen geworden ist, sondern du um seinetwillen*").

[453] Dies wird belegt dadurch, dass der aktuelle chinesische Staatschef, wenn er in Afrika um Verbündete gegen die koloniale Vormacht des Westens wirbt, einen alternativen Weg der Modernisierung vorschlägt, der durchaus angemessen autoritäre Züge aufweisen darf; die liberale Demokratie gilt hier als Markenzeichen der erfahrenen kolonialen Fremdbestimmung. – Die mangelnde Unterscheidung von Individuum und Subjekt wirkt sich etwa auch bei Agamben (2002, 15) aus, der mit Foucault feststellt, „*dass der moderne westliche Staat in einem bislang unerreichten Mass subjektive Techniken der Individualisierung und objektive Prozeduren der Totalisierung integriert hat; er spricht von einem eigentlichen 'politischen* double bind, *das die gleichzeitige Individualisierung und Totalisierung der modernen Machtstrukturen bildet*'".

[454] JBW 22 (2012), 13f.

[455] JBW 10 (2000), 198; vgl. Schmid 2012, 439.

[456] Etwa Briefe Nr. 949, Bd.7, S. 308, an Max Alioth vom 27. Dezember 1881: „*Als wir das Alles noch nicht hatten, war die Welt glücklicher und zufriedener, die Ankenwecklein besser und der Markgräfler so gut wie er nicht mehr ist [...] und die grössten Kunstwerke existierten schon und die besten Bücher waren schon geschrieben.*"

bereitete, das ihm Bedeutsame der Moderne aus der kulturellen Tradition herzuleiten.[457] – Im Allgemeinen wird Modernisierung als fortschreitender Prozess gesehen, ja als ein stetiges Steigern, und dazu gehört auch eine noch unerhörte, positive Beziehung zur „Neuheit".[458] Und nimmt man dies Dogma des Fortschritts ernst, das vielfach als eine Art historischer Gesetzmässigkeit angesehen wird, wird es natürlich problematisch, wenn Individualität als definierendes kulturelles wie politisches Gut nicht zum exklusiven Zielbereich der modernisierenden Entfaltung gehören soll. – Es wird dann undenkbar, dass ein Fundament moderner Identität aus der Antike stammen soll, und deswegen gilt als ‚Meisternarrativ' der Modernisierung die Erzählung einer aus dem ständisch gebundenen Mittelalter sich schrittweise herausarbeitenden Individualität, die man allerdings zu diesem Behuf in unscharfer Weise mit Subjektivität gleichsetzen muss. Das belegt auch ein immer wieder in diesem Zusammenhang zitierter Text aus der „Selbsterlebensbeschreibung" des Jean Paul, in welchem der Dichter als Kind die „Geburt meines Selbstbewusstseins" erlebt: „An einem Vormittag stand ich als ein sehr junges Kind unter der Haustüre und sah links nach der Holzliege, als auf einmal das innere Gesicht 'ich bin ein Ich' wie ein Blitzstrahl vom Himmel in mich fuhr und seitdem leuchtend stehen blieb: da hatte mein Ich zum ersten Male sich selbst gesehen und auf ewig." Das ist eine Beschreibung von, in jener Zeit transzendentaler Spekulationen viel diskutierter, selbstreflexiver Subjektivität; individuell daran ist nur der Umstand der Ereignishaftigkeit, als Erlebnis der Einmaligkeit einer „Geburt", und die Art der Beschreibung, die durch den Dichter als individuelle Autorschaft auch namentlich gekennzeichnet ist. – Individualität kann also, wie es scheint, als Exklusivmerkmal neuzeitmoderner Liberalität der Lebensgestaltung nur gelten, wenn man sie zugleich als Merkmal absolut gesetzter Subjektivität[459] bezeichnen und beschreiben kann, wenn sie somit als ein „Aspekt" derselben erscheinen kann.[460] Und daraus folgt, dass sie dann gerade als das ‚Andere der Subjektivität' nicht mehr kenntlich sein wird.[461]

---

[457] Wie modern (d. h. liberal) aber auch er Individualität eingeschätzt hat, beweist u. a. seine Abscheu gegen Astrologie, etwa in: Die Zeit Constantins des Grossen, Basel 1853, 246 (zit. SCHMID 2009, 221): „Diesem abscheulichen Wahnsystem zufolge müsste jede sittliche Zuordnung aufhören, und ohne Zweifel war das die Meinung der früheren, gewissenlosen Chaldäer gewesen."

[458] Zum „neuzeitlichen" Verstehen des Historischen als eines „Prozesses", in dem das Neue erstmals zu einem „absoluten Wert" geworden sein soll GRIEWANK 1969, passim.

[459] ULRICH 2002, 115: „Der in der gegenwärtigen sozialwissenschaftlichen Diskussion so häufig strapazierte Begriff Individualisierung bezeichnet unter den Bestimmungen des ins Unbegrenzte ausufernden Wahlmöglichkeiten, der Flexibilität und Mobilität, der Loslösung von allen althergebrachten Bindungen etc. nichts anderes als die sich bis ins Innerste der Individuen ausweitende Herrschaft der Abstraktion, in der die Dialektik der Identität gewissermassen im einzelnen Subjekt implodiert und es als 'Unternehmer seiner selbst' zum nahezu restlos von der Kapitalbewegung vereinnahmten abstrakten Arbeiter und Konsumenten macht."

[460] S. o. A 244.

[461] Das gilt auch für die oft beschworene Nähe von „Individualismus" und (kapitalistischem) Wettbewerbsgeist – so etwa in dem geistreichen Buch zur aktuellen Form „gelenkter Demokratie" von SHELDON WOLIN (2022, 328): „wettbewerbsorientierter Individualismus (Sozialdarwinismus)"; und ebd. 343, mit dem Hinweis auf das amerikanische „Grenzer"-Erlebnis, welches Abenteuergeist und eben besagten „Individualismus" gefördert habe. – Dagegen ist zu betonen, dass das Individuelle an sich ganz unkompetitiv ist, da sich gerade Singularitäten

Die Moderne als Gipfel der Neuzeit darf ja ihre *„ orientierenden Massstäbe nicht mehr Vorbildern einer anderen Epoche entlehnen, sie muss ihre Normativität aus sich selber schöpfen. "*[462] Wird das Bekenntnis zur Individualisierung Teil der modernen Identität, muss Individualisierung aus dieser, in der sich das Subjektive emanzipiert, selber stammen; oder wie bei Hegel als „Selbstbewusstsein" in sich noch entfremdeter Form in einer Vergangenheit angelegt sein, die auf ihre Vollendung in Hegels Modernität zustreben muss.[463] – Ist aber Individualität ein in der 'geschlossen selbstbewussten' Subjektivität Äusserliches oder Negiertes, kann sie modern nur – als „Aspekt" von Subjektivität – domestizierte Individualität sein; so wie die Peripetien der historischen *metabolai*, die die antiken Historiker in 'tragische' Stimmung versetzten,[464] im Dogma des Menschheitsfortschritts gebändigt auf metaphorische Eisenbahnschienen gelegt werden: im Reich der Beschleunigungen wird auch das umstürzend Neue zum Ziel der Vorausfahrt und ist daher grundsätzlich positiv. Dieser Positivität verfällt nun auch das Individuum. Das domestizierte Individuum entspricht der gebändigten und geschichtsphilosophisch angeordneten Geschichte. – Und wenn schon die attische Tragödie belegt, wie das Negierte der Determinanten autonomer Existenz diese im Zeichen des negierten Gottes (Dionysos) zur destruktiven Fatalität werden lässt,[465] kann man nun vermuten, dass das Individuelle als Negiertes dem transzendental erhabenen Subjekt als „Verdrängtes" in den Rücken fallen wird. Es verbirgt sich vielleicht schon in Nietzsches, des bekennenden Dionysikers, „Bestie", die ja ein unvorstelltcros, grossartigeres, undomestizierteres Dasein evozieren sollte; es reitet auch etwa als Indianer durch Karl Mays Prärien oder schlendert als Dandy[466] durch urbanere Gefilde. Bei Kafka, der gewiss auch das ewige Schuldigsein des unzivilen Individuums im

---

eigentlich nie in die Quere kommen können: das Individuelle ist wie das Eingangstor ins Gesetz in Kafka's Türhüterlegende: es ist nur für je einen selbst bestimmt, also kann es auch hier vor dem Eingang nie ein Gerammel geben, wie etwa beim Supermarkt beim einmaligen Sonderangebot für alle. – Der (sozial)darwinistische Kampf ums Dasein, wie schon der Hobbes'sche Kampf aller gegen alle, bezieht sich wie bei beider 'tragischem' Vorbild Thukydides nicht auf Individuen – und übrigens auch nicht die Hegelsche Auseinandersetzung von „Herr und Knecht" – sondern auf den subjektiven Willen von Individuen zur Selbstbehauptung. Und dieser ist eben nicht das Individuelle selber, denn er bezieht sich auf einen Erscheinungsraum, der für alle derselbe sein muss. – Dass ich ebenso wie meine Rudelgenossen fressen und dieselbe Beute erjagen muss wie sie, das bezeichnet gerade nicht meine Singularität, sondern den wölfischen Zug, den ich mit all meinen Artgenossen teile.

[462] HABERMAS 1988, 16. – Diese Unvergleichlichkeit der eigenen Grösse, die daher ihren Massstab aus sich selber, aus der eigenen „Wirklichkeit" nehmen muss, ist schon bei Thukydides präsent (SCHMID 1998, 59ff.) und kann dort als Symptom des Selbstbewusstseins athenischer Modernität gelten.

[463] Hegel habe, so HABERMAS (ebd. 46) eine Denkfigur entwickelt, welche *„die Mittel der Subjektphilosophie zum Zwecke einer Überwindung der subjektzentrierten Vernunft"* einsetze. *„ Mit ihr kann der reife Hegel die Moderne ihrer Verfehlungen überführen, ohne auf ein anderes als das ihr selbst innewohnende Prinzip der Subjektivität zurückzugreifen. "*

[464] SCHMID 2016.

[465] Ebd. Kap. 4.

[466] Wie ihn etwa BARBEY D'AUREVILLY beschrieb.

88

moralisch-politischen Reich[467] der autonomen Subjekte zum Ausdruck kommen lässt, wird es auch zum Affen, der im ausweglosen Käfig allein noch die Wahl zwischen Zoo und Varieté hat, sich für das Letztere entscheidet und sich zu diesem Behuf in fulminantem Tempo zur sprechenden Menschlichkeit evolutioniert. Und natürlich 'erscheint' es im „Unbewussten" Freuds, wo das Verdrängte, als Bedrohung der Ich-Identität, sich vornehmlich als das Geschlechtliche, biologisch als „Trieb" oder Libido geriert.[468]

Ist auch das Geschlechtliche im Hinblick auf Freud als eigenmächtiger Trieb 'im Rücken' des Subjekts Element von negierter Individualität? – Als natale Gegebenheit des Lebens offenbar – aber die Sache ist komplizierter: Nicht zufälligerweise hat ja das Horoskop keine Determinanten, an denen man das Geschlecht der 'Horoskopierten' ablesen könnte.[469] Es wird in der „Nativität" nicht ausgedrückt, obschon dies astrologischer Ehrgeiz immer wieder anders sehen wollte, und das ist folgerichtig, wenn das Horoskop die Einmaligkeit des Geborenen beschreiben soll. Denn dann könnte man strenggenommen bloss den Horoskopen Adams und Evas deren Geschlecht entnommen haben. – Individualität würde also, als Singularität, nicht explizit geschlechtlich bestimmt.

Aber warum denn würde Geschlechtlichkeit zur Bedrohung für das Subjekt? – Wohl eben deshalb, weil sie als eine mächtige, meist als weiblich vorgestellte Gottheit, die über die Existenz als Fortexistenz wie Herkunft der Gesellschaften herrscht, sich ausgerechnet über die kontingente Singularität von Individuen realisieren muss: die Liebe ist ja in ganz grundsätzlicher und endlos besungener Weise kontingent.[470] Sie ist unberechenbar, und damit ist eine zentrale Bedingung kollektiv autonomer Subjektivität ausser Kontrolle und bleibt es. – Wo das Geschlechtliche mit Weiblichkeit assoziiert wird, muss auch spezifisch das Weibliche domestiziert werden, denn es wird sozusagen zur Metapher für eine unaufhebbar offene Flanke an der Autonomie des Sozialen.[471]

Die Wahrnehmung emphatisch-reflektierter Individualität in der Antike wird aber auch durch viele Deutungen der Geschichte von Subjektivität und Weltverlust in der Moderne, so auch durch Moderne-Kritik erschwert. Ich greife nur den sehr einflussreichen Heidegger heraus, der Platon sozusagen an den Beginn einer modernen „Seinsvergessenheit" stellt. Heidegger habe, so Manfred Frank, *„die Geburt des Subjekts in der Neuzeit – bei Descartes – in die Prokreations- und Schwangerschaftsgeschichte*

---

[467] Das hat wohl am unverhohlensten Hegel zum Ausdruck gebracht: *„man muss ferner wissen, dass aller Wert, den der Mensch hat, alle geistige Wirklichkeit, er allein durch den Staat hat"* (HEGEL 1986, 56).

[468] Vgl. CLARK 1981, 180f. zum unklaren *„ontologischen Status"* des Unbewussten.

[469] *Pace* Dorotheus von Sidon, der eine Bestimmung des Geschlechts von „Geborenen" nach „männlichen" und „weiblichen" Zeichen und Stunden (wobei die geradzahligen Stunden männlich seien) als Methode empfiehlt (I 8 p. 167 PINGREE); siehe Weiteres dazu unten, 171ff.

[470] Das betont mit vielem Recht VOGT 2011, 361f.; er zitiert ULRICH POTHAST (2000, 320): *„In der Liebe erfahren wir ein tiefreichendes Moment von Nicht-Bestimmbarkeit im selbstbestimmten Subjekt, ein Nicht-anders-Können, auftretend mitten im Bereich der eigenen Entscheidungen, des eigenen Verfügens über sich und das eigene Handeln."*

[471] Tarpeja ist das nicht zufällig weibliche Exempel, nach Properz IV 4 (verliebt sich in den Anführer der Feinde und wird zur Verräterin der eigenen als der massgeblichen Gruppe).

derselben zurückverfolgt."[472] Gemeint sind Parmenides und Platon. In der „Idee" (darin wird das Gesehene durch ein Subjekt assoziiert) werde *„das Wahrheitsproblem [...] unter das Joch der (bereits virtuell subjektivierten) Sicht – der Idee – gebeugt."*[473] Meines Erachtens verfehlt ist an dieser Traditionskritik die Annahme, die Geburt der „autonomen"[474] Subjektivität sei ein Ereignis im Denken, also ein philosophisches gewesen. Damit wird der kollektive oder inter-subjektive Ursprung der Autonomie des Subjektiven unterschlagen: der liegt aber im Politischen, spezifisch der griechischen *poleis* als autonomer Gemeinschaften von entscheidenden Subjekten, deren Wahrnehmung hier erstmals, und zwar „politisch", weltbildend wurde.[475] Die rationalisierte „Natur" ist bloss das Gegenüber dieser selber weltbildenden Autonomie; deren „Sichtbarkeit" ist ihr Medium.[476] Für die Subjektivität, die als Adressatin der Wahrnehmbarkeit dieser „Natur" fungiert, ist Individualität eine Leerstelle, eine Variable, die gerade in ihrer Einmaligkeit unausgesprochen bleiben muss. Dabei hängt die Autonomie dieses Subjekts auch in seiner unausgesprochenen oder gar „tragisch" verdrängten Individualität an kollektiven Wurzeln. Sie hat Wurzeln in der politischen Erfahrung kollektiver Freiheit. Dies ist verwirrend, denn damit hat diese Autonomie ein ausserindividuelles, ja anti-individuelles Fundament. Weswegen sich der neue Kult des 'Innerlichen' als der unsichtbaren Substanz allen Seins seit dem 4. Jhdt. v. Chr. explizit gegen dieses kollektive Moment der Freiheit wenden musste. Frühe Heroen der autonomen Bedeutsamkeit des Individuellen treten gegen die Bürgerkollektive auf oder geraten mit ihnen in Konflikt. Sie kommen – Gesandte des Himmels, der Vorsehung oder der göttlichen Welt – sozusagen von aussen in das Kollektiv herein, wie der Dionysos, dessen Kultbild man vor Beginn der städtischen Dionysien aus dem ländlichen Eleutherai in die Stadt Athen holte, so dass die Tragödien in seiner Gegenwart stattgefunden haben.[477]

Platon hat diese 'problematische' Subjektivität schon vorgefunden: die Metaphysik, für die er fundierend wurde, hat diese Subjektivität, ausgeführt im „Timaios", in den neuen Rahmen einer Vorsehungs-Kosmologie gestellt, die das politisch wie epistemologisch fundamental gewordene Subjekt entmachtete, die Erscheinung degradierte und die Welt als Objektbereich der „Natur" zum theophanen Kosmos nobilitierte. – Platon hat also eine göttliche Weltlichkeit um das Subjekt herum beschworen, mit der es „seelisch" und im „Geiste" so sehr verbunden war, dass die Bewegtheit der Welt gar als sein eigentliches Denken anzusehen sein sollte.[478]

---

[472] 1986, 26.

[473] 2012, 38.

[474] RUDOLPH 1991, 102 spricht von der *„heiligsten Vokabel aufklärerischer Ethik: der Autonomie, die ihrerseits von der Ambivalenz gezeichnet war, dem Individuum alles zu versprechen, was sie nur dem transzendentalen Subjekt gegenüber hielt."*

[475] Dieses Unwissen um die politische (kollektive!) Basis des Autonomiekonzepts, das ihrem Befreiungspathos zugrunde lag, hat vermutlich Heidegger wie Sartre zum Anschluss an radikale Kollektiv-Identitäten gebracht.

[476] Dazu ausführlich SCHMID 2016, Kap. 2 und sonst.

[477] Zur *eisagoge* CSAPO/SLATER 1994, 105; 110f.; PATTON 2007, 376 (zu Dionysos als 'Zuschauer'); SCHMID 2016, 244.

[478] Gemeint ist die doppelte Bewegung von Himmelsäquator und Ekliptik nach *Timaios* 35b; 37a; dazu BEIERWALTES 1965, 383ff. – „Denken" war jetzt eine kosmische Konstante, deren Gegebenheit allem menschlichen Reflektieren vorauslag.

Menschliche Subjektivität war nun geistreich, weil sie Anteil hatte an einem geistbewegten Kosmos, als welcher die Welt von ihrer eigenen Wirklichkeit illuminiert erschien.[479] – Diese Metaphysik war Astrologie-kompatibel; sie hat das fatale Individuum[480] als Mikrokosmos sozusagen gegen das Subjekt in Stellung gebracht: nicht moderne Subjektivität, sondern ihre Entmachtung[481] sollte man auf Platon zurückführen.[482]

Und Heidegger hat übrigens im selben Sinne auch die aristotelische Zeit-Auffassung missverstanden, die er als Vorläufer der modernen „vulgären" Thesen interpretieren wollte[483], wo er (in „Sein und Zeit"[484]) die bekannte These der Zeit als „Zahl der Bewegung" als Veranschaulichung der Uhr-Zeit deutet und in der Bewegung somit die quantifizierbare Bewegung des Zeigers sieht. Und zwar, spezifizierend um nicht anachronistisch zu werden, eines „Schattens", womit eine Sonnenuhr evoziert ist. – Doch Aristoteles denkt eben an die göttliche Himmelskörperlichkeit. Heidegger sieht das schlicht als Interpretation in der „Richtung des 'natürlichen' Seinsverständnisses" – und zu der ἀριθμὸς κινήσεως-These wäre zuerst nach der Bedeutung von „Zahl" und Zählbarkeit und vor allem nach dem Status der „Bewegung" bei Aristoteles[485] zu fragen. Das Wort „natürlich" führt hier in die Irre, wenn man nicht an 'theologische' Eigenschaften der supralunaren Physikalität und damit auch an Astrologie und Alchemie und an den Einfluss mesopotamischer und ägyptischer Himmelskunde denkt.[486]

---

[479] SCHMID 2005, 172.

[480] Oder das moderne, wenn nach RUDOLPH (1991, 24) Platons „Theorie der Einzelseele" als „die erste 'moderne' Theorie von Individualität" angesehen werden kann.

[481] Dass allerdings auch Platon, ein athenischer Bürger, von der politischen Autonomie des Subjekts her philosophierte, belegt wohl sein Hang, ontologische Hierarchie als Herrschaftsverhältnis aufzufassen. Zu Recht heisst es bei TREUSCH-DIETER (2005, 18): „Das Verhältnis von Seele und Körper ist makro- und mikrokosmisch als Herrschafts- und Unterwerfungsverhältnis organisiert". – Dies dann auch bei Aristoteles, wozu jetzt AGAMBEN 2020, 25-60. – Zu Platons „Verbindung von Kosmologie und Staatsphilosophie" besonders im Timaios (und der platonischen Naturauffassung überhaupt) SCHÄFER 2005, 19 und sonst.

[482] Vgl. HORKHEIMER/ADORNO 1988, 12: „Die Aufklärung aber erkannte im platonischen und aristotelischen Erbteil der Metaphysik die alten Mächte wieder und verfolgte den Wahrheitsanspruch der Universalien als Superstition."

[483] Dazu RUDOLPH 1991, 100 („Er macht seine Vorläufer zu seinen Vor-Denkern und ebensosehr zu Nach-Denkern seiner eigenen fundamentalontologischen Fragestellung").

[484] 1979, 421.

[485] „Es ist aber der Name der Wirklichkeit (ἐνέργεια), welcher eine Beziehung hat auf die vollendete Wirklichkeit (ἐντελέχεια), besonders von den Bewegungen auch auf das Übrige übergegangen, denn es scheint die Wirklichkeit am meisten Bewegung zu sein (ἐνέργεια μάλιστα ἡ κίνησις εἶναι): Met. 1047a 30–32.

[486] Heideggers Missverstehen der historischen Umstände antiker Theorie, das eine wichtige Grundlage für mittlerweile verbreitete Klischees zur Dichotomie von angeblich „zeitloser" Antike und 'verzeitlicht-dynamischer' Moderne wurde (u. a. über den Einfluss des Heidegger-Schülers Karl Löwith auf Reinhart Koselleck: SCHMID 2016, 455ff.) geht offenbar auf mangelnde historische Kenntnisse und selektive Rezeption philosophischer Grundtexte zurück. Heidegger verkannte, dass schon der späte Platon das Problematische der Verallgemeinerung der Ideen und deren ungeklärtes Verhältnis zum Zeitlichen, Kontingenten und Erscheinenden erkannt hatte. Der in der Antike enorm einflussreiche Dialog „Timaios" ist eine Art Lösungsversuch dieses

Als weiteres Indiz für die antike Reflexion von Individualität muss offensichtlich auch der heute reflexartig 'dekonstruierte' Essentialismus, der in der Substanzen-Ontologie des Aristoteles seine Wurzeln hat, angesehen werden. Denn eine Substanz kann bezeichnet werden als *„ein traditioneller Name für Einzeldinge und individuelle Lebewesen".*[487] Substanzen *„sind (im Gegensatz zu anderen konkreten Entitäten) ontologisch unabhängige Entitäten",*[488] sie sind *„something that is neither in anything else nor predictable of anything else"*[489] und ihnen wird nach Aristoteles *„selbständige Abtrennbarkeit (χωριστὸν) und Bestimmtheit (τὸ τόδε τι, das Dieses-da) am meisten"* zugeschrieben.[490] Substanz kann beschrieben werden als *„Form, als Wesen, als Gestaltungsprinzip eines nicht lebenden, nicht biologischen, nicht organischen Gegenstandes (z. B. Substanz als die Form eines Hauses), und Substanz als Form, als Wesen und als Natur, d. h. als Organisations- und Entwicklungsprinzip eines lebenden Gegenstandes (z.B. Substanz als die Form des individuellen Menschen: in diesem Zusammenhang kommt die Substanz der Seele des Menschen gleich)."*[491] – Diesen Äusserungen, die sich alle auf Aristoteles beziehen, kann resümierend hinzugefügt

---

Problems, und die zugrundeliegende Problematik beherrscht dann auch die Ontologie des Aristoteles. In ihm wird der Kosmos (als „sichtbarer Gott") zur im Bewegten und erscheinend Kontingenten nun sozusagen 'inkarnierten' Idealität. Dabei wird aber die Welt selber zur Sichtbarkeit des Göttlichen, was zwar zu einer ontologischen Zweiteilung in „supralunare" und „sublunare" Zonen führt, die aber nichts daran ändert, dass hier in entscheidender Weise die bewegende Zeitlichkeit selber in das 'Essentielle' aufgenommen oder 'substantialisiert' worden ist. Damit wurde sie aus der blossen 'Akzidentalität' herausgenommen und über eine neue Kosmologie selber wesentlich. Das war die theoretische Voraussetzung für eine griechische Astrologie, in welcher der Augenblick (der „Natalität") und damit eine Zeitlichkeit selber, die im Klischee der Modernität in der Vormoderne „tabuiert" gewesen sei (etwa MARQUARD 2013, 217), wesensformend und selber wesentlich wurde, in einem Ausmass, dass sie, wie noch zu zeigen ist, in dieser Astrologie zur Basis einer 'positiven' Objektivierung von Individualität werden konnte. Hier wurde sogar der „Augenblick" (in seiner 'Ereignishaftigkeit') essentialisiert. – Laut OEHLER 1998, 155 ist das Klischee einer ursprünglichen Harmonie zwischen *„Geist und Natur, Denken und Sein, von Subjekt und Objekt"* bei den Griechen ein *„Hegelsches Schema"*, das via Eduard Zeller und Albert Schwegler auch auf Nietzsche und Heidegger eingewirkt hat. Die *„vermeintliche Ursprünglichkeit"* der Vorsokratiker sollte bei beiden die *„Gespenster einer dekadenten Spätzeit bannen"*, und das wird als *„nach den Regeln der Dramaturgie ins Werk gesetzte Inszenierungen der Philosophiegeschichte im Dienste der Selbstinszenierung"* bezeichnet. – Zu Nietzsches *„Verkürzung"* der Antike *„zu einer antichristlichen und antimodernen Gegenposition"* siehe CANCIK 1998, 29. WILAMOWITZ-MÖLLENDORF wird bei GÜTHENKE 2016, 47 A 26 folgendermassen zitiert (zu den Griechen im Vergleich mit der Moderne): *„Und immer ist ihnen der Mensch etwas Fertiges, Ganzes, niemals wird er als etwas Werdendes betrachtet. Wo hätten sie je die Widersprüche erfasst, die sich in jeder reicheren Seele finden, und deren Vereinigung erst ihre Individualität ausmacht?"*

[487] TRETTIN 2005, 7.
[488] SCHNIEDER 2005, 55.
[489] WIGGINS 2005, 108.
[490] Met. 1029a 27f. – Vgl. Categ. 3b 10ff.
[491] SEGALERBA 2008, 36.

werden: *„Tatsächlich lässt sich die aristotelische Substanzlehre als eine Apologie des Individuellen gegenüber dem Allgemeinen interpretieren."*[492]

Substantiell scheint also ein Letztes zu sein, hinter das man nicht mehr zurück kann, etwa so, wie das Dao bei den chinesischen Individualisten, die man Daoisten nennt: dort heisst es im Spruch 25 des Daodejing:

„Es gibt ein Ding, das ist unterschiedslos vollendet.
Bevor der Himmel und die Erde waren, ist es schon da,
so still, so einsam.
Allein steht es und ändert sich nicht.
Im Kreis läuft es und gefährdet sich nicht.
Man kann es nennen die Mutter der Welt.
[...]
Vier Große gibt es im Raume,
und der Mensch ist auch darunter.
Der Mensch richtet sich nach der Erde.
Die Erde richtet sich nach dem Himmel.
Der Himmel richtet sich nach dem Dao.
Das Dao richtet sich nach sich selber." (Übers. Wilhelm, modifiziert)

Was substanziell oder „wesenhaft" ist, beruht folglich nicht auf anderem, wo es nicht aus einem anderen zu verfertigen sein kann. *„Als Eigentümlichkeit eines Wesens"*, so Aristoteles, *„muss man unter diesen herausheben, dass notwendig ein anderes in Wirklichkeit existierendes Wesen vorher vorhanden sein muss, welches es hervorbringt; z. B. ein Lebewesen, wenn ein Lebewesen entsteht."*[493] Insofern liesse sich also sagen, dass die wirkliche Existenz der Wesen wie eine Kette zum ersten Ursprung zurückreichen muss. – Ein Wesen setzt existierend immer schon die 'Realexistenz' der Wesentlichkeit voraus, damit die Entstandenheit oder das Bestehen des Wesentlich-Seins.[494] – Substanzen wären daher eigentlich unverfügbar, jedenfalls in dem was sie – eben wesentlich – sind. Man kann keine herstellen, wie man auch Individuen nicht herstellen kann. Ein Kunstwerk mag 'sehr individuell' sein, doch darin ist es die Expression der Künstler-Individualität.

Auch für Dschuangdse, einen Zeitgenossen des Aristoteles, den Angus Graham sogar für hauptverantwortlich dafür hielt, dass China den möglichen Weg des

---

[492] RUDOLPH 1991, 37; vgl. KOBUSCH (HWPh IV, 300)
[493] Met. 1034b 16ff.
[494] Individualität als Substanz setzt sich also gleichsam selber voraus; sie kann nicht aus einer reinen Potentialität (einem Ur-Gen etwa) entstehen, weil dieses immer schon die 'Erbinformation' von „etwas" sein müsste, das nicht nur der Möglichkeit nach existierte. – Das gilt vielleicht auch für die Arten, die aus vorhandenen als Variationen entstehen. Diese Arten wären evolutionär auf eine oder mehrere Ausgangsarten zurückzuführen, bei denen dann aber das Problem ihrer 'primären Wirklichkeit' entstünde, das evolutionär nicht erklärbar ist. Denn wie soll Evolution Etwasheit (*Quidditas*), Einheit und Sein hervorbringen; wie Wirklichkeit und deren Individualität und Zeitlichkeit, damit Singularität? Dem allem soll offenbar die Urknall-Theorie als ein dauerndes Projekt intersubjektiver Anstrengung abhelfen.

Rationalismus im westlichen Ausmass nicht ging,[495] ist das Einmalige sozusagen substanziell und als solches nicht menschengemacht (in der Übersetzung Grahams): *„What man is this? Why is he so singular? Is it from Heaven or from man? – It is from Heaven, not from man. When Heaven engenders something, it causes it to be unique. The guise which is from man assimilates us to each other".*[496]

Wenn Substanzen individuell sind, sind sie auch nicht übertragbar; deshalb sind „biologische Essenzen" wie die Gene auch keine Substanzen, jedenfalls im aristotelischen Sinne, denn für die ersteren gilt: *„Gene sind mitsamt ihrer spezifischen Kausalwirkungen und der durch diese verursachten essentiellen Eigenschaften auf ein anderes Lebewesen übertragbar, etwa bei der Herstellung transgener Lebewesen."*[497] Gene sind Teil einer biologischen „Natur" und damit das Verfügbare und Verpflanzbare einer kollektiv autonomen Subjektivität; es kann in der Biologie keine Substanzen geben,[498] denn die Substanzen-Ontologie ist im Rahmen einer theologischen und teleologischen 'Umformatierung' des griechischen Natur-Begriffs entstanden. Sie ist daher Teil einer Metaphysik des beseelten Kosmos, die sich gegen eine ältere und viel empirischere Konzeption des „Natürlichen" wandte, die ihrerseits als die Basis aller Modernität anzusehen ist, die sich aus den Möglichkeiten der griechischen *physis*-Rationalität und einer dieser inhärenten Autonomie wahrnehmender und diskriminierender Subjektivität nur entwickeln konnte.

Es scheint, als habe sich im 4. Jahrhundert v. Chr. eine klare Akzentverschiebung ereignet, von der Subjektivität zur Individualität hin, und damit von einer 'Moderne' (oder Proto-Moderne) zu einer Anti-Moderne,[499] die sich am spektakulärsten im Aufstieg der Monarchie zur Bedingung alles Politischen manifestierte und anhand dieses Leitsymptoms in das Epochenkonzept „Hellenismus" einsortiert wurde, das schon deshalb irreführend wäre, weil es die griechische Metaphysik chronologisch der „Klassik" als Teil einer vorbildlichen griechischen 'Modernität' zuordnete, wodurch der epochale Bruch, den die Philosophiegeschichte mit dem Begriff der „Vorsokratik" andeutet, überspielt wird.[500] – Aus dieser historischen Ausgangslage heraus ist Individualität als Konzeption historisch mit der Aufgabe einer polemischen Abwehr „erscheinungsobsessiver" Autonomie des Subjektiven belastet, die sich politisch als „Demokratie" organisiert hatte. In diesem Rahmen wurde der Tod des Sokrates zu einem Gründungsmythos von Individualität, die sich nunmehr als 'innerlicher', „seelisch" akzentuierter und „geistig" selbstbewusster Akt von der politisch gescheiterten „Neuerungssucht"[501] der paradigmatischen Demokratie und ihrer modernen Oberflächlichkeit ab- und dem als göttlicher Kosmos inkarnierten „Wesentlichen"

---

[495] GRAHAM 1981, 5; vgl. 1989, 7 und sonst.
[496] 1981, 64.
[497] SCHMIDT 2014, 34.
[498] Und damit ist auch Individualität keine biologisch fassbare Dimension, weil ja das Singuläre überhaupt keine naturwissenschaftliche Kategorie sein kann. – Auch für die Nativitäten-Astrologie müssten etwa Klone durchaus verschiedene Individuen sein: ihre 'Geborenheit' ist nicht identisch.
[499] SCHMID 2020.
[500] SCHMID 2016, Kap. 7.
[501] Thuk. I 70, 2.

zuwandte, und damit einer Essentialität, die das menschliche Individuum ebenso wie diesen Kosmos belebte[502] und dazu bestimmte, gerade das zu sein, was er war.

Die latente Anti-Modernität des Individuellen[503] stammt somit aus der spezifischen Dialektik einer historischen Lage, in welcher die reflektierte Individualität sich aus einer Negation herauszuarbeiten hatte, so wie die Wesentlichkeit aus den Akzidenzien einer Oberflächlichkeit, die zur wesensverneinenden Macht geworden war, welche ihrerseits als Negation des, seinerseits negierenden, Subjektiven Kontur und Institutionalität gewann in den Monarchien der himmlischen und dann kirchlich verwalteten Vorsehung. Dies hatte wiederum zur Folge, dass eine unterdrückte Subjektivität als „moderne" aus der Negation der hierokratischen Herrschaft begnadeter Providenz sich ihrerseits polemisch herauszuarbeiten und die Erscheinungswelt als das wahre Territorium ihrer Autonomie wiederzuerobern hatte. Und in beiden Paradigmenwechseln, von denen nur der letztere bisher Beachtung fand, ist eine bald einsetzende Dogmatik der stützenden Jenseits- bzw. Diesseits-Konzeptionen der Hinweis auf die fundamentale Polemik der historischen Gelegenheit reflexiver Identität in einer Traditionslinie, die ein 'westliches' Modell unauflöslich an ihre antike Vorgeschichte knüpft. Dieser grundsätzlich polemische Horizont wechselseitiger Ausschliesslichkeit kann im besten Fall dialektisch sein – Hegel war anmassend genug, diesbezüglich sein Denken als eine Art von 'Endlösung' zu präsentieren.

Vom römischen Reich, das diese Divergenz, auch von Freiheit und Autorität, und konkret von *res publica* und Monarchie übernahm, über das ganze Mittelalter bis in die Neuzeit war damit eine fundierende Dramaturgie vorgegeben,[504] weil sich die „konkurrierenden" Aspekte der Identität gegenseitig zur exklusiven Konturierung hochschaukeln konnten. Wobei immer wieder Vereinnahmungen des 'feindlichen Territoriums' vorkamen, sowie die „Aufhebung" der unvereinbaren Zerrissenheit des

---

[502] Aristoteles untersucht die Seele im Zusammenhang mit der Belebtheit der Welt, man könnte seinen Ansatz 'mundan' nennen. – Vgl. CORCILIUS in Aristoteles, Über die Seele – De anima, Hamburg 2017, IX: „*Wenn* De anima *die Frage untersucht, wodurch sich Lebendiges von Nichtlebendigem unterscheidet, so ist 'lebendig sein' in allgemeiner Weise zu verstehen, wonach alles lebendig ist, was eine Seele hat und deswegen beseelt ist, also Menschen, Tiere und Gewächse.*" – CORCILIUS spricht dabei zu Unrecht von einem „biologischen" Ansatz, denn in der Biologie gibt es eben keine Substanzen und auch das „Leben" kann dort keine solche und damit auch nicht in sich selbst 'wesentlich' sein.

[503] Diese wird auch verfehlt, wo man den „existenzialistischen" Aufstand des Subjekts gegen die Abstraktion der Verallgemeinerung des Wesentlichen durch einen angeblichen metaphysischen Substanzbegriff plausibilisiert, der das Einzelne ausgeschlossen habe. (So MARQUARD 2013, 157: das Angegriffene in der Existenzphilosophie sei „*allemal*" das „*Allgemeine*", und „*Das Allgemeine aber ist das Wesen.*" Aber das stimmt schon für Leibniz nicht, wo der Substanzbegriff Individualität gründen soll, und aus Aristoteles könnte man etwa auf Met. 1028a10-b2 verweisen (bes. a27: *he ousia kai to kat' hekaston*) wo explizit die Substanz als das bestimmt Einzelne bezeichnet wird (wozu auch SEGALERBA 2008, 58 A 67: „*Zu notieren ist die Verknüpfung zwischen Substanz und Einzelnem.*").

[504] Sie wurde für das Innere der „Seele" ebenso verbindlich wie im Äusseren und politisch Verbindlichen, man denke nur schon an den Investiturstreit.

Gegeneinander in ein erhabenes *tertium*, in Begriffs-Hypostasen,[505] in welchen alle Divergenzen „verdampfen" sollten, in denen aber meist nur das 'siegreiche Prinzip' in einer Maske selbstloser Negation die Bühne des Bewusstseins beherrschen oder besetzen wollte. – Von daher ist auch der Wesens-Essentialismus der Individualität als Reflex ihrer 'Realexistenz' zu verstehen, als eine Art von Immunabwehr,[506] in welcher sie sich gegen die Entfremdung inmitten der Funktionalisierungen autonomer Subjektivität behaupten will durch einen Rückzug auf die Authentizität ihres Weltbezugs, für die sie, etwa nach einem Horoskop-Formular, „geboren" wäre. Und diese ganze Tradition reicht über Heideggers „Eigentlichkeits"-Emphase, die er durch seine Manie für Uniformierungen selber diskreditierte, weit hinaus.

Die Substanzen als *„Metaphysik spezifischer Naturen"* seien nach Lorraine Daston unverwüstlich, indes als *„Grundlage des Rassismus"* missbilligt worden.[507] – Dieser angebliche Zusammenhang von Essentialismus und Rassismus – er würde Individualität im aristotelischen Format als Funktion eines permanenten *„othering"*, als diskriminierenden Faktor definieren – verdient einen Kurz-Kommentar: Substantialität ist keine politische Kategorie, wobei es immerhin das Missverständnis der sogenannten Völker-Individuen gibt,[508] die man, wie ebenfalls noch Heidegger, im anti-modernen Furor gegen die wesenszersetzende Seinsvergessenheit der triumphierenden Subjektivität ins Feld führen zu dürfen meinte. – In der Anwendung metaphysischer Kategorien auf Politik, meist über eine Metaphysik der Geschichte, ist aber der Essentialismus der Substanz verfehlt; Metaphysik mag zwar bei Platon utopisch das Politische orientieren, und als Utopie allein ist sie politisch instrumentalisierbar, aber spätestens seit dem platonischen Timaios wurde der Kosmos zum eigentlichen Ort der Erscheinung oder zur Inkarnation der Substanz, der „Phänomenologie des Geistes", wie das bei Hegel hiess. Das wurde bei Aristoteles noch akzentuiert, und die Christologie hat es sozusagen bestätigt, indem sie Christus anstelle des Kosmos zum „eingeborenen Sohn"[509] des wahren Gottes erhob. – Und so viel lehrt auch das Formular des Horoskops: der Mensch wird substanziell in seiner Verbundenheit mit der Substanz der Welt. Das schliesst eine fundierende Wesentlichkeit in der Folge politisch-sozialer Zugehörigkeiten aus. Astrologisch gesehen haben alle Kollektive, auch als Ethnien und Traditionsgemeinschaften, den grossen Makel, dass sie nicht geboren sind, im Gegensatz

---

[505] Beispiele sind etwa: Selbstbewusstsein, Weltgeist, (Heils-)Geschichte, dialektischer Materialismus, Diskurs, Gesellschaft, Positivismus, Wille zur Macht, Evolution, Mentalität, System, Fortschritt, Gender udgl.

[506] Dass das Immunsystem auch als eine biologische Metapher der individuellen Substantialität gelten kann, belegt die Debatte um biologische „Chimären" (SCHMIDT 2014, 42ff.) und sicherlich auch z. B. die Problematik von Organtransplantationen.

[507] 2018, 19.

[508] Laut der aristotelischen Kategorienschrift (3b 11) sind nur Individuen „primäre", sagen wir: eigentliche Substanzen. Schon Arten und Gattungen sind sekundäre, sagen wir: abgeleitete, sekundäre oder uneigentliche Substanzen. – Sie könnten daher auch nur uneigentlich oder metaphorisch Individuen sein – wie der Demos, die Britannia oder eine Volksseele: Kollektive sind in der Nativitäten-Astrologie theoretisch sekundäre Grössen (dazu ausführlich Ptolemaios, Tetr. II). – Dass aber astrologische Zuordnungen (nach Klimata) für spätere Konzepte von Völkereigenschaften von Bedeutung gewesen sind, ist von Belang und darauf wird zurückzukommen sein.

[509] So der Schlusssatz des Timaios.

zu den Individuen, aus denen sie bestehen. Man konnte von ihnen keine Horoskope machen.[510] Moderner Rassismus[511] geht eher auf die Mentalität von Taubenzüchtern als auf Substanzen-Metaphysik zurück; darwinistischer oder 'darwinisierbarer' Biologismus, nicht aristotelischer Essentialismus ist seine Quelle.

Im Lichte dieses polemischen Horizonts, der als politischer zweifellos tödliche Dimensionen hat, ist noch einmal nach einer antiken Konzeption von Individualität, spezifisch nach ihrem Essentialismus zu fragen.

Laut Manfred Frank scheine *„Individualität durch einen wesenhaften Bezug auf die Zeit ausgezeichnet zu sein."*[512] Und trotz einer *„lebensgeschichtlichen Kontinuität, in die ein Element von Identität eingeht"* glaubt Frank nicht an einen *„festen Kern"*, es gibt *„keine fixe Identität in einem Individuum."*[513] – Offenbar spielt in der Argumentation eine Zukunftsfähigkeit des Subjektiven eine Rolle, die es nicht zuletzt als handelndes beschreibt, welches in seiner Zeitlichkeit vermag, sich von *„einem bestimmten Identitätspunkt [...] loszureissen und auf eine Zukunft hin zu entwerfen."*[514] Danach wäre *„Individualisierung das Werk von Konfigurationen und Konstellationen aus Sprechsituationen und Prädikaten."*[515] – Wird das Individuelle von dem Möglichkeitshorizont des Subjektiven her erfasst, kann das Konstellative[516] (und mit dem Begriff der „Konstellation" wird der Bogen zur astrologischen Konzeption in der Tat

---

[510] Sehr wohl aber von Städten, falls man einen Gründungsmoment eruieren konnte, was meist Fiktion war (wie das Horoskop Roms des Tarutius: SCHMID 2005, 200ff. mit weiterer Lit.), ausser in den Fällen, wo sie wirklich nach astrologischer Planung zu berechnetem Zeitpunkt 'gegründet' wurden, wie Bagdad (durch Masha'allah, siehe KNAPPICH 1967, 142f.) oder die Stadt *Victoria* durch Friedrich II (TESTER 1989, 190f.).

[511] Dass er als Theorie in Wirklichkeit ein ernsthaftes Projekt der Aufklärung gewesen ist, belegt wohl REIMANN 2017. Er entstand nicht zuletzt als Plausibilisierung der kolonialen Überlegenheit der 'zivilisierten' Gesellschaften über die ganze („primitive") Welt und sollte diese erstmals rational und konkret anthropologisch begründen. Und nicht zuletzt sollte er auch die Sklaverei rechtfertigen, die ein Wirtschaftsfaktor jener Zeit und eine soziale Realität war. – Beim Ganzen spielten dann auch antike Konzeptionen der Überlegenheit eigener Modernität, etwa die antike Klima-Theorie, die Montesqieu übernahm, eine Rolle: REIMANN ebd. bes. 144ff.

[512] 1986, 100.

[513] Ebd.

[514] Ebd.

[515] Ebd. 101.

[516] Gemeint ist eine „Kollektion" von Eigenschaften: laut einer Definition nach Porphyrios bestehe das Individuum aus Eigenschaften, *„deren Ensemble niemals in irgendeinem anderen identisch wiederkehrt (Boëthius:* quarum collectio numquam in alio eadem erit.*)"* – so HÜBENER 1988, 109. – Zur einflussreichen Definition des Porphyrios auch KOBUSCH HWPh IV, 300. Nun hatte RICHARD SORABJI (2007) ein Problem mit dieser Definition des Porphyrios, die in einem Kommentar zur Kategorienschrift des Aristoteles steht: es sei völlig unaristotelisch, Individualität aus Eigenschaften oder „Eigenheiten" zusammengestellt zu denken – SORABJI sucht die Herkunft dieser These bei den Stoikern oder bei Platon. Ich denke aber, es ist viel naheliegender, an Ptolemaios zu denken, dessen astrologisches Handbuch (die *Tetrabiblos*) Porphyrios ebenfalls kommentiert hat.

geschlagen)[517] nichts Fixiertes sein, und vor allem nichts, das ausserhalb des Bereichs interhumanen Handelns und subjektiver Entwürfe das Fixierte wäre. Diese Probleme hatte Johann Kepler noch nicht, wo es bei ihm heisst: *„Der Mensch empfängt in der ersten Entzündung seines Lebens, wenn er nun für sich selbst lebt und nicht mehr im Mutterleib bleiben kann, einen* Charakteren *und Abbildung von den himmlischen Konstellationen und behält denselben bis in sein Grab. "*[518]

Die subjektive oder intersubjektive Basis moderner Individualitätspostulate – und das moderne Individuum muss stets auch ein Postulat sein, wo es sich „auf eine Zukunft hin" entwirft – zeigt sich etwa, wo Hegel das „sittliche Ganze" als *„die Einheit der Individualität und des Allgemeinen "*[519] auffassen kann. – Hier ist das bürgerliche Subjekt, das als *bourgeois* neben das politisch Allgemeine tritt, eine neue Kraft, die ihre Sonderinteressen in jedem Einzelnen verfolgt. Die Einzelperson als „privater" Bestandteil der „Gesellschaft", die sich als autonome Instanz gegenüber dem Staat verhalten kann, erhält Sichtbarkeit und wird zugleich selbstreflexiv. Es gibt das Drama des Kampfes um Positionen in der bürgerlichen Gesellschaft und deren Abwehr gegen den Eindringling, der sich auch als Verbrecher profilieren kann (Balzac) oder als Robinson, alltäglicher als Unternehmer oder als Arbeiter: das im Selbstbezug individuierte Subjekt bleibt immer auf das Gesellschaftliche bezogen, weil dies sozusagen die Welt ist, der es revolutionär entstammt. – Das Individuum dieser Modernität betritt die Bühne nicht, wie in der Antike, indem es mit seiner kollektiven Subjektivität in Konflikt gerät, so sehr, dass ihm seine Subjektivität fremd wird, sodass es sich diese als „grosses Tier"[520] metaphysisch vom Leibe halten will. Sondern es betritt sie eben im Rahmen einer Bewegung gegen den bestehenden Obrigkeitsstaat, der sich durch jene Vorsehung und Begnadung legitimierte, die einst auch das Königtum der Individualität erhoben hatte. Das Individuelle wird nunmehr Teil der 'Privatheit' des Bürgertums,[521] und soll sich in dem gesellschaftlichen Rahmen des Verfolgs menschlicher Eigeninteressen als unbegrenzter Möglichkeiten als Person entwickeln und entfalten. Strenggenommen belegt aber der Begriff des „Privaten", dass hier das Individuelle eigentlich negativ definiert ist[522] und eine – allerdings positiv

---

[517] Der antike Begriff ist etwa *diataxis*, so nach Cassius Dio 56,25,5: Augustus habe per Dekret die τὴν τῶν ἀστέρων διάταξιν seiner Geburt öffentlich gemacht (11 n. Chr.), offenbar um Gerüchten über sein Ableben die 'geheime' Grundlage zu entziehen (SCHMID 2005, 19).

[518] Zit. SCHOENER 2017, 77.

[519] Zit. HABERMAS 1988, 53.

[520] Plat. Pol. 492b-493c.

[521] Es könne, laut ULRICH 2002, 17 etwa im „neoliberalen Menschenbild" zur *„ Selbstverwertungsmonade "* werden. – Es ermisst sich am transzendentalen Subjekt und einer diesem entsprechenden „abstrakten Standardisierung" (85 ebd.) wobei ULRICH die kollektive Basis der Autonomie dieses Subjektiven mit Marx in der *„ Organisationsweise der gesellschaftlichen Produktion "*, d. h. in der Autonomie des Kapitals sieht (86). Über das „Standardisieren" der das Gemeinsame stiftenden transzendentalen Subjektivität werden die einzelnen Subjekte (die hier ebenfalls negativ als blosse Atome, als Schwundformen des massgeblich-allgemeinen Transzendental- als Kollektivsubjekts gelten müssen) zu *„ von ihrer konkreten Individualität abgespaltenen Erkenntnis- und Wirtschaftssubjekten "* (85). Das Individuum wird zur „monadischen Sekte", von ihm gilt: *„ Seine Individualität besteht in seiner Individualitätslosigkeit. "* (154).

[522] Individualisierung wird so zum Krisensymptom und *„zeigt sich in subjektiven Krisensymptomen wie Entwurzelung, Sinnverlust, Kontaktunfähigkeit, Einsamkeit "* (SCHULZE

besetzte – Leerstelle bleibt. Es gibt keine 'positive' Psychologie des Individuellen[523] jenseits der Astrologie,[524] die noch immer Klienten findet. Denn die Möglichkeit zu persönlicher Entfaltung für das intendierende Subjekt soll im Prinzip jedem offenstehen. Die wahre Potenz aber hat im Rahmen des revolutionär Subjektiven nur das Kollektiv, als Staat und Gesellschaft. *Ihre* Autonomie ist die 'Wirklichkeit', als Erscheinungsraum, dieses modernen Individuums.

Dagegen die Identität des Horoskopformulars gibt dem Subjektiven keine Rechte mehr. Sie wird nur als Weltzugehörigkeit von 'kosmischer' Substanz überhaupt objektiv. Alles Bürgerliche und, von der Eigenwelt des Politischen her begriffen, auch das Historische, kommt nicht nur zu kurz sondern gar nicht vor. Es sei denn, Geschichte liesse sich in kosmischen Parametern ausdrücken, was erst im Mittelalter mit der Lehre von den "revolutionären" Konjunktionen konsequent versucht worden ist.[525]

Wie lässt sich aber die Annahme der 'substantiellen' Bestimmtheit einer als stabil geltenden Identität[526] rechtfertigen, wenn man von der zugrunde gelegten

---

2005, 18; vgl. 17 zur *„Partikularisierungsthese, in deren Gesellschaftsmodell sozial atomisierte Menschen durch Behörden kanalisiert, durch Grossinstitutionen beschäftigt, durch Wirtschaftsinstitutionen manipuliert und versorgt werden."*).

[523] Es gibt aber Beispiele moderner „Persönlichkeitstypologien" mit wissenschaftlichem Anspruch (z. B. FRIEDMANN 2018), die im Vergleich mit der antiken astrologischen Variante durchaus aufschlussreich sind. – Zum aktuellen Fachbereich der „Persönlichkeitspsychologie" und ihren Parametern ausführlicher unten, Kap. 4.1.

[524] Dafür fehlen schon geeignete typologische Parameter, die nur rudimentär vorhanden sind – siehe dazu den Wikipedia-Artikel „Typenlehre", wo es etwa heisst: *„Die meisten Forscher gehen nun davon aus, dass es unmöglich ist, die Vielfalt der menschlichen Persönlichkeit mit einer kleinen Anzahl voneinander abgrenzbarer Typen zu erklären. Sie empfehlen stattdessen Merkmalsmodelle wie das Fünf-Faktoren-Modell."* – Die antike Astrologie arbeitete laut Standard-Modell des Horoskops mit Ausgangs-Kombinationen von 12 (Tierkreiszeichen) mal 12 (Häuser) mal 7 (Planeten) Elementen. Das war beträchtlich steigerbar und führte nach Ausweis der Quellen sehr schnell zu einer kaum mehr zu bewältigenden Kombinatorik von Aussagemöglichkeiten auch dort, wo mit Analogien und Verwandtschaften zwischen den diversen Ebenen hantiert werden konnte. Denn auch die Hierarchie der Ebenen war nie verbindlich festgesetzt worden, wozu schon eine autoritäre Institution fehlte. – So meint ADAIR (2015, 48) zu recht: *„The problem is that any horoscope has the potential for an almost unlimited number of possible interpretations. This becomes more complicated when including the various additions to horoscopic methodology, such as the consideration of decans, lunar nodes, the various lots, and more, all of which can add to the list of potentially bad or good conditions."* – Im Übrigen waren die Parameter aufgrund ihrer himmlischen Herkunft und Materialität und ebenso die Fundamentalien ihrer Deutbarkeit durch die semi-divine Autorität königspriesterlicher Wissenstradition aus angeblich grauer, eigentlich mythischer Vorzeit sanktioniert. – In einem modernen Horizont fehlt dagegen schon das Vertrauen in Substantialisierungen – so heisst es in einem Werk zur Soziologie (SCHULZE 2005, 45): *„Im 'anthropologischen Schlaf' (Foucault) träumen viele vom Wesen des Menschen, als hätte es Kant nie gegeben. Um das ominöse vorgestellte Wesen loszuwerden, ersetzt Luhmann den Begriff des Subjekts durch Systembegriffe: 'Leben', 'Bewusstsein', 'Kommunikation'."*

[525] NORTH 1980; SMOLLER 1994; 2010; ZAMBELLI 1986; SCHMID 2016, 469; 2005, 409f. zum Revolutionsbegriff.

[526] Dabei darf man betonen, dass die Konstellation als theoretische Basis des Stabilen hier nichts als das Moment einer (genauer: mehrerer) Bewegung(en) ist. Identität bezieht sich also auf die Einmaligkeit eines Bewegungs-Moments, einer singulären Aktualität. Und zudem sollte das

Kosmizität als primär-ontologischer Welteinheit in dem Formular eines Horoskops einmal absieht – eines Formulars, das ja bei den aktuellen Theoretikern der Individualität[527] gar keine Rolle spielt? – Das stabile Element der Identität ist in der Ikonographie des Geburthoroskops etwa analog dem Ursprung zu denken, der als Schöpfung oder Anfangssingularität einer sich stetig verändernden Welt als ihr Gemeinsames zugrunde liegt. Dieser Ursprung[528] muss *einer* sein und bleiben, weil und sofern er der Ursprung von allem und für alle ist. – Und analog die Gebürtlichkeit, die als „Wirklichkeit" ein unwiederholbar Vergangenes, damit aber auch irreversibel ist[529]: sie muss für das Ganze eines Lebens eine einzige sein, weil sie die Geburt für alles ist, was ein Leben an Ereignissen, an gelebter Wirklichkeit enthalten kann: sie, die Natalität, ist gerade als Wirklichkeit so das Gefäss, das allein die unabsehbare Fülle des Möglichen aufzunehmen vermag, die ein Leben als *bios* enthalten kann.

Der Horizont einer nicht bloss negativen Theoretisierung von individueller Identität war aber auch schon für Platon und Aristoteles durch das zivile Subjekt als Ausgangs- und Zielpunkt der Überlegungen festgelegt oder moralisch limitiert – das belegen die Königs-Metaphern[530], d. h. die Monarchie als kosmisches Paradigma von neuer substantiell individuierter Autorität jenseits der Polis. Deshalb bleiben die Charakteristiken der Individualität, einmal abgesehen von typologischen Ansätzen wie in den „Charakteren" Theophrasts, im Allgemeinen, Ethischen und vorbildlich Idealen. Und auch die bewegenden Sphären des aristotelischen Kosmos haben noch nicht die 'psychologischen' Eigenschaften der Astrologie. Sie bleiben blass und charakterlos, weil sie das Göttliche verkörpern, das nicht nur bestimmend, sondern auch paradigmatisch für

---

Horoskop die Peripetien eines Lebens erklären, wie sie das alltäglich 'Tragische' von Identitäten bereithalten konnte (vgl. HEILEN 2020).

[527] Als Ausnahme kann immerhin das gewisse Interesse eines führenden Vertreters der „Persönlichkeitspsychologie" (EYSENCK) an der Astrologie gelten (siehe unten, 198)

[528] Er muss aristotelisch kein Ursprung „der Zeit nach" (wie ein Weltanfang als Kosmogonie) sein, sondern kann als einwirkender Ursprung „dem Wesen nach" bestehen. Im „ptolemäischen Weltbild" war dieser Ursprung zur göttlichen Weltschale geworden, als der bewegenden Wirklichkeit, Essenz oder Wesentlichkeit der Welt (SCHMID 2006; 2007).

[529] Die radikale und bezeichnenderweise soziologische Gegenposition zu dieser Verbindlichkeit des Vergangenen bei LUHMANN. Dieser spricht geistreich von der „*Möglichkeit von Wirklichkeiten*" und „*Wirklichkeit von Möglichkeiten*" (1975, 112). Das Spiel mit Begriffen soll diese Gegensätze aristotelischer Theorie einander annähern, soll das Gegensätzliche entschärfen. Für LUHMANN ist die Moderne ein evolutionäres Prinzip, in dessen Rahmen sich Gegenwart „*als Vergangenheit künftiger Gegenwarten*" verstehe – sie „*wählt sich selbst als Vor-Auswahl im Rahmen künftiger Kontingenz*". Und hier wird der Bruch mit dem tradierten Wirklichkeitskonzept greifbar: „*Deshalb zerbricht in der Neuzeit eine Tradition der Modaltheorie, die die Reduktion des logisch Möglichen auf eine wirkliche Welt – eine unter anderen möglichen – als einen vergangenen Prozess gesehen hatte: nämlich als Schöpfung und nicht als Evolution.*" (Ebd. 123). Die Festlegung der Welt auf ihre („diese") Wirklichkeit bezeichnet LUHMANN mit dem biblischen Konzept der Schöpfung; ein evolutionäres Modell würde, das muss wohl gemeint sein, die Entscheidung zur Wirklichkeit hin aus der unrevidierbaren Vergangenheit heraus in die Zukunft hinein aufbrechen. Es ist bezeichnend, dass nach LUHMANN das Subjektive als Möglichkeit aus dem Institutionellen und das Individuelle aus dem Kollektiven hergeleitet werden soll (115f.; zitiert nach SCHMID 2016, 505f.). Identität entsteht aus sozialer Reflexion, Subjektivität wird zur Auswirkung systemischer Differenzierung.

[530] Königtum der Seele, Monarchie des Kosmos.

alle sein soll: diese Sphären bringen nichts Unordentliches und Individualität eben nur fundamentalontologisch 'für alle und alles' hervor, erhaben wie die Zeit selber, deren Gang in ihnen gerade zur Erscheinung wurde. – Im spätptolemäischen Ägypten aber verlor der 'moderne' wie moralische Bezugspunkt einer verantwortlich autonomen Subjektivität an Gewicht, bzw. er war in dieser Welt kaum ein Hindernis mehr. Deswegen wäre hier der Weg frei gewesen (*nolens volens*) zu einer 'extra-moralischen' Typologie des Individuellen, das sich seinerseits als unmittelbarer Weltbezug definieren konnte, weil womöglich der Königsbezug als Vermittelndes kosmischer Ordnung in der kolonialen Fremdherrschaft geschwächt, mindestens zweideutig geworden war. Speziell für eine kulturell hybride und oft auch bilingue Schicht in dieser kolonialen Welt, in der man nach den präsumptiven Urhebern der neuen astrologischen Identitäts-Systematik zu suchen hätte.

Nimmt man das Subjektive in seiner politisch-revolutionären Rolle ernst, ergibt sich vielleicht eine noch etwas klarere Plausibilität für die moderne 'Verwobenheit' von Individuum und Subjekt:[531] Wenn das Mittelalter als „Kontingenzkultur"[532] christologisch von der Individualität Gottes erfüllt war, so war ja diese Kultur als hierokratisch organisiertes Ordnungsparadigma selber ein Modell kollektiver Norm. Menschliche Individualität konnte der normativ göttlichen zur Konkurrenz werden, wo sie mehr sein wollte, als eben das demütige Gefäss jener zum theologischen Dogma erhobenen, kirchlich ritualisierten weil welterlösenden Individualität Gottes. – Dabei gab es für Theologen, Priester und Mönche, abgesehen von fürstlichen und königlichen Individuen, zweifellos eine reflektierte Kultur der Individualität, auch als Mystik, in Anlehnung an die antike Metaphysik der Innerlichkeit, der Seele und des Geistes als Teilhabe an göttlicher Wirklichkeit. Das blieb aber gebunden an und wurde überwacht durch kirchliche Institution, die der frommen Innerlichkeit monastische Reservate und normative Disziplin bereitstellte oder verordnete. In den gesellschaftsübergreifend wirksamen Institutionen der Providenz, zu denen sich alles bekannte, was politisch Gewicht haben konnte, war somit auch Individualität theologisch, und damit sozial, fest eingebunden in das Dogma der Gottesindividualität.

Dieses Dogma – in dessen Rahmen eine 'heilige' Individualität zum Ort der Verheissung von Unsterblichkeit einer strukturell dem Göttlichen analogen Seele werden musste als Ebenbild einer personal gewordenen Singularität Gottes, an deren Undenkbarkeiten sich die Theorie der Trinität abarbeitete – war asketisch, gerade auch als Herrschaftslegitimation, mit einer Negation und Entwertung des Subjektiven verknüpft. In solcher Entwertung ist reflektiert: der polemische oder 'anti-moderne' Horizont, in welchem sich Individualität emphatisch und 'metaphysisch' konturiert hatte: als Wesentlichkeit von „Seele" und „Geist" gegen das vordergründig Ephemere der Erscheinung, als Fremdheit der *civitas Dei* gegenüber der „Welt", und schliesslich in der Verdammung des Subjektiven überhaupt, wo dieses zum renitenten und „dämonischen" Widersacher wurde, mit welchem sich etwa der paradigmatische Wüsten-Asket Antonios in einem handgreiflich anmutenden Kampf befunden hatte. – Deshalb hat sich die

---

[531] Schon GEORG SIMMEL benannte eine „*falsche Verwachsung zwischen Individualität und Subjektivität*" (1987, 220 – den Hinweis auf SIMMEL verdanke ich ENNO RUDOLPH).
[532] Dazu – dezidiert etwa gegen MAKROPOULOS 1997 – SCHELLER 2016.

Individualität der Moderne ihrerseits aus der religiösen Negation des Subjektiven heraus entfalten und behaupten müssen, sozusagen in der Revolte gegen das kollektive Dogma der eifersüchtigen und alleinseligmachenden Individualität Gottes. Und hier wird verständlicher: wie nun das Subjekt und seine 'authentische' Wahrnehmung – damit auch die fundamentale Wahrnehmbarkeit des Naturalen – zum Ort oder gar zum Fanal und zum Träger von revolutionärer Befreiung auch des Individuellen werden konnte.

Modern – im Rahmen der Dialektik wechselseitiger Negation von Moderne und Anti-Moderne – hätte dann also Individualität nur im kollektiv-historischen Rahmen der Emanzipation des Subjektiven wieder zu sich selber kommen oder befreit werden können. – Aber das müsste eigentlich implizieren, dass Individualität ausgerechnet über das zukunftsorientiert aktivistische Subjekt zu der ihm wesentlichen oder „tragisch" an die Unumkehrbarkeit seiner Zeitlichkeit gebundenen Fatalität hätte gelangen müssen. – Und da ist es bedeutsam, dass etwa gerade Napoleon, in dem auch Hegel die Inkarnation des Weltgeistes sah, in dezidiert fatalen Dimensionen wahrgenommen wurde: Napoleon, sicherlich eine Ikone moderner Gewichtigkeit von Individualität,[533] galt Zeitgenossen weithin als Liebling der Fortuna und Inkarnation der Vorsehung, stilisierte sich selber im fatalen Format und wurde in diesem auch dämonisiert.[534] Und es lässt sich offenbar begriffsgeschichtlich zeigen, wie nach Napoleon der Schicksalsbegriff zunehmend politisiert[535] wurde. Das heisst aber, dass das Schicksal, hinter dem wir immer auch die Fatalität des Individuellen vermuten dürfen, jetzt zum neuen Markenzeichen des Kollektivs geworden wäre! Die „Völker" werden, für die neue Identität des „Nationalen", selber dämonisch (schon dadurch, dass sie den fatalen Napoleon besiegen).[536] Und damit übernimmt das kollektive Subjekt die Rolle des Individuums als Trägerschaft des Fatalen und damit der providentiellen Anordnung der Welt: Wortbildungen wie „Volkseele" und „Volksgeist" sprechen eine deutliche Sprache. Dabei führt offenbar die „*Identifizierung des Individuellen mit dem Kollektivschicksal*" zur „*Individualisierung der Nation*" und das „*so verstandene Schicksal determiniert die Nation gleich einem Menschen von seinen Wesenseigenschaften her*".[537]

Das kommt, gerade über die gewichtige Nationalität als neue 'politische' Identität,[538] auf eine effektive Subjektivierung des Individuellen heraus. In der Form der kulturell potenten Volksgeister – die zur Rasse biologisiert werden konnten oder mussten – hat in der Tat das politisch aktive Subjekt in der Fatalität seiner nun „historistisch" erforschten Einmaligkeiten die Rolle des Originellen und Originären von der

---

[533] Max Rychner lässt einen Essay über den Roman des 19. Jahrhunderts (in: Propyläen Weltgeschichte, Bd. 8, Berlin 1960) mit Napoleon beginnen, dem Emporkömmling der Revolution, der sozusagen allen sichtbar gemacht hätte „*was an Schicksal dem einzelnen überhaupt möglich war*". Es findet sich dort auch der Satz (339): „*Mit einem Menschen mythischen Masses beginnt das Jahrhundert, das an seinem Ende nur noch das Volk kennen wird, auch wo dieses noch einen Thron duldet.*"

[534] Rehlinghaus 2015, 226ff.

[535] Ebd. 252ff.

[536] Ebd. 237.

[537] Ebd. 263.

[538] Diese politische oder nationale Identität ersetzt als kollektive vielleicht die im Dogma der institutionalisierten Providenz obsolet gewordene Identität des Individuellen ebenso wie einst die letztere als fatale Alternative zu einer unglaubwürdigen oder gescheiterten politischen Identität bedeutsam geworden war.

Individualität übernommen.[539] „Historistisch", könnte man sagen, wird das (Bürger-)Subjekt als individuierte Basis kollektiver Mächtigkeit selber zum Element der neuen Fatalität des Geschichtlichen. In ihr ist die Ambivalenz einer Individualität des Subjektiven zu spüren, sofern die historistisch originellen Kollektive als säkulare Organisationen autonomer Mächtigkeit das Fatale zugleich beherrschen[540] oder machen wollen: *„Entscheidend war dabei, dass die Machbarkeit des Schicksals tatsächlich nur für Kollektive möglich war: Der Einzelne konnte der unberechenbaren Macht des Schicksals nichts entgegensetzen, es nicht aktiv gestalten; er war nur als Teil einer Nation, eines Volkes, einer Rasse schicksalsmächtig."*[541]

Die Individualität muss jedenfalls im Bereich triumphierender Subjektivität ihre Fatalität neu, nämlich rational und 'naturwissenschaftlich', d. h. jedenfalls säkular, definieren können. Das zeigt sich dann bei Freud[542], der von einem *„metaphysischen Schicksalsverständnis"* in seiner Jugend[543] herkommend unter dem Einfluss von Positivismus und Mechanismus seiner akademischen Lehrer diesen *„schülerhaften Schicksalsglauben"* durch *„kausal erklärbare Zusammenhänge"* ersetzen wollte. Und das gelang ihm *„durch eine Uminterpretation des Schicksalsmotivs im 'König Ödipus'."*[544] – In diesem Licht gesehen war die Psychoanalyse auch eine modernisierende Umarbeitung des Individualitätskonzepts, indem dessen fataler Horizont rationalisiert wurde. So wie durch Darwin die Vorsehung als kontingent originale Schöpferin der Arten durch ein höchst rationales Evolutionsgesetz abgelöst wurde, so hat auch Freud, der sich durchaus als Modernisierer in einer Linie mit Kopernikus und Darwin sah,[545] nach eigener Ansicht in der Psychoanalyse das *„Schicksal"* durch Determination *„durch frühinfantile Einflüsse"*[546] ersetzen können. In diesem Milieu der Modernisierung (und des rasanten Aufstiegs von Naturwissenschaft und Industrie) wurde Fatalität, nicht zuletzt in Darwins Kielwasser, durch Vererbung und Genetik ersetzt, so dass schon für die Kritik um 1900 die *„Genetik zur Astrologie der Neuzeit geworden"* sei.[547]

Von hier aus erklärt sich vielleicht, dass die Fatalität des Individuellen konzeptionell mit der Optionalität des Subjektiven zusammenfallen konnte, denn als biologischer Sachverhalt ist auch das Fatale verfügbar geworden, gehört es zu jenen Dingen, für welche die Wahrnehmung des autorisierten Subjekts zur letzten Instanz geworden ist. – Allerdings seine „ineffable" Kontingenz, die das Individuelle als das chronisch Singuläre bezeichnen muss, geht dabei verloren. So meint Franziska Rehlinghaus resümierend in ihrer Untersuchung zur historischen Semantik des modernen

---

[539] Das zeigte sich gerade bei HUMBOLDT (1960, 602ff.), wo von *„nationeller Individualität"* die Rede ist, Individualität aber zugleich als *„Idee"* oder *„geistiges Princip"* bezeichnet wird, das sich in *„Völkern und Einzelnen"* manifestiert.
[540] REHLINGHAUS 2015, 361(zit. Eduard Baltzer): *„nicht die Parzen sitzen am Rocken, den Schicksalsfaden zu spinnen, sondern die Menschheit"*.
[541] Ebd. 337.
[542] *„Schon Freuds Wahl einer der berühmtesten Schicksalstragödien des klassischen Altertums, des 'Ödipus'-Dramas [...] zeigt die prinzipielle Affinität von Psychoanalyse und Schicksalsproblem."* (Ebd. 378).
[543] Dieses habe *„im weitesten Sinne antiken Fatum-Vorstellungen"* entsprochen (ebd. 380).
[544] Ebd. 381.
[545] Ebd. 378 A 175
[546] Ebd. 403, zit. Freud, „Jenseits des Lustprinzips".
[547] Ebd. 401.

Schicksalsbegriffs: „*das Schicksal, so liesse sich zusammenfassen, findet sich immer an den Orten, die für die Menschen zu den Bereichen des Unhinterfragbaren gehören und welche die Grenzen menschlichen Wissens markieren, die nicht überschritten werden können.*"[548]

Es ergibt sich somit für das Problem des modernen 'Gemenges' von Individualität und Subjektivität: Es werden Formen der Identität des Subjektiven fatalisiert: die kollektiven wie Rasse, Volk etc., und allgemeiner das Politische oder das das Historische, [549] oder die „Kultur"; im Sozialkonstruktivismus dann auch das Prinzip des Sozialen selbst; dies schon deswegen weil das Individuelle als Einzigartigkeit
a) theologisch-metaphysisch konnotiert und dadurch obsolet geworden war; Freud hatte sogar als Modernisierer eine der Haupt-Bastionen antiker Anti-Modernität, die „Seele", sozusagen gestürmt und dem Reich des Fortschritts einverleibt,[550] und
b) durch einen wissenschaftlich organisierten Naturbegriff in seiner Singularität gar nicht fassbar sein konnte: die 'Wissenschaft' des Singulären ist die Divination[551]; im Rahmen des Naturbegriffs ist nur das Reguläre erkennbar.
Und in den traumatischen Kollateralschäden der wissenschaftlich-technologisch hochgerüsteten fatalen Dämonie der Kollektive im 20. Jahrhundert zeigt sich auch der Hintergrund für eine aktuelle Distanz zu Konzepten essentialistischer Emphase des Fatalen. Diese gelten als politisch schädlich oder „diskriminierend" (weil man Fatalität überhaupt als stets potentiell kollektive Kategorie betrachtet) und so wird auch das Unverfügbare von Individualität selber verdächtig, gilt es als undenkbar oder mindestens hinderlich dort, wo es die Optionalität des Subjektiven beschränkt. Damit ist moderne Individualität selber gezeichnet durch die Säkularisierung des Fatalen. Letztendlich hätte die Fatalisierung des Subjekts die Fatalität des Individuellen ausgelöscht oder mindestens verdrängt. Dies ist wohl zwingend, denn Subjektivität ist keine fatale Grösse, und sie haftet auch spätestens seit Descartes an keiner ihr externen Verbindlichkeit mehr. Ihr Reich ist eben nicht die Wirklichkeit, sondern das Mögliche.

---

[548] Ebd. 414.
[549] HÜBENER (1988, 113) spricht im Zusammenhang mit Hegel von der „*resubstantialisierten, in Objektivität übersetzten Subjektivität*".
[550] Sein dezidierter 'Immanentismus', der etwa alle Religion als „*universelle Zwangsneurose*" deuten wollte (vgl. CLARK 1981, 396), war etwa in der These vom 'darwinistischen' Ursprung der Kultur in der „Urhorde" in „Totem und Tabu" offenbar auch explizit als „*Waffe gegen Jung und seine Anhänger*" gedacht (so Freud selber, zit. ebd. 398), nachdem bekanntlich Jung sich dem Religiösen, und übrigens auch der Astrologie, zugewandt hatte.
[551] Das besagt etwa, dass es wissenschaftlich unmöglich ist, die Lottozahlen oder den Ausgang von Fussballspielen vorauszusagen.

Kap. 3.3.: Nachträge zur Dialektik von Individualität und Subjektivität und zum Problem der Kontingenz.

Einmaligkeit und Kontingenz

Im Einmalig-Sein können wir ein Leitsymptom der so 'unaussprechlichen' Individualität dingfest machen. Jedes Individuum ist ein Unikat, wobei es als geborenes nach Hannah Arendt auf dem *„Faktum der Natalität"* beruht, *„der Gebürtlichkeit, kraft deren jeder Mensch einmal als ein einzigartig Neues in der Welt erschienen ist. Wegen dieser Einzigartigkeit, die mit der Tatsache der Geburt gegeben ist, ist es, als würde in jedem Menschen noch einmal der Schöpfungsakt Gottes wiederholt und bestätigt".*[552] – Dass Arendt ausgerechnet das Politische auf Individualität gründen wollte – genauer auf dem Bedürfnis natal individuierter Neuankömmlinge, auf der Bühne[553] des Öffentlichen in Erscheinung[554] zu treten –, ist sicherlich ungewöhnlich, aber es scheint fast so, dass sie damit eine Theorie handelnder Subjektivität aus der Individualität heraus begründen wollte anstatt umgekehrt[555] wie die meisten Theorien der Identität. – Sie hat, vielleicht als Ergänzung zu Heidegger, welcher laut Rudolph dem herrschenden Subjekt als Typos eine *„Philosophie der 'Vereinzelung des Daseins', das wir je sind, eine spezifische Ontologie des Individuellen entgegen"* stellte, die im Zeichen der Sterblichkeit stand,[556] die Natalität als „faktische" Grundlage individueller Existenz hervorgehoben. – Es ist in dieser Hinsicht zu betonen, dass Sokrates und Christus, die wir vorgängig als „markante Individuen" bezeichnet haben, die aber wohl eher die Prototypen einer normativen oder „heiligen" Individualisierung gewesen sind, wobei sich an beide eine spezifische biographische Tradition knüpfte,[557] sehr ausführlich und zweifellos paradigmatisch in ihrer Sterblichkeit dargestellt worden sind.[558] Bei Christus kam durch die Weihnachtsgeschichte die Darstellung der Geborenheit dazu, als Anlass zur Feier seiner erlauchten Natalität. In dem emphatischen Hinweisen auf Natalität und Mortalität soll Individualität selber als entscheidend erwiesen werden. – Im Fall der Weihnachtsgeschichte mit dem „Stern von Bethlehem" von zweifelhafter Historizität[559]

---

[552] 1981, 167.

[553] ARENDT 1994, 208: *„Ein Gemeinwesen andererseits, das nicht ein Erscheinungsraum für die unendlichen Variationen des Virtuosen ist, in denen Freisein sich manifestiert, ist nicht politisch.";* 1981, 169 *(„Bühne der Welt")*.

[554] Ebd. 49ff.; 1998, 29ff.; 55ff. zur grundlegenden Erscheinungshaftigkeit der Welt und gar des Lebens (nach dem Zoologen Portmann).

[555] Das wird ganz deutlich, wo sie sich gegen das Gewicht des „Gesellschaftlichen" und des „Gleichmachens" wendet (etwa 1981, 42).

[556] *„Das Dasein vereinzelt sich selbst durch eine seine Existenz bestimmende Antizipation des Todes."* (RUDOLPH 2020, 133). – Vgl. dazu auch MARQUARD 2013.

[557] HÄGG 2012, 19ff.; 148-186.

[558] Das form- und selbst genrebildende Gewicht dieser Sterbe-Erzählungen kann man kaum hoch genug veranschlagen. – Man starb in der Antike philosophisch mit dem platonischen Phaidon, und mit Christi erlösender Passion vor Augen starben zweifellos Unzählige.

[559] BARTHEL/ VAN KOOTEN 2015.

hat man übrigens schon Vergil als literarisches Vorbild für Matthäus annehmen wollen,[560] was schon deswegen interessant ist, weil auch Arendt für ihr Konzept der Gebürtlichkeit an Vergil, und nicht an Christus, dachte, der ja mit der vierten Ekloge einen unbekannten „Geborenen" besang. Darin sah Arendt eine „Geburtshymne"[561]. Ich halte es dagegen für sehr wahrscheinlich, dass Vergil seinerseits, der seine Ekloge zu einer Zeit schrieb, in welcher die Anhänger des kommenden Monarchen und Beschützers Vergils, des späteren Augustus, schon als ihr Zeichen das astrologische Symbol seiner glücklichen Geburt, den Capricorn benutzt haben,[562] von der Astrologie beeinflusst war.[563] Es ist durchaus wahrscheinlich, dass auf Umwegen die Nativitäten-Astrologie, die mit Augustus höchste gesellschaftliche Relevanz und entsprechenden Auftrieb erlangte, auch auf den Mythos der Natalität Christi, als Betonung einer unwiederholbaren Individualität Gottes als einer typologischen Göttlichkeit von Individualität, eingewirkt hat.

Geburt und Tod sind die existenziellen Erscheinungsformen der Zeitlichkeit – und wenn die Zeit das schlechthin Individuierende ist, die das Dasein unaufhörlich in die Einmaligkeit der Augenblicke vereinzelt, ist sie auch die Erscheinungsform oder „Faktizität" der Individualität. Wir sind in der Tat nicht mehr und nicht weniger einmalig als der Augenblick unserer Geburt – und in dieser Einmaligkeit – unwiederholbar – ist auch schon unsere Sterblichkeit begründet.[564] – Ist Individualität als zeitlich realisierte Singularität dann einfach unsere Teilhabe an Kontingenz? Denn wie sollte das Einmalige berechenbar sein? Für das Singuläre gibt es keine Wissenschaft, da ein individuelles Phänomen aus keiner konstanten Beziehung zu anderen Phänomenen hergeleitet werden kann[565] – wir können es als zukünftiges nur durch Wahrscheinlichkeitskalkül – oder durch Divination, das ist Götterwissen – und als Vergangenes durch Nacherzählung, historisch oder biographisch, intelligibel machen. Als ob wir uns als Individuen selbst nicht

---

[560] ADAIR 2015, 72f. (der mehr an das Echo des Kometen, des *sidus Iulium*, bei Vergil denkt und darin das Vorbild für den Topos des leitenden Sterns bei Matthäus vermutet).

[561] 1974, 271 (in ihr werde gepriesen *„die Göttlichkeit der Geburt überhaupt"*).

[562] SCHMID 2005 (es handelte sich um die sog. *pars fortunae* seiner Nativität).

[563] ASSMANN (2000, 19) sieht bei Vergil ägyptischen Einfluss (der Kult der 'Gebürtlichkeit' des Gottes/Königs).

[564] *Nascentes morimur/ finisque ab origine pendet* (Manil. IV 16).

[565] Laut dem Durkheim-Schüler FRANÇOIS SIMIAND: *„Eine Ursache gibt es, im positiven Sinn des Wortes, nur dort, wo es eine Gesetzmässigkeit, zumindest eine denkbare, gibt. In diesem Sinn erkennt man sogleich, dass ein individuelles Phänomen, einzig in seiner Art, keine Ursache hat, weil es nicht durch eine konstante Beziehung zu einem anderen Phänomen erklärt und weil in einem einmaligen Fall das antezendente unveränderliche und unbedingte Phänomen nicht ermittelt werden kann."* (1994, 199; zitiert nach KNÄBL 2016, 122); Vgl. DASTON 2018, 20 (eine *„Welt aus lauter Eigennamen"* sei *„kaum vorstellbar"*); nach Aristoteles kann es keine Wissenschaft geben, die nur Einzelnem nachgeht (Met. 1003a 13f.). – Laut FRANK (1986, 18) verlange die Wissenschaft *„den Ausschluss des Individuellen."* *„Sie appelliert an ein möglichst kohärentes System aus voneinander wechselseitig abhängigen Propositionen, die damit nicht als Singularitäten, sondern als Funktionen in Betracht kommen. – Das soll gerade auch politisch gelten: „Hegelisch gedacht ist das Negieren der Partikularität nicht der Untergang der Subjektivität. Sie soll als in ihrer Einzelheit aufgehobene die 'belebende Seele' des Staates bleiben."* (HÜBENER 1988, 111).

verfügbar wären, als Individuen, heisst das wohl, für unsere Subjektivität.[566] Und das ist vermutlich Teil des entbindend „Anarchischen", welches Rudolph dem Individuum zuschreibt: was unerrechenbar ist, verhält sich nicht rational, und ist jedenfalls stets ein „logistisches" Problem. Laut dem gründenden chinesischen Daoisten Dschuangdse, einem Zeitgenossen des Aristoteles, ist das Einmalige nichts Menschengemachtes[567] – Menschen hätten wohl eher typengleiche Roboter hergestellt, die dann aber Nachbauten eines bloss äusserlich begriffenen Modells selbst kontingenten Ursprungs sein müssten.

Wenn Einmaligkeit kontingent ist und zugleich zum Anker von Identität werden soll, dann müsste eine solche Identität auf das Bestimmte ihrer Einmaligkeit bezogen oder zentriert sein. Denn eine Einmaligkeit fände keinen anderen Ort und keine andere Zeit, um zu sein, als eben den Augenblick, als die einzige Unwiederholbarkeit, in der sie existiert. Als Unwiederholbarkeit hängt sie an sich selber, weil sie ja gar nichts anderes sein kann: nichts ist ihr vollkommen ähnlich. Die Zeitlichkeit wird ihr also fatal: die Einmaligkeit wird sich selbst als Unwiederholbares und damit Unabänderliches zum Schicksal. Ihr Lebensraum wäre die 'einzige' Gegenwart, die dann als Vergangenheit zur unaufhebbaren Bedingung für ihre fortdauernde Identität werden müsste. Sie übernimmt das Vergangene als Verbindlichkeit, sofern diese ihren Ursprung als das Anfängliche und Konstituens ihrer Individualität bewahrt oder enthält. – Da sie unübertragbar, nicht kollektivierbar und insofern auch 'fatalistisch' an der „Wirklichkeit" ihrer Einmaligkeit haftet, dürfte sie eher 'wirklichkeitsfetischistisch' als möglichkeitsorientiert sein. Anders als das Subjekt, welches handlungsbereit optimistisch auf die Zukunft als den Raum seiner Möglichkeiten angewiesen und fixiert ist – Politik sei die Kunst des Möglichen –, hängt das Individuum an der Vergangenheit, weil in ihr seine „Wirklichkeit" erscheint: die Wirklichkeitsemphase, seit Thukydides Ferment der Historie[568] und bei Aristoteles dann sogar Herzstück der Theologie und Ontologie einer 'Wirklichkeitsmetaphysik', ist symptomatisch für einen mentalen Horizont intensiver Reflexion von Individualität. – Die Stimmung dieser Reflexion ist tragisch: schon in der griechischen Tragödie wird die Auseinandersetzung des bürgerlichen Subjekts mit den negierten Anteilen seiner *daimonischen* Identität[569] – die ihm tragischerweise ins Genick springt – greifbar.

Individualität hat im Gegensatz zu Subjektivität ein intimes, schon fatalistisch zu nennendes Verhältnis zur Zeit.[570] Sie identifiziert sich mit dem Medium ihrer

---

[566] D. h. natürlich auch, dass wir unsere Individualität nur als Subjekte erfahren, erleben und reflektieren oder gar gestalten können. Sie bleibt, als das gleichsam Innerste, zugleich stets ein Äusseres, über das wir verfügen nur als ein immer schon Gegebenes, das uns so unsichtbar bleiben kann wie der Daimon, der uns laut HANNAH ARENDT (unten, A 569) über die Schulter blickt.

[567]Etwa GRAHAM 1981, 64.

[568] Dazu SCHMID 2016, 328-365.

[569] Siehe ARENDT 1981, 169 zum *Daimon* der Griechen, „*der den Menschen zwar sein Leben lang begleitet, ihm aber immer nur von hinten über die Schulter blickt und daher nur denen sichtbar wird, denen der Betreffende begegnet, niemals ihm selbst.*" – Mit Herodot wird der Historiker zu der Instanz, die diesen *daimon* im Rücken der Akteure in der Wirklichkeit des Geschehenen (den *genomena*) wahrnimmt und in die Erzählung aufnimmt (siehe vorab Hdt. VII 8–20).

[570] So auch HORKHEIMER/ADORNO 1988, 55: „*die innerliche Organisationsform von Individualität, die Zeit*"; vgl. FRANK 1986, 100.

Vergänglichkeit. Im extremen Fall – das ist vielleicht die Nativitäten-Astrologie – wird sie selber 'substantialisierte Zeit'; sie wird dann zur Essenz[571] ihrer Vergänglichkeit.

Doch hier stossen wir auf einen weiteren Einwand: bekanntlich gilt auch „Kontingenz" und das emphatische Bejahen von ihr als Exklusivmerkmal der Moderne, was dann natürlich, wenn es stimmen soll, der Vormoderne gerade die Erfahrung von Kontingenz absprechen muss. – Der angebliche Mangel an Kontingenzerfahrung und damit ein uneigentliches Verhältnis zur Zeitlichkeit der Vormoderne ist ein sehr verbreitetes Klischee und beliebtes *feature* exklusiver Identität des Modernseins geworden. Er beruht aber auf einem Missverständnis und hätte historisch dem gerne zitierten „Vetorecht" der Quellen niemals widerstehen dürfen, und das Missverständnis entspricht ziemlich genau der hier thematisierten Verwechslung von Subjektivität und Individualität.

Der Klassische Philologe Jonas Grethlein hat hier schon etwas richtiggestellt, indem er in der Ilias die Wichtigkeit einer vom Dichter auch bewusst inszenierten Kontingenz in der Schilderung des sinnlosen Todes der sogenannten „kleinen Kämpfer" nachwies.[572] – Hervorgehoben wird auch das berühmte homerische „Blättergleichnis"[573], welches eigentlich allein ausreichen sollte, das Klischee der Modernität der Kontingenzerfahrung zu widerlegen. Das Klischee wird fast durchgehend mit dem Hinweis auf einen antiken Kosmos verbunden, der einen „*harmonischen Ordnungszusammenhang"* bildete, „*in dem kein Platz für das Flüchtige, Zufällige, Wesenlose war."*[574] Dieses Klischee hat durch den Begründungshintergrund der These Reinhart Kosellecks von der Modernität des „Kollektivsingulars" der „Geschichte" eine wichtige Stütze erhalten und kann als kanonisch gelten. – Dazu ist kurz folgendes zu sagen:[575] die These, die auf begriffsgeschichtlicher Basis[576] erst der Moderne ein 'eigentliches' Geschichtsbewusstsein zuschreiben will, ist nicht haltbar. Koselleck hat

---

[571] Die Essentialisierung der Zeit war schon prä-astrologisch nur über ihre Kosmifizierung im Rahmen der griechischen Metaphysik möglich. – In der bekannten aristotelischen Formel von „Zeit = Zahl der Bewegung" (siehe Arist. Phys. 219b; Met. 1020a; Cael. 279a), muss bei der „Bewegung" an die Bewegung des körperlich realen Himmels gedacht werden, konkret an die Primärbewegung der sphärischen Himmelskörperlichkeit. – Laut SAMBURSKY 1959, 102 war der Antike eine absolute Zeit im Newtonschen Sinne undenkbar; auch für Chrysipp war Zeit nicht von der Bewegung des Kosmos zu trennen (RIST 1969, 275 zu SVF II 509-13). – Es ist dabei wichtig, dass diese kosmifizierte Zeit eine bewusste, bei Platon und Aristoteles auch anti-modern polemische, Konstruktion und kein archaischer Holismus gewesen ist, der nach dem Klischee die „vormoderne" Eingebundenheit des Menschen in den Kosmos belegen sollte.

[572] 2006. – Siehe auch Herodots Schilderung der entscheidenden Schlacht von Salamis, bei der ein missglückter Fluchtversuch und der irrtümlicherweise zu weit vorausfahrende Ameinias die Schlacht überhaupt erst lancieren (Hdt. VIII 84, 1) oder die dezidierte Rolle, welche Thukydides nach FRANCIS CORNFORD (1907, 82–109) der *tyche* (also dem Glück, Fatum oder Zufall) etwa beim erfolgreichen Unternehmen der Athener auf Sphakteria zuschrieb.

[573] „*Gleichwie der Blätter Geschlecht, so das der Männer (Menschen). / Die einen verweht der Wind und andere wieder / treibt das knospende Holz hervor zur Zeit des Frühlings. / So der Männer Geschlecht: dies wächst, jenes verschwindet"* (Ilias VI 144–149; Übers. Rupé). Dazu GRETHLEIN 2006, 85ff.; 94ff.

[574] GRETHLEIN ebd. 103 zit. J. F. WETZ.

[575] Ausführlich dazu SCHMID 2016, 451-466.

[576] Dazu jetzt REBENICH 2020.

Wesentliches unzitiert[577] aus einem Radiovortrag Karl Löwiths von 1961 übernommen, welcher schrieb: *„Der Unterschied von klassischem und modernem Geschichtsbewusstsein zeigt sich schon sprachlich: die Griechen und Römer hatten kein eigenes Wort für das, was wir mit einem Substantiv die Geschichte im Singular nennen; sie kannten nur Geschichten (historiae) im Plural."*[578] – Dabei ging es Löwith im Gegensatz zu den modernen Interpreten der These um ein 'klassizistisches' Ideal: Als Flüchtling des zweiten Weltkriegs wollte Löwith den Griechen die moderne geschichtsphilosophische Vergötzung des Historischen nach Hegel und Marx absprechen. Und dazu entwarf er das Gegenbild der platonisierend kosmosfrommen Griechen, die zu weise waren, um im Phänomenalsten das Substantiellste zu postulieren. – Er hat dieses dezidiert anti-moderne Griechenbild vermutlich (neben Heidegger) aus Nietzsche,[579] vielleicht auch aus Burckhardt bezogen. – Eine echte Quellenbasis hatte es nie, doch bei Koselleck wird es zum neuen Argument, indem dieser die 'klassizistische' oder kulturkritisch-antimoderne Pointe einfach umkehrt: aus den weisen Griechen Löwiths werden die statisch vormodernen Kosellecks. Und das passte einfach zu gut zu der exklusiven Zeiterfahrung der Moderne, welche die Zeit als Element der „Beschleunigung" aktiv vorwärtsfahrend sozusagen sich einverleibt hatte: der rasende Fortschritt wurde, im Bild der Eisenbahn,[580] zum Beleg für ein emphatisches Verhältnis zum Verändernden der Zeit. Das ist die Zeit als dynamisch verfertigbare Zukunft, die Zeit des triumphierenden Subjekts, das die Historie nicht mehr erfahren muss, weil es sie selber machen kann.[581]

Nun hat schon Grethlein dem Argument angeblich mangelnder Kontingenzerfahrung der Antike eine Unterscheidung nach Odo Marquardt entgegengestellt, zwischen „Schicksalskontingenz" und „Beliebigkeitskontingenz",[582] wobei sich erstere als Ungebundenheit menschlichen Handelns („ich kann jederzeit den

---

[577] Eigentlich höchst indirekt zitiert, da in seinem einflussreichen Aufsatz *„Historia magistra vitae"* Löwith in einer Fussnote vorkommt, allerdings nicht als Autor der Kollektivsingular-These.

[578] LÖWITH 1967, 41 (zitiert nach der dritten Auflage).

[579] Laut CANCIK 1998, 29f. Anm. 18 kommt bei Nietzsche ein *„ verkürztes"*, von *„ 'modernen' oder 'parajüdischen' Motiven" „purifiziertes"* Griechenbild zum Tragen. Nietzsche habe das Konzept eines fortschrittslosen, immer schon am Ziel befindlichen antiken Verstehens von Zeit und Geschichte – die „ewige Wiederkehr", aus stoischen Prämissen, die er auf Heraklit zurückprojizierte – als *„ Waffe"* gegen das christlich fundierte Geschichtsbild, das auch *„die Fortschritts-Optimisten, die Sozialisten und Demokraten"* hatten, konzipiert (ebd. 27). *„Nietzsche hat für seine Lehre von der ewigen Wiederkunft des Gleichen – ebenso wie in seiner Deutung der Tragödie und der Religion des Dionysos – ein bedeutsames Stück antiker Kultur isoliert und stark vereinfacht. Er hat die Antike archaischer, ahistorischer, mythischer gemacht, ihre geschichtlichen, subjektiven und utopischen Elemente ausgeschieden, die naturhaften übersteigert. So hat Nietzsche die Antike zu einer antichristlichen und antimodernen Gegenposition verkürzt."* (29). CANCIK sieht hier auch den Ursprung einer dann beliebten Antithese etwa von jüdisch *„dynamischem"* und hellenisch *„räumlich-statischem"* Denken von „Zeit" (31).

[580] KOSELLECK 2000, 174ff.

[581] KOSELLECK meinte denn auch, dass die Historie nicht mehr *„auf unser Leben einwirken"* könne, weil wir sie selbst machen (1989, 62.).

[582] 2006, 30f.; dazu jetzt ausführlich VOGT 2011, 282f.; 358ff.

Arm heben") und letztere als das Unverfügbare für das Handeln (der Arm muss gewachsen sein, ich kann ihn verlieren, er kann gelähmt sein usw.) auseinanderhalten liesse. – Grethlein hat mit dieser Unterscheidung eine antike Kontingenzerfahrung sozusagen gegen den Exklusivitätsanspruch der Moderne rehabilitiert.[583] Sie fügt sich (siehe die Tabelle oben, S. 73f.) gut in die dichotomischen Identitätsaspekte von Subjekt und Individuum ein: Individualität wäre dann schicksalskontingent, Subjektivität beliebigkeitskontingent, wobei zu betonen ist, dass beide (s. o.) nicht nur in einem antagonistischen, sondern auch in einem komplementär-dialektischen Verhältnis zueinander stehen müssen. Und dabei scheint „Schicksalskontingenz" eindeutig die härtere Währung zu sein. Denn in der zukunftsoffenen Allmöglichkeit des Handelns und sich – im Kollektiven – selber Setzens ist doch das Subjekt abhängig von jener fatalen Bestimmtheit, die nicht nur die Zeit bemisst, in der es handeln kann, sondern auch darüber verfügt, dass und ob es überhaupt als Subjekt existiere. – Ich muss geboren sein, als dieser bestimmte, der ich bin, und es muss eine Welt geben und nicht nichts, in das ich geboren werden könnte, etc.

Ganz im Gegensatz zu der euphorischen Selbstidentifikation kollektiver Subjektivität als kontingenzoffen und „individualistisch" lässt sich nämlich vermuten, dass die angeblich statische Vormoderne auch für das Kontingenzbewusstsein der Moderne prägend geworden ist. Laut Benjamin Scheller ist es auffällig, *„dass die Semantik der Kontingenz im Wesentlichen eine Schöpfung der Vormoderne, genauer, der Antike und des Mittelalters ist."*[584] Und mehr noch: *„Die Tragweite dieses historisch-semantischen Befundes ist von der Geschichtswissenschaft bislang nicht erörtert worden. Er steht jedoch offenkundig in einer gewissen Spannung zu der Auffassung, erst die westliche Moderne habe eine Kontingenzkultur geprägt."*[585]

Die Moderne gilt zu Unrecht als Kultur emphatischer Zeiterfahrung. Man erwähnt etwa die Erfindung der Räderuhr und das Lärmen der Kirchenglocken. – Genau besehen geht es dabei um Organisation und Domestizierung von Zeit, genauso wie der

---

[583] Siehe auch GRETHLEIN 2011.

[584] 2016, 14. – Laut VOGT (2011, 71f.) steht am Anfang der Reflexion über Zufall und Kontingenz Aristoteles. VOGT ist allerdings selbst vom dogmatischen Klischee der exklusiv kontingenz-affinen Moderne beeinflusst, weshalb er die aristotelische Reflexion als Ausnahme in einer „zufallsfeindlichen philosophischen Atmosphäre" bezeichnen muss (86), die im Banne einer *„für die gesamte griechische Philosophie kennzeichnenden Kosmosfrömmigkeit"* gestanden sei (87). – Dass diese Kosmosfrömmigkeit ein Konstrukt des Aristoteles aus platonischen Prämissen war, das gerade das Problem der Unwirklichkeit des Möglichen 'beantworten' sollte, entgeht VOGT. Hier würde der von VOGT gebrauchte Begriff der *„Kontingenzbewältigungspraxis"*, nach H. LÜBBE, durchaus passen (wozu 659ff. ebd.). Bemerkenswert vielleicht auch, dass Astrologie in dem umfassend angelegten Horizont des Buchs nicht vorkommt. – Vgl. immerhin noch 93 ebd. wo J. J. POLLITT zitiert wird, nach welchem der Hellenismus eine *„obsession with fortune"* gehabt habe.

[585] SCHELLER ebd. Siehe jetzt auch BERNHARDT et al. 2018, 9 (zum angeblich einmaligen Verhältnis der Moderne zur Kontingenz): *„Diese in den Sozial- und Kulturwissenschaften geläufige Meistererzählung bezieht sich in simplifizierender Weise auf das Sattelzeitkonzept von Reinhart Koselleck."*; sowie VAN ROSS 2018 (im selben Band, zur mittleren römischen Republik) mit dem Fazit: *„Risiko ist daher ebenso wenig ein Proprium der Neuzeit wie Kontingenzerfahrung."* (59).

Fortschritt die Geschichte bezähmen soll, in dem das dynamisch verändernde Potential der letzteren nach dem Modell der Eisenbahn 'auf Strecke gelegt' werden kann: der Fortschritt verengt, schon ein 'Seitschritt' ist ja nicht mehr möglich oder bestenfalls redundant. Zeit wird in der Moderne zum „Faktor", wird zum Taktgeber der Fabrikation oder zur Variablen einer Geschwindigkeitsgleichung reduziert, sie wird seit der „Eisenbahnzeit" kollektiviert und gleichgeschaltet, nachdem sie zuvor physikalistisch zur Bedeutungslosigkeit neutralisiert worden war. – Die aktuelle Debatte zur europäischen Zeitumstellung belegt nur eines: den Anspruch der ermächtigten Kollektive (= des autonomen Subjekts) über die Zeit verfügen zu können. Zwar ist diese angebliche (soziale) Verfügbarkeit der Zeit[586] illusorisch, denn die Zeit holt am Ende auch noch den Fortschritt ein, aber im soziopolitischen Reich kollektivsubjektiver Eigenweltlichkeit – ihr Mangel an biologischer Abbaubarkeit ist mittlerweile aporetisch – ist sie nicht anfechtbar, gilt als Gesetz.[587] – Modern ist der zunehmend organisierte Versuch der Steuerung der kontingenten *metabolai*, die die Zeit als das immer Singuläre unentwegt auftauchen lassen aus der Unausmessbarkeit des *apeiron*. Und die Apparaturen, die zur Steuerung oder verwertbar machenden Neutralisierung des angeblich so verehrten „Neuen" entwickelt werden, beherrschen jetzt als „Rechner" die Epoche, indem sie zugleich den Zugang in eine wirklichkeitsfreie Zweitwelt der „digitalisierten" Virtualität als in ein Refugium autonomer Eigenweltlichkeit eröffnen und zunehmend selber autonom verwalten. Das Individuum hat sich dem zu unterwerfen als einer unangefochtenen Norm[588] – ohne Passwort und bald auch „Zertifikat" kann es hier nicht einmal mehr für existent gelten. – Mit Kontingenz und Zeitlichkeit hat das alles ebenso wenig zu tun wie der gerade aktuelle *life-style*-Individualismus mit Individualität.[589]

Im Gegensatz zur Moderne ist es also die Antike gewesen, die die Parameter, Symbolismen und Begrifflichkeiten einer verbindlichen „Kontingenzkultur" hervorgebracht hat. – Es gibt kein modernes Trauerspiel, das die Tragödie als Paradigma

---

[586] Notorisch wird sie auch zum sozialen Konstrukt, zum kulturellen Konzept oder auch einfach als Illusion aufgefasst, immer aber als Besitz des „Absoluten Selbstbewusstseins", dieser Hegelschen Apotheose der autonomen Subjektivität. – Der letzteren angeblicher Tod, von Strukturalisten und Poststrukturalisten verkündet, ist auch eine Illusion, die sich schon dort enthüllt, wo der Strukturalist als Autor des Strukturalismus die Auszeichnungen auf der Bühne bürgerlicher Honorabilität immer noch als erfolgshungriges Subjekt in Empfang nimmt.

[587] ULRICH 2002, 95: „*Die qualitätslose Zeit als bestimmendes Prinzip der modernen Gesellschaft ist gekennzeichnet von einer ständig sich steigernden Beschleunigung von Abläufen, für die die empirische, lebensweltliche Realität blosses Material bleibt.*"

[588] ULRICH 2002, 18 (zit. LUHMANN): „*das Individuum muss vorausgesetzt – und zugleich neutralisiert werden; wenn nicht über transzendentaltheoretische Reduktion, dann eben statistisch*".

[589] Ebd. 30: „*Gerade die Überbetonung von Individualität heute verweist auf ihr radikales Gegenteil: die Abschaffung des Individuums. Individualität ist nurmehr als medial vorgefertigte Massenware möglich, als Inszenierung der Mythen der sogenannten Informationsgesellschaft. Individuen entstehen nicht mehr durch einen Prozess der Individuation, sie werden gemacht – bis hin zur radikalsten Form des gentechnologisch erzeugten Menschen: Der Klon als letzte Konsequenz der immer noch wider alle Vernunft proklamierten Individualisierung, was den endgültigen Umschlag ins direkte Gegenteil selbstbestimmter Individualität bedeutet.*" – Wie wenig die aktuellste Moderne gewillt ist, Kontingenz und Sterblichkeit zu akzeptieren, erhellt wohl zweifelsfrei das aktuelle (geschrieben 2020), weltweit organisierte Pandemie-Regime.

für den „katastrophalen" Horizont menschlichen Lebens hätte ersetzen können; die Moderne hat nie eine ganz unabhängige oder neue Kultur des Scheiterns entwickelt. – Man betrachte nur die gängige Ikonographie der Zeit: die sexagesimale Einteilung des Kreises mit den zwölf Stunden ist babylonisch und geht auf antike Übernahme mesopotamischer Astronomie zurück,[590] die Monatsnamen sind römisch, der Kalender durch Caesars Reform geprägt, nach hellenistisch-ägyptischen Vorgaben,[591] und es haben sich in diesem Kalender, das ist ja wirklich seltsam genug, zwei Gründerväter einer Monarchie vergöttlichter Individuen (Iulius, d. h. Caesar, und Augustus) verewigt, so als könnten sie nicht vergessen werden und wären selber prägende Gestalten der Zeit geworden. Wir feiern das römische Neujahr, unsere Hauptfeiertage Weihnacht und Ostern sind in der Antike auf markante Punkte des Sonnenlaufs gesetzt worden. Unsere Woche ist eine „Planetenwoche" und spiegelt nichts anderes als das einstige *standing* der Astrologie;[592] sie ist offenbar erst nach Augustus belegt, und Zeugnis für eine antike Manie des Darstellens, Symbolisierens oder Ritualisierens von Zeitlichkeit.[593] Und das wichtigste bisher gefundene Artefakt zur antiken Wissenschaftsgeschichte ist ein Mechanismus, der der kosmologischen Veranschaulichung der Strukturen der Zeit diente.[594] Noch einmal sei auch daran erinnert, dass Mittelalter und Neuzeit durch das Bild eines sterbenden Mannes geradezu besetzt worden sind. Der sterbende Gallier wie der sterbende Laokoon wurden in der Neuzeit antike Ikonen der bildenden Kunst.[595] – Man darf an zentrale Konzepte „hellenistischer" Diskurse denken wie *tyche, fatum, pronoia, heimarmene* und auch etwa *kairos*.[596] Und bemerkenswert ist es vielleicht doch, dass die entscheidenden Politiker der späten Republik in Rom von Marius bis Augustus sich als 'Glücksritter', als Bevollmächtigte der *fortuna* empfahlen,[597] wobei Augustus als

---

[590] Den Revolutionären in Frankreich war das sehr wohl bewusst: der Versuch, einen Kalender mit dezimaler Zeit zu schaffen, scheiterte aber (MEINZER 1992). Bezeichnenderweise vermochte es also die Moderne gerade nicht, eine glaubwürdige eigene Ikonographie oder Typologie der Zeit zu schaffen.

[591] Dazu etwa A. REHM, RE III A (1929), 1153-1157 *s. v.* Sosigenes; jetzt WOLKENHAUER 2011, 212ff.

[592] SCHMID 2005, 191f.; noch immer anregend dazu ist BOLL 1912.

[593] Ich weise hier neben den Wochentagsgöttern und ihrer Popularität auf Inszenierungen von Epochalität (Säkularspiele und andere Epochalisierungen, mit eschatologischen, teleologischen oder gar apokalyptischen Elementen) hin, auch die berühmte 'dionysische' Prozession des Ptolemaios II. wo das personifizierte „Jahr" auftrat (RICE 1983); auf Installationen wie den Meridian auf dem Marsfeld (die angebliche „Sonnenuhr" des Augustus: SCHMID 2005, Kap. 7: jetzt SCHMID 2023), auf Kulte, die mit den Strukturen lunisolarer 'Zeitläufigkeit' zusammenhängen wie den Mithraskult, oder Kulte der tagmachenden Sonne selbst (von *Sol invictus* bis zu *Sol iustitiae*). Sogar die Astrologie wurde Gegenstand ausführlicher Dichtung (Manilius), nachdem der Himmel, seine Struktur und sein Lauf schon länger Gegenstand einflussreicher Poesie geworden waren (Arat und Aratea).

[594] Der Mechanismus von Antikythera, laut JONES 2017, 14 „*the most important artifact of ancient science that archeology has ever brought to light*".

[595] In einem solchen Licht kann dann auch die Todesberechnungs-Obsession antiker Astrologie (SCHMID 2005, 195 A 386; 2009, 216f.) einen Hintergrund von 'kultureller Folgerichtigkeit' erhalten.

[596] Laut CHANIOTIS 2011, 161, der das Konzept des *kairos* für wichtig in „*hellenistic mentality*" hält.

[597] SCHMID 2005, Kap. 1.

erster dazu auch ein Horoskop benutzte. Das Füllhorn, das zum festen Bestandteil der Ikonographie der *fortuna* gehörte, spielte ja schon auf den Münzen der Ptolemäerkönige in Ägypten eine bedeutende Rolle: Der König ist so etwas wie das personifizierte Glück der Gesellschaft und erfüllt damit gewiss auch apotropäische Funktionen – dem kann in der aktuellen Moderne fast nur das öfter zitierte *„Sieger-Gen"* einer bestimmten deutschen Fussballmannschaft zur Seite gestellt werden.

Ein weiterer möglicher Einwand ist an dieser Stelle zu berücksichtigen: das dogmatische Hochhalten des Unbewegten und Unveränderlichen mit der Herabstufung des Veränderlichen und Erscheinenden gerade in der „klassischen" griechischen Philosophie, das oft zum Beleg für eine „statische" Vormoderne herhalten muss. – Diese Hinwendung zum Bleibenden hat mit dem Ausgeliefertsein autonomer Subjekte an die Peripetien und *metabolai* zu tun und sollte als kompensatorisches Komplement solcher Ausgeliefertheit verstanden werden.[598] Dabei spielt es eine Rolle, dass sich kollektiv autonome Subjektivität als generalisierbares Subjekt einer Wahrnehmung weiss, welches die „Natur" als das 'Andere seiner Wahrnehmung' zur „Erscheinung" objektiviert. Als dies Andere ist das Natürliche der Welt in den geordneten Zyklen seiner Veränderung nicht mehr mit der autonomen menschlichen Welt so verbunden, dass die naturalisierte Welt ihr zum sinngebenden Ordnungsfaktor werden kann. Es fehlt eine „korrelative" Kultur der „Wandlungen", wie sie etwa in China das „I Ging" verkörpern kann, welches durchaus zur Offizialität des Politischen gehörte.[599] Wo der König ausfällt, der als Mittler zwischen der Veränderlichkeit der Welt und der Form der Gesellschaft steht, weil er beidem, Welt und Gesellschaft, angehört, da ist die nun autonome Natur als Gegenüber einer autonomen Gesellschaft nicht mehr Paradigma für das Humane.[600] Deswegen ist das Subjekt jetzt seiner zeitlich-kontingenten Individualität eben unvermittelt, damit auch schutz- und distanzlos – in der Antike auch weitgehend ohne den Schutz von „Institutionen" – ausgeliefert.[601] Das zeigte sich schon im archaischen Griechenland erst

---

[598] SCHMID 2016, 363; vgl. ASSMANN 2000, 46ff. zum Ägyptenbild idealer Stabilität, die von historischem Wandel nicht erschüttert werden konnte, wie es nach dem Peloponnesischen Krieg *„unter dem Eindruck äusserster politischer Instabilität und eines allgemeinen Zerfalls traditioneller Werte und Normen"* von *„bestimmten konservativen Denkern"* in Griechenland beschworen wurde.

[599] SCHMID ebd. 198ff.; 261 A 17 und sonst.

[600] Jedenfalls, vor der platonischen Revision des Naturbegriffs, nicht mehr in ethisch verwendbarer Weise, wie sich leicht den sophistischen Folgerungen aus der Naturalität des Menschen entnehmen lässt: sie sind so trostlos wie der Sozialdarwinismus, den sie vorwegnehmen und letztlich als erste konsequente Physikalisierung des Humanen begründen.

[601] Das besagt auch, dass gerade der moderne Schutz der kollektiven Eigenweltlichkeit des Subjektiven durch Institutionen und massiven Staatsausbau diesem erst eine „moderne" Freiheit zum subjektiven „Lebensentwurf" verschaffte. Arbeitsteilung, soziale Sicherheit – mit Entlastung der Familie – erleichterte Mobilität etc.: das sind Faktoren (gewichtig im herrschenden Modernisierungsdiskurs) die das Subjektive von der Kontingenz eigener Individualität befreien sollen, indem sie das Terrain seines Unverfügbaren massiv verkleinern und mindestens theoretisch negieren. Der Staat stützt so die Autonomie der Möglichkeit und des Beliebens gegen die Autonomie des Fatalen. – Der vergleichsweise Mangel an schützender „Infrastruktur" in der Antike kann sicher als eine Voraussetzung auch für die scheinbar 'widerstandslose' Determinismus-Ergebenheit astrologischer Texte gelten.

einmal in einem 'Schub' des 'signierend' auf eigene Individualität hinweisenden Ich-Sagens von stolzen Autor-Subjekten.[602] Aber es zeigte sich zugleich im Aufbrechen der Aporien des Subjektiven, in der tragischen Reflexion des Missverhältnisses zwischen dem bürgerlich autorisierten Erscheinungs-Ich (des Subjekts) und dem *Daimon* seiner unverfügbaren und fatalen Individualität. Es zeigte sich in der ungefilterten Wucht, mit der in Tragödie und Historiographie die Peripetien des menschlichen Daseins wahrgenommen worden sind.

Mit dem Postulat einer ontologischen Superiorität des Unveränderlichen verhält es sich ähnlich wie mit dem Schicksalsdeterminismus, den man schon bei Homer wahrnehmen kann:[603] dieser belegt vor allem, dass es eine Kultur autonomen Entscheidens, damit von „Freiheit", schon in homerischer Zeit gegeben haben muss, denn nur der Freiheit wird das Fatale zum Zwang und werden die jenseits der Autonomie liegenden Bedingungen des Handelns als systematisierte zum Determinismus. – So wie dieser Fatalismus auf Freiheit – er kommt nicht vor in Gesellschaften, die rituell mit den verfügenden Anordnungen des Weltlaufs verbunden sind –, so verweist die Suprematie des Unveränderlichen seit Parmenides auf eine Welt unvermittelt-katastrophaler Dynamik. – Zur 'Lösung' dieser Diskrepanz des Unvermittelten ist in der Antike ganz offensichtlich der Kosmos der griechischen Metaphysik geworden, der nach dem 'Motto' des platonischen Timaios das Ideale in der Bewegung[604] realisieren und immer schon realisiert haben sollte. In der aristotelischen Form war das unbewegt Wirkliche paradoxerweise selber das Bewegende der Welt, die in ihrer 'kinetischen' Ruhelosigkeit gerade wirklich, weil bewegt vom Unbewegten war.[605] Das Konzept einer sphärisch in sich selber mündenden Periodizität der Welt war – als das Paradox einer im Unbewegten ankernden Ordnung, die sich als Bewegung manifestierte – ein Ermöglichendes der Kultur des 'Wandels' und der Kontingenz in der Antike. Austheoretisiert im sogenannt „ptolemäischen" Weltbild wurde es gerade in seiner inneren Widersprüchlichkeit[606] zum Paradigma antiker Kontingenzkultur, wie innerhalb seiner dann auch die Astrologie.

Eine vergleichbare Vereinbarkeit des Unvereinbaren zeigt sich ja auch in der Theologie der Passion als der Sterblichkeit Christi, die als explizit wahrgenommene, geschändete und verletzte Körperlichkeit des Sterbens ausgerechnet den Tod für alle Zeit besiegen sollte. Und niemand könnte daraus so schnell den Schluss ziehen, dass das

---

[602] SCHMID 2016, 33ff. – Dass die Antike auch über die Individualität als ein Spezifikum des Menschseins nachgedacht hat, kann allein folgende Stelle aus dem Komödiendichter Philemon belegen: (fr. 89 Kock): „*Gab nicht Prometheus, der, wie man erzählt, / einst uns geformt hat und die anderen / Geschöpfe alle, von den Tieren jedem / nach seiner Gattung ein bestimmtes Wesen? / Die Löwen allesamt sind angriffslustig, / hingegen sind die Hasen alle ängstlich; / nie kann der eine Fuchs dem Wesen nach / durchtrieben sein, der andre ohne Falsch: / vergleicht man Tausende von Füchsen, wird / man doch dasselbe Wesen und denselben/ Charakter überall bei ihnen finden. / Bei uns jedoch kann man, so gross die Zahl / der Einzelexemplare ist, genau / so vielerlei Charaktereigenschaften sehen.*" (Übers. K. Gaiser, in K. BARTELS (Hg.): Was ist der Mensch?, München 1975, 17).

[603] SCHMID ebd. 125ff.

[604] Tim. 19b–c.

[605] Die „Wirklichkeit" ist „am meisten Bewegung" nach Arist. Met. 1047a 30–32.

[606] Diese zeigt sich schon in der 'undenkbaren' Physikalität der Himmelskörper, die ja zugleich Inkorporationen des Göttlichen, des Geistes und der Seele sein sollten, was zum alchemistischen Postulat ihrer „ätherischen" Materialität werden musste.

asketische Christentum die sterbliche Realität des Leibes noch gar nicht wahrgenommen hätte.

Das Horoskop ein Formular individuierter Identität?

Nimmt man das kreisförmige Horoskopformular zum Indiz, in seiner idealtypischen Form als Abstraktion eines sphärischen Weltmodells, das einen lokalen Horizont einmaliger Gebürtlichkeit ikonographisch als zeichenhaftes Ensemble fixierte, so müsste es eine hypothetisch supponierte Identität des Individuellen meinen, die wie eine zweite Haut das Einmalige des Individuums als „Nativität" in eine Kugel einschlösse. – Man stelle sich etwa einen Science-Fiction Film vor, in welchem Menschen in durchsichtige Sphären eingeschlossen wären, hellschimmernd am Rande. Und sie wären durch diese Kugeln wie Monaden von ihrer Umwelt getrennt, sie wären eingesperrt in ihr astrales Fatum, und dieses so, dass sie durch die Haut dieser Kugel (ein *periechon*) dagegen immun wären, von einem nicht geeigneten Geschehen oder einer Fatalität belangt, gesteuert oder bestimmt zu werden. Damit würde die sphärische Anordnung eines Augenblicks zum individuell Bestimmenden für das in seinen Horizont eingeschlossene Subjekt.[607] Dass diese monadische Struktur durchaus reflektiert worden ist, belegen die Einwände, die gegen das sogenannte „Cannae-Argument"[608] von Seiten der Astrologen vorgebracht worden sind (wonach Massenkatastrophen ein individuiertes Schicksal desavouieren müssen). Dagegen hat bekanntermassen Vettius Valens die Horoskope von sechs Beteiligten eines Schiffbruchs untersucht,[609] zur Demonstration dafür, dass sie alle zur selben Zeit schlechte Konstellationen haben mussten. Die Weltsphäre eines Horoskops schliesst ein und trennt, sofern sie in die Individualität eines Lebens einen je eigenen Rhythmus[610], eine 'geeignete' Periodizität zwischen den Singularitäten von Geburt und Tod einfügt. – Dabei hat die Vorstellung von den Tausenden bei Cannae fallenden Einzelnen, die alle in ihre eigene Schicksalskugel eingeschlossen den ihnen zubestimmten Tod starben, vielleicht etwas Phantastisches, mindestens als bildliche Veranschaulichung. – Und dabei gilt ja: dass das Einschliessende und Absondernde für jedes einzelne Wesen als geborenes die Kugel des ganzen Alls, die Himmelskugel, d. h. zugleich das weltbegrenzende *periechon* für alle und alles war. Was hier die Einzelnen in ihre Wesentlichkeiten wie Monaden sonderte, war genau das, was alles und alle als die

---

[607] Man kann von allem Möglichen Horoskope machen, sofern es zeitlich einigermassen exakt 'lokalisierbar' ist: also von „Anfängen" von Reisen, Unternehmungen, Gründungen, vom Niederlegen des Kranken, das als Geburt der Krankheit fungiert oder vom Zeitpunkt, an dem eine Frage an den Astrologen gestellt wird (was die Annahme impliziert, dass die 'genetische Struktur' dieses Zeitpunkts auch die Antwort enthalten oder präfigurieren müsse). Siehe GIESELER GREENBAUM 2019, 390ff.; HEILEN 2020 (vorab zu Vettius Valens).

[608] Nach Cic. Div. II 97.

[609] BECK 2007, 110f.

[610] Arist. Pol. 1316a 14-17 hielt gegen Platons Theorie 'globaler' Veränderungszyklen an der 'Individualität' von Entwicklungen fest: Was nicht gleichzeitig begonnen habe, verändere sich auch nicht zur gleichen Zeit. Dies sei nach dem Kommentar von Gigon (Aristoteles, Politik, München 1973, 358) biologisch zu verstehen: Alles Gewordene durchlaufe *„die seiner besonderen Natur gemässe Zeitspanne"* (zit. nach SCHMID 2016, 429).

umgebende Weltlichkeit verband. Das war nach Aristoteles jene verbindliche Wirklichkeit, die „trennt" (*he gar entelecheia chorizei*: Met. 1038b 7).[611]

Und das, was hier einschloss und die Welt umgab, war das Göttliche: Wurde es dabei nicht geradezu zur 'Eigenschaft' von Identität? Zur Eigenschaft oder zum Instrument einer individuellen Bestimmtheit von autonomen Subjekten, der Substantialisierung und Fatalisierung dieses Subjekts? Und entsprach dem nicht sogar eine 'Internalisierung' des Göttlichen selbst zum neuen „autonomen Weltinnenraum"[612] des astrologisch 'geeigneten' *bios*, welcher ja eigentlich bloss der Vollzug einer Konstellation göttlicher, genetisch potenter Primärsubstanz war? Und diese Internalisierung des Göttlichen – die mit dem *psyche*-Konzept zusammenhing – wurde z. B. in den hermetischen Texten zur Konzeption des Aufstiegs der Seele durch die Sphären hinauf, die in der gnostischen Version zu bösen Archonten eines Weltgefängnisses geworden waren; zum Drama der Seele, das als ein 'inneres' den ganzen Kosmos einbezog oder umfasste. Und dieses 'Modell' einer Identität, die den Welt(innen)raum zum Gehäuse ihrer Selbstbezogenheit macht, war einflussreich bis in die Moderne hinein, etwa über die Hermetik-Rezeption der Renaissance[613] bis hin zu Hegels weltidentischem Selbstbewusstsein.

Jedes Wesen wurde durch die wesentliche Wirklichkeit der Welt selber zu einer Wesentlichkeit bestimmt oder ausgesondert. In ihrer Einmaligkeit ahmte die Wesentlichkeit im Horoskop die sphärische Geschlossenheit der Wirklichkeit nach, sie war astrologisch ein Abbild dieser Welt, die sich kontinuierlich in zeitlichen Einmaligkeiten – individuell/individuierend – realisierte. Jedes Wesen war **ein** solches, weil die Welt **eine** war. So wie die Welt offenbar nur zählbar ist, weil sie durch eins teilbar ist, womit sie nach der Formel n/1 aus diversen Einheiten besteht,[614] so ist Identität auch als biographische Klammer oder Konstante nur möglich, weil sie sozusagen weltförmig ist: ihre Identität ist ein Weltformat.

War am Ende das sogenannt „ptolemäische" Weltbild,[615] wie es das Horoskop als „Geburtsformular" andeuten würde, ein Modell, das spezifisch die Erfahrung von Individualität begründete oder plausibilisierte, gerade in seiner „essentialistischen" Seinshierarchie, in welcher das ontologisch Bestimmende von aussen – den göttlich leuchtenden Rändern der Welt – nach innen wirkte, als auf eine Zentralität, die wie ein Punkt von vernachlässigbarer Grösse[616] die bestimmende und lebendige Einwirkung der ontologisch superpotenten Peripherie übernahm? – War dieses „Weltbild" als eine Art

---

[611] Siehe auch 1038a 19f.: das „Wesen" (*ousia*) ist das letzte Unterscheidende.

[612] Ihn bilde die Seele, laut RUDOLPH 1993, 33.

[613] Laut YATES (2002), 17 lehrte Hermes (den Ficino für älter als Platon hielt) „*how, rising above the deceptions of sense and the clouds of fantasy, we are to turn our mind to the Divine Mind, as the moon turns to the sun, so that Pimander, that is the Divine Mind, may flow into our mind and we may contemplate the order of all things as they exist in God.*"

[614] Ich nehme einfach an, dass nur zählbar oder Zahl ist, was durch eins teilbar ist. Also nur reale oder supponierte „Entitäten". Damit wäre die Einheit der Eins ein inkommensurable 'Grösse', die als *mensura mensurans* nicht dasselbe wie als *mensura mensurata* sein kann – vgl. Arist. Met. 1057a 3f. (Zahl = eine durch Eines messbare Menge); 1057a 16f. („*wenn die Menge Zahl, das Eine aber Mass ist*"); 1054a 13 („*dass das Eine und das Seiende gewissermassen dasselbe bedeuten*").

[615] SCHMID 2006.

[616] Ptol. Synt. I 6.

„Mandala" die umgreifende Metapher für die Individualität des Wirklichen in **der** Welt? Dann wäre Individualität etwas gleichsam konzentrisch von aussen nach innen Organisiertes, indem sie ganz passiv – fatalistisch ergeben oder konflikthaft tragisch – das Formende dessen, was sie war, übernahm oder *nolens volens*[617] geschehen liesse?[618] – Dann wäre der Sturz dieses an den Nähten seiner Paradoxien auseinanderbrechenden Weltbilds in der „kopernikanischen" Wende zugleich die Entmachtung des Individuums und die erneute Ermächtigung des Subjekts gewesen, welches eben kein Zentrum gebrauchen kann, das es nicht selber setzt? – Darin den Sturz einer narzisstischen Täuschung zu sehen, ist wohl verfehlt, denn gerade bescheiden führt sich das technologisch immer perfekter organisierte Subjekt auch nicht auf, in seiner Autonomie, deren strukturelle Weltlosigkeit als akuter Welt-Zerstörungshorizont selbst aporetisch zu werden beginnt. Und die Schädigung der Welt durch die Expansion unbestimmt dynamischer Autonomie kann, durch Aktionismus verursacht, wohl schwerlich durch aktivistische 'Proteste und Massnahmen' eingedämmt werden. Wie wäre aber einer Welt siegreich agierender Autonomie die Notwendigkeit des Nicht-Handelns vermittelbar?

Was Individualität idealtypisch von Subjektivität unterscheiden könnte, wird vielleicht durch den notorisch „individualistischen"[619] Dschuangdse etwas anschaulicher. Der Text – was davon auf ihn selber zurückgeht, braucht uns hier nicht zu kümmern – betont regelmässig, dass die grossen politischen und moralischen Errungenschaften bloss die „Ruhe des Menschenherzens" gestört und mit dem Eifer der Guten erst die grossen Verbrecher hervorgebracht hätten.[620] Man kann hier das oben angedeutete „Anarchische" der Individualität, mit kulturkritischer Note, gut erkennen. – Da gibt es die Geschichte eines Herrschers, der von der Selbstverständlichkeit im Tun eines alten Fischers so begeistert ist, dass er ihm, nach einem Traum, die Regierung übergibt. – Die Herrschaft sah dann so aus (in der Übersetzung Grahams): *„ No reforms were made in the statutes, no special decrees were issued. When three years later King Wen toured the state, the order of knights was leaderless and disunited, the senior officials did not fulfill their potentialities, traders did not venture to bring their peck-and-bushel measures over the borders. The order of knights being leaderless and disunited was because they conformed to the ruler above. Senior officials not fulfilling their potentialities was because everyone worked together. Traders not venturing to bring their peck-and-bushel measures over the borders was because other states had full confidence."* – Die Welt funktioniert spontan, weil der Herrscher einfach nicht handelt und dadurch das "spontane" Prinzip[621] der Welt seinen Lauf nehmen lässt. – Als König Wen gegenüber dem Alten erwägt, dessen 'Politik'

---

[617] *„ ducunt volentem fata, nolentem trahunt".*

[618] Das zeigt sich überdeutlich an der grossen Rolle, die der Astrologie bei der medizinischen Diagnostik bis zur Renaissance zukam. Dabei wurde neben dem Individualhoroskop vorab das Horoskop auf den Zeitpunkt des sich ins Bett Legens benutzt (Decumbitur-H.) – dazu GIESELER GREEENBAUM 2019a, die zurecht von *„astrological doctrines and principles"* spricht die *„tended to be applied in an individual way to a particular patient"* (307). – Das heisst, dass die 'vormoderne' Anwendung von Astrologie in medizinischer Diagnostik belegt, dass Individualität der Ausgangspunkt der Diagnose und Therapie gewesen sein muss.

[619] Zu dessen dezidiertem Individualismus etwa GRAHAM 1981, 3ff.

[620] XI 1f. (S. 116ff. Wilhelm); vgl. IX (S. 108 Wilhelm).

[621] *Tzu jan* – vgl. SCHMID 2016, 176.

auf das ganze Reich auszudehnen, sucht der Mann Ausflüchte und verschwindet am nächsten Tag spurlos.[622] – Dem Nichtstun als Nicht-Handeln entspricht auch eine Kultivierung seiner selbst: *„Earnestly cultivate your own person/ Carefully guard the genuine in you/ Turn back and leave other things to other people. "*[623]

Wenn so das Individuum vergleichsweise introvertiert, 'konzentrisch' an Innerlichkeit ausgerichtet erscheinen mag – wo das „erscheinungsobsessive" Subjekt nach aussen drängt, in das wahre Medium seiner Autonomie –,[624] so ist doch ein Chinese als Paradigma für einen Individualisten insofern ein irritierender Gedanke, als dieser nicht in einer Welt der bürgerlichen Freiheit und Autonomie, sondern in einer monarchisch verfassten Welt lebte, mag diese zu jener Zeit auch geschwächt gewesen sein[625]. – Hat also das Individuum eine 'typische' Affinität zur Monarchie? – Denkt man an die polemisch sich abgrenzende neue 'Innerlichkeit' der griechischen Metaphysik, die dem Sicht- und Greifbaren, der Domäne kollektiver Autonomie, die Autorität des Unverfügbaren von „Seele" und „Geist" entgegenstellte[626] in einer Zeit, in der markante Individualität ihr 'wahres Königtum der Weisheit' als sternverbundenes paradigmatisch in sich selber wahrnahm, so wird Individualität auch als Instanz von Anti-Modernität[627] und als antagonistisch zum Postulat der Autonomie des Humanen plausibel. – Königtum kann ja als Form menschlicher Nicht-Autonomie definiert werden:[628] die Statur des Königs ist 'kosmomorph',[629] er ist der Ausgezeichnete durch seine Verwandtschaft mit der ordnenden Potenz der Welt.[630] Damit, dass er in der Gesellschaft ein Stück Welt verkörpert, hindert er die Gesellschaft daran, eine eigene Welt und damit autonom zu sein. So wie das Individuum, dessen himmelsverwandte Seele als 'unmittelbare' Verbundenheit mit der Welt es gerade in 'Konkurrenz' mit dem Kollektiv bringt, von

---

[622] GRAHAM 1981, 140f.

[623] Ebd. 251.

[624] Dazu SCHMID 2016, Kap. 2 und sonst. – Dass die hier verwendeten Typologien durchaus komplementär und idealtypisch aufzufassen sind, sei noch einmal betont. So wird es extravertierte Individualität und introvertierte Subjektivität geben. Nur „typisch" sind sie nicht.

[625] Dazu jetzt ROETZ 2020; HSU 1965.

[626] Das Substantielle ist dem Unsichtbaren von „Geist" und „Seele", den Leitbegriffen anti-moderner Kulturkritik seit Platon und Aristoteles, verwandt: *„Dass dem Göttlichen, Unsterblichen, Denkbaren, Eingestaltigen (*monoeidei*) und immer einerlei und sich selbst gleich Verhaltenden am ähnlichsten ist die Seele, dem Menschlichen und Sterblichen und Undenkbaren und Vielgestaltigen (*polyeidei*) und Auflöslichen und nie einerlei und sich selbst gleich Bleibenden wiederum der Leib am ähnlichsten ist? "* (Platon, Phaidon 80ab; Übers. Schleiermacher/Kurz); zur Seele und ihrem Gegensatz zum Leibe ebd. etwa noch 64c; 65a–66a; 79a–80e. – *„Die massgebendste Form von Seele bei uns müssen wir uns aber folgendermassen denken, dass nämlich Gott sie jedem als einen Schutzgeist verliehen hat; von ihr behaupten wir, dass sie im obersten Teil unseres Körpers wohnt und uns von der Erde zu unserer Verwandtschaft im Himmel erhebt, da wir kein irdisches, sondern ein himmlisches Gewächs (φυτὸν οὐράνιον) sind. "* (Plat. Tim. 90a; Übers. Müller). Vgl. zur Emphase des Seele-Begriffs SZLEZÁK 2010; 2005. Allgemeiner Überblick zur Seelen-Topik: JÜTTEMANN *et al.* 2005.

[627] SCHMID 2020; 2016 Kap. 7

[628] SCHMID 2011.

[629] SCHMID 2005, 65-91.

[630] Laut ASSMANN 2000, 44 ist Pharao in der 26. Dynastie der *„präsente Gott"*; und ebd. 56 heisst es sogar: *„Der Begriff 'menschlicher' Könige ist den Ägyptern fremd: 'Könige' bilden eine eigene Spezies neben Göttern, Geistern und Menschen. "*

dem es durch seine Individualität getrennt bleibt. – Für dieses Verhältnis ist das sogenannte Kaiserhoroskop, die *genitura imperatoria* paradigmatisch; es erklärt – eine Auslegung ist erhalten beim Astrologen Antigonos von Nikaia[631] – das Königtum aus einer Individualität und damit zugleich das Königtum **der** Individualität.[632] – Mindestens liesse sich also vermuten, dass Individualität in ihrer 'Weltbezogenheit' (statt Gesellschaftsbezogenheit) tendenziell Monarchie-affin sein dürfte. – Dass ein vormoderner Chinese mit einer Konsequenz individualistisch zu sein vermochte, für die es in der westlichen Tradition kaum Vergleichbares gibt,[633] könnte dann damit zu tun haben, dass ihn kein Antagonismus organisiert autonomer Subjektivität mit dem Appell an die geschuldete Verantwortung für das Kollektiv[634] daran hindern konnte, dem Weg der spontanen Einmaligkeit des Daseins seinen Lauf zu lassen.[635] Und wenn es in China autonome Subjektivität gab, als moralische Autonomie vorab konfuzianisch fassbar,[636] so hat sie doch nie eine eigene Sphäre politisch autonomer „Intersubjektivität"[637] begründen können.

---

[631] HEILEN 2015.

[632] Laut Plut. Alex. 6,5 habe schon Philipp zu Alexander gemeint, er solle ein Reich finden, das seiner würdig sei; Makedonien sei nicht gross genug für ihn. Als wäre ein Reich etwas, das sich um königliche, in diesem Fall kolossale, Individualität bilde. – Dass aber das hellenistische Gottkönigtum in der Tat als Königtum der Individualität bezeichnet werden kann, folgt schon aus dem Herrscherkult dort, wo er den Mangel an monarchischer Tradition ersetzen musste: aufgrund des Fehlens einer Mittlerrolle lasse *„das Charisma der hellenistischen Basileis diese selber zu Göttern werden"*(HÖLBL 1994, 85).

[633] Wenn FRANÇOIS JULLIEN (2002, 114) von der *„Frage des Individuums und des Subjekts"* sprechen konnte, *„an der der Westen sich weidet"* (im Gegensatz zu China), so sollte man hier also besser das „Individuum" streichen. – Die Verwechslung dieser antagonistischen Aspekte von Identität führt regelmässig zu Problemen: so kann etwa GARTH FOWDEN (1986, 91) zur Astrologie (als Teil der Hermetik) schreiben: *„The mechanistic character of this doctrine, with its vision of Man as the helpless victim of ineluctable forces, seems inimical to the religious spirit, at least in the individualistic sense in which the modern Western mind understands such things."* Als ob Individualität ein aktives Prinzip und keine kontingente Gegebenheit des Menschlichen wäre – man kann ja das Individuelle nicht wollen und 'konstruieren', schon weil man nicht wüsste, was da zu wollen wäre. – Dasselbe Problem entsteht für ABRAHAM SACHS, der (1952, 52) seine Entdeckung erster astrologischer Geburtsomina in Babylon rechtfertigen muss in einem Horizont, der nach SACHS *„an oversimplified contrast between Greek individualism and the alleged complete lack of it in ancient Mesopotamia"* supponiert. So habe etwa R. Eisler gemeint, *„that the whole art of casting horoscopes is an invention prompted by the European, exclusively occidental individualism of the Greeks"*(ebd. A 16). – Der exklusiv griechische Individualismus ist aber, als Missverständnis, ein modernes Postulat – etwa Herodot sieht in einer tragischen Kontingenzerfahrung (und das ist implizit auch Erfahrung von Individualität) gerade das Gemeinsame der vielen Kulturen des Menschlichen, die er beschreibt. Während das anti-monarchische Beharren auf Autonomie der „freien" Subjekte von ihm durchaus als griechisch wahrgenommen werden kann.

[634] Dieser ist wohl erstmals dezidiert bei Solon als politisches Ethos menschlicher Autonomie formuliert worden: Solon (*„αὐτοί"*) 3 D. 5; 8 D. 3; dazu immer noch JAEGER 1960 (1926).

[635] Vgl. z. B. sein höchst unkonventionelles Verhalten beim Tod seiner Frau (GRAHAM 1981, 123f. und die Geschichten über ihn ebd. 116-125).

[636] ROETZ 2020.

[637] Ebd. bes. 84.

Das Individuum, wenn wir es als 'Aspekt' von Identität betrachten, welcher sich antagonistisch zum Subjekt – in einem dialektischen Kontinuum auch als Negiertes[638] – verhalten wird, kann zur Nemesis des Subjektiven in seinem „Triumph" werden, wie das ähnlich schon Hegel in seiner „Phänomenologie des Geistes" offenbar angenommen hat: Aus der Negation des Individuums, und des Weiblichen und Familiären im Rahmen von Hegels Antigone-Exegese, erwächst dem selbstbewussten Kollektiv der Autonomie die Rache in Gestalt von unmässigen Individuen, etwa in Alkibiades, in welchem Hegel den *„Jüngling, an welchem die Weiblichkeit ihre Lust hat"* sieht (1986, 352ff.) – während Alexander offenbar den Typ des Sohnes, *„an dem die Mutter ihren Herrn geboren"* hat, darstellt, als ob an ihm das in der Polis dialektisch „Unvermittelte" als *„das unterdrückte Prinzip des Verderbens"* an den Tag trete.[639] Das Negierte schlägt zurück, indem es kosmisch erhöhte Individuen, nämlich Subjekte als Träger der Autorität des Unverfügbaren,[640] Wirklichkeits-, Seelen- und Geist-Träger, Gotteserfüllte und am Ende auch Horoskop-Eigner, gegen die Autonomie der Subjekte ins Feld führt. Und das Individuum wird sich auch als im Reich kollektiver Subjektivität notorisch verkanntes melancholisches „Genie"[641] durch einen dunklen Stern zu der Alleinstellung seiner exzeptionellen Originalität berufen fühlen. – Das Individuum ängstet sich im Reich menschlicher Autonomie vor der es „konkurrenzierenden" Subjektivität: das „grantige Genie" Robert Walsers möchte allein sein auf der Welt, um seine Angst loszuwerden, vor der Macht, ihrer inter-subjektiven Organisation und moralischen Legitimität. Und das Individuum kann auch als Angeklagter, von eigenartiger Schönheit, wie es heisst, durch unabsehbar bürokratische Gesetzlichkeit bestraft, am Ende beiseitegeschafft werden, rechtlos unter unscharf Befugten, *„wie ein Hund"* – so der berühmte Romanheld K. des hoffnungslosen Individuums Kafka, das in der Welt handlungsfreudiger Subjektivität ein Gescheiterter war. – Bezeichnend ist es, dass der Angeklagte unklarer Beschuldigung über den Türhüter der Legende zu hören kriegt, dass der Eingang „ins Gesetz", vor dem der Mensch jahrelang lag, eben nur für ihn allein bestimmt gewesen war. – Das zu verfehlen, was nur für einen selbst bestimmt gewesen wäre: das sind die einsamen Ängste der Individualität.

---

[638] Man muss nur an Jacob Burckhardts Konzeption der *polis* als *città dolente* denken: tragisch war, dass die *polis* das Individuum gerade hervorbringen musste, das sie zugleich negierte (vgl. Schmid 2016, 397 A 140 mit Belegen).

[639] Dass Alkibiades (und Alexander) hier gemeint ist – Hegel nennt in der *Phänomenologie* keine Namen –, hat mit Recht A. KOJÈVE, Introduction à la lecture de Hegel. Leçons sur la Phénoménologie de l'Esprit, Paris 1947, 105 vermutet.

[640] Das Unverfügbare, d. h. von aussen nicht Modifizierbare, das also seine Art nicht aus einem anderen herleitet, ist ja mit dem Substanzbegriff gemeint – also das nicht Herstellbare von Individualität. Diese Eigenartigkeit des Seins, die zeitlich auch eine Einmaligkeit ist, spricht wohl aller 'Essentialismus' an.

[641] KLIBANSKY et al. 1992.

Wie könnte denn eine Psychologie der Individualität überhaupt aussehen? – Die Psychologie die wir heute so nennen – schon vor über 150 Jahren als *„Psychologie ohne Seele"* bezeichnet[642] – ist ganz offensichtlich eine Psychologie der Subjektivität, ebenso wie fast ausnahmslos alle Theorien der Identität diese aus dem Subjektiven heraus theoretisieren.

Freuds Psychologie kreist um ein libidinöses Verlangen des Subjekts[643] und die Problematik seiner Negation im Reich kollektiver Selbstbehauptung. Und nun ist das Subjekt aus seiner Geschichte der Autonomie heraus, in der es sich erst als ein 'solches' aus der Welt herausgestellt und ihr gegenüber sah, immer durch ein antinomisches Verhältnis zur komplementären Objektivierung der Welt als „Natur" definiert. Der diese Objektivierung tragende und ermöglichende Natur-Begriff, vom Potential her eine unerschöpfliche Logistik der phänomenalisierenden Verfügbarmachung der Welt bereitstellend, die zur Zeit Freuds grösste Triumphe feierte, schliesst eine Theoretisierbarkeit von Singularitäten wie Individualität eine ist zwingend aus.[644] Die *'physis*-Rationalität', die auf plausibilisierbare Evidenz aus sein muss und den möglichen Einwand zu berücksichtigen hat, der im Reich ermächtigter Subjekte immer zu erwarten ist – eine Evidenz, die als kollektives Unternehmen auf Sicherheit für alle Subjekte des Kollektivs und die Irrtumslosigkeit des möglichst Einwandfreien angewiesen ist – kann das einmalig Kontingente nie als Gegenstand von Erkenntnis behandeln. Das Singuläre kann nur in Gesellschaften Gegenstand einer offiziellen Wissenskultur sein, die von der Natur-Begrifflichkeit nicht oder eben 'noch nicht'[645] betroffen sind. In ihnen ist Divination ein Zweig – oft ein sehr zentraler und in den monarchischen Priester-Bürokratien 'staatswichtiger' – von offizieller Gelehrsamkeit.[646] Und da werden Fragen der gelehrten Beantwortung übergeben, wie sie sehr ähnlich dann auch an antike Astrologen gestellt werden. – *„Werde ich heiraten; wird mein Partner reich sein? Wird die Saat aufgehen; soll der König einen Feldzug wagen; werde ich die Reise heil überstehen; wird das Schiff zurückkommen"* udgl. sind traditionelle Orakel-Fragen,[647] die man heute zum Teil noch an die Kartenschläger stellt. Agrippina wollte wissen, ob ihr Sohn Kaiser werden würde; als Tiberius nach Capri ging, wollte man wissen, ob und wann er zurückkehre.[648] Das sind Fragen, die eine 'reine Wissenschaftlichkeit' umgeht,

---

[642] F. A. LANGE, Geschichte des Materialismus und Kritik seiner Bedeutung in der Gegenwart, Bd. 2, 1866, S. 474 (siehe JÜTTEMANN 2005, 1; 354 mit A 51).

[643] Freud geht (laut DANZER 2017, 29f.) von einer frühkindlichen *„originären grandiosen Subjekthaftigkeit"* aus, die als *„ursprüngliches Allmachts- und Lustgefühl"* auch als „primärer Narzissmus" bezeichnet werden kann.

[644] Freud wollte ja auch die Biographie für die Psychoanalyse erobern – so schrieb er noch an Jung im Jahre 1909: *„Auch die Biographik muss unser werden."* (zitiert nach CLARK 1981, 390). Aber dieses Unternehmen war nur sehr mässig erfolgreich – siehe dazu etwa Freuds Studie zu Leonardo oder das Buch seines Schülers Hanns Sachs über „Bubi Caligula", die keinen Wissenschaftszweig gründen konnten, und zwar schon deshalb, weil hier offenbar auf ungenügender Basis spekuliert wurde.

[645] Siehe der Titel von ROCHBERG 2016 (*„Before Nature"*).

[646] MAUL 2013.

[647] Vgl. ebd. 113ff.; HEILEN 2019, 443f. mit Beispielen aus der astrologischen Praxis.

[648] Tac. Ann. XIV 9,3 (Agrippina); IV 58 (Tiberius).

denn das ist Götterwissen („Divination") – die verfügenden Mächte der Götter sind Herren auch über die Kontingenz. Aber damit beanspruchen sie ein Gebiet, das die autonomen Kollektive als offene Variable für ihre Freiheit benötigen: Cicero hat in seiner Divinations-Kritik auf die Absurdität hingewiesen, wonach der grosse Zusammenhang des Universums, die „kosmische Sympathie" bewirken solle, dass ein Opferleber-Symptom (*fissura iecoris*) ihm Gewinn verheissen und damit „*ein Einschnitt in der Leber zusammen mit meinem Gewinn einhergeht oder mein unbedeutender Erwerb mit Himmel, Erde und der Allnatur?*"[649]

Hier ist ein Verhältnisblödsinn stossend, das religiöse Paradox, wo grösste Götter die Haare ihrer Gläubigen zählen und auch die Spatzen auf den Dächern nie aus den Augen verlieren. Aber was ist dabei eigentlich störend? – Offenbar wird dabei das Einzelne und an sich Bedeutungslose, persönlich das Geringfügige und Idiosynkratische in die Erhabenheit des providentiellen Bereichs aufgenommen, den Cicero als Element ehrenwert stoizistischer Ordnungs-Philosophie durchaus akzeptiert.[650] Damit würde aber auch der Bereich des Wahrnehmbaren für eine historio-politische Autonomie, die als das verfügbare Gegenüber meiner handelnden Subjektivität nicht selber schon intendiert sein sollte, in den Kreis providentieller Bedeutsamkeit aufgenommen. Es soll doch aber nicht schon bestimmt sein, was meine Freiheit erst gestalten, worin unsere Normen und Ideale sich realisieren sollen! Als providentielle Fatalitäten werden die Dinge unverfügbar. – Und auch das Persönliche, obschon Basis der Wirklichkeit autonomer Kollektive, darf doch für die kollektive Autonomie der ermächtigten Subjekte nicht an sich selbst schon, per Geburt, bedeutsam sein.[651] Denn es soll als Subjekt bedeutsam werden erst in der Öffentlichkeit des Kollektivs und für sie. Es soll erscheinen, sich hervortun, wetteifern in Tugend, offen für Rat, Vernunft, Tradition, Erziehung: es soll ein Bürger werden. Wie noch bei Erikson soll es Verantwortungsträger werden und nach diversen Krisen erwachsen sein. Und dies, ein durch Handeln aus der „Beliebigkeitskontingenz" der intersubjektiven Freiheit zu erreichendes und erst zu gestaltendes Ideal oder Ziel als Vorsatz solchen Handelns,[652] soll auch als Identität nicht schon vorausbestimmt sein![653]

Es ist bezeichnend für jede Psychologie des Subjekts, dass die für kollektive Subjektivität fundamentale Antinomie von Kultur und Natur (*nomos* und *physis*) durch ihr Identitätskonzept 'hindurch gehen' muss. Das Freud'sche Ich sieht sich einem „Es"

---

[649] De div. II 34 (Übers. Schäublin).

[650] Zu Cicero's philosophischer Ordnungs-Frömmigkeit siehe etwa das zweite Buch von *De natura Deorum*.

[651] So bedeutete die von Augustus ausgehende Ansicht, er sei von Geburt per Horoskop zum König bestimmt, die Negation aller politischen Regeln der Republik. Sie bedeutete ihr Ende oder den Übergang in einen neuen Aggregatszustand, in welchem sie selber zum Gefäss von Providenz werden sollte. (SCHMID 2005; 2020a).

[652] Siehe etwa Begriffe zur modernen Identitäts-Problematik wie „*Selbstentwurf und Selbstverwirklichung*" (DANZER 2017, 39).

[653] MARQUARD deutet die Modernität von „Beliebigkeitskontingenz" an, wo er die Philosophien der Existenz (er denkt an Gehlen, Heidegger und Sartre) als ähnlich bezeichnet, „*dadurch, dass sie den Menschen als nicht festgestellt interpretieren, dass sie also seine Essenz als Resultat seiner Freiheit, d. h. als Antwort auf eine Beliebigkeitslast, die er trägt, interpretieren.*" (2013, 45). MARQUARD sieht das im Zusammenhang mit einer „*Abdankung des Wesensbegriffs*", spricht von „*Telosschwund*" und dem Ende Gottes (ebd. 46); er beschreibt so die Erosion anti-moderner Teleologie, die im Spätmittelalter beginnt.

gegenüber, das ihm als kulturellem Ich entsprechend dem sozialreflektiven „me" bei G. H. Mead ein fremdes, animalisches, natürliches Triebwesen ist. – Schon die griechische Tragödie kennt diese halbtierische Fremdheit des in der staatstragenden *persona* des bürgerlichen Erscheinungs-Ichs Negierten, es tritt als Gefolge des Dionysos und in der unsichtbaren Präsenz dieses Gottes als des Festherrn auf die Bühne.[654] Die Tragödie belegt auch, dass man in Athen im Kultrahmen der Dionysos-Feiern eine 'Bühne des Bewusstseins' gefunden hatte, auf der die problematischen Antinomien von Identität reflektiert werden konnten.

Im Rahmen eines theologisch umgerüsteten Naturkonzepts hat später dann die griechische Metaphysik sogar eine Theologie des Individuellen geschaffen, und im Rahmen dieser Seelen- oder Geist-Theologie auch eine Psychologie, die aber im ethisch und religiös Normativen und darin Verallgemeinerbaren verblieb, dem auch die kirchliche „Seelsorge" diente. – Das Individuelle im Rahmen der Seele/Geist-Begrifflichkeit wurde essentialistisch als das Unverfügbare herausgestellt und kosmo-theologisch definiert als ein Bereich, der jedenfalls dem Zugriff des Kollektivs entzogen sein sollte, dafür aber dann der 'Fürsorge' hierokratischer Instanzen unterstellt werden konnte.

Dass eine pragmatischere Theoretisierung des Individuellen ihre Wurzeln in einer Gesellschaft „before nature" haben musste, d. h. in Mesopotamien, wo es Geburtsomina und Proto-Horoskope zur Erläuterung der Schicksale der 'Geborenen' gab,[655] und dass ihre Systematisierung zur semantischen Topographie der fatalen Nativität im ptolemäischen Ägypten zustande gekommen ist, ist sicherlich passend.[656] Und die Einverleibung dieses divinatorischen Umgangs mit den Singularitäten des Daseins in eine astronomische Methodik, die mindestens im 'ptolemäischen' Formular durch den griechischen Naturbegriff und die zugehörige Rationalisierungs-Attitüde geprägt war, hat das unumgängliche Doppelgesicht der Astrologie geprägt, die (wie oben schon erwähnt) nach Franz Boll „Religion und Wissenschaft zugleich" sein musste.[657]

Es gab noch anfangs der 70er Jahre eine erstaunlich heftige Debatte[658] um den Status der Astrologie (welche durch die Zuwendung der Hippie-Bewegung neue Popularität gewann). Ihre „Pseudo-Wissenschaftlichkeit"[659] wurde in einem öfters zitierten Artikel von Paul Thagard, als Verbesserung der Argumente von Popper und Kuhn, diskutiert.[660] Thagard macht es sich nicht so leicht, dass er den anderen Status

---

[654] SCHMID 2016, 219ff.

[655] HUNGER/PINGREE 1999, 30f.; ROCHBERG 1998.

[656] Das ging dann auch bei Ptolemaios über Aristoteles hinaus: etwa der astrologische 'Individualismus' der Sphären (Planeten): TAUB 1993, 113f.; 121f.; LERNER 1996, 75ff.; oder die „unaristotelische" Auffassung, dass *„the celestial bodies share something with terrestrial elements"* (TAUB ebd. 123).

[657] BOLL/ BEZOLD/ GUNDEL 1926, 72

[658] Dazu FEYERABEND 1980, 181-9 zu einem *„Statement von 186 führenden Wissenschaftlern gegen die Astrologie"* [mit 19 Nobelpreisträgern, darunter Konrad Lorenz] in der amerikanischen Zeitschrift „The Humanist" von 1975; zur damaligen Debatte auch EYSENCK/NIAS 1982, 17-30.

[659] BARTON (1994, 6) hielt diese Debatte allerdings für „anchronistic" und nutzlos; vgl. SCHMID 2005, 9.

[660] THAGARD 1978. – Grundsätzlich kritisch gegenüber dem Anspruch, Alternativen zur „Wissenschaft" nach den eigenen Kriterien der Wissenschaft zu bewerten ist FEYERABEND, etwa

antiken Wissenschaftsverständnisses vollkommen übergeht.[661] Sein Hauptargument für „Pseudowissenschaftlichkeit" zielt auf den Mangel an Reflexion alternativer und progressiverer Theorien: die Astrologie, die sich seit Ptolemaios an *„explanatory power"* kaum verbessert habe, sehe sich vielen ungelösten Problemen gegenüber, mache aber kaum Anstalten *„to develop the theory towards solutions of the problems".*[662] Dabei sieht Thagard die Astrologie offensichtlich als Theorie *„of personality and behaviour"* und schliesst: *„one need not be an uncritical advocate of behaviourist, Freudian, or Gestalt theories to see that since the nineteenth century psychological theories have been expanding to deal with many of the phenomena which astrology explains in terms of heavenly influences."*[663]

Ich denke, dass dieses Argument überhaupt beiseite bleiben darf, weil es die Astrologie zwar als eine Art Psychologie betrachtet, aber eben als eine gescheiterte Vorstufe zu einer Psychologie des Subjektiven. Und das ist ebenso verfehlt, wie die Ansicht, es handle sich bei der Priester-Wissenschaft im riesigen Bereich vormoderner Divination um „Vorstufen" der (unserer) Wissenschaft. – Denn sie wollte offensichtlich gerade dieses niemals sein, weil ihr das Singuläre stets ebenso wissenswert erschien wie das regelhaft Verallgemeinerbare.[664]

Es ergibt sich als vorläufiges Fazit die Frage, ob eine 'Psychologie' des Individuellen – als Theoretisierung einer neuen Identität, die aus nichts als Individualität bestehen sollte[665] – in etwa so aussehen könnte wie antike Astrologie. Mit all den Eigenheiten, sozialen Bedürfnissen und kulturellen Gegebenheiten als dem notwendigen Rahmen, den eine historische Betrachtung besonders zu berücksichtigen hat.

2010, 11f., der den kantischen Ausgang aus der Unmündigkeit als Eingang in eine neue, die *„Unmündigkeit gegenüber Vernunft und Wissenschaft"* deutet. *„Man belächelt nun die Kardinäle, hat aber gegenüber Nobelpreisträgern genau dieselbe schwachsinnige Verehrung, die man jenen einst zukommen liess. Denn was heisst Mündigkeit? Mündigkeit heisst Einsicht in die Grenzen selbst jener Dinge, deren man sich vorzüglich bedient. Kein Rationalist, kein kritischer Rationalist besitzt eine Einsicht in die Grenzen der Wissenschaften – denn dazu müsste er ja wissen, was ausserhalb der Wissenschaften vorgeht".*

[661] Zur Astrologie als Teils hellenistischer Wissenschaft: IRBY-MASSIE und KEYSER 2002, 82-112.

[662] THAGARD 1978, 228.

[663] Ebd. 230.

[664] Siehe dazu STRUCK 2016 (*„surplus knowledge"*) – Er spricht auch von *„nondiscursive"* knowledge. – Dazu ist aufschlussreich, wie sich daoistische Texte immer wieder dezidiert gegen das diskursive Argumentieren wenden: SCHMID 2016, 178 A 75 (mit Bsp.) zur *„anti-diskursiven Tendenz der Daoisten".*

[665] Bei dem Ungewöhnlichen dieser Theoretisierung darf man sich ruhig etwas aufhalten: sie systematisiert etwas, das wir im Eigennamen in jeder Person zwar ansprechen (und als diverse 'Eigenheiten' bei näherer Bekanntschaft registrieren) aber niemals als substantiellen Zusammenhang definieren würden. Und dies übrigens schon deswegen, weil uns das in der Regel als unzumutbare Festlegung erschiene.

Kap. 4: Astrologie als Psychologie des Individuellen

Nach der Arbeitshypothese, die in der Horoskop-Astrologie eine antike Psychologie der Individualität supponiert, soll der Frage nachgegangen werden, ob in den greifbaren antiken Zeugnissen überhaupt eine Art von 'Psychologie' auszumachen ist. Und wenn ja: Wie zeigt sich diese und wie passt sie zu dem, was wir über den mentalen Horizont der Gesellschaften wissen, in denen Astrologie als Wissenschaft mit divinatorischer Funktion in Gebrauch gewesen ist? Und könnte sie uns über diese Gesellschaften am Ende auch neuen Aufschluss geben?

Man kann mit dem Offensichtlichen beginnen: Das Horoskop, wenn es etwas charakterisiert – nach dem nüchternen Sextus Empiricus das, was hier „Gegenstand der Untersuchung"[666] ist –, muss etwas Geborenes in einer offensichtlich fatal determinierten Version beschreiben. Das heisst schon einmal, dass in aller Regel von einer Bestimmtheit des im Horoskop Beschriebenen auszugehen ist. Das ist nicht selbstverständlich, wenn damit ein menschliches Individuum beschrieben werden soll. Denn laut Pico della Mirandola sei Gott zufrieden gewesen mit dem Menschen als Geschöpf von „unbestimmter Gestalt" (*indiscretae imaginis*).[667] „*Die Natur der übrigen Geschöpfe ist fest bestimmt und wird innerhalb von uns vorgeschriebener Gesetze begrenzt; Du sollst dir deine ohne jede Einschränkung und Enge, nach eigenem Ermessen* (pro tuo arbitrio), *dem ich dich anvertraut habe, selber bestimmen."*[668]

Es stellt sich also die Frage, wie sich dagegen die keineswegs unbestimmte Gestalt des Menschlichen in dem strukturierten Ensemble von biographisch effektiven Determinanten ausnahm, die ein Horoskop darstellen oder als astronomisch eruierte Relation abbilden wollte. – Bei Pico, dem prominenten Kritiker der Astrologie,[669] kann die eben zitierte Bemerkung auch als Seitenhieb gelten; sie bezöge sich dann indirekt auf das für Pico ärgerlich „Definite" einer Natur des Menschlichen, wie es die Astrologie in ihren kosmischen Formularen zur Anschauung brachte. Franz Boll zitiert Pico della Mirandola zur Astrologie als „Verderberin der Philosophie": „*Dem Menschen raubt sie die Ruhe und erfüllt ihn mit ängstigenden Bildern. Den Freien macht sie zum Sklaven. Sie lähmt seine Tatkraft und wirft ihn auf das Meer des Unglücks hinaus."*[670]

Dass diese Art von Kritik auch aus der Antike stammen könnte, hat Boll schon festgehalten. In einer zusammenfassenden Passage über den Fatalismus (mit den Anmerkungen Wilhelm Gundels zu lesen)[671] in Bolls zitiertem Werk von 1926 wird der Schicksalsglaube und sein Verhältnis zur Möglichkeit besprochen, prognostizierte Unabänderlichkeiten abzuwenden. Damit ist eine Voraussetzung aller astrologischen

---

[666] Adv. Math. V 52: *ten genesin tou piptontos hypo ten episkepsin.*
[667] *Oratio de hominis dignitate*, zit. nach SCHIRREN 2020, 152.
[668] Ebd.; Übers. Schirren.
[669] Dazu WEIL 1985; VANDEN BROECKE 2003, 55-80.
[670] BOLL et al. 1926, 72. (Von Boll ohne Stellennachweis zitiert).
[671] 79f.; 167ff.

Charakterisierungen angesprochen, die nicht erst für unser Verständnis mit der Erfahrung von Freiheit und Unfreiheit, Spontaneität und Abhängigkeit zusammengehen muss. So hat das Bild des 'horoskopierten' Menschen als „Sklaven" nach Pico eine gute Quellenbasis in der Aussage des antiken Berufsastrologen Vettius Valens aus Antiochia, eines Zeitgenossen des Ptolemaios, nach dem wir Menschen allesamt „Sklaven des Schicksals" (*douloi tes heimarmenes*) sind.[672] Ja, wir sind durch die „heilige Notwendigkeit" (*hiera ananke*)[673] gezwungen, etwas zu sein, und die Negation unserer Freiheit ist inbegriffen: Wenn etwa den „Erlassen" (*dogmata*) des Schicksals ein „nach eigenem Willen Handeln" entgegengestellt wird. Letzteres gegen das erstere durchzusetzen sei aber unmöglich.[674] Sich selber Handlungsfreiheit zuzuschreiben ist geradezu Hybris,[675] denn wir sind die Schauspieler, die auf der Bühne die wechselnden Rollen spielen müssen, als Könige, Räuber oder Bauern, die uns das Fatum vorschreibt.[676] Mit Zitaten aus Kleanthes und Homer bekennt Vettius Valens, sich nicht dem Geschick der anderen, den *tychais heteron*, angleichen zu wollen, was wohl meint: dem eigenen zu folgen:

> *„Führe mich Zeus, und du, Schicksal,*
> *wohin ihr meinen Weg bestimmt habt;*
> *Ich werde euch folgen, mag ich auch zögern, doch wenn ich mich sträube,*
> *Werde ich unglücklich und muss doch genau dasselbe dulden.*
> *Merke auch:*
> *Mit dem Garn spann ihm das Schicksal es zu, als ihn seine Mutter geboren.*
> *und:*
> *Doch dem Verhängnis entrann wohl noch nie einer der Menschen."*[677]

Ducunt fata volentem, nolentem trahunt, so hiess es bei Seneca nach Kleanthes (epist. 107,11,5): entweder man lässt sich willig von einer gegebenen Bestimmtheit des Lebens leiten, oder das letztere schleift einen hinter sich her. – Dieses Leben wäre dann etwas, das jedenfalls nicht in unserer Macht, als ein Verfügbares, läge. In dem astrologischen Handbuch des Paulus Alexandrinus nach Heliodors Kommentar heisst es im Rahmen der Besprechung der sogenannten „Lose" (*kleroi*) – das sind

---

[672] Valens VI 9,12; vgl. V 6,9 wo sich Valens selber als „Soldat des Schicksals" bezeichnet hat.

[673] Bei dieser schwört Valens in der Passage über die erwünschte Geheimhaltung seiner Methoden der Lebenszeitberechnung (IV 11,11).

[674] V 2,10.

[675] VI 9,13.

[676] V 6,11. Die ganze Passage (V 6,10f.) lautet: *„Ist es doch unmöglich, dass einer durch Gebete und Opfer die ursprüngliche Schicksalsgrundlage überwindet und sich nach Wunsch eine andere schafft. Was uns nämlich gegeben ist, trifft ein, auch wenn wir nicht beten, und was nicht bestimmt ist, kommt auch nicht, wenn wir beten. Wie sich nun die Schauspieler auf der Bühne den Texten der Dichter anpassen und ihre Rollen mit Anstand spielen, einmal als Könige, dann als Räuber oder Bauern, als Menschen aus dem Volke oder als Götter, ebenso müssen auch wir die uns vom Schicksal auferlegten Rollen spielen, uns den wechselnden Lagen anpassen, mag es uns auch nicht so passen."* (Übers. SCHÖNBERGER/KNOBLOCH).

[677] VII 7,53; Übers. SCHÖNBERGER/KNOBLOCH.

schicksalmächtige Punkte im Tierkreis,[678] die nach Planetenabständen errechnet werden, die zum Aszendenten des Horoskops zu addieren sind –, wie die Seele wie der Leib nach der Ordnung (*kata ton kosmon*) regiert werde (*politeuestai*), die von oben komme, und nicht aus uns selber dieser sozusagen entgegentrete (*ouk eph' hemin hypantesei*).[679]

Wie Heliodors kommentierender Wiedergabe aus einem astrologischen Handbuch des 4. Jahrhunderts zu entnehmen ist, hat diese Stelle eine fatale Anordnung des eigenen Lebens im Unterschied zu all dem betont, was „bei uns selber" liegt und daher unter unsere Verfügungsgewalt fällt. Damit wird eine Debatte greifbar, die schon im Rahmen der stoischen Auffassung von Fatalität unumgänglich wurde; es geht dabei um das, was auf lateinisch „*in nostra potestate*" (griechisch *eph' hemin*) heisst, also was in unserer Macht oder bei uns selber liegt.[680] In der Abhandlung des Cicero über das Fatum, *De fato*, die vorab kritisch Ansichten des Stoikers Chrysipp referiert, wird ersichtlich, dass es eine öffentliche Diskussion und Reflexion über das Ausmass fataler Determinierung schon im 3. Jahrhundert v. Chr. und damit vor der hier untersuchten Astrologie gegeben hat. Im Rahmen eines in der Stoa postulierten universalen Zusammenhangs aller Dinge, des enorm Astrologie-kompatiblen Konzepts einer „kosmischen Sympathie",[681] soll alles Teil einer universalen Determination sein, denn nach Chrysipp geschieht nichts ohne Ursache, und alles ist Teil eines naturalen Kontinuums, das, lückenlos determiniert, zugleich durch das aktive göttliche Pneuma, damit durch Providenz gelenkt wird.[682] – Wenn alles durch das Fatum bestimmt wird (*omnia fato fiunt*[683]), heisst das etwa gleichviel, wie wenn man sagen würde, alles werde durch natürliche Ursachen determiniert – so wie heute durch Gene oder Algorithmen.[684] Dagegen hatte Cicero einiges einzuwenden: natürliche Ursachen, etwa das Klima oder eine *astrorum adfectio*, können als *causae naturales antecedentes* nicht unsere Willensentscheide determinieren, und auch nicht, was unser Lieblingsphilosoph sein wird.[685] Als 'Gegenspieler' fataler *causae naturales* werden von Cicero etwa *voluntas, studium, disciplina*[686] ins Feld geführt; Cicero steckt offensichtlich den politisch

---

[678] Vermutlich geht das Capricorn-Signet, das zu einer Ikone des Augustus wurde, auf ein solches Los (das „Glückslos") zurück, das in seinem Horoskop in das Zeichen Capricorn (Steinbock) fiel: SCHMID 2005, 19-54. Zu den „Losen" BRENNAN 2017, 511-534; BOUCHÉ-LECLERCQ 1899, 288-308.

[679] Heliodori ut dicitur in Paulum Alexandrinum Commentarium, p. 47 BOER; Paulus Alexandrinus p. 120 HOLDEN.

[680] Siehe BOBZIEN 1998, 279ff.

[681] Siehe REINHARDT 1926; von Cicero (de fat. 5) als *naturae contagio* bezeichnet. Für die Ausarbeitung dieser Vorstellung dürfte Poseidonios wichtig gewesen sein, für welchen allerdings auch schon ein Interesse an Astrologie behauptet wurde (Aug. de civ. Dei V 2 nach Cicero), das für Chrysipp so kaum gegeben war. – Zum 'holistischen' Natur-Determinismus der frühen Stoa (alles geschieht in Einklang mit der *oikonomia* des Kosmos) BOBZIEN ebd. 28f.; zu seiner Vorgeschichte seit dem platonischen Timaios REYDAMS-SCHILS 1999, 41-83; SCHMID 2005, 119-183.

[682] Als Überblick jetzt FORSCHNER 2018, 122-136.

[683] Cic. de fat. 21.

[684] Zum Determinismus-Problem ausführlich BOBZIEN 1998.

[685] Cic. de fat. 8f. – Zur Begrenzung der Determination und ihrer Erkennbarkeit in aristotelischem Geiste auch Ptolemaios in seinem astrologischen Handbuch (etwa Tetr. I 3,11-15).

[686] Ebd. 11.

relevanten Bereich moralischer Autonomie des Menschlichen ab. Er argumentiert hier wie auch sonst[687] für die Erfahrung ziviler Freiheit gegen naturale Determinierung. Dass er sich dabei vorab auf Chrysipp stützt, lässt uns erkennen, dass es schon vor der Astrologie einen Determinismus gab, der auch auf menschliche Charakterzüge übergriff.[688]

Susanne Bobzien hat in ihrer Untersuchung zum stoischen Determinismus auch ein kleines Kapitel zu stoischen Konzepten der Charakter-Determinierung,[689] wonach Chrysipp eine fatal bzw. natural bestimmte *poiotetes* als *„set of qualities"* auch bei Menschen annahm.[690] Bobzien spricht von einer *„combination of stable and continuous properties and dispositions, including the rationality and moral character of the individual".*[691] Es gibt auch Belege für stoische Konzeptionen von erblichen, also "genetisch erworbenen" Eigenschaften,[692] kurz: die Dichotomie von Freiheit (Subjektivität) und genetischer Disposition wurde offensichtlich reflektiert, und diese Reflexion scheint unabhängig von Astrologie entstanden zu sein;[693] sie dürfte aber schon zur Zeit Cicero's die Horoskop-Astrologie in den Bereich des Debattierbaren aufgenommen haben.[694]

Offensichtlich werden auch in dieser prä-astrologischen Debatte Spuren einer „Psychologie" fassbar. Dabei spielte für Chrysipp die Möglichkeit des „Zustimmens" (*synkatitesthai*)[695] eine Rolle: trotz universaler Determination wurde eine Instanz menschlicher Zustimmung, also ein Bereich *in nostra potestate*, zwischen die „Impressionen" naturaler Einflüsse und unser eigenes Handeln geschoben.[696] Ersichtlich wird jedenfalls das Bemühen, Freiheit und physikalistisch-rationalen Fatalismus unter einen Hut zu bringen – und dass das möglich war, belegt uns die Astrologie allein durch ihre soziale Akzeptanz. Es war aber auch unumgänglich, denn es gibt, neben dem

---

[687] Siehe vorab: *De divinatione.*

[688] *„logic, ethics and physics became intertwined in an unprecedented manner"* (REYDAMS-SCHILS 1999, 42f.; *"The stoics join the notion of physical law and purposeful action, and they do it on a universal scale."* (ebd. 78). – Laut BOLL 1894, 158, ist auch bei Ptolemaios (im astrologischen Tetrabiblos) die Wirkung einer Debatte bei Chrysipp fassbar.

[689] 1998, 290-301.

[690] Nach Cic. de fat. 8: *„Da aber nun zwischen den natürlichen Veranlagungen der Menschen Unähnlichkeiten bestehen, so dass die einen an Süssem, die andern an Säuerlichem ihre Freude haben, dass die einen sinnlich, die andern jähzornig, grausam oder hochfahrend sind, wieder andere aber vor solch bedenklichen Neigungen Abscheu empfinden: 'Da also' sagt Chrysipp, 'ein solcher Unterschied besteht zwischen Naturanlage und Naturanlage (natura a natura distat), was ist es da schon verwunderlich, wenn man diese Unterschiede (dissimilitudines) ihrer Entstehung nach auf unterschiedliche Ursachen zurückführt?'"* (Übers. BAYER).

[691] Ebd. 291.

[692] Ebd. 292 mit Belegen, auch zum Konzept des *spermatikos logos.*

[693] Nicht zu vergessen ist natürlich die Rolle der Mantik, die in antiken Gesellschaften ein öffentliches Gewicht hatte, und in modernen durch 'Modellrechnungen' und entsprechende Experten ersetzt wird; Chrysipp soll nach Cicero (Div. I 37) offenbar zu Forschungszwecken eine Sammlung von Orakeln angelegt haben.

[694] Es ist bedauerlich, dass in Bobziens stark auf Chrysipp und das Referat Cicero's in *De fato* ausgerichteter Untersuchung die Astrologie praktisch nicht vorkommt.

[695] BOBZIEN ebd. 240f.; LONG 1991, 110ff. zu *synkatathesis* und *prohairesis* als Bezugnahme auf *„individual autonomy".*

[696] BOBZIEN ebd. 296f.

Fortbestehen einer Rationalität ziviler Autonomie, für welche nicht nur Cicero ein beredtes Beispiel ist, genügend Belege für eine antike Kultivierung von reflektierter Subjektivität.[697] – In den erhaltenen Quellen zur Astrologie selber ist diese Reflexion aber kaum präsent. Das hat gewiss auch damit zu tun, dass wir in Handbüchern und Horoskopen nur die eine Seite kennen: die des Astrologen, während die Klientel weitgehend stumm für uns bleibt.[698] Indirekt kann man in der astrologischen Literatur ein Echo der Debatte vernehmen,[699] etwa bei Manilius, der die Differenz zwischen göttlichem Fatum und menschlicher Freiheit im astrologischen Erkennen sozusagen 'aufhebt'. Im Erkennen fataler Struktur erkenne der göttliche *animus* sich selbst: *sese ipse requirit* (I 107f.); auch das Erforschen des Schicksals sei Schicksal (I 149). In einer reflexiven Passage betont Manilius auch (IV 1-118), wie entlastend, und weniger anmassend, es sein kann, nicht alles selber verursacht haben zu müssen, und dies auch kollektiv, wie die traumatischen Bürgerkriege: *nec nostrum hoc bellum est*[700]. Schliesslich, zur Moral, verabscheuen wir das Gift der Pflanze auch dann, wenn es ihr bestimmt ist, giftig zu sein.[701]

Aber das wirkt wie geistreich gelehrte Zutat,[702] die astrologische Regel ist weitestgehend unkommentierter Determinismus der beinhart todesberechnenden Art, wie er auch aus Vettius Valens spricht. Und dazu ist anzumerken, dass wir es offensichtlich mit einem Argumentieren in einem polemischen Horizont zu tun haben: Schon für die frühen Stoiker galt, dass sie ihren holistisch-theologischen Natur-Determinismus in eine Öffentlichkeit hinein stellen und in ihr behaupten mussten, die durch die freie Selbstbehauptung menschlicher Bürger-Kollektive auch unter neuen Prämissen monarchischer Souveränität immer noch erheblich konditioniert war. – Der gerade in den Zeugnissen der Astrologie meist rabiate Schicksalsdeterminismus war immer auch Reklame: wo er die kausale Fremdbestimmung menschlichen Lebens endlos erweiterte,[703] da musste er sie dem Bereich einer tief verwurzelten Kultur menschlicher Autonomie sozusagen entreissen oder bestreiten.[704] Der fatale Zugriff der Horoskop-Astrologen war vermutlich in den urban geprägten intellektuellen Milieus des Hellenismus öfter in der Defensive, und das hatte auch mit dem sozial mangelhaft verankerten Status der Astrologie zu tun, den etwa Vettius Valens bitter beklagt.[705] So wie er spricht kein sozial Erfolgreicher, sondern ein Zurückgesetzter. Und wenn ein

---

[697] CANCIK-LINDEMAIER 2020.

[698] Es gibt Klagen der Enttäuschten auf Grabmälern, etwa über falsche Prognosen für ein frühverstorbenes Kind: GUNDEL/GUNDEL 1966, 174).

[699] GUNDEL/ GUNDEL ebd. 229f. zu Firmicus Math. I 6; BOUCHÉ-LECLERCQ 1899, 593ff. – Manilius (II 904) unterscheidet, etwas unvermittelt, als Determinanten „Zufall und Gott" (*casus* und *deus*).

[700] IV 84.

[701] IV 108ff.

[702] Vgl. auch die Passage zur „Macht des Schicksals" bei Firmicus, Math. I 7-8.

[703] Wie schon Chrysipp generalisierend „alles durch das Schicksal" bestimmt sein liess (Cic. de fat. 21).

[704] Dass expliziter Determinismus des Fatalen gerade Gesellschaften kennzeichnet, die ein dezidiertes und politisch fundiertes Verständnis von dem Gewicht menschlichen Entscheidens haben, belegt schon die archaische Literatur der Griechen, spezifisch dann die Tragödie und noch die frühe griechische Geschichtsschreibung: SCHMID 2016, 124-131.

[705] VI 1 4-20.

Astrologe seine Methode als Lehrbuch empfahl, war er geradezu verpflichtet dazu, die hier noch dazu errechenbare Fatalität in allen Lebensbelangen als 'erweisbare' Alternative zu anderer Kausalmacht (durch Zufall oder eben ganz „natürliche"[706] Ursachen) zu propagieren.[707]

Damit soll gesagt sein: dass man auch die Zeugnisse zur antiken Astrologie als Teil einer gesellschaftlichen Realität, einer durchaus akuten und immer wieder polemischen Debatte mit politischen Implikationen[708] und Hintergründen zu lesen hat. – Und in diesem Rahmen existiert durchaus eine Art von „Psychologie": Wo Susanne Bobzien eine mögliche moderne Kritik an Chrysipps psychologischem Determinismus ins Feld führt,[709] wird auf eine Diskrepanz zwischen vorpubertärer, frühkindlicher Determinierung und erwachsener, 'freier' Lebensgestaltung hingewiesen. Damit nähern wir uns Freud und der Macht des Unbewussten, dessen Begrenzung menschlicher Freiheit sein Schüler Jung auch durch Astrologie illustrieren wollte[710]. In solchem Licht ist Astrologie, darin noch moderner Psychologie verwandt, vorerst einmal als Reflexion der Grenzen menschlicher Autonomie zu betrachten, die sie damit auch voraussetzen muss.[711]

„Eigenheiten der Seele"

Im dritten Buch seines astrologischen Werks, der „Tetrabiblos", geht Klaudios Ptolemaios explizit auf die „seelische Wesensart" ein, auf die *poiotes psyches*.[712] Ausführlich kommen dabei die „Eigenheiten", offenbar von Menschen,[713] als „seelische" zur Sprache (*ta ton anthropon idiomata*)[714]. Und dabei gibt Ptolemaios ganze Eigenschafts-Kataloge, die meist aus Adjektiven bestehen. So machen die tropischen Zeichen etwa Leute, die *„demotikos"* sind, politisch aktiv und an Veränderungen interessiert (III 13,155), dagegen seien die fixen Zeichen gerecht, stabil, kontrolliert udgl. – Es werden Menschen, die nach Verborgenem suchen, Magier, Instrumentenmacher,

---

[706] Zur Zweischneidigkeit der Argumentation mit „natürlichen" Ursachen, vorab wenn sie sich auf Astrologie stützte, siehe CASSIRER 2013, 120ff. spezifisch zu Pomponazzi, der mit „natürlichen" astrologischen Ursachen dem Glauben an die Wirkmacht von Dämonen zu Leibe rückte, *„um den unbedingten Primat der wissenschaftlichen Vernunft aufrecht zu erhalten"*; dazu auch WEIL 1985, 30ff.

[707] So meinte BOLL (1894, 137) zu Manilius, dieser wolle *„in Wahrheit nicht weniger als ein stoisches Gegengedicht gegen Lukrez schaffen"*.

[708] SCHMID 2005; CRAMER 1954; BARTON 1994a.

[709] 1998, 298f.

[710] Vgl. oben A 510.

[711] Das Defizitäre an einer Einschätzung der offensichtlichen methodischen Inkohärenz astrologischer Texte auf den Spuren Foucaults, wie bei BARTON (1994a) und ihr folgend LIGHTFOOT (2020), ist der Verzicht auf die Suche nach einem 'Gegenstand' für den ganzen „Diskurs". Denn der Diskurs bringt ja bei Foucault seinen Gegenstand notwendig selber hervor. Dann wäre eben diese Astrologie vor allem Rhetorik – doch das weicht einer Fragestellung aus, anstatt sie zu beantworten bzw. eine Theorie generierende Fragwürdigkeit erst zu eruieren.

[712] III 13.

[713] Zu horoskopierten Tieren BOUCHÉ-LECLERCQ 1899, 585ff.

[714] Ebd. III 13,154.

Maschinenbauer, Astrologen, Philosophen, Omen-Deuter, Traumdeuter sind, durch mundane Dispositionen hervorgebracht (ebd. 156). Es gibt Spontane, Offene und Selbstbewusste, wenn die „Herrscher" der seelischen Disposition (der *idiomata*) in den ihrer Eigenart gemässen oder diese fördernden Konfigurationen stehen (ebd. 157). Explizit wird, in Betracht der Planeten, die zusammen mit Zeichen, Losen und Aspekten formgebend sind, von der „Oikodespotie" (wörtlich der „Hausherrschaft") der Seele gesprochen, die ein Planet innehaben kann (158) – auch vom *oikodespotes* der seelischen Disposition (der *krasis*) ist die Rede (168), wobei es sich in diesem Fall um einen der fünf Planeten, ohne die „Lichter" Sonne und Mond, handeln muss. Dabei braucht uns die spezifische Methode astrologischer Gewichtung hier nicht zu interessieren – Ptolemaios arbeitet ohne die sog. „*topoi*", die wir als „Häuser" (lat. *loci*) bezeichnen, die ansonsten bei den Astrologen auch für charakterliche Typologien eine zentrale Rolle spielen. Er arbeitet mit Parametern wie morgendlich/abendlich (auf- und untergehend), „Station" von Planeten und vielem mehr. Bezeichnend für ihn ist die Frage nach der jeweiligen „*krasis*" oder „*synkrasis*", also nach der Qualität oder Zuträglichkeit der „Mischung" vorhandener Parameter, die alle in irgend einer Form einwirken und offenbar 'genetisch potent' sind. Explizit erlaubt dabei die Diagnose der „Idiosynkrasie" Schlüsse über charakterliche Wesensart[715] (157). Und dabei gibt es uneinheitliche Bilder, wenn etwa die Zuständigkeit „wohltätiger" Aspekte zwar vorhanden ist, aber durch üble Zuordnungen „überwunden" wird: dann werden Menschen unter solchen Konstellationen durch ihre Gutartigkeit Schaden nehmen, verachtet, angegriffen oder in ihren Rechten verletzt werden (ebd.).

Manilius beschreibt (IV 122-293) die *mores* der verschiedenen Tierkreiszeichen, ihre Haupt-„Färbungen" (*summumque colorem*) sowie die „Neigungen" (*studia*) und Berufseignungen (*artes*) [716]. Da ist der Widder, der Wolle wegen, im Tuchhandel tätig, unsteten Gemüts und bereit, sich für den eigenen Ruhm zu verkaufen. Der Stier ist behäbig, strotzend vor Kraft und vom „Knaben Cupido" beherrscht; der Krebs ist Kaufmann, während der Löwe, bei aufbrausender Wut schnell wieder versöhnlich, nach Tierhetzen, Jagd und Siegestrophäen dürstet, die Jungfrau in der Jugend zu Schüchternheit neigt, der Schütze, mit Scharfsinn begabt, zum Tierdompteur sich eignet, während wieder der Steinbock[717] zu Wankelmut tendiert, wobei der Fischschwanz der bessere Teil des Zeichens sei, der vordere aber, mit Venus verbunden, ins Kriminelle verfalle.

Dorotheus von Sidon, ein Autor vermutlich neronischer Zeit, in einer von David Pingree aus dem Persischen rückübersetzten Version seines verlorenen griechischen Handbuchs in Versen, spricht schon im Proöm von den Sternen, die „*indicate for men what will pertain to them from the time of a native's birth till his leaving the world.*"[718] Das deutet schon an, dass hier viel mehr angestrebt würde, als in jeder uns vertrauten Psychologie: etwa das individuelle 'Gelegensein' einer Existenz in der Welt – was gehört nicht alles in die ganze Spanne eines Lebens? – Zur Bewältigung des Unabsehbaren greift Dorotheus auf ein grundlegend binäres Schema von gut und übel (günstig/ungünstig) zurück, das sich ganz offenbar (dort auch der linken und rechten Seite der Leber räumlich

---

[715] *tropos tes ethikes* (nach anderer Lesart: *eidikes*).

[716] IV 122f.; vgl. IV 293 (*mores* und *artes*).

[717] Als Capricorn war er ikonographisch ein 'Fischbock' oder Ziegenfisch: das Vorderteil Ziege, das Hinterteil Fischschwanz. Zum „Steinbock" mutiert er erst in der frühen Neuzeit.

[718] I pr. 3 p. 161 PINGREE.

zugeordnet) schon in der mesopotamischen Leberschau als semantische Führung für die Interpreten[719] bewährt hatte. In der Astrologie lassen sich die *loci*, die Himmelssektoren der astronomischen Geburtssituation, in gute (fünftes und elftes Haus, zehntes und vielleicht erstes und neuntes), schlechte (zwölftes und sechstes, auch achtes) und mindestens uneindeutige (der ganze Rest, aber hier gab es einigen Spielraum) unterteilen; bei den Planeten gibt es die Wohltäter (Jupiter und Venus), die „Lichter" (Sonne und Mond) und die Übeltäter (Mars und Saturn); der Merkur galt als neutral.

Dorotheus wendet diese Schematik in der erhaltenen Version nur besonders konsequent und nachvollziehbar an;[720] sie beherrscht aber insgesamt alle astrologische Deutung – und das muss natürlich, als ein 'Kontingenz reduzierendes' Element interpretatorischer Funktionalität, auch auf die Art der Charakterisierungen einwirken. Nun ist bei Dorotheus auffallend, wie er die Lebensverhältnisse der Eltern, oftmals erstaunlich detailliert, in die Horoskopdeutung einbezieht (I 12): es geht um ihr Schicksal, ihr Vermögen, um die Verläufe ihrer Stellung, sogar um ihre ethnische Herkunft.[721] Es geht um die Frage, welcher Elternteil vor dem anderen stirbt,[722] oder ob der Horoskopeigner ihr Vermögen erben wird,[723] wobei väterliches und mütterliches gesondert bezeichnet werden, wieviel weitere Kinder, neben dem „Nativen", die Mutter hatte[724]. Und grundsätzlicher noch: ob sie frei oder Sklaven sind.[725]

Die Frage nach Freiheit oder Versklavung ist angesichts der sozialen Hierarchien der kaiserzeitlichen Gesellschaften wohl realistischerweise für Dorotheus ein fundierendes Element der Horoskopanalyse:[726] so zeigt auch der Jupiter, wenn er gut, etwa „kardinal", also in einem „Eckhaus" steht, im Horoskop des geborenen Sklaven die Freilassung an,[727] und dieses Glück wäre dann gewiss auch dem Augustus (siehe Abb. III) mit dem im Krebs „erhöhten" Jupiter im zehnten Haus) als Sklave beschieden gewesen. – Aber es gibt noch Elementareres: nämlich die 'nackten' Überlebenschancen des Geborenen – ob er überhaupt aufgezogen wird.[728] Und auch hier hat Dorotheus ein

---

[719] MAUL 2013, 64-100. Dort ging es vor allem um klare Ja/Nein-Antworten auf entsprechend explizit an die Götter zu richtende Fragen. Bei Unentschiedenheit der Zeichenlage konnte ein weiteres Schaf geschlachtet werden. Grundlage war ein binär ausgerichtetes Schema (ebd. bes. 82-100).

[720] Ein gutes Beispiel ist I 5 p. 164 PINGREE, wo die „Häuser" erklärt werden. Dabei finden sich kaum inhaltsbezogene Angaben, ausser etwa „Heim" oder „Tod"; es geht vorab um gut/schlecht bzw. stark/schwach (das erste Haus, am Aszendenten, sei das Stärkste; das sechste und zwölfte seien „*the worst of the worst*").

[721] I 14,2 (wenn die Eltern nicht „*of one race*" sind – also ein Hinweis auf gemischtkulturelle Haushalte).

[722] I 15.

[723] I 16.

[724] I 17; siehe auch I 18f. zur Anzahl der Brüder des Horoskopierten und der Frage, ob sie ihn lieben.

[725] I 10 p. 167-170 PINGREE; vgl. Pseudo-Manetho VI 19-111 p. 475-81 LIGHTFOOT (zusammen mit Aussetzung und missglückter Geburt).

[726] Etwa I 10,2: Steht der Mond im 6. oder 12. Haus und dazu der „Herrscher der Triplizität" seines Tierkreiszeichens an einem schlechten Ort, „*then the native is a slave*".

[727] I 10,34: Wenn Jupiter kardinal steht, ausser im Steinbock, dann „*his manumission and escape from slavery*".

[728] I 7.

klares Schema: Wenn eine üble Konstellation den Mond in der „eigenen Triplizität"[729] stehen hat und die Übeltäter mit Trigon[730] von den Wohltätern aspektiert sind, wird der Betreffende zwar aufgezogen, aber nicht von den eigenen Eltern, weil er dort ausgestossen ist.[731]

Auch die präsumptiven Eheverhältnisse sind bestimmt: Steht der „Herrscher" der Triplizität der Venus schlecht, heiratet der Mann entweder gar nicht, oder eine Sklavin oder Hure, eine alte oder eine zu junge Frau; oder er wird auch gleich Zuhälter.[732] Es kann auch sein, dass jemand, offenbar in untergeordneter Position, *„will have intercourse with his lady or the wife of one of the nobles"*,[733] oder aber, mit besonders schlecht aspektiertem siebten Haus, es tötet jemand seine Frau gleich eigenhändig[734]. Man kann auch die Schwester heiraten, sogar Geschlechtsverkehr mit den eigenen Töchtern haben,[735] oder eine Frau heiraten, die einen vergiftet.[736] Doch auch die Kinderzahl (wie viele und ob überhaupt), die man haben wird, ist angezeigt.[737] Und sehr vieles mehr (inklusive sexueller Devianz),[738] wovon an dieser Stelle nur der mögliche soziale Status in einem offensichtlich monarchisch orientierten Milieu über die elementare Scheidung in Sklaven und Freie hinaus erwähnt sei: Ein gutes Trigon verschafft Gunst von Königen, oder von Städten;[739] man wird damit etwa jemand, der *„will direct the affairs of kings"*;[740] oder auch allgemeiner wäre man *„well known in the houses of the kingdom."*[741] Vettius Valens teilt einmal schematisch nach drei möglichen Positionen der bestimmenden Planeten zu den Hauptachsen des Horoskops die Lebensläufe in glänzende, mittelmässige und niedrige ein,[742] dabei ist es vorab der planetarische „Herr" eines Hauses (*oikodespotes*), der, wenn im „Abstieg" (*apoklima*) befindlich, zum *„Gegner und Räuber"* wird; *„er macht, dass man anderen untergeben wird, ein schwankendes Leben führt oder seines Ruhmes beraubt wird, Wunden, Leiden und Anklage duldet und ein Dasein voller Mangel hat."*[743]

Gibt es nun aus diesem herausgegriffenen Material aus vier astrologischen Autoren schon einen Hinweis darauf, was denn hier für eine Methodik des

---

[729] Zu den „Triplizitäten" etwa BRENNAN 2017, 256-272; BOUCHÉ-LECLERCQ 1899, 199-206.
[730] Zu den sogenannten „Aspekten" (den Winkeln der Planeten zueinander im Tierkreis) BRENNAN ebd. 289-317; BOUCHÉ-LECLERCQ ebd. 165-179.
[731] I 7,14.
[732] II 1,3.
[733] II 1,12.
[734] II 1,21.
[735] II 4,17.
[736] II 26,11. – Dass man als Frau auch einen Mann heiraten konnte, der einen töten würde, ist in einigen dieser Handbuchtexte impliziert, wo sich der Autor die Mühe nimmt, die Konstellation auf eine weibliche Klientel 'umzurechnen'. Weiteres zum Problem der 'Geschlechtlichkeit' im Horoskop unten.
[737] II 8-13.
[738] II 7. – Vgl. den Katalog bei Pseudo-Manetho VI 113-223 p. 481-89 LIGHTFOOT.
[739] II 14ff.
[740] II 14,2.
[741] II 15,14
[742] Vettius Valens II 2,3.
[743] Ebd. II 2,10 (Übers. SCHÖNBERGER/KNOBLOCH).

Charakterisierens, nicht als astrologische Zuordnungsstrategie, sondern als eine Art „framing"[744] des Gegenstands und seiner Charakterisierung vorliegt? Immer unter der arbeitshypothetischen Annahme, dass es in dieser Literatur und Praxis um Beschreibung von Identität, als von etwas individuiert Charakteristischem gegangen wäre.

Beginnend mit einem übergreifenden Merkmal des Charakterisierens, das auch aus der Mantik und Prophetie bekannt ist, könnte hier ein Element kausal rationalisierender Einordnung menschlicher Eigenart mit dem Begriff „teleologische Psychologie" bezeichnet werden. Dabei ist das teleologische Prinzip[745] auch schon in der antiken Bezeichnung „Apotelesmatik"[746] für die Horoskop-Astrologie enthalten. Es betrachtet die Dinge von ihrem Ausgang her, oder von ihrer 'Vollendung'. Kausal verstanden muss das zur Ansicht führen, dass der Ausgang, das Resultat eines Geschehens seinen Charakter bestimmen soll, der dann plausiblerweise darin bestünde, den entsprechenden 'Ausgang' herbeiführen zu können. Der Charakter wäre dann also gleichsam 'resultatsaffin': die Fussballmanschaft hat so spielen müssen, dass sie verlieren konnte, weil das Resultat, also das *telos* oder der Zweck, der kausal bestimmende Faktor des Spiels war.

Wir können das Prinzip nach Thomas von Aquin, dem grossen Aristoteliker, definieren: *omne ens est propter suam propriam operationem*[747] („*jegliches Seiende ist um Willen seiner eigentümlichen Tätigkeit.*");[748] oder: *omne agens agit propter finem*[749] („*jegliches Tätige ist tätig um Willen eines Zieles*"); oder: *operatio est ultima perfectio rei*[750] („*die Tätigkeit ist die letzte Vollendung eines Seienden*"). – Das hiesse: dass der Mauersegler zum Fliegen oder des Fliegens wegen da ist, was aus der Anschauung unmittelbar einleuchtet. Für welche *operationes* der Elefant oder der Pinguin da wären, ist schwieriger zu supponieren. In den Bereichen menschlicher Kontingenz wird das erst

---

[744] Das Wort passt wohl nur teilweise. Der betreffende Wikipedia-Artikel zitiert ROBERT ENTMAN zu Definition von „*framing*" wie folgt: „*Framing bedeutet, einige Aspekte einer wahrgenommenen Realität auszuwählen und sie in einem Text so hervorzuheben, dass eine bestimmte Problemdefinition, kausale Interpretation, moralische Bewertung und / oder Handlungsempfehlung für den beschriebenen Gegenstand gefördert wird.*" – Für Strategien einer konkreten Beratungssituation seitens des Astrologen wird das sicher stimmen, doch werden wir sehen, dass der fundamentale Auswahlbereich der „Aspekte" der Realität in dieser Astrologie so uferlos erscheint, dass er jedenfalls nach unserem Verständnis „kausale Interpretation" unnötig erschwert. Die „moralische Bewertung" im weiteren Sinne binärer Semantik muss dann oft interpretatorische Leerstellen besetzen, gerade unter der Prämisse, dass hier typologisch schematisierte Charakterisierung 'lebensweltlicher Singularitäten' geleistet werden sollte.

[745] Die intellektuelle und soziale Akzeptanz eines im weiteren Sinne „teleologischen" Argumentierens ist natürlich auch für die Akzeptanz – und schon die Konzeption – der Astrologie von grösster Bedeutung. Zur antiken Geschichte teleologischer Konzeptionen THEILER 1924; FESTUGIÈRE 1949 (=2014, 460-1083); REYDAMS-SCHILS 1999. Zu einem Paradigmenwechsel des Übergangs von nicht-teleologischer zu teleologisch orientierter Naturbetrachtung seit dem 4. Jahrhundert v. Chr. SCHMID 2020; 2016, 367-437.

[746] Sicher seit Galen bezeugt (so Passow *s. v.*); vgl. das Proöm der Tetrabiblos des Ptolemaios (I 1,1: *apoteloumenas*).

[747] Summa Theol. III 9,1.

[748] Übers. und Stellen (auch im Folgenden) nach ROBERT SPAEMANN, Reflexion und Spontaneität. Studien über Fénelon, Stuttgart 1963, 52-55, zitiert bei MARQUARD 2013, 88.

[749] Summa Theol. I 44,4.

[750] Ebd. I 73,1.

recht problematisch; und doch ist dieses Zuordnen im „Altertum" fast allgegenwärtig gewesen. So haben die Götter den Untergang Troias verhängt (Hom. Od. VIII 579f.), und den Heroen des für diesen Untergang (*olethron*) operativen Krieges war daher die „Last" (*ponos*) des Kriegens bestimmt (Il. X 70ff.). – Sie waren allesamt tätig für ein gottverhängtes Ziel, führen den Krieg, damit Untergang sei, die Götter ein Fernsehprogramm haben, in welches sie unscharf begrenzt eingreifen können[751] und – von Homer und seinen Hörern aus gesehen – damit der grosse Gesang heroischer Grösse[752] sei. So ist es Aeneas bestimmt, aus Troia zu entkommen,[753] und die Leser Vergils wissen noch heute, warum: er hatte Rom zu gründen, dem daher auch, einem Gebilde menschlicher Übermacht, sein weltunterwerfendes Ziel schon vorgegeben war. Es sollte sein, ebenso wie der Einmarsch des Xerxes nach Griechenland in der Darstellung Herodots[754]. Aber auch im Neuen Testament geschieht Entscheidendes *„damit das Wort erfüllet werde"*; das war das prophetische Wort des Alten Testaments, in welchem sich auch die grundlegende Auffassung findet (Gen. I 26), dass der Mensch zur Herrschaft über die Tiere, die Wesen der Welt bestimmt sei und damit zur Eminenz. Auch das vielbemühte aristotelische Wort vom Menschen als *zoon politikon* geht unmissverständlich von einer Bestimmung des Menschlichen aus.[755] Und die logistisch sinnlos wirkende Expedition Alexanders des Grossen nach der Oase Siwa[756] sollte offenbar der neuen Monarchie eine providentielle, „teleologisch" vorbestimmte Dimension verschaffen[757] durch inszenierte Befragung des berühmten Orakels,[758] wobei zu vergleichbarem Zweck Augustus logistisch sehr viel weniger aufwendig ein Horoskop benutzte[759].

Wir alle sind mit teleologischen Kausalisierungen vertraut, denn sie haben unsere Welt geprägt und prägen sie noch.[760] Doch würden wir gewiss von einer Verallgemeinerung oder Veralltäglichung des normalerweise theologisch erhabenen Prinzips einer „Bestimmung" zurückschrecken. Dieser begegnen wir allerdings in den

---

[751] Zu den Göttern der Ilias als Zuschauern SCHMID 2016, 113.

[752] Ebd. 124; 137; 364.

[753] Hom. Il. 208-305.

[754] Entscheidungsfindung und Träume des Xerxes: Hdt. VII 8-20; SCHMID 2016, 125f.: es geschah, was „geschehen sollte".

[755] Arist. Pol. 1253a1-11.

[756] Dazu zuletzt CHANIOTIS 2019, 28f.

[757] Dafür gab es natürlich auch in Ägypten Vorbilder: In einer Inschrift des Thutmose III. in Karnak rühmt sich dieser, dass ihn Amun selber, der Gott, auf den Thron gesetzt habe: *„Er hat mir befohlen, dass ich auf seinem Throne sei, obwohl ich noch ein (Kind) war"* und er nennt Amun seinen „leiblichen Vater". Er beschreibt auch das Orakel durch das herumgetragene Götterbild, das vor ihm stehenblieb (ROEDER 1998, 200ff.). – Das war vermutlich dieselbe Methode des 'Barken-Orakels' durch die später die Gottessohnschaft Alexanders in Siwa 'verifiziert' wurde.

[758] Laut ASSMANN 2000, 18 hätte Alexander den ägyptischen Mythos der Gottessohnschaft *„reaktiviert"*; er trat auch *„mit einer geradezu schlafwandlerisch zu nennenden Sicherheit in der traditionellen ägyptischen Rolle des Heilskönigs auf"*.

[759] SCHMID 2005.

[760] Etwa HEGEL 1986a, 21. – Hegels Einfluss lässt sich kaum überschätzen. Ein eigenes Kapitel ist der seinerseits teleologische Fortschrittsglaube, den Hegel bloss systematisierte (dazu etwa KOSELLECK 1989).

hier zu betrachtenden Texten praktisch auf jeder Seite: Verletzungen durch heisses Wasser können nach Rhetorios, einem Kompilator des 6. Jhdts.,[761] bei entsprechender Konstellation per Geburt für mich vorgesehen sein – ebenso wie der Tod, denn: *nascentes morimur, finisque ab origine pendet* (Manil. IV 16). Heisst das, der Arbeitshypothese folgend, dass auch das Verletztwerden durch heisses Wasser als bestimmte Möglichkeit meine Identität beschreiben würde? – Das klingt lächerlich, aber wenn mein Gesicht dadurch entstellt wäre, könnte es auch für meinen Psychologen relevant sein. Es gibt natürlich übergreifendere Zuschreibungen, etwa nach demselben Rhetorios, dem auch zu entnehmen ist, wie der astrologische Text explizit als Anleitung an Astrologen gerichtet ist: *„say the parents are pious or foreigners. Sometimes the native is pious. But he always travels a lot".*[762]

Psychologisch ist der Gegensatz zu jeder Art von moderner Aitiologie wohl augenfällig: Zwar wäre es sehr theoretisch denkbar, eine auffällige Reiselust etwa genetisch oder typologisch zu verankern, falls es gelänge, ein „reist-gerne-ist-vielleicht-fromm"-Gen zu isolieren, aber moderne Psychopathologie hat ganz andere Prioritäten. Nehmen wir den Kaiser Nero als antikes Exempel pathologischer Grausamkeit, von dem wir ja wissen, dass sein Horoskop Gegenstand von Erwägungen war.[763] Vermutlich der erfolgreiche Astrologe und spätere Präfekt von Ägypten Balbillus soll seiner Mutter Agrippina nach diesem Horoskop das Kaisertum Neros und zugleich den Muttermord vorausgesagt haben.[764] Das Horoskop ist nicht überliefert, lässt sich aber nach Suetons Angaben zur datierten Geburt bei Sonnenaufgang leicht erstellen (Abb. IV).

Auf die Unwägbarkeiten einer Auslegung im antiken Stil soll hier nicht eingegangen werden. Es ist jedoch davon auszugehen, dass die über Tacitus kolportierte, vielleicht auf Agrippinas Memoiren zurückgehende Version der Prognose nach Stellen etwa bei Dorotheus historisch nicht unmöglich war. Neben der „imperialen Genitur", die hier noch beiseite bleiben soll – Sonnenaufgangshoroskope waren diesbezüglich besonders potent[765] –, ist die Muttermordprognose auffällig. Nehmen wir an, sie habe sich auf die Konjunktion von Mars und Sonne bei Neros Aszendenten bezogen, was in irgendeiner Form wahrscheinlich ist,[766] so hätten wir psychologisch den Befund eines Kindes mit offenbar mörderischen Neigungen – spätestens der Mord des Buben am Stiefbruder Britannicus gab zu grösserer Besorgnis Anlass. Wir würden ja Neros Pathologien aus den Bedingungen seines Aufwachsens in einem mörderischen Milieu erklären, das mit der bloss indirekt definierten Form der kaiserlichen Macht zusammenhing, und natürlich auch mit der explizit 'divinisierten' – d. h. un- oder übermenschlichen – Sphäre, in die jedes Mitglied des Kaiserhauses per Geburt eintrat.

Moderne Psychopathologie würde hier eine traumatisierte Kindheit in einem traumatisierten Milieu, das in kompensatorischen Überlebensstrategien gefangen war, sie

---

[761] p. 112 HOLDEN.

[762] p. 88 HOLDEN.

[763] SCHMID 2005, 277-303.

[764] Tac. Ann. XIV 9,3; VI 22,4; Suet. Nero 40,2.

[765] SCHMID 2005, 285ff.

[766] Vgl. auch Liber Hermetis Kap. XXXI: *„Steht die Sonne in Konjunktion zu Mars bei Nacht, sei es in ihrem eigenen Zeichen oder in einem gewalttätigen Zeichen, so zeigt sie, dass der Geborene gewalttätig, gedankenlos, dreist, gefährlich, und von kurzem Leben sein wird sowie eines gewaltsamen Todes sterben wird."* (deutsch nach HAND).

würde nach Jacob Burckhardts Definition[767] das Unglück zutage fördern, das auch der divinisierten Macht zugrunde liegt, und sie würde das in einer von Anfang an therapeutischen Hinsicht tun. – Eine supponiert „teleologische" Psychologie müsste im astrologischen Exempel dagegen das mörderische Treiben als *causa finalis*, als aristotelische „Zweckursache" betrachten, die in den Konstellationen – etwa die Konjunktion von Sonne und Mars und der scharfe Quadratwinkel Saturns zu dieser Konjunktion – zugleich wirkende Ursache (*causa efficiens*) wäre. Gewalttat sollte sein, Nero bedurfte des gewalttätigen Elternhauses[768] weil seine Konstellation zur Gewalt es erforderte – der mörderische Nero ist vielleicht geboren worden, damit Rom angezündet werden konnte. So ähnlich, nämlich als apokalyptische Figur, die noch in der mittelalterlichen Imagination des Joachim von Fiore eine Rolle spielen kann, konnte Neros aggressives Naturell von einer Gruppierung mit eschatologischem und heilsgeschichtlich explizit teleologischem Horizont eingeordnet und sein Pathologisches 'erklärt' werden. Dann war auch die vergottete Hybris der Macht als Herausforderung und 'dialektischer' Kontrast das Element einer 'grösseren Geschichte': Noch Jacob Burckhardt hat in seiner unpublizierten Vorlesung über die römische Kaiserzeit[769] nach einer Schilderung tiberianischer Verhältnisse in taciteisch düstersten Farben ein kurzes Kapitel über das 'evangelische Geschehen' als sehr wirkungsvollen und vermutlich in der Adventszeit gelesenen Kontrast eingefügt. Der lugubre Machtwahnsinn der Kaiser musste den Gegensatz des demütigen Heilskönigtums Christi hervorbringen und der erstere wurde so ganz wörtlich zum „Anti-Christ", zum 'dialektischen' Element einer ihm weit übergeordneten Bestimmung.

Nun fehlt allerdings der teleologischen Aitiologie der Astrologen der religiöse Horizont einer Eschatologie vollkommen, was natürlich nicht hindert, dass Astrologie für die Zwecke religiöser Teleologie benutzt werden konnte.[770] Ihre Teleologie ist keineswegs auf Erbaulichkeit fixiert, und dem typologisch Unscharfen, Verallgemeinerbaren prophetischer Voraussagen setzt sie eine Prognostik von verblüffend deterministischer Konkretheit entgegen.

---

[767] *„Und nun ist die Macht böse, gleichviel wer sie ausübe. Sie ist kein Beharren, sondern eine Gier und* eo ipso *unerfüllbar, daher unglücklich und muss also andere unglücklich machen."* 2000 (JBW 10), 205.

[768] Dazu, und vor allem zur Grausamkeit seines Vaters, Suet. Nero 4-6.

[769] StA BS PA 207.127, erstmals gelesen 1848/9. Die Vorlesung soll im Rahmen der kritischen Neuedition zusammen mit der Vorlesung zur Geschichte der germanischen Völker publiziert werden. Vorläufig dazu KAEGI 1956, 305-323.

[770] Die Diskrepanz zeigt sich deutlich bei den mittelalterlichen Versuchen, astrologisch das Ende der Welt, das Kommen des Anti-Christ oder den Beginn des Gottesreichs zu berechnen. Dazu nur etwa ZAMBELLI 1986; SMOLLER 1994; KENNEDY/ PINGREE 1971.

Das teleologische Verknüpfen von Ereignisformen mit einem vorausliegenden Plan oder *„design"*, das diese Ereignisse *ab ovo* oder auch seit dem Ursprung aller Dinge bestimmte zu sein, was und wie sie waren, war in der Zeit des späten Hellenismus intellektuell breit akzeptiert. Von Bedeutung war für das griechische und gräzisierte Milieu auch etwas, das man als 'Physikalisierung' dieser Teleologie bezeichnen könnte: der Kosmos wurde, dezidiert im Anschluss an Platons Timaios, zur göttlichen Schale der Welt, und damit auch zum Gegenstand der Erbauung und theophaner Ersichtlichkeit des Göttlichen. Dieser Vorgang – die intellektuelle Prominenz und Attraktivität eines 'Diskurses der Bestimmung', wie man dies heute nennen würde, mitsamt dessen Entstehung[771] – ist als Hintergrund für die Genese der astrologischen Texte zweifellos ein gewichtiger Faktor, denn er müsste auch den Bildungshorizont beispielsweise unseres supponiert ägyptischen NP (=Nechepso/Petosiris)-Autors affiziert haben.[772] Doch soll an dieser Stelle auf diesen höchst einflussreichen „Diskurs" nicht näher eingegangen werden. Seine beredteste Fassung hat er zweifellos in der griechischen Philosophie von Platon und seiner Schule über die Stoa bis zu Neuplatonismus und Neopythagoreismus[773] gefunden;[774] dazu kommen noch die sozio-kulturell heterogeneren Varianten, die man dem schwer zu begrenzenden Gebiet des Religiösen und der Frömmigkeit zugerechnet hat. In diesen 'Zonen' hat man auch immer wieder die Astrologie ansiedeln wollen, was eigentlich nicht abwegig ist, aber doch wohl der gerade in dem erhabenen Zusammenhang der fatalen „Bestimmung" erstaunlichen Pragmatik der astrologischen Texte nicht ganz gerecht wird.

Die erwähnte Neigung Neros zur Gewalt liesse sich auch durch eine Stelle aus Rhetorios illustrieren. Dort heisst es bei der Besprechung der Konstellation des Mars in der Nähe des „Horoskopos", also im „ersten Haus", was in der Regel hiess, dass der Mars im aufgehenden Zeichen stand (also im Schützen bei Nero, nach Abb. IV): er mache, wenn gut aspektiert, Militärs, Kommandanten etc., auch als *„rulers of life and death"*, und zwar *„terrible against cities and countries"*, schlecht aspektiert aber Jähzornige und Brutale.[775] Nach unserer Ausgangshypothese wäre somit fundierender Teil einer Identität

---

[771] Eine These dazu bei SCHMID 2020.

[772] Auf seine Affinität zur (und Verflochtenheit mit) Monarchie und ihrem Bedeutungshorizont wird zurückzukommen sein.

[773] Es ist der Erwähnung wert, dass der prominente und dem Kaiserhaus sehr nahestehende Astrologe Thrasyllos, der auch erfolgreicher Platon-Herausgeber war, als Philosoph der neupythagoreischen Schule zugerechnet wurde: TARRANT 1993.

[774] Für die kosmologische Variante bietet immer noch FESTUGIÈRE 2014 (1949) im zweiten Band seines vierbändigen Werks über Hermes Trismegistos eine grundlegende Orientierung. Im Weiteren sei hier nur auf KRÄMER 1964; REYDAMS-SCHILS 1999; HAHM 1977; DUHEM 1954; MOREAU 1939; SCHMID 2005, 119-183 verwiesen.

[775] p. 52 HOLDEN (vgl. p. 48 zu Charaktereigenschaften nach Planeten beim Aszendenten).

die Möglichkeit, Zerstörung zu bewirken; das passt zum „Übeltäter" Mars[776]. Ist dieser gut aspektiert, wird der „Native" damit auch sozial erfolgreich sein.

Wo uns die „Aggression" als problematische[777] „Triebkraft" der Psyche gelten und somit als wenigstens partiell identitätsformend einleuchten könnte, da hätten wir gewiss erheblich grössere Mühe, den Hinweis, wonach ein Horoskopeigner zum „Esser von Verbotenem"[778] angelegt sei, als identifizierenden Beleg für menschliche Wesensart zu verstehen (gemeint war hier offenbar jemand, der rituelle Reinheitsgebote übergeht)[779]. Aber auch eine Neigung, von Tieren gebissen zu werden, kommt vor,[780] oder, wenn Sonne und Merkur im siebten Hause stehen, man heiratet womöglich eine grau-äugige Frau.[781] Von sexueller Devianz in allen Varianten war schon die Rede,[782] ausführlich wird wie schon erwähnt auch die Zahl wie das Geschlecht zu erwartender Kinder[783] und Ehefrauen referiert,[784] sowie die Verhältnisse der Eltern.[785] Und nicht zu vergessen – die möglichst genaue Berechnung der Lebenszeit gehörte zum Standard aller Handbücher – die Todesart:[786] Man konnte schliesslich auch geköpft werden oder

---

[776] In ihm steckt der mesopotamische Sturmgott und „Würger" Nergal, über den es im deutschen Wikipedia-Artikel heisst: Nergal *„ist eine Gottheit der sumerisch-akkadischen, babylonischen und assyrischen Religion und Vorbild und Bestandteil anderer Gottheiten anderer altorientalischer Völker. Nergal ist der Gott der Unterwelt Kurnugia. Nergal verkörpert die vernichtende Sonnenhitze, so dass ihm Brände und Krankheiten und Seuchen von Mensch und Vieh zugeschrieben wurden. Außerdem stand er für den Kampf gegen feindliches Fremdland."*

[777] Die Problematik hat aber Löcher, nicht nur im Sport, bei dem die Aggressivität wohl allgemein eher an Beliebtheit gewinnt, sondern selbstredend dort, wo alle Nationen noch ihre Armeen unterhalten und damit auch verschämt oder unverschämt die „martialischen" Fähigkeiten zur Zerstörung kultivieren.

[778] Rhetorios p. 50 HOLDEN.

[779] Vgl. Vett. Val. II 14,3: bei Mond mit Saturn im dritten Haus gibt es *„einen Gottverhassten, Bestraften, der oft vor Gericht muss und die Götter vielfach wegen des Unheils schmähen wird, das ihm zustösst."* (Übers. SCHÖNBERGER/KNOBLOCH).

[780] Rhetorios p. 76 HOLDEN (zu Mars im fünften Haus, wo auch mit Schnitten und Verbrennungen sowie Angriffen von Räubern zu rechnen sei); vgl. p. 57 (grauer Star); p. 60 (Verletzungen durch Eisen).

[781] Ebd. p. 82.

[782] Dorotheus II 7; Ptol. Tetr. III 5,187; vgl. BARTON 1994, 163ff.

[783] Dorotheus II 8-13;

[784] Ebd. II 1-6;

[785] Ebd. I 12-14: Schicksale, Vermögenslage der Eltern und der Verlauf ihrer Stellung; II 26,13 p. 230 PINGREE: die Mutter ist von noblerer Herkunft als der Vater; p. 232: der Native verschwendet das väterliche Vermögen und tötet die jüngeren Brüder. – Zu den Geschwistern auch Ptol. Tetr. III 5 (nach III 5,119 ist man mit Saturn beim Aszendenten der Erstgeborene – man kann wohlgeformte und glänzende Geschwister haben oder das Gegenteil davon, freundliche oder streitlustige, Brüder und/oder Schwestern). – Laut Firmicus (Math. VI 31,18) stirbt etwa die Mutter durch das Schwert; Vett. Val. II 31,1 behandelt den vorzeitigen Tod der Eltern.

[786] Firmicus Math. I 9 (allgemein zur Fatalität der Todesarten); VII 23 (gewaltsamer Tod, inklusive der Lokalität: Tod im Wasser, Feuer oder am wüsten Ort, auch als verurteilter Verbrecher etc.); vgl. VI 31,15: Tod durch Hundebisse. – BARTON 1994, 166ff. (zum gewaltsamen Tod).

lebendig verbrannt.[787] Und selbst der Nachruhm des „Nativen" wurde nicht der beziehungslosen Unbestimmtheit überlassen.[788]

Halten wir einmal inne und versuchen uns einen Reim zu machen auf diese recht zufällige aber charakteristische Auswahl an Festlegungen, die offenbar ein Leben jeweils in seiner Singularität bestimmen sollten. Wie würde hier, von der grundlegend teleologischen Vorbestimmtheit abgesehen, eine supponierte Identität definiert? Lässt sich diese Methode des Erfassens von menschlicher Charakteristik irgendwie beschreiben – oder wird eine solche angesichts des Sammelsuriums an 'Daten' eines supponierten Lebenslaufs von völlig heterogener Art gar nicht angestrebt? – Was auf den ersten Blick auffällt, ist ja die Tendenz, Charakteristisches zu definieren in der Hinsicht auf seine Auswirkung, also nicht von der eigenen Selbstwahrnehmung oder einer Problematik und Pathologie des Selbstgefühls her. Das ist Aussensicht eher als Innensicht auf Identität.

Nehmen wir eine poetische Stelle bei Manilius als Einstieg in eine hier möglicherweise fassbare Anschauungswelt, wo er das „zehnte Haus" (vgl. Abb. II), an der sogenannten „Himmelsmitte" (*mesuranema/ medium coeli*) der Venus zuordnet.[789] Da diese Mitte als Kulminationspunkt der Planeten den Himmel teilt in einem Moment des Gleichgewichts zwischen ihrem Aufstieg und Abstieg,[790] sitzt dort Venus, gleichsam die Metapher für eine Welt, die sich im Kreisen der Sphären und Jahreszeiten selber im Gleichgewicht hält. Sie schenkt der Welt Symmetrie, Proportionalität und Schönheit, und „regiert" damit auch das Menschliche (*humana regit*). Venus verleiht dem Kosmos ihr schönes, ebenmässig proportioniertes Gesicht – so wie das Horoskop mit den vier „Kentra" oder „Cardines", den astrologisch potenten Eckpunkten, eben die „Angeln" der Welt und damit eine ebenmässige Ordnung abbildet. Die ausgewogen organisierte Gestalt auch des Menschlichen wäre dann eine Leihgabe der Göttin – oder 'platonischer' eben das Markenzeichen eines strukturell symmetrischen[791] Kosmos, nach dessen geometrischer Idealität auch alles Menschliche als Teil dieses Kosmos konstruiert sein musste. Hier wird also die Ikonographie des 'Formulars' des Horoskops selber zur Aussage, die als mundan Vorgegebenes das Menschliche strukturiere, und zwar auch hierarchisch strukturiere: das zehnte Haus, das Manilius eher eigenwillig dem Glück und der Ehe zuordnet, soll nach aller Regel „Ehren und Würden" verleihen und wird durchwegs als günstig und bedeutend angesehen. Während die auf die potenten Eckhäuser folgenden „fallenden" Häuser diese Bedeutung wieder verlieren müssen; das wirkt sich laut Vettius Valens gravierend aus, wenn ein „*oikodespotes*" oder „hausbeherrschender" Planet[792] in ein solches Haus als Himmelssektor fällt: „*Jeder Stern*

---

[787] Vett. Val. II 41,51-60.

[788] Ebd. II 13,3, wonach das vierte Haus nach dem Tod Nachruhm (*euphemias*) beschere und Hinterlassenschaften für die Angehörigen.

[789] I 918-924.

[790] *culminaque insurgunt occasus inter et ortus/ suspenduntque suo libratum examine mundum* (II 920f.).

[791] Dazu, und zur Wichtigkeit des Konzepts einer „symmetrischen" Welt für das augusteische Selbstverständnis SCHMID 2005, bes. Kap. 7 („*pax mundi*") und Reg. s. v. „Symmetrie, symmetrisch". Vgl. etwa Manilius I 601f.

[792] Wenn das Zeichen Widder kulminiert, kann etwa der dem Widder zugeordnete Planet Mars zum „*oikodespotes*" des zehnten Hauses und damit auch zum 'Regenten' damit zusammenhängender Lebensbereiche werden.

aber, der zum Haus-Herrn geworden ist und sich im Abstieg befindet, wird zum Gegner und Räuber; er macht, dass man anderen untergeben wird, ein schwankendes Leben führt oder seines Ruhmes beraubt wird, Wunden, Leiden und Anklage erduldet und ein Dasein voller Mangel hat."[793] – Wir können sicherlich sagen, dass hier menschliche Möglichkeiten auch im Sinne von sozialer Hierarchie von der gegebenen Wirklichkeit kosmischer Relationen ausgehen, bewirkt oder geprägt werden. Sie werden durch Strukturen einer Welt beherrscht, die laut Aristoteles von ihrer eigenen Wirklichkeit bewegt werden soll.[794]

Wir stellen erst einmal fest, dass hier das Mögliche auf seine mögliche Wirklichkeit hin befragt wurde und nicht etwa umgekehrt nach den Möglichkeiten gefragt, die sich aus einer gegebenen Wirklichkeit als ihrer Bedingung ergäben, was uns wohl näher läge. – Die antiken Texte zeigen eine durchgehende Tendenz, die biographischen Strukturmerkmale eines Horoskops als Konglomerat von möglichst konkreten Ereignissen bzw. konkreten Ereignisformen zu beschreiben. Eine Zukunft für den Klienten wird durch den Astrologen als bevorstehende Vergangenheit erzählt, als eine kommende Tatsächlichkeit, die wo immer möglich als 'fertiges' Geschehen vorgestellt wird. – Das gilt auch für den Klienten, der offenbar ein mächtiger Mann oder sein Beauftragter war, der eines frühen Morgens im Juli des Jahres 485 in Alexandria den Astrologen fragte, „ob der Löwe zahm werde"[795]. Oder es gilt für den jungen Gaius Octavius, der vermutlich noch nicht einmal wusste, dass ihn sein Onkel Caesar testamentarisch adoptieren würde oder adoptiert hatte, als ihm zu Apollonia ein Astrologe Theogenes künftige Ehren als Gott[796] nicht bloss als eine Wahrscheinlichkeit verhiess, denn er sei, so schreibt es Sueton,[797] gleich demonstrativ zur „Adoration" des jungen Römers übergegangen.

Dieser Bezug auf möglichst ausgesprochene, als prognostische Möglichkeit unwahrscheinlich konkretisierte Ereignisformen könnte als „eventualistischer" oder „okkasionalistischer" Stil der Beschreibung von Identität bezeichnet werden.[798] Ein recht

---

[793] Vett. Val. II 2,10.

[794] Arist. Met. 1047a 30-32: *„Es ist aber der Name der wirklichen Tätigkeit (*energeia*), welcher eine Beziehung hat auf die vollendete Wirklichkeit (*entelecheia*) besonders von den Bewegungen auch auf das Übrige ausgegangen, denn die Wirklichkeit scheint am meisten Bewegung zu sein (dokei gar energeia malista he kinesis einai).*" (Übers. nach Bonitz, modifiziert).

[795] NEUGEBAUER/ VAN HOESEN 1959, 146 (= Hor. gr. 483.VII.8 HEILEN). Es könnte sich um ein Horoskop handeln, das vom Astrologen auf den Zeitpunkt der betreffenden Frage („wird der Löwe gezähmt") gestellt wurde. Der Text lässt vermuten, dass der junge Löwe verschifft worden ist.

[796] Es gab in Handbüchern diese Rubrik. Göttliche Ehren als Mensch zu erhalten war im späten Hellenismus eine durchaus reale Ereignisform, vorab für politisch Mächtige und ihre Familie; also musste es dafür Konstellationen geben: vgl. SCHMID 2005, 20 mit A 5 (zu Antiochos, der ein Kapitel *peri theou geneseos* geschrieben habe) und 287 zu (Pseudo) Manetho mit der Ansicht, dass die Stellung der Sonne am Aszendenten den *„sterblichen Gott unter Menschen"* hervorbringe.

[797] Suet. Aug. 94,12.

[798] Er ist offenbar auch BARTON (1994a, 82) aufgefallen. Beim Erwägen der Möglichkeiten, einen antiken Horoskopeigner nach erhaltenen Handbüchern als Charakter zu deuten, meint sie: *„One could, with difficulty, accept the sort of contradictions of character that the astrologers provide for him [...] But when the predictions are for concrete events we are truly left baffled."*

typisches Beispiel dazu aus Dorotheus von Sidon in der Übersetzung Pingrees (es geht dabei um die 'Auswirkung' von Planeten-Oppositionen) im Auszug: *„If Mars aspects Venus from opposition, it indicates that he will be one of those in whom there is no constancy with respect to [his] thinking, and it will harm his father and his marriage. If it is in a tropical sign, it indicates quarreling and misfortune because of women. If Mars aspects Mercury from opposition, then he will have little shame [but will be] a master of lies and books or bewitchment and injury, and his livelyhood will be from this, and he will have little property, but his wife will be good, and he will not cease being surety and giving guarantees for it, but he will run away from the discharge of [his] trust, and he will submit it to the judges and to argument, and fear will come to him and dread of [his] superiors, and he will depart for places in a land other than his own, especially if Mercury is in Saturn's term or in its own term and house. "*[799] (udgl.).

Bei Firmicus Maternus droht bei Stellung des Saturn im Zeichen Stier Ungemach im 9., 14., 25. und 37. Lebensjahr – und vor 32 kann man da nicht heiraten.[800] Steht Saturn in den Zwillingen kriegt man keine Jungfrau zur Frau[801] (was Frauen damit anfangen, wird hier nicht weiter ausgeführt), und dasselbe Schicksal erleidet man mit Saturn im Löwen,[802] im Skorpion[803] und im Schützen[804] und sogar mit Jupiter im Löwen.[805] – Dem Manne aber mit Jupiter im Zeichen Jungfrau wird, sobald der Saturn die Fische durchlaufen habe, eine *uxor pudica et benivola* verheissen.[806]

Die Zukunft als prognostischer Horizont einer Identität, die in der Diversität der singulären Momente des Lebens das Überdauernde sein soll, das eine stabile Zuschreibung wie den Namen rechtfertigt, wird als Konglomerat oder Komplex von künftig Realisiertem, Gewordenem, von Wirklichkeiten aufgefasst. Sie wird in dem Modus prognostizierter Vergangenheiten vorgestellt, als künftige Faktizität sozusagen, die sich wie die *genomena* der Historie[807] erst als Geschehenes, ja als in Wirklichkeit geschehene enthüllt, die als realisierte nicht mehr revidiert oder widerrufen werden kann. – Die „Wirklichkeit" ist eine eminent „historische" Kategorie,[808] sie bestimmt eine Welt, die nach Aristoteles nicht in ihrer Möglichkeit verharrte, in der sie immer auch noch nicht sein könnte,[809] während wir wieder die „Möglichkeit" eher dem Komplement des Historischen, nämlich dem Politischen als einer Welt menschlicher Autonomie und damit der prinzipiellen Zukunftsoffenheit des Veränderbaren zuordnen würden. Denn in der Zukunft als dem Feld des freien Intendierens wird dem Subjekt sogar das annihilierende Nichtsein möglich. Es werden dann genau nur die regulären Verläufe naturaler, d. h.

---

[799] Dorotheus II 16,23-25 p. 220 PINGREE.

[800] Math. V 3,7.

[801] Ebd. V 3,11.

[802] Ebd. V 3,19.

[803] Ebd. V 3,37.

[804] Ebd. V 3,43.

[805] Ebd. V 4,13. – Es fragt sich, ob diese relative Häufigkeit, sie betrifft statistisch mindestens ein Drittel aller Klienten, sozialgeschichtlich auswertbar wäre zur Frage des Ausmasses „vorehelicher" Sexualität zur Zeit des Firmicus Maternus bzw. seiner Quellen.

[806] Ebd. V 4,15.

[807] Hdt. I Proöm; dazu SCHMID 2016, 50-60.

[808] SCHMID ebd. 328-365.

[809] Arist. Met. 1071b 26 (Schmid ebd. 168ff.).

freiem Handeln extern verfügbarer, Prozesse prognostiziert, weil der Bereich des Möglichen nicht durch Festlegungen im Vorhinein beschränkt werden soll. Es werden die möglichen Gefahren des Abwendbaren oder Vermeidbaren errechnet, um die Freiheit des humanen Subjekts gegen die Übermacht weltlicher Gegebenheiten zu behaupten.

Für Vettius Valens, der hier allerdings seine unfehlbare Methode der Lebenszeitberechnung demonstrieren will, ist es dagegen so, dass sogar die Kontingenz lebensweltlicher Alternativen sich schon im planetaren Bereich vorentschieden hat, und zwar in exakt diagnostizierbarer Formalität: *„wäre diese Begegnung nicht eingetreten"* (nämlich einer „Progression"[810] im Horoskop mit dem Stand des Mars im Skorpion) so *„hätte er sogar die von Venus geschenkten 84 Jahre gelebt".* So aber wurde dieser 'Native', dessen Horoskop Valens zum Beleg mit überaus exakten Daten angibt, nur 12 Jahre alt.[811] – Vettius Valens war unzweifelhaft ein Berufsastrologe, den man gerade daran erkennt, dass er der Technik, die er in seinem Handbuch mitteilen und lehren will, immer wieder durch Horoskop-Beispiele zur Evidenz verhilft.[812] Er hat das alles durch Erfahrung und Praxis erprobt,[813] und lässt keinen Zweifel daran, dass er auf die Prognose von Wirklichkeiten aus ist: *„und so konnte ich das Lebensende unausweichlich voraussagen."*[814]

Die Mortalität des Lebens, die sich im Tode realisiert, ist nun gewiss neben der Geburt die prägnanteste Manifestation seiner Singularität. Und ihre Voraus-Berechnung, die wohl in den meisten Fällen eine nachträgliche zum Beleg der Methode war, fehlt in keinem antiken Handbuch. Es ist unzweifelhaft, dass in der Fähigkeit, den Tod als Expression oder Ereignisform der Kontingenz eines Daseins zu berechnen, das sich im Einmaligen vollzog, die antike Astrologie ihre Domäne behauptet hat. Ähnliches hatte mit systematisch-rationalisierendem Anspruch noch keine Mantik oder Wissenschaft für sich in Anspruch genommen. Und dass die Figur des den Tod voraussagenden Astrologen seit der Kaiserzeit populär war, kann man allein schon den Erzählungen bei Tacitus und Sueton entnehmen, die die professionellen Lebenszeitberechner an sehr prominenter

---

[810] Gemeint ist die Verschiebung eines Punktes im Horoskop durch den Tierkreis nach diversen Regeln (Valens benutzt im angegebenen Beispiel u. a. die Differenz zwischen dem letzten Vollmond und dem Mondstand der Geburt, die dann wieder anderswo abgetragen wird). Dabei können für bestimmte Zwecke die Gradabstände in Lebenszeit umgerechnet werden, z. B. nach dem simplen Schüssel: ein Grad = ein Jahr. Es gibt andere Varianten: dabei werden verschiedene Lebensperioden nach diversen Schlüsseln den Planeten oder Losen zugeordnet, die dann je nach der Qualität ihrer „Konstellation" ihre Zeitspannen zu einer Gesamt-Lebensdauer beisteuern. – Ein Überblick dazu bei BRENNAN 2017, 535-589;

[811] Vett. Val. III 7,26.

[812] Dass Firmicus Maternus dies in der Regel mit fiktiven Ideal-Horoskopen etwa von Homer und Pindar tut, während Ptolemaios überhaupt keine Beispielhoroskope bringt, lässt daher vermuten, dass beide keine astrologischen Praktiker waren; sie haben mit Astrologie nicht ihren Lebensunterhalt verdient.

[813] Explizit III 11,1: *„Ich fand auch das folgende Verfahren bezüglich der Lebenszeit, das von den Früheren vielfältig verschlungen dargestellt wurde; ich selbst untersuchte es durch Erfahrung, habe es geprüft und denke, es wird den meisten gefallen."* (Übers. SCHÖNBERGER/KNOBLOCH).

[814] Ebd. III 10,17. Er hat zuvor die Methode an einem Horoskop demonstriert, nach welchem sich, entsprechend dem „zweiten Klima" des Geburtsortes, *„79 Jahre und ziemlich genau 4 Monate"* ergaben. *„So lange lebte er denn auch."* (III 10,15f.).

Stelle (in der Nähe der Kaiser) sichtbar werden lassen.[815] Ein anerkannter Spezialist in den Kalkülen der Sterblichkeit, nämlich Balbillus, war unter anderem sogar *praefectus Aegypti* geworden.[816] Er gehörte in neronischer Zeit zu den mächtigsten Politikern der Welt.

Wenn wir an unserer Arbeitshypothese festhalten, müssen wir also von einer beschreibbaren Identität ausgehen, in welcher eine konkret modifizierte Sterblichkeit mit enthalten wäre. Der Tod müsste, als Teil zeitlicher Terminierung sowie periodischer Gliederung[817] des Lebens, und zwar spezifiziert als konkrete Ereignisform, zur Identität der „Nativen" gehören. Er, der Tod, wäre hier nichts dieser Identität Externes, sofern diese von ihrer 'geschehen(d)en Wirklichkeit' her, und das heisst eben: nicht von ihrer Möglichkeit her aufgefasst worden wäre. – Mit dem Bezug zum Möglichen haben wir oben[818] die menschliche Subjektivität in Verbindung gebracht. Und mit deren Dominanz, mit ihrer 'Emanzipation' aus diversen autoritär verfügten Beschränkungen, die oft als gottgegebene Prämissen menschlichen Lebens galten, haben wir wiederum die Moderne assoziiert. Modern wäre die Autonomie des Subjekts und mit ihr die 'Ausbeutung' des unabsehbaren Reichs der Möglichkeiten als ein Durchbrechen „*jeder Schranke*", wie Ernst Cassirer zum Menschen der Renaissance, spezifisch nach Pico della Mirandola, schrieb:[819] „*Sein Wirken wird ihm nicht durch seine Wirklichkeit schlechthin diktiert, sondern schliesst immer neue, über jeden endlichen Kreis prinzipiell hinausgehende Möglichkeiten in sich.*"

Wenn so in der Möglichkeitsfixierung sich das Subjekt auch 'psychologisch' wahrnehmen und objektivieren würde – wir haben schon angedeutet, dass sich die Psychoanalyse, die Paradeform moderner Psychologie, als Psychologie des Subjektiven bezeichnen lässt –, dann liesse das immer noch die Möglichkeit zu, in dieser auf 'fertige' Ereignisformen als auf „Wirklichkeit" fixierten Objektivierung der Astrologie eine Psychologie der Individualität zu vermuten: „*So musst du sein, dir kannst du nicht entgehen*" – wenn anders Individualität antagonistisch zum Subjektiven gerade dasjenige sein müsste, was uns daran hindert, zu sein was wir wollen. Womit sich hier biographisch mit anderen Worten eine „*Schicksalskontingenz*" gegen die „*Beliebigkeitskontingenz*" behaupten würde.

---

[815] SCHMID 2005, 295f. (im Zusammenhang des kaiserlichen Verbots der Todesprognosen im Jahr 11 n. Chr.).

[816] Cass. Dio 66,9,2; IRBY-MASSIE/KEYSER 2002, 98ff. (mit Beispielen zu des Balbillus Methoden); CRAMER 1954, 112-138; SCHMID ebd. 282 A 184.

[817] Dieser genauen Zuordnung der verschiedenen Lebensphasen gilt ein Grossteil des Werkes von Vettius Valens.

[818] Oben, 73.

[819] 2013, 98.

Wenn sich in der 'Materialisierung' des Horoskopformulars eine vom Individuellen und damit vom 'Anderen der Moderne'[820] her wahrgenommene Identität zeigen, darstellen, und wenn sie damit auch erzählbar werden würde, so müssten wir dieser Identität nach den unpoetisch kategorisierenden 'Erzählformen' der antiken astrologischen Literatur[821] eine Ereignis-Struktur zuschreiben. Damit wäre auch der besondere, in dieser Literatur immer wieder traktierte Bezug zur Zeitlichkeit angesprochen: nicht nur die 'Basis-Ereignisse' von Geburt und Tod, sondern Unzähliges andere, sofern es dem Klienten notorisch wird oder werden kann, wird hier möglichst genau zeitlich terminiert. Denn im Ereignis wird auch unser Leben fort und fort zur 'Realexistenz' des Singulären, damit der Unwiederholbarkeit der Zeit. Als Folge unrevidierbarer Einmaligkeiten erscheint jedes Leben als ein Konglomerat oder eine Verkettung von „Ereignissen".[822]

Genauer besehen scheint das ein eher tragisches als komisches Format zu sein, denn die Ereignis-Struktur eines Lebens hat immer auch in sich das Element der Peripetie, des Unerwartbaren als latenter Möglichkeit von Identität. Eine Identität als Ereignisform kann in der sozialen Gegenwart mangelhaft sichtbar sein, sie kann sich hinter ihrer Oberfläche verstecken wie der unscheinbare Claudius hinter dem Vorhang,[823] den dann die meuternden Prätorianer als neuen Kaiser hervorziehen. Identität in dieser Form hat

---

[820] Dazu SCHMID 2020. – Die Bedeutung von „Singularität" für die Spätmoderne betont RECKWITZ 2019, der aber zwischen Individualität (Singularität) und Subjektivität nicht unterscheidet und soziologisch nur an der sozialen „Performanz" von Singularität (als Besonderheit) interessiert ist. Die *„Idiosynkrasie"* erkennt er zwar als *„vorsoziale Eigentümlichkeit"* an (51) – gewiss ohne die Herkunft dieses Begriffs zu bedenken – aber im Ganzen gelten ihm Individualitäten in vormodernen Gesellschaften als *„mit Indifferenz betrachtete Idiosynkrasien"*, und diese seien nicht *„als wertgeschätzte oder gar systematisch hervorgebrachte Singularitäten zu begreifen"* (93). – In seinem Sinne müsste aber gerade die antike Astrologie die geforderte Systematik im grössten bekannten Ausmass aufweisen; sie geht darin über die moderne *„Genomanalyse"* hinaus, welche nach RECKWITZ erstmals *„der Inkommensuralität der genetischen Ausstattung des einzelnen Individuums auf die Spur kommen"* wolle – während *„der klassische medizinische Blick im einzelnen Patienten das Exempel allgemeiner Krankheitsbilder oder Gesundheitsnormen sah"* (74). Dabei verkennt RECKWITZ, dass die spätere antike und mittelalterliche Medizin massiv mit Astrologie als einem Instrument individualisierter Diagnostik und Prognostik gearbeitet hat (GIESELER-GREENBAUM 2020a; BRAUNSPERGER 1928; AZZOLINI 2005; RUTKIN 2019, etwa 385-418 zur Astrologie an den Universitäten, und sonst; VANDEN BROECKE 2003).

[821] Es gibt Ausnahmen, nämlich illustrierende Fallbeispiele, die biographische Skizzen sein können, vorab bei Vettius Valens überliefert; vgl. dazu BARTON 1994, 169-172. Auch das Hadrian-Horoskop des Antigonos von Nikaia erläutert einen, politisch relevanten und in den Eckpunkten allgemein bekannten, biographischen Zusammenhang als Illustration astrologischer Methodik (HEILEN 2015, bes. 565 zur Gliederung der 'astrologischen Biographie' Hadrians).

[822] Zum hier gemeinten Ereignis-Konzept im Vergleich mit der modernen philosophischen Emphase Heideggers der Nachtrag unten.

[823] Suet. Claud. 10; Tac. Ann. III 18,4 (wonach *fortuna* den unscheinbaren Claudius als künftigen Princeps *in occulto tenebat*).

einen strukturell 'metabolischen' Charakter – und wurde wohl gerade deswegen für ein „revolutionäres Kaisertum" in Rom zur Stütze und Orientierung: der spätere Augustus war eben, als er vielleicht im Jahr 45 v. Chr. den Astrologen besuchte, der in dem Sohn eines römischen Ritters die 'Identität' eines gottähnlichen Weltherrschers diagnostizierte, keineswegs ein römischer Kaiser.[824] Ja, es gab noch kein solches 'Institut', aber immerhin den Mann, der ihm den Namen gab (Caesar), weil nach seinem Tod der von ihm adoptierte Gaius Octavius eine Stellung als Alleinherrscher behaupten und verankern konnte. – Das „revolutionäre" Element der Astrologie, die allen „Revolutionen" den Namen lieferte,[825] hat mit diesem an sich dynamischen Charakter der Ereignisform zu tun, die eben immer das 'Realisieren' einer 'genetisch' oder 'spermatisch' angelegten Latenz in einer singulären Zeitlichkeit, im bestimmten Moment, sein muss. Und als Ereignis ist sie immer wieder auch das, was sie vorher ersichtlich noch nicht war. Das mag als 'dynamisches' Format ausgerechnet eines essentialistischen Modells von fatal fixierter Identität erstaunen, aber der Anspruch dieser Experten war es eben, das 'natal Fixierte' hinter dem Vorhang der Unabsehbarkeit als eine teleologische Struktur einer Biographie von dramatischer Inzidenz erkennen zu können. Hier wurde das Wandelbare, das sich Verändernde der Kontingenz dem rationalen Kalkül unterworfen: Die Astrologen beanspruchen zu wissen, was man gerade nicht wissen kann, nämlich das 'Umschlagen' des Geschicks, das alle bedroht, und darin beanspruchen sie jenes Über- oder „Zusatzwissen" (*surplus knowledge*),[826] das eigentlich die „Divination" als 'Götterwissen' bezeichnet. Daher versuchen die astrologischen Texte nicht selten, ihre Methodik in die Nähe des Göttlichen zu erheben, so Vettius Valens, der sich auch vom *daimonion* führen liess,[827] um zur Erkenntnis zu gelangen, oder Manilius, der sozusagen astrologisch an göttlicher Einsicht selber partizipiert,[828] und so auch Ptolemaios, der Astrologie als eine Kunst mit göttlichem Anspruch[829] betrachtet hat – und natürlich der fundamentale verschollene NP-Text, aus dem Vettius Valens explizit eine göttliche Offenbarung zitiert.[830]

Dabei müssen wir die Gretchenfrage an diese Astrologen hier gar nicht stellen: Die Eigenart ihres Wissens, das wie die Divination nach Cicero das „Zufällige"[831] und regulär gar nicht Wissbare wissen und gar systematisch rationalisieren wollte, musste sich einem superhumanen geistigen Volumen assoziieren. Das ist wie bei den Engeln nach Thomas von Aquin, welche weniger Gedanken – weil das Höhere das Einfachere sein muss – aber dafür sehr viel umfassendere als wir Menschen hätten.[832] Die Engel, mit

---

[824] Suet. Aug. 94,12.
[825] SCHMID 2005, 409f.
[826] STRUCK 2016.
[827] VI 1,7.
[828] II 105-149, darunter die berühmte Passage II 115f., die Goethe 1784 ins Gästebuch auf dem Brocken schrieb: *Quis coelum posset nisi coeli munere nosse/ Et reperire Deum, nisi qui pars ipse Deorum est?* („*Wer könnte ohne die Gnade des Himmels den Himmel erkennen,/ Gott ergründen, wenn er nicht selbst von den Göttern ein Teil ist?*"; Übers. Fels).
[829] Tetr. I 2,9.
[830] Vett. Val. VI 1,9; dazu HEILEN 2011, 37-56.
[831] Cic. Div. I 71: *aliquid esse ita divinatum, ut nihil fortuito cecidisse videatur* – Wahrsagung verwandelt also das Zufällige in ein fatales Format.
[832] Summa Theol. I 55.

ihrem superioren Intellekt, übersehen also mit einem Denkakt, was unsere Supercomputer mit zahllosen Operationen kaum zusammenbringen würden. – Und wir werden sehen, wie die Deuter eines Horoskops immerhin das Unabsehbare eines 'ganzen Lebens' zu überblicken beansprucht haben.

Wer das Unerwartete in den Horizont des Erwartbaren bringt, der kann auch die „Revolutionen" prognostizieren,[833] und möglicherweise haben wir in einer Stelle bei Ptolemaios, der auch die astrologischen Implikationen für Länder und Völker[834] ausführlicher behandelt, sogar die allererste Verwendung des Revolutionskonzepts überhaupt, wo er meint, dass die – besonders bewegenden – sog. „Kardinalzeichen" auch relevant für politische Umwälzungen seien (*tōn politikōn eithismenōn metabolai*).[835] – Das bedeutet natürlich nicht, dass Astrologie im modernen Sinne revolutionär gewesen wäre: ihre revolutionäre Instanz ist nicht der Mensch, und der Astrologe ist quasi der Historiker des Künftigen – ihm geht es wie Herodot um den Katastrophen-Horizont der menschlichen Welt[836] – und keineswegs ihr politischer Gestalter. Die geborenen Sklaven des Dorotheus können bei entsprechender Konstellation freigelassen, aber sie müssen nicht befreit werden. Und doch konnte ein Horoskop, das den Sklavenstatus als Bestimmung sah, offenbar auch den grossen Sklavenaufstand befeuern: wo sich der Anführer fand, der laut Horoskop als Sklave auch der geborene König war.[837] – Das revolutionäre Element dieser Astrologie wird im Übrigen durch die durchaus paradoxe, sehr restriktive kaiserliche Gesetzgebung zur Einschränkung ihrer Öffentlichkeit unterstrichen.[838]

Im Horoskop eines Individuums betrifft der 'Umsturz' (die *metabole*) oft den Status. So hat Dorotheus von Sidon ein Kapitel zu „*The decline of status and disaster*",[839] und es beginnt so: „*If you find Saturn with the Moon in one of the cardines, then, even if he is the son of a king, it indicates his fall from fortune and property. If with these Mars aspects, it will be disaster.*"

Bei Vettius Valens finden sich konkretere Porträts, die sich, ersichtlich an beigegebenen Horoskopen, an wirklichen Lebensläufen orientieren. Eines davon sei hier nach Stephan Heilen, der in verdienstvoller Weise alle ihm greifbaren überlieferten

---

[833] So wie die Astrologen, welche die Männer, die nach dem Horoskop dafür in Frage kamen, *ad novas res*, zu revolutionären Ambitionen anspornten (SCHMID 2005, 257f.).

[834] Deren *idiotropia* nach II 2,55. – Es ist schon so etwas wie Geschichtsphilosophie, wenn er aus der besonders gemischten Einwirkung von Tierkreiszeichen auf Kleinasien und Griechenland folgert, die dort Lebenden seien deswegen besonders *autonomoi kai demokratikoi*! (II 3,63).

[835] Tetr. II 7,81. Nach SCHMID 2005, 409f. ist der erste diesbezügliche Wortgebrauch von *revolutio* (wonach ein astrologischer Zeichenwechsel einen politischen Umsturz verursache) in Hermann von Carinthia's lateinischer Übersetzung des Albumasar aus dem Arabischen greifbar. Abu'Mashar könnte das Prinzip seinerseits mittelbar oder direkt aus Ptolemaios bezogen haben. – Es gibt aber auch dafür schon eine mesopotamische Präzedenz: GLASSNER 2019, 247f. mit einem Text aus der Assyrerzeit, der aufgrund einer Gestirnsstellung u. a. verkündet, dass die Armen reich werden und die Reichen arm; zudem finde ein Dynastiewechsel statt („*un trône renversera un trône*").

[836] SCHMID 2016, 66f. und 442f. zur *katastrophe*.

[837] Der Sklave Athenio als Anführer mit 'imperialer 'Genitur: Diod. Sic. 36,5,1; CRAMER 1954, 59.

[838] Das wurde erstmals von FREDERICK CRAMER gesehen (1954; 1951).

[839] I 27 p. 193-196 PINGREE.

Horoskope kommentiert hat, zitiert;[840] Heilen fasst zusammen, was bei Valens durch eingeschobene astrologische Erklärungen an erzählerischer Prägnanz verliert: *„Der Native war ein Tänzer, der im 20. Lebensjahr während eines öffentlichen Aufruhrs eingesperrt wurde, dann aber – nicht zuletzt auf Bitten der Volksmenge – freigelassen wurde und an Berühmtheit hinzugewann."* *„Im 32. Lebensjahr wurde der Native dann aufgrund der gewandelten astrologischen Umstände übermütig und prahlerisch, wodurch er Ansehen und Lebensgrundlage verlor."* (Der obgenannte Tänzer wurde am 3. 1. 123 n. Chr. geboren). – Und ein anderes Beispiel, ebenfalls nach Heilen unter Auslassung der kommentierenden Ergänzungen zitiert:[841] *„Im 20. Lebensjahr standen die Sterne des Nativen ungünstig. Daher scheiterte seine Bemühung, durch ein Gesuch beim Herrscher eine ehrenvolle Stellung zu erlangen; er erkrankte, stürzte ausserdem von einem Pferd, das ihn mitschleifte und fast seines Augenlichts beraubte, und hatte viel Ärger mit einer Frau. Im 23. Lebensjahr standen die Sterne günstig, so dass ihm kaiserliche Gunst zuteil wurde und er Aufnahme in den Senat fand."*[842] – Dieser Auszug aus einer Biographie illustriert auch sehr gut die Analogie zwischen der „deszendenten"[843] Kausalisierung sozialer Dynamik und einer deszendenten, 'vom Kaiser herab' bewegten oder orientierten Gesellschaft. Von der Gunst der „Magnaten"[844] hing man hier genauso ab wie von der Qualität der Konstellationen – und diese Qualität war in beiden Fällen nicht selten ambivalent oder sogar ausgesprochen „gemischter" Art.

Vettius Valens betont, dass eigentlich jedes Zeichen und jeder Planet ambivalent sei, d. h. die Potenz, zu schaden und zum Wohltun habe.[845] Das erfordere vom Astrologen auch, eine Substanz und Ordnung, *hypostasin kai taxin*, des Horoskops herauszuarbeiten.[846] Es gebe *„viele Nativitäten, die von grossem Glück und Ruhm in niedrigen Stand herabsinken, während andere von mittelmässigem Glück und ruhmloser Herkunft es zu Wohlsein und Ruhm bringen."*[847] – Die metabolische Struktur entspricht auch den diversen, in einem grundlegend binären[848] Schema als förderlich oder hindernd geltenden Determinanten der Ereignis-Formen, welche ihrerseits sich in der Dominanz über Lebensperioden abwechseln. Steht ein „Herrscher" über ein Segment schlecht, der des ihm folgenden aber „kardinal" und schön aspektiert, so *„wird der Geborene in der ersten Zeit ein schwankendes Schicksal haben [...] später aber wird er tätig sein, allerdings unstet und ängstlich leben. Wenn aber der führende Haus-Herr günstig fällt, der folgende aber ungünstig, wird er anfangs glücklich emporsteigen, später aber hinweggerafft werden [...]."*[849] – Er gibt auch eine verallgemeinernde Betrachtung bei

---

[840] HEILEN 2015, 260 zu Vett. Val. V 6,119-125.
[841] Ebd. 264 zu Vett. Val. V 6,75-81.
[842] Hinter die Übersetzung „Senat" setzt Heilen ein Fragezeichen (*exousiastikon synhedrion*).
[843] Den Begriff gebrauche ich nach dem Mediävisten WALTER ULLMANN (1970, 12f.). Vgl. SCHMID 2005, Reg. s. v. „Deszendenz".
[844] CUMONT 1937, 34.
[845] IV 16,2.
[846] Ebd. IV 16,1.
[847] Ebd. IV 16,8 (Übers. SCHÖNBERGER/ KNOBLOCH).
[848] Valens hat eigentlich drei Hauptkriterien für die biographisch relevanten Determinanten: glänzend, mittelmässig, niedrig (analog den drei 'Arten' der *loci* oder *topoi*: kardinal, fix oder fallend): II 2,3.
[849] Ebd. II 2,6f. (Übers. SCHÖNBERGER/KNOBLOCH).

Valens, nachdem er das Leben als *„Spiel und ein Irren und ein Volksfest"*[850] bezeichnet hat, zur „Kraft der Sterne": *„Solange nämlich ein Wohltäter über die Zeiten herrscht und kein Schadenstifter nahe daneben steht, ist jener wirksam und gesund und wohlhabend und gewinnend* [...] *wenn jedoch ein Schadenstifter die Zeit durchgehend beherrscht, wird einer erfolglos und krank* [etc.]." Es kann auch sein, dass *„die Wohltäter ungünstig wurden"* und trotzdem Herrscher *„über die Zeiten"* bleiben, dann wird es gemischt: *„es wird Schaden zu Vorteil treten, zu Ansehen öffentlicher Tadel, Verurteilung, Anklagen, trügerische Ängste, Krankheiten, die allerdings leicht zu heilen sind."*[851]

Das 'metabolische Prinzip' wird als ein realistisches Abbild der Wandelbarkeit des menschlichen Lebens auch etwa durch drei aufeinanderfolgende Horoskope bzw. die ihnen entsprechenden Lebensbilder bei Valens illustriert: Die „Herren des Dreiecks" (der „Triplizität")[852] und des „Loses" *„machten den Geborenen zum Schatzwächter, freilich auch zu einem Menschen ohne Ehrgeiz und zu einem Geizhals."* Ein anderer kam aus „unregelmässigen" Verhältnissen, die aber eher gehoben gewesen sein dürften, erst zu Schulden, dann aber *„gewann er ein Vermögen"* kam voran, wurde *„herrscherlich"*, freigebig und populär, wurde *„zum Freund von Königen und Führern, erbaute Tempel und grosse Werke und gewann unsterblichen Ruhm"*, während wieder ein anderer als er noch *„ganz klein war"* ein *„riesiges Vermögen"* erbte.[853] – All das wird von Valens mit bis zur Unübersichtlichkeit[854] erweiterten Methoden auf die Macht der Gestirne und ihrer vielfältigen Relationen am Exempel zurückgeführt. Und er war sich des wenig eleganten, ja eher verwirrenden 'Methoden-Pluralismus' durchaus bewusst, konnte ihn aber nicht ohne Plausibilität auf die Unzähligkeiten seines Gegenstandes – des 'ganzen Lebens' – zurückführen: *„denn viel, ja Unzähliges ist es, was den Menschen zustösst, was nicht durch eine Leitung* (agoge) *und nicht durch nur einen Stern entsteht, sondern durch viele."*[855]

Was hier als Identität beschrieben werden könnte, das wäre nach bisherigem Befund etwas, das in der Möglichkeit bestünde, in verschiedenen Lebensbereichen Ereignisformen zu unterliegen. Diese Bereiche sind strukturell zugeordnet in den *„topoi"*, als „lebensweltliche" Bezirke wie Heirat, Besitz, Elternhaus, Ehren, Freundschaft, Reisen, Kinder, Tod, Feindschaft, Krankheit und Versklavung[856], und

---

[850] Ebd. VI 2,20 (Übers. SCHÖNBERGER/KNOBLOCH).

[851] Ebd. VI 2,25f. (Übers. SCHÖNBERGER/KNOBLOCH).

[852] Dazu etwa BRENNAN 2017, 257-272.

[853] Ebd. II 2, 30-36 (Übers. SCHÖNBERGER/KNOBLOCH).

[854] Über diese methodische Unabsehbarkeit beklagt sich Ptolemaios, Tetr. II 8,88: Es sei unmöglich, alle *synkraseis* der Planeten und Aspekte in ihren Auswirkungen zu beschreiben, weil sie schlicht zu „vielgestaltig" (*polymeros*) seien; III 1,107: Alle Konstellationen zu beschreiben sei mit Genauigkeit unmöglich, weil das ins Grenzenlose (*apeirō*) gehe.

[855] V 6,64. – Den Pater FESTUGIÈRE vermochte er damit nicht zu überzeugen (2014, 113 A 3): *„Comme l'expérience prouvait que les théories étaient fausses, on a été conduit à en inventer toujours de nouvelles. De là l'extrême complication des doctrines et des méthodes."*

[856] Der 'Klassiker' dafür war das 12. Haus (hinter dem Horoskopos über dem Horizont gleichsam verborgen). Wer in diesem Haus die „Wohltäter" stehen hatte, dem winkte das Glück durch oder mit Sklaven. (Rhetorios p. 45 HOLDEN). Und womöglich auch ein Glück *als* Sklave. – Dieses Haus mache laut Rhetorios die „Wohltäter" schlecht; Mond oder Sonne da.rin schwächen die

wiederum bezeichnet durch „Eigenschaften" der Tierkeiszeichen und Planeten, von denen etwa noch „Launenhaftigkeit" – vom Mond – und „Jovialität" – vom Jupiter – bis heute im Gebrauch sind. Denn Ereignisse sind konkret, sind festgelegt auf Ort und Zeit, und dem entsprachen geeignete Errechnungsmethoden.[857] Vorgesehen musste hier das ganze Arsenal an Ereignismöglichkeiten sein, die ein Leben beinhalten konnte, auch die Bedingungen der Geburt: Freiheit oder Sklaventum, Erhöhung und Erniedrigung und der mögliche Umschlag vom einen ins andere, also die *katastrophe* als Grundform menschlichen Daseins, wie sie schon Herodot und die Tragödie fasziniert hatte. Und wie bei Herodot scheint auch in den überlieferten astrologischen Texten das Spektakuläre und möglichst Denkwürdige am meisten zu interessieren: das diente schon der Reklame. Auch wenn in der Praxis der Astrologen der Alltag dominiert haben dürfte, so war doch wohl am Fragwürdigsten das unvorhergesehen Spektakuläre oder das unvorhersehbar Absehbare wie der Tod; das grösste Übel und das grösste Glück. Das war es, was man vom Astrologen zuerst erklärt haben wollte.

Das Übergreifen des Subjekts: Identität als Umwelt und Kultur als Natur

Bei Valens finden sich zwei Horoskope von Vater und Sohn, wobei der Tod des einen auch im Horoskop des anderen zu ersehen ist.[858] So hat der Vater eine Konstellation, die ihm Übles im Betreff des „Ortes der Kinder" herbeiführt – dabei nimmt Valens ungewöhnlicherweise des 10. Haus als Hinweis auf Kinder,[859] wo sich der väterliche Saturn befand, der nun zuständig als Herr über einen Zeitraum wurde –, während der Sohn selber (betroffen ist bei ihm auch der Mars im achten Haus des Todes) mit 22 Jahren stirbt, mit einem Bezug zum Vater, da, wie es heisst, Jupiter zugleich „an die Sonne übergab", die auf den Vater weise. Laut Stephan Heilen kamen offenbar beide im selben Zeitraum um (zwischen Mai und Oktober 157 n. Chr.).[860] Der *„Tod von Vater und Sohn*

Mutter bzw. den Vater. Und der Jupiter in diesem Haus stärke sogar die Feinde (ebd. p. 43 Holden). Vgl. auch Ptolemaios (der sonst die „Häuser" umgeht) Tetr. IV 7,195.

[857] Neben der Berechnung der Ereigniszeiten (der Tod war nur das prominenteste weil dramatischste Beispiel) gibt es auch Versuche der Zuordnung von 'Ortschaft', wobei die elementaren Qualitäten der Zeichen und Planeten eine Rolle spielten (in den Fischen oder im Krebs konnte man von Wassertieren angegriffen werden oder ertrinken) und dann auch die konkreten Zuordnungen der Zeichen zu Regionen. – Im Allgemeinen spielte die Zuordnung von Gegenden eher in der Mundan-Astrologie eine Rolle und war dort im Ansatz uralte Tradition: welche Gegenden waren von einer Finsternis betroffen? Udgl. Doch gab es Verbindungen zur Individualität: (Ptol. II 8,89) Am meisten sind von einem mundan übergeordneten Schicksal betroffen diejenigen, die im eigenen Horoskop (*kata tas idias geneseis*) Affinitäten zu den „mundanen" Konstellationen haben (als etwa zu Finsternissen). – Zu BOLLS These von dem sekundären Charakter der Allgemein-Astrologie mit Völker- und Länderzuordnungen in der antiken Astrologie (BOLL 1894, 139f.).

[858] Vett. Val. V 6,90f.; HEILEN 2015, 265; 244; NEUGEBAUER/VAN HOESEN 1959, 127; 103.

[859] Dazu NEUGEBAUER/VAN HOESEN ebd. 103f.

[860] HEILEN ebd. 244.

ist also im jeweils anderen Horoskop präfiguriert."[861] Und, so darf man anfügen, natürlich auch im eigenen, das war der Anspruch dieser Methode.

Das Übergreifen von verschiedenen Lebenskreisen in einander ist in dieser Astrologie nicht ungewöhnlich, wir haben schon Beispiele erwähnt, in denen die Eltern samt ihren Vermögensverhältnissen im Horoskop der Kinder 'vorkamen' – es ist auch die Regel, dass in einem Horoskop die Sonne auf den Vater, der Mond auf die Mutter der „Geborenen" weise,[862] wobei die Stellung dieser „Lichter" Rückschlüsse über die Befindlichkeiten der Eltern erlaubt. Man konnte laut Ptolemaios[863] und anderen das Verhältnis des Nativen zu Geschwistern aus seinem Horoskop ersehen, ja der „dritte Ort" zeigte als die „Göttin" auch stets kleine Reisen und Geschwister an, und schliesslich war auch der Ehepartner im Horoskop – bis hin zur Augenfarbe in obgenanntem Beispiel[864] und mit zum Teil weitreichenden Festlegungen, die ihn nicht bloss als Charakter, sondern auch als Akteur bezeichneten – im sogenannten siebten Haus schon „präfiguriert". – Ein Spezialfall ist das Bezugnehmen von verschiedenen Horoskopen aufeinander; damit werden bei Ptolemaios Freundschaften erklärt: Man überträgt wichtige Stellungen des einen Horoskops in das des anderen. Vorab, wenn die jeweiligen „Aszendenten"-Positionen innerhalb von 17 Graden liegen, entstehen unauflösliche Freundschaften,[865] ein Phänomen, das ja immerhin der Erklärung bedarf. Dazu gibt es ein Zeugnis des Horaz (Carm. II 17), der sein bedeutendes Verhältnis zu Maecenas offenbar mit dem Vergleich der Horoskope beider (*utrumque nostrum incredibili modo/ consentit astrum*)[866], also mit „Synastrie" begründet.[867]

Präformiert ist auch der Bezug zu Dingen, vorab dort, wo sie elementar zugeordnet werden können. So verschafft Mars Beziehung zu Eisen,[868] und damit, wo der Krieg Handarbeit war, zum Militär, der Stier zur Bodenbearbeitung, und etwa der Widder, wie Manilius wollte, zum Wollhandel[869]. Es gab für jedes Zeichen Kataloge der Zuordnung, die dann auch Regionen und Länder, Farben und Geschmack, Steine, Tiere oder bevorzugtes Gemüse betreffen konnten. Und natürlich gab es den Bezug zu Erkrankungen, der als „Iatromathematik"[870] auch die medizinischen Spezialisten interessierte und bis weit ins Mittelalter hinein die medizinische Diagnostik als explizite Individualdiagnostik beherrschte.

Nun sind solche Zuordnungen – ein gut erforschtes Gebiet ist die sogenannte „Melothesie", also die Zuordnung von Körpergliedern,[871] die astrologisch bis in die frühe Neuzeit populär war – gerade aus Gesellschaften vertraut, die keinen Naturbegriff

---

[861] Ebd. 265.

[862] Vgl. Dorotheus I 7; I 13-18. Ptol. Tetr. IV 5. Firmicus, Math. II 19,13. Nach Antigonos von Nikaia soll der Vollmond (vor der Geburt) die Mutter bezeichnen, dessen *„oikodespotes"* aber den Vater: F 8 HEILEN (2015, 192, dazu den ausführlichen Kommentar ebd. 1370ff.).

[863] Tetr. III 5.

[864] Oben A 781.

[865] Tetr. IV 7,192.

[866] Carm. II 17,21f.

[867] Dazu BOLL 1950, 115-125.

[868] Konkret etwa bei Rhetorios p. 60 HOLDEN macht Mars im 2. Haus Verletzungen und Schnitte durch Eisen.

[869] Oben 133.

[870] GIESELER-GREENBAUM 2020a; BOUCHÉ-LECLERCQ 1899, 517-542.

[871] Siehe GELLER 2014 (zum mesopotamischen Hintergrund); HÜBNER 2013.

kannten; in denen die Welt eine Gegenwart göttlichen Intendierens war, so dass der König, oft als Verwandter der Sonne,[872] selber der Gesellschaft nur halb angehörte und in seiner solaren Weltförmigkeit explizit die Verbundenheit der Gesellschaft mit der Welt als Form göttlicher Expression garantierte. Wenn also in einem ägyptischen Traktat 38 Schlangen beschrieben werden und diese Beschreibung durch eine Rubrik ergänzt wird, welche angibt *„welche Gottheit sich in diesem Tier manifestiert"*[873], dann passt das zu einer „kompakten" Weltverbundenheit,[874] die für Gesellschaften ohne Naturbegriff und damit ohne die 'befestigte' Ausgrenzung eines eigenmenschlich „kulturellen" wie politischen Bereichs charakteristisch ist. Viel erstaunlicher wird solches Zuordnen dort, wo ersichtlich mit einer 'physikalisierenden' Methode des Rationalisierens gearbeitet wird, etwa bei Klaudios Ptolemaios, der selber ein 'Held' in der Geschichte der rationalen Phänomenalisierung der Welt geworden ist.

In seiner „Tetrabiblos", einer Abhandlung zur Astrologie in vier Büchern, findet sich eine Einleitung, die wohl das Nüchternste und 'Wissenschaftlichste' ist, was in der Antike über Astrologie geschrieben wurde. In ihr erklärt Ptolemaios, was Astrologie ist: sie untersucht die „Eigenarten" (*idiotropias*) der durch die Konstellationen der kosmischen Umgebung (des *periechon*) bewirkten (herbeigeführten, vollendeten: *apoteloumenas*) Veränderungen (*metabolas*).[875] Es ist klar, dass auch das „spermatisch" Formende der Dinge nach der Wesensart des mundanen *periechon*, also der aktuellen Konstellation, gestaltet und modifiziert werde (*diaplattesthai kai diamorphousthai*).[876] Und explizit meint er dann, dass aus der genauen Kenntnis der astronomischen Lage zur Geburtszeit die Eigenart (*idiosynkrasis*) jedes Einzelnen (*kath' hena hekaston*), die Beschaffenheit seines Körpers, seiner Seele sowie der dieser Beschaffenheit je „symptomatischen" Zufälle zu erkennen seien.[877] Ptolemaios vergleicht die Astrologie mit der Philosophie: sie diene der Erkenntnis des „Passenden" (*oikeion*) für jedes individuelle Temperament.[878] Die rein astronomische Prognose kann erweitert werden auf den Bereich dessen, was für den Menschen durch das Prognostizierbare verursacht wird, das umfasst spezifisch die originale Disposition der Möglichkeiten (*dynameis*) und Tätigkeiten (*praxeis*) von Körper und Seele, das durch *kairos* Widerfahrende, lange oder kurze Dauer des Lebens sowie alles vom „Äusseren" (*ton exothen*), das eine natürliche Verbundenheit (*symploke*) mit dem ursprünglich Prägenden aufweist. Und als Beispiele für das mit dem „Äusseren" Gemeinte führt er an: Besitz, Ehe (die er dem Körperlichen zuordnet), Ehre und Würden (der Seele zugordnet), und dazu das, was einem in bestimmten Zeiten zustossen kann.[879]

In den hier angedeuteten Bezirken der Zuständigkeit wie Ansehen, Besitz und Partnerschaft ahnt man die „Häuser" (*topoi*), die Ptolemaios nicht behandelt, und denen er vermutlich nicht traut. Was das konkret impliziert, kann man in den späteren Büchern nachlesen: das geht, abgesehen von der Berechnung der Lebensperioden, von sexuellen

---

[872] SCHMID 2005, 65-91.
[873] VON LIEVEN 2004, 157.
[874] Zu diesem Begriff, nach E. VOEGELIN, etwa VOEGELIN 2002, 19ff. (ASSMANN); 41ff.
[875] I 1,1.
[876] I 2,4.
[877] I 2,5f.
[878] I 3,10.
[879] I 3,9f.

Neigungen im Einzelnen[880] bis zu kollektiven Dispositionen zu bestimmten Verfassungsformen[881]. – Verweilen wir kurz bei Geschlechtlichkeit und Ehe nach Ptolemaios, der darüber im fünften Kapitel des vierten Buches referiert. Im Ganzen entsteht dort der Eindruck, als wäre der Himmel eine Schule sozialer Dezenz und das weltumgreifende Paradigma des sozial Gebräuchlichen nicht zuletzt im Licht seiner 'perversen' Übertretung. – Wenn beispielsweise Mars von Saturn und Venus getrennt und bloss von Jupiter aspektiert ist, dann macht er Männer, die nur „natürlichen" Neigungen in der Liebe folgen (*tes physikes chreias stochazomenous*).[882] Gewisse Kombinationen von Venus und Saturn neigen besonders zur obszönen Deviation, und dies umso mehr, wenn sie etwa im Vorder- oder Hinterteil des Widders oder bei den Hyaden stehen.[883] – Wenn wir das Problem der Geschlechtlichkeit selbst hier einmal beiseitelassen, können wir jedenfalls in Betracht des gesamten vierten Buches der Tetrabiblos, das explizit in Bereiche sozialer Normativität hineinreicht, den Schluss ziehen, dass Ptolemaios die Schranke von „Kultur" und „Natur" bedenkenlos oder systematisch missachtet oder überspringt. Weiter kann eigentlich die Vermengung von *physis* und *nomos* nicht mehr getrieben werden.[884]

Selbstverständlich ist die Nivellierung dieser Schranke eine Voraussetzung aller Astrologie, doch im Rahmen der methodisch-naturwissenschaftlichen Potenz eines Ptolemaios ist sie besonders auffallend. Auch er meint etwa, dass im Horoskop der Eltern, damit am 'physikalischen' Zustand des Universums zur Zeit der Geburt der Eltern, die soziale Relevanz der Kinder abgelesen werden könne – ob sie „berühmt" würden (*endoxa kai epiphane*).[885] Ganz so, als ob die Gesellschaft selbst, omnipotent nach aktuell 'sozialkonstruktivistischem' Konsens, hier gar nichts mehr oder bloss nachträglich die Relationen der „umgreifenden" Weltschale mimetisch abbildend etwas hervorbringen könne. Und Ptolemaios begründet ja so wichtige kulturelle Phänomene wie Freundschaft und Sympathie mit dem Horoskopvergleich (s. o.); echte Freundschaft beruhe auf der Verwandtschaft physikalischer Zustandsparameter des Universums!

Doch welcher Art wäre eine menschlich individuierte Identität, wenn sie mit Parametern beschreibbar würde, in denen nach unserem Verstehen zentrale Begriffe vermischt sind? – Nun entspricht ja das Verhältnis von Kultur und Natur so ziemlich dem Verhältnis von Subjektivität als kollektiver Intersubjektivität und Umwelt. Wenn die Subjekt-Umwelt-Dichotomie aufgehoben oder relativiert wird, in der auch die Dichotomie von *nomos-physis* (Kultur-Natur) steckt, dann wird auch eine fatale Verbundenheit zwischen dem subjektiv 'Inneren' und dem Affizierenden der Umwelt im Rahmen einer gemeinsamen „Umgriffenheit"[886] plausibel. Dann werden soziale Mutationen – *in extremis* vom Sklaven zum König –, Familien-Affinitäten, 'kalamitäre'

---

[880] III 5,187 zu 'Perversitäten', die offenbar Planeten entsprechen, die an 'unrechtem' Ort stehen.
[881] II 3,63.
[882] III 5,187.
[883] Ebd.
[884] FESTUGIÈRE (2014, 110f.), dem man hier ein 'szientistisches' Missverstehen attestieren kann, da er die Kultur/Natur-Schranke offenbar für alternativlos hält, bestätigt dieses Vermengen, wo er kritisiert, dass die Astrologie „alles verdorben" habe (bei interessantem Ansatz) „dès la qu'elle traduisait en termes de psychologie ce qui devait ressortir à la physique".
[885] IV 6,190.
[886] τὸ περιέχον: Ptol. Tetr. I 1–3; vgl. SCHMID 2005, 32 Anm. 63.

Affinitäten aller Art, ja sogar eine bestimmte Lebensdauer zu Elementen einer Identität. Es ist also das Fehlen eines Naturbegriffs von moderner Konsequenz und ihm entsprechend das Fehlen einer massgeblichen, der Welt autonom oder selbstbewusst gegenübertretenden Subjektivität,[887] was eine astrologische „Psychologie" bestimmen müsste – so wie im Gegensatz dazu die moderne Geschlossenheit des Natur-Konzepts, methodisch durch Descartes wegweisend definiert, als Voraussetzung der Dominanz moderner Subjektivität und damit auch ihrer möglichen Psychologie angesehen werden muss.

Auf das explizit 'Psychologische' entsprechender Wahrnehmungsweise deutet ein oft zitiertes hermetisches Fragment nach Stobaios, das eine psychische Grundausstattung des Menschen aus dem Einfluss der Planeten herleitet, hier zitiert nach Christian Wildberg: *"The tears are Cronus, Zeus is procreation, reason Hermes,/ Anger Ares, but the Moon is sleep, and Aphrodite desire,/ And Helios is laughter. For through him every mortal mind/ Rightly rejoices and so does the boundless universe."*[888]

Ist es also denkbar, dass wir hier eine andere Art von 'Psychologie' als Beschreibung des biographisch Übergreifenden von Identität vor uns haben, von der wir bis jetzt nach den Quellen sicherlich sagen können, dass sie weniger an Subjektivität orientiert ist als etwa die klassische moderne Psychologie nach dem Exempel der „Psychoanalyse"?

Vettius Valens, welchem der Daimon zu einer *ourania theoria* verholfen hat,[889] beschreibt die vielfältigen Einwirkungen der Sterne – im Beispiel durch progressive Verschiebung relativ zu anderen Parametern, die auch in Zeiträume umgerechnet werden konnten – auf unser Leben mit einem typischen Sermon: „*Wie sollten denn Saturn und Mars, wenn sie nach Ausgang vom Grade aus zu Stundenschauer [horoskopos], Mond oder Sonne gelangen und die Jahre die Grundlage dazu bilden, nicht Krankheiten verursachen, plötzliche Gefahren, Tod des Vaters oder der Mutter, Feindschaft der Höheren, Verlust des Ansehens, Furcht und Gefahr und alles übrige, was die Natur dieser Sterne anzeigt? Warum nicht auch bei Orten und Graden der Venus Tod einer Frau oder weiblicher Personen oder Feindschaften, Unruhe, Lebensleid, Tadel und schändliche Leiden? Wie nicht bei Merkurs Orten und Graden Verurteilungen und schmähliche Behandlung wegen Geschriebenem, Geldfragen oder geheimen Dingen oder den Tod von Brüdern oder Verwandten oder Sklaven? Und bei Jupiter Ruhm, Erbschaften, Einnahmen, Kindersegen, Fortschritte, Vorstellung bei Höheren?*"[890]

Die Tonart dieses Textes dürfte man als melancholisch[891] bezeichnen; jedenfalls ist das, was sie als menschliche Eigenschaft zu implizieren scheint, nicht etwas, das von innen, etwa vom Wollen, der Absicht oder Tatkraft eines subjektiven Zentrums

---

[887] CASSIRER (2013, 98 zur weltbildenden Kraft des Menschen in der Renaissance): *„Denn jedes echte schöpferische Bilden schliesst mehr als ein blosses Wirken auf die Welt in sich; es setzt voraus, dass das Wirkende sich vom Gewirkten, dass das Subjekt des Tuns sich von seinem Gegenstand unterscheidet und sich ihm mit Bewusstsein entgegensetzt."*

[888] Aus Stobaios (Frg. 29), nach WILDBERG 2020, 530.

[889] VI 1,7.

[890] Ebd. V 6,57f.

[891] Die Verbindung der „Melancholie" (nach der Säftelehre der Einfluss der schwarzen Galle) mit Saturn ist in antiken Texten greifbar (Vett. Val. I 3,40; II 41,30), sie wird für die Renaissance-Philosophie nach Aristoteles zum Markenzeichen des Genies (oben 81f.).

ausgehend, Tatsachen schaffend, 'zentrifugal' nach aussen wirkt. Kein Intendieren schafft sich hier eine Welt, in der es als Expression souveräner oder selbstbewusster Potenz zur 'eigenweltlichen' Erscheinung kommt. – Was bei Valens beschrieben wird, entspricht aber der Ikonographie des Horoskop-Formulars: was immer hier als Charakteristikum Identität als stete Möglichkeit sich realisierender Ereignisformen beschreibt, ist konzentrisch oder 'zentripetal', von aussen nach innen angeordnet. Das Zentrum des Horoskops in der Kreisform ist eigentlich semantisch inaktiv, eine leere Mitte als Kreuzungspunkt von Horizont und Meridianlinie. Das Leben selber, als Wesensart und Bedeutungsform mit seiner notwendig ereignisförmigen „Wirklichkeit" als der bewegenden *energeia* nach Aristoteles kommt von den göttlich potenten, semantisch aktiven Rändern der Welt her; es umgibt die „Nativen" in der Form von fatalgenetisch fixierten aber dem Subjekt unabsehbaren Zu- und Unfällen, die alle zu ihrer Zeit eintreffen müssen. Bei wohltätig erhebender oder übeltäterisch erniedrigender Einwirkung ist hier als Identität nur die resultierende oder gar providentiell intendierte Struktur – ein Tenor, oder eine „Substanz" (*hypostasis*)[892] – dieser Biographie als Ereignisfolge denkbar. Sie wäre sozusagen eine Konstanz, die durch Dominanz der einflussreichsten ereignisformenden Prinzipien charakterisiert werden könnte. So wie im „jovialen" Charakter der Einfluss des Jupiter in der spezifischen „Idiosynkrasie" besonders durchschlagend würde, im martialischen aber der des Mars etc. – Während es heute noch populär ist, dem Zeichen des Sonnenstandes identitätsbildende Potenz zuzuschreiben („ich bin ein Widder", „du bist ein Krebs"), fehlen offenbar in den antiken Zeugnissen die Kriterien für derart eindeutige Zuordnungen. Augustus machte das Zeichen seines Glückspunktes, den Capricorn, zum Signet, das doch ihn selber bezeichnen sollte, während Tiberius vielleicht das Zeichen des Sonnenstandes im Skorpion verwendet hat, wenn nämlich der Skorpion auf den *signa*, den Schilden und Helmen der Prätorianer, wirklich auf ihn verweist.[893]

Exzentrische Identität

Ptolemaios ist ein methodisch reflektierter Autor; er ist sich über die Problematik astrologischer Wissenschaftlichkeit nicht im Unklaren, die wir von unserer 'postcartesianischen' Warte herab schon in der Sinnlosigkeit von Aussagen über Gegenstände bemerken würden, über welche man nichts irrtumsfrei erkennen kann. Dass sich wissenschaftliche Aussagen vor Singularitäten hüten, in welchen das allgemein Gültige seine Kenntlichkeit im Gewande von Akzidenz und eventueller Erscheinungsweise verliert, leuchtet ein: das schwärzeste Tier kann mir als Albino begegnen, ein physikalisch einwandfrei gesetzmässiger Vorgang wird durch die Umstände seines Ereignisses gefärbt und seiner Verallgemeinerbarkeit entfremdet, der Flügel einer Libelle nimmt je nach Lichteinfall eine andere Wahrnehmbarkeit an. Zumal

---

[892] Vett. Val. IV 16,1.
[893] SCHMID 2005, 254 A 39.

im Bereich menschlichen Erfahrens und notwendig subjektiven Erlebens wird jede verallgemeinerbare Physikalität schon fast belanglos: wenn durch physikalisch erklärbare Schwingung im unwahrscheinlich seltenen Fall eine befahrene Brücke einstürzt, so bedeutet ein solches Ereignis für jeden Betroffenen etwas anderes und für die meisten etwas ganz anderes als für den Physiker, der die Ursache eruiert. Und falls er als Experte im Laufe seiner Untersuchung z. B. seine spätere Ehefrau kennenlernt, verändert auch dies die Bedeutung, die ein solches physikalisch eindeutiges Ereignis für den Physiker haben könnte im Vergleich etwa zu demjenigen, der bei dem Einsturz seine Frau verloren hat.

In der Nativitäten-Astrologie geht es ausschliesslich um Singularitäten, die, um überhaupt erkennbar zu sein, aus universalen und möglichst regelhaft übertragbaren Prinzipien zusammengesetzt sein müssen. Bleiben wir bei der Prämisse, dass sie Identitäten als dezidiert individuierte beschriebe, so müsste auch dann noch jeder wissenschaftliche Geist davor zurückschrecken, ihre semantische Struktur ausgerechnet in der Form von konkreten Ereignissen oder sehr expliziten Ereignismöglichkeiten zu beschreiben und zu definieren. Gewiss: Sklave oder Freier zu sein ist elementar, aber muss auch die Zahl der Kinder, die Anzahl Geschwister und deren Neigungen in Bezug auf den Eigner, müssen die Augenfarbe der Ehefrau, ihr moralischer oder sozialer Status, müssen die Vermögensverhältnisse der Eltern und die Zeit ihres Ablebens der fraglichen Identität schon fix und im Voraus erkennbar zuzuordnen sein? – Denn dass alle obgenannten Faktoren einen Lebenslauf, und das heisst eine Identität, prägen und bestimmen können, ist plausibel, und es versteht sich vielleicht, dass die Auswahl der vorzüglichsten Determinanten von der Gesellschaft, in der man lebt und von deren Wertsetzungen beträchtlich modifiziert werden kann. Auch in der Annahme, dass die Astrologie Individualität in einer Form erkennbar machen wollte, die deren Charakter 'weltzeitlicher Einmaligkeit' gerecht würde, hätte man doch die formenden Komponenten (Zeichen, Planeten, Lose, Häuser und weitere Unterteilungen, Verhältnisse und „Aspekte") in die Form möglichst verallgemeinerbarer Charakterzüge oder psychologischer Tendenzen übersetzen können. Man hätte sie in der Form genereller Möglichkeiten definieren können und nicht als unabsehbares Sammelsurium von Ereigniswirklichkeiten, die in aller Regel von den Astrologen auch in moralisch expliziter Bewertbarkeit präsentiert werden, sozusagen in der Endform ihrer sozialen Notorietät.

Nehmen wir zum Beispiel Rhetorios, der sicherlich anerkanntes älteres 'Material' wiedergibt und Prognosen meist so spezifisch definiert, dass sie nur auf die seltensten Fälle zutreffen können: „*But if the Lot of Fortune is present with the <star> of Venus in her face, especially by night, and the Moon, ruling the Lot, is there with <her> in her own face, the native will be great, rich, and he will receive kindness of a woman, and some too spend time in positions of authority, and they also deal in spices*"[894] (die Aussage bezieht sich auf Stellungen im „3. Haus" des Horoskops).

Das ist schon deswegen schwer verständlich, weil man damit die Irrtumsmöglichkeit von Prognosen – die das vornehmliche Geschäft dieser Astrologie sein musste – ins Endlose erweiterte. – Wer so exakt und explizit Ereignisformen vorhersagte wie noch die Haarfarbe des Diebes aus dem Horoskop der Entdeckung des

---

[894] Rhetorios p. 62 HOLDEN

Diebstahls,[895] der musste sich eigentlich andauernd irren; man ist sicher nicht ungerecht, wenn man annimmt, dass eine Horoskopdeutung nach solchen Prämissen zur Hauptsache aus Fehlprognosen bestehen musste.[896] – Wie konnte sich ein exemplarisch rationaler Geist wie Klaudios Ptolemaios auf derartiges einlassen?

Nun bietet Ptolemaios vielleicht ein exzellentes Beispiel dafür, was als aristotelische Irrtumstoleranz bezeichnet werden könnte. Gemeint ist im weiteren Sinne die angeblich platonische Maxime der „Rettung der Phänomene", wenn diese zuerst als die Rettung des Rationalen als des Ordnenden der Welt aufgefasst werden darf. Denn Platon hatte in seinem „Timaios" den Kosmos als Himmel (*ouranos*),[897] als die 'astronomisch' beschreibbare Sphärenschale, gleichsam zur Inkarnation des ordnenden Prinzips gemacht. Die Sphärenwelt der grossen Theoretiker Aristoteles und Ptolemaios war der realexistierende Beweis dafür, dass göttliche Providenz dafür gesorgt hatte, dass im Bewegten und Vergänglichen der Erscheinung das Ideale selber zur Erscheinung wurde. Der Kosmos war die Theophanie der weltbewegenden Wirklichkeit, die zugleich das Erkennbarste, ja der sich selber denkende Geist war:[898] Die Denkbarkeit aller Dinge, und damit die Möglichkeit von Wissenschaft, war in diesem Kosmos gerettet. Und deswegen durfte auch das mangelhaft Bestimmte und Akzidentelle an der Denkbarkeit teilhaben: die irritierende Fülle an erscheinender Eventualität, die jede nicht institutionalisierte Wissenschaft überfordert hätte, irritiert dieses an rationaler Ordnung orientierte Bewusstsein nicht, weil ja seine Ordnung im kosmischen *periechon*, als im „Umgreifenden" aller Dinge existiert. Sie muss also nicht in der Anordnung, Disziplin oder eigenweltlichen Organisation der Subjekte konstituiert oder erhalten werden. Die „geistkörperliche"[899] Sphärenschale garantiert Ordnung auch in der Unordnung alles Umgriffenen. Für Ptolemaios bedeutet das auch, dass die 'Wissenschaftlichkeit' der Welt in der Astronomie – des Almagest – gerettet war. Die astronomische Basis der Astrologie blieb von allen Irrtümern unberührt. Und daher war auch die Wiederentdeckung des ptolemäischen „Almagest" im Mittelalter ein so gewichtiges Ereignis.

Gewiss konnte die Erscheinungswelt in ihrer ontologisch sekundären Bestimmtheit (als *hylike poiotes*)[900] nur schwer, und nie mit der Sicherheit dieser reinen, geometrisierenden Astronomie beschrieben werden. Und trotzdem, meint Ptolemaios, müsse man solche Beschreibung nicht verwerfen, weil es klar sei, dass die meisten „*symptomata*" ihre Ursache im Umgreifenden der ontologisch primären himmlischen Weltschale hätten. – So wie die paradigmatisch 'kosmosfromme' aristotelische Schule

---

[895] Dorotheus V 35,88 p. 303 PINGREE.

[896] Das bedeutet aber auch, dass man aus der überlieferten Handbuchliteratur nicht ohne Abstriche auf das konkrete Ereignis einer astrologischen Beratung schliessen sollte. Diese Literatur verkündet meist Idealziele und propagiert eventuell die technische Superiorität ihrer Autoren. Man möchte vermuten, dass die Experten in der Praxis um Einiges bescheidener auftraten als in der Theorie und ihre Aussagen viel öfter im Unexpliziten des eventuell Möglichen schweben liessen.

[897] Zur platonischen Synonymik von *kosmos* und *ouranos* SCHMID 2005, 140 mit FESTUGIÈRE 1949, 128 A 2; 244 A 4 (=2014, 600 A 2; 716 A 4).

[898] Dies nach dem 12. Buch der aristotelischen Metaphysik.

[899] SCHMID 2006.

[900] Ptol. Tetr. I 1,2.

zugleich das Interesse an Geschichte, Verfassungsformen, Kultur- wie Naturgeschichte, Biologie und Zoologie erwecken und orientieren konnte, weil hier die Kontingenz erscheinender Mannigfaltigkeit die Erkennbarkeit der Welt nicht oder nur in abgeleiteter oder abgeschwächter Weise zu tragen hatte. So wie die mangelhafte Erkennbarkeit sublunarer Verhältnisse, in denen die Idealität des Bestimmten und damit seine Denkbarkeit durch ihre Materialität verunreinigt war, die Autorität des rationalen Fundaments der Welt nicht relativieren konnte, so konnten eben auch die astrologischen Fehlprognosen und Irrtümer das „Weltbild" des Ptolemaios nicht erschüttern. – Dass sich Astrologie mit der intramundanen als sublunaren Realität der Akzidenzen und Okkurrenzen herumzuschlagen hatte, behaftet mit dem *poion tes hyles*, war die „Unschärferelation" dieser mundanen Physik, die zugleich Theologie, geographische Soziologie und Psychologie zu umfassen vermochte. Sie war auch Quelle von Irrtümern: Ptolemaios war sich bewusst, dass Astrologie keine „exakte" Wissenschaft war. So differieren etwa bei gleicher ‘astronomischer Qualität’ die Nativen nach der Lokalität der Geburt, nach dem „Klima" – aber auch Sitten und Erziehung spielen ihre Rolle.[901] Damit ist hier der Determinismus begrenzt: nicht alles sei eben im *epigeion* unfehlbar bestimmt. Zwar bezögen alle Dinge und Ereignisse ihre erste Ursache von oben (aus dem *periechon*),[902] doch es wirkten andere Ursachen mit. Er nennt eine physikalische Determinante (*heimarmene physike*) neben einer göttlichen (*heimarmene theia*) sowie das Akzidentelle, mangelhaft Bestimmbare, und dazu etwas, das man als das folgerichtig Zufällige bezeichnen könnte.[903] – Die *heimarmene physike* entsprach dem „Zwang der Naturgesetze": ein Mensch kann nicht davonfliegen, ein Stein sich nicht selbständig aufwärts bewegen udgl.

Hier wird über die Grenzen der Determination und Erkennbarkeit des Singulären nachgedacht, auch der Einfluss des *katholikon*, also der Zustand der umgebenden Welt und der allgemeinen Verhältnisse ist nach Ptolemaios zu berücksichtigen; das impliziert, was wir historische oder kulturelle Bedingungen nennen würden. Es gibt Auswirkungen, die nur entstehen, wenn sie nicht gehindert werden. Bloss die Ereignisse, die von einer stärkeren oder unwiderstehlichen Ursache bewirkt werden, geschehen zwingend. Das sind beileibe nicht alle.[904] – Es gibt hier also durchaus Handlungsspielraum für das Subjekt und seine Freiheit, aber er ist bezeichnenderweise negativ definiert, nämlich in der mangelnden Durchschlagskraft von erstrangigen *causae efficientes*. Die Freiheit, als Freiheit zu ‘Alternativen’, resultiert aus der mangelhaften Bestimmbarkeit der sublunaren Welt, die bei der ontologisch unangefochtenen, wirklichkeitsbewegenden und weltbestimmenden Potenz der „supralunaren" Primärursachen durchaus toleriert werden kann.

---

[901] I 2,8.

[902] Es hat die grösste *dynamis* (I 2,7) und auf seine Kausalwirkung müsse sich Prognose beziehen (I 3,9).

[903] I 3,11.

[904] I 3,12. – Vgl. I 3,15: Aus Unwissenheit und Schwäche halten Einige alles Künftige für unausweichlich – das dürfte auch gegen stoischen Determinismus gerichtet sein: vgl. BOBZIEN 1998, bes. 59-96 und sonst. Das Argument wird auch medizinisch begründet: er meint, die Ägypter hätten ihre Iatromathematik nicht entwickelt, wenn sie die Einwirkungen aus dem *periechon* für ‘unbeantwortbar’ gehalten hätten. Es geht dabei um das Wissen um dasjenige, was einer Disposition sympathetisch oder antipathetisch ist (Tetr. I 3,16).

Deutlich wird, dass Ptolemaios die Astrologie rationalisiert und systematisiert: so ordnet er etwa die Planeten nach dem Schema heiss/kalt und trocken/feucht; das 'mythologische' oder babylonische Prinzip der Wohltäter und Schadenstifter wird dabei medizinisch als extreme bzw. ausgewogen harmonische Mischung plausibilisiert: Saturn ist exzessiv kalt und Mars exzessiv trocken,[905] während Venus und Jupiter durch „Eukrasie",[906] durch ausgewogene Mischung bezeichnet werden. Das ist im Ganzen der Versuch, Astrologie auf peripatetischer Basis zu physikalisieren, und Ptolemaios entwickelt dabei auch ein System der „Temperamente" (*kraseis*).[907] In generalisierender Weise werden im dritten Buch die Theorie der Berechnung der Lebensabschnitte und darauf die Körpereigenschaften und das Aussehen in der Prägung durch die Planeten behandelt; das geht bis zu Hinweisen auf Augenfarbe und Körperbehaarung (III 11). Dem folgt ein Kapitel zu Krankheitsdispositionen, mit Hinweisen etwa zur Erblindung entweder nur eines Auges oder aber beider,[908] und dort ist zu erfahren, dass die Blindheit durch Mars und Saturn in bestimmten Relationen zum Mond und zum Geburtshorizont hervorgebracht und bei zusätzlicher Involviertheit des Merkur durch einen Schlag in der Palästra, im Gymnasion oder durch heimtückischen Angriff herbeigeführt werde. Man erfährt, dass mit den Wohltätern in dominanter Position des Horoskops die Krankheiten und Unfälle heilbarer und weniger entstellend sind.[909] Wo dann Ptolemaios (III 13) zu den „seelischeren" Eigenschaften übergeht, folgen die üblichen Kataloge von Eigenschaftswörtern und Berufszuordnungen, und man lernt unter anderem, wie man unter der Dominanz der Wohltäter zum *agathos* und *dikaios*, also zu einem angenehmen Menschen werde, und im gegenteiligen Fall eben zum unleidlichen. Auch wie man König, Kosmokrator oder wenigstens General wird, kann man im vierten Buch lesen.[910] Und auch Ptolemaios bringt das Sklavenlos mit dem zwölften Haus in Verbindung, wo er dann auch die „Sympathie oder Antipathie der Halter zu ihnen" (den Sklaven) traktiert.[911]

Bei all dem wird als durchgehendes Prinzip ersichtlich, wie Status, soziales, psychisches und körperliches Wohlbefinden sowie die Relationen zum sozialen Umfeld und somit das Milieu der „Nativen" ganz und gar einem 'Milieu' der Sterne in einer binär schematisierten Konstellation mit sympathetischen und antipathetischen Komponenten zugeschrieben werden. Wohlverhalten oder soziale Inkompetenz, ja auch Neigung zur Popularität samt Brustbehaarung, Augenfarbe und Körpervolumen mit entsprechender Pathologie: das alles, das Lebensmilieu in der Form von biographischen 'Bauteilen' oder Modulen beschrieben, ist nur die Ereignisform eines genetisch potenteren 'Milieus' astronomisch exakt fixierbarer Relationen.

Bei Ptolemaios, der kaum als der übliche Typus des Astrologen gelten kann, kommt allerdings etwas dazu, das uns zugleich den so beharrlich für Astrologen verwendeten Titel des *mathematicus* verständlicher macht. Denn für ihn garantierte die Mathematik allein so etwas wie Gewissheit in der Wissenschaft. Physik war für ihn ebenso konjektural wie Theologie, und „*mathematics alone generates sure and*

---

[905] I 5,19.

[906] I 4,18.

[907] Zur Lehre der Temperamente von Aristoteles bis Rhetorios GIESELER-GREENBAUM 2005, 8–23.

[908] III 12,148f.

[909] III 12 153.

[910] IV 3,175f.

[911] IV 7,195.

incontrovertible knowledge. "[912] Wenn Astrologie unscharf und hypothetisch blieb, so galt das auch für andere Naturwissenschaften, sofern sie nicht oder nur unzureichend mathematisierbar waren – die Mathematik war aber der Nachweis jener Unzweideutigkeit, welche der Welt in Bilde ihrer sphärischen Kosmizität ʻastronomischʼ zugrundelag. Und sie war eine göttliche Einfachheit des Himmels, die aus seiner Phänomenalität allein nicht zu erschliessen sein konnte, die ja immer eine Phänomenalität ʻfür unsʼ, unserer Wahrnehmung sein musste. Man könne den supra-lunaren, also den „aitherischen" oder ʻquintessentiellenʼ Bereich in seiner Natur nicht aus der Natur des sublunar verfügbaren zureichend erkennen.[913] – Das heisst nicht nur, dass für Ptolemaios die Astrologie bloss Wahrscheinlichkeiten als Erkenntnis generieren konnte, sondern eben auch, dass sie ihren epistemologischen Mangel mit anderen Wissenschaften teilte. Die Astronomie aber, sofern sie sich auf eine höhere, auf eine mathematisch reibungslosere Körperlichkeit beziehen konnte, war durch ihre Mathematisierbarkeit von allen übrigen Naturwissenschaften abgehoben. Sie erschloss einen Bereich, in dem die Mathematik als die Erkenntnis des Unanfechtbaren zur weltkonstruktiven Erscheinung wurde, zur Theophanie einer autoritären Demiurgie,[914] einer Präsenz von göttlicher Ordnung und Symmetrie, wie sie noch dem astronomisch aktiven Fürsten Salinas in Tomasi di Lampedusaʼs Roman „Il Gattopardo" im Anblick der morgendlich aufgehenden Venus eine Begegnung verheisst, die dann weniger ephemer als der irdische Alltag sein würde – und Venus wird ihn im Sterben als den letzten aus der Rasse Caesars in der Tat in den Himmel mitnehmen *„nella propria regione di perenne certezza".* Denn der fürstliche Astronom, der im Roman den Niedergang einer monarchischen Welt verkörpert, und damit einer Autorität, die explizit seit Augustus dem Himmel verbunden war, wird schon durch den Anblick der Gestirne belebt: *„erano lontane, onnipotenti e nello stesso tempo tanto docili ai suoi calcoli; proprio il contrario degli uomini, troppo vicini sempre, deboli e pur tanto riottosi."*[915]

Die Astrologie konnte sich einem Mann wie Ptolemaios, dessen philosophisch gebildete Himmelsfrömmigkeit gut bezeugt ist,[916] eben gerade durch ihre Nähe zur Astronomie, d. h. durch ihre ungewöhnlich mathematisierte Grundlage empfehlen[917]. Mochten ihre Prognosen sehr an Unzuverlässigkeit kranken (denn nicht nur die Menschen, sondern das ganze sublunare Reich war gegenüber dem rechnend erkennenden Geist rebellisch und von notorisch schwächlicher Ausgesprochenheit), so bekräftigten sie doch noch im Scheitern den mathematisch-astronomischen Triumph einer demiurgischen Herrschaft des Geistes, der die Welt unfehlbar, neidlos und ohne

---

[912] FEKE 2018, 4; vgl. 172.
[913] Ebd. 194.
[914] Ihr Manifest war der platonische Timaios, wozu etwa SCHÄFER 2005.
[915] *„sie waren fern, allmächtig und zugleich so fügsam gegenüber seinen Berechnungen, geradezu das Gegenteil der Menschen, die immer zu nahe waren, ebenso schwach wie rebellisch."*
[916] FEKE 2018, bes. 187-200 zur Beseelung der Sphären; 2ff. zum „eklektischen" philosophischen Milieu seiner Zeit.
[917] Astrologie könnte dem Begehren so mancher Wissenschaftler nach Mathematisierung des Lebens (heute z. B. mittels Algorithmen) entsprochen haben, und offenbar entsprach sie einem Bedürfnis des Ptolemaios: *„Positioning mathematics as the foundation of every one of life's activities, Ptolemy advances the mathematical way of life."* (Ebd. 5).

jede Eitelkeit bewegte. Die Sterne waren beseelt[918] – ja ihre Stofflichkeit war dem menschlichen Geiste verwandt[919] – und die bei Ptolemaios explizit vertretene Eigenständigkeit, ja die unabhängige Individualität der Motorik der einzelnen Planetensphären[920] könnte sehr wohl eine Frucht seiner Beschäftigung mit Astrologie sein. Denn in ihr haben ja die göttlichen Sphären und himmlischen Körper der griechischen Metaphysik eindeutig die Züge von mythisch potenten Individualitäten angenommen.

Das eigene subjektive Wollen und Entscheiden ist zweifellos eine Leerstelle in den astrologischen Texten. Und dabei tritt die 'kosmische Vorgegebenheit' durch die distinkte Ereignisfixiertheit der prognostischen Erzählweise als bunte Mischung von Kalamitäten und Triumphen in Erscheinung. – Über sozialen Rang, über Würde und Einfluss entscheidet kein Wille, sondern die „oikodespotie", also die „Würde" oder die „Herrschaft" eines Planeten.[921] Das wird auch durch die Besprechung von Hadrians Horoskop nach dem Astrologen Antigonos von Nikaia[922] gut illustriert, wo es zum Nativen heisst, nachdem die spezifischen Indikatoren der Kaiserwürde besprochen wurden: „Von stattlicher Grösse und mannhaft und voller Anmut war er, weil <Jupiter und> die zwei Luminare in einem kardinalen Ort, und zwar gerade im Aszendenten, standen und sich (dabei) in einem menschengestalteten und männlichen Zeichen befanden. Klug und gebildet und von tiefen Gedanken war er, da Merkur gerade in der Phase der morgendlichen Sichtbarkeit zusammen mit Saturn im 12. Zeichen stand und Speerträger der Sonne war. Und er wurde von jung auf als ein solcher (durch den Einfluss der Sterne) geformt wegen der Sichtbarkeitsphase, denn immer entfalten die morgendlichen Sichtbarkeitsphasen ihre Wirkungen von Jugend an, während die abendlichen erst mit dem Fortschreiten des Alters die Taten offenbaren."[923]

Was in der astrologischen Begutachtung Hadrians durch den Rahmen einer erwiesen „imperialen" Genitur gegeben erscheint, nämlich eine Art von inhaltlicher Kohärenz eines Lebens durch die Fatalität des kaiserlichen Amtes, das wird in anderen Charakterisierungen nach astrologischen Handbüchern selten fassbar. Die Beschreibungen wirken so inkohärent wie sie als Exemplifizierungen je einzelner 'Konstellationsmerkmale' wohl auch sein müssen. Das beginnt mit dem Elementaren der 'Bauteile'. So beschreibt Valens einleitend die Planeten als Bewirker von „Eigenschaften", und da bedeute der Mond (im Auszug): „Zusammenleben oder

---

[918] Wie bei Platon und Aristoteles kann hier von einer „animistic theory of aethereal motion" gesprochen werden: ebd. 189; vgl. 195ff.

[919] Ebd. 181: „The human soul's capacity of thought [...] is composed of aether" – also ist der Stoff der Gestirne gleichsam der Stoff des Geistes. Diese alchimistische Gleichung, ein Höhepunkt in der Vernichtung der Kultur/Natur-Schranke, ist in der antiken philosophischen Kosmologie seit Platon angelegt.

[920] Ebd. 189 „each of the stars causes motion in its own place", zit. Simplikios (kinein men tōn astrōn hekaston [...] kata ton idion mentoi topon); 197 (Ptolemaios vergleicht die Planeten mit einem Schwarm von Vögeln, die alle eigenbewegt und 'eigenbeseelt' sind („every star is animate, it has a soul").

[921] Ptol. Tetr. III 13,158 zum Planeten als „Herrscher" der psychischen Disposition.

[922] Von STEPHAN HEILEN neu ediert (2015).

[923] Ebd. 138 (Hephaist. II 18,29-31; Übers. HEILEN).

gesetzliche Heirat, Ernährer, grösseren Bruder, Verwaltung des Hauses, Königin, Herrin, Vermögen, Glück, Stadt, Auflauf von Massen, Gewinne, Aufwendungen, Haus, Schiffe, Leben in der Fremde" (etc.). Folgen Körperteile und auch die Farbe hellgrün sowie der salzige Geschmack.[924] Und Saturn macht nach Eigenschaften wie *„dürr, schwarz gekleidet, bettelhaft, betrübt, Dulder, Seefahrer"* auch *„Verwaisung, Gefangenschaft, Aussetzungen"* sowie *„Erdarbeiter und Landwirte"*, aber auch *„Geldleiher"* und *„Zöllner"* sowie Verwalter fremden Vermögens, sauren Geschmack, und er führt zum *„Fallen auf den Mund"*.[925] – Stehen Jupiter und Merkur im Dreieck (d. h. im 120°-Winkel), so *„bewirken sie einiges für Erwerb und Ruhm, freilich unter Neid; stehen sie aber schlecht, bringen sie neben dem Neid noch Schläge und die Gegnerschaft Überlegener. [...] Stehen sie aber im Bereich des bösen Geistes [kakodaimon = 12. Haus] diametral gegenüber, werden die Geborenen von einer mächtigen Person überwältigt, müssen Aufstände von Volkshaufen erdulden, werden wenige Geschwister haben, dazu Feindschaft gegen Brüder oder Kinder oder Verwandte hegen."*[926]

Versucht man zu ermessen, was das für eine biographisch fassbare Struktur und damit auch Identität eines individuellen Lebens bedeuten kann, wird man die verallgemeinernde These wagen können, dass in dieser Astrologie Identität nicht primär als Erlebnis und Expression eventuell angelegter Möglichkeit, sondern als Ereignis[927] angesprochen und wahrgenommen wird. Und das Ereignis, als eine zeitliche 'Vergrösserung' und Realisierung der Potenz des Ereignisses der Geburt als mundaner Konstellation, war im Formular des Horoskops nur ein Moment der providentiellen Bewegtheit der Welt, in welcher sich etwa für Aristoteles die „Wirklichkeit" des göttlichen Geistes offenbarte. – Wäre es möglich, dass der 'Ereignisfetischismus' antiker Astrologie mit einer zur Theologie erhobenen 'Wirklichkeits-Emphase' zusammenhing, die als prä- und posttheologische ja auch die Geschichtsschreibung beseelt hat und noch bewegt[928], einer Emphase, in deren grösserem Rahmen die Welt als Kontinuität realisierter Befreiung aus der Latenz und Unwirklichkeit des bloss Möglichen erscheinen konnte? – Formal gilt offenbar: In dieser Astrologie war die Ereignisform des Lebens als Realisierung von Möglichkeiten die Teilhabe an einer schon gegebenen Wirklichkeit der Welt. Alles Ereignis war Partizipation an dem Ereignis dieser divinen „Wirklichkeit", wobei sich in diesem Ereignis das Anfängliche der göttlichen 'Prinzipien' der Welt offenbarte, die nicht nur bei Aristoteles eine andauernde Präsenz der göttlichen Urheberschaft verbürgten,[929] welche mehr als irgendwo sonst in der sphärischen Himmelskörperlichkeit, dem „Reigentanz der Sterne"[930] zur Erscheinung kam.

Nehmen wir wieder Exempla aus Vettius Valens: *„Im 34. Jahr erfolgte der Tod der Gattin; das war im 19. Jahr des Löwen und im 15. Jahr des Skorpions oder des Mars*

---

[924] I 1,4f.
[925] I 1,7-16 (Übers. SCHÖNBERGER/KNOBLOCH).
[926] II 17,52 (Übers. SCHÖNBERGER/KNOBLOCH).
[927] Genauer als Ereignisform oder als Zusammenhang von Ereignissen. – Zur Antinomie von „Erlebnis" und „Ereignis" bei Heidegger, und zur Modernität von Heideggers kulturkritischer Emphase im Vergleich zur Konzeption unserer Quellen siehe unten.
[928] SCHMID 2016, 328-365.
[929] SCHMID 2007.
[930] Plat. Tim. 40c.

selbst; diese beiden Schadenstifter nämlich schlossen Venus ein. Im 36. Jahr drohte dem Betreffenden Gefahr wegen eines Vorwurfs bezüglich des Todes seiner Frau (er sollte ihr aufgelauert haben), und er wurde beim König verklagt; doch kam er mit Verbannung davon." (Hier betont Valens, dass er nur über jene Geschehnisse berichte, die er selber *„genauer überprüfte"* und bei denen er *„zugegen war"*).[931] Und ein weiteres: *„Im 19. Jahr erfolgte der gewaltsame Tod des Vaters und der Geborene selbst wurde durch ein Augenleiden geschädigt. Im gleichen Jahr aber kam er in fremdes Land und war auf dem Meer gefährdet. [...] Im 20. Jahr erhielt er durch ein Orakel der Götter Belehrung und durch Salben wieder das Augenlicht; zu diesem Zeitpunkt nämlich wirkte Saturn, wobei die Zwillinge 20 Jahre gaben, wodurch jener freilich auch vieles Üble erdulden musste.*"[932]

Würde aus solchen Fragmenten der Zusammenhang einer Identität überhaupt absehbar? Und geben ihn die besagten Bauteile,[933] die auch öfter aus konkreten Hinweisen zur Berufseignung bestehen,[934] wirklich her? – Aber womöglich ist das gar nicht nötig, wenn schon das Formular andeutet, dass hier eben der Kosmos dem Ganzen des Lebens die Struktur von Geschlossenheit und Einheit verschafft, die in seiner Kugelform zum Ausdruck kommt. Diese bildet auch als Tierkreis den gerundeten und geschlossenen Rahmen einer astrologisch erklärten Biographie. Die Kohärenz einer Identität musste nicht durch das Subjekt gestaltet werden, damit auch nicht durch die innere Folgerichtigkeit eines Erlebens.

Man kennt Ähnliches aus den Charakterbeschreibungen römischer Kaiser bei Sueton, die nicht das Gefühl aufkommen lassen, dass der Autor sich um eine 'psychologische Folgerichtigkeit' im modernen Sinne bei der Darstellung seiner biographischen Gegenstände bemüht.[935] Es wird von diversen Eigenschaften, oft anhand von Begebenheiten, des Kaisers berichtet, und dabei muss das Divergierende nicht harmonisiert und Charakteristiken müssen nicht in einen 'subjektimmanenten' Begründungszusammenhang gebracht werden, wie das seit der Psychoanalyse systematisch über erklärende Kindheitserfahrungen und/oder Sozialstrukturen versucht wird. Der biographisch dargelegte Zusammenhang eines Lebens muss also seine Folgerichtigkeit nicht aus oder in sich selber begründen – ich habe an anderer Stelle schon versucht, eine vergleichsweise Inkohärenz historischer Darstellung mit dem Erfahrungshorizont genuin monarchischer Gesellschaften in Zusammenhang zu bringen: So braucht der chinesische Historiker Sima Qian im Gegensatz zu seinen griechischen 'Kollegen' einen historischen 'Ereigniszusammenhang' wie den dramatisch entfalteten Krieg bei Thukydides und Herodot nicht durch die Kohärenz der Erzählung zu stiften,

---

[931] VII 3,19-22 (Übers. SCHÖNBERGER/KNOBLOCH).

[932] VII 3,25f. (Übers. SCHÖNBERGER/KNOBLOCH).

[933] Etwa der Einfluss des Jupiter (I 1,17), dessen Beschreibung wie folgt beginnt: *„Jupiter weist auf Kinder hin, auf Zeugung, Begierde, Verlangen, Zusammenkünfte, Bekanntschaften, Freundschaften mit grossen Männern, Wohlstand, Speisen"* (etc.); Übers. SCHÖNBERGER/KNOBLOCH).

[934] Vgl. etwa Manilius IV 122-291; Pseudo-Manetho VI 339-543 p. 497-505 LIGHTFOOT; ausführlicher Überblick zu Berufen nach astrologischen Quellen bei CUMONT 1937, 86-112; LIGHTFOOT 2020, 327-345; vgl. BARTON 1994, 162f.

[935] Zur Differenz antiker und moderner diesbezüglicher biographischer Bedürfnisse etwa PABST 2014, 23ff.

weil solcher Zusammenhang keine autonome Wirklichkeit beanspruchen oder abbilden kann wo der Zusammenhang der *Welt*, an *deren* Ordnung die Gesellschaft über den König als Mittler partizipieren muss, alles Erleben trägt und es als fundamentaler Wirklichkeitszusammenhang umgibt.[936] Bei Sima Qian werden ja öfter bestimmte Ereignisse aus ganz verschiedenen Blickwinkeln[937] und mit differierenden Wertungen im Rahmen der Gesamterzählung fassbar.[938] Im Gegensatz dazu gilt für Griechenland *„Die fehlende Kohärenz einer Welt, deren als politisch sinnstiftend verstandener Lauf oder 'Weg des Himmels' prinzipiell auch das Kommen und Gehen der Dynastien strukturierte, wodurch der Titel „Grand Astrologer"[939] für einen Historiker verstehbar wird, musste im anti-monarchischen Fall durch das erzählende Subjekt selbst und seine Perspektive, sie musste durch die Kohärenz der Erzählung und den Zusammenhang ihres Flusses 'konstruiert' werden."[940]* – Im anti-monarchischen Fall – also für Herodot und Thukydides, und für uns – gilt: Der Fluss der Erzählung, vielleicht gar seine Sinnhaftigkeit als dezidierte 'Wirklichkeits-Erzählung'[941] muss den Ausfall der weltlichen Form als Klammer oder 'Container' alles kontingent Geschehenden kompensieren. Diese selbst 'wirklichkeitskonstruktive' Erzählung ist daher auf inhaltliche Stringenz und Plausibilität angewiesen, wogegen der chinesische Bericht viel heterogener, multiperspektivischer[942] und widerspruchstoleranter erscheinen darf. – Das kosmische Formular des Horoskops als „umgreifende" Klammer und sein Zusammenhang mit Monarchie wird uns noch zu beschäftigen haben; in der „Nativität" scheint es nun, und das ist etwas Neues, zum welthaft Umgreifenden nicht der ganzen Gesellschaft,[943] sondern explizit eines einzelnen Individuums geworden zu sein. Und das lässt sich sowohl als Hinweis auf das monarchisch verfasste Umfeld dieser Astrologie wie auch auf einen offenbaren Mangel in diesem Umfeld – nämlich die strukturelle Schwäche des „hellenistischen" Königtums – lesen.

---

[936] SCHMID 2016, bes. 284ff.

[937] Etwa indem sie in den verschiedenen Biographien prominenter Beteiligter auch in der Bewertung verschieden gespiegelt werden.

[938] Ebd. 285, zu BURTON WATSON (1958, 105ff.), der, um seinen Lesern die ungewohnte Struktur des *Shiji* (des Gechichtswerks des Sima Qian) näherzubringen, diese fiktiv auf die amerikanische Geschichte anwendet und seiner Leserschaft erklärt, dass man bei solcher Anwendung die grösste Mühe hätte, sich eine kohärente Vorstellung der amerikanischen Bürgerkriege zu machen – man müsste sie aus allen möglichen Perspektiven und Zusammenhängen, aus Biographien, Annalen, „Häusern" (das sind politisch wichtige Familienclans die auch als „Speichen des Weltalls" gelten) und chronologischen Tafeln zusammensetzen.

[939] So lässt sich der Titel des „Historikers" im Falle des Sima Qian übersetzen.

[940] SCHMID 2016, 285f.

[941] Zur „Wirklichkeit" des Historischen ebd. 328-365.

[942] Ebd. 291.

[943] Dass auch das Gesellschaftliche durch genetisch potente kosmische Struktur umgriffen wird, belegt das zweite Buch des Tetrabiblos des Ptolemaios. Dort sind es die Weltgegenden, die den in ihnen Lebenden bestimmte Eigenschaften aber auch Ereignisse (etwa bei Finsternissen, die bestimmte Tierkreiszeichen samt den ihnen zugeordneten Landschaften und deren Völkern betreffen) zuweisen. Solche Zuordnungen gehören einerseits zum ältesten Bestand von astrologischen Omina, dürften aber in der griechischen Astrologie, nach FRANZ BOLL (1894, 139f.) ein späteres, auf Kritik reagierendes Konstrukt gewesen sein.

Wenn wir die Leerstelle des Subjektiven ernst nehmen, dem in den astrologischen Texten keine Rechte eingeräumt werden, und dabei trotzdem an einer Psychologie dieser Texte festhalten wollen, so müssen wir wohl an eine nicht- oder anti-subjektive Psychologie denken. Aber können wir uns vorstellen, dass unser *bios* ein geschlossener Kreis wäre, in welchem alles uns Umgebende, Bestimmende, Hindernde und Fördernde in Familie, Gesellschaft und Natur genetisch präformiert wäre, so dass auch der trügerische Bruder oder die Anzahl von Geschwistern[944] Teil unserer 'biographischen Identität' würde?

Nehmen wir die Möglichkeit einer subjektorientierten modernen Psychologie zum Vergleich, wird das für eine supponiert nicht-subjektive oder gar anti-subjektive Psychologie sogar zwingend. Denn nur das Subjekt in seiner kollektiv errungenen Autonomie ist das, was es ist, auf vollkommen weltlose Weise, unabhängig vom Umgebenden. Als mit Hegel „absolutes" Gegenüber eines Ichs zur objektivierten Welt, das durch Wollen und Selbstbewusstsein geprägt ist und durch dieses Bewusstsein seiner selbst besteht. Dies bis zur „Verdrängtheit" des „Un-Bewussten" als jener dem Intendieren entzogenen Bereiche, die wiederum nur als Ich-interne „Trieb"-Komponenten Geltung erlangen können. Alles Ich-Externe, d. h. alles was jenseits des moralisch selbstbewussten, disziplinierten Bürger-Subjekts und seiner Selbstwahrnehmung als biographischer Faktor besteht, ist aus dem Bereich seiner personalen Identität ausgeschlossen.[945] Es ist ausschliesslich als hindernder bzw. förderlicher Faktor für die biographischen Möglichkeiten einer Subjektivität relevant, die als solche auch als 'individuelle Ausgesprochenheit' möglichst indefinit bleiben soll. Auch die sozialen Anschlussmöglichkeiten sollen ja nicht vorweggenommen werden.

So gesehen wäre es einer mangelhaft durch autonome Subjektivität geprägten Gesellschaft gar nicht möglich, all die zuvor angedeuteten Bereiche und Faktoren, die für eine biographisch realisierte Identität von Belang sind, aus dieser auszuschliessen oder sie sozusagen zum extern verfügbaren 'Material' einer 'autonomen Lebensgestaltung' zu degradieren. Es wurde schon darauf hingewiesen, wie zentral für diese Externalisierung des Nicht-Subjektiven (des „Nicht-Ich" laut Fichte) der polemisch konsequente[946] Naturbegriff der Moderne geworden ist, der auch die systematische Missachtung der Schranke zwischen Natur und Kultur obsolet werden liess, eine Missachtung, die wiederum in der hier vorliegenden Astrologie intellektuell akzeptabel war.

Das Nicht-Abgrenzen-Können einer subjektiven Geschlossenheit in 'cartesianischer' Reserviertheit gegenüber einer Welt, die 'da draussen' als inhaltlich amorphe Verfügungsmasse einer *res extensa* existiert, hat für den theoretischen Ehrgeiz der Horoskop-Astrologen den bedeutenden Nachteil einer ins Uferlose anwachsenden Reichweite der zu erklärenden und zu kausalisierenden 'Phänomene', die man als relevant für eine biographisch evidente Identität ansah. Hier sollte buchstäblich das 'ganze Leben' erklärbar werden – was konnte denn ausgeschlossen sein? – und das erforderte das unabsehbare Erweitern und Kombinieren der methodischen Parameter.

---

[944] Etwa nach Ptol. Tetr. III 5.

[945] Das betrifft im aktuell vielbesprochenen Transgender-Fall auch noch den 'eigenen' Körper, der als fremde Exteriorität sozialer Konstruktion dem Subjekt als „Wunschkörper" angeglichen werden soll, und zwar durch Technik als Organ kollektiver Subjektivität.

[946] Nämlich in der historisch aufgezwungenen Opposition zu „anti-moderner" Teleologie und Theologie der Natur (SCHMID 2020).

Dagegen hat sich Ptolemaios durch Auslassungen (wie z. B. des Häusersystems) zur Wehr gesetzt: er lehnte „alte Methoden der Prognose" ab, welche alle Konstellationen berücksichtigten, weil sie so vielfältig und fast grenzenlos (*apeiron*) seien, wenn man es genau machen wolle.[947] – Dazu im Kontrast hat der Erfolg der psychoanalytischen Methode sehr viel mit Freuds gründlicher und positivistisch geprägter naturwissenschaftlicher Ausbildung zu tun. Das war ganz wesentlich auch ein Erfolg des Weglassens; und es ist zwingend, dass zu dem Weggelassenen auch das unabsehbar Singuläre der Individualitäten gehörte.

Die Ereignisfixiertheit antiker astrologischer Charakterisierungen basiert also, negativ formuliert, auf der mangelnden Ausgrenzbarkeit einer 'subjektiven Gegenposition' zur Welt. Denn ersichtlich wird nach den Quellen hier Identität nicht expressiv gestaltet, sondern hingenommen als auferlegtes himmlisches Fatum.[948] Grundlegend bleibt die 'teleologisch' ausgerichtete Aitiologie: das Brennholz ist wegen des Feuers da, so wie alles Geborene um einer 'Tätigkeit', einer vom Subjektiven her betrachteten Externalisierung willen da sein soll – es erschöpft sich darin wie die Mauersegler-Existenz im Fliegen. Damit würden die unabsehbaren Kataloge von 'Konstellations-Entsprechungen' in den Handbüchern verständlicher: Die Sterne müssen ja dafür sorgen, dass Ereignisse, und dass „Wirklichkeit" stattfinde. Auch dass es Kühnheit, Geiz, Grossmut, Perversion, dass es Lachen und Tränen, Ehe und Ehebruch, Herrschaft und Versklavung, aber auch Farben, Gerüche und Wetterlagen und auch die Erdzonen der „Klimata" geben kann. Und geben können soll es auch den Handel, Götter und Kult, Zahlen, Verkehr, sexuelle Devianz, Philosophie, Krieg, Zerstörung, Liebe, Gesellschaft, Väter und Mütter, Heimat und Vertriebenheit und so fort. Die Menschen aber sind offensichtlich dazu da oder „geboren", dass sich präformierte Möglichkeiten oder „Ereignisformen" realisieren oder vollziehen können. Sie illustrieren als „Native" sozusagen die genetische 'Wirklichkeitspotenz' der Welt, die da will, dass es Lampenmacher, Priester und Halsabschneider, dass es Schiffbrüche, Skandale und Könige, dass es Krieg und Frieden, Tod im Kindesalter und langes Leben (aber Tod für alle Fälle), dass es Glück und Unglück und das Umschlagen vom Einen ins Andere und auch sonst alles Mögliche, wie dressierte Löwen und Frauen, die ihren Ehemännern Gift zum Abendessen servieren gibt.

Wobei hier vielleicht, was die Interpretierbarkeit der antiken Quellen betrifft, stets folgende Präzisierung angebracht ist: Dass die ausführlichsten dieser Quellen Handbücher sind, die vorab den interessierten Deuter, nicht den Klienten der Astrologie ansprechen wollen, jenen aber in der Regel mit Kenntnissen und Methoden zur erfolgreichen Beratung bereichern oder instruieren wollen, ist schon betont worden. Aus der solchermassen indirekt supponierten Situation eines fragenden Klienten und

---

[947] III 1,107. – Vgl. II 8,88: Es sei unmöglich, alle *synkraseis* der Planeten und Aspekte in ihrer Auswirkung zu beschreiben, weil diese schlicht zu „vielgestaltig" (*polymeros*) seien.

[948] Man könnte sich die Frage stellen, ob nicht schon in radikal weltverneinenden gnostisch-hermetischen Texten auch eine Art Revolte der negierten Subjektivität zu sehen wäre – darauf wiese immerhin die 'Modernität' einiger Texte (wie des Poimandres) und ihr Erfolg in der Renaissance hin (YATES 2002 (1964)). – Die Verbindung von gnostischer Revolte und Modernität war für ERIC VOEGELIN ein ganz zentraler Zusammenhang. Erstmals wohl ausgeführt in seiner Münchner Antrittsvorlesung: „Wissenschaft, Gnosis, Politik" (München 1959), jetzt in: VOEGELIN 1999, 69ff.

antwortenden Experten kann man den Schluss ziehen, dass es in antiker astrologischer Praxis kaum um die Antwort auf die Frage „Wer bin ich eigentlich" ging.[949] Eine solche Frage dürfte eher selten, wenn überhaupt, gestellt und auch kaum beantwortet worden sein. Ohne Zweifel wollte der Klient oder wollte die Klientin[950] konkretere Fragen beantwortet haben. Die 'wesensontologische' Struktur des Horoskopformulars war nur die Voraussetzung, sie war das hermeneutische Instrument zur Beantwortung aller Fragen. Es versteht sich daher, dass die astrologischen Handbücher auch eine Identitätsfrage in einer Weise hätten abhandeln müssen, welche zeitgemäss 'praxisgerecht' war, und damit erklärt sich auch die etwas unlogisch wirkende Besorgtheit der ewig weltkonstruktiven himmlischen Super-Mächte um jeweils sehr zeitspezifische Berufsformen und Sozialstrukturen.[951] So erklärt sich aber auch teilweise die Manie, Konstellationen in 'unmöglich' detaillierte[952] Ereignishorizonte zu übersetzen. – Die Astrologie war eben als Praxis keine Theorie, wie es die Philosophie war, wenn sie nach Wesentlichkeit und Substanzen forschte, obschon sie Ptolemaios – der ein vergleichsweise theoretisches Verhältnis zur Astrologie hatte – mit der Philosophie verglich.[953]

Wenn dagegen seit Descartes das Singuläre nicht mehr vernünftig wissbar sein kann, dann ist moderne Psychologie auch eine Folge der Reduktion. Durch diese ist alles Unberechenbare, mangelhaft Feststellbare positivistisch aus der Wissbarkeit und Erkennbarkeit ausgeschlossen worden.[954] Und dadurch wird auch Psychologie als reine

---

[949] Vgl. HEILEN 2020.

[950] Zur Geschlechterfrage unten.

[951] So auch eine Art Fazit zu Pseudo-Manetho: „ *The formulary of the Manethoniana expresses the common man's hopes and fears. It is not that it never lifts its gaze to the stars, it does. But when it does, it only finds there the same banalities.* " (LIGHTFOOT 2020, 369). – Von der Frage einmal abgesehen, inwieweit die alltäglichen Wechselfälle des Daseins von oxonianischer Warte herab als banal erscheinen müssen, ist doch vielleicht hier zu ergänzen, dass es ja gerade das astrologische Formular gewesen sein wird, mit den Namen der glänzenden Götter bestückt, was das das Banale zum Abbild des Erhabenen erklärte: des Treibens der 'Himmlischen droben'. Und dadurch wurde das Banale zum tragischen Format erhoben, auch wenn das die erhaltenen Reklameschriften antiker Astrologen nicht mit der vielleicht gebotenen poetischen Wucht zu gestalten vermochten. Denn im Licht fataler Bestimmtheit konnte auch das Banale seine Beliebigkeit verlieren; es wurde bedeutsam – so wie bekanntlich in dem Moment seines Sterbens auch noch das banalste Leben die dramatische Wucht des Unwiderruflichen anzunehmen vermag.

[952] Siehe etwa Firmicus Maternus (Math. III 4,20) zu detaillierten Formen des Sterbens bei einer bestimmten Mars-Stellung: etwa von Ruinen oder von Strassenräubern erschlagen zu werden. Gewisse Stellungen der Venus machen nach III 6,4 infam Libidinöse, Unreine, Leinenweber, Bettfedernreiniger (*plumarii*), Farbenerfinder, Farbenmischer, Schankwirte oder Budenkrämer; mit Saturn-Aspekten auch Kastraten, Weber oder Pigment-Erfinder. Der 18. Grad des Stiers macht Müllersknechte, der 20. männliche Prostituierte (III 6,3). – Laut Vettius Valens II 38,30 verleihe eine Konstellation „ *eine gute Heirat, doch wird der Mann über den Tod seiner guten Frau Schmerz empfinden* " (Übers. SCHÖNBERGER/KNOBLOCH).

[953] I 3,10: sie lernt das für jedes individuelle Temperament (*ten kat'hekaston synkrasin*) Geeignete (*oikeion*) erkennen. Und wenn sie nicht zu Reichtum und Ansehen verhilft, so gilt das ja auch für die Philosophie.

[954] Das hat mit dem grundlegenden Verhältnis aller Modernität zum Natur-Begriff als der Matrix systematisch rationalisierender Verallgemeinerungen zu tun. Und diesbezüglich war antike Astrologie die Abwendung von einer griechischen 'Modernität' (SCHMID 2020), zu der

Psychopathologie von der Plausibilisierung menschlicher Ereignisformen als konkret biographischer Strukturen weitgehend dispensiert oder entlastet, da sich die letzteren als Singularitäten – deren auch die Individualität eine ist – nur sehr mangelhaft verallgemeinern lassen, wo sie nicht pathologisch als Krankheitsbilder mit verallgemeinerten Symptomatiken fassbar werden. Dass die Psychoanalyse, Freuds Ambitionen zum Trotz, keine erfolgreiche neue Biographik entwickeln konnte,[955] mag also in der Sache begründet sein. Dass dagegen auf einer supponierten Psychologie des Individuellen sehr wohl der Anspruch lasten musste, einen *bios* als spezifisch strukturierte Fatalität im unabsehbar Gesamten zu erklären, ist plausibel. Da es zu solchem Behuf in der Astrologie ausser den Elementen der Häuser, Zeichen und Konstellationen mit ihren Eigenschaften und Zuordnungen und dazu den Binär-Schematismen von gut/schlecht (erhöht/erniedrigt, Tag/Nacht, männlich/weiblich etc.) kaum verbindliche strukturelle Handhaben zur semantischen Hierarchisierung und damit zur Reduktion von Komplexität gab, musste sich eine solche Beschreibung sehr schnell im Unabsehbaren verlieren. Man konnte sich erfolgreich auf grundlegende Einzelaspekte konzentrieren – wie die Lebenszeitberechnung, oder die Theoretisierung biographischer Perioden, die sich aber bei Vettius Valens, dem erklärten Spezialisten, auch schnell ins *„apeiron"* verliert. Das Handicap einer Astrologie als Wissenschaft im heutigen Sinne war es, dass sie „einfach alles" erklären musste. – Es ist schliesslich zum Erfolgsrezept aller modernen Wissenschaftlichkeit geworden, dass sie sich auf „vernünftig" beantwortbare Fragen beschränkt hat. Und wo die Reproduzierbarkeit von Lösungen zum Kriterium der Wissenschaftlichkeit wird, da können die zu lösenden Probleme oder Fragestellungen zwingend nicht vornehmlich aus Singularitäten bestehen oder sich auf sie definierend beziehen. – Dass die antiken Astrologen ihre Todesberechnungskalküle, für deren unfehlbar wissenschaftliche Methodik sie Reklame machten, für reproduzierbar hielten, ist sicher; doch ist dabei schon die Auswahl der verwendeten Parameter offen – es gab viele und ihre Anwendbarkeit war nicht im Detail festgelegt, neue konnten jederzeit postuliert werden – und die prinzpielle Individualität des hier zu Berechnenden liess alle Verallgemeinerungen scheitern. Es gab eben keine eindeutige Todeskonstellation, weil

---

MARKHAM GELLER (im Vergleich zu mesopotamischer medizinischer Gelehrsamkeit *„Before nature"* – so ROCHBERG 2016) meinte: *„ Greeks were able to replace complex calculations for every individual problem by mathematical 'laws' or theorems "*, und *„ the theory allows the practitioner to dispense with the cumbersome system of preparing recipes which had to be tailored to each individual condition and ailment. "* (2014, 16). Astrologische Theoretisierung kehrt also im Rahmen einer teleologisch umgerüsteten Natur-Begrifflichkeit wieder zu einer explizit individualisierenden Diagnostik nach mesopotamischer oder ägyptischer Art zurück. Sie inszeniert andauernd das Undenkbare einer Verallgemeinerung des Singulären; und sie schafft den unmöglichen Spagat nur durch den, im Nachhinein 'genialisch' anmutenden, Kniff, die ganze Systematik zur Theoretisierung eines astronomisch 'naturalisierten' Moments zeitlicher Singularität zu machen. Damit wird diese Astrologie zur ersten 'wissenschaftlichen' Theorie des Singulären. – Moderne Pendants wären die Urknall-Theorie oder die Genom-Analyse, doch fehlt der letzteren offensichtlich der explizite Bezug zur zeitlichen Dimension der Einmaligkeit des Analysierten, und der Zeithorizont der ersteren ist – wo nicht theologisch oder mythisch interpretiert – eine theoretische Fiktion.

[955] Freuds Studie zu Leonardo hat die historische Biographik ebenso wenig revolutioniert wie die Studie des Freud-Intimus HANNS SACHS zu „Bubi Caligula" (Wien 1932), obschon Freud diesbezüglich grosse Erwartungen hegte (CLARK 1981, 390).

es eine solche bei der Vielfalt der Sterbemöglichkeiten nicht geben konnte. Und bei Wahrscheinlichkeiten stehen zu bleiben war unattraktiv, wo alles bestimmt sein sollte. Also musste man – wie in der wegen der vitalen Idiosynkrasie ihres Gegenstandsbereichs 'unexakten' Wissenschaft der Medizin – auch noch erklären, warum es die einen tötete und die anderen nicht. Und damit wurde aus dem Postulat der Reproduzierbarkeit der offene Prozess einer nie wirklich erreichten Idealität, deren Paradigma in der logischen Evidenz der Mathematik ihre Realexistenz haben musste. – Das vorab Reproduzierbare in der Astrologie der *mathematici* waren Zahlen.

Das Unmoderne astrologischer Charakterisierungen liegt wohl auf der Hand, und es lässt sich am einfachsten im Vergleich zum modernen psychologischen Stil im wissenschaftlichen Format verstehen. Es fällt das moderne Desinteresse an Individualität auf, das sich aus der wissenschaftlichen 'Unbeantwortbarkeit' der Frage nach dem Singulären erklärt. Das Einmalige kann nur typologisch denkbar werden, d. h. durch wesensformende Parameter, die semantisch konstant genug sein müssen, um als verallgemeinerbare Elemente in einer spezifischen Kombination oder Mischung („*krasis*") das Individuelle bezeichnen zu können. In Gebrauch sind bis heute die vier Grundtypen, die bezeichnenderweise aus der antiken Säftelehre stammen (sanguinisch, phlegmatisch, cholerisch, melancholisch), welche des Ptolemaios jüngerer Zeitgenosse Galen mit einer Temperamentenlehre verband. Ergänzendes dazu ist seither mager: So soll eine neue Studie von 2018 vier Typen menschlicher Charakteristik ergeben haben, bei denen sich typologisch alles um Attribute wie „selbstzentriert", „neurotisch", „offen", „liebenswürdig" udgl. dreht (es gibt auch den Typ „Vorbild").[956] Im Gegensatz dazu fällt die erhebliche Reichhaltigkeit astrologischer Parameter auf, deren massiv erweiterbare Ausgangsbasis auf 12 mal 7 mal 12 typisierenden Faktoren beruht (Zeichen, Planeten, Häuser). Und natürlich die betont determinierende Potenz dieser Faktoren: *„In welchem Teil eines Zeichens jemand ans Licht tritt,/ dessen Charakter besitzt er, und jenes ist gleichfalls Geburtsstern."*[957] Dabei sollen eben nicht bloss innere 'Disponiertheiten' erschlossen werden, sondern die Fatalität eines ganzen Lebenslaufs inklusive des Todes, welche auch „divinatorisch" aus der genetischen Codierung der Geburtssituation abgeleitet wird. Und ohne Zweifel geht dagegen moderne Charakterisierung von dem therapeutischen Ansatz aus, die Freiheit des Subjekts zum eigenen Handeln in der Gesellschaft – dies als individuelles Moment – zu gewährleisten und deren Hinderung pathologisch einzukreisen. An Charakter-Determinanten, die solches Handeln festlegen und Subjektivität in ihrem Möglichkeitshorizont einschränken, kann sie nur bedingtes Interesse haben. Dies entspricht auch einer durch intersubjektive Autonomie politisch geprägten Lebenswelt der Moderne, in welcher die allgemeine Verfügbarkeit des sozialen und sozial organisierten Lebens Grundlage auch aller Typisierungen sein muss, während Astrologie solche Verfügbarkeit zurückdrängt, was auch einer Umwelt entsprach, in

---

[956] A robust data-driven approach identifies four personality types across four large data sets, von L. AMARAL et al. in: Nature Human Behaviour, 2018 (19.09.2018); zitiert nach M. Leitner auf der Website gesund.at vom 19. 9. 2018. – Das bezieht sich auf die in der Persönlichkeitspsychologie verwendete Typologie der „*Big Five*", wozu Näheres unten.

[957] Manil. IV 370f.; Übers. Fels (*cuius signi quis parte creatur,/ eius habet mores atque illo nascitur astro*).

welcher soziale Positionen in der Regel einer 'Gunst von oben' zu verdanken sein mussten.[958]

Ein deutliches Beispiel der Unverfügbarkeit des Sozialen ist der schon erwähnte Sklavenstatus, der in den Handbüchern gerne mit dem 12. Haus in Verbindung gebracht wird. Grundsätzlich war die Versklavung als Status-Deformation – als ein sozialpathologisches Symptom, das öfter von Geburt an gegeben war – wohl nur bedingt durch Handeln oder etwa 'gesundes Selbstbewusstsein' zu steuern. Moderne Psychologie ist dagegen an solcher 'Steuerbarkeit' orientiert, womit sie eine gewisse Homogenität in den biographischen Möglichkeiten voraussetzen muss, eine Art von allgemeinem subjektivem Recht auf Auswahl soziobiographischer Modelle (als *pursuit of happiness*).[959] – Je geringfügiger oder belangloser die Auswahl an Optionen zur selbstbestimmten Gestaltung des Lebens wird, desto eher kann wohl Astrologie zuständig oder plausibel werden. Eine therapeutisch potente Psychologie macht Sinn, wo ein genügendes Ausmass an überindividueller Gleichheit und damit übergreifende Zugänglichkeit biographischer Optionalität vorhanden ist, und damit bezieht sie sich notgedrungen weniger auf Individualitäten, oder eben auf Individualität nur als Bedingung der Entfaltung von autonomer Subjektivität. – Schliesslich hätte auch ein Sklave von einem antiken Freud psychoanalytisch betreut werden können, aber dabei wäre der Sklavenstatus nicht zur Debatte gestanden, sondern eigentlich nur die psychosexuellen Störungen, die den Sklaven gehindert hätten, seinen Beruf angemessen auszuüben. – Bezöge denn eine Psychologie der Astrologie mehr als nur das Private ein? – Da in ihr sozialer Status und Hierarchisierung des Öffentlichen direkt von der Weltschale als 'höherer *physis*' her bestimmt werden, muss ihre 'charakterformende Potenz' auch noch den Bereich des Politischen „umgreifen" können.[960] Und das weist darauf hin – worauf zurückzukommen ist – dass hier als Modell das Konzept einer 'königlichen Seele' zugrunde liegen muss, und wir es rein formal hier 'psychologisch' mit einer proto-monarchischen Innerlichkeit – unmittelbar mit den weltformenden Mächten verbunden – zu tun haben. Der König oder der strukturelle Weltbezug aller

---

[958] Das Motiv ist überaus häufig etwa bei Vettius Valens, aber auch sonst ist die 'Gunst der Magnaten' ein zentrales Element in dieser Literatur erwogener biographischer Eventualität (CUMONT 1937, 34). – LIGHTFOOT (2000, 292) meint gar: *„Astrologers are fixated on relations with 'kings', wether* via *office-holding or the less tangible goods of amicable reflections and influence."*

[959] Vgl. RECKWITZ 2019, 96f.: *„Die Moderne zeichnet sich damit schon in ihrer Frühphase nicht nur durch eine radikale soziale Logik des Allgemeinen aus, sondern auch durch eine historisch ebenso aussergewöhnliche soziale Logik des Besonderen – freilich als untergeordnete Gegentendenz."* – RECKWITZ denkt hier insbesondere an die Romantik als Vorlauf einer spätmodernen Konjunktur der Singularitäten, die er soziologisch wiederum als soziale Konstruktion auffassen und damit entschärfen muss, aber er hätte auch an die Astrologie in der Renaissance und vor allem in der Antike denken können, wo sich seit dem 4. Jhdt. v. Chr. diese „Gegentendenz" zu einer antiken „Moderne" durchzusetzen beginnt. Sie hat u. a. eine veritable Theologie des Individuellen, auch in der Form des begnadeten oder unmittelbar göttlichen Individuums und seines orientierenden, siegreichen, heilenden oder rettenden „Charismas" geschaffen.

[960] Das wird schon durch die *genitura imperatoria* belegt. Und generell durch die Verwendung astrologischer Symbolik in der Politik (SCHMID 2005).

Monarchie ist vermutlich das eigentliche Modell für etwas, das wir hypothetisch als Horoskop-Identität eines Individuums – von weltlicher Substanz – bezeichnen wollen.

Ein modernes Lehrbuch zu „Persönlichkeitstypen"[961] dagegen, mit wissenschaftlichem Anspruch, begibt sich nach eigener Angabe auf „Neuland" und bietet Anleitung zu „kompetenzorientierter Menschenkenntnis". Diese wird für Coaching, Psychotherapie, Mitarbeiterführung, Sozialtherapie etc. empfohlen[962] und beruht auf drei Grundformen der „Lebenswirklichkeit"[963], als da sind „Erkennen, Handeln oder Beziehungsverhalten"[964]. Dem entsprechen drei Typen: der Beziehungstyp, Sachtyp oder Handlungstyp, und diesen Typen werden nun Eigenschaften zugeschrieben, die bis in die Stimmlage reichen,[965] aber auch etwa Konflikt- und Beziehungsverhalten bestimmen. Bezeichnend ist, nebst der explizit funktionalen, auch als „prozess- und kompetenzorientierte Persönlichkeitstypologie" benannten Dynamik, dass diese Typen biologisch-evolutionär als „Antwort auf die Bedingungen und Spielregeln des menschlichen Lebens"[966] entstanden sein und gelten sollen. – Zwar soll hier durchaus die Frage beantwortet werden: „Warum bin ich so, wie ich bin?",[967] aber die Typisierung ist auf sehr sanfte, subjektiv ausbaubare Weise essentialistisch, und der Autor stellt auch für den Leser die Frage: „wo bleibt das Individuelle, das Einmalige, wenn so vieles typenspezifisch ist?"[968] – Und diese Frage hätte man im Prinzip auch an die kasuistisch typisierende Astrologie richten können. Diese hätte aber eine Antwort darauf gehabt: Dies Einmalige ist der Augenblick der Geburt, an welchem alle Typologie hier 'aufgehängt' ist, ja dessen Erläuterung diese Astrologie ist. – Das oben erwähnte moderne Werk über Persönlichkeitstypen und deren Kompetenzen gibt aber auf seine Frage nach dem Individuellen keine Antwort, und ich denke, dass man als Leser diese Antwort auch gar nicht vermisst. – Denn worin hätte sie bestehen können?

Geschlechtlichkeit

Dass das Geschlecht ein verbindlicher Faktor in jeder biographischen Identität sein muss, leuchtet allen ein, damit muss es auch in den Quellen zur antiken Astrologie präsent sein. Und es ist dabei erwartbar, dass in der Beschreibung der Geschlechtlichkeit im Rahmen der Deutung von Horoskopen soziale Normen, Wertungen und Hierarchie-

---

[961] FRIEDMANN 2018.
[962] Ebd. 10.
[963] Ebd. 14.
[964] Ebd. 18.
[965] Ebd. 19: „melodisch, hell, akzentuiert"/ „monoton, dunkel, undeutlich"/ „kräftig, kehlig, bestimmend".
[966] Ebd. 15.
[967] Ebd. 14.
[968] Ebd. 18.

Verständnisse zum Ausdruck kommen. – Die systematische Basis aller Einschätzung waren fixe Zuordnungen, in erster Linie der Zeichen, welche abwechselnd, beginnend mit Widder/männlich, dann Stier/ weiblich und so fort, als männlich und weiblich bezeichnet wurden.[969] Dazu kommt, wohl etwas näherliegend, das Geschlecht der Planeten,[970] wobei ziemlich kanonisch die Sonne auch den Vater des Horoskopeigners bezeichnete, daher auch als männlich galt, während der Mond die Mutter und damit auch Weiblichkeit bedeuten konnte.[971] Eindeutig männlich war Mars und eindeutig weiblich die Venus, und diese Zuordnung hat bekanntlich immer noch Signet-Charakter. Merkur war neutral, Jupiter und Saturn waren für die Zuordnung von Geschlechtlichkeit offenbar weniger wichtig, wurden aber in der Regel dem Männlichen zugeordnet[972] (wobei Dorotheus den Saturn offenbar auch weiblich sein liess)[973]. Das sind nicht alle, aber die wichtigsten Parameter der Zuordnung von Geschlechtlichkeit, die auch von den meisten Astrologen verwendet worden sind.[974]

Das zugrundeliegende Problem bei der Sache war natürlich der Umstand, dass die Horoskopeigner oder Klienten der Astrologen in aller Regel[975] Männer oder Frauen, in jedem Falle aber in ihrer 'Geborenheit' von Geschlechtlichkeit affiziert sein mussten. Und mit Geschlecht sei hier nicht „gender",[976] also das soziale Konstruieren von Geschlechtlichkeit, das man in den Quellen mühelos nachweisen kann, sondern eine „präsozial-weltliche Form der Identität"[977] bezeichnet, wie sie die astrologische Klientel „eignete"; nennen wir es einfach eine Bedingung ihrer Geborenheit, was per se noch gar keine Sozialnorm bezüglich Ausprägung, Verhalten, Stellung etc. beinhalten muss. Und weltlich ist diese Bedingung, weil sie auch dem Animalischen und Pflanzlichen eignet, womit wir gerade in unserer Geschlechtlichkeit mit der Welt verbunden wären. – Dabei ist das „Präsozial-Weltliche" eben auch die Ursache des kulturellen Negierens und Dominierens von Geschlecht und Sexualität, welches Negieren sich mit dem sozialen 'Domestizieren' des Weiblichen assoziiert.[978]

Konkret zeigt sich die 'Anwesenheit' des Geschlechts, wenn Dorotheus von Sidon (in Pingrees Übersetzung aus einer persischen Überlieferung) über das Verhältnis der Nativen zur Mutter schreibt. „*If a woman gives birth, if the native is a male and you find the Sun and the Moon and the ascendant in male signs, then the native of his birth escapes what frightens him, and trouble does not strike his mother nor does misfortune. If the native is female and you find the Sun and the Moon in female signs and the*

---

[969] BRENNAN 2017, 224-228; BOUCHÉ-LECLERCQ 1899, 154f.; LIGHTFOOT 2020, 702-708; HÜBNER 2014.

[970] BRENNAN ebd. 197-200; BOUCHÉ-LECLERCQ ebd. 102f.

[971] Sonne Vater auch Paulus Alex. p. 49; Bei Vett. Val. I 19,11 macht der Jupiter mit dem Mond Wohltaten für Frauen und Kinder, bei Mond mit Mars hat man eine „*rauhbeinige und ehebrecherische Mutter*" (II 33,6); Pseudo-Manetho II 342-367 und sonst.

[972] Siehe nur Ptolemaios (Tetr. I 6).

[973] Dorotheus I 10,18 p. 168 PINGREE (BRENNAN ebd. 198 A 199).

[974] Zum Ganzen auch HÜBNER 2014 (zu Ptolemaios); HEILEN 2014 (zu Antigonos v. Nicäa).

[975] Es gab einen sehr berühmten Zwitter, Favorinus von Arles (nach Philostr. vit. soph. I 8,2), der sich auch seiner doppelten Geschlechtlichkeit öffentlich rühmte – und übrigens auch ein Gegner der Astrologie war (Gell. 14 1,1-36).

[976] Dazu etwa BRENNAN 2017, 224ff.

[977] Nach SCHMID 2016, 238.

[978] Ebd. 239-245; 507-520.

ascendant also a female sign, <it happens> similarly [...] But if it is contrary to what I say it indicates misery and death".[979]

Das Muster scheint hier zu sein, dass das Männliche durch die ihm entsprechenden (männlichen) Zeichen gefördert, durch die ihm konträren aber geschädigt oder behindert würde. Und ebenso das Weibliche durch die männlichen. So meint Ptolemaios, dass eine „männliche" Venus Perversionen hervorrufe, da würden Frauen etwa zu Zuhälterinnen, übernähmen als Lesben Männerrollen im Verkehr, würfen lüsterne Blicke etc. Stehen die „Lichter" allein in männlichen Zeichen, werden Männer übermässig in ihrer „natürlichen" Weise, Frauen in „unnatürlicher": sie werden viril und unternehmend (*drastikos*).[980] „Weibliche" Sterne machen nach Rhetorios die Männer weich und feige, die Frauen dagegen wandeln unter solchen Sternen züchtig und mit niedergeschlagenen Augen.[981] Es gibt Regeln für das „männlich-Werden" wie das „weiblich-Werden" der Planeten, nämlich nach deren Verhältnis zur Sonne: etwa als Morgensterne, der Sonne vorausgehend, werden sie männlich, als Abendsterne und der Sonne folgend, werden sie weiblich,[982] und Ptolemaios betrachtet das schon als Tradition. Auch die „Quadranten" werden zugeordnet (männlich die östlichen, weiblich die westlichen),[983] und die Häuser – jedenfalls werden laut Paulus Alexandrinus[984] im 12. Haus die männlichen Sklaven angezeigt (bzw. das Verhältnis der Nativen zu ihnen) und im 6. Haus die weiblichen.

Das Männliche gilt bei Ptolemaios als trocken, das Weibliche als feucht,[985] und wiederum geht das Männliche voran, ist aktiv und beherrschend[986] – leicht findet man Stellen, die darauf hinweisen, dass die entsprechenden Planeten in „männlicher" Aspektiertheit zu Ehre und Macht verhelfen,[987] während in diesen Bereichen sozio-politischer Präponderanz das Weibliche, der binären Logik nach, eher schadet[988].

Natürlich musste das eigene Geschlecht auch dasjenige des jeweils anderen als Teil einer 'transsubjektiv' übergreifenden Identität in sich enthalten. Das zeigte sich nicht bloss in der konträren Geschlechtlichkeit der Planeten, wobei die Venus beim Mann auch sein Verhältnis zu Frauen beschreiben konnte, und nach dieser Logik dann auch der Mars bei der Frau das Verhältnis zum Mann, was hier allerdings durch den „malefikanten" Charakter des Mars sehr erschwert wurde. – Zentral war auch das 7. Haus des Horoskops, das die Ehe bedeutete und damit im Prinzip das jeweilen zu ehelichende Geschlecht implizieren und beschreiben musste, wobei Ptolemaios, der den Häusern misstraute, die

---

[979] Dorotheus I 3,1-3 p. 162f. PINGREE.

[980] Ptol. Tetr. III 14,171. – Vgl. zu entsprechenden „Perversitäten" IV 5,187; Pseudo-Manetho III 365-398.

[981] Rhetorios p. 4 HOLDEN.

[982] Ptol. Tetr. I 6,20.

[983] Ebd.; Rhetorios p. 3 Holden. – Vgl. auch BOUCHÉ-LECLERCQ 1899, 102f. Nach Ptol. Tetr. I 12,33 gab es auch die Methode, das Haus (=Zeichen) am Horoskopos als männlich zu bezeichnen und dann schematisch fortzufahren (das zweite Haus weiblich etc.).

[984] Paulus Alex. p. 49 HOLDEN.

[985] Tetr. I 6.

[986] Ebd. I 12,33.

[987] Ebd. IV 3,175 (unter welchen Konstellationen man General wird); HEILEN 2015, 138 (Heph. II 18,29-31 zu Antigonos von Nikaia: Hadrians Lichter in „männlichen" Zeichen).

[988] Etwa Anubio T 11,16, p. 24 SCHUBERT (=T 8,55-57 OBBINK): Männliche Zeichen machen mächtig und bestimmend, weibliche gehorsam; zit. BRENNAN 2017, 226.

Stellung des Mondes beim Mann, sowie die Stellung der Sonne bei der Frau[989] in Betracht zog. Generell konnte man aber auch einfach die Aspektiertheit der Venus in allen Horoskopen als Hinweis zur Aspektiertheit der 'geschlechtlichen Relationen', inklusive der Ehe, betrachten. So verheisst eine Venus im 3. Haus laut Firmicus Maternus dem Mann eine Frau, die „aus dem Tempel" (de templo) stammt oder Priestertochter ist, während die Frau einen Priester als Gatten erwarten darf.[990] Laut Rhetorios macht eine schlecht aspektierte Venus im 10. Haus indezente Männer, Frauen dagegen macht sie zu Kurtisanen, und „she will remain in whorehouses throughout her life."[991] Hier eine Passage aus dem entsprechenden Kapitel des Vettius Valens: „Wenn Saturn auf die untergehende Venus hinsieht, macht er zumeist Hagestolze und Spröde. Wenn Venus im Tierkreiszeichen des Saturns oder in den Grenzen des Saturns steht [...], dann wird es durchweg Witwen und Jungfrauen geben. Grundsätzlich aber: Wenn Saturn Venus gegenüber steht, bewirkt dies eine versehrte oder unfruchtbare Frau und in gleicher Weise einen solchen Mann für eine Frau. Wenn aber Saturn mitten am Himmel und Venus gegenüber steht, gibt es eine Sklavenfrau. Steht Venus im Haus des Saturns und [...], dann vermischen sich die so Geborenen mit ihren Ammen, den Frauen ihrer Lehrer, den Stiefmüttern, den Schwestern oder Brüdern ihrer Väter oder Mütter."[992]

Nimmt man den durchgehenden Tenor dieser Quellen, so erscheint zweifelsohne der männliche Klient mit seinen Bedürfnissen und Möglichkeiten als Norm. Bisweilen werden Konstellationen in ihrer Bedeutung für die Geschlechter spezifiziert, doch in der Regel ging man offenbar davon aus, dass der Astrologe selber das Deutungs-'Rezept' für eine Frau 'umschreiben' musste, und man konnte den Handbüchern in etwa entnehmen, wie das zu bewerkstelligen war – man konnte ja schlecht einer Frau einen Generalsrang oder einem Mann Schwangerschaft prognostizieren. So wie Ptolemaios auf die Wichtigkeit des „Klimas" einer Geburt hingewiesen hat: man sollte einem in Äthiopien Geborenen nicht Weisshäutigkeit oder einem Germanen oder Gallier wolliges Haar und Dunkelhäutigkeit oder dem ersteren die typisch griechische Freude am Theoretisieren zuschreiben.[993] Ebenso musste also der Astrologe berücksichtigen, ob er eine Frau oder einen Mann zu beurteilen hatte. – Dass die Klientel dieser Astrologie in der Mehrzahl männlich war[994] – die Astrologen sind in aller Regel Männer – ist zu vermuten, doch sind sozial höhergestellte Frauen als Klientinnen historisch gut bezeugt,[995] vorab in der

---

[989] Ptol. Tetr. IV 5.

[990] Math. III 6,7.

[991] p. 94 HOLDEN.

[992] II 38,8-12; Übers. SCHÖNBERGER/KNOBLOCH.

[993] Tetr. IV 10,203. Ptolemaios hat in seiner Ethnogeographie (der Lehre von den „ethnischen Eigenheiten", tōn ethnikōn idiomatōn: II 2,55) auch diverse Attitüden im Umgang mit Geschlechtlichkeit unterschieden – so mögen etwa Völker aus Gegenden, die vom Feuer-Trigon beherrscht werden (also von Zeichen, die allesamt als männlich zählen) und besonders kriegerisch und unabhängig seien, keine Frauen: II 3,61.

[994] Man kann das etwa aus den Beispielhoroskopen der Handbücher, die meist männlich sind, vermuten. Allerdings könnte das auch einfach bedeuten, dass männliche Lebensläufe spektakulärer dokumentierbar, daher zu Reklamezwecken besser verwendbar waren.

[995] Aus Juvenals sechster Satire ist der alltäglichere Charakter der Konsultation von Sternkundigen (und anderen Wahrsagern) auch durch Frauen zu erschliessen, und zwar nicht bloss als Oberschichtphänomen; laut Tac. Hist. I 22,2 soll Poppäa Sabina von einem ganzen Schwarm von Astrologen umgeben gewesen sein (vgl. SCHMID 2005, 282f.).

römischen Aristokratie der Kaiserzeit. Dabei ist es sicher bezeichnend, dass wir von Agrippina bei Tacitus nur hören, dass sie sich beim Astrologen nach dem Horoskop Neros erkundigt hat;[996] aber es ist mehr als wahrscheinlich, dass sie auch ihr eigenes Horoskop analysieren liess. Schliesslich konnten astrologisch auch Frauen eine *genitura imperatoria* haben – aber das galt ebenso für Sklaven, und diesbezüglich dürfte man Astrologie – und eben auch Wahrsagerei im weiteren Sinne – für mindestens latent „revolutionär" halten,[997] was sich auch in einer restriktiven römischen Gesetzgebung[998] niederschlug. Etwa unter den Papyri aus Oxyrhynchos, welche Alexander Jones herausgegeben hat, findet sich zweimal der Hinweis, dass es sich um Horoskope von Frauen handelt, eines davon, aus dem Jahr 348, wird als die *genesis* einer „höherstehenden" Frau bezeichnet.[999] Die Quellenlage lässt keine genauen Schlüsse zu der konkreten Geschlechterverteilung der astrologischen Klientel zu, denn die Konsultationen hinterlassen nur in Ausnahmefällen greifbare Quellen, etwa wenn Notate aus dem 'Archiv' eines Astrologen gefunden werden.

Wichtig scheint mir der Umstand, dass der Astrologe das Geschlecht seiner „Horoskopeigner" aus dem Horoskop allein nicht eruieren konnte. Er musste also wissen, ob er das Horoskop eines Mannes oder einer Frau vor sich hatte – und er musste übrigens auch wissen, dass es nicht das Horoskop eines Ereignisses (*katarche*),[1000] einer Stadt[1001] oder gar einer Fragestellung (*interrogatio*) war. Und schliesslich konnte man auch von Tieren Horoskope erstellen, was etwa für Haustiere auch wahrscheinlich ist.[1002]

Mir ist jedenfalls kein Zeugnis bekannt, wonach ein antiker Astrologe das Geschlecht eines/einer Nativen aus dem Horoskop erraten hätte,[1003] obwohl das hie und da mindestens insinuiert worden ist. Etwa bei Dorotheus von Sidon: *„If the Sun and the ascendant and the Moon are in masculine signs, then, even if the 'hour' of the nativity is double [i. e., even], males are born in it."*[1004] Das war zweifellos eine kühne These, denn ihr Scheitern wurde jeweils unmittelbar evident. Verbreiteter war die Ansicht, dass man

---

[996] Tac. Ann. XIV 9,3; VI 22,4; Suet. Nero 40,2.

[997] Siehe auch SCHMID 2009.

[998] CRAMER 1954, 233-283; FÖGEN 1997.

[999] JONES 1999, 397 (Nr. 4258); 403 (Nr. 4265). – In HEILEN 2015 (207-333), einer Sammlung aller dem Autor verfügbaren antiken Horoskope, habe ich insgesamt 17 eindeutig Frauen zugeordnete Horoskope gezählt. Viele Horoskope haben aber keine Namen und sind daher nicht zuzuordnen; auch bei früh verstorbenen Kindern wird das Geschlecht in der Regel nicht angegeben.

[1000] Etwa das einer Kaiserkrönung (Hor. gr. 475.I.12; HEILEN 2015, 303), des Beginns einer Reise (ebd. Hor. gr. 474.X.1) oder des Zeitpunkts, zu welchem Nero den Prätorianern zur Akklamation präsentiert wurde (ABRY 2005); allgemein BOUCHÉ-LECLERCQ 1899, 458-478; HÜBNER 2003.

[1001] Ptol. II 3,74; vgl. 4,76.

[1002] BOUCHÉ-LECLERCQ 1899, 585ff. (mit dem Hinweis auf Augustinus, C. D. V 7, der nicht glaubte, dass man dem Horoskop entnehmen konnte, ob es ein Tier oder einen Menschen betraf: es konnte ja nicht verhindert werden, dass unter derselben Konstellation ein Mensch und eine Mücke geboren wurde).

[1003] Augustinus, C. D. V 6 bringt das Argument von Zwillingen verschiedenen Geschlechts (er kannte selber welche) die aber dieselbe Geburtskonstellation hatten. Ergo konnte die Konstellation allein – ob von Geburt oder Empfängnis – nicht ursächlich für Geschlechtlichkeit sein.

[1004] I 8,2 p. 167 PINGREE.

das Geschlecht der zu erwartenden Kinder aus dem Horoskop eines (einer) Nativen erraten könne, und diese wird von Vettius Valens sogar explizit schon dem „Petosiris" zugeschrieben[1005] – also unserem NP-Autor – und dürfte daher zum Kernbestand dieser Astrologie gehören.

In Wirklichkeit war aber diese 'Genderisierung' des Horoskops ein vermutlich nachträglicher Schematismus, und Sextus Empiricus hatte wohl recht, wenn er darin eine 'pythagoreisierende' Übernahme des Musters der 'Genderisierung' der Zahlen sah (die Eins männlich, die Zwei weiblich usw.), wobei er aber annahm, dass das die Pythagoreer von den Astrologen übernommen hätten, statt umgekehrt.[1006] – Bouché-Leclercq hat dazu bemerkt: *„L'astrologie grecque ne connait donc dans le Zodiaque que le sexe géometrique".*[1007]

Der Geschlechter-Schematismus der Zeichen entstammte offenbar dem gräko-ägyptischen Milieu, in welchem wir die Systematisierung der Horoskopdeutung vermuten. Wenn Bouché-Leclercq das „geometrisch" nennt, weist er damit auf das künstlich Konstruierte hin, wobei er den 'mythologischen' Mangel betont, dass es bloss zwei weibliche Planeten, Mond und Venus, gab.[1008] Da nach Sextus Empiricus die jeweils männlichen bzw. weiblichen Zeichen und Planeten bei der Entstehung von Männern und Frauen „helfen" würden (Adv. Math. V 7), lag hier ein Problem für das deterministische System der Astrologie vor:[1009] es musste ja die Entstehung des Weiblichen ebenso durch kausale Agentien verursacht werden können wie die des Männlichen. Und hier, so wiederum Bouché-Leclercq, waren die Astrologen *„prêts à tout sacrifier à la symmetrie"*[1010], denn es ist nicht einsehbar, weshalb der Skorpion weiblicher sein soll als die Waage und die Zwillinge männlicher als der Stier oder der Steinbock. Dabei ist die geometrisierend aufweisbare Symmetrie der Welt, die auch ihre providentielle Gerechtigkeit im Ganzen zur Erscheinung kommen liess,[1011] seit Platon ein grundlegendes Element gebildeter Sternfrömmigkeit und ihrer Theodizee gewesen, d. h. diese Symmetrie hatte für griechische Kosmosfrömmigkeit auch eine theologische Komponente. Es bestanden somit genügend 'systemische Zwänge' für die Geschlechterzuordnungen innerhalb der gelehrten griechischen[1012] Weltvorstellungen, und dies umso mehr dort, wo mit diesem 'ptolemäischen' Modell in aristotelisierender Weise[1013] nicht bloss alle möglichen Ereignisformen der Welt und des menschlichen Lebens kausal hergeleitet und damit auch als „Phänomene gerettet" werden sollten, sondern wo insbesondere dadurch menschliche Identität möglichst vollständig

---

[1005] Vett. Val. II 39,4; ähnlich auch Dorotheus II 13 p. 211 Pingree; Firmicus, Math. VII 3,5.

[1006] Sext. Adv. Math. V 8; vgl. Brennan 2017, 224f.

[1007] 1899, 154.

[1008] Ebd. 103: *„Le sexe cosmique a une grande importance en astrologie, car, sans lui, les astrologues, ne disposant que de deux planètes féminins, auraient été souvent embarrassés d'expliquer la production de tel ou tel sexe dans leurs thèmes de géniture."*

[1009] Es gab noch andere mögliche Zuordnungen, etwa die Tag- und Nachtgeburten und ihre beigeordneten Planeten in der *hairesis* oder *secta* (ebd. 103f.; Brennan 2017, 190-200).

[1010] Ebd. 103.

[1011] Schmid 2005, 133 A 57; 305-335.

[1012] Nach Quack/Ryholt 2019, 176 kommt geschlechtliche Schematisierung der Zeichen in einem demotischen Manuskript vor, das auf Imhotep zurückgehen soll, wobei der Ursprung des Schemas historisch kaum einzuordnen ist.

[1013] Schmid 2006.

'begründet' und sogar determiniert werden wollte. Und eben deswegen reichte die doch sehr prägnante mythische Geschlechtlichkeit der planetaren Gottheiten hier nicht mehr aus – auch deshalb, weil sie aus einem anderen, einem prä- oder vielmehr alternativ rationalen 'System' stammten. Denn in dem letzteren war schon die Geschlechtlichkeit der Welt offenbar kein Problem gewesen, ganz im Gegensatz zu einer griechischen sogenannten „Naturphilosophie", die der Welt ein geschlechtsneutrales Substrat zugrunde legte und schon sehr früh damit begonnen hatte, die Geschlechtlichkeit überhaupt als offensichtlich sekundäres Phänomen aus funktionalen Verhältnissen der „Natur" herzuleiten.[1014] Diese grundsätzliche 'Ungeschlechtlichkeit' der naturalisierten Welt – sie fällt vor allem im Vergleich mit China auf, wo mit *yin* und *yang* auch das Geschlechtliche weltkonstruktiv sein darf[1015] – war nur dort ein Problem, wo man Geschlecht aus physikalisierten Parametern herleiten wollte. Dabei bleibt unübersehbar, dass in der astrologischen Literatur die mythologischen 'Identitäten' der Planeten gerade als Erläuterndes geschlechtlicher Verhältnisse ein erhebliches Gewicht behalten haben; im Fall des Mondes war das auch mit naturalisierender Empirie kompatibel, welche etwa dessen Einfluss auf die Menstruation konstatierte.[1016]

Die Horoskop-Astrologie war also durch ihr naturalisiertes Weltkonzept in dem Bedürfnis handikapiert, Geschlecht zu determinieren. Besonders dort, wo sie Geschlecht im Rahmen einer Theoretisierung von Individualität, als dem Singulären menschlicher Identität, herleiten oder gewinnen wollte, war ihr schlicht nicht möglich, es als Geschlecht eines 'eventualistisch' am Ereignis der Geburt fixierten Individuums aus dessen „Nativität" herzuleiten oder zu erraten – während sie doch, das wird durch historische Quellen behauptet, sogar das Zerrissenwerden eines Individuums durch Hunde prognostizieren konnte.[1017] Aber das hat auch gerade damit zu tun, dass das Geschlecht – das ich als weltliche Form unserer Identität bezeichnen möchte[1018] – zwar sicher als Formendes und Bedingendes von Individualität gelten darf, aber offenbar diese nicht in ihrer Substanz zu bezeichnen vermag. Denn wenn unser Geschlecht uns mit einem weltformenden Prinzip verbindet, so verbindet es uns ja auch jeweils mit einer Hälfte der Menschheit und bezeichnet so schwerlich das, was uns als Inkarnationen der Unwiederholbarkeit eines Augenblicks gerade von allen anderen Menschen unterscheidet.

Hier ist der Anspruch dieser Astrologie auf Determinierung im Ganzen nicht einlösbar gewesen.[1019] Denn es hätte jedes Horoskop für jede(n) einzelne(n) Native(n)

[1014] Siehe SCHMID 2016, bes. 200ff (zu Empedokles, Demokrit und Leukipp)

[1015] Ebd. 195-209.

[1016] GOURÉVITCH 1996.

[1017] Suet. Domit. 16; CRAMER 1954, 142ff.

[1018] SCHMID 2016, 238.

[1019] Der grundsätzliche Mangel dieser Astrologie wurde aber reflektiert. Dafür spricht ein hermetischer Traktat, den FESTUGIÈRE zitiert, zu den *„ initiatives"*, wo man lernte, aus der Empfängnis das Geschlecht zu erraten: *„si l'on te demande, au sujet d'une conception, si ce qui naîtra sera d'espèce humaine ou animale, mâle ou femelle, bipède, quadrupède ou ailé, sil doit vivre ou périr, si, une fois né, il sera nourri ou ne le sera pas"*. (2014, 127). – Das ist eindeutig ein rein theoretischer Text, denn eine Empfängnis setzt realiter immer das Wissen um eine Geburt voraus; sie wird immer erst nachträglich errechnet. Hier sollte also der reflektierte Mangel durch eine fiktive Theorie im Lichte unfehlbar „hermetischer" Autorität behoben werden.

plausibel das Geschlecht explizit kausalisieren müssen,[1020] in der Annahme, dass die Weiblichkeit in jeder Frau und das Männliche in jedem Mann 'neu erstellt' würde. Die moderne Genetik hat dafür Chromosomen, diese sind wie alles Genetische übertragbar und erklären daher nicht unsere fatale Einmaligkeit, sondern das, was uns anderen ähnlich macht. – Das uneinlösbare Versprechen, aus einem Horoskop das Geschlecht der Geborenen eruieren zu können – es wird offenbar auch von modernen Astrologen noch als Mangel in der Systematisierung empfunden – belegt somit den Versuch dieser Astrologie, menschliche Identität umfassender noch als möglich aus der Singularität der Geburt herzuleiten und sie in dieser Singularität durch die Wesentlichkeit kosmischer Substanz zu fixieren.[1021]

Die neue Macht der Individualität

Nimmt man das Horoskopformular als Indiz, so bezeugt es die Konzeption eines Welt-Innenraums, der durch die Kosmos-Kugel, schematisiert im Tierkreis, in welchen die „Achsen" einer semantischen Topographie eingeschrieben wurden, abgeschlossen wird gegen seine soziale Umgebung. Und dieser Innenraum – er ist über die griechische Metaphysik und das sogenannt „ptolemäische" Weltkonzept strukturell und historisch auch mit dem „Seele"- und „Geist"-Konzept verbunden – hat erstmals Individualität mit geradezu naturalistischer Phänomenologie zu einer Gegenständlichkeit der Reflexion erhoben, wobei, das ist das Besondere, diese Gegenständlichkeit zugleich als eine astronomische Position im Raum verdinglicht werden konnte. Die Räumlichkeit war eine vermessene; sie war durch das Postulat der Kugelform begrenzt und ihre Abstände waren zu Winkeln ihrer 'Aspektualität' schematisiert, ebenso wie die korporeale Gegenständlichkeit der Planeten an die metaphysischen Idealkörper der Sphären gebunden blieb, welche ihrerseits Träger einer explizit „geistigen" und seelisch-vitalen Bewegtheit sein konnten.[1022]

Historisch bedeutsam würde das im Rahmen einer Geschichte der Individualität: es realisiert sich hier nämlich das Postulat eines eigenen *bios*, eines individuellen Zyklus,[1023] einer 'eigenen Geschichte' für jeden. – Jedem sein eigener Tod, seine eigene

---

[1020] Das geht schon gegen Ockhams „Rasiermesser"-Prinzip: da die Geschlechtlichkeit der Menschen mit Adam und Eva entstanden wäre, hätte nur in deren Horoskopen die Geschlechtlichkeit selber zur Konstellation werden müssen. – Oder anders: für Adam und Eva war ihr Geschlecht 'substantiellerer' Teil ihrer Identität.

[1021] Nach HENRICH (1979, 137) gilt schon für Aristoteles: „*So band er Identitätsproblem und Substanzproblem zusammen.*"

[1022] Zum Ganzen LERNER 1996.

[1023] Aristoteles hielt (Pol. 1316a 14–17) gegen Platons Theorie 'globaler' Veränderungszyklen an der 'Individualität' von Entwicklungen fest: Was nicht gleichzeitig begonnen habe, verändere sich auch nicht zur gleichen Zeit. Dies sei nach dem Kommentar von Gigon (Aristoteles, Politik, München 1973, 358) biologisch zu verstehen: Alles Gewordene durchlaufe „*die seiner besonderen Natur gemässe Zeitspanne*".

Katastrophe, seine Krankheit und sein Aufstieg zu den Zonen interhumanen Glanzes![1024] Und der theoretisch vollkommen vermessene Anspruch der Lehrbücher – selbst der besonnene Ptolemaios vertrat ihn – lässt praktisch alles, was sich ereignet in einem Leben als explizit 'zugeeignet' erscheinen. Nichts ist dem Individuum fremd (ein Antidot zu moderner „Entfremdung") und alles kommt allen über jede soziale Umgebung hinweg exklusiv und unmittelbar durch die Geburt als Ereignis der Singularität kosmischer Wirklichkeit zu. Welche Entwertung der politisch-intrahumanen Freiheit, und welche Erhöhung einer providentiellen Indendiertheit durch die fatalen 'Supermächte'! – Individualität als Fatalität des Einmaligen wird zur formenden, bewegenden, ereignisprägenden, imprägnierenden Gewalt oder Instanz. – In welchen Formen hat sich diese Macht des Individuellen historisch niedergeschlagen und wurde sie reflektiert? (Man denke auch an die umfänglichen Rechnereien zu Lebensabschnitten und Todeszeit und überhaupt an die astrologische Pathologie, in deren Rahmen wohl der Begriff der „Idiosynkrasie" geprägt worden ist).

In historisch dominanter Weise zeigte sich jedenfalls das Motiv der vorbestimmten, der messianisch verheissenen Individualität. Denn an ihm, dem Verheissenen, muss alles bestimmt sein, und seine Geburt schon ist 'belichtet' durch das Besondere seiner Bestimmung,[1025] wie bei dem „Knaben" aus Vergils vierter Ekloge, den man auf Augustus wie auf Christus beziehen wollte.[1026] Das Individuelle ist hier so bedeutend, weil in all seinen wichtigeren Lebensereignissen ein divines Potential, nach christlicher Lehre sogar divine Substanz zum Ausdruck kommt.[1027] – Christus *muss* versucht werden, er *muss* sozial gemieden, *muss* vom Staat, dem Inkarnat organisierter Intersubjektivität, negiert werden, um gerade das 'Extra-Politische' seiner Wesentlichkeit zu illustrieren. Und dies alles auch, „damit die Schrift erfüllt würde", denn diese war über die Evangelien in ihrem Kielwasser das Format, in welchem das bedeutsam Individuelle des Retterkönigs artikuliert oder auch, im Sinne Voegelins, „symbolisiert"[1028] werden konnte. Dadurch war im Leben Christi alles zugeordnet: Christus stirbt seinen vorbestimmten Tod, findet seinen ihm bestimmten Verräter, ja selbst die Schwäche des Petrus, dessen Tränen noch eine Arie Bachs so bedeutsam fliessen lässt, ist ihm schon zubestimmt. Nichts an diesem Leben ist beliebig, alles was geschieht ist ihm spezifisch zugehörig.

Bei Augustus realisierte sich diese royale Zugeordnetheit eines Politik bestimmenden, weil selber durch fatale Individualität bestimmten Lebens über das neue Medium des Horoskops. Und das *„medium is the message"*, jedenfalls unter der Prämisse, dass es als profanes Pendant einer göttlichen Determiniertheit wirklich etwas vergegenständlicht und damit explizit angesprochen hätte. Dann könnte es bezeugen die Macht des Individuellen, und darin auch der Singularität und Kontingenz der Zeitlichkeit des Daseins, in seiner neuen historisch-sozialen Prominenz, die wenigstens John Stuart

---

[1024] Vett. Val. IV 15,3 zu einer „grossartigen Nativität".

[1025] Laut der Delos-Hymne des Kallimachos (165-195) hat Apollon den Geburtsort des Ptolemaios II. auf Kos vorbestimmt; vgl. Theokrit XVII 58-76.

[1026] Vgl. ARENDT zur 4. Ekloge als „Geburtshymne" (1974, 271).

[1027] Das geht so weit, dass eine göttlich bedeutsame Königin nicht einmal ihre Haare abschneiden kann, ohne dass aus ihnen sofort ein neues Sternbild am Himmel wird: Zur „Locke der Berenike" SCHMID 2005, 208 A 28 mit Lit.

[1028] Zu Voegelins 'Symboltheorie' SCHMID 2016, 15ff.

Mill gerade dem Altertum zuschreiben wollte,[1029] und die wir nur dort nicht sehen können, wo wir dogmatisch die Geschichte der Individualität ganz auf die Geschichte der Neuzeit hin verkürzen wollen.

Existenzialistische Emphase und antike Alltäglichkeit: Nachtrag zu Heideggers Konzeption des „Ereignisses"

Für Heidegger wurde nach eigener Angabe das „Ereignis" seit 1936 zum „Leitwort" seines Denkens.[1030] Der 65. Band der Heidegger-Gesamtausgabe trägt den Titel „Beiträge zur Philosophie" mit dem Untertitel *„(Vom Ereignis)"*. Ihm habe ich zu entnehmen versucht, wie sich ein massgeblich modernes Verstehen des Ereignisses als einer 'systemtragenden' Kategorie zu dem Verständnis fataler Eventualität verhält, das die antiken Quellen zur Astrologie nahezulegen scheinen.

Ein Unterschied springt sofort ins Auge: Heidegger hat einen Ereignis-Begriff, der sich auf Geschichte und Geschichtlichkeit bezieht; er steht offensichtlich in Zusammenhang mit einer neuen Epoche, mit dem *„Beginn einer anderen Bahn der Geschichte".*[1031] Heidegger sieht eine Zukunft, in der der *„Mensch als Gründer des Daseins zum Wächter der Stille des Vorbeigangs des letzten Gottes werden muss";*[1032] dabei geht es um den *„Zeit-Raum der höchsten Entscheidung, das heisst nach der Wahrheit des Seyns fragen, nach dem Ereignis selbst, dem jede künftige Geschichte entspringt, wenn noch Geschichte sein wird."*[1033]

Zwar könnten wir sagen, dass auch das Horoskop ein gründendes Ereignis expliziert, nämlich die Geburt, aber es gründet die „Geschichte" eines Lebens, einer *vita* oder „Biographie". Die „Nativität" bezieht sich gerade nicht auf das überindividuell kollektive Ereignis der „Geschichte", in der sich die sozusagen 'alleinweltliche' menschliche Grösse zur Erscheinung bringt (die *genomena ex anthropōn* nach Herodot). Und es ist als Ereignis daher auch nichts durch Menschen Intendierbares – das Unintendierbare wird durch das astronomisch 'physikalistische' Horoskop-Format der Geburt unterstrichen. – Während im Gegensatz dazu Heideggers „Ereignis" etwas ist, das der berufene Denker „vorbereitet",[1034] es muss zum intendierbaren Bereich menschlicher Möglichkeit, menschlichen Wollens als kollektiv menschlichen Wollens gehören. Damit ist es auch politisch: wenn Heidegger mit historistischem Pathos Geschichte eröffnen, ermöglichen oder fundieren will, dann muss sein „Ereignis" politisch zuständig werden. Heidegger träumt vom Epochalen, er imaginiert das Ereignis, das die Menschheit „erweckt"[1035], und das sind Dimensionen (vom *„grossen Umschlag"* ist die Rede, in dem

---

[1029] MILL 2001.

[1030] HEIDEGGER 1989, 512 (editorisches Nachwort).

[1031] Ebd. 12.

[1032] Ebd. 23.

[1033] Ebd.

[1034] Ebd. 13; vgl. 27: *„Schliesslich und zuerst kann das 'Ereignis' nur er-dacht (vor das anfängliche Denken gezwungen) werden, wenn das Seyn selbst begriffen ist als das 'Zwischen' für den Vorbeigang des letzten Gottes und für das Da-sein."*

[1035] Es müssen *„die Erweckenden kommen"* (sie künden die Not der Seinsverlassenheit): ebd. 26.

sich „*das eigentliche geschichtliche Seyn der Völker gewinnt oder verliert*"),[1036] die sich der Alltäglichkeit des astrologischen Geburts-Ereignisses bei weitem entziehen. Dem würde einzig die Geburt Christi entsprechen können, von der „alle Geschichte" neu ausgehen sollte; die Epochalität eines Horoskops ist dagegen alltäglich und im kulturellen Horizont historio-politischer Bedeutsamkeit banal.

Wie es scheint – erkennbar in dem Bezug auf das politisch Öffentliche, das durch den einsam elitären Denker als Priester des entscheidend-wesenseröffnenden „Ereignisses" neu orientiert werden soll – ist Heideggers Ereigniskonzept auf die kollektivierbar intentionale Subjektivität bezogen, und somit nicht auf Individualität. Und dies, obschon auch Heidegger das „Ereignis" polemisch gegen das „Erlebnis" ausspielt – er spricht verächtlich von den „*flachen Wasserlachen der 'Erlebnisse'*".[1037] – Wenn wir oben (Kap. 3) idealtypisch das „Erlebnis" der Subjektivität und dagegen das „Ereignis" der Individualität zugeschrieben haben, dann müsste Heideggers „Ereignis" mindestens auf eine subjektive Erlebnisform rückführbar sein, auch wenn wir hier ein Erlebnis zu supponieren hätten, das sich in ganz entschiedener – und immer wieder pathetisch „entscheidender" – Weise zum „eigentlichen", zum elitär abgesonderten Erlebnis der fundierenden 'Wirklichkeit selbst' stilisiert hat.[1038]

Hat Heidegger soziologisch gesprochen eine „Singularisierung" postuliert, damit ein „Besonderes" geschaffen, indem er einem Erleben – einer philosophischen Einsicht – erfolgreich eine „*anerkannte Eigenkomplexität*" (A. Reckwitz)[1039] zuschrieb? – Denn für den Soziologen existiert auch Individualität nur als soziales Konstrukt,[1040] als Zuschreibung, etwa der kulturell bedeutsamen „Einzigartigkeit", die dem Kunstwerk, aber auch gewissen, dadurch bewegend-bedeutsamen, Ereignissen zugeschrieben werden kann.[1041] Dabei lässt Reckwitz noch eine Art des, soziologisch unfruchtbaren, Individuellen als „*Idioysnkrasie*" gelten, die eine Vorstufe sozial anerkannter „*Singularität*" darstellt und als „*vorsoziale Eigentümlichkeit*"[1042] bezeichnet wird.

Doch wie bezeichnet Heidegger das geschichtsgründend, ja die Religion des „letzten Gottes" fundierende, pathetisch Besondere seines Ereignisses? Er nennt es „*die zeiträumliche Gleichzeitigkeit für das Seyn und das Seiende*".[1043] Das würde an sich zum Horoskop passen, da sein „Formular" das Ereignis der Geburt zeitlich und örtlich-geographisch im mundanen Format lokalisiert und als eine umkreisende Aktualität bestimmender Parameter von explizit diviner Qualität im 'ursprünglich' prägenden Augenblick fixiert. Es bezeichnet damit die „Originalität" des Geborenen, von der es ein Leben lang abhängt.[1044] Man könnte behaupten: das Horoskop beschreibt die Geburt als Epiphanie der Himmelsgötter, oder einfach als ein Moment der Aktualität der

---

[1036] Ebd. 28.
[1037] Ebd. 19.
[1038] Zum „Erlebnis" soziologisch auch SCHULZE 2005.
[1039] 2019, 59.
[1040] Ebd. 57, wo RECKWITZ den Begriff der „Individualität" wegen seiner Unschärfe verwirft. – Allerdings ist ihm dessen Differenz zur „Subjektivität" entgangen. – Für SCHULZE ist seine Soziologie des Erlebnisses eine „Anschlussthese" zur „These der Individualisierung" (2005, 78).
[1041] Ebd. 53.
[1042] Ebd. 51.
[1043] 1989, 13.
[1044] *finisque ab origine pendet:* Manil. IV 16.

bewegenden „Wirklichkeit" der Welt, als des Himmels, der am meisten „Kosmos", und seiner Natur, die am meisten „Natur" ist.[1045] – Dabei lehren die Handbücher zur Astrologie allerdings, das für deren eigentümlichen 'Gebürtlichkeits-Fatalismus' auch noch die alltägliche Katastrophe – also das schlechthin Banale – zum Bestand des theophanen Ereignisses gehören musste. Hier offenbaren sich die *theoi horatoi*,[1046] als welche die himmlischen Sphären der griechischen Metaphysik, die gräko-babylonischen Planetengötter und die ägyptischen Herrscher der Stunden auch zu Konkurrenten der Politiker als epiphaner Manifestationen des Göttlichen wurden.[1047]

Das Thema der weit verzweigten und kulturell heterogenen religiösen Bezüge dieser Astrologie ist viel zu gross, um hier angemessen gewürdigt werden zu können. Es wird aber offenkundig, dass die 'Götter des astrologischen Ereignisses' für die Staatsreligion, für öffentlichen Kult und kollektive Ritualität irrelevant waren. Damit waren sie symptomatisch für einen Bezug zum Göttlichen, wie er auch in der Philosophie greifbar ist: er betrifft den Einzelnen unmittelbar – in der griechischen Metaphysik stehen neue Leitbegriffe wie „Seele" und „Geist" für den 'ortlosen Ort' dieser Unmittelbarkeit, wobei diese Begriffe in der Theologie des Platon und des Aristoteles eng mit kosmologischen Vorstellungen zusammenhängen:[1048] als ob die Kosmos-Kugel dem Ortlosen auch des Bezugs zum Göttlichen eine Welt-Körperlichkeit verschaffen könnte. Mit „unmittelbar" ist hier nicht zuletzt die Distanz zur Öffentlichkeit des Politischen gemeint: auch die Epiphanie, die dem NP-Autor[1049] in der Rolle eines Königs begegnet, bezieht sich nicht auf dessen fiktive Position als Pharao:[1050] der Schicksalsgott, der ihm erscheint, kann ihn nur als anonymen Autor ansprechen, als nicht öffentlich legitimierten Menschen in seiner Singularität.

Die Götter des astrologischen „Ereignisses" waren zwar kraft ihrer mythologischen Qualität auch politisch instrumentalisierbar – so wie vermutlich ein astrologisch potenter Sonnenstand in den Horoskopen des Augustus und Nero's, wohl auch Hadrians[1051] oder das Zeichen des Glückspunktes im Horoskop des Augustus[1052].

[1045] Oben zur Synonymität von *ouranos* und *kosmos* (A 897); die *proté physis* nach Ptol. Tetr. I 3,13; I 3,15.

[1046] Dazu, nach Platons Timaios, Karfík 2004, 117ff.; 139ff.

[1047] Die Demetrios-Poliorketes-Hymne nach Duris von Samos (FGrHist 76 F 13 nach Athenaios 6, 253 d-f) besingt den Politiker als den schlechthin erscheinenden Gott. Auch für den verbannten Ovid ist Augustus als Gott *„manifestior"* als die anderen Götter: Ex. Pont. I 1, 63.

[1048] Schon Walter Burkert betonte dazu, wie *„der Gedanke einer Verwandtschaft der Seele mit Gestirnen und Himmel"* auftauche, *„während zugleich der Kosmos und das 'Göttliche' in unmittelbare Beziehung treten"* (1977, 306), dabei werde die Seele revolutionärer Weise zur aktiven Substanz, zum *„Wesensmerkmal der menschlichen Person"*; und dem entsprach offenbar die Vorstellung dass Seele *„lichte Himmelssubstanz"* sei, *„in den Himmel kommen werde"*, worin sich anbahne *„eine sehr folgenschwere Verkettung von Kosmologie und Erlösungsreligion"* (ebd. 446; Burkert dachte im Anschluss an Cumont hier an iranischen Einfluss).

[1049] Vett. Val. VI 1,9.

[1050] Dies schon allein deswegen, weil seine Lehre mitnichten herrschaftslegitimierende Funktionen aufweist – sie dreht sich nicht um Ägypten – und weil sie auch mit der 'pharaonischen' Tradition nichts zu tun hat.

[1051] Schmid 2005, 277-303.

[1052] Ebd. 36-54.

Aber wenn die 'Solarisierung' der Kaiser-Imago wirklich eine Wurzel in den „Sonnenaufgangs-Horoskopen" des Augustus und Nero gehabt hätte, so war dabei doch die mythologische Qualität der Sonne viel gewichtiger als deren astrologische Funktion in einer „imperialen Genitur". Politisch war diese Astrologie nur indirekt – etwa als Hilfsmittel für eine revolutionäre Monarchie, die aus Mangel an royaler Tradition das Königliche aus der fatalen Person des „geborenen" Königs beziehen musste.

Die Welt-Unmittelbarkeit der Nativität geht dem Gesellschaftlichen voraus. Und wenn sie in ihrem „deszendenten" Verständnis der unterscheidenden Parameter (alles wird hier 'von oben herab' entschieden) zweifellos Monarchie-affin ist, lässt doch ihr Konzept einer personalisierten Kosmologie die welt-vermittelnde Funktion der Monarchie auch wieder als obsolet, genauer: als sekundär erscheinen. Sogar ein Messias müsste hier gewissermassen sekundär werden: er müsste ja zur rechten Zeit – für Kepler war es dann eine „Grosse Konjunktion" [1053] – und eigentlich auch mit dem richtigen Horoskop erscheinen. [1054] Wie der Kaiser Tiberius (laut Sueton) braucht der *addictus* der Astrologie keine anderen Götter mehr. [1055]

Für Heidegger ist das „*Wesenlassen des Seyns als Ereignis*" entscheidend, es geht darum, „*im Seienden die Wahrheit des Seyns zu bergen, um so dem geschichtlichen Menschen noch einmal ein Ziel zu geben: Der Gründer und Wahrer der Wahrheit des Seyns zu werden*". [1056] – Was fehlt nun alles der astrologischen Eventualität zu solchem Ereignis-Pathos? Das Göttliche offenbar nicht. Allerdings: was immer Heidegger mit dem Zusatz des „Geschichtlichen" zum Menschlichen meinen mag (es ist also nicht der Mensch einfachhin gemeint), so wird man doch sagen können, dass die 'historische Dimension' in den überlieferten Zeugnissen zur Horoskopauslegung nur eine zufällige Rolle spielt. Und der typische Horoskop-Eigner, der ein Ereignis kosmischer Wirklichkeit in deren wesensformender Singularität durch ein 'ganzes Leben' zur Erscheinung brachte, war kaum geeignet, der „Gründer und Wahrer" des ontologischen Fundaments seiner Wirklichkeit zu sein, schon weil er zu dieser fatalen Wirklichkeit kaum einen Abstand hatte. Von den Göttern war er heimgesucht, er war ihnen gegenüber entscheidend ohnmächtig, denn sie bestimmten ja, was er selber war. Sie betrafen ihn individuell, noch vor jeder möglichen Autonomie, die das Menschliche nur im kollektiven Selbstbezug gewinnen kann. Das heisst: die Götter bewegten ihn unter Umgehung seiner Freiheit, seiner Souveränität des menschlichen Eigenwelt-Seins, in welcher er auch den Göttern frei gegenübertreten konnte. – Der Astrologie fehlte überhaupt die theoretische Distanz der philosophischen Kosmosfrömmigkeit: das Göttliche wird im Ereignis der Geburt in der Tat 'existenziell', denn dieses Ereignis ist unwiderruflich entscheidend für jeden Menschen.

Betroffen wird das Menschliche im Horoskop-Ereignis von göttlichen Mächten jenseits seiner historio-politischen Grösse, seiner entsprechenden Macht und seines autonomen Stolzes, also in dezidiert ohnmächtiger 'Umgriffenheit' durch einen

---

[1053] Zu Keplers Berechnung des „Sterns von Bethlehem" HUGHES 2015, 127ff.

[1054] Roger Bacon berechnete Zeiträume für den Islam wie das Christentum: THORNDIKE Bd. II (1923), 672ff.; er riet der Kirche (Opus maius, ed. J. H. BRIDGES, 1964, S. 268f.) explizit, die Ankunft des Antichrist zu berechnen; das Christushoroskop war nicht tabu: THORNDIKE ebd. 948-968; TESTER 1987, 193-196; KNAPPICH 1988, 167f.

[1055] Suet. Tib. 69,1

[1056] 1989, 16.

omnipotenten Himmel. – Und weil damit auch der Horoskop-Astrologe in seiner Nativitäten-auslegenden Funktion kein Priester des Kollektivs, der politisch autonomen oder der weltverbunden monarchischen Gesellschaft ist, weil er kein Amt innehat und für keine Gemeinschaft und ihr autonom humanes Bedürfnis steht und handelt, gibt es hier auch kein Ritual der Abwendung[1057] göttlichen Unheils und keine Versöhnung mit dem Göttlichen. Es gibt kein Aushandeln zwischen Göttern und Menschen, wie das im vorderorientalischen Orakelwesen üblich war,[1058] weil auf Seiten des Menschlichen im astrologischen Formular kein Gegenpol, kein autonomer Ort jenseits göttlicher Umgriffenheit vorhanden war. Das Subjektive ist in diesem Formular nicht organisiert, es hat die Autonomie seiner Welt verloren, ist entmachtet: es hat als menschliches Subjekt hier keine Stimme – jedenfalls ist sie in der astrologischen Literatur nicht zu vernehmen. Es sei denn, man erkenne in den hermetisch-gnostischen Schriften ein System, das dem in seiner zur Fatalität aufgerüsteten Individualität eingeschlossenen Subjekt Auswege wiese, zu einer Freiheit oder Autonomie jenseits der Welt. Auch die christliche Providenz bezieht ja explizit das Subjektive und sein Bedürfen mit ein, schon in der Gemeinde und explizit im wahrnehmbar leidenden Menschen – auch diese Dimension des Mitleids scheint in den astrologischen Texten zu fehlen.

Wenn Heideggers Ereignis die Welt verändern soll und damit ein revolutionäres Pathos erhält, so ist das astrologische dagegen in einem rein mundanen, welterhaltenden Sinne „revolutionär": die Krisen und Umwälzungen entstammen in der Frühzeit den Finsternissen, später den Grossen Konjunktionen oder anderen 'astrologischen Paradigmenwechseln'.[1059] Heideggers eschatologisch ausgespanntes Ereignis[1060] – den „letzten Gott" sieht man immerhin vorbeigehen – fügt das Banale und Alltägliche nicht. Es gründet Geschichte und nicht das Leben als Einmaligkeit beliebiger Wesen, sofern sie nur einen Anfang haben in einer Augenblicklichkeit[1061] der Zeit. – Vergleichsweise ist daher das astrologische Ereignis-Formular säkular. Denn dieses Ereignis stiftet den Alltag des Bettlers genauso wie den Glanz des Königs. Und schliesslich gilt auch von den dabei anwesend-einwirkenden Göttern, dass sie sozusagen alltägliche Götter sind. Diese Alltäglichkeit des Göttlichen ist Heideggers Welt ganz besonders fremd; aber im ptolemäischen Ägypten sind „Götter" omnipräsent. Selbst der Staat war göttlich und ohne das Göttliche nicht zu denken.

Wäre es möglich, dass das emphatische „Ereignis" – das der Seichtheit des bloss Erlebten als Erfahrung „singularisierender" Bedeutsamkeit für den eingeweihten „Erwecker" entgegengestellt wird – bei Heidegger eine Art Ersatz darstellt für den offenbar belanglos und weltlos gewordenen Horizont des privaten Erlebens einer 'geeigneten', individuellen Biographie, weil diese nicht mehr als das Ereignis einer bestimmenden Epiphanie der „sichtbaren Götter" des Himmels erfahrbar war? Musste Heidegger die Singularität des zeitlos verallgemeinerten „Seyns" in der Geschichte

---

[1057] Deutlich dazu Vettius Valens V 2,24; V 6,10.

[1058] MAUL 2013, 104-109.

[1059] Vgl. KENNEDY/PINGREE 1971; PINGREE 1968.

[1060] „In der Wesung der Wahrheit des Seyns, im Ereignis und als Ereignis, verbirgt sich der letzte Gott." (1989, 24).

[1061] Auch Heidegger spricht vom „Da-sein" als dem „Innehalten des Augenblicks und der Stätte der ersten Entscheidung" (ebd. 23f.).

suchen, weil er im eigenen Leben und seiner entscheidenden Zeitlichkeit das göttlich Bewegende der Welt nicht mehr aufzufassen oder zu erfahren im Stande gewesen wäre?

Wenn das methodisch ausufernde und kalkulierende Verständnis für eine bestimmende, genetisch potente Zeitlichkeit im astrologischen Formular wirklich dem theoretischen Erfassen der Individualität, vornehmlich, aber nicht nur, des Menschen diente – in einer Weise, die dem Subjektiven kaum mehr Rechte einräumte – dann scheint sich auch ergeben zu müssen, dass „Individualität" etwas ist, das im direkten Gegensatz zur Subjektivität die Schranke zwischen Kultur und Natur übersteigt oder überspielt. Der Schluss ist plausibel, wenn die notorische Einmaligkeit des Individuellen nach modernen Prämissen etwa so alt ist wie die „Singularität" des Urknalls. Und diesen – mit ihm die zeitliche Vereinzelung der Dinge – wird man schwerlich als kulturelles Ereignis und kaum als soziale Zuschreibung bezeichnen wollen. Obschon er das natürlich auch ist.

Die Zeit aber – so sah es wohl Aristoteles – ist das allem Gemeinsame der Welt. Die Welt nach Aristoteles war ganz wesentlich ergriffen, beseelt und bewegt von ihrer eigenen Wirklichkeit. Und offenbar war sie auch das Telos aller singularisierenden Einmaligkeiten, denn individuell war nach dem Formular des Horoskops eine Teilhabe – ein eigener „Zyklus", oder ein *periodos* – an der allen Dingen in ihrer Distinktheit gemeinsamen Zeit als der individuierenden Individualität der Welt. Und das war die Teilhabe an der fortgesetzten Anfänglichkeit dieser Welt, an der stets andauernden, umgreifenden Präsenz ihrer Ursprünglichkeit, als einer offenbar genetisch sehr aktiven Originalität.

Kap. 4.1. (Nachtrag): Astrologie und moderne „Persönlichkeitspsychologie"

Es gibt ein modernes Pendant der Objektivierung des Individuellen, nämlich das akademische Fachgebiet der „Persönlichkeitspsychologie", auch „differentielle Psychologie",[1062] und es ist lohnend, sie in einigen greifbaren Zügen einer supponierten 'Psychologie' der antiken astrologischen Texte entgegenzustellen.

Dabei fällt als erstes das Unterscheidende in der Datenerhebung auf; ich möchte hier vom 'Wahrnehmungsparadigma' der modernen Persönlichkeitspsychologie sprechen, das sich auch etwa als die spezifische 'Ungegebenheit' ihres Gegenstands bezeichnen liesse, welcher verallgemeinernd z. B. als *„die individuellen Besonderheiten in der körperlichen Erscheinung und in Regelmässigkeiten des Verhaltens und Erlebens"*[1063] beschrieben werden kann. Entscheidend ist die notwendige 'Konstruktion' des Beschriebenen durch das in der Regel therapeutisch induzierte Gespräch des Psychologen mit der Klientel, die zugleich das Forschungsobjekt darstellt. Es geht um Einschätzung, und ein unverzichtbares Element der Erhebungen ist auch die Selbstwahrnehmung des Gefragten: ein Bild der Persönlichkeit muss etwa über die doppelte Selbst- und Fremd-Einschätzung[1064] gewonnen werden. Es müssen Tests gemacht, Fragebogen ausgefüllt, es müssen Daten diverser, auch physiologisch-neurologischer Art gewonnen und statistisch verarbeitet werden. Ersichtlich wird dabei das Arsenal dezidiert naturwissenschaftlicher Methodik (es zählt nur, was sozusagen 'testpositiv' ermessbar ist); von Freuds Mythologemen, wie dem Ödipus-Komplex, bleibt, hier nach organisierten Befragungsrunden unter Kindern, nicht mehr viel übrig.[1065] Als Ergebnis einer Suche nach Persönlichkeit als einer „zeitstabilen"[1066] Identität des Individuellen bleibt nur, was sich ertesten,[1067] erfragen, eventuell als neurologische Reaktion instrumental ermessen und damit als erwiesenes Datum einem Profilraster zuordnen lässt. – Grundsätzlich kann man von einer dezidierten Phänomenalität der gefragten Persönlichkeit sprechen: sie existiert nur als wissenschaftlicher Gegenstand, als Gegenstand einer staatlich organisierten Forschungsaktivität und existiert somit unter den Augen des 'cartesisch' extramundanen Kollektiv- oder betrachtenden Wissenschaftler-Subjekts und hat ansonsten keine ontologische Basis. Das ist ein sehr grosser Unterschied zu der astronomischen Gegebenheit der supponierten astrologischen Identität, die zwar als naturale auch phänomenal war wie der Sternenhimmel, aber als solche von 'höherer'

[1062] Ich habe als Hand- bzw. Lehrbücher konsultiert: NEYER/ASENDORPF 2018; RAUTHMANN 2017; SCHÜTZ et al. 2016.

[1063] NEYER/ASENDORPF 2018, 2.

[1064] SCHÜTZ et al. 2016, 72. – Hier geht es auch um Einbezug von (Selbst-)Profilen etwa auf *facebook*, und die Einschätzung von deren Rezeption durch andere.

[1065] Ebd. 59 (ein Test mit fünf- bis sechsjährigen Kindern, denen *„geschlechtsneutrale Strichzeichnungen"* präsentiert wurden, *„in denen sich die Figuren im Hinblick auf Distanz und Annäherung unterschieden"*).

[1066] NEYER/ASENDORPF 2018, 26; auch „transsituative Konsistenz" (27).

[1067] Dazu gehören auch Tagebucheinträge mit vermerkter Selbstbeobachtung durch Probanden: SCHÜTZ et al. 2016, 41f. zu *„Persönlichkeitsfragebogen"*, zu „psychometrischen" Quantifizierungen, etwa der Intensität von Verhaltensmerkmalen bei *„Situationsexpositionen"* udgl.; NEYER/ASENDORPF 2018, 119 (explizit zur Test-Abhängigkeit der Diagnostik).

(„quintessenzieller") Physikalität, die man als theologisch bezeichnen darf, und die somit als Primär-Phänomenalität eine weltumgreifende Vor-Gegebenheit annahm, die aber auch als Phänomenalität weitgehend unabhängig von Autopsie und realer Beobachtung blieb: Die astronomischen Daten des Horoskops wurden fast immer errechnet und realiter kaum je beobachtet.[1068]

Es lässt sich also feststellen, dass die Methodik bei aller wortreichen Systematik der astrologischen Texte in der Astrologie selber wenig thematisch wird, denn wo sie reflektiert und lehrhaft erläutert wird, gilt sie als übernommen von indiskutabler Autorität, die in letzter Ableitung auf Offenbarung beruht, etwa durch Kneph oder Hermes-Thoth oder den göttlichen *nous*, der sich in ultimativer Wirklichkeit in der Bewegung der Himmelssphären realisiert, darin sich selber denkt und somit selber phänomenal wird. – Die „wissenschaftliche" Aktivität des astrologischen Forschers nach menschlicher Identität kann sich zwar wortreich artikulieren; sie ist aber dabei betont nachträglich, denn sie deutet priesterlich fromm eine astronomische Rationalität, die der Welt immanent sein soll. Dagegen ist die wissenschaftlich organisierte Methodik der Persönlichkeitspsychologie konstruktiv[1069] für ihren Gegenstand selber, den sie auch nach den ihr möglichst evidenten Kriterien selber profiliert. Man kann daher sagen, dass das Persönliche, das sie untersucht, ein wissenschaftsförmiges insofern sein muss, als es sich nur in Kriterien wissenschaftlich konventioneller Evidenz 'exprimieren' kann. Das bedeutet: es muss die Form eines wissenschaftlich traktierbaren Phänomens annehmen. Dies als ermessbare Verhaltensform der Reaktion auf Reize (behaviouristisch), aber auch als genetisch rückführbares Konstitutionsmerkmal.[1070] Dabei sind die typisierenden Kriterien in der Regel übertragbar, denn sie beziehen sich auf die soziale Lebenswelt der als Persönlichkeit vergegenständlichten Subjekte. Eine Unterscheidung zwischen Individuum und Subjekt im hier vertretenen Sinne spielt keine Rolle, was rein phänomenologisch nicht unrealistisch ist, denn schliesslich kommen beide Komponenten in einer Persönlichkeit zusammen vor. Es geht um verwertbare Einsichten, etwa der Art, dass nachweislich eine *„höhere Emotionsregulationskompetenz"* in Begegnungen zu *„gelungenen sozialen Interaktionen und erfolgreicher Selbstdarstellung"* führt.[1071]

Es gibt auch hier Prognostik (sogar als Delinquenz-Prognose[1072]), was schon in pathologischer wie sozialpathologischer Hinsicht verständlich erscheint, wo Persönlichkeit „zeitstabile" Züge einer unterscheidbaren Identität aufweisen soll. Doch fehlt der deterministische Furor der Astrologie fast vollkommen, was viel mit dem therapeutischen oder 'sozialfunktionalen' Hintergrund des psychologischen Interesses und dem gesellschaftlichen Bedarf zu tun hat, der ihn prägt und auch institutionalisierend finanziert. Man darf hier das Selbstverständliche betonen: die institutionelle Einbindung hat der Astrologie wie auch sonst dem grössten Teil antiker Wissenschaftlichkeit stets

---

[1068] MONTELLE 2020, 21f. zu Hypsikles (*„Such mathematical astronomy used mathematical inferences and propositions served to solve problems in astronomy and minimized reliance on observational data, which could be difficult to obtain, inaccurate or imprecise, or even impossible to observe directly.)"*

[1069] Dezidiert wird die Wissenschaftlichkeit der Methodik der Persönlichkeitspsychologie – die auch eine öffentlich-rechtlich institutionalisierte ist – betont bei NEYER/ASENDORPF 2018, 5.

[1070] SCHÜTZ et al. 2016, 32f.

[1071] Ebd. 42.

[1072] Ebd. 23

gefehlt. Was ihr am nächsten kam, war seit Augustus die Möglichkeit, Berater der kaiserlichen Macht zu werden, wobei solche Position im besten Fall rechtlich unausgesprochen blieb: hier war alles von persönlicher Gunst, von 'Beziehungen' abhängig und von einer institutionell nur mangelhaft kontrollierbaren Macht.

Die moderne „Persönlichkeit" ist offensichtlich als soziale Funktion angelegt, auch nach Kriterien der „Sozialkompetenz"[1073], d. h. in unserem Sinne als Subjekt, das seine Perspektive, auch in Bezug auf sich selbst, stets abzugleichen hat, etwa mit beruflichen Anforderungen als *„Zielvereinbarung"*[1074]. Das ist recht weit entfernt von der psychologischen und 'eventualistischen'[1075] „Teleologie" antiker Horoskopauslegung. Hier wird der soziale Zweck der Kategorisierungen, werden Bereiche der konkreten Anwendbarkeit immer sichtbar: von Personalführung über Marketing, Erziehung, Psychotherapie, Gerichtsgutachten bis zum kriminalistischen Profiling.[1076] Und dabei fehlen noch die problematischeren Varianten der politischen Beratung, des zielgruppengenauen „Framings", passgenauer Propaganda oder auch militärischer oder dezidiert geheimdienstlicher Zwecke, bei denen die verhaltensphänomenale Einschätzung des Gegners oder des zu manipulierenden Personensegments und schliesslich die Projektion erfolgreicher Imagepflege der bevorzugten Machtträger eine Rolle spielen muss. Solche Zweckmässigkeit ist unter aktuellen Bedingungen des Wissenschaftsbetriebs und seines stets akuten Finanzierungs- und öffentlichen Legitimationsbedarfs ein zentraler Bestandteil der „Wissenschaftlichkeit" eines Fachs, die das Ausmass an Institutionalisierung und Förderung wesentlich bestimmt. Die soziale Anwendbarkeit schlägt sich ganz zwingend auch in einer wenig essentialistischen, sondern im Gegenteil sozial möglichst verfügbaren, daher grundsätzlich flexiblen Qualität des Erforschten nieder: hier gibt es für die zu erfassende Persönlichkeit die Möglichkeit zur „Veränderung", die sich schon aus therapeutischen Gründen versteht, und des „Coaching"; es geht um *„Korrektur, Prävention oder Optimierung"*.[1077]

Demgegenüber geben die Quellen zur antiken Astrologie sehr wenig Aufschlüsse zu ihrer sozialen Verwendbarkeit: wo die astrologische Literatur ihre exegetische Kunst empfiehlt, scheint der Nutzen für die Gesellschaft kaum eine Rolle zu spielen, und dieser wäre den eindrucksvoll demonstrierten Unausweichlichkeiten auch nicht leicht zu entnehmen gewesen. Ersichtlich wird der Nutzen in der Prognostik, vorab bei Katarchen- oder Fragehoroskopen: Wird die Reise gut ausgehen? Lohnt es sich, den

---

[1073] NEYER/ASENDORPF 2018, 165ff.

[1074] SCHÜTZ et al. 2016, 24.

[1075] Am Nächsten kam dem Problem der zeitlichen oder auch „historischen" Ereignisform des Persönlichen offenbar WILLIAM STERN, der zwischen „nomothetischen" und „idiographischen" Ansätzen unterschied, wobei der gesetzhafte Eigenschaftsbegriff *„die Einzigartigkeit der Persönlichkeit nicht ausreichend"* erfassen könne. Demgegenüber gebe es die „idiographischen" Einzelwissenschaften", welche das *„Einzelne in seiner geschichtlich bestimmten Gestalt"* erforschen. STERN habe daher ein *„Brückenschlag zwischen Psychologie und Geschichtswissenschaft"* vorgeschwebt (NEYER/ASENDORPF 2018, 29). Zu STERN auch RAUTHMANN 2017, 108. 144ff.

[1076] NEYER/ASENDORPF ebd. 20.

[1077] SCHÜTZ et al. 2016, 23f.; NEYER/ASENDORPF ebd. 56ff. zum neurowissenschaftlichen Paradigma: offenbar ist hier alles auf neurologisch messbare, beeinflussbare, d. h. auch medikamentös beeinflussbare Prozesse gegründet.

gefangenen Löwen zu zähmen? Wird der Usurpator erfolgreich sein? u. ä.,[1078] denn hier ist der Fragende nicht selber das fatal Bestimmte, kann sich also aufgrund der errechneten Fatalität Ärger ersparen oder Prämie ergattern. Das gilt auch für das errechenbare Horoskop eines geplanten Ereignisses wie des besten Momentes der Machtergreifung Neros[1079] oder für eine Gründung.[1080] Ebenso, und von Ptolemaios explizit als Nutzen der Astrologie bezeichnet,[1081] wird die Anwendbarkeit bei medizinischer Diagnose zu beachten sein. Ein Umstand übrigens, der bezeichnenderweise in den Handbüchern zur modernen Persönlichkeitspsychologie kaum Beachtung findet: die aktuelle Medizin scheint erstaunlich geringes Interesse an 'Personalisierung' dieser Art zu haben. Die „Iatromathematik" war bis in die frühe Neuzeit vielleicht das wichtigste 'Standbein' von institutioneller Akzeptanz der Astrologie, die noch zu Galilei's Zeit Pflichtfach für das Studium der Medizin war.[1082] Und diese Anwendbarkeit dürfte auch für den sozialen Erfolg in der Antike wichtig gewesen sein: jedenfalls wurden schon den NP-Autoren medizinisch relevante Lehren zugeschrieben, etwa Zuordnungen von Pflanzen zu astrologischen Parametern,[1083] was therapeutisch direkt anwendbar war.

Für den im engeren Sinne 'psychologischen' Sektor ist der Nutzen schwieriger zu ermessen:[1084] Was soll der Klient damit anfangen, dass er eine Frau heiraten wird, die ihn vergiftet, die eine Hure ist bzw. eine Jungfrau, oder dass er seine Geschwister nicht mag, keine Kinder haben und mit 35 oder 12 Jahren sterben wird? Und zumeist sind ja die uns greifbaren Daten nachträgliche, wie der Hinweis darauf, ob man als Sklave oder Freier geboren wurde oder als Säugling überhaupt aufgezogen und nicht ausgesetzt wurde. Dass man geheime Feinde, Glück mit Sklaven oder einen schönen bzw. gewaltsamen oder gar schändlichen Tod haben werde, ist auch als Prognose nicht unbedingt 'zielführend'. Wenn man aber zum Voraus wüsste, dass man zum Feldherrn oder sozialen Grosswürdenträger geboren wäre, würde die fatale Bestimmung streng

---

[1078] Vgl. HEILEN 2020, 506.

[1079] Tac. Ann. XII 68.

[1080] In Antike, Mittelalter und Renaissance bezeugt, wie die astrologisch terminierte Gründung einer Stadt („Victoria") als militärischer Stützpunkt durch Friedrich II. (TESTER 1987, 190f.). Es existiert ein Horoskop von Konstantinopel (Heilen 2015, 292 = Hor. gr. 330.V.11). Ebenfalls gibt es ein Horoskop der Gründung „des Islam" (ebd. 308 = Hor. gr. 621.IX.1), oder ein Horoskop des Einzugs eines Präfekten von Ägypten in Alexandria, das wohl als Horoskop des Amts(antritts) galt: ebd. 308 = Hor. gr. 486.III.17.

[1081] Ptol. Tetr. I 3.10: Erkenntnis des Passenden und Geeigneten für jede individuelle Disposition (*kath' hekastēn sunkrasin*); vgl. etwa I 3,15f. zu den Ägyptern, welche die *prognosis* mit der Medizin gekoppelt hätten: sie hätten diese Iatromathematik nur entwickelt, wenn sie die Einwirkungen des Himmels für nicht therapeutisch beeinflussbar gehalten hätten.

[1082] WEBER 1999, 228: „*Diese Beschäftigung mit der Astrologie scheint für uns heute etwas bizarr, aber im 14. und 15. Jahrhundert wurde die Astrologie als Pflichtfach an den medizinischen Fakultäten gelehrt. So erstellten die Professoren in Bologna regelmässig Gutachten, was das neue Jahr bringen werde. Und noch bis weit in das 17. Jahrhundert hinein konnten Hofastrologen einen grossen Einfluss auf die Tagespolitik ihres Fürsten haben.*"; VANDEN BROECKE 2003, 13ff.; jetzt RUTKIN 2019.

[1083] Siehe etwa zu Thessalos, der Zuordnungen von Pflanzen zu astrologischen Parametern nach Nechepso/Petosriris korrigieren wollte: MOYER 2011, 228-248

[1084] Siehe immerhin Ptol. Tetr. I 3,10 (Zusammenschau des Göttlichen und Menschlichen durch *prognosis*).

genommen besondere Anstrengungen zur Erlangung eines schon unaufhebbar feststehenden Ziels erübrigen, wobei man hier die menschliche Inkonsequenz nicht unterschätzen darf: Wer ist sich schon sicher gewesen, die Prognostiker der Unfehlbarkeit inklusive, dass das alternativlose Kalkül des Kontingenten wirklich aufgehen würde? Wenn dem jungen Gaius Octavius die gottähnliche Stellung vorausgesagt worden ist, wie das vermutlich der spätere Augustus behauptete, mit Agrippa als Zeugen[1085], so mag das für ihn zunächst nicht mehr als eine propagandistisch verwertbare Aussicht gewesen sein. Und irgendwann, falls der junge Mann nicht schon früh von seiner „Sendung" überzeugt gewesen war, hat er vielleicht selbst ernsthaft an eine ihn in kosmische Höhen erhebende Gunst der Götter geglaubt, und sich Mühe gegeben, den „Erhabenen" ernsthaft zu spielen.[1086]

Nach den antiken Autoren liegt der Nutzen der Astrologie vorab darin, das Unabänderliche zu akzeptieren, es nicht zu bekämpfen um somit einer sinnlosen Auflehnung zu entgehen.[1087] Ansonsten fällt in ihren Äusserungen zur Erhabenheit der astrologischen Kunst eher eine Art frommer Ergriffenheit auf: Ptolemaios betont ihre Göttlichkeit,[1088] Manilius desgleichen,[1089] Vettius Valens kann sich auf eine theophane Initiation im zitierten Gründertext (des NP-Autors) berufen: das weist eher darauf hin, dass es sich hier wie in der aristotelischen Metaphysik um einen Gegenstand des Wissens handeln muss, der allein durch seine ontologische Erhabenheit alle Anstrengungen rechtfertigt. Wie der augusteische *vates*[1090] enthüllt die astrologische Kunst die Mysterien einer autoritativen Verbindlichkeit der Welt und einer Verbindlichkeit biographischer Singularität in einem kosmisch sanktionierten Formular.

Die Anwendbarkeit astrologischer Prognostik und 'Persönlichkeitsdiagnose' wurde aber historisch spektakulär in dem speziellen Fall antiker 'Personalberatung', bei dem es um das bei der semidivinen Aura der Stellung nur halbwegs rationale 'Anforderungsprofil' eines absoluten Welt-Herrschers, des Kaisers selbst ging. Hier sind immer wieder Astrologen bezeugt – Frederick Cramer hat das quellennah nacherzählt[1091] – , die von den Mächtigsten und potentiell Mächtigen beauftragt werden, ihre eigenen Ambitionen und diejenigen von möglichen Rivalen möglichst exakt zu kalkulieren. Die Ergebnisse wurden vielleicht ernster genommen und fragloser in exekutives politisches Handeln umgesetzt, als das bei aktuell erstellten Profilen für Stellenbewerbungen aller Art der Fall sein könnte, zumal die modernen Profile es nie mit der eventualistischen Ausgesprochenheit ihrer antiken Pendants aufnehmen könnten. – Wir haben das ausführlichste Zeugnis dafür in der Erläuterung des Hadrianhoroskops durch Antigonos von Nikaia,[1092] aber dies ist nachträglich gedeutet und dient wie alles Handbuch-Material dem Beleg für den Erfolg der Methode. Es gibt allerdings genügend Zeugnisse dafür, dass

---

[1085] Suet. Aug. 94,12; SCHMID 2005, 20ff.
[1086] Suet. Aug. 79,2 („*Er hatte helle und leuchtende Augen; er wollte, dass die Leute glaubten, es stecke in ihnen ein Funken einer göttlichen Kraft, und es machte ihm Freude, wenn der, den er etwas durchdringender ansah, den Blick senkte wie beim Gleissen der Sonne*" (Übers. Martinet)).
[1087] Etwa Vettius Valens V 2.10.
[1088] I 2,9.
[1089] II 115ff.
[1090] Vgl. SCHMID 2005, 366ff.
[1091] 1954.
[1092] HEILEN 2015.

man aus Horoskop-Analysen auf die monarchische Potenz von Individuen schloss und danach ihre politische Gefährlichkeit oder Eignung beurteilt hat[1093] – einige sollen sich selber durch solche Analysen (d. h. eine *genitura imperatoria*) zu höchsten Ambitionen haben verleiten lassen.[1094] Auch wenn es nicht konsequent erscheint, dass sie bisweilen dafür mit dem Leben bezahlen mussten, weil der astrologisch bewanderte Kaiser in ihnen die Gefährder erkannte (denn dann war ja auch die Prognose mindestens fehlerhaft): Soviel hat Kaiser Titus erkannt, wo er nach Einsicht in deren Horoskope auf die Verfolgung von angeblichen Usurpatoren verzichtete, weil es ja wirklich so sei, dass „das Schicksal" hier die Wahl habe.[1095]

Dass wir die beredtesten und historisch greifbarsten Zeugnisse zur sozialen Ersichtlichkeit von antiker Astrologie im Dunstkreis der fatalen Herrscherdestination finden, hat sicher viel mit den Vorlieben und den Perspektiven antiker Historiographie zu tun. Gleichwohl ist die Affinität von kaiserlicher Stellung in Rom zu einem 'Formular', welches fatale Individualität als himmlisch fraglose Gegebenheit von gebürtlich singulärer Eminenz objektivierte, viel mehr als zufällig. Beides, Stellung und Formular, ist als historische Phänomenalität die Expression der Gewichtigkeit unableitbarer Kontingenz menschlicher Einmaligkeit, die hier in weltförmiger, politisch welt-tragender Rolle auftrat. Ich habe das an anderer Stelle so formuliert: „*Der Princeps war wie ein Horoskop*".[1096] Denn das letztere beschrieb in seinem Fall eine „geniale" Individualität, die sich bei näherer Betrachtung in der unanfechtbaren Existenzweise himmlischer Sphären verlor.

Ein wichtiger Unterschied zwischen antiker und moderner Konzeption zeigt sich überhaupt in der Rolle, die der Kontingenz zugesprochen wird, die – das belegt der dominant prognostische Charakter supponiert astrologischer 'Persönlichkeitstheorie' – für menschliche Personalität offenbar relevant sein muss. Neyer und Asendorpf betonen in ihrem Handbuch zur Psychologie der Persönlichkeit, dass die Erklärung individueller Besonderheiten an Grenzen stossen müsse.[1097] Diese seien mangelhaft vorhersagbar und auch mangelhaft empirisch bestimmbar, es verbleibe immer ein Rest „*eingefrorener Zufälle*".[1098] Hier stellt sich somit das Problem der „*singulären Ereignisse*", von denen die „*Persönlichkeitsentwicklung*" selber geprägt werden kann („*Wäre ich damals nicht zufällig X begegnet ..., wäre mir damals nicht zufällig dieses Buch in die Hand gefallen ...*)."[1099] Natürlich gäbe es noch dramatischere Beispiele der Prägung von Persönlichkeit durch singuläre Akzidenz – vorab in traumatisierend-pathogener Hinsicht. Doch offenbar grenzt sich hier „Persönlichkeitspsychologie" ab von den spezifisch medizinischen Bedürfnissen nach Klassifikation von „Persönlichkeitsstörungen", obschon sie teilweise dieselben standardisierten Skalen benutzt. Was ihr offenbar gegenüber einer medizinisch-

---

[1093] Menschliches Ingenium hat hier auch indirekte Methoden erschlossen, wie Septimius Severus, der eine Frau geheiratet hat, der es astrologisch bestimmt war, einmal einen Herrscher zu ehelichen: Historia Augusta, Vita Severi 3,9 und Vita Getae 3,1.

[1094] SCHMID 2005, 257ff.

[1095] Suet. Titus 9.

[1096] SCHMID 2005, 397.

[1097] 2018, 30ff.

[1098] Ebd. 31.

[1099] Ebd.

pathologischen Betrachtungsweise wichtig ist: *„dass die Persönlichkeit des Patienten quantitativ auf Eigenschaftsdimensionen erfasst werden muss".*[1100] – Dabei bleibt die Ereignisform, das Akzidentelle und zeitlich Singuläre der auch in ihrer zeitkonsistenten Identität kontingenten Persönlichkeit ein Problem: *„Der Einzelfall ist immer auch durch wissenschaftlich nicht vorhersagbare singuläre Ereignisse geprägt."*[1101]

Es lässt sich daraus ein negatives Verhältnis zur regelhaft („nomothetisch") mangelhaft erschliessbaren Singularität, Kontingenz oder auch biographischen Geschichtlichkeit erschliessen, das durchaus dem modernen Wissenschaftscharakter affin ist. Es ist nicht denkbar, dass im Rahmen moderner wissenschaftlicher Methode gerade das Kontingent-Singuläre zum expliziten Gegenstand einer „nomothetisch" generalisierenden Betrachtung werden könnte, wie das bei der Astrologie nachdrücklich geschieht. Wie jede Mantik, das hat schon Cicero erkannt,[1102] ist Astrologie für das 'rational' Kontingente, Zufällige spezifisch zuständig. Sie hat die Methodik des Rationalen auf ein Gebiet ausgedehnt, das, wie der Ausnahmefall, für eine cartesisch geschulte Wissenschaftlichkeit ein rein 'negativer' Bereich bleiben muss: *„Worüber man nicht reden kann, darüber muss man schweigen"*, lautet eine positivistische Maxime.[1103] Somit muss die „nomothetische" Wissenschaft auch über das „Ineffable" der Individualität schweigen, oder besser: sie muss ihm das Positive einer substantialen Essenz als einer „Eigentlichkeit" vorenthalten, da sie dessen Singularität nicht bezeichnen kann. Das belegen schon die anwendbaren Typisierungen, wo sie auch immer wieder sozialnormative „Einstellungen" enthalten, etwa *„zu politischen Parteien oder zu einer Automarke"*[1104] oder Neigung zu *„Rassenvorurteilen"*[1105] oder *„Konservativismus"*.[1106]

Bezeichnend ist ebenfalls das enorme Gewicht, das bei der „psychometrischen" Ermessbarkeit des Personalen dem Faktor der Intelligenz zukommt. Der „Intelligenztest" nimmt in den Lehrbüchern zur Persönlichkeitspsychologie einen auffälligen Raum ein,[1107] und natürlich ist er für die Prognostik der Berufseignung hoch relevant, bekanntlich spielt er auch im forensischen Bereich, etwa bei Zumessung des Strafmasses, eine Rolle. Diese Gewichtigkeit der „Intelligenz" als Persönlichkeitsfaktors ist auffällig, wenn man vergleicht, wie wenig Aufhebens die antiken Texte zur Astrologie davon machen. Am nächsten kämen dem in den astrologischen Typologien wohl die „merkurialen" Positionen des Horoskops, mit entsprechenden, auch beruflichen, Affinitäten; aber die Frage nach solchen Qualitäten hat in der Literatur kein auffälliges Gewicht und bleibt marginal. Schliesslich ist „Intelligenz" im modernen Sinne eine

---

[1100] Ebd. 118. – Vgl. SCHÜTZ et al. 2016, 89 zu GORDON ALLPORT, der als *„scharfer Kritiker der Psychoanalyse"* im *„Gegensatz zu Freud"* nicht *„die kranken und dysfunktionalen, sondern die gesunden und organisierten Aspekte menschlichen Verhaltens"* betont habe; vgl. RAUTHMANN 2017, 234ff.
[1101] Ebd. 31
[1102] De div. I 9.
[1103] WITTGENSTEIN, Tractatus Logico-Philosophicus, Vorwort (*„Was sich überhaupt sagen lässt, lässt sich klar sagen; und wovon man nicht reden kann, darüber muss man schweigen."*).
[1104] NEYER/ASENDORPF 2018, 35
[1105] Ebd. 36. – Vgl. 32: gut Abschneiden im Intelligenztest oder Abneigung gegen Schwarze.
[1106] Ebd. 108.
[1107] Ebd. 150-163; RAUTHMANN 2017, 188ff.

durchaus positiv besetzte, d. h. allgemein erwünschte Eigenschaft,[1108] damit aber auch, als normatives Allgemeinmerkmal, zur Kennzeichnung von individueller Besonderheit nur partiell geeignet. Was ihr als Merkmal des Besonderen entspräche, wäre wohl das „Genie", eine ob der Einmaligkeit sozial gerade problematische, aus der Geschichte astrologischer Rezeption heraus explizit „melancholische" Eigenartigkeit, die im Zeichen des Planeten Saturn auch misanthropische Züge aufgewiesen hat (von Aristoteles ausgehend über Ficino, Dürer und Burton explizit thematisiert).[1109] Das ist ein ernsthafter Hinweis auf die soziale Position von Individualität, die wohl *per definitionem* als Abgrenzung vom Kollektiven, Allgemeinen und sozial Verbindlichen eine moderne Form der Negation sein muss. Das „Original" mag erhöhten kulturellen Unterhaltungswert haben, aber es ist undenkbar, dass ausgerechnet es im Zentrum moderner Forschung nach den Strukturen des Persönlichen stehen könnte,[1110] denn es ist öfter lebensuntüchtig wie das „Genie" bei (und von) Robert Walser. Seine sozial wünschbare Integration würde es gerade in seiner Originalität vermindern. Nimmt man das Originelle im Sinne des Ungewöhnlichen oder mindestens Unberechenbaren als Ereignisform 'eventualistischer' Konkretion, würde aus ihm fast zwingend ein modernes Verkehrshindernis.

Der 'sozial negative' Charakter der Einmaligkeit – schon die ihr entsprechende Sterblichkeit ist unheimlich – würde das in den astrologischen Texten unübersehbare Übergewicht des Pathologischen, des sozial Unerwünschten, oft auch Katastrophalen erklären helfen. Nimmt man den Horizont der fatalen Lebens-Möglichkeiten, welchen die astrologischen Handbücher der Antike eröffnen, so ist die Aussicht in der Tat melancholisch. Die ganze Atmosphäre ist von aller sozialen Erbaulichkeit weit entfernt, während im Gegensatz dazu moderne Psychologie des Persönlichen durchaus an gelungener Sozialfunktion interessiert ist, explizit einen Beitrag zu gelingender Integration zu leisten verspricht, und dafür wird sie ja auch von der Gesellschaft bezahlt. Daher wird auch etwa „*Vertrauenswürdigkeit*" oder gar „*Gutherzigkeit*" oder „*Altruismus*" zur Eigenschaft auf einer Skala, die dann, als „*Facetten von Verträglichkeit*", in niedrige Werte des Mangels und hohe Werte allgemein erwünschter Qualitäten variiert.[1111] Das sind Profile innerhalb eines dezidiert soziopolitischen Kontexts, der in den astrologischen Texten zwar existiert, aber auf die Parameter der Eigenheiten keinen Einfluss haben soll. Im Gegenteil muss er durch diese fatalen Parameter selber konditioniert werden und ansonsten im Unausgesprochenen verbleiben. Es findet sich zu dem „molekulargenetischen Paradigma", welches der Astrologie wohl am nächsten kommt, folgende Bemerkung zu den „genetischen Benachteiligungen" die man vorab durch „*Umweltmassnahmen gezielt zu beseitigen*" hofft, denn: „*wie auch bei anderen politischen Fragen wird es hier entscheidend darauf ankommen, Ungleichheit nicht mit Ungleichwertigkeit gleichzusetzen, sondern genetische Ungleichheit durch soziale Gerechtigkeit zu kompensieren.*"[1112] Hier zeigt sich ausgesprochen ein politischer Auftrag, und nichts könnte von dem ganzen mentalen Horizont der antiken „Diskurses" der Astrologie weiter entfernt sein, wo ein solches ja immerhin mögliches Statement

---

[1108] Auch als „emotionale Intelligenz": SCHÜTZ et al. 2016, 168-174.

[1109] KLIBANSKY et al. 1992.

[1110] Als „Genie" wird es in seiner sozialen Negativität ausführlich beschrieben bei LANGE-EICHBAUM/KURTH 1967.

[1111] NEYER/ASENDORPF 2018, 143.

[1112] Ebd. 68.

undenkbar erscheint. Denn wo das Schicksal die Ungleichheit als individuelle 'Ungleichzeitigkeit' verhängt, da kann es auch politisch gar nicht erwünscht sein, solche Ungleichheit zu nivellieren, weil schon die Instanz fehlen müsste, von der solche Wünschbarkeit auszugehen hätte: das ist das bürgerliche Subjekt, das seine autonome Eminenz in der Welt nur im Kollektiv und damit als umfassend politisch 'sozialisierte' erleben und erfahren kann.

Auch der in der Astrologie zentrale 'Zeitbezug' der Individualität wird in der modernen Psychologie des Persönlichen nicht explizit. Eigentlich ist er ein Störfaktor, der Unschärfe und mangelnde Vorhersagbarkeit verursacht bei einer supponierten zeitlichen Stabilität, die eine individuierte Persönlichkeit als Identitätsmerkmal aufweisen muss. Die Unschärfe wird gravierend sein müssen im Ausmass der „nomothetischen" Allgemeinheit, als Übertragbarkeit, der möglichst stabilen Merkmale, die das 'Identische' bezeichnen sollen. Das zeigt sich ganz deutlich, wo man auch „Einstellungen", die ja Verhalten und Reizreaktion steuern können, zu solchen Merkmalen macht.[1113] Es manifestiere sich dann aber die Fraglichkeit, *„wie gut man aus Einstellungen Verhalten voraussagen kann"* – die Zusammenhänge zwischen *„erfragten Einstellungen und dem tatsächlichen Verhalten"* seien oft gering und *„individuelle Besonderheit"* sei *„hoch situationsspezifisch"*.[1114] Hier fehlt jetzt im Vergleich zum teleologischen Charakter antiker Spezifik die prognostische Stabilität der Individualität durch die verschiedenen Zeitmomente hindurch, als transtemporale Korrelation von „Finalität" und *initium* im aristotelischen Sinne. Es fehlt der intelligible Zusammenhang, der eine 'Ereignisfinalität' als Aktualisierung von personaler Substanz denkbar werden liesse. Es fehlt damit eine Charakteristik, die der Zeit selber semantisch aktive Züge hätte zukommen lassen, und die als Bestimmtheit einer Ereignismodalität zugleich einer konstanten Wesensstruktur zugehörig oder affin sein könnte. Es fehlt das Analogie-Prinzip, das das Diverse zusammenfügte (etwa ein Sternzeichen mit persönlichen Eigenschaften, aber auch mit Verhaltensweisen und Ereignisformen[1115]), und vor allem die Möglichkeit, das Einmalige der Zeit selber als strukturelle Kontinuität bedeutsam werden zu lassen, was man häufig als „Zeitqualität" bezeichnet, wie sie etwa in Ägypten und Mesopotamien[1116] vorhanden oder denkbar war. Wo aber die Zeit mit ihren Perioden und Einheiten bedeutsam wird, kann auch das Unerhörte der Einmaligkeit bedeutsam, kann sogar die Ereignisform des individuellen Lebens essentialisiert werden. – Solch substantiale Prämissen für die Kontingenz persönlicher Existenz kann es für ein modern „naturwissenschaftliches" Denken gar nicht geben; die identitätsrelevante Struktur muss hier aus der abfragbaren sozialen Phänomenalität des Gegenstandes erschlossen werden, aristotelisch: eine Substanz aus den Akzidenzien, was strenggenommen unmöglich ist, denn bei der

---

[1113] Das kommt in rudimentärer Form auch in den astrologischen Texten vor – etwa Ptol. Tetr. III 13,155 (politisch aktiv oder gerecht als Eigenschaften etc.) – Ptolemaios gibt aber natürlich keine Hinweise darauf, wie er zu seinen Zuschreibungen kommt, während sie im modernen Fall offenbar „erfragte" Selbstzuschreibungen (nach Fragebogen) sind.

[1114] NEYER/ASENDORPF 2018, 35f.

[1115] Neigung zu Schiffbruch, sozialer Deprivation, falscher Partnerschaft etc.

[1116] Hier wäre auch einmal an die in beiden Gegenden anerkannte „Tagewählerei" mit umfassenden Charakterisierungen von kalendarischen Daten zu denken (vgl. etwa TUAT Bd. II, 45ff.;132ff.; LIVINGSTONE 2013), die sich bis in das archaische Griechenland (Hesiods *hemerai*) ausgewirkt haben.

Unabschliessbarkeit des Akzidenziellen kann jeder Gärtner sich noch in den Mörder verwandeln. Damit werden tendenziell soziale Ersichtlichkeiten und generalisierbare 'Erwartbarkeiten' plus deren jeweilige Negationen zutage gefördert. Das sind aber nicht unbedingt individuelle Züge, denn es können auch die Projektionen einer negierten Individualität sein. Das lässt sich nämlich kaum auseinanderhalten, wo man die fundamentale Unterscheidung von subjektivem „Anforderungsprofil" (sozial von aussen suggeriert, doch früh verinnerlicht) und Individualität als existentieller Begrenzung oder „Finalität" nicht macht.

Immerhin gibt es auch klare Parallelen zwischen „antik" und „modern", die sicher nicht zufällig sind. So kümmert man sich um das aus der Antike überlieferte Schema der „Temperamente",[1117] das aber durch empirisch generierte Eigenschaftskriterien ersetzt wird. Hier spielen vor allem die – vielfach ergänzten und erweiterten – sogenannten „Big Five"[1118] eine Rolle. Sie gelten als *„fünf zentrale, breite und als universell angenommene Persönlichkeitsdimensionen beim Menschen",*[1119] und lauten auf deutsch: „Offenheit für Erfahrungen"/ „Gewissenhaftigkeit"/ „Extraversion"/ „Soziale Verträglichkeit" (*"agreeableness"*)/ „Neurotizismus". Diese Grunddispositionen können stark erweitert, verfeinert und beliebig 'skaliert' werden, aber es fällt ins Auge, dass die Parameter im Vergleich zur Astrologie viel allgemeiner definiert und sparsamer gesetzt werden und vergleichsweise stark auf soziale Kompatibilität des Persönlichen ausgerichtet sind (Introversion ist hier offenbar psychometrisch als negativer Extraversionswert aufzufassen). Auffällig ist schon das Fehlen des „malefikantischen" Elements, bzw. sein Vorkommen in dem neutral pathologischen Begriff „Neurotizismus". Es fehlt also vor allem der Zerstörer Mars,[1120] wie er etwa, schlecht aspektiert im Aufgang von Neros Horoskop stehend, diesen zu Verwandtschaftshass bis Muttermord disponiert haben soll. Und selbstredend war der Planet Mars – er „regierte" zwei Tierkreiszeichen, Widder und Skorpion – übergreifend eine Erklärung für den dezidiert 'bellicosen' Charakter antiker Lebenswelten.

Es würde zu weit führen, den sehr verschiedenen Charakter der jeweiligen Typisierung des Personalen eingehender herauszuarbeiten und verstehen zu wollen – lohnend wäre es trotzdem –, doch darf man die oben schon angedeutete Orientierung des modernen Persönlichkeitsparadigmas am „Subjektiven" mehr als am Individuellen wenigstens hervorheben. Die Basis-Eigenschaften sind sehr allgemein und lassen jedwede lebensweltliche Lokalisierung offen – etwa im Vergleich zum Raster der *loci* des Horoskops, wo u. a. das Verhältnis zu Besitz und Eigentum, zu Nachkommenschaft und

---

[1117] RAUTHMANN 2017, 70-82; NEYER/ASENDORPF 2018, 53ff.; 141ff.

[1118] SCHÜTZ et al. 2016, 92-99; NEYER/ASENDORPF ebd. 104-122; RAUTHMANN ebd. 217-270, bes. 254-270.

[1119] RAUTHMANN ebd. 254.

[1120] Es fehlt auch bei den Basis-Elementen der ganze Bereich des Geschlechts, erotischer Anziehung und der Sexualität – ob das mit der Aversion wichtiger Vertreter der Persönlichkeitspsychologie gegen die Psychoanalyse und ihre dominante Sexualpathologie zu tun haben mag? – In der Astrologie waren immerhin die Planeten Venus und Mond diesbezüglich explizit. – Siehe zu einem sehr mageren persönlichkeitspsychologischen Befund etwa RAUTHMANN ebd. 398: *„Geschlechtsunterschiede sind also nur sehr gering. "* – Ausführlicher, und sowohl „evolutionspsychologisch" wie „kulturpsychologisch" ausgerichtet dazu: NEYER/ASENDORPF 2018, 350-385.

Eltern, zu Partnerschaft, Tod und Freundschaft als definierende Merkmale der astrologisch beschriebenen „Nativität" gilt. Alle Eigenschaften nach den „Big Five" können bequem als Möglichkeitsformen gelingenden Sozialverhaltens und sozialer Akzeptabilität bis Nützlichkeit verstanden werden.[1121] Es sind Modalitäten eines Erlebens im grundsätzlich kollektiven Kontext; sie charakterisieren das bürgerliche Subjekt, das die personal agierende Basis-Formalität für den Erlebnishorizont der allermeisten Menschen mindestens in den Industriestaaten sein muss.[1122] Und das spiegelt sich keineswegs zufällig in dem staatlich finanzierten und kontrollierten Rahmen der institutionell organisierten Professionalität dieser Psychologie,[1123] für den es im Bereich antiker Astrologie nichts Vergleichbares gibt. – Kurz gesagt: das „persönlichkeitspsychologische" Format individueller Spezifik ist vergleichsweise stark politisch geprägt; es muss erstens öffentlich mehrheitsfähig sein, um überhaupt finanziert zu werden (das Problem hatte der „NP-Autor" kaum, worauf vielleicht schon das Pseudonym weist), und es muss zweitens stark generalisierbar bleiben. Es darf das Singuläre nur in der Möglichkeitsform definieren, welche offen sein muss in der Potenz, soziale Verbindlichkeiten und Normen erfüllen und damit durch erzählbare Realisierung grundlegend des erwünschten „Anforderungsprofils" beleben zu können. Zweifellos ist das moderne Format ungleich politisch korrekter als das antike; das gilt natürlich in Bezug auf viele andere antike Konzeptionen auch. Parameter für moderne „Persönlichkeit" ist vergleichsweise die Wünschbarkeit viel eher als eine Gegebenheit, die im astrologischen Fall zur unausweichlichen Fatalität erhoben worden ist. – „Alternativlosigkeit" soll aber im bürgerlichen Horizont allein den Anordnungen des Staates, spezifisch im sogenannten Ernstfall oder Ausnahmezustand, zukommen, der aber politisch wohl gerade immer möglich bleiben muss.

Zu dieser psychologischen Eigenschafts-Typologie ist noch anzumerken, dass einer ihrer wissenschaftlich fundierenden modernen Vertreter und eine anerkannte Grösse in der Geschichte der Persönlichkeitspsychologie, Hans Jürgen Eysenck,[1124] sich die Mühe nahm, ein ganzes Buch über die Brauchbarkeit oder Unbrauchbarkeit der

---

[1121] Man nimmt zur Abklärung von Persönlichkeitsstörungen Persönlichkeitstypen entlang der „Big-Five-Facetten" und bewertet etwa, ob aufgrund von Struktur und Überlastungen „zentrale Lebensaufgaben nicht erfüllt" werden können, als da sind: „Wahrung eines kohärenten Konzepts der eigenen Person und wichtiger Bezugspersonen", oder „Gestaltung befriedigender sozialer Beziehungen für sich und andere"; „Passung in soziale Gruppen und die eigene Kultur (inkl. Erfüllung von Leistungsanforderungen)": NEYER/ASENDORPF 2018, 120f.
[1122] Bei den Persönlichkeitsstörungen – etwa 10% der Erwachsenen seien betroffen – sind die Übergänge zum Normalen fliessend, daher gibt es „zunehmend Versuche, Persönlichkeitsstörungen als Extremvarianten normaler Persönlichkeitsdimensionen aufzufassen und entscheidend durch Persönlichkeitsskalen zu operationalisieren" (ebd. 120).
[1123] Konkret spielt ein „ICD-System" der Klassifikation von Persönlichkeitsstörungen eine Rolle, das für die Kassenabrechnung „in vielen Bereichen für die offizielle Dokumentation verpflichtend vorgeschrieben ist". – Das System sei durch die WHO standardisiert worden und werde benutzt „z. B. bei der Abrechnung von Psychotherapeuten mit Krankenkassen" (ebd. 117).
[1124] RAUTHMANN ebd. 247ff,: 357ff.; SCHÜTZ et al. ebd. 90f. („Hans-Jürgen Eysenck war ebenfalls ein Kritiker der Psychoanalyse. Anstoss nahm er vor allem an der mangelnden Messbarkeit und fehlenden empirischen Bestätigung der verschiedenen psychoanalytischen Annahmen. Eysenck entwickelte zahlreiche Fragebogen und trug durch seine Arbeit massgeblich zum methodischen Inventar der Psychologie bei.").

Astrologie zu schreiben.[1125] Vermutlich hat er weder die Wissenschaftler noch die Astrologen damit besonders erfreut (eine Rolle spielten umfangreiche statistische Erhebungen des Ehepaars Gauqelin). Immerhin liest man da etwa: *„Vielleicht ist es diese Prädisposition, die ein Kind seinen Geburtszeitpunkt dann 'wählen' lässt, wenn ein bestimmter Planet soeben aufgegangen ist oder kulminiert hat."*[1126] Zwar fand das Wenigste an astrologischer Methodik bei der Überprüfung Gnade, doch heisst es etwa (vorab zum Abgleich von Sportlerhoroskopen mit 'kardinalen' Mars-Positionen): *„Die Erkenntnisse sind nicht erklärbar, aber sie sind faktisch vorhanden"*[1127].

Eine sehr naheliegende Parallele verdient hier noch Beachtung, nämlich der sogenannte „molekulargenetische" oder auch evolutionsgenetische Ansatz. Dieser ist zweifelsohne wissenschaftlich relevant.[1128] Dass die Gene Persönlichkeit bestimmen, ist heute auch allgemein akzeptiert. Das sich dabei ergebende Potential an „Diskriminierung" ist für ein aktuelles Verständnis offensichtlich – hier spielen die negativen Erfahrungen mit einer politischen Rassenbiologie eine Rolle – und ebenso selbstverständlich ist die Tendenz, die genetischen Einflüsse durch Umweltbezüge zu ergänzen oder zu relativieren[1129]. *„Die Person ist nicht im Genom programmiert."*[1130] Denn *„Gene wirken nämlich nur äusserst indirekt auf die Persönlichkeit".*[1131] Und das entspricht einer stark kulturell, und eher rudimentär biologisch ausgerichteten Konzeption des Persönlichen. Immerhin lehre die Molekulargenetik, dass es ein *„individualtypisches Allelmuster"* gebe, das *„zwischen Zeugung und Tod unverändert bleibt"*; doch lassen sich eben ganz zentrale Kriterien wie etwa der Intelligenzquotient genetisch nicht eindeutig verorten.[1132] – Es ist vollkommen plausibel, dass autonome Gesellschaften einen biologischen Determinismus nur begrenzt akzeptieren können, sofern sie politisch als Demokratien auf einem gewissen Ausmass subjektiver oder eben autonomer „Beliebigkeitskontingenz" als Ausgangspunkt für politische Entscheidungen bestehen und beruhen müssen.

[1125] EYSENCK/NIAS 1982.

[1126] Ebd. 269.

[1127] Ebd. 290.

[1128] D. h. er versteht sich allerdings nicht mehr ohne weiteres, wie sich in den Gender-Theorien zeigt, wo man die entsprechende Forschung nach Bedarf weitgehend ignoriert. Zur Kritik an dieser Ignoranz nicht zuletzt aus biologischer Sicht siehe etwa die Beiträge in SCHULZE-EISENTRAUT/ULFIG 2019. – Zu biologisch-genetischen Paradigmata in der aktuellen Persönlichkeitspsychologie im Überblick RAUTHMANN 2017, 347-416; SCHÜTZ et al. 2016, 115-142; NEYER/ASENDORPF 2018, 60-80.

[1129] Das tut auch schon Ptolemaios (er will „Samen", Örtlichkeit und kulturelles Umfeld berücksichtigt wissen), der damit möglicher Kritik am astrologischen Determinismus begegnet: BOLL 1894, 139f. (der vermutet, dass hier auf den Einwand des Astrologie-kritischen Stoikers Panaitios reagiert werde).

[1130] NEYER/ASENDORPF 2018, 65.

[1131] Ebd. 64.

[1132] Ebd. 62f. – Vgl. auch RAUTHMANN 2017, 384f.: *„Persönlichkeit ergibt sich nicht direkt und deterministisch aus Genen heraus. Es sind komplexe Multi-Level-Prozesse zwischen Biologie (Gene, Zellen, Anatomie, Biochemie etc.) und Umwelt (Nahrung, andere Personen, Aktivitäten etc.) über die Zeit hinweg, die Persönlichkeit hervorbringen."; „Einfache Zuordnung zwischen bestimmten Genen bzw. Allelen und Traits sind schwierig und wenig vielversprechend."*

Genetisch ist jede Person mit ihrer Verwandtschaft in differenzierbarer Weise verbunden: genetisch verwandt ist man zu 50% mit den Eltern und Geschwistern, zu 25% mit Grosseltern, Tanten und Onkeln.[1133] Eine Zeugung lässt sich somit als Verbindung verschiedener genetischer Pools verstehen; der Beginn einer Individualität müsste also genetisch mit der Zeugung gegeben sein, denn in ihr bildet sich ja die genetisch nachweisbare Struktur des Individuums. Und hier ist es doch bedeutsam, dass das Gewicht des Empfängnismoments in der antiken Literatur zur Astrologie durchaus diskutiert worden ist; es gab Methoden zu seiner Errechnung und Spezialisten für das Empfängnishoroskop.[1134] – Nun ist es aber so, dass das Empfängnishoroskop zwar von Anfang an durch die astrologische Literatur geistert, offenbar schon babylonische Vorformen hat, mit ausführlichen Methoden zu seiner Errechnung besprochen wurde, sich aber nie wirklich „praktisch" hat durchsetzen können.[1135] Das hat mit Sicherheit auch mit der mangelnden oder Evidenz des Zeugungsmomentes zu tun.[1136] In der Regel musste das Zeugungshoroskop nach bestimmten Vorgaben (die Katrin Frommhold ausführlich besprochen hat)[1137] aus zentralen Komponenten des Geburtshoroskops 'rückerschlossen' werden, etwa eine Identität des Mondstandes der Geburt mit dem Aszendenten der Empfängnis oder umgekehrt konnte postuliert werden. Das ist plausibel, denn erst die Geburt lässt ja sozusagen den Zeugungsakt akut oder bedeutsam werden, er kann als Realisierung von dessen Potenz gelten. Aber vor allem markiert die Geburt gerade die „Entbindung" als Emanzipation des Säuglings aus der Familiarität der Gebärmutter. Mit der Geburt beginnt erst die unabhängige Existenz, die ja gerade nicht durch die genetische Verwandtschaft mit Eltern und Geschwistern bestimmt sein kann. Durchgesetzt hat sich in der Astrologie als bestimmend für die Identität des „Nativen" der dramatische Moment der 'Befreiung' von genetischer Familiarität als Schritt in das Ereignis eines als Singularität bestimmten Lebens.

Im Vergleich zu modernen molekulargenetischen Ansätzen würde allerdings auch im Empfängnishoroskop, das ja eigentlich die genetische Zusammensetzung entstehen lassen müsste, der Zeitbezug fassbar, der allen modernen Betrachtungen genetischer Bezüge fehlt. Hier zählen allein die nachweisbaren Komponenten; der Augenblick der Neuformierung wird nie eigens thematisch, er ist irrelevant, vielleicht gar so irrelevant wie der Zeitbezug in einem logischen Satz (etwa: morgen wird zweimal zwei vier ergeben). Und dabei entstehe laut Ptolemaios eben doch die Wesensart (das *idioma*) schon bei der Empfängnis, vorab durch Einwirkung des „umgreifenden" Himmels, und diese bilde sich dann in der Gebärmutter heran.[1138] Das reflektiert, dass eben zweifellos der Embryo schon vor der Geburt 'etwas ist'. – Aber wenn die Geburt und das Formende zeitlich aktualer Konstellation nicht den Wesenszusammenhang erschaffen würde, weil ja das Genom schon da ist, was bezeichnete sie dann, im Unterschied zur genetischen Zusammensetzung und Struktur? – Offenbar ist die Geburt der Anfang nicht einer Wesensessenz, sondern der Anfang von deren Verwirklichung. Dann wird in der Geburt eben die Singularität des genetisch angelegten Wesens (*idioma*) zum Ereignis. Das

---

[1133] Ebd. 70f.
[1134] Zum Ganzen FROMMHOLD 2004.
[1135] So das Fazit bei FROMMHOLD ebd. 239-242.
[1136] Ebd. 18f. zur ausführlichen Debatte bei Ptolemaios.
[1137] 33-188.
[1138] FROMMHOLD ebd., bes. 22 zu Ptol. Tetr. III 1, 105-108.

Horoskop schilderte also nicht eine Identität als genetische Struktur, sondern nur als Ereignisform,[1139] die Eigenart ihrer singulären Realisierung. Nicht das Wesen, sondern die Realisierung seiner – zeitlichen – Singularität[1140], sofern diese nicht zusammenfallen. Und das liesse dann auch die auffallende und eigentlich ganz unpraktische 'Ereignisfixiertheit' antiker Astrologie plausibler werden.

Die Astrologie könnte somit strukturell als eine Psychologie des Persönlichen gelten; sie könnte dabei der Besonderheit des Individuellen, seiner Einmaligkeit, die sich in der Zeit als eine 'Lebens-Zeit' realisiert, in ihrer 'eventualistischen' Ausrichtung sogar besser gerecht werden als jede aktuelle Psychologie. Wissenschaftlich müsste sie allerdings scheitern an der mangelnden empirischen Herleitbarkeit und damit auch: Falsifizierbarkeit ihrer Parameter.[1141] Es ist beispielsweise wissenschaftlich undenkbar, dass ein Zeitpunkt als lebensformende genetische Struktur fungieren kann, dass also die Zeit selber 'genetisch aktiv' ist.

Ein moderner Klient, der sich persönlichkeitspsychologisch beraten lässt,[1142] im grossen Unterschied zu einem antiken Klienten eines antiken Astrologen, wird ein Gespräch mit dem Psychologen führen, vielleicht zuvor schon einen Fragebogen ausfüllen, der sich etwa am 'Formular' der *„International Personality Disorder Examination"* (IPDE) orientiert. Er hört oder liest dann etwa: *„Fühlen Sie sich fast immer angespannt und nervös? Wenn ja: Wie stark wirkt sich das auf ihr Leben aus? Können Sie mir einige Beispiele nennen?"* (etc.)[1143] Dagegen musste der Astrologe vor allem eins: Geburtszeit und Geburtsort erfragen, und das war ein grösseres Problem bei der gebräuchlichen antiken Zeitmessung; dazu kam die geographische Zone, das „Klima", was heute als exakte Fixierung durch Längen- und Breitengrade abrufbar ist. Danach ging es eigentlich nur noch um autoritative Auslegung des umfassend schon Gegebenen. Vielleicht sass der Astrologe mit dem Klienten vor einer Tafel, auf welcher Steine die

---

[1139] Dazu passt es dann besser, dass die Astrologen das Geschlecht, ja sogar die Spezies des Geborenen aus dem Horoskop allein nicht erschliessen konnten (s. o.).

[1140] Dass diese „Realisierung" den Wesenszusammenhang, den sie ja zur Phänomenalität des Ereignisses bringen soll, auch strukturell reflektieren müsste, versteht sich vielleicht auch.

[1141] Es ist natürlich nicht davon auszugehen, dass antike Astrologie eine Wissenschaft in unserem modernen Sinne je hätte sein wollen. – Weiter ging übrigens FEYERABEND (2010, 23), der den absoluten Vorzug der „Wissenschaften" kritisierte, denn es gebe *„eine Menge von respektablen Theorien, die mit wohlbekannten Tatsachen im Widerspruch stehen. Noch besser: es gibt keine einzige interessante Theorie, die sich nicht in Schwierigkeiten befindet. In der Physik, in der Biologie, in der Psychologie ist das ein Ansporn zu weiterer Forschung. Warum nicht in der Astrologie? Warum behandelt man die Astrologie mit einer Strenge, die man in 'der Wissenschaft' nie anwendet? Weil man sie für eine Häresie hält – und bei Häresien hört die Rationalität auf."*

[1142] Dass auch die modernen Astrologen längst 'therapeutische' Ansätze aus der Psychologie aufgenommen haben, versteht sich vielleicht von selber. Sie sollen hier nicht beschäftigen; nur dem 'antiken Original' der Astrologie gilt hier unser Interesse; es soll als Beschreibung seiner historischen Wirklichkeit und Wirksamkeit verständlich werden, möglichst ohne gewichtiges Werturteil über das zeitlich Fernliegende.

[1143] NEYER/ASENDORPF 2018, 119.

Planeten in einer Himmelssphäre markierten;[1144] wir haben keine historisch belastbare Schilderung zur antiken Beratungspraxis.

Es geht der antiken Astrologie offenbar wesentlich nicht – die medizinische Diagnostik einmal beiseite – um das therapeutische Eingehen auf die Bedürfnisse des Subjekts nach Optimierung seiner Sozialfunktionen, oder bloss in indirekter Weise. Der Klient fungierte im sozialen Sinne offenbar rein als „Original". Und das Original macht politisch keinen[1145] und sozial eher in der Negation Sinn. Es weist ja sogar Alexander an, ihm aus der Sonne zu gehen, weil ihm nämlich in der Tat auch das Politische bloss 'vor der Sonne steht'. Das Horoskop reduziert wirklich alles, was im Horizont der Sonne, des Himmels und der Planeten noch stehen könnte, zum abgeleitet und nur sekundär Wirklichen. Man „sieht" im Horoskop nur noch den Himmel und einen durchsichtigen Horizont. Das war eine sehr radikale Abstraktion und sollte in dieser Radikalität verstanden werden. Dass dabei das Thematisierte eher in seiner 'sozialen Negativität' erscheinen musste – so nach den überlieferten Texten, die eine chronisch 'heimgesuchte' Existenzform spiegeln – ist dann auch plausibel. Denn auch das Genie, bürgerlicher Inbegriff des Originalen, lässt sich jedenfalls notorisch in pathologischen oder sonst in romanhaft 'ausserwissenschaftlichen' Dimensionen, und doch eher schlecht in bürgerlich normativen beschreiben.[1146]

[1144] EVANS 2004.

[1145] Es macht Sinn nach John Stuart Mill: Individuen sichern die Pluralität als Grundlage von Demokratie.

[1146] LANGE-EICHBAUM/KUHRT 1967, etwa 431f. zu Jesus: „*ein zwiespältiger, neurotisch gespannter Charakter, innerlich zerrissen und disharmonisch*" [...] „*Einzug in Jerusalem zweifellos das Ergebnis gesteigerter Erregung; Jesus steht psychotisch in Flammen. Auch für den Laien und sogar Theologen hat dieser Einzug etwas Peinliches, Unsinniges.*" [...] „*Die Diagnose paranoische Psychose – das muss uns genügen. Vielleicht echte Paranoia, vielleicht auch Schizophrenie, noch ohne Zerfall, in der Form einer Paraphrenie. Beginnende Schizophrenie wäre ebenfalls stark zu erwägen.*" (Udgl. – Es steht wohl fest, dass Jesus heute in der Klapsmühle gelandet wäre).

Kap. 5: Why Egypt? Das ptolemäische Ägypten als Ort der Theoretisierung von globaler Identität. Von der sozialen Metaphysik zur Metaphysik des Individuums

Wenn wir annehmen wollen – und die Texte der antiken astrologischen Literatur legen das nahe –, dass Theoretisierung und Rationalisierung von Individualität ein zentrales Anliegen der Nativitäten-Astrologie war, deren Entstehung im engeren Sinne wir hypothetisch mit einem anonymen griechischen Text zusammenbringen (des NP-Autors, der sich „Nechepso" und auch „Petosiris" nannte, falls es einer war und nicht zwei), dann stellt sich eine weitere Frage: Weshalb denn, wo Individualität doch, wo nicht als modern, so doch als definierend „westlich" oder auch griechisch gilt, sie ausgerechnet das spätzeitliche Ägypten brauchte – die mesopotamischen Prämissen blenden wir im Moment aus – um sich in entscheidender Weise zu objektivieren? Und mit „entscheidend" sprechen wir der Invention des Formulars einer individuellen Identität einen historisch gewichtigen, weil anfänglich neuen und somit auch fundierenden Charakter zu. Die „historische" Erzählung der Individualisierung, die ein so bedeutendes Thema in der grossen Meistererzählung der Modernisierung, also des 'Weges zu uns', sein muss, müsste der Astrologie und der besonderen Frage nach ihrer Entstehung eine erhebliche Rolle einräumen können. Und damit, im Lichte der Historisierung des menschlichen Erfahrens und Reflektierens von Identität in singulärer Existenz, gewinnt auch das ptolemäische Ägypten des zweiten Jahrhunderts v. Chr.[1147] an Interesse.

Was mag in jener Welt einer theoriebildenden Wahrnehmung von Individualität spezifisch entsprochen haben, welche Umstände mögen solche Emphase begünstigt haben?

Dass Monarchie ein geeignetes 'Biotop' für emphatischen Individualismus sein kann, lässt schon der chinesische Daoismus vermuten.[1148] Sie wäre das allein deswegen, weil in ihr eine autonome Subjektivität, die eben nur kollektiv autonom zu sein vermag, keine entscheidende Rolle spielen kann. Die Schwäche einer Subjektivität, welche in den griechischen Bürger-Kollektiven als Faktor entscheidenden Dafürhaltens selber entscheidendes Profil gewonnen hatte, war ja zugleich eine Stärke des antagonistischen Gegenspielers von Subjektivität. Das Subjekt stünde also in einem traditionell monarchisch geprägten sozialen Milieu dem Individuum weniger im Wege; eine Schwächung autonomer Subjektivität könnte sogar Voraussetzung der Konzeption einer

---

[1147] Der Zeitrahmen ist hypothetisch – meist wird das erste oder zweite Jahrhundert v. Chr. als Zeitraum für die Entstehung des NP-Textes angenommen: siehe jetzt HEILEN 2015, 554ff. (mit weiterer Lit.); PINGREE 1997, 26 („*in the late 2nd or early 1st century BC*"); THOMPSON 2012, 236: „*finds its roots here firmly fixed in Egypt of the second century B.C.*"). Ich halte das zweite Jahrhundert für plausibel schon deswegen, weil mit der propagandistischen Verwendung eines astrologischen Signets durch Octavian/Augustus und später dem Auftauchen eines Astrologen an der Seite des ersten Princeps in der zweiten Hälfte des ersten Jahrhunderts v. Chr. die neue Astrologie schon das definitive Zentrum mundaner Macht erreicht hat (SCHMID 2005).
[1148] Dazu SCHMID 2016, 195-209, bes. 206.

'absoluten' Individualität sein, wie sie uns das 'Kosmos-unmittelbare' Format des Horoskops nahezulegen scheint.

Wenn wir aber die Monarchie als wichtige Prämisse für Astrologie erachten, dann stellt sich die Frage nach der Spezifik der ägyptischen Monarchie im Allgemeinen und in der Ptolemäerzeit im Besonderen. Und damit im Weiteren auch die Frage nach einer im zweiten Jahrhundert v. Chr. dynastischen, aber wohl auch strukturellen, Krise der Monarchie in Ägypten: Falls die neue Nativitäten-Astrologie einer solchen Krise entsprang, wäre das Verhältnis dieser Astrologie zur Monarchie auch ein ambivalentes. Astrologie wäre nämlich einerseits Entsprechung der Verbundenheit von Gesellschaft und Kosmos, die dem Königtum seine typische Mittlerrolle zwischen Menschlichem und Divinem ermöglichte, dessen göttlicher Glanz sich vornehmlich in der Luminosität des Himmels im Wechsel seiner täglichen und nächtlichen Erscheinung manifestierte.[1149] Daher war der König der eigentliche Auftraggeber jener systematischen Beobachtung des Himmels in Mesopotamien gewesen, die als Basis auch der Horoskop-Astrologie zugrundeliegt.[1150] – Und Astrologie wäre zum anderen offenbar in ihrer neuen Form auch ein Fremdkörper in und ein Problem für die Monarchie geworden, denn sie wurde in Rom gesetzlich massiv beschränkt und am Ende durch Diokletian verboten.[1151] Im Vergleich zu Assyrien ist zu betonen, dass die neue Astrologie im ptolemäischen Ägypten nicht von den herrschenden Königen und Königinnen ausgegangen ist. Sie wurde von den Ptolemäern nicht in Auftrag gegeben, wurde von ihnen nach jetzigem Wissen weder befördert noch benutzt.

Dass das neue Format menschlicher Selbstobjektivierung ernsthaft etwas mit Königtum zu tun haben dürfte, legt eines der wenigen unbestreitbaren Indizien nahe, die wir für seinen ägyptischen Ursprung haben: Ich meine den immer wieder als Hauptreferenz der Astrologen genannten „NP (=Nechepso/Petosiris)-Text", der einen König „Nechepsos" als Autor nennt. Dieser astrologische 'Urtext', wenn wir ihn so bezeichnen dürfen, gibt sich als Wissen, das einem ägyptischen Pharao offenbar im Zusammenhang mit der Erfahrung einer Epiphanie vermutlich des Gottes *Kneph*[1152] zuteil geworden war. Wer immer sein Autor war, wollte seiner Methode den Rang eines Königswissens zugeschrieben haben. Und auf ägyptischem Boden war, gerade in einer Zeit, die durch chaotische Zustände im Königshaus selber und damit auch im Lande[1153] und durch den immer grösser werdenden Schatten Roms erheblich affiziert war, auch die fiktive Zuschreibung königlicher Autorität mehr als nur eine Metapher. – Beispielsweise bezeichnet diese Zuschreibung des griechischen und damit ein griechisches Publikum

---

[1149] Beispiele zur notorischen Verbindung der Könige mit dem Himmel bei SCHMID 2005, 65-91; laut Horaz (Carm. IV 5,5-9) schenkt etwa der heimkehrende Augustus der Heimat wieder Licht, wie der Frühling; ja sein frühlingshaftes Gesicht lässt den Tag froher und die Sonne heller erscheinen (*gratior it dies/ et soles melius nitent*).

[1150] Siehe etwa KOCH-WESTENHOLZ 1995; BROWN 2000, 33-52; REINER 1999.

[1151] CRAMER 1951; FÖGEN 1997; LOTZ 2005 (vorab 62-128).

[1152] HEILEN 2011, 50ff. zu *kneph/Agathodaimon* der auch ein „*mixed cultural environment of Ptolemaic Alexandria*" belegen könne.

[1153] Siehe etwa THOMPSON 2012, 198: „*background of trouble and confusion*". Gesamtüberblick bei HUSS 2001, 537-625; VEÏSSE 2004, 27-63; HÖLBL 1994, 157-183; PFEIFFER 2017, 119-167.

ansprechenden[1154] Texts seine Autorität als die einer Stimme, die nicht aus dem intellektuell führenden Milieu des Hofes in Alexandria stammen konnte. Denn die griechische Elite, welche Alexandria zum Zentrum wissenschaftlich-methodischer Rationalisierung schlechthin gemacht hatte,[1155] hat ihren „höfischen" Charakter nie verhohlen (man denke nur an Kallimachos und Theokrit, den Astronomen Konon oder Eratosthenes) und damit auch die Abhängigkeit von königlicher Förderung stets reflektiert. – Dagegen will der NP-Text offensichtlich gar nicht aus dem *Mouseion* stammen, obschon er auch über Zugang zu aktueller Forschung daselbst zu verfügen scheint:[1156] er spricht nicht als Gelehrter in einer Gesellschaft, in der man mit Archimedes und auch mit Hipparch[1157] korrespondieren konnte, und die als geistige Welt-Elite auch dem König nahe kam[1158]. Denn er spricht selbst *ex cathedra*, er verleiht durch seinen Geist oder eben seine Methode keiner staatlichen Autorität weiteren Glanz, sondern ist seine eigene Autorität. Sein Wissen, als prätendiertes Wissen eines Vorzeit-Königs, verkündet sozusagen die Autorität eines 'eigenen' Königtums. Dieses schmückt keine Autorität, denn es bildet sie ja selbst, und spätere astrologische Autoren übernehmen gerne den königlichen Anspruch als Autorisierung ihrer eigenen Argumentation.[1159] – Man kann in solcher Autorisierung[1160] auch die Distanzierung von einem 'zivileren' Modus des Argumentierens erkennen. Der König spricht von einer überlegenen Warte herab,[1161] seine behauptete Gottnähe hat in dem pharaonischen Pseudonym sogar eine prätendiert amtliche Grundlage.

Ian Moyer hat im Zusammenhang mit einem religionsgeschichtlich viel besprochenen Text des Thessalos von Thralles, wohl aus dem 2. Jahrhundert n. Chr.,[1162] der sich kritisch auf Zuordnungen von Pflanzen zu astrologischen Parametern bei

[1154] QUACK 2009, 5 zur frühen Übersetzung eines Werks über Imhotep ins Griechische, „*wobei das Ziel deutlich ausgesprochen wird, dem ägyptischen Gott auch im griechischsprachigen Milieu mehr Achtung zu verschaffen.*"

[1155] FRASER 1972, 336-446.

[1156] Gemeint ist Hypsikles, der offenbar im NP-Text benutzt wird und der vermutlich an astrologische Verwendung gedacht hat: FRASER ebd. 435ff.; HEILEN 2015, 554 (weiteres dazu unten).

[1157] FRASER ebd. 401-423.

[1158] Ebd. 308ff. (Spitzenintellektuelle als 'Prinzenerzieher'; Eratosthenes schrieb eine Biographie der Arsinoë III., und König Ptolemaios IV. Philopator seinerseits schrieb eine Tragödie und stiftete dem Homer einen Tempel).

[1159] z. B. Vettius Valens II 3,1 („*wie auch der König am Beginn des 13. Buchs geheimnisvoll aussprach*") Firmicus Math. IV 22 (*Nechepso, iustissimus Aegypti imperator*); vgl. zu anderen Königsnamen GUNDEL/GUNDEL 1966, 28f. – Nach KOMOROWSKA 2004, 160ff. diene der Verweis auf den 'königlichen' NP-Text Vettius Valens dazu, die 'übersubjektive Erhabenheit' seiner astrologischen Autorschaft zu fundieren.

[1160] Zum vielfach betonten Offenbarungscharakter etwa BOLL/BEZOLD/GUNDEL 1926, 23f.; 96ff.; zur Autorschaft des „Hermes", welcher öfter einfach vor die selber schon ungreifbaren Gründer-Autoren gesetzt wurde, etwa noch mit „Asklepios" als Zwischenglied der Überlieferung: FESTUGIÈRE 2014, 118ff.

[1161] GUNDEL/GUNDEL ebd. 29 zum *ouranobatein* (der Autor-König beschreitet den Himmel). – Dieses 'Nahverhältnis' zum Himmel entspricht im Prinzip einer Priesterrolle, wo nach ASSMANN (1991, 84) gelte: „*Der Priester tritt in die Sozialkonstellationen der Götterwelt ein, um mit dem Göttlichen zu verkehren.*"

[1162] MOYER 2011, 219.

„Nechepso" bezieht, auf den Religionswissenschaftler Jonathan Z. Smith verwiesen.[1163] Dieser betont grundsätzlich einen religiösen Paradigmenwechsel, weg vom ortsgebundenen Tempel als traditioneller Instanz zu mobilen Zentren, zu Gruppen von Eingeweihten oder zu einzelnen *„holy men"*: *„the new center and chief means of acess to divinity will be a divine man, a magician, who will function, by and large, as an entrepreneur without fixed office and will be, by and large, related to 'protean deities' of relatively unfixed forms whose major characteristic is their sudden and dramatic autophanies."*[1164] – Smith sah das auch in Zusammenhang mit der Transformation von Monarchie[1165], und zwar spezifisch der hellenistischen Monarchie *„due to the almost total cessation of native kingship and sovereignity in the domains of Alexander's successors. Or to phrase it differently, if there is no native king, then even the homeland is in the diaspora."*[1166] – Damit ist es eine mögliche Hypothese, in dem Horoskop-Formular einer unmittelbar weltbezogenen Individualität explizit einen Ersatz für ein irgendwie entfallenes, oder für gewisse Kreise fremd, fadenscheinig oder bestreitbar gewordenes Königtum zu vermuten. In ihm liegt eine durchaus 'alternative' Konzeption des Verhältnisses von kosmischer Legitimierung und vor allem eine Verbindung von Individuum und Kosmos vor, die keines königlichen Mittlers mehr bedurfte. Denn wir können den König als rituelle Figur sehen, die zwischen dem normativen und göttlichen Ordnungsgehalt des Kosmos und dem 'gegenweltlich' menschlichen Bereich, somit auch zwischen „Kultur" und „Natur" vermittelt, weil er in eminenter Weise beidem angehört.

Das stellt die neue Frage nach dem Gewicht kolonialer Dominanz und seiner Auswirkung, wie sie explizit Ian Moyer für das „hellenistische" Ägypten gestellt hat.[1167] Für unseren Gegenstand impliziert das dann auch die Erwägung eines indigenen Widerstandes, von Reaktion gegen die kulturell dominante Macht, deren Sprache und deren mentalen Horizont man doch übernahm, falls wir in dem 'Erfinder' der neuen Astrologie einen griechisch gebildeten Ägypter vermuten würden: Wäre diese gewagte Systematik der kosmischen Bestimmung am Ende als Äusserung von kultureller „Subalternität" zu deuten?[1168] Dass diese Astrologie politisch gesprochen 'von unten' her konzipiert worden ist, kann etwa ein Aufsatz von Otto Loth (1875) nahelegen, der den seltsamen Umstand, dass der grosse arabische Philosoph Al-Kindi im neunten Jahrhundert astrologisch tatsächlich das Ende des Islam auszurechnen unternahm, darauf zurückzuführen müssen glaubte, dass Al-Kindi diese Methodik und Berechnung einer persischen Quelle entnommen habe: die Ohnmächtigen rächen sich an den 'Siegern' durch Berechnen ihres Untergangs, der durch eine unerreichbar überlegene Instanz verfügt werden kann. Und sie schaffen auf jeden Fall eine fatale Autorität, die den Unterschied zwischen Herrschern und Unterworfenen kategorisch einebnet.[1169] Auch wo

---

[1163] Ebd. 222; siehe vorab SMITH 1993, 172-89.

[1164] SMITH ebd. 187.

[1165] *„ The old, imperial cosmological language that was the major mode of religious expression of the archaic temple and court cultus has been transformed."* (ebd.).

[1166] Ebd. 186.

[1167] 2011, 1-36 (ein guter Überblick zu den hier relevanten Fragestellungen im Lichte der *postcolonial studies*).

[1168] SPIVAK 2010; MOYER 2011, 33f.

[1169] Die Übermacht des Schicksals brauchte in den astrologischen Handbüchern gewiss nicht eigens betont zu werden; bisweilen wurde sie aber doch mit rhetorischem Pathos hervorgehoben –

römische Kaiser rechtlich gegen präsumptive astrologische Ausrechner ihres eigenen Ablebens vorgegangen sind,[1170] kann man in solchen todesberechnenden Aktivitäten durchaus eine Art Widerstand der Ohnmacht vermuten. – Mit Obigem zusammenhängend muss dann auch die Frage nach einer Funktion der Astrologie als Konstruktion oder Expression von kultureller „Hybridität"[1171] gestellt werden. Denn sie ist vielleicht ein ganz eminentes und aussergewöhnlich erfolgreiches Beispiel „hybrider" oder auch „synkretistischer"[1172] Theorie. Und das könnte wieder ein Licht werfen auf den soziokulturellen Hintergrund, vor welchem die Konzeption einer sozial absoluten Identität des Singulären bedeutsam werden konnte.

Königtum

Königtum ist nach unserem Verstehen, welches wesentlich durch die Erfahrung des „Politischen" geprägt ist, der auch Königtum als mögliche Form einer „Verfassung" dieses Politischen gilt, die Regierung eines Einzelnen, also „Alleinherrschaft", oder wie das griechisch heisst: „Monarchie". In solchem Verständnis[1173] ist das wie auch immer verstandene „Politische", oft einfach umschrieben mit „Regierung", „Herrschaft" oder „Macht", immer schon vorausgesetzt: Menschen geben sich schliesslich überall Gesetze und Regeln und bedürfen der Autorität, um diesen Nachdruck zu verschaffen. Und was man sich als Weltgeschichte seit Jahrhunderten erzählt, ist vornehmlich am Drama um eben diese politisch organisierte Macht des Menschlichen und seine weltgleiche und potentiell weltauslöschende „Grösse" ausgerichtet, die ich als „eigenweltlich" bezeichnen möchte,[1174] weil sie eine Gegenwelt bildet zur übrigen Welt, die als „Natur" etwas fundamental anderes sein soll als die politische, soziale oder eben „kulturelle" Welt interhumaner Selbstbezüglichkeit. – In Ägypten allerdings war das Königtum wesentlich

---

siehe Vettius Valens V 2,10-14; V 2,24; V 6,4-23; Firmicus Math. I 7. – Ein extremes Beispiel aus Pseudo-Quintilian nach CRAMER 1954, 155f. (der Sohn eines Senators plädiert für einen 'legitimen Selbstmord', weil ihm astrologisch bestimmt sei, den Vater zu töten).

[1170] CRAMER 1951. Sueton lässt erkennen, dass nur die schlechten Kaiser Angst vor Astrologen haben: FÖGEN 1997, 121 („*Allen Schändlichkeiten und allen Raffinessen der Menschen zum Trotz ruht der ideale Herrscher doch im Vertrauen auf sein Horoskop, das den Antritt seiner Herrschaft, die Zeit seines Lebens, die Namen seiner Nachfolger längst bestimmt hat.*"), und ebd. 97 mit einer Liste der *maiestas*-Prozesse mit Astrologenbefragung als Anklagepunkt unter Tiberius. – Exemplarisch ist der gute Kaiser Titus, nach welchem das Kaisertum durch das Fatum bestimmt sei (*principatum fato dari*: Suet. Tit. 9,1) weswegen er zwei Patrizier, die den Thron begehrt hätten, nicht bestrafen wollte – angeblich kannte er auch ihr Horoskop.

[1171] BHABHA 2000; GÖHLICH 2010; HEIDEMANN/DE TORO 2006; YOUNG 2004, 181-198; VARELA/DHAWAN 2015, 219-284.

[1172] STEWART/SHAW 1994; SIMON 1973.

[1173] Erstmals explizit belegt bei Herodot im 5. Jhdt. v. Chr. in der sog. „Verfassungsdebatte" (III 80-83).

[1174] Ausführlicher SCHMID 2016.

älter als das griechische Verfassungsdenken. Es ist daher unwahrscheinlich, dass dem „Politischen" dort vor den Griechen eine Kategorie jenseits des Königtums, und ihm kategorisch übergeordnet, zukam. Und streng genommen heisst das, dass wir dem Gehalt der Monarchie als Institution oder Instanz für das Leben in Ägypten kaum gerecht würden, wenn wir sie einfach als Herrschaft oder Machtausübung verstehen würden, die sich ein siegreicher Einzelner, als Fundament für seine Nachfolger, in der Vorzeit auf welche Weise auch immer gesichert oder ergattert hätte.

Zwar ist der militärische Sieg und damit der aktuelle oder potentielle Kriegsfall unzweifelhaft von grösster legitimierender Bedeutung vorab für die Ptolemäerkönige gewesen,[1175] die für den hier vornehmlich relevanten Zeitrahmen die Stelle der einheimischen und später auch fremdstämmigen Pharaonen eingenommen hatten. Für sie als Nachfolger des makedonischen Eroberers Alexander, aus deren militärischer Entourage ihr Gründerkönig stammte, galt stets, dass „Victories made kings."[1176] Doch den Gegensatz einer notorischen Sieghaftigkeit, zu welcher die königlichen Nachfolger Alexanders mit auf die Dauer ruinösen Folgen[1177] offenbar genötigt blieben, und die sie vor allem „in der Praxis unter Beweis stellen"[1178] mussten, zum triumphalen Sonnenglanz der Pharaonen hat Günther Hölbl darin gesehen, dass die entsprechende „charismatische Sieghaftigkeit" für den Pharao „grundsätzlich kultisch und mythisch definiert ist, indem er die Rolle des siegreichen Horus spielte – gleichgültig ob im Feld ausserhalb Ägyptens oder im Tempelritual, vertreten durch einen Priester."[1179]

In der Tat war die Monarchie, als Alexander Ägypten eroberte, dort schon 3000 Jahre alt. Dass die Makedonenkönige in eine bestehende, 'einheimische' rituelle Legitimität von Königtum eintreten konnten, war zweifellos eine wichtige Grundlage für die Akzeptanz ihrer Fremdherrschaft. Und in Ägypten war der König nicht nur eine rituell definierte Figur, sondern er war wirklich der „principal of the ritual" – wie der Anthropologe Maurice Hocart das Königtum definierte: So sei der König eben durch seine führende Stellung im Ritual definiert, und er werde dabei stets dem Gegenstand oder Ziel des Rituals „äquivalent."[1180] – Wenn der ägyptische König also, wie Jan Assmann definierte, „die Götter auf Erden heimisch"[1181] mache, dann musste er nicht bloss grosser Tempelbauer, sondern auch dem Göttlichen besonders verwandt oder nahe sein.[1182] In Ägypten war der König der Priester schlechthin, und für den Verkehr mit dem

---

[1175] Zu dieser vielbesprochenen Wichtigkeit militärisch inszenierter Potenz für hellenistische Könige jetzt ein Überblick bei WIEMER 2017.

[1176] FISCHER-BOVET 2014, 49. Wie ELIAS BIKERMAN in einer Arbeit zu den Seleukiden Voltaire zitierte: „Le premier qui fut roi, fut un soldat heureux" (1938, 11).

[1177] PFEIFFER 2017, 35-44.

[1178] HÖLBL 1994, 84.

[1179] Ebd.

[1180] 1970, 86. – Vgl. HORNUNG 1993, 82 (der ägyptische König als „Herr des Rituals").

[1181] 1991, 189f.

[1182] Laut CHARPIN 2013, 75 war der König spezifisch in der 'Sonnenrolle' („the sun of his people") „identical with the gods"; nach FRAHM 2013, 98 gilt: „Mesopotamian and Egyptian rulers would model their own image on that of the gods." – Der griechische Herrscherkult ist ein spezieller Fall, auf den hier nicht eigens einzugehen ist. Er entspricht zuallererst einem Mangel an monarchischer Tradition, spezifisch in anti-monarchischen Gesellschaften, die von Monarchie abhängig werden. Im ptolemäischen Ägypten bot er für die indigene Priesterschaft vor allem die

Göttlichen eigentlich zuständig, die Priester waren nur seine Vertreter.[1183] Er war in seiner Person sozusagen der 'gottesunmittelbare' Mensch: bis Mitte des zweiten Jahrtausends war er offenbar „*the only mortal portrayed directly interacting with the gods.*"[1184] – Er trat nicht nur in allgemeiner Wahrnehmung als Mensch in der Gottesrolle auf,[1185] sondern er wurde auch so etwas wie Stellvertreter oder Platzhalter nicht bloss menschlicher Götter- und Weltnähe[1186], sondern auch menschlicher Jenseitshoffnungen: Schon in den Pyramidentexten des Alten Reichs wird der verstorbene König in den Himmel emporgehoben, nach Erik Hornung wird „*jedes brauchbare Mittel"* benutzt, „*damit der König, mehr oder weniger gewaltsam, im Himmel Attribute und Funktionen des höchsten Gottes ergreift und sich dadurch ein unzerstörbares Weiterleben sichert.*"[1187]

Wenn man die besonders reiche Ausgestaltung ägyptischer Königs-Ritualität in Betracht zieht,[1188] dann wird man die Frage nach der Interpretationsebene im Verständnis des Königtums – wobei man üblicherweise zwischen „politischer" oder „kosmischer" Ausrichtung der Interpretation zu wählen hätte[1189] – hier leicht entscheiden können. Gemäss Hocart sei des Königs Funktion nicht in erster Linie, zu herrschen („*to govern"*), denn er sei wesentlich „*the repository of the gods, that is of the life of the group."*[1190] – Ähnlich meinte schon James George Frazer: „*The idea that the first king was simply the strongest and bravest man of his tribe is one of those facile theories which the arm-chair philosopher concocts with his feet on the fender without taking the trouble to consult the facts.*"[1191] Wobei von Frazer der übersehene Bereich der „Fakten" noch simpel durch „*the influence of superstition*" zusammengefasst werden konnte.[1192]

Das Königtum möchte ich im Folgenden als zentrale Institution oder soziale Verkörperung einer rituell inszenierten Welt-Verbundenheit als Welt-Unmittelbarkeit auffassen. Die Welt in ihrer „erscheinenden" Luminosität ist göttlich. Dabei kann das von „Religion" nicht klar zu unterscheidende Inszenieren königlicher Gottesnähe und göttlicher Königsnähe nicht den Umfang der in Ägypten 'staatsidentischen'[1193] Institution des Königsamtes erschöpfen. Schliesslich gibt es, neben dem Heer, auch noch eine professionell betriebene Verwaltung. Doch Verwaltung geht, ebenso wie Militär, auch ohne Königtum. Der König verkörpert auch die Spitze einer verwaltenden Beamtenschaft, die Teil mundanen Sinnzusammenhangs des Lebens ist,[1194] das hier als

---

Möglichkeit, ihre Loyalität zum Königshaus zu demonstrieren; damit wurde sie auch am neuen Regiment 'beteiligt'. Ein Überblick zum ptolemäischen Kult bei PFEIFFER 2008.

[1183] HORNUNG 1993, 65; 82; zu den einheimischen Priesterschaften als Stützen ptolemäischer Herrschaft PFEIFFER 2017, 44-50; GORRE 2009; 2013; ZIVIE-COCHE/DUNAND 2013, 88-110.

[1184] MORRIS 2013, 45.

[1185] HORNUNG 1993, 74f.; 1966, 25 („*Mensch in der Rolle Gottes"*).

[1186] ASSMANN 1991, 77ff. (spezifisch hervorzuheben die „Weltkammern" im Königsgrab des Niuserre).

[1187] 1989, 12.

[1188] Überblick bei ZIVIE-COCHE/DUNAND 2013, 67-110.

[1189] HILL et al. 2013, 4f.

[1190] 1970, 99.

[1191] 1905, 36.

[1192] Ebd. 37.

[1193] HORNUNG 1993, 74f.

[1194] Bei HILL et al. (2013, 7) wird die universelle Rolle und „*ultimate responsibility*" des Königs bezeichnet als „*the preservation of order over chaos and constant rebirth over death"*. – Das hat

menschlich kollektives verwaltet werden soll, und insofern legitimiert er auch das 'Verwaltbarsein' des Lebens selbst.

Rolf Strootman hat in seinem Buch über hellenistische Königreiche und ihre höfischen Eliten auch nach der „ideology of empire" gefragt, und er geht dabei, wie viele historische Beiträge zur Monarchie, von Max Webers berühmter Definition von „Macht" aus.[1195] Die Machtfrage und ein heuristisches Konzept der „Ideologie" der Macht ist ein naheliegender Zugang; er kann sich auch an der Phänomenalität der Macht orientieren, die von Königen – und Königinnen[1196] – ja sehr eindrücklich und oft theatralisch inszeniert werden kann.[1197] Dagegen möchte ich in der Monarchie nicht zuvorderst die fundamentale Form der Macht sehen – man würde dabei genealogisch irgendwann auf Freuds von Darwin übernommene „Urhorde" und ihren etwas gorillahaften Anführer stossen müssen.[1198] Ich betrachte Monarchie, bei der schon das weltweit anthropologisch greifbare Verhältnis zur Sonne bzw. zu solarer Symbolik auffällig ist,[1199] als Inszenierung oder Realisierung einer gemeinschaftlichen Identität, wobei das Gemeinschaftliche die Welt inklusive der „Natur" mit einbezieht und selber als weltförmig oder zumindest als weltanalog bezeichnet werden kann.[1200] Es geht genauer um Identität in der Teilhabe an der Wirklichkeit – damit auch Wirkmächtigkeit – der Welt, und das ist Teilhabe an der Übereinstimmung dieser Welt mit sich selbst gerade im Diversen. Dieses andauernde Selbst-Sein der Welt im immer Anderen – das ist auch das immer Andere im Fortgang der Zeit – wird in der bewegend bewegten Gegenwart der Sonne offenbar besonders fassbar.[1201]

---

mit der Gottesnähe der Könige zu tun, denn die Götter werden in den Tempeln den ganzen Tag umsorgt (bekleidet, beweihräuchert und ernährt), damit sie ihre Aufgabe nicht vernachlässigen: „the smooth functioning of the universe" (SAUNERON 2000, 75).

[1195] 2014, 49ff. – Vgl. REBENICH 2012; REBENICH/WIENAND 2017, 3.

[1196] Zu Kleopatra etwa STROOTMAN ebd., 230ff.

[1197] HEKSTER und FOWLER 2005, 9-38, mit dem einleuchtenden Motto: „Visibility lies at the heart of power." (ebd. 9).

[1198] Der grundlegende Mangel des herrschaftssoziologischen Ansatzes liegt, bei allen Verdiensten, darin, dass Max Weber ganz selbstverständlich von einer griechischen Konzeption menschlich autonomer „Macht" ausgegangen ist (Macht als das wahrnehmbare Phänomen einer historischen Entfaltung menschlicher Eigenweltlichkeit, nämlich des „Politischen", womit ein wahrnehmendes Subjekt als autonome Grösse impliziert ist). – Das ist aber ein Konzept aus dem mentalen Horizont von anti-monarchischen Gesellschaften. Und daraus folgt, dass hier Königtum als „Monarchie" aus seiner Negation heraus begriffen werden muss. – In den neuen „institutionellen" Ansätzen verschwindet sie daher völlig in einer imperial-bürokratischen Systematik (siehe WIEMER 2017, 332ff.).

[1199] Dazu einiges an Material bei SCHMID 2005, 65-91; zu Mesopotamien spezifisch CHARPIN 2014; FRAHM 2014.

[1200] Das kommt noch im dezidiert imperialen Symbol des „Reichsapfels" zum Ausdruck, der auf die römische Verwendung des Globus als Ausdrucksform weltimperialer Ansprüche zurückgeht: SCHMID 2017.

[1201] Auch für Horaz, nach seinem Säkulargedicht, das die epochemachende Kontinuität der neuen Monarchie feierte: alme Sol, curru nitido diem qui/ promis et celas aliusque et idem/ nasceris („Wohltätige Sonne, die auf leuchtendem Wagen den Tag du/ heraufführst und wieder verbirgst, die du eine andere stets und stets doch dieselbe/ verjüngt entstehst": Carm. saec. 9-11; Übers. Kytzler). – Die Sonne wird also als „eine andere und doch dieselbe" geboren, die doch den Tag durch ihren Lauf enthüllt und verbirgt. – Dieses tägliche Erneuern der Welt durch die bewegte

Identität ist hier vornehmlich als menschliche gemeint, mundan verbunden allerdings mit Tieren, Landschaft, Pflanzen.[1202] Und das impliziert eine Identität in der Zeitlichkeit des Singulären, damit von Individualität – denn Menschen sind die „ephemeren",[1203] zeitlichen und damit „sterblich"[1204] singulären Wesen schlechthin. Grundformen menschlicher Zeitlichkeit wie Geburt und Tod, aber auch etwa Heirat, Initiation und andere Markierungen oder Wendepunkte epochaler Struktur, werden als Teilhabe an weltlicher Re-Generation erfahren und kultisch aktualisiert. Eine offensichtlich zentrale Form der Erfahrbarkeit mundaner als individuierender Zeitlichkeit ist der in Ägypten überaus häufig mythisch wie rituell 'ausgearbeitete' oder reflektierte Sonnenlauf.

„Die Gestalt des Tempels ist wie der Himmel mit der Sonne" (laut einem ramessidischen Text).[1205] Und nun steht der König mit der Sonne bzw. der solaren Gottheit nicht nur in Ägypten in besonders enger Beziehung.[1206] Auch in Mesopotamien vollzieht der König im Rahmen eines Rituals Reinigungen, beginnend mit Sonnenaufgang, und wechselt siebenmal die Häuser im Laufe des Tags, wobei er durch die verschiedenen Badehäuser prozediere „as an avatar of the sun traversing the various stations oft its celestial course".[1207] Es ist in vielen Gesellschaften so, dass der König die Wendepunkte des solaren Jahres rituell begeht; er ist typischerweise der Herr des Kalenders.[1208] Nur Könige, Kaiser oder Päpste sind als Kalenderreformer dauerhaft und damit epochal erfolgreich gewesen; grosse Epochenwenden werden mit der Epochalität von 'basileomorphen' Menschen mit religionsstiftender Potenz[1209] verbunden. In

---

Sonne ist ein überaus häufiges Motiv ägyptischer Ritualität. – Vgl. aus der Amarna-Zeit etwa: „Gott des Gestern,/ der heute geboren wird." (ASSMANN 1991, 238, wo auch festgehalten ist, dass sich der Sonnengott in seiner Bewegung immer wieder selber hervorbringe, „als ein Neuer und doch als Derselbe").

[1202] Zu dieser „kompakten" Verbundenheit von „Kultur" und „Natur" hier nach HOCART, was auch für Ägypten gelten kann (1927, 53): „The Indians fully recognized the analogy between the unvarying course of the sun and moon and the seasons on one hand, and of the moral and ritual order on the other. In fact the Vedic singers used but one word, ṛta, for both, natural and moral law. Varuna was the celestial god who upheld both, and he was therefore entitled 'Lord of Law'. Now Varuna was pre-eminently a kingly god". Zu Ägypten ASSMANN 1991, 79: „Die ägyptische 'Natur' ist in eigentümlicher Weise offen in Richtung auf das wogegen sich unser Naturbegriff absetzt: in Richtung auf die Kultur." Nach HOFFMANN (2014, 99) gilt hier: „Biologie war letztlich ein auf die Tier- und Pflanzenwelt ausgedehnter Zweig der Theologie." – Zur Unterscheidbarkeit zwischen weltlos „autonomen" und nicht-autonom monarchischen Gesellschaften ohne Naturbegriff SCHMID 2011; 2005, 93-117 und 2016, 165-218 (im Vergleich von Griechenland und China).

[1203] FRÄNKEL 1955.

[1204] thnetoi („Sterbliche") in einer häufigen Bezeichnung der Menschen bei Homer.

[1205] Nach ASSMANN 1991, 46.

[1206] Belege zu dieser anthropologischen Konstante aus allen Erdteilen bei SCHMID 2005, 65-91.

[1207] FRAHM 2013, 103.

[1208] SCHMID 2005, 71; 87; 113; 220 A 83 (zum Kanopos-Dekret).

[1209] Das hat offensichtlich auch Luther dazu bewogen, ein falsches Geburtsdatum im Oktober 1484 (durch den Astrologen Gaurico berechnet; in Wirklichkeit ist Luther ein Jahr früher geboren, im November 1483) unwidersprochen zirkulieren zu lassen, weil es ihn, Luther, mit einer „Grossen Konjunktion" von Saturn und Jupiter des Jahres 1484 in Verbindung setzte, die

Ägypten ist der König explizit als „Sonnenpriester" an der Durchführung des Sonnenlaufs selber beteiligt. Er kennt die Zonen und Fährnisse des Sonnenlaufs, kennt die Übergänge und die entsprechenden Formeln, über welche das göttliche Personal der Sonnenbarke zur Vorbeifahrt verfügen muss; er weiss grundsätzlich um die „*Wege des Himmels*" und alles Priesterwissen ist sozusagen stellvertretend deshalb königliches Wissen:[1210] „*Er kennt ihre Form und ihre Verkörperungen,/ ihre Heimat im Gottesland./ Er kennt den Ort, an dem sie stehen,/ wenn Re den Weganfang beschreitet. Er kennt jene Worte,/ die die beiden Mannschaften sprechen,/ wenn sie die Barke des Himmlischen ziehen.*"[1211]

Der König, so heisst es nach dem „Amduat" (wo der Weg der Sonne durch die Unterwelt der Nacht beschrieben wird), muss kennen „*was in den Stunden ist, und ihre Götter/ zu kennen den Lauf der Stunden, und ihre Götter.*"[1212] Denn der verstorbene König verkörpert in seiner Teilhabe und Mitarbeit an der morgendlichen Wiedergeburt der Sonne nach der Fahrt durch die Todeszone der Unterwelt auch die Unsterblichkeitshoffnung des Menschlichen selbst.[1213] Laut Jan Assmann wurde die „*Ikonographie des Sonnenlaufs*" sogar zu „*einer Art ägyptischer Weltformel, der zentralen Idee des ägyptischen Weltbilds.*"[1214] Im Sonnenritual wird jeweils der rezitierende Priester zum Vertreter des Königs als solaren Funktionärs, in dessen Namen er spricht; laut Assmann wird er dabei selber der Sphäre des Sonnengotts nähergestellt, ja er wird sogar zu einem der Paviane, die beim Aufgang der Sonne dem neugeborenen Gott zujubeln: „*Ich habe dem Sonnengott Hymnen gesungen/ ich habe mich den Sonnenaffen zugesellt/ ich bin einer von ihnen*".[1215]

Der König wird im Ritual nicht bloss selber zum eigentlichen Priester des Sonnengotts, er gilt ja auch als dessen Sohn, sondern lässt sich auch als „Horus" benennen und der Gott (Atum) „*redet durch seinen Mund*"[1216]. Und wie der Sonnengott überwindet

---

nach einer populären Prognose einen apokalyptischen (Pseudo-)Propheten verhiess. – Siehe dazu einen berühmten Aufsatz von Aby Warburg (WARBURG 1979).

[1210] „*Der Begriff 'König' bezeichnet eine Institution, eine sakrale Funktion, die vom Priester und nicht vom wirklichen König wahrgenommen wird.*" Und der „*Priester spielt den König.*" (ASSMANN/KUCHAREK 2018, 803). – Genau dasselbe täte unser „NP-Autor" auch, wenn er ein Priester wäre. Denn für den Astrologen gilt ja hier auch, was man schon dem „Herrscher" zuschreibt: „*Der Herrscher kann so als Deuter göttlichen Willens agieren, der die Missachtung seiner Verordnungen und Schiedssprüche als Sakrileg verstehen darf*", und zwar aufgrund seiner „*Rolle als Bindeglied zwischen dem Kosmos und den Menschen.*" (REBENICH/WIENAND 2017, 10).

[1211] ASSMANN 1991, 81; vgl. 82 zur notwendigen Kenntnis der Stundendämonen: „*Wer es nicht kennt, der kann den Dämon 'Wildgesicht' nicht abwehren.*"

[1212] HORNUNG 1989, 59.

[1213] „*die tiefgefühlte Analogie zu den Gestirnen und insbesondere zur Sonne, ist nun für Jahrtausende die grosse Jenseitshoffnung der Ägypter. Hier wurzelt die Bedeutung, die der Sonnengott Re für das jenseitige Schicksal gewinnt.*" (Ebd. 14).

[1214] 1991, 131. – Vgl. ASSMANN/KUCHAREK 2018, 801: „*Die Tagesfahrt der Sonne ist also in der mythologischen Ausdeutung des ägyptischen Sonnenkults ein hochdramatisches Geschehen, und das Stundenritual […] hat die Aufgabe, diese Fahrt mit stündlichen Rezitationen kultisch zu begleiten und zu unterstützen. Wenn man bedenkt, dass nach ägyptischer Vorstellung durch diese Fahrt der Sonne über den Himmel die Zeit entsteht, wird klar, dass es sich hier um einen Kult der Zeit handelt, die täglich in ihrem Ablauf rituell unterstützt werden muss.*"

[1215] 1991, 84.

[1216] ERMAN 2001, 52.

er im Rahmen des Unterweltsrituals den Tod[1217] und gesellt sich zu den Göttern,[1218] d. h. zu jenen Wesen, welche die Sonnenbarke durch den Taghimmel und die Unterwelt ziehen. – Aber damit wird er auch Teil jener konstruktiven göttlichen Präsenz, die die Welt in ihrer rhythmischen Bewegung mit dem belebenden Glanz des Göttlichen erfüllt. – Man kann also den solchermassen direkt und indirekt 'solarisierten' oder heliomorphen König auch als Sinnbild oder als stellvertretend für die 'zeitliche Identität' des Menschlichen verstehen, welche das allgegenwärtige Ritual mit seinem Beharren auf Regeneration ja nicht beseitigt, aber in einer götterbewohnten Weltlichkeit 'aufhebt'.[1219] Und diese Zeitlichkeit realisiert sich auch im Schlaf/Wach-Rhythmus, wo das Urgewässer (Nun) durchquert und jedes Erwachen einer neuen Geburt analog wird – denn jeder Sonnenaufgang ist zeitlich eine noch unverbrauchte Singularität,[1220] und, an der weltbewegenden Neuheit der Sonne teilhabend, auch jedes Erwachen nach einem 'regenerierenden' Schlaf, und damit jeder Tag eines Lebens:

> *„Wir leben wieder von neuem (bei Sonnenaufgang)*
> *nachdem wir eingetreten waren in den Nun*
> *und er uns verjüngt hat zu einem, der zum ersten Mal jung ist,*
> *indem der alte Mensch abgestreift*
> *und ein neuer angelegt wird."*[1221]

Das ist Reflexion somit auch dessen, was Hannah Arendt als Individualität, *qua* „Natalität", durch die Fähigkeit, *„etwas Neues anzufangen"*, bezeichnet hat: *„Mit der Erschaffung des Menschen erschien das Prinzip des Anfangs, das bei der Schöpfung der Welt noch gleichsam in der Hand Gottes und damit ausserhalb der Welt verblieb, in der Welt selbst und wird ihr immanent bleiben, solange es Menschen gibt"*.[1222] Obschon in Ägypten die Schöpfung von Anfang an ein weltliches (Ur)Ereignis war, und das „Prinzip des Anfangs" (d. h. die Originalität) nicht bloss im Menschen, sondern fundierend im Sonnenlauf und dem ihm ebenbildlichen Leben zur Erscheinung kam, war auch hier die Originalität dem Humanen immanent: als Teilhabe an der stetig sich ereignenden Erneuerung der Welt – so wie sie offenbar auch in China daoistisch als Teilhabe an einer „spontanen"[1223] Identität der Welt aufgefasst werden konnte. – Ohne den Weltbezug, der für monarchisch-„kompakte" Gesellschaften bezeichnend und wohl bedingend ist, bleibt

---

[1217] HORNUNG 1989, 13f.: bis zum Ende des Neuen Reichs waren die Totenbücher nur auf die königlichen Grabkammern beschränkt und galten *„streng als königliche Totentexte"* (19).

[1218] Er vereinigt sich auch *„mit der Sonnenscheibe und vermischt sich mit dem aus dem er hervorgegangen war"* (ebd. 56).

[1219] Laut ASSMANN (2001, xiii) im Vorwort zur Neuauflage von Ermans „Religion der Ägypter" haben die Ägypter durch das Ritual *„an der Zyklisierung der Zeit"* gearbeitet und *„an der Erzeugung von Konstanz, nicht im Sinne des Beharrens, sondern der Erneuerung"*.

[1220] Zum Sonnengott in der letzten Morgenstunde heisst es etwa: *„Schöner Jüngling mit weitem Schritt/ der am Tage geboren wird Tag für Tag,/ der des Nachts von seiner Mutter in Schwangerschaft getragen wird Tag für Tag."* (ASSMANN/KUCHAREK 2018, 316).

[1221] ASSMANN 1991, 79.

[1222] ARENDT 1981, 166.

[1223] SCHMID 2016, bes. 176ff. zur 'Spontaneität' als wesentlichem Element chinesischen Auffassens von „Natur", im Gegensatz zur ganz unspontan „zwingenden" *physis* der Griechen.

bei Arendt der durchaus weltliche Faktor der Geburt für die menschliche Individualität relevant: *„will man den Jemand, der einzigartig mit jedem neuen Menschen in die Welt kommt, bestimmen, so kann man nur sagen, dass es in Bezug auf ihn vor seiner Geburt 'Niemand' gab. Handeln als Neuanfangen entspricht der Geburt des Jemand, es realisiert sich in jedem Einzelnen die Tatsache des Geborenseins".*[1224] Was für Arendt in politischer Hinsicht die Anfänglichkeit des Handelns für das Subjekt ontologisch verankern soll, das verankert der altägyptische Text, ähnlich der Astrologie, in einer regenerativen Potenz des Lebens selbst; er deutet sie also kosmologisch: Die alles generierende und vernichtende Zeit hat in der Himmelsbewegung sozusagen ihre primäre Erscheinungsform, von der alles Innerweltliche samt dem Menschlichen abhängt,[1225] wobei das Menschliche mit diesem 'ontologischen Primärbereich' in der paradigmatischen Gestalt des Königs selber verwandt sein muss.

Die Zeitlichkeit, an der das Singuläre haftet, realisiert sich primär und auch ontologisch fundierend sichtbar in der Bewegtheit von Sonne, Mond und Sternen als in der göttlichen Bewegtheit der Welt und aller Dinge in ihr – und das entspricht übrigens ziemlich genau der bewusst 'theologischen', hier schon notwendig physiko-theologischen Auffassung des Aristoteles von der Zeit.[1226] So gesehen hat nicht nur der König, sondern das Königtum selber sehr viel mit der Identität des Menschlichen in seiner zeitlich-singulären Wesentlichkeit zu tun. Der König wird auch in der Rolle des 'geborenen Gottes' paradigmatisch für menschliche Individualität, macht letztere gar zum 'herrschenden Prinzip', dessen siegreiche Dominanz auf seine welthafte Wirklichkeit rückführbar ist, und rituell stets aufs Neue an diese dynamisch welterhellende Wirklichkeit zurückgebunden wird.

Innerhalb des „kompakten" oder „partizipatorischen"[1227] Bezugssystems kann das mythische Erwachen des Osiris vom Tode in seinem Sohn Horus sowohl physikalisch

---

[1224] ARENDT 1981, 167.

[1225] ASSMANN zitiert Amarna-Texte (zum Sonnengott): *„Der Stetige im Auf- und Untergehen/ Tag für Tag, ohne Aufzuhören."* […] *„Der die Jahre knüpft und die Monate erschafft,/ der die Tage macht und die Stunden berechnet,/ der Herr der Lebenszeit, durch den sie berechnet werden kann."* […] *„Die Erde entsteht auf deinen Wink, wie du sie geschaffen hast:/ du gehst auf – und sie leben,/ du gehst unter – und sie sterben,/ du bist die Lebenszeit selbst: man lebt durch dich."* (1991, 241).

[1226] In einer Passage zur Zeitlichkeit der Ägypter unterscheidet ASSMANN zwei Komponenten (1991, 90ff.) etwa von *„Resultativität"* und *„Virtualität"* (in Analogie mit Morgen- und Abendsonne zu bringen), die doch als *„antagonistische und komplementäre Aspekte"* (ebd. 96) recht gut den aristotelischen Kategorien von „Wirklichkeit" (*energeia*) und „Möglichkeit" (*dynamis*) entsprechen, die ich oben der Individualität bzw. der Subjektivität zugeordnet habe. – Zu einer „Zeitlichkeit" der Astrologie unten.

[1227] Partizipatorisch ist laut ERIC VOEGELIN der Stil einer Gesellschaft, deren Ordnungskonzepte mit denen der Welt übereinstimmen; dann ist dort soziale Ordnung ein Partizipieren an der Ordnung der Welt. Die soziale und die „natürliche" Welt sind in entsprechenden Gesellschaften (die ich als „nicht-autonome" bezeichnen möchte), nach einem weiteren Begriff Voegelins „konsubstantial", wozu definierend VOEGELIN 2002, 41f.: *„Die Gemeinschaft des Seins wird so intim erfahren, dass die Konsubstantialität der Partner die Getrenntheit der Substanzen in den Hintergrund drängt. Wir bewegen uns in einer verzauberten Gemeinschaft, in der alles, was uns begegnet, Kraft, Willen und Gefühl besitzt, in der Tiere und Pflanzen Menschen und Götter sein können."* – Ausgehend von VOEGELIN haben SHANKMAN und DURRANT (2000, *passim*) einen

im Sonnenaufgang, rituell im Toten- oder Stundenritual, als auch historisch-politisch bei einer Inthronisierung realisiert werden, in der der neue König *„Besitz ergriff vom Königtum des Re".*[1228] – Wo aber das historische Ereignis den Sonnenaufgang 'bedeuten' kann, weil eine strukturelle Analogie im Diversen[1229] fassbar wird, kann umgekehrt jeder Sonnenaufgang und die „ephemere" Täglichkeit jeden Tags die Geburt des Königtums Re's, also der Sonne bedeuten.[1230] Damit kann auch jeder Geborene prinzipiell in dieses Königtum des im Tage erneuerten und zur erneuten Einmaligkeit regenerierten, in die Erscheinung aufsteigenden Himmels eintreten.[1231] Und er träte dann in der Tat in das kosmisch beglaubigte, ontologisch fundierte[1232] und physikalisch objektivierte Königtum seiner Individualität – die der Individualität der Welt entspricht[1233] – ein.

Der König ist fest im Mythos verankert – so etwa im Osiris-Mythos,[1234] in welchem Horus als Königs-Paradigma auch derjenige ist, der als 'geborener'[1235] den Tod besiegt dadurch, dass er, immer der 'neue', Zukunft eröffnet. Das Horus-Königtum ist

---

westlich „intentionalen" mit einem chinesisch „partizipatorischen" Stil vergleichen wollen. – Zu Ägypten etwa ASSMANN 1991, 85: Die Welt als Drama des Götterwirkens, wobei *„der Mensch in Gestalt des Königs handelnd an dieser dramatischen Wirklichkeit teilhat."*

[1228] ASSMANN 1991, 87 (zu Ramses II.).

[1229] Das geht so weit, dass es einen „Konnex" geben kann zwischen *„Balsamierungsdauer von Menschen und Unsichtbarkeitsphase der Dekane."* (VON LIEVEN 2012. 138).

[1230] ASSMANN ebd. 135: *„Jeden Morgen wird die Sonne aufs neue geboren".* – Vgl. STERNBERG-EL HOTABI 2021, 244: *„In Ägypten hört die Schöpfung nicht auf, sondern ereignet sich jeden Tag aufs neue, wobei die Menschen aufgefordert sind, sich mit Kulthandlungen an der Inganghaltung der Welt zu beteiligen."* – Auch zwischen Kulthandlung und Naturprozess besteht somit ein „kompakter" Zusammenhang, dessen Bedeutung allerdings stark von der Akzeptanz des Königtums abhängig gewesen sein dürfte.

[1231] In Fritz Langs Film mit dem vielsagenden Titel *„You only live once"* (1937) sieht und hört man Father Dolan sagen: *„Every man at birth is endowed with the nobility of a king."*

[1232] Wenn der König rituell an der göttlichen Wirklichkeit der Welt partizipiert, wird über ihn für die anderen Menschen Wirklichkeit erfahrbar; durch seine Weltverwandtschaft ermöglicht er also 'Seinsvergewisserung' – eine Funktion, die in autonomen Kollektiven das meditierende Denken in der „Seele" des „philosophischen" Menschen übernommen hat. Natürlich gibt es auch in den nicht-autonomen Gesellschaften bei notorischer Schwäche der Könige etwa Weise oder andere Menschen, die dem König das priesterliche Amt abnehmen, ihn darin gar ersetzen oder zu seinem Rivalen werden (in China u. a. der Konfuzianismus; sogar der „Historiker" Sima Qian wurde zum Rivalen des Königs, der ihn kastrieren liess). Der Weise ist dann wie Hamlet; er trägt, bisweilen klagend, das Gewicht der Welt, damit wird er zum Prototyp der autonomen oder unmittelbar 'welt-tragenden' Individualität, die bekanntlich sogar Erlöserdimensionen annehmen konnte, und dabei bis in die Begrifflichkeiten hinein in der Königsrolle verblieb. – Diesen 'metaphysischen' Hintergrund sollte man auch beim Formular des Horoskops in Betracht ziehen; dieses könnte dann ebenfalls wie die Monarchie Aufgaben der mundanen Seinsvergewisserung übernehmen.

[1233] Laut HORNUNG 1989, 9 leuchtet die Welt mit jedem Sonnenaufgang in der *„Jugendfrische des Anfangs".* Denn der Sonnengott verwandelt sich jede Nacht von einem *„Greis"* in ein *„kleines Kind"* zurück. Das ist die stetig erneuerte Ursprünglichkeit oder „Originalität" der Welt.

[1234] ERMAN 2001, 68-87; ASSMANN 1991, 149-162; SHAW 2015, 70-116.

[1235] Laut DAUMAS 1958, 161 gilt für den König: *„Du moment qu'il prenait le pouvoir en Égypte, il devait être Horus, fils d'Osiris. C'est donc que, mystiquement, Amun l'avait engendré, Ptah l'avait sculpté, Khnoum l'avait modelé. Il était le fils mystique de chaque triade locale et l'on devait continuer à assurer son culte."* (Zur „Geborenheit" des Königs Weiteres unten).

immer neu, wie die Sonne des Heraklit,[1236] und wie das glückliche, von der Isis als Muttergottheit gehegte, beschützte und geliebte Leben in seiner 'Weltgeborenheit' ist es auch noch die Alternative zu sich selbst.[1237] Die Alternative zum König ist immer der nächste König: *The king is dead, long live the king!*

Während der König als Sonnenpriester im Hymnus betont, wie er die elementaren und belebenden Mächte der Himmelsgegenden kennt:

> *„König NN kennt*
> *diese geheime Rede da, die die östlichen Bā'u sprechen,*
> *indem sie Jubelmusik machen für Re*
> *wenn er aufgeht, wenn er erscheint im Lichtland,*
> *indem sie ihm die Flügel öffnen*
> *an den Toren des östlichen Lichtlands*
> *wenn er dahinfährt auf den Wegen des Himmels."*
> *[...]*
> *Er kennt das Geborenwerden des Re*
> *und seine Verwandlung in der Flut*
> *er kennt jenes geheime Tor, durch das der grosse Gott herauskommt"*[1238]

weiss er auch um eine Art von Topographie des Himmels wie der Unterwelt, die zugleich eine *„ Gliederung des Raums am Leitfaden der Zeit"*[1239] sein soll. Himmel und Unterwelt als jener Raum, den der Sonnenlauf als 'Schauplatz' eines mythischen Dramas[1240] gliedert, bilden somit eine mythische Landschaft, einen kosmischen Raum der korporealen Realisierung des Dramas, das im Sonnenlauf tatsächlich und 'physikalisch' greifbar erscheint und somit wirklich ist.[1241] Die Zonen der mythischen Ereignisformen,

---

[1236] DK 22 B 6: Die Sonne ist jeden Tag und ist überhaupt immer neu, oder: jung (*neos*).

[1237] SCHMID 2005, 82f.

[1238] ASSMANN/KUCHAREK 2018, 301.

[1239] Ebd. 798.

[1240] Am bekanntesten wohl die Überwindung des Apophis, der etwa das Wasser wegschlürft, auf dem die Sonnenbarke fährt – so ist gewissermassen jeder Schritt, den die Sonne vorankommt in ihrem 'Prozess' (dargestellt in einer ganzen Prozession von Götterbarken: HORNUNG 1989, 81ff. zum Amduat) auch wieder ein Sieg und eine Überwindung von dämonischen Widersachern, an dem immer auch Götter und selige Tote der Unterwelt als Helfer des Sonnengotts, als Insassen oder ziehende (treidelnde) Kräfte der Barke teilnehmen. Auch Magie muss regelmässig eingesetzt werden.

[1241] Siehe dazu auch ASSMANN 1988, 1088 (*„ Im Anthropomorphismus mythischer Wirklichkeitskonstruktion wird der Sonnenlauf als ein götterweltliches Geschehen, ein Geflecht kommunikativer Handlungen dargestellt, deren Träger in festen Konstellationen aufeinander bezogen sind.").* – Dort auch der Hinweis auf die verschiedenen Sonnenbarken (einer Tages- und einer Nachtbarke, wobei der Sonnengott die Barke wechseln muss): Das könnte der für die antike Horoskopdeutungs-Strategie in vieler Hinsicht wichtigen und bezeichnenden Unterscheidung von Tag- und Nachtgeburten zugrunde liegen. – Zu letzterer etwa SCHMIDT 2005, 49: *„ The notion of sect (*hairesis*) is a far-reaching planetary classification that is invoked countless times in the Hellenistic texts. You may want to liken the two sects to two political parties or factions, which is not far from the meaning of the Greek word. For a native born during the day (when the sun is above the horizon), the diurnal planets are favored and in power [...] Then the Sun and Zeus are freer to pursue their own beneficient agendas for the life of the native, while the nasty tendencies of Kronos, the diurnal malefic, are suppressed, or at least directed away from the native. In a*

detailliert beschrieben vorab in den Unterweltsbüchern, sind voneinander getrennt durch Tore oder Pforten, von denen das augenfälligste das Tor des Osthorizonts ist (also dessen, was astrologisch zum *„horoskopos"* wird), durch welches der Sonnengott unter Jubelgeschrei der Sonnenaffen jeden Morgen *„die irdische Welt betritt".*[1242] – Generell gilt, und das passt schon recht gut zu der neuen Astrologie, laut Assmann und Kucharek: *„Die Stunden waren nicht leere Zeit, sondern mit Bedeutung aufgeladen, die ihnen aus der mythischen Bebilderung des Sonnenlaufs zukam. Jede Stunde hatte ihre mythische Charakteristik und Physiognomie. Die Morgenstunden standen im Zeichen der Geburt und des Himmelsaufstiegs des Sonnengotts."*[1243]

Laut Erik Hornung hat der „Ba" des Sonnengotts auf der Fahrt durch die Unterwelt zum Gefolge *„die Bau aller seligen Toten".*[1244] Damit hat jedes Individuum im Tode ganz konkret im Gefolge des sonnenverwandten, ja rituell sonnenidentischen, Königs Teil an der Sonnenfahrt und ihrer Dramatik. Hier zeigt sich schon ein Ansatz zu der auffälligen 'Unmittelbarkeit' der individuellen Betroffenheit durch den Kosmos im Horoskop-Formular, und zwar in der 'Beziehungs-Linie' von Sonnengottheit, Erscheinungsform mundaner Zeitlichkeit, zu Einzelmensch mit dem König als Bindeglied.

Gibt es also klare Parallelen zu der strukturellen Besonderheit des Horoskopformulars in dieser Tradition? – Dass das System der „Häuser" (vgl. Abb. II) in der sinnhaften Ausgestaltung des Sonnenlaufs in semantisch abgrenzbare Sektoren vorweggenommen oder angedeutet erscheinen kann, versteht sich vielleicht. Dass es im Ganzen 12 „Häuser" des Horoskops gibt, im Gegensatz zu den zweimal 12 Stunden der Unterwelts- und Stundenbücher lässt sich angesichts der hier wohl ursprünglichen *„whole sign houses"*[1245], bei denen die Häuser nach den Tierkreiszeichen angeordnet wurden, am besten durch die Übernahme des Tierkreises[1246] als Voraussetzung dieses Formats begründen. – Es ist auch offensichtlich, dass in der Semantik der astrologischen Häuser der Jenseitsbezug der Liturgie des Sonnenlaufs völlig verschwunden ist. Das hat mit den Bedürfnissen der neuen Astrologie und ihrer Klientel und vermutlich mit einem rationalisierenden Horizont der Erfinder zu tun; denn wenn man das Horoskopformular

---

diurnal nativity, the planets that belong to the nocturnal sect are not in power [...] *The Moon and Aphroditē cannot fully pursue their own beneficient agendas for the native".* – Das System wird erläutert bei HAND 2007.

[1242] HORNUNG 1989, 29: *„Solche Tore schliessen nicht nur die ganze Unterwelt ab, sondern trennen auch ihre einzelnen Bereiche voneinander."*

[1243] 2018, 834; vgl. HORNUNG ebd. 32: *„Die Zeit selber ist in den Unterweltsbüchern allgegenwärtig. Amduat und Pfortenbuch gebrauchen sie als Massstab für die Einteilung des Jenseits, jeder der zwölf Abschnitte entspricht einer Nachtstunde, die der Sonnengott auf seiner Fahrt durchläuft. Die zwölf Stunden sind als Göttinnen personifiziert."* – Es gibt auch zwölf Götter die den „Doppelstrick" tragen (in der fünften Stunde des Pfortenbuchs) und von denen es heisst: *„Sie sind es, welche die Lebenszeit festsetzen und die Tage feststellen"* (ebd. 235).

[1244] Ebd. 37.

[1245] BRENNAN 2017, 366ff.

[1246] Laut HOFFMANN 2014, 85 ist der Tierkreis ab etwa 250 v. Chr. in Ägypten greifbar, wohl über Babylon vermittelt. – Vgl. QUACK 2018, 81ff.

mit der Tradition der Sonnenliturgie in Verbindung sieht, kann man von einer konzeptionellen 'Verdiesseitigung' sprechen.[1247]

Erst zu den möglichen Anknüpfungspunkten: Es wurde versucht, in den „Dekanen"[1248] schon den ägyptischen Ursprung des Horoskopformulars festzumachen.[1249] Dabei haben die Dekane, die wie Tierkreiszeichen himmlische Bezirke und Zeiteinheiten sind, die als göttliche Wesen[1250] personifiziert und dargestellt werden können,[1251] auch Eigenschaften und Potenzen der Einwirkung, die denen der Tierkreiszeichen analog sind[1252] und in der Astrologie mit ihnen auch bis in die Neuzeit hinein[1253] kombiniert werden konnten. Sie dienen laut Alexandra von Lieven in Ägypten *„zur zeitlichen Strukturierung nicht nur der einzelnen Nacht, sondern auch des ganzen Jahreslaufs".*[1254] Und offenbar werden für Positionsangaben der Dekane (ursprünglich Sterngruppen, deren Aufgang oder Kulmination nach Jahres- und Tageszeit differierten)[1255] Begriffe verwendet, die laut von Lieven in der demotischen Astrologie als Himmelsmitte (*mesuranema, medium coeli*, X. Haus) oder *dysis* (7. Haus, Deszendent) bekannt sind.[1256] *„Auch wenn die astrologische Verwendung natürlich erst spätzeitlich ist, so lässt sich die Terminologie 'See des Himmels' und 'See der Unterwelt' für die kardinalen Punkte IV und X der Dodekatropos so bereits in den Pyramiden- und Sargtexten nachweisen."*[1257] Es ist plausibel, hier eine Basis für das Horoskop zu postulieren, die damit den Anteil indigen ägyptischer Konstruktivität für das neue 'Identitätsformular' als bedeutend erscheinen lässt.

Und es gibt weitere ägyptische 'Annäherungen' an das Horoskop: Erik Hornung weist auf ein 'gesüdetes' Weltbild der Ägypter hin, was der visuellen Anordnung des Horoskops entspricht: *„Innerhalb seiner Welt orientiert sich der Ägypter nach Süden:*

[1247] Das ist schon FESTUGIÈRE in Bezug auf die astrologischen Teile der hermetischen Literatur aufgefallen (2014, 138): *„Hermès astrologique"* interessiere sich nicht für das Jenseits (ganz im Gegensatz zu der übrigen hermetisch-gnostischen Literatur). Er sah in der astrologischen Hermetik einen griechisch-alexandrinischen Geist am Werk.

[1248] Das sind in der Astrologie Unterteilungen der Tierkreiszeichen in je 10 Grad, sodass es insgesamt 36 Dekane gibt, die aber in Ägypten älter als der Tierkreis und diese Astrologie sind, und als semantische Markierung des Sternenhimmels, und damit der Zeit, mit numinoser Präsenz fungierten. Dazu im Ganzen QUACK (Habilschrift 2002, noch unpubl.); QUACK 2010; VON BOMHARD 2010; VON LIEVEN 2012.

[1249] Etwa GREENBAUM/ROSS 2010; Auch FESTUGIÈRE sah in der Rolle der Dekane im Liber Hermetis den Hinweis darauf, dass ägyptische Priester Anteil hatten mindestens an den astrologischen Teilen der hermetischen Literatur (2014, 133).

[1250] VON LIEVEN 2012, 117: beliebt waren seit etwa 1000 v. Chr. Darstellungen als Schlangen mit Armen und Beinen.

[1251] Dazu ausführlich QUACK (*forthcoming*).

[1252] Es gab Amulette gegen ihre Einwirkungen: *„Den Dekanen wurde nämlich ein potentiell gefährlich-dämonischer Charakter zugeschrieben, der sich insbesondere in der Verursachung von Seuchen äusserte."* (VON LIEVEN 2012, 117).

[1253] QUACK (forthcoming), GUNDEL 1936.

[1254] 2012, 116.

[1255] Das ist wie bei den Tierkreiszeichen zu denken: Das astrologisch definierte Zeichen Krebs etwa geht im Sommer am Morgen auf (mit der Sonne) und im Winter am Abend (beim Untergang der Sonne).

[1256] VON LIEVEN 2012, 124.

[1257] Ebd. 125.

Westen ist 'rechts', Osten 'links'."[1258] Und Jan Assmann betont, wie der Sonnenlauf als ein göttliches Handeln *„im Rahmen wechselnder götterweltlicher Konstellationen"* verstanden wurde.[1259] So wird die Zeit als dramatisch gegliederter Umlauf der Sonne zum *„Zyklus götterweltlicher Ereignisse",*[1260] dabei werden *„Pforten durchschritten"*[1261] und der Sonnengott wechselt je nach „Station" die Gestalt[1262]. Wichtig ist auch die strikt 'phänomenale' Grundlage der mythischen Topographie, die sie auch in Ägypten schon prinzipiell kompatibel mit astronomischer Evidenz erscheinen lässt: laut Assmann gehöre *„die Phasengliederung selbst"* (des Sonnenlaufs) *„eindeutig in den Bereich der natürlichen Evidenz",*[1263] was sich mit Hornungs Statement zu einer Fähigkeit Ägyptens verbinden lässt, in seinem Denken *„Mythos und Ratio"* zu umgreifen.[1264] – Dies lässt sich mit dem bedeutenden Naturalismus altägyptischer Tierdarstellungen anschaulich machen.[1265]

Der Sonnen- bzw. Tageslauf als ein Tableau des „Handelns" der Götter hat somit in Ägypten eine Basis für die astrologische Konzeption einer semantischen Segmentierung des zeitlich prozedierenden sichtbaren und unsichtbaren Himmelsraums abgeben können, in welcher die *„Konstellationen"*[1266] handelnder Götter zu astronomisch lokalisierbaren Ereignisdeterminanten geworden sind. Man hatte in Ägypten wie natürlich auch in Mesopotamien eine priesterliche Tradition des semantischen Differenzierens von Zeitabschnitten;[1267] es gehe nach Assmann bei diesen Kosmographien darum, *„den kosmischen Prozess in eine Fülle von Einzelaspekten auszudifferenzieren, die überwiegend Handlungs- oder Vorgangscharakter haben und den Kosmos nicht als Raum. sondern als Geschehen beschreiben."*[1268]

Und bei aller gewichtigen Differenz – die astrologische Segmentierung des Himmels durch „Häuser" setzt eigene, pragmatisch lebensweltlich orientierte Akzente –

[1258] 1994, 108.

[1259] 1991, 126.

[1260] Ebd. 129. – Vgl. spezifisch zur Astrologie schon BOUCHÉ-LECLERCQ 1899, 220, der die Betonung von 'Zeitqualität' als ägyptischen Zug hervorhob: *„chaque division du temps, grande ou petite, devait avoir son génie protecteur […] Les Égyptiens, dès le temps des Pharaons, aveient donc semé le long de la route diurne et nocturne du Soleil toute espèce de génies"* (zit. bei FESTUGIÈRE 2014, 131).

[1261] Ebd. 128 – vgl. in der Astrologie etwa das 12. und 6. Haus als *porta laboris* (Manilius II 870.)

[1262] Ebd. 129.

[1263] Ebd. 130.

[1264] 1994, 105. – Das erinnert schon an BOLL's Konzeption der Astrologie als *„Wissenschaft und Religion zugleich"*, die in ägyptischem Licht sich wieder etwas anders nuanciert als in babylonischem (wozu ROCHBERG 2016; 2004).

[1265] ASSMANN 1991, 77ff. – Ich erinnere mich daran, als Student in einer Basler Vorlesung Hornungs vermutlich in einer Jenseitsdarstellung des 18. Jhdts. v. Chr. den bei uns heimischen Neuntöter (als Zugvogel im Winter in Afrika) als Männchen und Weibchen in einer Weise dargestellt gesehen zu haben, die man noch heute ohne weiteres für ein ornithologisches Bestimmungsbuch verwenden könnte.

[1266] ASSMANN denkt bei diesem Begriff (etwa 1991, 126) kaum an Astrologie, obschon er der Astrologie entnommen ist.

[1267] Zu Schutzgottheiten von Zeitperioden, Bildern von Zeiteinheiten (auch Monatstage sind „dämonisch" belegt) sowie Stundengottheiten (meist als Frau mit Stern in Sonnenscheibe auf dem Haupt dargestellt): QUACK 2013.

[1268] 2018, 836.

gibt es auch Parallelen und Kontinuitäten, so nach dem „Stundenritual". Etwa in der ersten Stunde, die dem ersten Haus der Astrologie mit dem Aszendenten oder *horoskopos* entspricht, das in der lateinischen Tradition durch das Merkwort „*vita"* bezeichnet wurde, geht Re auf „*im Lande der Horizontbewohner"* und zwar „*um das Leben der Menschen zu schaffen"*:

> „*Geh doch auf, Re!*
> *Entstehe doch, Cheprer, Selbstentstandener,*
> *Ruti, der aus der Dämmerung kommt!*
> *Die Götter im Lichtland beten dich an,*
> *Erscheinender du in jenen deinen Geburten!*
> *Die Menschen schauen, die Götter blicken staunend.*"[1269]

Auch die Mittagsstunden erinnern an die kanonische Deutung des kulminierenden zehnten Hauses am Medium Coeli oder *mesuranema*, wo die Astrologie stets „Ehren und Würden" (*honores*) vergibt:[1270] denn hier sitzt Re auf dem Thron (zur sechsten Stunde):

> „*Re erscheint, er hat seinen Thron eingenommen*
> *sehend mit seinem Auge, seiner Weissen (Krone),*
> *er hat alle Länder als Herrscher in Besitz genommen durch sie.*"[1271]

und in der siebten Sunde wird er als „*Oberhaupt der Götter im Himmel"* angerufen,

> „*mit hohen Schultern und festem Arm,*
> *mit unantastbarem Erbe, weiten Schrittes, Oberhaupt des Südens!*
> *Mögest du Millionen Sed-Feste, viele und grosse,*
> *dem König NN geben.*"[1272]

Der Hymnus, heisst es im Kommentar dazu, „*hebt den Charakter des Himmelsaufstiegs als eines Herrschaftsantritts hervor.*"[1273] Die Kulmination der Sonne am Taghimmel ist zugleich der Sieg über Apophis, den Seth ersticht. Während Seth durch seine Tat damit der „Held" der sechsten Stunde sei, werde die siebte durch Horus „regiert".[1274] – Dass hier eine strukturelle Analogie zu dem in der Astrologie allgegenwärtigen Prinzip der „oikodespotie" oder „Hausherrschaft" vorliegt, versteht sich wohl: ein Sektor der Tageszeit (Stunde im Rahmen des Stundenrituals, Doppelstunde in

---

[1269] Ebd. 310. – Vgl. PACHOUMI 2013, 52 zur morgendlich-gebärenden Funktion der Sonne als *Chepri*, „*the Egyptian morning sun god of birth and existence"* (nach J. Bergman).
[1270] Hier ist auch das alltägliche Sonderritual am Mittag zu beachten, das in allen Tempeln durchgeführt wurde, und: „*Whose goal was to stress that cosmic, critical moment in the life of the god when the sun reached the apogee of its course and was about to commence its decline.*" (SAUNERON 2000, 88).
[1271] ASSMANN/KUCHAREK 2018, 315.
[1272] Ebd. 317f.
[1273] Ebd. 839.
[1274] Ebd. 840f.

der Astrologie) enthält Bedeutung als Teil einer „Konstellation" des mythischen Dramas, das sich 'eigentlich'[1275] im Prozedieren der Zeit realisiert. Und die mythiko-physikalischen Agentien, als göttliche oder dämonische Wesen personifizierbar, die dem jeweiligen Sektor zugeordnet sind, „beherrschen" oder „regieren" dann den betreffenden Abschnitt der Zeit bzw. des kosmischen Raumes. Das kann in der Astrologie die reinen „Himmelshäuser" betreffen, wo man ihnen verallgemeinerte Wesenheiten zuordnet – etwa den schlechten oder guten Daimon bzw. die gute und die schlechte Tyche standardmässig für die Häuser XII; XI; VI; V[1276] – oder, systematisch viel bedeutsamer, das Tierkreiszeichen, das in ein Haus fällt: es wird als dessen herrschendes bezeichnet, womit der Planet, der nach einer schon dem NP-Autor geläufigen Zuordnung dem Zeichen entspricht, zu dessen „Herrscher"[1277] wird. So wird, wenn das Tierkreiszeichen Krebs aufgeht, der zum Krebs gehörige Mond zum Herrscher des ersten Hauses und zugleich des „horoskopos", womit er eine gewisse Eminenz für das Leben des entsprechenden „Nativen" erhält. Die „Konstellation", in welche dieser „Herrscher" selber verwickelt wird, etwa durch dabeistehende oder schlecht aspektierende „Übeltäter", die hier nicht Apophis, aber etwa Mars oder Saturn heissen, muss sich dann entscheidend auf die 'Lebenskonstellation' und die Lebenszeit des „Geborenen" auswirken.

Dem Hinweis von Hans-Georg Gundel und Robert Böker folgend bedeute der „Zodiakos" eigentlich nicht den „Tierkreis", sondern den Kreis der „Lebewesen", und das wird mit platonischer, aristotelischer und stoischer Auffassung vom Leben der Sterne in Zusammenhang gebracht.[1278] Hier kann man wieder auf die ägyptischen Dekane als 'Inspirationsquelle' verweisen, die durchaus als Lebewesen mit Zyklen und Wandlungsformen bezeichnet wurden (Schlangen, Ferkel, Fische, Libellen).[1279]

Bedenkt man dazu, dass für die attische Komödie der Tierglauben der Ägypter ein stehender Witz gewesen ist[1280] – Aale als (essbare) Götter waren dabei besonders lachhaft – dann kann hier das göttliche Leben der Sterne[1281] auch als ein interkulturell höchst akzeptabler religiöser Kompromiss erscheinen. In Griechenland ist der neu konzipierte Kosmos als reales Modell der göttlichen Idealität ein „theologischer" Ausweg aus einer erfahrbar gewordenen Krise des Politischen in seiner anmassenden 'Alleinweltlichkeit' des ermächtigt Humanen gewesen. Seit Platon, Philipp von Opus, sofern er der Autor der Epinomis war, Eudoxos[1282] und Aristoteles wurde eine neue Göttlichkeit der naturalisierten Welt zu einer theophanen Evidenz für neue Massgeblichkeit nicht des Menschlichen, sondern des Göttlichen. Und dabei war die Verbindung der Leitbegriffe der neuen Theologie („Seele" und „Geist") mit autonomer

---

[1275] Dass dieses Drama auch Herrschaft bzw. Sozialordnung legitimiert, versteht sich, wenn der König in der Horus-Rolle mythisch und zugleich in der Priester-Rolle rituell darin involviert sein muss; er ist Teil des Dramas, und die Gesellschaft ist es über ihn.

[1276] Siehe etwa GIESELER GREENBAUM 2016, 5ff. und sonst; 2020, 462; BRENNAN 2017, 332ff.

[1277] Vettius Valens 2,41,3.

[1278] 1972, 467.

[1279] VON LIEVEN 2012.

[1280] EDDY 1961, 259f. mit den Belegstellen (Eubulos, Timokles, Anaxandrides).

[1281] Dazu SCOTT 1991.

[1282] Zu Philipp und Eudoxos (letzterer auch mit Ägypten-Aufenthalt) siehe KRÄMER 1983; zur Akademie zwischen Platon und Aristoteles auch SCHMID 2005, 158-168.

„Bewegung" der Schlüssel zu einer Konzeption der göttlichen Belebtheit[1283] und Denkbarkeit der Welt. Einer Welt, die sich als göttliche in der rotierenden Bewegung des Himmels aufzeigen[1284] und als modellhaft geordnete auch geometrisieren und arithmetisieren liess. Hier kam der Astronomie eine theologische Rolle zu, die sie bis in die Neuzeit hinein nicht losgeworden ist. In dieser 'reinen', gegenüber konventioneller Anthropomorphie und barbarischer Theriomorphie gleichweit erhabenen Göttlichkeit der geistbewegten und alles bewegenden Weltsphäre liess sich ja alles Lebewesen dem einen Lebewesen der Welt einordnen. Das war so etwas wie die realexistierende Abstraktion einer 'naturalistischen' Theologie des Phänomenalen.[1285] Und es war auch, im Rahmen einer stoisierend popularisierten Weltfrömmigkeit hellenistischer Bildung, das Angebot einer 'aufgeklärt religiösen' Anschauungswelt, in der es für die Göttlichkeit auch von Tieren und Pflanzen stets einen, notfalls teleologisch konstruierten, Raum geben konnte. – Das war von der sozialen Sichtbarkeit ägyptischer Kultritualität zwar weit entfernt, doch war die Distanz der Entfernung kaum viel grösser als sie es für den griechischen Intellektuellen mit seiner *theologia naturalis* zu den poliaden Kulten der *theologia civilis* gewesen sein muss, an denen er, Herrscherkult inklusive, doch als Bürger teilzunehmen verpflichtet blieb. – Kann man also nicht sagen, dass eine wohl erst über den Stoizismus populär gewordene griechische Kosmos-Frömmigkeit[1286] auch für einen gebildeten ägyptischen Priester ein durchaus elitär-akzeptables und kulturell eben nicht exklusives Angebot kultivierter Religiosität gewesen ist?

Individualisierung und Ägypten

Es gab in Ägypten eine alte Tradition der (auto-)biographischen Reflexion, die offensichtlich, als Reflexion menschlicher Singularität, mit dem Grabkult zusammenhängt. Bezeugt seit dem dritten Jahrtausend v. Chr. sind Autobiographien, die ursprünglich *„nicht zur Lektüre bestimmt, sondern als eine Art ideale Lebenssumme am Grabe angebracht"* worden seien.[1287] Offenbar handelt es sich um das Fazit eines Lebens, das ja erst mit dem Tode ein Ganzes wird, von Beamten oder Königen, und das biographische Format kann dabei nahtlos in Lehre und politische Programmatik übergehen. – Was immer hier als Individualität des in seiner Sterblichkeit einmaligen Lebens aufgefasst worden wäre,[1288] war somit nicht als etwas Absolutes angesprochen,

---

[1283] Siehe zur „Weltseele" MOREAU 1939.

[1284] Noch für Ptolemaios war die Eigenmotorik (und damit: die Seele) der einzelnen Sphären, die er mit Vögeln verglich, ein ernsthaftes Problem: TAUB 1993, 113ff; LERNER 1996, 75ff.; FEKE 2018, 168-200. – Zur mittelalterlichen Debatte GRANT 1994, 469ff.

[1285] Siehe dazu SCHMID 2006; 2007; 2009.

[1286] Ihre Anfänge sind auch in Griechenland nicht ohne „orientalische" Inspiration denkbar, und es gibt genügend Hinweise dafür, dass das auch unter Griechen so gesehen wurde. Die Epinomis weiss von babylonischer Herkunft; die Zeugnisse, die insbesondere den Pythagoreern, aber auch Platonikern wie Eudoxos notorisch ägyptische Lehraufenthalte zuschreiben, sind bekannt genug. Auch bei Platon ist ja die Referenz an das 'hierokratische' Ägypten als priesterlich orientierte Gesellschaft durchaus fassbar.

[1287] HORNUNG 1994, 46f.

[1288] Sehr markant ist der selbstbewusste Tonfall der Grabinschrift des *„Oberarztes Udjahorresnet"* im Dienste des persischen Grosskönigs Kambyses (*„Da überwies mir S. M. das*

wie das in der Astrologie geschieht, sofern im Horoskop-Format eine Individualität ohne jede moralisch-politische oder historische[1289] Motivierung thematisch wurde. – Dass es aber ein gewichtiges Wahrnehmen der zeitlichen Einmaligkeit des Lebens geben musste,[1290] folgt aus dem Totenkult und seiner sozialen Sichtbarkeit ohne weiteres. Und nach Jan Assmann und Andrea Kucharek war es auch der Totenglaube – bezeichnenderweise zuerst in den Königsgräbern – in welchem es spezifisch *„um den individuellen Menschen, seine Gottesnähe und Unsterblichkeit"* gegangen sei, weil jeder Verstorbene *„in eine götterweltliche, unsterbliche Identität in den Konstellationen des Sonnenlaufs"* verwandelt werde.[1291]

Im Totenglauben wird also ein unmittelbarer, nicht durch soziale Relevanz gefilterter, Bezug des Individuums in seiner sterblichen Singularität zu den kosmischen Mächten im Ganzen, die das Drama der Zeitlichkeit immer neu im welterhellenden Sonnenlauf und im Auf- und Niedergang der Sterne inszenieren, erstmals objektiviert. Und hier wurzelt vielleicht der kühne Gedanke der Astrologie, wonach jedes Individuum quasi unvermittelt wie sonst nur der König durch den Kosmos mit all seinen Mächten und Sphären geformt werde, so dass in der Tat der ganze Kosmos nun um dessen Individualität zu kreisen scheint. Als wäre sie der Nabel der Welt, der in der Königsrolle zu einem rational expliziten Bezugspunkt des Wirklichkeitsdramas ihrer Inganghaltung geworden wäre. – Die Totenliturgie belegt eine Annäherung *„in Richtung individueller Gottesnähe"*, wenn ein Verstorbener als „NN" bereits zu Lebzeiten in die Texte der rituellen Verklärung eingeweiht wird.[1292] Dann wird, so Assmann/Kucharek, *„schon innerhalb der ägyptischen Tradition eine erste individualisierende Umdeutung der kultischen Rede unternommen"*. In einem weiteren Schritt *„solcher individualisierender Umfunktionierung"* wird dann das auf „den lebenden NN", ein beliebiges Individuum, übertragen, der *„schon zu Lebzeiten in den Genuss persönlicher Gottesnähe kommen will. Diesen Schritt vollziehen die gräko-ägyptischen Gebete und Weihezeremonien."*[1293]

Wenn über die Ritualisierung von Zeit und Sterblichkeit zuerst im Rahmen der Königsliturgie auch die Einmaligkeit, als Natalität und Mortalität, des Menschen und damit seine Individualität in Ägypten besonders eindringlich erfahrbar wurde als Teilhabe an einer mundanen Wirklichkeit, die jeden Tag neu geboren wurde und jede Nacht starb, dann ist es auch denkbar, dass Ägypten im Allgemeinen und das ptolemäische Ägypten

---

Amt eines Oberarztes/ und liess mich an seiner Seite sein als Gefährte und Leiter des Palastes./ Ich stellte ihm seine Namensreihe zusammen mit seinem Thronnamen 'Spross des Re'./ Ich liess S. M. die Bedeutung von Sais erkennen, dem Sitz von Neith, der Grossen,/ der Gottesmutter, die Re gebar,/ die zuerst gebar, als es noch kein Gebären gab" [...] etc.): ASSMANN 1999, 408ff. – Siehe auch DILLERY 2015, 34-41, der dazu die neue Wichtigkeit der Priester betont (*„the center for local religious authority shifted from pharaoh to priest"*). Zur Ptolemäerzeit PFEIFFER 2017, 45f. (Grabinschrift des Petosiris); 48f. (Hor); 184f. (Psenptah III); DERCHAIN 2000 (zur Ptolemäerzeit).

[1289] wie in den Biographien „grosser Männer", also von Zelebritäten, die „Geschichte gemacht" hatten.

[1290] Bezeichnenderweise werden in den Mumienporträts aus dem römischen Ägypten wohl öfter noch zu Lebzeiten porträtierte Individuen sichtbar, sie sollten zweifellos die Einmaligkeit eines Lebens festhalten (WALKER/BIERBRIER 1997).

[1291] ASSMANN/KUCHAREK 2018, 807.

[1292] Ebd.

[1293] Ebd. 808.

im Speziellen gewichtige Faktoren gewesen sein müssen in der Geschichte der „westlichen" Individualität. – Wenn das Märchen – vielleicht ist es ein Mythos – der Individualität als fundamentaler Erfindung der Moderne einmal zu den Akten gelegt oder „entzaubert" sein wird, dann wird hier das Erbe Ägyptens bedacht werden müssen, auch dort, wo der Einfluss ein indirekter war: über die dauerhafte Ein- oder Auswirkung von Astrologie.[1294]

Es gibt dazu die plausible Erwägung, schon in der allgemeinen Verbundenheit aller Dinge und Wesen, die man als „kompakt" oder mythisch und rituell oder als „kosmische Sympathie" bezeichnen kann,[1295] eine Erleichterung für das Wahrnehmen von Individualität anzunehmen. Denn wo alle Dinge miteinander verbunden sind und semantisch kommunizieren, da gilt nach Heike Sternberg-el Hotabi offenbar übergreifend auch: *„nichts ist einzeln isoliert".*[1296] Denn isoliert und vereinzelt wird etwas im Rahmen von rationalisierend phänomenologischer Betrachtung, die auch der Verallgemeinerung bedarf, um nicht jeweils der Beliebigkeit eines 'Standorts' zu verfallen. In einer „kompakten" oder „konsubstantialen" Bezogenheit bedarf es dieser kategorischen Verallgemeinerung nicht, weil auch das Singuläre schon an den Bezügen des umgebend Welthaften semantisch und realiter partizipiert. Es ist als Singularität eingebunden, und diese Eingebundenheit (auch noch in der Astrologie) erlaubt es überhaupt erst, das Singuläre denkbar zu machen ohne dass es „einzeln isoliert" in seiner Verallgemeinerbarkeit wieder verschwinden müsste, als blosser Sonderfall eines Allgemeinen, da es als Einzelnes sonst eben auch semantisch „isoliert", damit beliebig oder zum ontologischen Platzhalter werden müsste, wie etwa der einzelne Mensch als Einzelfall der Gattung Mensch, der selber ein eigenweltlich unverbundenes, in sich bedeutungsloses und daher nur politisch bedeutsames Wesen wäre[1297].

Dass die schlechthin revolutionäre Potenz der Individualität nicht der Moderne als Wesensbestand ihrer markiert 'innovativen' Identität entstammen und exklusiv angehören kann, hat wohl mit dem ungebrocheneren Verhältnis zu Zeit, Wandel und Vergänglichkeit nicht-autonomer menschlicher Kollektive im Vergleich mit den

---

[1294] Diese ist gewiss ein Buch für sich. (Überblicke bieten Tester 1989; Holden 2006; Knappich 1967; Boll et al. 1926; Campion 2008f.). Von der konkreten Rolle von Astrologie und Hermetik in Antike, Mittelalter und früher Neuzeit abgesehen, erinnere ich an Hannah Arendts Verständnis von prinzipiell revolutionärer „Natalität", wofür Arendt auf Vergils IV. Ekloge als *„Geburtshymne"* verwies (1974, 270ff.), welche ihrerseits wieder durch Astrologie (etwa das Horoskop des Augustus), die wiederum durch die gerade in der Ptolemäerzeit kultisch betonte „Geborenheit" des Königs als Horus (wozu unten mehr) inspiriert worden sein könnte. Und Vergil, bzw. Astrologie und die solare Neugeborenheit des Königs dürften wiederum das christologische Konzept des geborenen Gottes beeinflusst haben (siehe auch Assmann 1991, 144).

[1295] Sternberg-el Hotabi 2021, 240 zit. Quack, wonach die kosmische Sympathie als *„urägyptisch"* bezeichnet werden kann.

[1296] Ebd.

[1297] Das entspricht Hegels einflussreich staatsfetischistischem Menschenbild: *„man muss ferner wissen, dass aller Wert, den der Mensch hat, alle geistige Wirklichkeit, er allein durch den Staat hat"* (Hegel 1986a, 56). – Es ist völlig plausibel, dass Hegel, und nicht nur er, das Individuelle im Kollektiven (etwa in völkischer Beseelung) suchen oder finden musste.

autonomen zu tun,[1298] die in der Regel auch anti-monarchische sind. – Autonome Kollektive, für welche die griechischen *poleis* paradigmatisch sind, denken vom (Bürger)Kollektiv, damit vom Politischen als dem eigenweltlich de-naturalisiert Menschlichen her. Sie denken auch die Welt von diesem im kulturellen Selbstbezug quasi verdoppelten Menschlichen her: als das Andere oder Fremde seiner Wahrgenommenheit und möglichen Verfügbarkeit. Daher ist hier der Wandel (die *metabole*) grundsätzlich unheimlich, tragisch, gefährlich, katastrophal oder revolutionär. Denn dieser Wandel ist an keinen weltlichen Sinn wiederkehrender Struktur gebunden. Er bedroht als möglicher „Umsturz" eine Stabilität, die nicht in der Bewegtheit der Welt ihrerseits 'aufgehoben' ist, weil sie die menschliche Schöpfung politischer Anstrengung sein muss, ohne Stütze durch die Ordnung gebenden[1299] Parameter einer göttlich bewegten, in sich schon sinnhaft dynamischen Welt. Wandel wird zur Bedrohung einer fragilen, durch menschliche Unwirklichkeit affizierten Stabilität, er ist eine Fatalität, die grundsätzlich als Begrenzung, als „Peripetie", als das Averse einer Autonomie negierenden Gottheit (Dionysos)[1300] zu erwägen, als zwingende Negation der Freiheit hinzunehmen oder ins Kalkül zu ziehen ist. Denn Dionysos steht auch für das Geschlecht, als für das tragisch Verdrängte durch die bürgerlich entscheidende Vernunft, in der sich menschliche Autonomie ihre Souveränität bewahren muss in der Herrschaft über das für sie Verfügbare. Diese Autonomie des politisch freien Subjektes muss in Konflikt geraten mit allem, was seine Freiheit negiert und missachtet, nicht bloss mit dem Unfreiwilligen seiner erotischen und martialischen Getriebenheit, sondern grundlegender noch mit der hier „tragisch" reflektierten Auferlegtheit seiner unverfügbar natalen und mortalen Einmaligkeit oder Singularität. Damit auch mit der Zeitlichkeit als Bedingung einer Existenz als „Sterblicher".

Was dieser Autonomie fehlt, ist die rituelle oder mythische oder 'prä-naturalistisch' rationale Teilhabe des Politischen an der grossen *metabole* der Welt, wie in China etwa im hochoffiziellen „Buch der Wandlungen"[1301] oder eben in Ägypten, wo die Politik sogar am gelingenden Sonnenlauf und damit an der bewegenden Luminosität der Welt mitarbeiten kann. Solche Gesellschaften pflegen ein grundsätzlich positives Verhältnis zu Zeitlichkeit und Wandel, wo sie diese als das Erneuernde, Regenerierende und immer wieder in evozierter Ursprungsnähe Verjüngende erfahren können. – So betrachtet müsste das deterministisch Fatale, das 'anankisch Brutale' der Astrologie aus dem griechischen Erfahrungsbereich der Autonomie stammen, der aber nie aus sich selber das grundlegend 'positive' Formular unmittelbarer Weltbezogenheit hätte produzieren können,[1302] welches sich in der Ikonographie einer sphärischen Umgebenheit[1303] des Momentanen durch göttliche Bedeutsamkeit artikuliert hat.

[1298] Zu dieser Unterscheidung zwischen autonomen und nicht-autonomen Kollektiven etwa SCHMID 2011.

[1299] Das nächstliegende Beispiel ist hier die ägyptische *ma'at.* (ASSMANN 1990). – Vgl. in China etwa das *Dao* oder die bewegt bewegende Polarität von *yin* und *yang* (dazu SCHMID 2016, 195-203).

[1300] SCHMID ebd. 219-255. –

[1301] Ebd. 261ff.; 289f.; 464.

[1302] Was fehlte, gerade im Vergleich mit Mesopotamien, war die rituell aktive Kommunikation mit dem Himmel (was auf eine 'Verabsolutierung' der göttlichen Machtsphäre weist).

[1303] Zu der „zodiakalen" Bildhaftigkeit GUNDEL 1992.

Individualität konnte in dieser beinahe obsessiv elaborierten Form wohl nur einem Blick 'von aussen' gegenständlich werden: Der autonomen Bewusstheit im Reich triumphierender Subjektivität wird es dort unheimlich, wo sie die 'gottverhängte' Unverfügbarkeit ihrer Individualität in Rechnung stellen muss – die der geblendete Oidipous als das Andere von sich selbst nicht sehen darf. Diesem Blick 'von aussen' nur wird Individualität das Zwingende, das Determinierte analog zur 'anderweltlich' zwingenden Gesetzlichkeit der „Natur". Das schlägt sich in der überlieferten Methodik der Horoskopauslegung nieder, wo das Individuum in einer Zeitlichkeit als physiko-theologischer Formalität des Unverfügbaren wie gefangen erscheint; diese ist fremde Fatalität, die sich seiner selbstbewussten Subjektivität 'tragisch' als hartes Schicksal in den Weg stellen muss. Seine Individualität wird als Ereignis zur Infragestellung, in der antiken Astrologie oft geradezu zur Nivellierung, der Subjektivität. Denn seiner Zeitlichkeit, und damit als Individuum: sich selbst, ist es noch im kosmischen Format entfremdet, da es diese Zeitlichkeit schon rationalisierend entäussert hat in eine ihrerseits autonome 'Physikalität' – welche dann die griechische Metaphysik mit der technisch autonomen Gegenweltlichkeit des Kulturellen in einer kosmosfromm theoretischen Anstrengung wieder zusammenbringen[1304] wollte. Ähnlich wie zu China lässt sich behaupten, dass in Ägypten solch antinomische Gegenweltlichkeit der subjektiven Bedingung von Individualität nicht gegeben bzw. nicht explizit war, Individualität, Zeitlichkeit und Sterblichkeit mythiko-rituell 'aufgehoben' blieben in der sterblich sich regenerierenden Individualität der Welt. – Dies ist, generalisierend gesprochen, ein Hinweis auf das griechische Element dieser Astrologie, wobei es nicht unwahrscheinlich ist, dass der deterministisch-rationale Zug sich im Laufe der griechischen Ausarbeitung des 'Systems' erst richtig entfaltet hat.

Dass diese Astrologie ein Janusgesicht hat, fusst in ihrer hybriden Systematisierung von kulturell Heterogenem. – Denn einerseits ist das Leben in dieser Astrologie eindeutig prozesshaft und ständig wechselnden „Herrschaften" ausgesetzt, wobei gerade der Wechsel zum Definierenden oder Konstruktiven der theoretisierten Identität gehören muss – das prozesshaft-Revolutionäre würde hier sogar 'substantiell'. Das widerspricht eher einer aus sinologischer Warte (von Roger Ames und David Hall) komparierend betonten griechischen Vorliebe für „ideas of permanence, rest, eternality, and Being".[1305] Wobei das dramatische Akzentuieren von Gegensätzen als strikten Antinomien, wie „Sein und Nichtsein", „Geist und Materie", „Ewigkeit und Zeit", „Freiheit und Notwendigkeit" etc.[1306] im Vergleich mit China als besonders griechisch

---

[1304] So Platon, der Kultur und Natur explizit wieder zusammenfügen will nach Plat. nom. 889a-890d, wozu SCHMID 2005, 125 A25 mit entsprechenden Bemerkungen FESTUGIÈREs und BURKERTs. Bei Aristoteles ist das höchste Telos aller humanen Kultur zugleich das Bewegende der Welt (dazu etwa SCHMID 2005, 169-174). – Darin gründet auch die kühn behauptete Identität von Wirklichkeit und Denken (Met. 1051a 30f.) und man kann sagen: „Der Kosmos war in seiner sphärischen Fokussierung auf das erste (und zugleich letzte) Wirkliche, das er in Wahrheit umkreiste, zugleich die Grenze, die dem Denken erst Halt und Grund bot." (SCHMID ebd. 173). Der Kosmos begründet hier also realiter die Denkbarkeit und damit die sinnhafte Wesentlichkeit der Welt.

[1305] HALL/AMES 1995, 39.

[1306] Laut AMES 1989, 119ff. etwa auch „supernatural/natural, being/becoming, knowledge/opinion, substance/attribute, animate/inanimate",

gilt. Darin verbirgt sich das Missverhältnis eigenweltlich und politisch gegenweltlich gewordener Subjektivität zu ihrer mittlerweile tragisch entfremdeten Weltlichkeit, an der sie kraft ihrer Sterblichkeit individuell partizipiert. Nicht aus mangelnder Nähe zu den metabolischen Wendungen, sondern aus einer welt- und haltlosen, „tragisch" reflektierten und 'übernahen' Ausgeliefertheit an sie sucht man das auf sich beruhende Sein von aller Veränderbarkeit dogmatisierend rein zu halten. – Man kann dieser Astrologie paradoxerweise sowohl ein fundierend positives Verhältnis zu Individualität entnehmen, die sie wohl erstmals theoretisch 'verabsolutiert' oder isoliert, wie auch das Gegenteil: eine rein negative Auffassung des Lebens, die sich durchgehend in der Prognose von annihilierenden Katastrophen oder irrational erhebenden Wendungen[1307] artikuliert. – Dieses latent negative Verhältnis zu Individualität und ihr zugrundeliegend „revolutionärer"[1308] Zeitlichkeit hat sich in der Wahrnehmung „historischer" Reflexion von Anfang an artikuliert: Seit Herodot und Thukydides ist das Menschliche in seiner erzählbaren Autonomie leitmotivisch durch Kontingenz, durch *„kinesis"*, *„metabolai"* und *„katastrophe"* bedroht,[1309] erschüttert und bewegt. Das macht die Unheimlichkeit einer Weltgeschichte aus, die bis heute rhythmisiert wird durch, oft militärisch induzierte, Grosskatastrophen oder „Revolutionen". Die „Geschichte" als die Ilias der triumphierenden menschlichen Kollektiv-Subjektivität[1310] bietet ein eher tristes Bild der Vergangenheit, auch wenn das „moderne" Fortschritts-Dogma daraus ein optimistisches, zukunftsoffenes Format erstellen will. In ihm bleibt aber offenbar das Individuelle jenseits der kollektivierten Konsumform[1311] das Unberechenbare und Unabsehbare der Kontingenz, das man zunehmend durch Gross-Rechner und Algorithmen zu neutralisieren, zu steuern und zu umgehen sucht. Im Reich der entschlossenen Subjektivität ist Individualität stets auch das notwendig Negative und aus der Negation heraus Unheimliche.

„Hellenismus" als Krise?

Was einer Gesellschaft als ganzer widerfährt, wenn sie durch ausländische Mächte erobert und durch koloniale Eliten auch kulturell dominiert wird, das ist dort, wo genügend 'indigene' Selbstzeugnisse fehlen, nur schwer, etwa durch Annäherung oder Vergleich,[1312] abschätzbar. Was historisch sichtbar wird wie das Königtum, dessen personifizierte Dramatik schon die Erzählung des Herodot strukturieren konnte, lässt sich besser betrachten. Mit der Eroberung Alexanders wird ein markant neuer Stil greifbar.

[1307] Vgl. die Macht der Fortuna, etwa nach Firmicus I 7 (wo stark das Undurchschaubare betont wird – wie schon bei Homer, nach GRETHLEIN 2006, 85-163).

[1308] SCHMID 2005, 409f. zur astrologischen Herkunft des modernen Revolutionsbegriffs.

[1309] SCHMID 1998; 2016.

[1310] Seit Herodot mit dem Historiker als Odysseus, welchen die Neugier nach „vieler Menschen Städte" umtreibt (Vgl. Hom. Od. I 3 zu Odysseus, der *„ vieler Menschen Städte gesehn"* mit Hdt. I 5, 3 (ἄστεα ἀνθρώπων, die „Städte der Menschen", die der Historiker aufsuchen muss – zu Herodots Zeit noch nicht bloss im Geiste).

[1311] Wozu ausführlich RECKWITZ 2019.

[1312] MOYER 2011, 98ff. (hier mit dem Bezug auf Indonesien).

Dieser formt sich durch die Umstände der makedonischen Expansion, die mit Philipp und explizit mit Alexander aus den alten makedonischen Stammes-Ordnungen hinauswächst: Es ist nicht die organisatorische Potenz der Tradition, sondern das eminente persönliche Potential der Herrscher, das aus dem makedonischen Heer eine welterobernde Macht schafft.[1313] Es ist also ein 'Vermögen' dezidiert einzelner, historisch greifbarer 'Singularitäten'. Sie schaffen ein neues Königtum – laut Rolf Strootman[1314] eine Monarchie *sui generis* – und einen neuen Hof mit eigenem Glanz[1315]. Er ist dezidiert und historisch bezeugbar an menschlich autonome Subjektivität, und damit notgedrungen an deren fatale Individualität gebunden und es wäre schon deshalb nicht fernliegend, diesem fatalen Faktor menschlicher Singularität, der im König und anderen Individuen weltformend und weltgestaltend auftrat, auch theoretisierend nachzugehen. – In solchem Zusammenhang war das Objektivieren oder Substantialisieren damals auf einer Linie mit dem biographischen Interesse an bedeutender Individualität,[1316] das mit der historiographischen Reflexion des Menschlichen zusammenhängt und aus ihr erwächst. Ja, das die Historie[1317] – nimmt man nur die allerdings zufällige Überlieferung zum Zeugnis – in gewisser Weise gesprengt hat, wo sich Historiographie mit Plutarch als unserer unumgänglichen Quelle ins 'Biographische' der 'grossen' Akteure verlor.[1318]

Dass die Persönlichkeit des hellenistischen Herrschers, als ganze nur biographisch als die erzählte Spanne zwischen den Fatalitäten von Geburt und Tod anschaulich zu machen, hier eine umfassende Öffentlichkeit gewinnen musste, zeigt sich schon in den unzähligen Städtegründungen, die die Namen der Herrscher und ihrer Familie verewigen sollen (Alexandria, Seleukeia, Antiocheia, Apameia etc.). Die Grandiosität der royalisierten Personalität als biographischer Individualität zeigte sich noch, wo unweit von Antigoneia am Orontes das Monument eines Pferdekopfs auf ein biographisches Ereignis aus dem Leben des Seleukos, nämlich seine Flucht vor dem nachmaligen Sieg verwies.[1319] Denn die biographischen Eventualitäten dieser Individuen waren ihr eigenes Telos, sie waren selber das Wesentliche, das im Ereignis sich offenbarte: das Agieren des Königs war hier kein ritualisierbares Abbilden kosmischer Wirklichkeit; seine Persönlichkeit war nicht das Auftreten in der Horus-Rolle und damit

---

[1313] STROOTMAN 2014, 112ff.; WIEMER 2017, 320.

[1314] STROOTMAN ebd. 26 zur Eigenart hellenistischer Monarchie.

[1315] Zu dem auch eine elitär-wissenschaftliche, „alexandrinische" 'Rationalisierungmethodik' von distinguiert griechischem Stil gehörte. Zu ihrem wissenschaftlichen Glanz FRASER 1972, 336-446.

[1316] Laut HÄGG 2012, 10 war die Erinnerung an Sokrates „*the single most important force for the emergence of Greek biography in the fourth century BC*". Dazu wird verwiesen auf DIHLE 1970, wo (etwa 11) das „*Wesen der Persönlichkeit*" durch die „*als Einheit aufgefasste Gesamtheit ihrer Handlungen und Schicksale, kurz durch ihren Lebenslauf, erfasst und ausgedrückt wird.*" – Dem entsprach das neue Format der griechischen Biographie, das nach DIHLE (ebd. 41) durch die Atmosphäre „*um 400*" (die „*eigentlich kritische Zeit des Individualismus*") erheblich geprägt wurde. – HÄGG beginnt seine Geschichte der griechischen Biographie mit Ion von Chios, also um etwa 430 v. Chr.

[1317] Die damals natürlich selber noch recht frisch, aber immerhin erfolgreich war (SCHMID 2016, 423-437).

[1318] Schon Tacitus beklagt, dass der Erzähler menschlich autonomer, d. h. politischer Grösse sich mit Kaiserhaus-Intrigen und damit sozusagen mit der Banalität des Privaten (das schliesslich vom Öffentlichen nur schwer noch zu trennen war) begnügen musste: Ann. IV 32.

[1319] STROOTMAN 2014, 69f.

nicht die verkörperte Teilhabe an der solaren Identität einer sich jahres- und tageszeitlich regenerierenden 'Ereigniswirklichkeit' der Welt. – Der hellenistische König war wie die Königin als Person im Lichte bürgerlicher Öffentlichkeit so erratisch, dass beide als fatale externe Faktoren, von denen ihre Freiheit seit Philipp zunehmend abhängig wurde, für die Poleis nur über ihre poliaden Kulte integrierbar und damit auch politisch ansprechbar geworden waren.[1320] Und der griechische Kult dieser Könige hat seltsame Wesens-Kentauren geschaffen – man denke an die bizarre Statue noch des Kaisers Claudius als Jupiter im vatikanischen Museum. Doch hatte er nicht, als Kult einer Epiphanie[1321], den Gott als kosmische Potenz zum Ziele, sondern wie in dem bekannten Festlied für Demetrios Poliorketes[1322] die politisch fatale oder „errettende" und „wohltuende" persönliche Potenz des Königs selbst. – Hier war ersichtlich der Gott, dem Personal der griechischen Kultgötter zu entnehmen, als Illustration der Eminenz des Menschlichen gemeint, und nicht etwa umgekehrt das Göttliche als Bedingung einer rituellen Rolle, die für die ägyptischen Könige sozusagen eine 'amtliche' und eben nicht eine 'persönliche' gewesen war. Daher hatte deren Individualität rituell nahtlos mit der solar epiphanen Individualität der Welt in einer namentlichen[1323] Identität verschmelze können.

Der hellenistische Hof entstand nur zum Teil durch traditionelle Bindungen an königsnahe Instanzen; ersichtlich am Einfluss der sog. „Freunde des Königs" wurde er gebildet durch die persönlichen Bedürfnisse, die Nezessitäten und Neigungen des Königs, zuerst Alexanders.[1324] Was den König dann umgibt, das sind im Prinzip seine Ratgeber und „Freunde"; hier wird die individuell gebundene Subjektivität des Königs massgeblich, sie wird 'weltgewährend'. Und dieser König wird ähnlich zum neuen „Götterbild" (*agalma*) für alle Völker wie nach Philipp von Opus die Sterne.[1325] Der König und die Sterne als die schlechthin erscheinenden oder „sichtbaren" Götter (*theoi horatoi*) werden für die Bürger-Kollektive ohne politische Kosmologie sozusagen zu rivalisierenden Prinzipien. Das öffentliche Horoskop des Augustus belegt dann zum ersten Mal, dass die Sterne auch hier nur über die Person des Königs politisch zuständig werden können.[1326] – Ohne kosmologische Bindung, die von den Ptolemaiern aus der ägyptischen Tradition mit dem Pharaonentum formell übernommen wurde, erscheint jetzt *nolens volens* ein neues Königtum der 'geborenen' Individualität, das sich nicht erst in dem weihnachtlichen Königsparadigma des „geborenen" Christus zeigt, sondern schon in dem astrologisch „nativen" Augustus, und zuvor in der anwachsenden Bedeutung der „Geburtshäuser" in Ägypten mit dem ihnen entsprechenden Kult der „Geborenheit" der gottförmigen Fremdherrscher (wozu unten mehr).

Auch ist das Herrschaftszeichen der Eminenz, die 'Krone', hier, als „Diadem", eine Art von Haarband, wohl Übernahme eines persönlichen Kopfschmucks

---

[1320] PRICE 1984; spezifisch zu Ägypten PFEIFFER 2008. Vgl. WIEMER 2017, 317 (zu den Ehrungen für die 'individuellen' Herrscher): „*da der König ausserhalb der Polis stand, fand die Norm bürgerlicher Gleichheit auf ihn keine Anwendung*".

[1321] PFISTER 1924.

[1322] Duris v. Samos, FGrH 76 F 13 (aus Athen. 6, 253D–F)

[1323] HÖLBL 1994, 71ff. zur ägyptischen Titulatur der Ptolemäer; HUSS 2001, 215f. (zur vermutbaren „Krönungszeremonie" des ersten Ptolemäers mit entsprechender Titulatur).

[1324] STROOTMAN 2014, 114f.

[1325] Plat. Epin. 984a.

[1326] SCHMID 2005.

Alexanders,[1327] und es kann bezeichnet werden als *„a token of kingship that was linked to his personal, charismatic rulership".*[1328] – Das war strukturell das Königtum des charismatischen, schöpferischen, erstaunlichen, und immer auch siegreichen Individuums, bzw. derjenigen Individuen, die als Nachahmer, Erben, Nachfolger und Vertreter das Prinzip neuer Autorisierung verkörpert haben, sowie der Verehrer, Freunde, Schüler, Gläubigen und Untertanen, die in solch autorisierter Individualität das Bestimmende, Bedeutende, Errettende, Erlösende oder einfach das Gebotene erkannten oder hinzunehmen hatten. – Jedenfalls war menschliche Individualität, als solche auch explizit markiert durch den Hinweis auf Natalität, zum Brennpunkt der Macht geworden, was auch in dem per Edikt publizierten[1329] Horoskop des Augustus öffentlich wahrnehmbar wurde.

Damit war Monarchie nicht bloss zum biographisch memorablen Ereignis unwiederholbarer Existenz geworden, sondern auch zur 'Charaktersache'. Sie war gebunden an persönliches Verhalten[1330] und wurde entsprechend, und am sichersten posthum, 'psychologisch'-moralisch beurteilt, wobei die urteilende Instanz durch die anti-monarchische Tradition[1331] der griechischen Gesellschaften und deren Moralvorstellungen stark geprägt blieb. Die Entfaltung des Charakters[1332] spielte in den Biographien der 'königlichen Individuen' (nachzulesen bei Plutarch und Sueton) eine wichtige Rolle. Der Einfluss einer 'bürgerlich' geprägten Rationalität kam dabei zum Zuge anlässlich einer topischen Versuchung der autokratischen Macht, der das erhobene Individuum zu erliegen drohte, die aber auch eine ganze Dynastie betreffen konnte – wie die Ptolemaier in der Wahrnehmung des Polybios, wo sie dem Luxus und der Dekadenz verfallen[1333]. Strootman weist auf einen spezifischen „Topos" der Veränderung des Charakters durch das Diadem, mit der Belegstelle zu Demetrios aus Plutarch:[1334] Die neuen Könige seien nach Sinnesart und Lebensweise verändert oder durcheinander gebracht worden (*ekinēse*) – hier in Richtung auf Pomp, Theatralik und erhöhte Gewaltbereitschaft.

Königtum wurde als individuelles Charakter-Drama erzählbar, wobei ethische Richtlinien für die biographische Erzählbarkeit leitend waren, die unumgänglichen Abweichungen davon für dramatisch-eventuale Phänomenalität der individuellen Charakteristik sorgen mussten. Dass solche Reflexion mehr als gelehrte Literatur war, belegt die erhaltene Charakteristik Hadrians durch den Astrologen Antigonos von Nikaia,[1335] wobei in der Deutung des Horoskops der moralisch-besinnliche und auf

---

[1327] STROOTMAN 2014, 217ff.

[1328] Auch: *„a novel symbol for a new form of kingship"* (ebd. 220).

[1329] Cass. Dio 56,25,5; Suet. Aug. 94,12.

[1330] Ebd. 7: *„a form of personal monarchy that emphasized the qualities and character of individual kings and queens".*

[1331] Diverse Beiträge dazu in BÖRM 2015.

[1332] Und zwar in der realisierten Verwirklichung seiner Latenz: So zitiert HÄGG (2012, 44) Xenophon, Agesilaos I 6a: *„because in my opinion there is no better way to gain insight into his character (*topoi*) than by considering his deeds (*erga*)".*

[1333] Dazu kritisch PFEIFFER 2017, etwa 100ff.; 117ff.

[1334] Plut. Demetr. 18,3; STROOTMAN 2014, 212 A 10.

[1335] HEILEN 2015, 132-158.

exemplarisch 'historische' Grösse fixierte Aspekt dem Blick auf die gleichsam unvermittelte Fatalität der Individuen und ihrer Grösse weichen musste.

Doch in der Welt uralter Überlieferungen, für deren soziale Identität als „soziale Metaphysik" das rituell definierte Königtum formgebend war,[1336] war die griechische, in der grossen Tradition nicht vorgesehene Individualität der Könige ein Fremdkörper, oder wurde es jedenfalls dort, wo die Könige – etwa im Zuge von aussenpolitischen Niederlagen und dynastischen Querelen – Schwäche offenbarten, die auf strukturellen Problemen beruhte und damit die Schwäche der von den Trägern her fremden Monarchie selber sichtbar werden liess. Damit war die „soziale Metaphysik", der verbindende und verbindliche Zusammenhalt der Gesellschaft in der Sinnhaftigkeit identitätsstiftender Ordnung, selber gefährdet.

Laut François Daumas[1337] sei mit den Fremdherrschern schon seit der Perserzeit, besonders aber in der hellenistisch-römischen Periode in Ägypten die Göttlichkeit des Königs „symbolischer" geworden. Die sogenannten *mammisi*, als „Geburtshäuser" kleinere Tempeleinheiten im Rahmen von grösseren Anlagen (etwa in Dendera, Edfu und Philai) dienten als *„typical architectural features of Graeco-Roman times"*[1338] der Feier der Gottesgeburt, d. h. dem Kult des Gottes als „Sohnes" (*„dieu fils"*)[1339] wie des Horus als Sohnes der Isis: *„le mammisi est particulièrement consacrée à la déesse mère et à l'enfant divin"*[1340]. Und nach Daumas ging es bei dem geborenen Gott spezifisch um dessen Königsfunktion[1341]; diese Tempel und ihre Feiern dienten dem *„culte royal"*: Die Inschriften belegen, dass *„l'enfant divin y est mis au monde afin d'exercer 'la fonction bienfaisante' de roi sur le pays entier"*.[1342] – Nicht nur wurde durch die „Gottessohnschaft" im Rahmen eines elaborierten Gottesgeburt-Rituals[1343], in dessen Rahmen der geborene Gott auch mit der aufgehenden Sonne identifiziert werden konnte,[1344] eine übergreifende und grandiose Konzeption von Herrschaft[1345] evoziert, sondern es wurde spezifisch der fremde König in seiner 'Königsgestalt' rituell beschworen oder 'konstruiert'.[1346] Er war der König als der von Göttern geborene, d. h. es war die Geburt aus dem Göttlichen 'unmittelbar', was ihn legitimierte. Die hier explizit inszenierte und gefeierte divine Natalität sollte den Mangel an Tradition und 'kultureller Gegebenheit' nicht der Monarchie (die überliefert ägyptisch war), sondern der Könige beheben.[1347] Noch Caesarion und Trajan werden so dem *„mystère de la naissance divine*

[1336] *„Toute la métaphysique sociale égyptienne reposait sur son roi-dieu"* (und schon deshalb müssen alle Fremdherrscher in diese Rolle eintreten): DAUMAS 1958, 500.

[1337] Ebd. 161.

[1338] VANDORPE/CLARYSSE 2019, 411.

[1339] DAUMAS 1958, 15.

[1340] Ebd. 23. – Die stillende Muttergottheit ist offenbar Standard in den *mammisi* (44).

[1341] Vgl. VANDORPE/CLARYSSE 2019, 412 (*„the yearly re-enactment of the birth of the divine child of the local triad, identified with the reigning pharaoh"*), mit Bezug auf DAUMAS.

[1342] DAUMAS 1958, 27.

[1343] Ebd. 490: *„le rite de la naissance divine"*.

[1344] Ebd. 493.

[1345] *„une conception grandiose de monarchie universelle"* (ebd.).

[1346] Ebd. 507: Zur Zeit des zweiten Ptolemaiers wächst die Bedeutung der *„théologie de la naissance divine"*.

[1347] Laut ASSMANN 1999, 419 war der *„Mythos von der Gottessohnschaft Pharaos"* schon im 4. Jhdt. *„auf die Götterwelt übertragen und seiner politischen Funktion weitgehend entkleidet"*

et royale" rituell einverleibt,[1348] und das Mysterium gilt auch dem Göttlichen selbst, dem die königliche Gewalt unmittelbar und sozusagen kulturell unvermittelt ohne Hinsicht auf seine reale Abstammung und dynastische Einbindung entspringen soll. Was die reale Autorität des Königtums wirklich erschafft, ist hier die Geburt.

Man kann bezüglich des Kultes der Gebürtlichkeit Gottes und des Königs in der 'Natalitätsrolle Gottes' an das Problem denken, das den griechischen Poleis mit den seit Alexander „hellenistischen" Königen erwuchs, und das sie nach einer breit akzeptierten These von Simon Price durch rituelle Integration, also durch 'Einverleibung' der anthropomorphen Macht in den Kult anthropomorpher Götter zu lösen versuchten.[1349] Analog dazu konnten die ägyptischen Priester, die der König auch durch das Ritual des Herrscherkults an seiner Autorität 'beteiligte',[1350] über die Liturgie der Geburtshäuser den König gerade in seiner rituell 'überzähligen' historischen Singularität integrieren und – mit Bezug auf die jeweils lokale Göttertrias von Mutter/Vater/Kind – lokalisieren. Und hier wird eine strukturelle Analogie zum Horoskop-Formular fassbar: Auch das Horoskop 'integriert' etwas (und im Sonderfall der „imperialen Genitur" sogar die Macht des Autokraten selbst), nämlich die Individualität, als geborene, dieser Macht, ihre Singularität, die ihr spezifisch als 'historischer' Grösse eignete. Das Horoskop integriert und neutralisiert die Mächtigkeit, die an Individualität und der Unumgänglichkeit des historisch Aktuellen hängt, indem sie diese zum 'regulären' Sonderfall im „Arbeiten"[1351] einer kosmischen Apparatur der Bestimmung und fatalen Autorisierung relegiert. – Und hier würde somit ein politisches Motiv und ein möglicher sozialer Ort greifbar für die postulierte „Erfindung" des Horoskopformulars. In solchem Licht wäre der König gerade als rituell durchlässig gewordene oder kritische Figur der Angriffs-Punkt oder Brennpunkt einer neuartigen theoretischen 'Isolierbarkeit' von Individualität. Das war er in metaphorischer Weise schon in der griechischen Metaphysik, wo königliche Seele und hegemonialer Geist,[1352] sternverwandt und himmelsbewegend, in der Seele des zugewandten Individuums die ihnen verwandte Instanz zur theoretischen Schau des eigentlich Wirklichen erhoben.

Ich will damit nicht sagen, dass die Intention der Entstehung solcher Astrologie eine politische gewesen sei, auch wenn ich auf eine politische Konstellation als Hintergrund verweise. Der König ist nicht das eigentliche Objekt der theoretischen Innovation, oder höchstens in negativer Weise, gleichsam über seine Negation. Denn das Horoskop 'konstruiert' ja ein Königtum jenseits aller politischen Bezüge – es könnte bloss das Königtum der Individualität theoretisch postulieren oder konstatieren, damit

---

worden. Nach Assmanns Version dienten also die *mammisi* seit Nektanebos I. einem entpolitisierten Ritual der immer erneuerten „*Zur-Welt-Kunft Gottes"*, das erst Alexander „*mit seinem Auftreten in Ägypten repolitisiert"* hätte. – Hier scheint mir aber der Einfluss Alexanders („*Alexanders Anknüpfung an ägyptische Mythen und Heilserwartungen"*) zu hoch und die auch politisch sinngebende Aktivität der ägyptischen Priesterschaften zu gering eingeschätzt zu werden.

[1348] Ebd. 166.
[1349] PRICE 1984.
[1350] GORRE 2009; 2013.
[1351] Zum „Arbeiten" der Dekane siehe VON LIEVEN 2012, 122.
[1352] Plat. Phil. 28c 7f.; 29d 1 (SCHMID 2005, 123f. zur Welt als „Herrschaft des Geistes" nach Platon).

den astrologischen Ersatz jener rituell weltgewährenden und mit Welt verbindenden Funktion, die gerade dem Königtum zukommt.

Wenn die ägyptische Tempel-Liturgie, die immer zugleich eine Liturgie der Weltlichkeit ist, das Königtum wie das Göttliche der Welt rituell zur feierlichen Erscheinung des Kultakts bringt, so ist die königliche Kosmologie zugleich die Religion aller – wie auch noch in der Kirche das Heil des Königs ins Gebet aufgenommen werden konnte und die Christologie die personale Basis des Königtums sanktionierte. Doch diese religiöse Voraussetzung fehlte dem hellenistischen Königtum, wenn man es als eigenständiges Gebilde, d. h. nicht bloss als ein „hybrides" Konglomerat[1353] betrachtet. Ihm fehlte eine sozial verankerte religiöse Kosmologie, und diesem Mangel mussten Herrscherkult, Pomp und militärischer Siegerglanz abhelfen. Die Astrologie, gebürtliche Identität jenseits aller kommunalen Ritualität an kosmische Struktur bindend, hätte nicht für die Öffentlichkeit, nicht für den König, sondern für das 'Private' den Mangel an einer „religiösen Kosmologie" kompensiert, der die hellenistische Monarchie als kommunale Lebensform schon von ihren griechisch anti-monarchischen Prämissen her charakterisiert. Strukturell wurde ein fehlender religiöser Gehalt der Monarchie ausgelagert, wurde theoretisch verselbständigt, zum Teil über griechische Astronomie und Metaphysik, zweifellos abhängig von babylonischer Theorie und ominöser Praxis, jenseits der rituellen Apparaturen und ihrer auch politisch relevanten öffentlichen Sichtbarkeit. So wäre eine neue 'Kosmologie des Privaten' entstanden, und in ihr wäre ein Mangel zu kompensieren gewesen, den das ägyptische Ritual nicht beheben konnte, sofern es gerade dem kosmologisch defizitären Modell der hellenistischen Monarchie diente – es war dann zwar integrativ, aber keine Alternative für ein System, sofern es als versagendes erfahrbar wurde. – Funktional und nicht politisch wird so das astrologische Individuum als Subjekt zum König, indem es Präsenz verbindlicher kosmischer Anordnung realisiert; es hilft aus, nicht moralisch, aber faktisch-existentiell, wo das Königtum versagt.[1354] Und womöglich gibt das dem pseudonymen Königtum fundierend „astrologischer" Autorschaft im Falle des NP-Textes in einem ägyptisch „hellenistischen" Horizont einen Sinn.

Das gehört dann zu jenem übergreifenden Krisen-Horizont, der schon in der griechischen Krise der politischen Autonomie das metaphysische Bedürfnis nach unbestreitbarer oder „heiliger" Autorisierung mindestens theoretisch hervorgebracht hatte. Der Mangel an glaubhafter Autorisierung von Macht als Vehikels gesellschaftlicher Ordnung trieb auch eine Suche nach dem 'wahren' Königtum an, das durch die als defizitär erfahrene Tradition nicht kontaminiert, sondern als unvermittelt bestimmte, divine Erwählung des Individuums erscheinen konnte. Im universalen Formular der Astrologie wurde es zum 'Königtum' des Individuums als einer natalen Markierung von Identität.

Als solches war es ein gewaltiger Kontrast: Nimmt man die glanzvolle Umgebung des Königs in Alexandria zum Vergleich, so erscheint der „Native" dagegen als von den Sternen selber umgeben – das Formular entfernte theoretisch-astronomisch

---

[1353] STROOTMAN 2014, 26.

[1354] Daher kann im Prinzip jeder Geborene (realiter jeder mit einer 'interessanten' oder gar „imperatorischen" Genitur) zum Rivalen des Königs werden, den ja ebenfalls das Schicksal erwählte, selbst ein Sklave, wie jener Telephus, der laut Sueton gegen Augustus und den Senat „vorging", weil ihm das *fatum* die *dominatio* verheissen habe (Aug. 19,2).

und auch visuell alles, was zwischen dem explizit lokalen Geburtshorizont und den Sternen stand und den Hinblick auf sie behindert hätte. Schlägt solche stellare Entourage nicht locker allen sozialen Prunk der Macht aus dem Felde? – Die Astrologie griff als theoretische Visualisierung direkt auf die Ursprünge zurück, auf die genetische Potenz des fundierend Originären. In ihr wurde der Ursprung selber präsent[1355] – und dieser theoretische und über die Natalität zugleich existentielle Ursprungsbezug bezeichnet offenbar auch etwas, das dem Königtum der königlichen Gesellschaft hier fehlte.

Nach der einfacheren Version war die politisch-soziale Welt von Individuen und den Erscheinungs- bzw. Ereignisformen ihres Lebenslaufs abhängig geworden. Also von der Singularität, als der definiten Zeitlichkeit, von Personen. So gesehen entsprach das Horoskop einem ähnlichen Hintergrund oder Bedürfnis wie die Biographie. Hauptunterscheidendes ist der im weiteren Sinn 'politische' Hintergrund der antiken Biographie, die sich um öffentlich sichtbar gewordene Zelebrität kümmert.[1356] Öfter geht sie auch apologetisch von verfälschenden Darstellungen oder expliziten Invektiven gegen die thematisch werdende Persönlichkeit aus,[1357] reflektiert also eine nicht zuletzt polemisch sehr aktive 'Publizität'. – Gerade diese Fixierung auf die öffentliche *persona* ist aber der Horoskop-Objektivierung fremd. Letztere ist (im Sinne griechischer Metaphysik) vergleichsweise theoretisch; sie isoliert eine substantiale Identität. Die ihr zugrunde liegende Essentialisierung des Subjekts zum Individuum als einer „ineffablen" Unteilbarkeit des Bestimmtseins war konkret nur über Kosmologie möglich, weil die antike Metaphysik der „Substanz" ihre erscheinende Realexistenz exklusiv in den ontologisch primären Himmelssphären hatte. Sie bezog als Wesens-Theologie ihre Wirklichkeit aus den Sternen. – Somit wäre das Individuelle ontologisch oder als „Wirklichkeit" aus der historisierenden Nacherzählung seiner notorischen Phänomenalität nur sehr annähernd zu eruieren gewesen, weil diese Phänomenalität durch öffentliches Interesse, soziale Bedürfnisse und den Hang antiker Biographen zum Pittoresken, Sensationellen und Skandalösen[1358] stets erheblich verstellt oder deformiert sein musste. – Individualität war ein anti-modernes Gegenkonzept zur öffentlichen, durch subjektive Wahrnehmung definierten, *persona*. Das Horoskop schuf hier auf der Spur der Metaphysik in dem 'astro-physikalischen Format' der Geburt eine alternative Gegenständlichkeit der Subjekte, die von dem Ausmass ihrer Notorietät nicht mehr berührt war.

Doch bot das ptolemäische Ägypten in seiner einzigartigen (multi-)kulturellen, politischen und historischen Lage und mit einem entsprechenden gelehrten Personal eine eigene Möglichkeit zur Vergegenständlichung des *„thōmaston"*, des irreduziblen, „ineffablen" und gerade historisch höchst effektiven Individuums. Und es ist durchaus möglich, in der Ritualität der ägyptischen „Geburtshäuser" eine kreative 'indigene' Antwort auf das obgenannte Problem zu erkennen, die dann auch die 'Antwort' der Horoskop-Astrologie inspiriert haben könnte.

[1355] SCHMID 2007.
[1356] BOLLANSÉE 1999, 91.
[1357] Ebd. 53 zur Biographie des Aristoteles.
[1358] Ebd. 54.

Ägypten war ein griechisch-makedonisch dominiertes, kolonialisiertes Land zu der Zeit, als die ersten Texte zur Geburtsastrologie entstanden sind. Und das legt auch für unser Thema all die Fragen nahe, die mit einer modernen Debatte über koloniale Dominanz zusammengehen. War diese Astrologie eine Form des Widerstands, indem sie ein Format schuf, das alle gleichermassen beherrschte nach Massgabe einer Fatalität von 'naturgesetzlicher' Unausweichlichkeit, womit sie dann auch die Sklaven den Herren anzugleichen vermochte? War sie damit revolutionär, wo doch der Begriff des „Revolutionären" schon der Astrologie entstammt?[1359] – Dann hätte in dieser eigenartigen, bald von den Mächtigen benutzten Literatur zur Ergründung einer ominösen Singularität der Welt eben doch die Subalternität gesprochen[1360] – und damit einem Unaussprechlichen[1361] Ausdruck verschafft?

Nun hat sich diesbezüglich Ian Moyer zur Unmöglichkeit geäussert, als Historiker hier die „Subalternen" sprechen zu lassen,[1362] einmal aus Quellengründen und zudem im Hinblick auf die indigen ägyptischen Priester-Eliten, die selbst offensichtlich in grösserem Umfang als Stützen der ptolemäischen Herrschaft fungierten[1363], und die er vergleichen kann mit den „*modernizing élites' of colonial and post-colonial states*". Er wollte vermeiden, dass seine „*Egyptian priests*" zu Subalternen würden als „*embedded in narratives and theories whose 'sovereign subject' is the same imaginary, hyper-real Europe that Dipesh Chakrabarty has observed in modern colonial and post-colonial histories of India.*"[1364]

Hier stellt sich nicht nur die grundsätzliche Frage nach dem Verhältnis von Kolonisten und Kolonisierten, von fremden Eroberern und Indigenen in ihrer kulturellen und ethnischen Verschiedenheit bzw. multi-kulturellen „Vermischtheit"[1365], hybriden Ambiguität[1366] oder gar widerstandsorientierten Feindschaft[1367], sondern zuvor noch die

---

[1359] SCHMID 2005, 409f.

[1360] SPIVAK 2010, 41: „*in the contest of colonial production, the subaltern has no history and cannot speak*" – es wäre dann eine besonders listige Strategie der historisch-kulturellen Unterlegenheit, dass sie für ihren theoretischen Ausdruck ein naturalisiert kosmologisches Medium schuf oder benutzte, das eine anti-historische Zeitlichkeit von suprakultureller Geltung in Anwendung brachte.

[1361] Das Unaussprechliche, das hier ausgesprochen werden sollte, entsprach als genetisch potente Individualität dem Bereich, der eben nur divinatorisch, d. h. durch das „Zusatzwissen" (*surplus knowledge* nach STRUCK 2016) priesterlicher Spezialisten überhaupt zugänglich gemacht werden konnte.

[1362] 2011, 34.

[1363] LANCIERS 1992; GORRE 2009; 2013.

[1364] 2011, 34f.

[1365] JOHNSON 1992; PAYNE 2016.

[1366] VARELA/DHAWAN 2015, 219-284 (zu Homi K. Bhaba).

[1367] Dazu im allgemein hellenistischen Kontext EDDY 1961, auch wenn sich seine Thesen eines generellen Widerstands, nach dem Paradigma etwa der Makkabäer-Aufstände, im Einzelnen nicht

oben angesprochene, grundsätzliche Frage nach einer „souveränen Subjektivität" des historischen Narrativs, die ihrerseits als „westliche", damit kolonisierende, als „eurozentrisch"[1368] und sogar als „narzisstisch"[1369] bezeichnet werden kann.

Hier kann man mit Hinblick auf die Astrologie behaupten, dass in einer Erzählung der Individualisierung auch im Zusammenhang mit kolonial expansiver „Modernisierung" die anonyme Autorschaft des „NP-Textes" zur Wegmarke innerhalb dieses Narrativs erhoben werden müsste. Ein nichtwestlicher Einfluss nordafrikanischer und vorderorientalischer Prägung hätte ein gewichtiges Leitmotiv geformt und dabei die griechische Komponente des „hybriden" oder „synkretistischen" Konstrukts in erheblichem Ausmass ergänzt. Dies hat auch grosses Gewicht, wenn wir jene Fragwürdigkeit, die in einem astrologischen 'Diskurs existentieller Gebürtlichkeit' eine Antwort fand, als eine griechische betrachten würden, was im Übrigen durchaus nicht zwingend ist.

Gewiss bliebe dann auch eine „Erfindung der Astrologie", bei der das ägyptische Milieu eine Hauptrolle spielte, Teil einer „eurozentrischen" Erzählung. Wobei zu bedenken wäre, dass die griechische Ausgangslage einer neuen Fragwürdigkeit autonomer Subjektivität in ihrer „modernen", bürgerlich-politischen Humanität sich spätestens seit Platon[1370] explizit zu ägyptischen wie babylonischen Vorleistungen als Vorbildern bekannt hatte. Dabei spielt es keine Rolle, in welchem Ausmass für die Kosmologie der griechischen Metaphysik „orientalische" Parameter gekannt und benutzt wurden. Entscheidend ist, dass Platon in der Gestalt „orientalischer" Tempelwissenschaft ein Paradigma für seine eigene 'anti-moderne Agenda'[1371] gefunden hat. Damit postulierte er eine Komplizenschaft oder 'internationale' Verbundenheit des priesterlich-elitären Einspruchs gegen die „erscheinungsobsessive" Expansion autonomer Subjektivität. Und im Rahmen dieses Einspruchs sind zentrale Leitbegriffe des späteren westlich-hegemonialen Narrativs humaner Selbstbezogenheit geschaffen worden, wie „Seele", „Geist", „Wesen" oder „Wirklichkeit", was sich gerade in Hegels 'absoluter' Konzeption noch zeigt. Denn Hegels Gross-Theorie der Geschichtlichkeit als Entfaltung von Subjektivität, die sich selber als „Geist" zur Substanz und zur letzten Wirklichkeit werden will, ist ihrerseits die Grundlage geworden auch noch für die post-moderne und post-koloniale Revision oder Dekonstruktion dieser „Meistererzählung" fortschrittlich triumphierender Subjektivität aus Prämissen marxistisch geprägter Reflexion.[1372] Das heisst, dass es zu Hegels Vorausgesetztem gehört, dass mutmasslich im 2. Jahrhundert v. Chr. ein origineller Vertreter der gräzisierten ägyptischen Bildungselite sich als 'Vollender' auch einer griechischen Tradition oder Fragestellung hätte verstehen können.

---

erhärten lassen. Zu den ägyptischen Aufständen unter den Ptolemäern und vermutlichen Motiven VEÏSSE 2004; BLASIUS 2002.

[1368] CHAKRABARTY 2008.

[1369] YOUNG 2004, 49 zum Eurozentrismus des souveränen Subjekts, das die Welt als 'sein' Anderes (also die Negation von sich) definiere und sich verfügbar mache; dort auch zum „narcissism of the West".

[1370] Siehe schon die religiöse „Diffusionstheorie" Herodots, der keine Mühe hatte damit, zentrale Elemente griechischer Kultur als Übernahme aus dem älteren Ägypten zu betrachten (dazu etwa BICHLER/ROLLINGER 2000, 56f.).

[1371] Dazu SCHMID 2020.

[1372] Dazu YOUNG 2004, 1-52.

Er hätte sogar seinen ägyptischen Hintergrund als notwendige Ergänzung betrachten und fruchtbar machen können, um der Fragwürdigkeit einer Kosmologie, die jenseits der Politik und ohne Bezug zum königlichen Subjekt als Adressaten der Botschaft ominöser Semantik entstanden war, einen 'realexistierenden' Bezugspunkt in der konkreten Singularität des Individuums zu verschaffen.

Griechische Metaphysik hatte ja für ihre Kosmologie keinen königlichen Auftraggeber; ihre Botschaft göttlicher Anordnung und erhellender Wirklichkeit der Welt war kein Teil öffentlich-politischen Handelns wie in Mesopotamien, und sie hatte keinen Tempel. Platon und Aristoteles waren keine Priester. Ihr 'Adressat' war existentiell unbestimmt die himmelsaffine und sternverwandte „Seele" oder der „Geist", der in jedem Menschen dem weltbewegenden *nous* der/die verwandte war. Die neue persönliche Kosmologie des Horoskopformulars ergänzte diese Metaphysik, welche nur im geometrischen Ideal-Kosmos ein Paradigma ihrer Zuständigkeit auch für die Realexistenz des wahrnehmbar[1373] Wirklichen gefunden hatte. Denn sowohl in der aristotelischen Wesenslehre als auch in der stoischen Fatalität konnte das Individuelle nur im moralisch oder ontologisch Verallgemeinerbaren 'existentiell' werden; es blieb von der individuierenden Bedingung autonomer Subjektivität, nämlich von deren dramatischer Zeitlichkeit – so erneuernd wie tödlich – theoretisch entfernt.

Und dann gibt es die 'andere Seite', wo nach dem griechischen Beitrag zu einer ägyptischen Fraglichkeit zu suchen wäre, wobei die letztere mit einer Krise der ägyptischen Kosmologie – die sich schon aus der Übernahme griechisch 'naturalisierter' Astronomie erschliesst – als Ausdruck einer Krise der Monarchie zu tun haben dürfte, als Ausweg zu einer 'privaten' Kosmologie, in welcher einem König keine tragende Funktion mehr zukommen musste.

Wie zeigte sich hier Krise? Vielleicht im Hintergrund von Prophezeiungen und 'apokalyptischer' Stimmung im 2. Jhdt. v. Chr.,[1374] die mindestens in gewissen Kreisen fassbar wird, wo nach der kurzzeitigen Eroberung durch den Seleukidenherrscher Antiochos IV. und dem drohenden Untergang der *„herrschenden Griechen-Dynastie"*[1375] ein Vertrauensverlust eingetreten sein könnte. Denn das Königtum war Garant des 'Reiches' als der Welt, die man kannte. Und nun kann das mangelnde Vertrauen in die fremde Dynastie anstatt zu Widerstand auch zu reflexiver Abwendung führen – etwa von einer unzuverlässigen Vordergründigkeit der Welt, wie bei den Hermetikern. Man könnte auch in dem Horoskop-Format eine theoretisierte Ausgeliefertheit an den fatalen Kosmos postulieren, wo der vermittelnde König, der immer der eminent Angesprochene kosmischer Mächtigkeit ist, entfallen war. Der König fehlte dann als Akteur der überall sichtbaren Ritualität, deren Funktionäre die Priester wesentlich waren. Er war als die Erscheinungsform eines historisch 'geborenen' Horus selbst Teil dieser göttlichen Ordnung, also Teil der semantisch wie naturalistisch potenten Weltlichkeit und war damit zuständig für eine Vermittlung zwischen dem fatalen So-Sein der Welt und der kollektiv menschlichen Subjektivität. Ein Subjekt, dem das Vertrauen in solch vermittelnde Instanz abhandengekommen wäre, fände sich dann in der unverfügbaren Weltform seiner

---

[1373] Zur Phänomenalität des Kosmos (die sich vorab über Platons „Timaios" neu definierte) als Alternative zur ontologischen Unvollständigkeit von Geschichte siehe SCHMID 2005, 119-202; 2006; 2007; 2009; 2020.

[1374] EDDY 1961, 290-298; BLASIUS/SCHIPPER 2002.

[1375] BLASIUS 2002, 56.

Individualität den superpotenten Mächten physikalisierter 'Alternativlosigkeit' unmittelbar ausgeliefert. Das Individuum, vom weltvermittelnden Königtum, ja von seiner 'Kultur' im Stich gelassen, würde „melancholisch" nun selber mit dem Gewicht der Welt beschwert, um die Königsschwäche und die neue Fadenscheinigkeit der Rituale der Kultur zu kompensieren. – Denn es liegt nahe: wenn die fundierende Autorschaft dieser Astrologie ägyptisch war, muss ihr – in welchem Ausmass auch immer – der Glaube an den 'ontologischen', vielleicht sogar orientierenden Gehalt des Rituals abhandengekommen sein.[1376]

Das ist möglicherweise ein zentrales Problem aller kolonialen, selbst noch der „postkolonialen" Unterlegenheit: nämlich der Umstand, dass das kulturell Unterlegene auch rituell an Kraft und Attraktion und damit auch an 'ontologischem Gehalt' verliert. Es droht, unwirklich zu werden. Und hier fände sich dann eine 'Anschlussmöglichkeit' an kulturkritische Tendenzen auf Seiten der kolonialen Eroberer: ich denke an den populären „Primitivismus"[1377] im Umkreis der Stoa, als an eine 'weg-von-der-Kultur-Bewegung'.[1378] Oder anders: auch in einem geteilten „Unbehagen in der Kultur" konnten sich hier Ägypter und Griechen verstehen. Für beide kann es das Unbehagen in der 'eigenen' wie an der 'fremden' Kultur oder Tradition gewesen sein, was die Attraktivität einer Identität erhöhte, die durch die universale Göttlichkeit der „Natur" geformt wurde.[1379]

Man kann ein Element des Widerstandes mit 'internationalem' Potential erkennen, wo sich dem historisch auftrumpfenden „souveränen Subjekt" eine alternative Instanz priesterlicher Weltauslegung zur Seite stellt, als Königsgestalt, der in einsamer Nacht die Systematik der Schicksale und Lebensläufe offenbart worden ist.[1380] Sie wurde zum Subjekt einer astrologischen 'Gegenerzählung', einer supra-historischen[1381] Anti-

---

[1376] Vett. Val. V 6,10 (Opfer und Gebete wenden das Schicksal nicht ab).

[1377] LOVEJOY/BOAS 1935.

[1378] Diese kann im griechischen Horizont, erkennbar in der Kulturkritik, auch als 'weg-von-der-Moderne-Bewegung' bezeichnet werden: SCHMID 2020. Für die dezidiert anti-monarchische Moderne der griechischen Bürgerstädte konnte das eine neue Bereitschaft zur Akzeptanz von (ordender, wohltätiger, rettender und nicht zuletzt siegreicher) Monarchie implizieren.

[1379] JAMES JOYCE, in dessen „Ulysses" ein Protagonist auf den ersten Seiten die „Hellenisierung" Irlands vorschlägt, lässt seinen Helden Stephen Dedalus, der als Bub im Roman „A Portrait of the Artist as a Young Man" in ein katholisches Internat verbracht worden ist, dort den folgenden Eintrag in sein Geographiebuch machen:

> Stephen Dedalus
> Class of Elements
> Clongowes Wood College
> Sallins
> Country Kildare
> Ireland
> Europe
> The World
> The Universe

[1380] GUNDEL/GUNDEL 1966, 29f.

[1381] Siehe die Konjunktionen-Lehre des Mittelalters und ihre geschichtsphilosophischen Implikationen (Überblick dazu bei NORTH 1980; der grundlegende Text von Abu'Mashar bei YAMAMOTO/BURNETT 2000).

Geschichte, die im Geheimen und „Okkulten" ein subversives Element[1382] innerhalb oder unterhalb der historischen „Meistererzählung" bis in die Neuzeit hinein geblieben ist.[1383]

Dabei bleibt der König zentraler Bezugspunkt auch dort, wo er aus welchen Gründen auch immer zur kritischen Grösse geworden wäre. Ihm kann ein Autor mit „prophetischem" Anspruch, wie der Autor des Danielbuches, der ein Zeitgenosse unseres „NP-Autors" gewesen sein kann, etwa vorhalten, dass er *does not recognize that God is the real ruler of men.*"[1384] Und das passt gut in einen supponierten Horizont, der mit dem Horoskop ein Formular schuf, das den exklusiven königlichen Anspruch auf weltordnende Funktion systematisch überging. Und doch ist der König gerade in der von S. K. Eddy untersuchten Literatur der notorisch und nun eben prophetisch „bestimmte" Mensch. Er ist dieser (vor)bestimmte offenbar auch schon als Individualität des geborenen Retters in einer historisch akut gewordenen Welt. So spricht Eddy bezüglich Persien nach Alexander von *belief in a single, unique individual yet to come*".[1385] Gemeint war ein Messias, ein Erlöser-König, der zwar noch nicht existierte, aber seine „Bestimmung" war eben schon da; die Prophezeiung enthielt sie ja. Denn der König war stets das destinierte Individuum par excellence, er war gerade in seiner imaginären Idealfunktion der vorbestimmte Mensch. Meist lag seine Aufgabe schon vor der Geburt zutage, und er wurde entsprechend frenetisch begrüsst, gerade weil er bei der Geburt noch gar nichts weiter als ein Versprechen war.[1386] – Und wäre nun in der neuen Astrologie jeder Geborene selber zur Höhe von solch erlauchter „Bestimmung" gelangt?

Die Geburt des rettenden Individuums wird etwa durch einen fallenden Stern angekündigt[1387] und damit auch zum kosmischen Ereignis erhöht, ebenso wie die Geburt Christi durch den „Stern von Bethlehem" oder die Geburt des Augustus – letztere aber erst nachträglich durch einen griechischen Spezialisten[1388] der neuen Astrologie. Vermutlich, wenn wir die zeitliche Häufung des Motivs in den Jahrhunderten um Christi erlauchte Natalität berücksichtigen, entsteht die *imago* des sternbestimmten Königs vorzugsweise dort, wo indigene Dynastien unterliegen, durch Fremdherrscher ersetzt, grundsätzlich als unzuständig erachtet werden oder im römischen Fall eben gar nicht vorhanden waren und daher als revolutionäre Alternative fungieren konnten. – So hat etwa der Numismatiker Andreas Alföldi auf den Münzen der zweiten Triumviratszeit die Häufung von kosmischen Symbolen bemerkt (Aion, Füllhorn, Sonne, Mond und Sterne),

---

[1382] Man denke nur an die astrologischen Prognosen des Peter von Ailly, die für 1789 das Kommen des Antichristen vorsahen: SMOLLER 1994, 107f.

[1383] Zum 'prophetischen Widerstand' – inspiriert durch Joachim von Fiore – und dem Projekt einer Berechenbarkeit des Kommenden auch durch astrologische Prognostik etwa MC GINN 1979; 1985. Hier gilt generell, was MARJORIE REEVES (1969, 191) zu den Franziskaner-Spiritualen um Angelo Clareno so formulierte: *their confidence was unbound, for the key to the future was in their hands.*"

[1384] EDDY 1961, 20.

[1385] Ebd. 30.

[1386] Ein extremes, doch bezeichnendes Beispiel ist der traumhaft wirkende Effekt der tumultuarischen Erhebung Caligulas nach dem Tod des Tiberius (Suet. Cal. 13-14; Philo Leg. ad Gai. 6-20). Laut Philon v. Alexandria erwarteten die Menschen die Ankunft einer Welt ohne Angst (*aphobos*); der Taumel soll Tag und Nacht sieben Monate angedauert haben (ebd. 15).

[1387] So nach EDDY im persischen Fall des Peshyotanu (1961, 30).

[1388] Suet. Aug. 94,12.

die auf das kommende *Saeculum Frugiferum* hinweisen sollten.[1389] Teilweise durch ptolemäische Motive (das Füllhorn) dionysisch freigebiger Abundanz inspiriert, wird eine Art 'Naherwartung' kommender Segenszeit fassbar,[1390] die sich auch in Vergils IV. Ekloge bekundet hat, und die nicht zuletzt die Symbolik der *fortuna* öffentlich sichtbar werden liess. Der siegreiche Triumvir und neue Monarch Augustus hat dieses Motiv einer revolutionären Glückserwartung dann recht erfolgreich mit dem astrologischen „Glückspunkt" seines Geburtshoroskops verbunden.[1391]

Da er dort, wo die Könige fremd, nicht vorhanden oder kosmologisch irrelevant waren, sozusagen politisch arbeitslos geworden war, verlagerte der Himmel seine Aktivität als Geburtsanzeiger vom 'ersten Individuum' weg auf alle Menschen, sofern sie „native" waren. Diese wurden damit im Prinzip allesamt zu fatalen Grössen, und das war nach dem Tonfall der erhaltenen astrologischen Literatur ein durchaus melancholisches Los, noch lange bevor in der Renaissance Ficino, Cardano, Dürer oder Robert Burton alias „Democritus junior"[1392], der Autor einer *Anatomy of Melancholy*, welcher sich gerüchtehalber erhängt haben soll, darin die Bedingung individuierter Genialität erkennen konnten.[1393]

Der König ist das erste Individuum: ihn soll die Bedeutung der Welt, ihr Erhellendes selber bestimmen. Er, der als Mittler der menschlichen Welt nur halb angehört, soll also nicht durch Gruppen-Identität, durch Familiäres, und auch nicht durch das soziale Ressentiment oder eine sozialen Rolle bestimmt sein. Dies deshalb, weil er für das Ganze der Gesellschaft stehen muss, dem er von 'ausserhalb' das 'universale' Gesetz vermitteln soll. Er ist somit paradigmatisch ein sozial absolutes Subjekt: als das gesellschaftliche *primum individuum*, das wohl auch für die Unteilbarkeit eines weltlichen Zusammenhangs der Gesellschaft in der Regel stehen muss. – Und daraus folgt, dass in der Sphäre der Horoskop-Eigner die Gesellschaft ihren Zusammenhalt eben schon nicht mehr glaubhaft aus der Welt beziehen konnte:[1394] denn diese Welt war offenbar schon ausreichend damit beschäftigt, den biographischen Zusammenhang individueller Lebensläufe durch das Generieren „entsprechender" Ereignisse zu besorgen. Es lässt sich auch zeigen, dass diese neue Astrologie das Kollektive nur noch abgeleitet, als eine sozusagen sekundäre Substanz bestimmen und bezeichnen kann. Dies wird schon erkennbar, wo man der astrologischen Herkunft von theoriefähigen Stereotypen ethnischer und kultureller Eigenheit und Diversität nachgeht.

Dass es solche Stereotypen der gegenseitigen Ausgrenzung zwischen Griechen und Ägyptern auch im ptolemäischen Ägypten gab, ist unumgänglich; doch scheinen sie für den hier betrachteten Zeitraum keine erhebliche Rolle gespielt zu haben.[1395] Sie prägen aber zum Teil als bleibendes Erbe von verunglückten Essentialisierungen bis in

---

[1389] 1977, 28f.

[1390] Laut ALFÖLDI (ebd. 27) „*the announcement of heavenly bliss just knocking at the door*".

[1391] SCHMID 2005, 36-54.

[1392] Zu dessen ausführlicher Kenntnis der Astrologie siehe BAMBOROUGH 1981. (Offenbar fiel der Stand der Sonne bei seiner Geburt – es gibt ein von ihm erstelltes Horoskop, in dem auch der „melancholische" Saturn eine Rolle spielt – in das 12. Haus der *kake tyche*).

[1393] KLIBANSKY/PANOFSKY/SAXL 1992.

[1394] Oder eben nur noch indirekt, über die explizite Individualität des Königs: darin bestünde der politische Sinn der „imperialen Genitur".

[1395] RITNER 1992.

die jüngste Zeit das Verstehen von etwas, das wir gerade am Beispiel der Astrologie als 'intrakulturelle Kooperation' bezeichnen dürfen, wobei sich die Genese dieser Astrologie als eminentes Paradigma solcher Kooperation herausstellen könnte.

Die theoretischen Abgrenzungen gegen das ethnisch Andere sind bisweilen ganz funktional zu erklären; so bei den Griechen die notorisch-virile Überlegenheit gegenüber effeminierten Persern: Asketische Bürgerkrieger-Tugend akzentuiert sich im Gegensatz zu orientalischen Herrschern, die bezeichnenderweise von riesigen Frauen-Ansammlungen umgeben sind.[1396] Es gibt die in der Antike verbreitete Auffassung, dass die meisten (barbarischen) Völker Freiheit nicht ertrügen, deshalb auch Könige bräuchten: Sie sind damit geeignet, beherrscht zu werden.[1397] Durchaus modern ist noch die Auffassung, dass nur wenige – nämlich die kolonial „aktiven"[1398] – Völker geeignet seien zur politischen Autonomie, also zur Fähigkeit, sich selber erfolgreich zu organisieren.[1399] Für diese These finden sich auch bei Ptolemaios Belege: Etwa die Bewohner Griechenlands und Kleinasiens sind freiheitsliebend, autonom und gesetzgeberisch (*autonomoi, demokratikoi, nomothetikoi*) und spezifisch in Griechenland, wegen Zuständigkeit von Jungfrau und Merkur, auch zu wissenschaftlicher Rationalisierung besonders geeignet (*logikoi, philomatheis*).[1400]

Es ist nun belegbar, dass gewisse Argumente der modernen Diskurse zur „rassischen" Überlegenheit, welche den Rest der Welt erfolgreich provinzialisierte, auf antike Quellen zurückgehen, besonders auf eine Klima-Lehre, die das Ideale in der besten Mischung und damit bei den Menschen der gemässigten Zonen verorten wollte – der Gedanke einer massgeblichen oder 'klassischen' Ausgeglichenheit ist als normatives Ideal der „Isorrhopie" sehr alt, und bei Thukydides auch im Hegemonie begründenden Selbstlob Athens zu greifen.[1401] Für die Moderne dürfte diesbezüglich nicht zuletzt die Rezeption dieses Gedankens (im Rahmen einer „Klima"- oder „Milieutherorie") bei Montesqieu von Gewicht gewesen sein.[1402] Generell spielte für den „wissenschaftlichen Rassismus" der Aufklärung das Motiv der Rechtfertigung der Sklaverei und der geschichtsphilosophischen Begründung einer Hegemonie, die mit dem kultivierten Selbstbild der kolonisierenden Gesellschaften nicht durchwegs kompatibel war, eine

---

[1396] EDDY 1961, 5f. (mit Belegstellen).

[1397] Ebd. 6.

[1398] Auf die *„aktiven Racen"* wollte sich auch JACOB BURCKHARDT (2000, 135) beschränken. Er entnahm dieses Konzept der „aktiven" Menschheit GUSTAV KLEMM, Allgemeine Cultur-Geschichte der Menschheit, nach den besten Quellen bearbeitet und mit xylograhischen Abbildungen der verschiedenen Nationalphysiognomien, Geräthe, Waffen, Trachten, Kunstproducte u.s.w. versehen, 10 Bde., Leipzig 1843–1852, hier bes. Bd. 1, 195ff.

[1399] Diese Auffassung war sehr verbreitet, sie kann als immer neu rationalisiertes Gemeingut der Aufklärung gelten und wurde auch von Kant dezidiert geteilt: REIMANN 2017, 175f. (zu Kant) und *passim*.

[1400] Ptol. Tetr. II 3,63. – Laut Imanuel Kant sind die *„Einwohner des gemässigten Erdstriches"* auch *„verständiger als irgend eine andere Gattung der Menschen in der Welt. Daher haben diese Völker zu allen Zeiten die anderen belehrt und durch die Waffen bezwungen."* (zit. REIMANN ebd. 175 aus „Physische Geographie").

[1401] SCHMID 2005, 318ff. (mit weiterer Lit.); 1998, 62; TOOLEY 1953, 81.

[1402] REIMANN 2017, 62-68 (wo diese Debatte von Hippokrates über Aristoteles und Bodin bis zu Montesqieu kurz skizziert wird).

wichte Rolle.[1403] Nun muss für den zunehmenden modernen Bedarf der Nationalstaaten nach lokal spezifizierten Völker-Identitäten, welche der weltlos und in diesem Sinne ortlos gewordenen Legitimität der Kollektivierung eine substantiellere Basis verschaffen sollten, auch der Einfluss des Jean Bodin in Betracht kommen, welcher sich offensichtlich an Astrologie orientierte und damit auf den Spuren des Ptolemaios argumentierte.[1404]

Ein wesentlicher Unterschied jener astrologischen 'Naturalisierung' der Welt[1405] zu allen modernen Versuchen, den Völkern Eigenschaften einer Identität zuzuschreiben, liegt in der 'externen' Genetik, d. h. in der Zuständigkeit der klimatischen Lage: sie war es, die den Habitus, die körperliche wie die seelische Disposition der Völker prägte. Man trug solche (Kollektiv-)Eigenschaften nicht als ein fixiertes genetisches Programm in sich wie die Konstellationen des individuellen Horoskops. Denn das kollektiv Formende ist die Klima-Zone und die Konstellation, die über die Landschaft herrscht, die ein Volk bewohnt.[1406] Wenn aber das Klima die 'Rasse macht', dann wird diese prinzipiell durch Ortswechsel mutabel sein müssen, und Bodin orientierte sich offenbar an Albertus Magnus, der beobachtet hatte, wie sich Tiere und Pflanzen in neuem Klima veränderten, und meinte, dass im Norden angesiedelte Äthiopier in wenigen Generationen weisshäutig werden würden.[1407] Das fand Bodin durch eigene Anschauung bestätigt. Er erklärte sich damit die Tatsache, dass sich die Mauren in Spanien so lange hielten und auch die Spanier im Norden, wo sie klimabedingt martialischer werden mussten, militärisch besonders erfolgreich waren – während die deutschen Lanzknechte im Süden offenbar degenerierten.[1408]

Die Konsequenz, die Bodin zog, musste nicht geteilt werden, doch sie weist auf das grundsätzlich Sekundäre antiker Theorie von Kollektiv-Essentialismen hin. Das gilt auf jeden Fall dort, wo sie astrologisch und damit auch metaphysisch begründet werden. Denn Franz Boll hat zurecht darauf hingewiesen, dass die Doktrin astrologischer Völkereigenschaften erst nachträglich entwickelt worden sein kann; ja dass sie im Rahmen der Polemik um Nativitäten-Astrologie entstanden sein muss. Dabei hat Boll darauf verweisen können, dass die landläufige Astrologie-Kritik vor Ptolemaios offenbar nie auf astrologische Völkereigenschaften referiere.[1409] Diese Doktrin antworte vielmehr gerade auf die Kritik, dass Horoskop-Astrologie bloss das Singuläre begründe, alles kollektive Betroffensein – wie ein Erdbeben, eine politische Katastrophe, ein Massenereignis oder historische Konjunkturen und die bekannten kollektiven Eigenheiten – nicht nur nicht erkenne, sondern geradezu nivelliere. So etwa, wenn Sextus

---

[1403] REIMANN ebd. 294 („*Die frühen Rassentheorien stellten einen Versuch dar, die europäische Expansion und die damit verbundene Dominanz rational zu erklären.*") und *passim*.

[1404] Dazu TOOLEY 1953.

[1405] „*Astrology was fundamental to all the natural sciences*" (zu Bodins Zeit), und: „*The astrological system of the world was therefore universally accepted in the later Middle Ages.*" (ebd. 67).

[1406] Ebd. 73: Der Norden macht gross, stark und langlebig; der Süden klein und eher schwächlich, udgl.

[1407] Ebd. 76.

[1408] Ebd.

[1409] 1894, 187: „*Soviel also glaube ich erwiesen zu haben: Carneades und Panätius haben von jener astrologisch begründeten Ethnographie noch nichts gewusst, die in den christlichen Bestreitungen der Astrologie eine so grosse Rolle spielt.*"

Empiricus spotte darüber, dass in Äthiopien keine Jungfrau-Aszendenten geboren werden könnten, da diese zu Hellhäutigkeit und blauen Augen neigten.[1410] – Boll meinte also, dass die „astrologische Ethnoghraphie" zur Verteidigung der Astrologie entwickelt worden sei, vorab gegen Argumente des Karneades; d. h. dass die Lehre von den „Völkersitten" von ihr nicht geprägt worden sein kann, weil sie gerade gegen sie – als Theorie des Individuellen oder Geborenen – sprach: sodass das Argument *„des Carneades von den Völkersitten jene astrologische Lehre hervorgerufen hat."*[1411] Und da sie vor Ptolemaios Manilius schon kennt, glaubt Boll ihren eigentlichen Urheber als einen Verteidiger der Astrologie gegen neuakademische Skepsis in Poseidonios ausmachen zu können.[1412]

Nun ist zwar offenkundig das Verbinden von astronomischer mit irdischer Topographie ein wichtiges Element in der gelehrten Deutung der 'Botschaften des Himmels' gewesen,[1413] und zwar lange vor der Horoskop-Astrologie. Solche Zuordnung war nicht zuletzt bei Finsternisprognosen wichtig, um den Ort zu bestimmen, der von der Vorhersage spezifisch betroffen sein sollte – so wurde etwa die Mondscheibe in Viertel unterteilt, um die verfinsterte Zone einem Land bzw. einem „Reich" zuzuordnen.[1414] Und auch die von den Arabern übernommene Prognostik nach den „Grossen Konjunktionen" in Mittelalter und Früher Neuzeit war auf solche Analogien angewiesen,[1415] wie sie von Ptolemaios im zweiten Buch der Tetrabiblos systematisiert und erklärt worden sind.

Wenn sich die Astrologie hier also das Argument der Gegner zu eigen gemacht hätte (kollektives Betroffensein widerspricht der Vormacht individueller Prägung), so hätte sie zwar, indem sie Landstrichen und Völkern einen astrologisch determinierten Charakter und himmlische Regenz zuschrieb, sich selber gegen den Vorwurf gerettet, die gesellschaftliche, epidemiologische,[1416] politische und historische[1417] Dimension menschlichen Lebens auszublenden. Aber sie hätte sich damit auf ein Terrain begeben, das für die ältere Omenwissenschaft, die von der Homologie des Kosmos mit der Gesellschaft und damit des Politischen mit dem Himmel ausging, eine Selbstverständlichkeit war, das aber der neuen Nativitäten-Astrologie, sofern sie

---

[1410] Ebd. 186 (zu Sextus Adv. Math. V 102).

[1411] Ebd. 201.

[1412] Ebd. 235.

[1413] Siehe schon CUMONT (1909) 2014, 77-87.

[1414] ROCHBERG-HALTON 1988; ROCHBERG 2010, 47. (Dort auch zu anderen Zuordnungen, die auch schon wie die spätere Astrologie die „Triplizitäten" umfassten, also die später sogenannten „Elemente": so war den „Feuerzeichen" Widder, Löwe, Schütze Akkad zugeordnet, den „Erdzeichen" Stier, Jungfrau, Steinbock Elam etc. (ebd. 40).

[1415] NORTH 1981; VON BEZOLD 1892; PINGREE 1968.

[1416] Wenn ganze Völker von Seuchen dezimiert wurden.

[1417] Hier wären die „Konjunkturen" zu berücksichtigen, in die das einzelne Leben fallen muss (Zeiten des Aufschwungs ermöglichen Vieles, was etwa die kollektive Deformation durch Krisen verwehrt), und der Ausdruck erinnert daran, dass eben zum Zwecke der astrologischen Erklärung historischer 'Epochalität' die Lehre von den „Grossen Konjunktionen" entwickelt worden ist, die in fundierender Weise eine Lehre von „Revolutionen" sein musste (SCHMID 2005, 408f.), weil gerade die Wendepunkte der 'Konjunkturzyklen' von entscheidendem Interesse für jede Prognostik sind. – Ein Wurzel scheint dieser astrologische Revolutionsbegriff bei Ptolemaios zu haben, wo dieser (II 7,81) meint, dass die sog. Kardinalzeichen für politische Umwälzungen (*ton politikōn eithismenōn metabolais*) relevant seien.

aristotelisierend die kosmische Substantialität des Singulären objektivierte, ein Problem schuf, das widerspruchsfrei nicht mehr aufzulösen war. Ich meine das Problem der politischen Zuständigkeit einer Kosmologie, die nach der Metaphysik gerade den Kosmos zur Alternative gegen das Politische stilisiert hatte. – Hier wurzelt wohl das Problem einer sekundären 'Individualisierung' des Kollektiven, weil in dieser Horoskop-Astrologie die Essentialisierung des Individuellen das eigentliche Thema gewesen ist.[1418] Das logische Ungetüm der „Völkerindividuen", die für Wilhelm von Humboldt[1419] oder auch noch Jacob Burckhardt eine Fundierung des Historischen im Idealen denkbar sein liessen, ist hier schon als mögliches Missverständnis angelegt. Denn ein Volk trüge dann wie ein Individuum im astrologisch-aristotelischen Sinne eine singuläre Anlage und Bestimmung in sich; es hätte als Kollektiv ein Schicksal – und wartete womöglich darauf, dass zur zugeteilten Zeit sein „Welttag"[1420], etwa in der Entfaltung der Blüte einer Kultur, oder einer weltformenden Hegemonie, anbrechen müsse.

Wenn die astrologischen Völkereigenschaften über ihre Rezeptionsgeschichte einen gewissen Einfluss auf moderne Essentialisierungen des Kollektiven ausgeübt hätten, so muss man doch festhalten, dass diese 'völkischen Substanzen'[1421] hier übertragene sind: die astrologisch isolierte Wesentlichkeit war nach ihrem Formular die Wesentlichkeit eines einmalig Geborenen. Dies auf ein Volk, gar auf einen Staat übertragen hiess daher konsequent, nach einem Geburtsmoment zu suchen, wie im Horoskop Roms, an dem sich ein Freund des Kulturhistorikers Marcus Terentius Varro,[1422] Tarutius Firmanus versuchte.[1423] Noch moderne Astrologen verfahren so – ein Horoskop der Schweiz etwa wird auf den Zeitpunkt des Beschlusses der neuen Verfassung von 1848 erstellt; für Deutschland nimmt man aktuell den Zeitpunkt des 3. 10. 1990 um 0 Uhr. Das entspricht dem astrologischen Typus der *katarché,* der etwa den Verlauf einer Unternehmung (wie einer Reise) aus dem Moment seines Anfanges prognostisch erfassen will – oder auch einer Regierung aus dem Horoskop einer Krönung, ganz besonders dann, wenn der Gekrönte ein Usurpator ist: je mehr Anfänglichkeit, desto mehr Gewicht wird ja dem Horoskop zukommen müssen, wenn es wirklich beschreiben soll, was zum Zeitpunkt der Natalität noch nicht vorhanden war.

Zu den modernen Rassentheorien und ihrer Kombinierbarkeit mit den romantischen Essentialisierungen von „Nationen" dürfte also die Astrologie wenig

---

[1418] Ptolemaios versucht eine Art Hierarchie der Bedeutungsebenen zu erstellen und findet den Ausweg, dass er die Zuständigkeit einer „mundanen" Konstellation für ein Individuum wiederum nach der Affinität der Geburtskonstellation des letzteren zu der ersteren veranschlagen will: (II 8,89) Am meisten betroffen vom mundanen Schicksal sind diejenigen, die im eigenen Horoskop (*kata tas idias geneseis*) Affinitäten zu den entsprechenden Mundan-Konstellationen haben. – Beides, das allgemein Mundane und das Individuelle sind offenbar getrennte Systeme.
[1419] VON HUMBOLDT 1960.
[1420] BURCKHARDT benutzt diesen Ausdruck öfters etwa in seinen Vorlesungen zum Orient, und scheint hier von dem Ausdruck „Lebenstag" bei ERNST VON LASAULX inspiriert worden zu sein Siehe das editorische Nachwort in BURCKHARDT 2022, 1253).
[1421] Zur Essentialisierung des Historischen im 19. Jahrhundert SCHMID 2016, 472-485.
[1422] CANCIK 2020.
[1423] SCHMID 2005, 200ff. – Auch Ptolemaios rät (II 3.74) bei Städten dazu, die Positionen der „Lichter" und des Aszendenten in ihrem Gründungshoroskop zu beachten, wo unbekannt aber das *mesuranema*, also den Kulminationspunkt über dem Horizont der Horoskope der Gründer, Chefbeamten oder der Könige zur Gründungszeit.

beigetragen haben. Hier spielt vermutlich Rezeption neuplatonischer Konzepte, wie die „Volksseele" und der „Volksgeist", gerade bei Hegel,[1424] eine wichtigere Rolle. Und nach Hegels Programm (das Subjekt sollte Substanz, d. h. zur metaphysischen Instanz werden – und eben nicht das Individuum) war nun das völkisch naturalisierte Kollektiv gleichsam die *prima substantia* und Träger eines der Historie und damit dem Politischen inhärenten „Geistes". Und diesem Programm, so scheint es wenigstens, folgen noch die meisten Stimmen im aktuellen Diskurs der Essentialismus-Kritik. Stets wird Essentialisierung als metaphysische Erhöhung von Kollektiv-Eigenschaften untersucht und supponiert – ja es sieht sogar danach aus, dass nun in Umkehrung des antiken Verlaufs die stets, auch als „Ursprünglichkeit", nachträglich konstruierte[1425] Substantialität des Kollektiven als Paradigma gilt – und damit ebenso eine verunglückte Geschichtsmetaphysik, die Metaphysik des Kollektiven, als Paradigma der Metaphysik schlechthin gilt, einer Metaphysik, die eigentlich eine Metaphysik des Individuellen war. Ihre kritisch beleuchtete Künstlichkeit in der konstruierten Wesentlichkeit des Subjektiven wird auf das Individuelle übertragen, das nun als Träger einer Eigenheit etwa verdächtigt werden kann, eine „Andersheit" auszuschliessen,[1426] als wäre die Eigenheit eines Menschen als Hegelsche Negation der Einwand gegen alles, was sie nicht selber wäre.[1427] – Aber die Aufgerichtetheit eines Baumes ist eben nicht ein Aufstand gegen den Himmel und die Welt.

Wo wir uns mit der Frage eines Agierens und Erfahrens in einem dezidiert 'interkulturellen' Raum befassen müssen, in welchem vor allem zwei sehr selbstbewusste[1428] Traditionen und entsprechende mentale Horizonte aufeinander trafen – ich reduziere die Vielfalt hier auf Griechisches und Ägyptisches, was natürlich eine Verkürzung ist –, ist diese Abgrenzung wichtig: der Literatur und Deutungs-Praxis der Nativitäten-Astrologie ging es offensichtlich nicht um das Konstruieren kollektiver Identität, und damit auch nicht um Abgrenzung einer solchen gegen ein Anderes, das sie möglicherweise – wie in der postkolonialen Analyse kolonialer Hegemonie des Subjekts auf Hegels Spuren[1429] – negieren musste um gerade identisch zu sein mit sich. – Wenn uns diese Astrologie etwas über die Fraglichkeit von Identität in einer kolonial

---

[1424] SCHMID 2016, 487ff. – Siehe etwa HEGEL 1986, 326 (*Phänomenologie des Geistes*) zum *„Geist"* der „das *sittliche Leben* eines *Volks*, insofern er die *unmittelbare Wahrheit* ist" sei; „das Individuum das eine Welt ist"; 329: „Als die *wirkliche Substanz* ist er *ein Volk,* als *wirkliches Bewusstsein Bürger des Volkes."*

[1425] Dagegen MARC BLOCH, der vom *„ Götzen Ursprung"* sprach (2002, 33ff.).

[1426] YOUNG 2004, 37 zu dieser Subjekt-Konstitution durch Negation des „Anderen" nach Hegel. – Nie wird darauf verwiesen, dass es sich um eine kollektive Konstituierung handelt, die zudem als Errichtung einer kollektiven Substanz illusorisch sein und bleiben muss, weil Kollektive eben niemals substantiell und daher auch keine Individuen sein können – d. h. sie können es nur, indem sie Individualität gerade ausschliessen.

[1427] Zur postmodernen Manie des Anschwärzens von „Essentialismus" MAGEE 2016, xxii, der von *„ the shopworn postmodern smear 'essentialism'"* spricht.

[1428] Siehe EDDY 1961, 257ff. zu gegenseitigen Überlegenheitsgefühlen von Ägyptern und Griechen.

[1429] Siehe YOUNG 2004.

deformierten[1430] Gesellschaft enthüllen soll, dürfen wir sie wohl eher nicht als Instrument im Kampf von kulturellen „Selbstbewusstseinen" verstehen. Eher noch war sie der Versuch eines Auswegs aus einer supponierten kulturellen Heterogenität oder Unvereinbarkeit. – War sie daher ein „hybrides" Konstrukt, gar der Ausweg in einen „Dritten Raum", der dem Kampf um hegemoniale Identität – oder der Fragwürdigkeit von Identität im Kontext hegemonialer Provinzialisierung – entkommen wollte?

Das Horoskop als Meisterstück „hybrider" Theoriebildung?

Das historische Phänomen von kulturell 'gemischten' Bildungen, Konstruktionen oder Konzepten ist nicht lange vor der Erfindung des Hellenismus-Begriffs im 19. Jahrhundert zu einem Gegenstand des Bedenkens geworden.[1431] Jedenfalls ist es nachvollziehbar, dass für solch interkulturelle Gebilde in der Zeit der sich formierenden „Nationen" ein neuer Erklärungsbedarf entstand. Denn der Nationalstaat war vielleicht das erste menschliche Kollektiv, das seinen 'Gehalt' als politische Gemeinschaft nicht mehr aus der nun wissenschaftlich naturalisierten Welt beziehen und auch nicht mehr aus dem Tun und dem Auftrag einer kosmogonisch oder auch kosmologisch aktiven Gottheit herleiten konnte. Das Nationale musste für eine interne Bestimmung sorgen, die man dem Volk oder Stamm als einem natürlich-plausiblen, genetisch aktiven Substrat verdanken wollte, dem man Seele und Geist, Genie und Vitalität,[1432] aber jedenfalls eine bestimmte und damit verbindlich verbindende Identität zuschreiben wollte oder musste. Und die Zuschreibung war nicht ohne empirischen Gehalt, denn verschiedene Gegenden werden ja offensichtlich von Menschen mit abweichenden Bräuchen, Sprachen und Gewohnheiten bewohnt. Schwieriger wurde es, noch bevor Darwin die „Rasse" als universales Erklärungsmodell von proto-theologischer Dimension denkbar gemacht hatte, wo man Völkereigenschaften für historio-politische Werturteile einsetzte – etwa wenn Theodor Mommsen als Althistoriker den Galliern/Kelten die Begabung zum Politischen überhaupt absprach, und damit eigentlich die Potenz zu ernsthaft historischer Grösse,[1433] womit er auch einen oben schon erwähnten Topos antiker Barbaren-Degradierung fortschrieb.

[1430] Laut FRANTZ FANON führe Kolonisierung nicht nur zu einer „Vereinnahmung und Ausbeutung der Arbeitskraft der Kolonisierten", sondern auch „zu einer Entwertung ihrer Subjektivität" (VARELA/DHAWAN 2015, 44f.).

[1431] Der aktuelle Begriff „Synkretismus" scheint erst von Herder aus innertheologischen Kontroversen auf die „Entwicklung des frühen Christentums unter dem Einfluss des Hellenismus" übertragen worden zu sein, wobei schon Herder an Alexandria als „Mittelpunkt des Welthandels" dachte, wo laut Herder durch die „Vermischung der Denkarten aller Nationen im griechischen und römischen Bereich die sogenannte neuplatonische Philosophie und überhaupt jener sonderbare Synkretismus entstanden, der die Grundsätze aller Parteien zu vereinigen suchte." (zit. nach W. LEIDHOLD in HWPh 10 (1998), 800f.).

[1432] SCHMID 2016, 485-492.

[1433] JACOB BURCKHARDT, selber in alemannisch-keltischer Grenzlage wohnend, wies in seiner noch unpublizierten Vorlesung zur Römischen Geschichte von 1868 (jetzt JBW 23,1) Mommsens

Jedenfalls war für Droysen die Fähigkeit zu synkretistischen Mischformen ein zentrales Element des „Hellenismus";[1434] ihm sollte nun – im Licht der welterobernden christlichen Universalreligion – die Ermöglichung eines kulturenübergreifenden Zusammenhangs durch den offenbar besonders verbindlichen, zur Universalisierung geeigneten – vielleicht von einer historischen Vorsehung gerade dafür geschaffenen – Geist des Griechentums zu verdanken sein. So hat auch dieser Begriff einen Haken, da er mindestens in seinem „hellenistischen" Anwendungsbereich[1435] auch mit dem hegemonialen „Narrativ" des weltverbindenden „Westens" zusammenhängen muss – auch wenn dessen hegemoniale Universalität mittlerweile mehr im Bereich technologisch potenter Wissenschaftlichkeit[1436] als in einer weltumspannenden Religion gesucht und gefunden wird. Vermutlich deswegen wird ihm neuerdings der Begriff der „Hybridisierung" (nach Homi K. Bhaba) vorgezogen.

Das Problem bleibt sich gleich: nach dem zweiten Weltkrieg und dem Aufgeben der Kolonialreiche wurde das „eurozentrische" Verhältnis von Aufklärung zu Kolonialismus und Faschismus vorab in marxistischen Kreisen zum theoretisierten Problem, und es ging dabei um die Vorherrschaft des weltgeschichtlich und kolonial siegreichen „souveränen Subjekts", welches im Sinne Hegels zu seiner Selbstkonstitution ein Anderes als die Negation seiner selbst ausscheide, das es sich dann wieder in seine Verfügbarkeit einverleiben müsse.[1437] Man kam von Hegel nicht einfach los,[1438] dessen „westlichen Narzissmus"[1439] man allerdings nicht mehr teilen wollte.[1440] – Man hat nicht ohne Grund (so Robert C. Young) den „Historismus" – gemeint war die organisierte Historisierung der Welt seit dem 19. Jhdt. – als ein imperiales Projekt bezeichnet und suchte nach „post-strukturalistischen" Alternativen in einer dezidiert „postmodernen" Welt.[1441] – Nun gelte es (mit Edward Saïd), einen „essentialistischen Universalismus" zu verlassen,[1442] und dabei macht man offenbar den Bogen von Hegel zu Platon zurück und spricht von *„metaphysics"* als *„white mythology"*[1443]. – Auf das Missverständnis (als wäre Hegel die logische Konsequenz aus Platon und Aristoteles) einer gerade die

---

abwertendes Urteil über die zur Staatlichkeit unfähigen Kelten als *„Caricatur"* zurück (2022, 471).

[1434] MOYER 2011, 11: *„In cultural terms, Hellenismus was a Hegelian synthesis of Oriental cultures and Greek civilization that overcame the divisions between earlier, more narrowly circumscribed cultures and prepared the way for the universal civilization of Christendom."*

[1435] Hier bleibt er naheliegend als heuristisches Instrument – siehe nur etwa SCHIPPER 2002, 4, wo von einem *„durch den Hellenismus ausgelösten Gesamthorizont"* die Rede ist.

[1436] MALKIN 2002, 171: *„In later periods, as Elias Bikerman suggests, other nations accepted Greek definitions of their own identity because of the perceived 'scientific' aspect of the Greek outlook."* (Der Verweis auf BIKERMAN bezieht sich auf dessen Aufsatz „Origines gentium", in ClPh 47, 1952, 65-81).

[1437] YOUNG 2004, 34f.; 37.

[1438] *„The real difficulty has always been to find an alternative to the Hegelian dialectic"*, aber: *„You cannot get out of Hegel by simply contradicting him"* (ebd. 37).

[1439] Ebd. 49.

[1440] Ebd. zu *„Derridas critique of 'a certain fundamental Europeanization of world culture'"*. Sowie *„the Greek domination of the Same and the One"*.

[1441] Ebd. 41f.

[1442] Ebd. 42.

[1443] Ebd. 38.

Moderne fundierenden „Metaphysik" bin ich oben schon zu sprechen gekommen.[1444] Es beruht zum einen auf der mangelnden Unterscheidung von Individuum und Subjekt, und zum anderen auf der Verkennung der fundamental polemischen Anti-Modernität der griechischen Metaphysik[1445], die nicht zuletzt in ihrer, von den modernen Interpreten meist übergangenen, theologischen Kosmologie zum Ausdruck kommt, deren realexistierendes Modell jeder „Phänomenologie des Geistes" das erst in Alexandria durch einen Adepten der Astrologie theoretisch-mathematisch vollendete „ptolemäische Weltbild"[1446] war.

Für die Interpretation der Astrologie als intellektueller Konstruktion in einem kolonialen Raum, bei der von einer Zusammenarbeit kolonisierender und kolonisierter Subjekte auszugehen ist, ist die Interpretation dieser Metaphysik, welche selber tragendes Element der Konstruktion war, von erheblicher Bedeutung. Die grösste Schwäche geläufiger Interpretation liegt in der kritischen Rückführung von Vereinheitlichungen mit totalitärem Potential auf eine griechische Ontologie,[1447] die solchen Verallgemeinerungen des subjektiv Verfügbaren in der Betonung der Fatalität des unverfügbar Bestimmten gerade entgegengetreten ist. Die Kritik müsste daher eigentlich das Unvollständige ihrer Abwendung von 'proto-modernen' Prämissen treffen. Denn in der Tat wurde das durch griechische Metaphysik theoretisch aufgerüstete Christentum gerade in seiner Weltlosigkeit[1448] zum Biotop der Entwicklung radikaler Modernität, deren imperial-weltkolonisierende Macht aber – wie bei den Griechen: „Metaphysik" war nicht

---

[1444] Ich hege die Vermutung, dass für die breite Akzeptanz dieser falschen Genealogie vor allem der Einfluss Heideggers verantwortlich war – und natürlich Hegel selbst, der sich als Vollender der griechischen Tradition empfand, indem er ausgerechnet die anti-historische Metaphysik zum theologischen Kern aller Historie erklärte. Aber darin steckt viel mehr zum Fortschrittsglauben umfunktionierte Heilsgeschichte als „Geschichte", wie sie im durchaus aussermoralischen Sinne, und im Bestaunen einer ambivalenten neuen „Grösse" des autonom und ersichtlich gewordenen Menschen im Plural, wo er erst fürchterlich wurde, von den Griechen als Genre 'erfunden' worden war (SCHMID 2016).

[1445] SCHMID 2020.

[1446] SCHMID 2006.

[1447] Siehe YOUNG 2004, 100f. zu Derrida, welcher „Geschichte" als ein Konzept versteht, welches „has always been in complicity with a teleological and eschatological metaphysics". – Das kann sich aber unmöglich auf Geschichte im antiken, von Herodot und Thukydides geprägten Format beziehen. Denn diese ist „tragisch" vielmehr als „metaphysisch"; ihr Thema ist die ambivalente Grösse des autonom, eigenweltlich und damit prominent ersichtlich gewordenen Menschlichen, das eine gerade politisch unbesiegbare und doch ständig besiegte Fürchterlichkeit an den Tag einer neuen Wahrnehmbarkeit legte. Diese Historie war eine besinnliche Reflexion auf das tragische Scheitern der Macht, zu welcher das Menschliche politisch geworden war. Sie war wesentlich Reflexion des unumgänglichen Scheiterns von Politik (SCHMID 2016).

[1448] In ihr hatte es sogar Mühe, die aristotelische Wissenschaft als teleologisch umgerüstetes Medium der fundamental modernen 'Natur-Rationalität' zu akzeptieren – weil erstere in ihrer providentiellen Weltlichkeit die Allmöglichkeit Gottes (sozusagen die „beliebigkeitskontingente" Verfügbarkeit für eine omnipotente Subjektivität Gottes) in Frage stellte (GRANT 1979 zu Bischof Tempiers Verdammung des theologischen Aristotelismus im Jahr 1277).

imperialistisch,[1449] Demokratie schon[1450] – auf der technokratischen Implikation autonomer Subjektivität und ihrer inhärenten Erscheinungsobsession beruht. Die Basis einer imperialistischen Vormacht des Westens ist seine Fähigkeit, alles in Oberflächen zu verwandeln, damit zur Wahrnehmbarkeit für ein durch grenzenlose Vermehrung der Phänomenalität immer weiter ausgreifendes Subjekt zu reduzieren.[1451] Das ist schlicht die totale (oder totalitäre) Instrumentalisierung der Welt.

Die Macht der Welt-'Historie', die auf ihrem globalen Siegeszug alle lokalen 'Geschichtlichkeiten' überdeckt oder in sich aufhebt,[1452] wird durch das astrologische Format prädestinierter Gebürtlichkeit ebenso wie durch griechische Metaphysik in Frage gestellt, nicht bestätigt. – Liegt also in dieser Astrologie eine Form von Widerstand? – Ist im Horoskop ein anti-historisches 'Formular' der Existenz erfunden worden? – Dem steht entgegen, wenn man dem posthegelianischen Missverständnis einer Verbindung von imperial-„humanistischer" Historisierung mit metaphysischem Essentialismus erliegt, dass hier Widerstand stets *„consonant with the anti-essentialism of Western anti-humanism"*[1453] sein müsse.

Wenn Robert Young in seiner Zusammenfassung postmoderner Kritik an Geschichte als Festschreibung kolonialer Dominanz auf Foucault und seinen Ereignis-

---

[1449] Genauer: sie wurde es erst als Stütze der Monarchie, welcher sie einen Globus als providentielles Ordnungsmodell in die Hand legte, der aus den Händen von römischen Generälen und Kaisern dann als „Reichsapfel" in die Hand Christi und allerchrichtlichster Könige übergehen konnte (SCHMID 2017).

[1450] Das erhellt aus der 'Imperialismus-Kritik' des platonischen Timaios-Kritias mit der Atlantis-Legende, die mit der Demokratie-Kritik zusammengehört. Der Zusammenhang von imperialistischer Hybris mit Demokratie – Athen war das einzige, aber höchst relevante Paradigma – ist schon aus Thukydides zu erschliessen, und Kritik am imperialen Übergriff war offenbar schon vor Platon (Thukydides Melesiou) eine rhetorische Waffe konservativer Kreise in Athen. Der Timaios-Kritias-Text war aber für die Formierung der griechischen Metaphysik von grösster Bedeutung, sein Einfluss reicht bis in die antike Astrologie und hat noch eine durch den Stoizismus weit verbreitete intellektuelle Kosmosfrömmigkeit geprägt (SCHMID 2005, 119-202; SCHÄFER 2005; SCOTT 1991, KARFIK 2004, FESTUGIÈRE 1949; REYDAMS-SCHILS 1999).

[1451] Zum Zeitraum der Niederschrift aktuelles Beispiel einer Verfügbarkeit steigernden Ausweitung von Phänomenalität ist ein in Deutschland entwickelter „Test", der auf der ganzen Welt die Menschen in „positive" und „negative" scheidet und sie solchermassen dem Zugriff einer politisch ermächtigten Subjektivität, die ganz offensichtlich um ihr Leben fürchtet, zur Verfügung stellt. – Das eindeutig Koloniale dabei – wie auch der Anspruch des „alten weissen Mannes", die ganze Welt durch gnädige Durchimpfung zu retten – hat verblüffenderweise keine Kritik aus dem Lager der „Postkolonialisten" hervorgerufen. Wie überhaupt die jüngsten Ereignisse auf das historische *„thaumaston"* einer wissenschaftsgläubigen „Reaktion" der Moderne zu weisen scheint, welche, offenbar sang- und klanglos, alle postmodernen Ambiguitäten und Fragwürdigkeiten beiseitegefegt hat. Sicheres Zeichen dafür ist es wohl, wenn der Säulenheilige der Postmoderne, der gar die Krankheit zum sozialen Konstrukt erklärt hatte, jetzt posthum als Sexualverbrecher denunziert werden kann.

[1452] YOUNG 2004, 94f.; es geht hier auch um Ablehnung einer universalen Zeitlichkeit: laut ALTHUSSER sei abzulehnen eine *„ 'single ideological base-time' to which all these different temporalities can be related"*, denn *„there can be no history in general, only specific structures of historicity"* (95).

[1453] YOUNG 2004, 202f, zu Gayatry Chakravorty Spivak.

Begriff zu sprechen kommt,[1454] lässt sich allerdings zeigen, wie „historisch" auch Foucault selber das „Ereignis" („*event*" nach Young) versteht. Hier wird es im Sinne der Geschichtsschreibung als Re-inszenierung auf der Bühne öffentlich zugänglicher Reflexion verstanden – es ist als solches schon bei Herodot das immer Fragliche, daher stets zu Belegende, rhetorisch plausibel zu Gestaltende, und doch immer zu Negierende, zu Verdrängende, zu Fälschende, zu Verdrehende. – Es ist der öffentliche Charakter der Historie, die ein 'politisch' explizit öffentliches Bewusstsein voraussetzt, der sie in Foucaults Sinn erst 'fluid', zum in sich wesenlos Mitgetriebenen im „Rauschen" der Diskurse macht, und damit zum Bestandteil der Machtentfaltung hegemonial-kollektiver Subjektivität, bei der alle metaphysischen Entitäten samt dem in seiner Machtgier substantialisierten Subjekt und seinem „absoluten Selbstbewusstsein" als legitimierende Kniffe der Macht enttarnt und als solche „dekonstruiert" werden können. Wenn aber die Geburts-Astrologie das „Ereignis" im Verbund mit griechischer Metaphysik und ägyptischer Kosmologie ganz effektiv und theoretisch aufwendig 'enthistorisiert' hätte, dann hätte sie ja gerade im Sinne postmoderner Kritik die Zitadelle der kolonisierenden Hegemonie, nämlich die „Meistererzählung" als unverzichtbare Bühne ihrer siegreichen Wirklichkeit geschwächt. Sie hätte den hegemonialen Diskurs, sofern sich dieser auf „historische Ereignisse" bezog, entwertet, indem sie dem Ereignis eine mundane, a-historische, ontologisch aber fundamentale und 'kulturneutral' naturale Basis unterschob. War das nicht die Entmachtung des Historischen selbst – in der griechischen Metaphysik schon polemisch intendiert, doch erst in der ausgebauten Astrologie realisiert?[1455]

Wenn man moderne Versuche der Dekonstruktion der historischen Ereignisfolge im Narrativ in Betracht zieht, wo man Ereignisse (wie eine „*bataille*" nach Deleuze) in an sich beziehungslose 'Atome' zerlegt, die dann wieder nur diskursiv zu Komplexen zusammengefügt werden können,[1456] dann vergleiche man die astrologischen „Konstellationen", etwa des „Ereignishoroskops"[1457] damit, die ja die Zukunft, Herkunft und Umwelt ihrer aktualen Singularität in sich enthalten, weil sie astrologisch nur als Momente einer weltlich umgreifenden Struktur als distinkte Ereignisse gelten können. Selbstredend sind sie nicht narrativ konglomeriert: ich sehe dem Horoskop des Augustus nicht an, dass es den Moment der Geburt eines Gaius Octavius beschreibt; das muss ich wissen. Das Horoskop einer Schlacht, gäbe es für sie einen sinnvollen Anfangsmoment, würde den Umstand, dass es sich um eine Schlacht handele, nicht 'erzählen', da es nur das Singuläre eines aktualen Verlaufes zu beschreiben hätte. – Absolut ist nur die umgreifende Weltlichkeit, die einen in sich geschlossenen Kreis semantischer Aspektualität aus dem Beliebigen und Allmöglichen ausschneidet und als zeitliche Aktualität dem Horizont eines geographisch bestimmten Ortes einfügt. – Dabei ist das paradigmatische „Ereignis" der Astrologie offensichtlich die Geburt. Diese ist nichts in

---

[1454] Ebd. 117ff.

[1455] Zur Metaphysik und Astrologie als „Einspruch" gegen Geschichte und antike Modernität siehe Schmid 2005; 2009; 2016, Kap. 7; 2020.

[1456] YOUNG 2004, 118.

[1457] Man kann auf alle möglichen Ereignisse Horoskope stellen, sofern sie einen klaren (sozusagen 'ereignisgenetisch' potenten) Anfang haben. – Siehe NORTH 1987 zu einem vermutlich auf Adelard v. Bath zurückgehenden hochmittelalterlichen Horoskop der Normanneninvasion, das dann als Horoskop einer neuen Ermächtigung oder ihres Scheiterns hätte fungieren können: So gesehen ist das Geburtshoroskop der Spezialfall eines Ereignishoroskops.

sich Absolutes; es gibt sie nur, wenn Leben existiert, und der Tod. Leben und Tod sind offenbar 'genetisch' in der Struktur des natalen Ereignisses schon enthalten. Ein solches Ereigniskonzept entspricht nicht dem modernen, schon bei Heidegger von der menschlichen Kollektivität der „Historie" besessenen Erlebnisbedarf, sondern steht eher dem rituellen Horizont des ägyptischen Sonnenrituals nahe, in dessen Rahmen das Identische des Sonnenaufgangs doch immer das neu am Horizont aufgehende und anfänglich Geborene bedeutete.[1458]

Die Geburt ist das Ereignis, das nicht durch das erzählende Subjekt in seinem Erzählen 'konstruiert' wird, weil sie als Ereignis der Welt in der Welt die cartesische Distanz des *ego intelligens* zu 'seinem' Ereignis zerstört oder dekonstruiert.[1459] Niemand hat diese theoretische Distanz zu seiner Geburt, weil letztere ihm immer schon vorausliegt und dem „Subjekt" an Wirklichkeit einerseits überlegen und andererseits immer schon inhärent sein muss. Es gibt kein Subjekt, das nicht ein „geborenes" sein muss. Analog zum griechischen Begriff des „Sterblichen" muss jedes Subjekt dieser Kategorie des Geborenen angehören, um damit selber schon ein „Ereignis" in Partizipation an dem Ereignis – dem täglich neu in die Sichtbarkeit aufgehenden – der Welt zu sein. – Diese Kategorie ist nicht zu imaginieren, sie ist wesentlich kein historisches Format und immer nur nachträglich zu historisieren; psychologisch gesprochen gehört sie als Gebürtlichkeit in der Regel zum Verdrängten und damit zu dem von der „historisch" selbstbewussten Subjektivität Negierten. Und so ist auch Individualität, deren Singularität natal gerade zum Ereignis wird, eine extra-historische Kategorie. Nur deshalb kann sie, als Erscheinungsform der zeitlichen Singularität, der auch das historisch siegreiche Subjekt unterliegt, das Historische als den Raum menschlich selbstreflexiver Pluralität überhaupt fundieren.

Ist diese Konzeption des Geburts-Horoskops, entstanden an den Rändern von historischer und a-historischer Zeit, daher als ein Einbruch in das Historische – oder, aus anderer Perspektive: ein Ausbruch aus der Geschichte – zu verstehen? – Wenn es ein Akt des Widerstands oder eine Artikulation aus der Negation des Subalternen war, dann müsste der Widerstand von ägyptischer Seite auf Komplizenschaft aus den Reihen der siegreichen Erzählung gestossen sein. – Dass es 'Kollaboration' gab, erhellt z. B. aus der Wahrscheinlichkeit, dass der Astronom Hypsikles, im 2. Jhdt. v. Chr. zweifellos der griechischen Elite in Alexandria angehörig, vermutlich mit Rücksicht auf astrologische Bedürfnisse tätig war.[1460] Und die Affinität von griechischer Moderne-Dissidenz zu dezidiert 'extramodernen' Alternativen hat sich in Platons Timaios schon als die Sehnsucht, der Historie zu entkommen, eindrücklich artikuliert, wo die Rede des Sizilianers, die das Ereignis des Kosmos als die eigentliche Realisierung einer unbewegten Verbindlichkeit im Bewegten erzählt, dem Ereignis historischer Grösse entgegentritt. In diesem Ereignis der göttlich bewegten Welt ist das, woran die Historie

---

[1458] BOUCHÈ-LECLERCQ (1899, 462) hat eine ägyptische Herkunft für die sog. „Katarchen"-Astrologie postuliert (FESTUGIÈRE 2014, 118).

[1459] In seiner Autobiographie hat der abgesetzte „Vorsitzende" der DDR, Erich Honecker, auf der ersten Seite geschrieben: *„Soll man es begrüssen oder beklagen, dass sich die Geburt eines Menschen seiner eigenen Wahrnehmung und Erinnerung entzieht?"* (zit. MAAZ 2010, 127).

[1460] FRASER 1972, 435ff. Zu Hypsikles Näheres im nächsten Kapitel.

metaphysisch immer scheitern muss – die „Phänomenologie des Geistes" – immer schon zur Wirklichkeit und damit zum unerreichbaren Paradigma für die Historie geworden. Die Imago des Kosmos ersetzt als intellektuell attraktive[1461] Modellform der steten Erneuerung in einer stabilen kinetischen Wirklichkeit die Geschichte. Das war die Antwort auf eine griechische Erfahrung von erheblich proto-moderner Potenz. Man kann sie als eine „ägyptische" oder „chaldäische" Antwort im Selbstverständnis der Akteure bezeichnen; sie war auch von platonischer Seite als kulturübergreifende explizit gedacht (Philipp v. Opus als 'Vollender' mesopotamischer Sternreligion; Platons Ägypten und seine Verbindung mit einem idealen Vorzeit-Athen).[1462] Aristoteles sah in der Lokalisierung des Göttlichen am Himmel – im Rahmen seiner Abhandlung über die 'Theologie der Sphären' – durchaus ein kulturübergreifendes Motiv.

Wenn die Astrologie in ihrem Formular ein Format globaler Identität geschaffen hat, so hat sie es mit einer universalen Zeitlichkeit versehen, welche gerade nicht die erzählte Zeit der Hegemonie autonomer Subjektivität gewesen ist. Ihre Epochalität, ihre Periodisierung, ja ihre Einheit wurde anschaulich durch die Weltlichkeit des Globus gestiftet, und ihre Parameter (Tierkreiszeichen, Planeten, Häuser) waren trotz griechischer Namen als 'orientalische' kenntlich, sie waren hochoffiziell „synkretistisch". Nur deshalb konnten schon früh ägyptische Priester als Spezialisten einer vornehmlich griechischen Astrologie gelten.[1463]

Dabei hat wohl erst die griechische Astronomie und die Kosmo Theologie der Metaphysik hier so etwas wie eine Kosmologie des Privaten geschaffen, weil es unter Griechen keine Bezüge politischer Öffentlichkeit zum Himmel und zu dezidiert kosmologischen Parametern jenseits des bloss Kalendarischen gab – also keine öffentliche Ominosität des Himmels. Seit dem Timaios ist jedenfalls eine Kosmologie der „Seele" oder des „Geistes" zu greifen, und die Astrologie ist auf dieser Spur geblieben, sofern sie im Horoskop den Kosmos auf ein individuelles Leben bezieht.[1464] Ein neues Paradigma, eine neue Instanz für das 'wahrhaft Gültige' ist damit postuliert worden. Und diese Instanz war das „Wesen", die Substantialität der Dinge, die der „metaphysischen" Wesentlichkeit der Welt entsprach. Hier entstand auch das Konzept einer „Weltseele", der die Einzelseele verbunden und der sie analog sein sollte. Menschlicher 'Innenraum' und kosmischer Welt-Innenraum sind analog und in unvermittelter Beziehung, ein Thema oder Verhältnis, das auch die „hermetische"

[1461] Zum Renommée der Astronomie als exakter und theologisch potenter Wissenschaft kommt ein Prestige der literarischen Kosmos-Emphase, greifbar etwa bei Arat und seiner Rezeption (MASTORAKOU 2020).

[1462] Mit Recht betont ASSMANN (2000, 46f.), wie eine griechische „Zwangsalternative" (von Bürgerfreiheit und orientalischer Despotie) im 4. Jhdt. „aufgebrochen" wurde: „Dafür wird Ägypten wichtig. Es erscheint als eine dritte Option neben der orientalischen Despotie und der okzidentalen Demokratie. In dieser Zeit (und vielleicht schon vorher in pythagoräischen Kreisen) stand Ägypten für politische und kulturelle Stabilität, eine durch strikte Verpflichtung auf uraltgeheilige Gesetze legitimierte Alleinherrschaft, eine klar definierte Funktion der Religion im Gemeinwesen ('politische Theologie') und eine philosophisch-politisch-religiöse Elite, zu der auch und vor allem der König gehörte."

[1463] Siehe etwa WINKLER 2016.

[1464] Erste babylonische Proto-Horoskope gehen zeitlich allerdings um einige Jahrzehnte dem Timaios voraus. Dass Platon davon gehört hat, ist daher durchaus möglich. Also könnte theoretisch Platon zu seiner 'privat-ontologischen Kosmologie' davon inspiriert sein.

Psychologie beherrscht hat und das bis in die Neuzeit hinein bedeutsam blieb. Das hat für den in Alexandria ausgebildeten Plotin[1465] zu der radikalen Konsequenz geführt, dass seiner Meinung nach eine Einzelseele die Welt würde erschaffen können, wenn nicht die Weltseele diese schon erschaffen hätte.

Wie steht es also mit der kulturellen „Hybridität" dieser Astrologie? – Ich denke, dass sie sogar als Musterbeispiel hybrider Konstruktivität zu gelten hätte. In Hinblick auf den „Synkretismus"-Begriff wäre sie als der Fall eines „systemischen" Synkretismus anzusehen: d. h. als der Fall, in dem *„zwei Systeme eine noch zu bestimmende Verbindung eingehen".*[1466] Mit den „Systemen" wäre hier offensichtlich ein bürgerlich-rationales, durch die Weltobjektivierung autonomer und kolonial erfolgreicher Subjektivität bezeichenbares auf der einen und ein strukturell[1467] monarchisch und mythiko-rituell geprägtes auf der anderen Seite zu verstehen. Das sind so grundsätzlich verschiedene und sich polemisch ausschliessende[1468] 'kulturelle Systeme', dass eine ernsthafte Fusion von Elementen des einen mit solchen des andern sehr unwahrscheinlich wird.

Die vielen Beispiele für kulturelle Hybridität, die Peter Burke gesammelt hat,[1469] sind meistens Adaptionen fremder Elemente in ein bestehendes System – ich habe jedenfalls nichts dermassen 'Synthetisches' wie die Astrologie gefunden. – Wobei es nicht zufällig ist, dass man abgesehen von dem systematisch schwer abgrenzbaren Bereich der Religionen die schlagendsten Beispiele im Bereich der Musik findet: Es gibt Barock-Musik aus Südamerika, der „Blues", längst „westlicher" Stil, soll aus Mali stammen,[1470] und mittelalterliche Musik ist in bedeutendem Ausmass nach den Kreuzzügen durch das Einfliessen von Motiven aus Nordafrika geprägt worden; es kann gut sein, dass in einem „uralten" nordeuropäischen Volkslied ein Motiv aus dem arabischen oder vorderorientalischen Raum steckt. – Generell scheint es jedoch so, dass theoretisch artikulierte Systematik sehr viel schwerer mit Fremdem zu einer neuen Synthese verbunden werden kann, und besonders unwahrscheinlich ist es, dass eine hegemoniale Rationalisierungstechnik ihr konträre Elemente in sich aufnimmt.

Es gab ermöglichende Voraussetzungen wie die stoische Übernahme theologischer 'Grössen' in das rationale System der Natur-Phänomenalisierung. Durch eine enorme Ausweitung des „Materie"-Konzepts konnten metaphysische Entitäten und Konzepte wie die „Vorsehung", aber auch Götter aller Art reibungslos 'naturalisiert' werden. Dass dabei das Materie-Konzept selber imaginär werden musste, hat vorab Eric

---

[1465] Enneaden IV 3,6

[1466] BERNER 1979, 71.

[1467] D. h. nicht bloss „postkonstitutionell" monarchisch, wie die hellenistischen Königtümer für antike Stadtstaaten und das Kaisertum in Rom: SCHMID 2005, 54-64; 2011.

[1468] Das gilt für den „naturalisierenden" griechischen Blick auf die Phänomene, wo dieser im Sinne moderner „Entzauberung" sich gegen alles „Mythenähnliche" (*to mythodes*: so etwa Thuk, I 21,1; vgl. SCHMID 2016, 274f.) abgrenzt – und es gilt zum anderen für alle „kompakten" kulturellen Systeme, sofern diese samt ihrer sozio-politischen Form nur ohne den „Naturbegriff" existieren können (KELSEN 1949, ROCHBERG 2016). Gewiss sind hier aber die „revisionistische" Theologisierung des griechischen Natur-Verständnisses durch die Metaphysik und das vergleichsweise Offene der griechischen Naturkonzeption das Ermöglichende einer Synthese geworden.

[1469] 2009.

[1470] So Bassekou Kouyaté im Interview (NZZ am 31. 5. 2019).

Voegelin in seinem Buch „The Ecumenic Age" kritisch hervorgehoben. Für ihn war das ein fauler Kompromiss; durch das _„imaginary medium"_[1471] des stoischen Materie-Begriffs habe man die alten Götter – als ob nichts geschehen wäre – etwa als Allegorien beibehalten können. Jetzt konnten Wasser, Feuer, Erde, Fatum, Naturgesetze und eben auch Sterne die Götter sein. Voegelin nahm die Kritik an diesen stoischen Göttern aus Ciceros _De natura deorum_ auf – die leicht auf die astrologischen zu übertragen ist – und meinte dazu: _„A new intellectual game with imaginary realities in an imaginary realm of thought, the game of propositional metaphysics, has been opened with world-historic consequences that reach into our own present. One of the immediate effects of this deformation of symbols into doctrines was the damage to the exploration of structures in reality through science."_ (Folgt der Hinweis auf die empörte Ablehnung der heliozentrischen Thesen Aristarchs durch den frommen Kleanthes).

Es kann sein, dass Voegelin den stoischen Versuch verkannt hat, die „metaphysische" Tradition einer 'universalen', am Kosmos und nicht an parochialer Frömmigkeit orientierten Theologie zu vereinfachen oder zu vereinheitlichen[1472] und eine kulturübergreifend vermittelnde Orientierung zu finden, die über den Chauvinismen poliader, d. h. politisch und sozial instrumentalisierter Kultausübung stand. – Wenn die ambivalente, theoretisch paradoxe physiko-theologische 'Essenz'[1473], die divine oder „metaphysische" Körperlichkeit der Gestirnssphären, als neue Denkbarkeit hinter der „imaginären" Materialität der Stoiker gestanden hätte,[1474] dann liesse sich doch hier auch ein „ökumenisches" Bedürfnis nach Verbindendem, nach einem „Medium" in einer kulturell heterogen Welt schon vor Alexander supponieren. Ich spreche von etwas, das bei Irad Malkin als _„middle ground"_ im Spannungsfeld kulturell auszutragender Diversität bezeichnet worden ist.[1475] Malkin benutzt den Begriff (nach Richard White) um an den Rändern von verschiedenen Kulturen – in seinem Beispiel von Griechen und Etruskern – eine Basis des Gemeinsamen zu bezeichnen, als _„mediating culture."_[1476] Da geht es etwa um geteilte mythische oder epische Motive, und dabei spielt auch der kulturell adaptive Polytheismus[1477] eine Rolle. Als Medium dienen _„epic poetry"_ und auch _„later Greek 'myth-science'"_[1478], wobei man hier sicher auch an intellektuell interessierte, vielleicht teilweise bilingue Eliten vorab auf etruskischer Seite[1479] denken kann. – Im Falle der Astrologie waren nun zweifellos die Planetengötter,[1480] im Rahmen

---

[1471] VOEGELIN 1974, 42f.

[1472] SCHMID 2005, 175-183.

[1473] Siehe MORAUX, RE XXIV (1963), 1171-1263 _s. v. quinta essentia._

[1474] SCHMID 2005, 175ff., wonach schon Theophrast den Subtilitäten dieser Physiko-Theologie nicht mehr theoretisch gewachsen gewesen wäre.

[1475] 2002.

[1476] Ebd. 152.

[1477] Ebd. 159.

[1478] Ebd. 171.

[1479] MALKIN stellt die Frage: _„Why did Etruscans adopt Odysseus and why did Greeks not adopt Etruscan heroes?"_ (171), die allerdings nicht durch den Hinweis zu beseitigen ist, dass der adaptierte Odysseus (Utuze) eben nicht mehr griechisch sei. Das muss auch nicht auf ein _„simplistic acculturation model"_ hinauslaufen (ebd.). Denn eine Kultur adaptiert ja nur etwas, wonach sie gerade Bedarf hat, sofern sie nicht durch schiere koloniale Dominanz zur Adaption genötigt wird.

[1480] Zu ihrer Auffassung und Adaption in Ägypten WINKLER 2011, 224-233; ROSS 2020, 162f.

von 'internationaler Tempelwissenschaft' zu divinatorischen Zwecken als mathematisierbare Parameter von Mesopotamien her in Ägypten in Gebrauch, ein enorm geeignetes 'Medium', um Diversität zu beherbergen. Und dabei spielte gerade ihre 'Physikalisierbarkeit' eine Rolle, vorab, aber nicht nur, für die Akzeptanz auf Seiten griechischer Bildung. Denn die betonte Rationalität – also der wissenschaftliche Anstrich der Astrologie – war als *appeal* für ein griechisches oder gräzisiertes Publikum zugleich ein Ansporn für die ägyptische Seite, für ihr eigenes 'mythisches' oder kosmologisches Anliegen, und zugleich für den Nimbus tradiert priesterlicher Expertise Anerkennung von Seiten der überlegenen Macht zu erhalten.

Wenn also der Himmel als Zone eines 'naturalisierten' Göttlichen zum „dritten Ort" einer supra-kulturellen Vereinbarkeit geworden wäre, worin bestünde genauer das Verbindende? – Etwa in der Wahrnehmbarkeit – die wie die "natürliche" Handhabbarkeit der Welt zur technischen Basis jedenfalls moderner kolonialer Überlegenheit geworden ist? – Naturalisierung war und ist ein Element kolonialer und kultureller Überlegenheit – denn in afrikanischen Schulen wird ja heute keine afrikanische Mathematik oder Physik oder Biologie gelehrt. Es ist die scheinbare 'Kulturneutralität' des „Natürlichen", was eine durch Phänomenalisierungstechniken geprägte Hegemonie besonders adaptierbar macht: sie beruht auf einer sehr vereinheitlichenden und übertragbaren Reduktion der Welt zur Wahrnehmbarkeit von menschlichen Subjekten. – Ist also das transzendentale „Subjekt" hier der eigentliche „*middle ground*" und auch das in der hermetischen und vor allem gnostischen Literatur – dort schon im 'Gefängnis' ihrer fatalen Individualität – Angesprochene? Letztere konnte jetzt jedenfalls in einem 'kulturneutralen Medium' artikuliert werden, nämlich dem Horoskop. – Doch inwiefern war das neutral, abgesehen davon, dass natürliche Evidenz prinzipiell das betrifft, was alle einsehen könnten?

Ein Ägypter war nach diesem Format oder Medium zweifelsfrei auf dieselbe Weise individuiert wie ein Grieche. Das war vergleichbar mit der Zugehörigkeit zu einer Religion, nämlich der Sternreligion des göttlich potenten Himmels – die als *theologia naturalis* offensichtlich mit anderen kultischen Verpflichtungen kompatibel blieb. Und es war auch vergleichbar mit dem modernen Bekenntnis zur „Natur-Wissenschaft" als der einzig wahren Wissenschaft, damit der Zugehörigkeit zu einer 'Religion' der „transzendentalen", autonom-absoluten Subjektivität, die ja ohne Zweifel auch eine Universalreligion ist. Und es ist ja kaum Zufall, dass zu prominenten Vertretern postkolonialer „Provinzialisierung" westlicher Hegemonie erfolgreiche Wissenschaftler aus dem „subalternen" Bereich in den Zentren der Hegemonie geworden sind.

Laut dem Theoretiker der Hybridität, Homi K. Bhaba, ist „Hybridisierung" durchaus eine Form des Widerstands, denn wenn die Kolonisierten das Fremde der hegemonialen Kultur aufnehmen, verändern sie damit auch das 'Original', und damit die Kolonisatoren.[1481] Für Bhaba ist offensichtlich die Nachahmung des siegreichen Modells durch die Unterlegenen das Paradigma eines Verhältnisses, in welchem es zur einer „Verwandlung" kommen soll, weil „*die koloniale Nachahmung* (colonial doubling) *das Selbstbild der Kolonisatoren beständig destabilisiert und diese dazu zwingt, ihre eigene Identität zu erklären und zu rechtfertigen.*"[1482] – Hier scheint das Hybride als Element

---

[1481] VARELA/DHAWAN 2015, 229ff.; YOUNG 2004, 189ff., wo gar die Rede ist von einem „*strategic reversal of the process of domination*".
[1482] VARELA/DHAWAN, ebd. 227.

der Verflüssigung zu wirken; es ist auch das Werkzeug einer De-Essentialisierung, weil auch für Bhaba die koloniale Suprematie durch substantialisierte Machtbeziehungen aufrechterhalten werden soll. Denn eigentlich seien Kulturen immer schon hybrid, also dynamisch, instabil, gleitend etc.,[1483] und damit wäre „Kultur" entweder als herrschaftsbildende Stereotype überhaupt abzulehnen, oder aber zu funktionalisieren als Element von wesentlich nicht festgelegter Dynamik. – Dagegen gibt es Einwände,[1484] die ich nicht referieren will. Ich möchte auf das grundlegend Moderne aller aktuellen Debatten zum postkolonialen Widerstand hinweisen. In ihnen fällt die Fixiertheit auf das Macht-Thema auf, d. h. die politische 'Historisierung' des Problems von Widerstand oder Resilienz gegen das koloniale Übergewicht und dessen Eingriffe 'zivilisierender' Überlegenheit in eine als rückständig behandelte Kultur, die ja erst einmal als solche kategorisiert werden muss, anthropologisch im Grunde seit Herodot. Solches Gebaren ist selber das Fortschreiben des 'siegreichen Diskurses', schon weil man ja dessen kritisch-aufgeklärtes Potential für sich in Anspruch nehmen will.[1485] – Das ist wie Hegel durch Hegel überwinden wollen: Das „Absolute" holt jeden Einspruch gegen es immer wieder ein.[1486] Wenn wir die grundsätzliche Verschiedenheit antiker Verhältnisse und deren Möglichkeiten zu kultureller Dominanz im Auge behalten, fällt uns bezüglich der Astrologie oder des Hermetismus und Neuplatonismus doch auf, dass es andere Wege von Widerstand, Resilienz oder Einspruch gab,[1487] sofern diese das Politische selber in seiner „historischen" Zeitlichkeit entmachteten, entwerteten und zur 'Sekundärwirklichkeit' degradierten. Dann würde gar Individualität zur 'astrologisch konstruierten' Identität des Auswegs aus der Geschichte, und zwar im Namen unvermittelt welthafter Existenz.

[1483] Ebd. 248.

[1484] Ebd. 237: Das Argument, dass die adaptierende Übernahme (*mimikry*) der dominanten Motive auch „Selbstverstümmelung" bedeute – man denke nur an operative Augenkorrekturen vorab bei jungen Frauen im ostasiatischen Raum – und damit als Herrschaftsinstrument gelten könne.

[1485] Siehe nur CHAKRABARTY 2008, etwa 255: „*For at the end of European imperialism, European thought is a gift to us all.*" Und in der Anmerkung dazu das Zitat eines „indischen Philosophen" (aus einem Buch über Heidegger): „*there is no other way open, to us in the East, but to go along with this Europeanization and to go <u>through</u> it.*" (ebd. 298 A 43). Es gibt aber kritische Positionen auch aus Indien, die sich gegen die Einverleibung in westliche „Geschichte" gerade als Fortschrittsnarrativ wenden, vorab NANDY 1995, 44, der von der „*absence of any radical critique of the idea of history within the modern world and for that matter, within the discipline of history itself*" spricht. Er fragt auch: „*Why have historians till now not seriously tried to critique the idea of history?*" (51). Von ihm inspiriert LAL 2003, 31 zu „Geschichte" als „*the principal method of teaching colonial subjects to identify error in their own systems of thought and, simultaneously, confirm Western principles of law, order, justice, and truth.*" – Ebenfalls hier zu bedenken die explizite Verbindung von Aufklärung und wissenschaftlichem Rassismus (REIMANN 2017).

[1486] Wo Geschichte marxistisch als „Verschiedenheit der Produktionsweisen" betrachtet wurde, fehlte noch das Individuum: „*The real problem here is the 'concept of the historical forms of existence of individuality', for which, according to Althusser, Capital provides the necessary principles*" (YOUNG 2004, 231 A 42). Das Individuum fehlt aber schon bei Hegel, sofern er es eben samt der Substanz mit dem Subjekt fusionierte und damit „aufgehoben" hat.

[1487] SCHMID 2009; 2020.

Wo modern laut Lacan Subjekte zum Individuum würden, wenn sie ihren *„Platz in der symbolischen Ordnung eingenommen haben und aufgerufen werden, zu sprechen"*,[1488] da ist mit dieser „Ordnung" natürlich das stets fluide Rauschen der Diskurse gemeint, und kaum jemand käme auf den Gedanken, in der anordnenden Allmacht der Diskurse den funktionalen Ersatz für den „umgreifenden" Kosmos zu postulieren, wie er in der Astrologie erstmals zum universalen Generator von Bedeutungen systematisiert worden ist. In solchem Licht müsste auch die 'Hybrid-Synthese' eine nicht mehr vorhandene oder de-essentialisierte Verbindlichkeit der Weltform als 'globalen' Formats aller Verallgemeinerungen ersetzen. – Nicht bloss die Welt als neue Globalität des Kosmos wurde astrologisch objektiviert, sondern ihr expliziter Bezug auf die individuierten Subjekte. Was also politisch nur insuffizient existierte, was politisch nur eine Imago des „beherrschten" Globus, dann providentieller Herrschaft im Namen Christi oder der gesegneten Universalmacht Roms gewesen ist, das wurde astrologisch real als Herrschaft göttlicher Ordnungsparameter der Welt, die als Herren der Zeit deren andauernde Singularität verursachen und bedeuten mussten.

Darin kann man und sollte man auch Widerstand erkennen: ich denke dabei an einen gemeinsamen gräko-ägyptischen, vielleicht schon babylonischen Widerstand (wo Priester Gestirnsomina nicht mehr für den König erstellen), an einen Widerstand gegen die ortlos expansive Modernität kolonisierender Übermacht und das erscheinungsobsessiv naturalisierende Subjekt. Das war auch ein priesterlich anti-moderner Widerstand gegen die „zivile" und global siegreiche Organisationsform menschlich autonomer Macht.[1489] Inspiriert auch von Platons Utopie der asketischen Autorität einer priesterlichen Disziplin[1490] war solcher Einspruch gegen das Zivile selbst auch mit wechselnder Konsequenz in den 'Weg-von-der-Kultur-Bewegungen'[1491] artikuliert worden, welche spätestens seit den Kynikern auch eine gewisse soziale Sichtbarkeit des 'Zivilisationsverweigerns' erlangten,[1492] in deren unscharf zu ziehendem Rahmen Indigene und 'koloniale Subjekte' als Verfechter einer „theologisch" reflektierten, ontologischen oder extra-kulturellen Individualität zusammenfinden

---

[1488] VARELA/DHAWAN 2015, 237.

[1489] Dass diese Priesterschaft nicht, wie die Druiden für Rom, die man vorsorglich ausgerottet hat, als Gefahr für die koloniale Herrschaft angesehen wurde, hat natürlich mit der ägyptischen Fähigkeit zu tun, Fremdherrschaft kulturell absorbieren zu können. Ägyptische Priester waren schon aus Tradition bereit, Fremdherrschaft zu stützen, sofern sie der eigenen religiösen Kosmologie rituell einverleibt werden konnte. Individueller Einspruch war aber auch von dieser Seite möglich, und um einen solchen müsste es sich bei den astrologischen Gründertexten handeln. – Hier haben wir also eventuell den Widerstand eines autorisierten („königlichen") Individuums als pseudonymen Autor-Subjekts.

[1490] Ein modernes Pendant als Utopie ist das in kulturkritischen Kreisen des Jugend-Protests der 60er und 70er Jahre vielgelesene „Glasperlenspiel" Hermann Hesses, das eine „kastalische" Gegenwelt priesterlicher Wissensaskese evozierte.

[1491] Auch als Zurück-zur-Natur-Bewegungen zu bezeichnen, als *„primitivist"* im angelsächsischen Raum: zu dieser wichtigen, auch in China etwa zeitgleich auftretenden Tendenz LOVEJOY/BOAS 1935; GRAHAM 1989, bes. 200-223.

[1492] Unklar scheint diesbezüglich der 'Status' eines Tempelinsassen wie Ptolemaios, Sohn des Glaukias im Serapeion zu Memphis im 2. Jhdt. v. Chr., in dem man aber immerhin eine Art von 'Zivilisationsflüchter' (aus welchen Motiven auch immer) erkennt: THOMPSON 2012, 199-241.

konnten.[1493] Sie hätten sich dabei in dem kulturumgreifenden Rahmen des Paradigmas für alle „dritten Räume" bewegen können, nämlich im götterbewegten Kosmos, der aller Macht überlegen war und der spezifisch jedes „souveräne Subjekt" – für postkoloniale Kritik die Basis kolonialer Herrlichkeit[1494] – in unwiderruflich wortloser aber immerhin denkbar-diskutabler Weise sich unterwarf.[1495]

[1493] Auf die Frage, inwiefern die „Hermetiker" in diesen „Rahmen" gehören, wird zurückzukommen sein.

[1494] Es ist die Frage, ob man darin eine Reserve gegen einen erfolgreichen „Humanismus" erkennen kann, der im Sinne FANONs als verlogen abgelehnt wurde, weil der Mensch, der im Zentrum stehe, doch an jeder Ecke ermordet werde („*Leave this Europe where they are never done talking of Man, yet murder men everywhere they find them, at the corner of every one of their own streets, in all the corners of the globe.*" – zit. YOUNG 2004, 159).

[1495] Dass dabei der Kosmos selber imperiale Züge annehmen konnte, der dann wie ein imperialer Apparat funktionierte, ja selber zum „imperialen Giganten" wurde, hat VOEGELIN moniert (1974, 198ff. zur pseudo-aristotelischen Schrift *de mundo*). Manilius sieht die Sterne wie „auf Kommando" ihren Weg gehen (*velut imperio*: I 496), der Kosmos ist eine *domus publica* (I 535), die von dem Kosmos-affinen Augustus *augustis legibus* regiert wird (I 8). Hier konnte der Astrologe also dem Anspruch nach zum geistigen Pendant des imperialen Welteroberers werden (SCHMID 2005, 274 A 141) – er war aber dabei nie mehr als ein öffentlich-inoffizieller Komplize der Kaiser, sofern diese auf ihre 'revolutionäre Individualität' reduzibel gewesen sind, in welcher sich wiederum nichts anderes als das Fehlen einer öffentlich akzeptierten politischen Theologie manifestierte, die wohl für „postkonstitutionelle" Monarchien typisch ist (SCHMID 2011).

Dass es in einem Milieu kolonialer Dominanz zu einer Übernahme von 'Fremdem' kommen muss, und dies von den beiden Seiten der Dominanten wie der 'Akkulturierten', wird kaum jemand bestreiten. Figuren, die zwischen diesen Seiten vermitteln oder ihnen in wechselnder Weise angehören, sind daher besonders aufschlussreich. Manetho im ptolemäischen Ägypten, Berossos als Babylonier des Seleukidenreichs, beide als Priester zur intellektuellen Schicht der Kolonisierten gehörend, sind exemplarisch, weil sie „Geschichte" geschrieben haben, und zwar eine griechische Geschichte ihrer eigenen 'Geschichtlichkeit'; d. h. sie haben Geschichten Ägyptens bzw. Babylons für griechische Leser auf Griechisch verfasst.[1496] Damit haben sie sich zwischen verschiedenen 'Zeitformen' bewegen müssen, wenn wir einmal in der Geschichte auch einen Modus der Verzeitlichung – offenbar des kollektiven Lebens, welches das einzelne einschliesst – sehen wollen. Viel zitiert wird in solcher Hinsicht die spezifisch moderne Erfahrung einer „Gleichzeitigkeit des Ungleichzeitigen",[1497] womit etwa die moderne Begegnung mit anderer Zeitlichkeit sogenannt „indigener" Völker gemeint sein kann, und generell das gleichzeitige Vorhandensein „verschiedener Zeitbegriffe"[1498], in einem kulturellen Zusammenhang (wie in der weltumspannenden Moderne), in einer Gesellschaft[1499] oder sogar im Leben eines Menschen, wo das „Unbewusste" ein anderes, möglicherweise archaisches oder mythisches Zeitempfinden[1500] kennt.

Da man üblicherweise das Konzept einer universalen oder universalisierenden Zeit, etwa verstanden als moderne „Säkularisierung" einer christlichen universalen Heilszeit,[1501] als modernisierende Antwort auf dieses Problem der Ungleichzeitigkeit versteht[1502] – bis hin zur aktuellen sogenannten „Globalgeschichte"[1503] – drängt sich hier die Frage nach dem Status einer astrologischen Zeitlichkeit auf, die man ja wohl als kosmische und gar „globale" bezeichnen muss. Auch in ihr könnte dann die *„Pluralität*

[1496] DILLERY 2015; 2016; VERBRUGGHE/WICKERSHAM 1996. HAUBOLD 2013; STEVENS 2019, 94-143 (zu Berossos); MOYER 2011, 84-141 (zu Manetho).

[1497] KOSELLECK 1989; SCHMIEDER 2017; UHL 2003.

[1498] SCHMIEDER ebd. 328; 352.

[1499] UHL 2003, 63 zu Karl Mannhein, der zur Lösung innersozialer Ungleichzeitigkeit die Schaffung einer „Kultursynthese" vorschlug.

[1500] SCHMIEDER 2017, 349 zu Freud.

[1501] Etwa FABIAN 2014, 1-25.

[1502] *„Eine besondere Zeiterfahrung, nämlich die Erfahrung der Gleichzeitigkeit des Ungleichzeitigen sei es, die eine transnationale, genuin geschichtliche Zeit entdecken liess, eine Zeit mit einem nur ihr eigenen Rhythmus und Verlauf. Konfrontiert mit Phänomenen kultureller Verschiedenheit, herausgefordert durch Formen sich beschleunigender soziokultureller Divergenz, und deshalb in der Erwartung der Andersartigkeit der Zukunft, seien die Differenzen auf spezifische Weise temporal aufgefangen worden: im modernen Begriff der Geschichte als eines singulären, dynamischen, weltumspannenden Fortschritts- oder Entwicklungsprozesses."* (UHL 2003, 53 nach KOSELLECK 1989).

[1503] CONRAD 2007; BAYLY 2004; OSTERHAMMEL 2011.

verschiedener Zeitkonzepte"[1504] wieder konvergent werden unter dem *"Einheitsaspekt eines sie umgreifenden und sie zugleich zeitlich situierenden zeitlichen Zusammenhangs*"[1505] – funktional analog unserem universal übertragbaren Konzept einer „Geschichte", mit dem laut Koselleck spezifisch modernen „Kollektivsingular",[1506] welcher der „Geschichte" erstmals einen sozusagen autonomen Status zuerkannt habe.

Das oben benutzte Wort des „Umgreifenden" – Jaspers hat dieses Wort philosophisch gebraucht; es übersetzt das griechische *„to periechon*"[1507] – erinnert an die ptolemäische Bezeichnung des Himmels als des 'astrologisch potenten' Bereichs. – Kann ein astrologischer Zeitbegriff als Versuch der Universalisierung gelten, der dazu diente, die kulturelle Differenz im Modus divergierender Zeiterfahrungen zu überspielen oder eben im „dritten Ort" eines suprakulturellen „Kosmos" mit eigener naturalisierter Zeitlichkeit aufzuheben?

Die Frage wirft ein Problem (post-)kolonialer Ungleichzeitigkeit auf, das auch die Anthropologie beschäftigt.[1508] Denn in der Ungleichzeitigkeit wird in der Regel dem technokulturell Unterlegenen eine Vorläufigkeit des „primitiven" Zustandes zugeschrieben: die „Dritte Welt" ist eben noch nicht auf der Zivilisationsstufe der ersten angekommen. Sie erscheint damit durch Relegation in eine Frühstufe des universal verstandenen Fortschrittverlaufs als vergleichsweise defizitär,[1509] was unter anderem den kolonialen Paternalismus legitimiert. Und hier darf man gleich generalisierend festhalten, dass die Griechen der Ptolemäerzeit in den Ägyptern bei aller kulturellen Voreingenommenheit nicht jene „Wilden" sehen konnten, mit deren radikalerem Anderssein die koloniale Expansion der Moderne sich konfrontiert gesehen hat. Zwar hat die Ägypter schon Herodot „anthropologisch" beschrieben,[1510] aber das war Teil des Projekts der „Historie" selbst als der Beschreibung der Entfaltung und Reichweite autonom menschlicher Expansion. Herodot hat seiner Leserschaft Schauplätze für das grosse Theater menschlicher Grösse vor Augen gestellt und als Erzähler auch selber entworfen, und natürlich lag dem die Erfahrung eines siegreichen politischen Selbstbezugs des Humanen zugrunde, der auch für Herodot in eminenter Weise in Athen zur Erscheinung gekommen ist. Das neue Format des „Historischen" diente der Reflexion einer neuen, und tragischen, „Wirklichkeit" dieser erfahrenen Grösse, die offensichtlich eine Grösse politischer Organisation war.[1511] Und wenn Historie als die Erzählbarkeit

---

[1504] SCHMIEDER 2017, 352.

[1505] UHL 2003, 50; SCHMIEDER ebd. 356.

[1506] Zur Problematik des exklusiv modernen Kollektivsingulars „Geschichte" SCHMID 2016, 451-466.

[1507] „Philosophisch" verwendet vermutlich schon seit Anaximander: so KERSCHENSTEINER 1962, 30; vgl. KIRK/RAVEN/SCHOFIELD 1994, 126 A 13. – Siehe auch Plat. Tim. 31a; 92c zum 'vorptolemäischen' Gebrauch.

[1508] FABIAN 2014, dem es nach BUNZL (ebd. xxi) um *„the overcoming of allochronism*", also um eine gemeinsam geteilte Zeit geht.

[1509] Laut CHAKRABARTY 2008, 39 kann Moderne für die „Entwicklungsländer" als *„the project of positive unoriginality*" bezeichnet werden (zit. MEAGHAN MORRIS), das sie sie ja als etwas in der ersten Welt schon Vollzogenes nachholen sollen, und dabei (mit Ausnahme von Ostasien) notorisch im Verzug sein müssen, etwa technologisch, in Demokratisierung, Rechtssicherheit, ja in „Staatlichkeit" überhaupt (als *„failed states*").

[1510] Herodot als „Vater der Anthropologie": MYRES 1953, 43.

[1511] SCHMID 2016.

erstaunlicher menschlicher Grösse erscheint, sofern diese wirklich geschehen und d. h. bezeugbar erschienen ist, dann wird sie als Reflexion der memorablen Wirklichkeit menschlicher Vergangenheit auch einen Modus des Umgangs mit und des Verstehens von Zeit bedeuten müssen. Wir können daher in den 'historisierenden' Projekten des Manetho oder des Berossos auch die Auseinandersetzung mit einer sehr erfolgreichen Konzeption menschlicher Zeitlichkeit verstehen, und damit den adaptiven Umgang mit „Geschichte".

Dass nun die „Geschichte" selber ein Element kolonialer Dominanz sein kann, ist gerade von Kritikern einer modernen sogenannten „Globalgeschichte" mit Nachdruck betont worden.[1512] – Wenn Gelehrte aus Mesopotamien und Ägypten für ein griechisches Publikum schreiben und dabei offensichtlich Anregung und Stilelemente von griechischer Historiographie übernehmen,[1513] dann überbrücken sie zweifellos kulturelle Differenzen. Sie wollen die vergangene Grösse ihrer Heimat, die in beiden Fällen monumentale Sichtbarkeit hinterlassen hatte, anschlussfähig machen für eine 'internationale' Gegenwart, die durch 'modern' organisierte 'Super-Grösse' menschlicher Expansion und ihrer royalen Repräsentanten das Gewicht der 'indigenen' Vergangenheiten schmälerte, oder zumindest durch einen Glanz überspielte, der an diesen Vergangenheiten vorbei, diese sich unterwerfend, aus dem siegreich autonomen „Menschlichen" her „erwachsen" war.[1514] – Eric Voegelin, der in der aktuellen Debatte um Berossos und Manetho meines Wissens nirgends Erwähnung findet, hat in seiner grossangelegten geschichtsphilosophischen Studie „Order and History" im vierten Band (*The Ecumenic Age*) den Begriff der „Historiomachie" geprägt.[1515] Voegelin spricht damit einen interkulturellen Wettkampf um Vergangenheiten an – etwa wenn Römer mit Griechen um den Anschluss an Homer und den troianischen Krieg wetteiferten, der den

---

[1512] Zum Parallelismus von westlicher Hegemonie, Wissenschaft und „Geschichte" NANDY 1995, 53f., der auch von einem *„imperialism of categories"* spricht; LAL 2003, 31 zu „Geschichte" als *„the principal method of teaching colonial subjects to identify error in their own systems of thought and, simultaneously, confirm Western principles of law, order, justice, and truth."* – Euphemistisch werden die Denaturalisierung und Beschleunigung der Zeiterfahrung (nach Koselleck) in der Folge globaler technologischer Hegemonie des Westens (seit 1910) als eine *„der Mehrheit der Weltbevölkerung"* prinzipiell zugängliche *„Menschheitserfahrung"* bezeichnet von OSTERHAMMEL 2011, 127. – Eine Kritik von indianischer Seite bei DELORIA 1997, der etwa betont, dass in der Regel westliche oder 'westlich' ausgebildete Wissenschaftler als geeigneter gelten, indigene Traditionen zu verstehen als die Indigenen selbst (34).

[1513] VERBRUGGHE/WICKERSHAM 1996, 25: Berossos übernimmt die griechische Genre-Konvention der Namensnennung zu Beginn des Werks (und damit das Grundprinzip der 'Perspektivik' autonomer Subjektivität). Auch die geographische Beschreibung Babyloniens sei typisch für *„Greek history writing"*. – Die Züge naturalisierender Mythenkritik (nach F 1) halten sie aber für spätere Zutaten griechischer Leser. – Manetho wird eine *„more than superficial mastery of written Greek"* zugeschrieben (DILLERY 2015, 310) und sein *„narrative fashioning"* sei *„influenced by specifically Greek ways of telling stories."* (ebd. 312). Dagegen DIELEMAN/MOYER 2010, 442; zu dieser Kontroverse auch ESCOLANO-POVEDA 2020, 97-105. – Laut HAUBOLD 2013, 36 habe sich Berossos auch sonst an griechischen Modellen und Erwartungen orientiert (*„was quite actively modelling himself on contemporary Greek philosophers like Zeno"*).

[1514] *ta genomena ex anthropōn*, das „Gewordene von Menschen her", wie es im fundamentalen Proöm Herodots formuliert worden war (SCHMID 2016, 50-60).

[1515] 1974, 109ff.

'historischen Rückraum' an die mythischen Leitbilder für die beanspruchte Bühne menschlich-heroischen Hochglanzformats band. Der Jude Flavius Josephus griff dann die griechische Historiographie auch mit deren eigenen Mitteln an; zu seiner Schrift *Contra Apionem* meinte Voegelin: „*The principal thesis of the brilliantly written book can be summarized as the superiority of Egyptian, Babylonian, Phoenician, and Jewish historical work, resting as it does on the early possession of the art of writing and the careful keeping of archives, over the inexact and aesthetic manner of Hellenic histories, put together without a basis in reliable sources.*"[1516]

Für gelehrte bilingue Ägypter ging es hier ebenso wie für ihre Kollegen in Babylon offensichtlich um eine Integration ihres tradtionellen 'Erinnerungs-Formats' oder 'Zeit-Formats' der „Königsliste"[1517] in das griechische Format inhaltlich kohärenter Erzählungen, das in der Nachfolge Herodots zum Non-plus-ultra intellektueller Reflexion der neuen politischen Sichtbarkeit des Humanen geworden war.[1518] Das Format der Historiographie war bald so *en vogue*, dass die politischen Entrepreneure, die sich in der Nachfolge Alexanders zu Königen erhoben, regelmässig ihre „Historiker" hielten. Das Organ der namentlich beglaubigten Reflexion jener bedeutsamen Erinnerbarkeit, welche die Monarchen durch ihre militärisch 'welt'- oder reichsformenden Taten zu schaffen vermeinten, war an den hellenistischen Höfen offenbar erwünscht.[1519]

Für die vorliegende Fragestellung sind zwei Aspekte wichtig: erstens das klar erkennbare Eingehen 'indigener' Intellektueller auf ein Genre, das zum Rationalisierungsstil der kolonial expansiven Gesellschaften gehörte. Manetho hat wie Berossos das griechische Format begriffen und war offenbar auch davon beeinflusst. Er kannte seinen Herodot[1520] und konnte sich im intellektuellen Milieu einer „hellenistischen" Öffentlichkeit erfolgreich bewegen.[1521] Manetho war aber, zum anderen, ein ägyptischer Priester; er war ohne Zweifel geschult in einem rituellen, und mythisch orientierten, Umgang mit einer Vergangenheit, die über die Königsliste bis zu den weltschöpferischen Mächten, den kosmogonischen und kosmologischen Potenzen zurückreichte, mit welchen über die rituell aktualisierte Präsenz der Königs-Imago alltäglich kommuniziert wurde.[1522] Und solche Kommunikation, samt der Pflege einer

---

[1516] Ebd. 112.

[1517] DILLERY 2015, 55-122.

[1518] SCHMID 2016, 269-297; 348-351 zu einer Kohärenz, die im dramatisierenden Erzählen selber zu konstruieren ist, als Merkmal 'westlicher' (griechischer) Historiographie. DILLERY 2015, 32 („*the importance placed on Greek history writing*" habe Leute wie Berossos und Manetho inspiriert)

[1519] MEISSNER 1992.

[1520] MOYER 2011, 91 A 26 (er schrieb ein Werk zur Kritik an Herodot); Josephus, *Contra Apionem* I 73.

[1521] Zum Problem einer „Kollaboration" von indigenen Priestern mit der kolonialen Macht DILLERY 2015, xiv-xix.

[1522] Die Trennung von Welt-Ursprung und postuliertem 'Ursprung' der eigenen Gesellschaft, die über den König in der Regel zur Welt-Form erhoben wurde, ist dagegen eine wichtige Voraussetzung für die griechische „Naturphilosophie". Anaximander, Thales oder Heraklit können über die Herkunft der Welt unbelastet von der sozio-politischen Ordnungsfrage nachdenken; ihre Ergebnisse betreffen die Legitimierung sozialer Hierarchien höchstens indirekt. Anaximanders Welt-Prozessualität von Unrecht und Vergeltung oder die sich bekämpfenden

gelehrten Tradition des Rationalisierens, die jenseits des griechischen Natur-Begriffs auch magisch-rituelles Überschreiten der Grenze zwischen „Kultur" und „Natur" implizierte, war expliziter Bestandteil seines Amtes und damit zweifellos seiner ägyptischen sozialen und vermutlich auch persönlichen[1523] Identität.

Wenn nun Manetho zum Exempel dienen kann für das Vereinbaren einer dezidierten historisch-mythischen, historisch-kosmologischen oder historisch-rituellen Unvereinbarkeit als „gleichzeitiger Ungleichzeitigkeit", dann müsste er auch vor einer Aufgabe gestanden haben, die sich wohl jedem griechisch gebildeten Ägypter stellte, der mit dem kultisch sehr lebendigen ägyptischen Erbe[1524] die Verbindung nicht verloren hatte. – D. h. dass eine intellektuell halbwegs fassbare Figur wie Manetho wenigstens in struktureller Hinsicht ein Licht auf die reale Ungleichzeitigkeit[1525] der viel unfassbareren Figur des supponierten NP-Autors werfen könnte.

Die Listen der Könige, deren organisierende Bündelung in „Dynastien" auf Manetho zurückgehen könnte,[1526] gehören zur Zeitlichkeit von monarchisch "kompakten"[1527] Gesellschaften, und spielen daher auch bei Berossos ihre Rolle.[1528] Sie stiften durch die unterscheidbaren Singularitäten königlicher Individuen eine historische Tiefe der Zeit, d. h. die Geborgenheit der eigenen Gegenwart in einer Vergangenheit, die im mythischen Idealfall bis zum Ursprung der Welt oder der Herrschaft der Götter – die mit den kosmogonischen Potenzen mindestens verwandt sind – zurückreichen. Und hier dient Geschichte als Beschwörung der ordnend weltkonstruktiven Potenz des Ursprungs im Grunde demselben Ziel wie der Ritus. Denn die Vergangenheit wie die monumentale Erinnerung 'historischer' Grosstaten der Könige dient der Bestätigung der siegreichen Ordnung der Welt, die auch die Ordnung der Gesellschaft ist.

Nun hat zwar auch die „Universalgeschichte" antike Wurzeln,[1529] doch ist die Debatte über Ungleichzeitigkeit von der modernen Version eines *„universalen Zeithorizonts"* bestimmt, der mit der neuzeitlichen *„Erfahrung der Andersartigkeit der*

Welten Demokrits mochten Historikern Modelle liefern, aber für die Politiker waren sie nur sehr indirekt brauchbar: SCHMID 2016, 74; 78; 208-218.

[1523] Es ist natürlich immer möglich, dass ein Mitglied der kolonial subalternen Gesellschaft sich seiner eigenen Tradition entfremdet, etwa weil er der 'entzaubernden' Rationalität kolonial erfolgreicher Expansion erliegt bzw. folgt, dies vielleicht schon deswegen, weil ihre techno-kulturelle Überlegenheit den seinerseits weltgewährend-imperialen Anspruch der eigenen Tradition wirksam entwertet und durch ihren eigenen 'Zauber' ersetzt hätte. – Siehe CHAKRABARTY 2008, 33 zu einem jungen Dichter aus Bengalen, der 1842 ein Gedicht der England-Sehnsucht in englischem Stil schrieb, darin er u. a. leben wollte *„where man in all his truest glory lives"*; d. h. in der Welt „historischer" Grösse.

[1524] Zu dessen langem Nachleben etwa FRANKFURTER 1998.

[1525] Sie wird sehr anschaulich, wenn man bedenkt, dass unter den Ptolemaiern viele grosse Tempel ganz im ägyptischen Stil errichtet worden sind (ARNOLD 1999); das hatte eine ganz sichtbare „Ungleichzeitigkeit" zur Folge: *„ One has to visualize the strange phenomenon in which, under the Ptolemies, temples in Greek and pharaonic styles were built in Egypt side by side. "* (ebd. 152).

[1526] VERBRUGGHE/WICKERSHAM 1996, 98.

[1527] Zu diesem Begriff Eric Voegelins siehe einführend ASSMANN in VOEGELIN 2002, 19ff.; SCHMID 2016, 174ff.

[1528] DILLERY 2015, 56-84.

[1529] CANCIK/CANCIK-LINDEMAIER 2010/11.

aussereuropäischen Kulturen" in Zusammenhang gebracht wird.[1530] Und diese an sich integrative Universalisierung der welt-historischen Zeit hat einen Haken, sofern sie auch in supponierter Offenheit für das Diverse[1531] noch als eurozentrisch-hegemonial erkennbar bliebe: die dominante Kalendarisierung und Epochalisierung der Zeit[1532] ebenso wie die „Historisierung" selbst folgt unzweifelhaft der Norm der techno-kulturellen Überlegenheit des „Westens". Und das galt eigentlich schon für die wissenschaftlich noch keineswegs institutionalisierte Historiographie der Antike, die mit Herodots Proöm ihren Gegenstandsbereich universalisierend auf das Geschehen aus dem interhumanen Bereich abgrenzt: die universalisierende Grösse ist damit das Humane selbst, allerdings im Plural formuliert (*ta genomena ex anthropōn*). Und das schliesst zwar das Göttliche wie das bloss ethnisch oder national Begrenzte erst einmal aus[1533] – in der Tat berichtet Herodot als „Vater der Anthropologie"[1534] von all den Völkern, die der grosse Fluss seiner Erzählung über imperiale Expansion und ihr Scheitern in sich aufnehmen kann, und bekanntlich ausführlich über Ägypten –, aber die inklusive Pluralität des Humanen hat eben eine Basis, welche selber nicht explizit wird. Ich bezeichne diese Basis als das Politische und meine damit den gegenseitigen Selbstbezug der Menschen, und zwar in der durchaus kulturspezifischen und deshalb auch kollektiven Form humaner Autonomie, die für die martialischen und elitären griechischen Polis-Gesellschaften, und in dieser expliziten, „historisch" selbstreflexiven Form eben nur für sie,[1535] bezeichnend war.

Die historisch selbstreflexive Autonomie des interhumanen Bereichs hat zum Komplement den Naturbegriff, und damit die universale Verfügbarkeit der Welt zum Objekt der Wahrnehmung autonomer Bürger-Subjektivität. Das ist zwar, aufgrund der universal anwendbaren 'Naturalisierungstechnologie', die sich auf uneingeschränkte Wahrnehmbarkeit der Welt und damit auf die Dominanz wahrnehmend-menschlicher Subjektivität bezieht, eigentlich kulturneutral übertragbar, wie die heute weltweit apparativ und „digital" praktizierte „Phänomenalisierung" belegt. Das ist die Technik, die Welt in „Daten" zu verwandeln, und ihr liegt in letzter Ableitung eben nichts anderes als die griechische Natur-Konzeptualität, die „Erscheinungsobsession" der autonomen Kollektive bürgerlich-ermächtigter Subjekte zugrunde.[1536] – Was dabei gar nicht kulturneutral ist, das ist eben das politisch-eigenweltliche Ausschneiden des menschlich Subjektiven aus der Welt – mit welcher es gerade in Ägypten und eigentlich in allen

---

[1530] SCHMIEDER 2017, 329.

[1531] Etwa in postulierter *„Pluralität verschiedener Zeitkonzepte"* (ebd. 352).

[1532] Ebenso wie die weltweit konkurrenzlose Ikonographie der kreisrunden Zwölfstundenuhr, in welcher griechische und babylonische astronomische Konventionen nachwirken, die seit augusteischer Zeit durch die explizit astrologisch motivierte „Planetenwoche" ergänzt worden sind.

[1533] SCHMID 2016, 51f.

[1534] MYRES 1953, 43.

[1535] Es gibt bekanntlich „achsenzeitliche" Parallelen des neuen „Auf-sich-gestellt-seins" (n. JASPERS 1955, etwa 16: *„Menschen wagten es, als Einzelne sich auf sich selbst zu stellen."*) des Menschen; der spezifisch anti-monarchische Impetus der Autonomie ist aber wohl sonst nur in Israel mit annähernder Konsequenz verfolgt worden. (Zur generell Monarchie-kritischen Tendenz der „Achsenzeit" etwa ARNASON 2012). Vielleicht sind daher nicht zufällig Griechentum und Judentum zu kulturellen Basis-Komponenten globaler Dominanz solcher Autonomie geworden.

[1536] Zum Begriff der *„Erscheinungsobsession"* nach Voegelin SCHMID 2016; 2020 (*passim*).

Gesellschaften *„before nature"*[1537] mythisch, rituell und prä-naturalistisch rational verbunden war. – Die Zeit der „Geschichte" – und auch der vielzitierte Koselleck'sche „Kollektivsingular" einer „Geschichte" hat dabei antike Wurzeln[1538] – ist nicht neutral, denn sie bezieht sich seit Herodot auf eine bestimmte tragische Grandiosität kollektiv-organisierten menschlichen Gross-Unternehmertums. Zu dessen frühen Kritikern werden bei Herodot die offenbar 'anti-historischen', deshalb wohl als „langlebig" bezeichneten Äthiopier:[1539] Geschichte machen die Leute, die nicht bei sich oder einfach zuhause bleiben können.[1540]

„Geschichte" ist eine Zeitlichkeit siegreich erscheinender und „historisch" sich selber auch „phänomenal" werdender Kollektive – sie neigt gerade in ihrem Wissenschaftscharakter zwingend zur Naturalisierung des Menschlichen, könnte daher auch als Modus der 'Selbstnaturalisierung' des Humanen bezeichnet werden und hat auch im Rahmen des kolonialen Ausgriffs auf den Globus[1541] ein Fach wie „Anthropologie" hervorgebracht. Ihre Zeitlichkeit aber, als „historische" Zeit,[1542] kann sich nur auf Kollektive beziehen. Nur diese bringen als Formen menschlicher Selbstorganisation die Entfaltungen der „erstaunlichen" Grösse hervor, die den Historiker als neuen Sänger des Ruhms erfordern, weil sie seiner in der chronisch singulären Vergänglichkeit, die dem notorisch Erscheinenden solcher Grösse eignet, bedürfen. – Die durchaus moderne Fortschritts-Konzeption, die sich, wie mir scheint allerdings erfolglos, des tragischen Formats antiker Erzählungen entledigen will,[1543] kann für unsere Fragestellung ausser Betracht bleiben. Wichtig ist der kollektive Charakter, der jede „historische" Zeit

---

[1537] ROCHBERG 2016; KELSEN 1946; SCHMID 2016, 165-218. – Eigentlich müsste es ja wohl („historisch" unkorrekt) heissen: *„beyond nature"*.

[1538] SCHMID 2016, 451-466.

[1539] Hdt. III 21,2.

[1540] Vgl. SCHMID 2016, 64 (dort auch Hinweis auf den Weisheitsanspruch dieser Stelle, etwa nach Solon 3 D. 7-10: Menschen, die ihre Gier am Gegenwärtigen nicht zu beruhigen vermögen – das ist explizit eine pathologische Dimension).

[1541] Darwin, ein Held in der Geschichte der modernisierenden Naturalisierung des Lebens, gehört in die Zeit des aggressiven kolonialen Übergriffs der industriellen Superpotenz des Westens – er hat ihn (als praktizierten Genozid) in Südamerika selbst miterlebt und als Unausweichlichkeit gebilligt: DESMOND/MOORE 1995, 164ff.; 200-204.

[1542] Ihre immer wieder behauptete moderne „Denaturalisierung" zu einer erstmals „genuin historischen" Zeit halte ich für ein Missverständnis (zur Kritik SCHMID 2016, 466ff.). – Vermutlich war damit gemeint die Entmachtung einer theologischen (und teleologischen) Zeit, die mit einem providentiellen Naturkonzept verbunden war, die auf die Kosmologie der griechischen Metaphysik zurückgeht – und die sich übrigens auch in der historisch relevanten astrologischen Lehre von den epochalisierenden und „revolutionären" Grossen Konjunktionen niederschlug. – Modern wäre dann höchstens eine 'Entweltlichung' der Geschichte, womit sie auf ein vortheologisches Niveau des Wirklichkeitskonzepts wieder zurückgestuft worden wäre, wobei gerade die polemische vergleichsweise Radikalität des modernen Naturkonzepts auch neue Möglichkeiten des Autonomieverständnisses ermöglichte. Der Unabhängigkeit von der Natur entsprach aber zunehmende Abhängigkeit von der Natur-Wissenschaft und ihren technologisch-industriellen Derivaten: SCHMID 2016, 537ff.

[1543] Man könnte diese Fortschritts-Version des Historischen als „Optimierung" auch als den Versuch gerade der Domestizierung der Historie bezeichnen – ähnlich der Domestizierung der Zeit, die man aktuell nach Jahreszeiten in Sommer- und Winterzeit modifiziert, wohl allein, um sich die soziale Macht über sie zu demonstrieren.

zwingend auf 'kulturelle Konstruktivität' festlegt. Historie beschreibt Erfahrungen von konkreten Kollektiven, basiert auf Identifikationen, etwa mit politischer Freiheit, die sich immer wieder metaphorisch in statuarischer männlicher Nacktheit exprimierte.[1544] Und diese Identifikationen, auch mit notorisch überlegener politischer Kompetenz und Kooperations-, sowie andauernd unbefriedigter Optimierungsbereitschaft, können durch „Dekonstruktion" nicht beseitigt werden. Es gibt keine historische Universalität, oder eben nur die Universalität des gemeinsamen Verfügbarmachens der Welt als naturalisierender Unterwerfung.[1545]

Kollektive Identifikationen sind exklusiv, sofern sie in der Regel nur 'intern' übertragbar und somit auch „gleichzeitig" sind.[1546] Insofern müsste eine Globalgeschichte als verbindende Hülle des Ungleichzeitigen auf eine übernationale Staatlichkeit hinauslaufen, der eine weltweite Angleichung des technokulturellen Milieus entsprechen müsste. Davon ausgeschlossen wären als Feinde nur noch die Ausserirdischen – und natürlich die inneren Feinde, die sich der Angleichung verweigern, in dem düsteren Modell des Weltbürgerkriegs. Und ebenfalls ausgeschlossen ist die Welt, weil das objektivierende Subjekt in seiner gegenweltlichen Autonomie weltlos sein muss – daher die strukturellen „Umwelt"-Probleme, die hier in die Aporie münden, dass zu ihrer Erledigung zwingend der Bock zum Gärtner gemacht werden muss: die „naturalisierend" eigen- oder gegenweltliche Wissenschaft soll die Welt, die sie doch laufend zum Verfügbaren enteignet, retten.

Hier liegt das strukturelle Problem vor, dass Subjektivität auch als kollektive Intersubjektivität mangelhaft integrativ ist, sofern auch die assoziierten Subjekte nur in dem Gegenüber zum 'Objekt', der Verfügbarkeit *ihrer* Wahrnehmung, Subjekte sind. Sie brauchen den gemeinsamen Feind, die 'abzuarbeitende' Natur. In der politischen Gleichheit der Isonomie garantieren sie sich gegenseitig das „anerkannt"-legitime Subjektsein. Ihr Zusammenhalt ist die geteilte Perspektive, die „Natur", die ihnen die Welt ersetzen muss. Der gemeinsame Krieg, der Fortschritt, das Projekt: das muss aufkommen für das Fehlen, oder den Bedeutungsverlust,[1547] einer „umgreifenden" Welt.

[1544] Ein stark von seiner Tradition geprägter Tourist aus Ostasien müsste einen „geschichtsträchtigen" Ort wie Rom als in verwunderlichem Ausmass angefüllt mit heroischer Un- bis Halbbekleidetheit aus Stein erleben können.

[1545] Es ist beileibe kein Zufall, dass die massgeblichen Werke zur Globalgeschichte vorab die industrielle und koloniale Expansion des 19. Jahrhunderts zum Gegenstand haben: z. B. BAYLY 2004; OSTERHAMMEL 2011.

[1546] FABIAN 2014, 38ff. denkt an eine *„coevalness"*, die auf einer *„shared, intersubjective Time"* beruhen solle. Die „naturgeschichtliche" Zeit wissenschaftlicher Anthropologie eigne sich nicht, da sie als *„based on the episteme of natural history"* auch *„founded on distancing and separation"* sei. – Die Lösung findet FABIAN, offenbar marxistisch inspiriert, in einer *„materialist anthropology"*, in einer gemeinsamen Praxis des Handelns (ebd. 162ff.). – Das läuft aber wieder auf eine politische Fundierung hinaus.

[1547] Dieser Verlust führt zuerst zur „Naturphilosophie", und über sie zu den „philosophischen" Versuchen, das „Umgreifende" im Denken zu rekonstruieren. Problematisch daran wird die Abspaltung des „Natur"-Denkens von der sozio-politischen Sphäre, deren erfahrene Autonomie historisch der Spaltung zugrunde liegt. – Die Versuche, den Spalt wieder zu überbrücken, führen u. a. zu Metaphysik und Astrologie: in den Leitbegriffen (wie „Seele", „Geist", „Wesen") zeigt sich, dass als neue verbindende Instanz das 'weltunmittelbare' Individuum auftaucht, ja sich sogar als „revolutionäre" Instanz des unmittelbar fatalen Bezugs zur Wirklichkeit etabliert.

Den Zusammenhalt der 'Gleichen' und Gleichzeitigen schafft nur der Staat, der die Subjekte eint und sie zugleich voreinander schützt, denn den Subjekten gegenüber ist alles in der Gefahr, „für sie da" sein zu müssen, wie Platon in einem revolutionären Text erklärt:[1548] Das All (das Ganze: *to pan*) sei eben nicht für den Jüngling (=das kollektiv narzisstische Subjekt) da, sondern umgekehrt er für das Ganze, offenbar: der Welt, des göttlichen Kosmos.

Die „historisch" so erfolgreiche Freiheit der autonomen Subjektivität ist die Freiheit, die immer auch die Herrschaft über die Anderen ist. – Es ist die Freiheit als Auslagerung der Unfreiheit, die sich in der griechischen Natur-Konzeption früh in der Betonung des „Zwingenden"[1549] der sogenannten Naturgesetze artikulierte – mit Auswirkungen auch noch auf den spezifischen Determinismus der griechischen Astrologie.

Nun scheint Individualität inklusiver zu sein als Subjektivität, sofern ihr Bezugspunkt die Welt ist, wodurch sie aus der Sozietät der Subjekte 'herausgenommen' erscheint in der natalen Unmittelbarkeit zur Welt. Ihr bevorzugtes Modell interhumaner Beziehung ist offenbar das indirekte der fatalen Zuordnung – wie in der „romantischen" Konzeption des Füreinander-geboren-seins,[1550] oder der astrologischen „Synastrie" wie sie Horaz für seine Freundschaft mit Maecenas zur Grundlage erhob.[1551] Selbst der Krieg als notorisches Gemeinschaftsunternehmen[1552] (siehe nur das „Cannae-Argument"[1553] gegen die Astrologie) wird zur Fatalität individueller Betroffenheit. Die Gemeinsamkeit bestünde hier in einer geteilten Kosmologie – die üblichste Form einer solchen auch

---

[1548] Plat. Nom. 903c: „*aber dir ist eben hierbei verborgen geblieben, dass alles Werden deswegen geschieht, damit dem Leben des Ganzen ein glückliches Sein beschieden sei* (tou pantos biō hyparchousa eudaimōn ousia), *dass es also nicht um deinetwillen geschieht, sondern du um jenes Ganzen willen geschaffen bist.*" (Übers. Schöpsdau/Müller). – Im selben Tenor die Äußerung eines modernen Astrologen, offenbar zu seiner Tochter gesprochen: „*Und da sagt sie, wieso aus der Babyhaltung?' ,Ja', sage ich ,mein Gott, Du musst eines Tages wissen: Sind die Dinge für Dich da oder bist Du für die Dinge da'. ,Ja', sagt sie, weil sie Jungfrau ist, ,dann ist es schon besser, wenn die Dinge für mich da sind'. ,Ja', sage ich, ,das ist schon alles in Ordnung, der Meinung kann man durchaus sein, aber dann musst Du wissen, dass Du eines Tages die Dinge zwingen musst für Dich da zu sein, weil freiwillig sind die Dinge dann für Dich nicht da. Und wenn Du die Dinge zwingen willst, damit sie für Dich da sind, damit Du Deine Babyhaltung behalten kannst, dann brauchst Du die Macht. Wenn Du aber Macht brauchst, dann vergeudest Du Dein ganzes Leben nur, um diese Macht zu erhalten, damit Du die Dinge zwingen kannst für Dich da zu sein, die freiwillig für Dich nicht da wären'. Und dann hat sie überlegt, am Telefon, und hat gesagt ,das ist nichts', dann sage ich ,ja, dann sind wir uns ja einig, das ist nichts.'*" (WOLFGANG DÖBEREINER, Schul- und Seminarauszüge Bd. 2, München 1999, 43).
[1549] SCHMID 2016, 179ff.; 193ff.
[1550] Welcher Nietzsche offenbar huldigte, als er Lou von Salomé, die er (im Petersdom!) zum ersten Mal sah, mit den vielleicht aber vorher schon ausgedachten und mittlerweile geflügelten, der kathedralischen Bühne angemessenen Worten ansprach: „*Von welchen Sternen her sind wir uns hier einander zugefallen?*" – Die These, dass es in einem Leben nur eine wahre Liebe gebe, wird etwa in Jane Austen's Roman *Persuasion* von der Protagonistin vertreten.
[1551] BOLL 1950, 115-125, u. a. zu Hor. Carm. II 17, 22ff.
[1552] Dazu als anregender Überblick MACMILLAN 2021,
[1553] Cic. Div. II 97 (wonach absurderweise die Horoskopastrologie ja bedingen müsste, dass zehntausende Gefallene bei Cannae je einzeln dieselben schlechten Konstellationen gehabt haben müssten).

intersubjektiv zuständigen Kosmologie ist „Religion", vorzugsweise in ritualisierter Form, die auch eine subjektiv geteilte Sichtbarkeit schafft: das geteilte Erleben einer Präsenz des Göttlichen der Welt.

Das politisch integrative Potential der Religion ist unbestritten; es ist vielleicht auch deswegen so bedeutend, weil es neben den subjektiven auch individuelle Impulse anspricht und bindet. Die Politisierbarkeit von Religion ist theologisch auch ihr grösster Mangel – Religion kann leicht zum kollektiven Projekt intersubjektiver Expansion, zu Konfessionalisierung und Glaubenskrieg, im Extremfall zur globalen Mission werden. – Was Astrologie nahelegen würde, wäre eine individuelle Kosmosfrömmigkeit,[1554] in der Stoa als Bejahung der Fatalität heroisiert, von Nietzsche noch als totale „Lebensbejahung" in ewiger Wiederkehr des Fatalen übersteigert. – Besonders konsequent und ohne den Zwangscharakter des Fatalen hat etwas Ähnliches der chinesische Daoismus in seiner „primitivistischen" Kulturkritik im Sinne – die Kulturkritik liegt der Individualität überhaupt, sofern sie sich gerne gegen den „kulturellen" Übergriff des Kollektivs mit einer stilisierten „Natur" verbündet.[1555] Bei Dschuangdse (Zhuangzi) finden sich Texte, die immer wieder das Nicht-Eingreifen von Kultur und Herrschaft in den Lauf der Welt als 'anti-kulturelles' Ideal erkennen lassen.[1556]

Es ist dabei plausibel, dass eine Gemeinschaft im Zeichen individuiert religiöser Vorsehungsfrömmigkeit an der Negation des Subjektiven kranken wird, die dann ihrerseits als Projektion zu Unterwerfung oder Abspaltung des Negierten drängen kann: „*Mein Mund soll die Gottlosen verfluchen*", wie der heilige Thomas von Aquin zu Beginn eines Werkes grosser Philosophie – der *Summa contra gentiles* – die biblischen „Sprüche" zitiert. Dazu kann sich das Individuum, und dann schon als revolutionäre Instanz, mit der Kontingenz der Welt verbünden, die es prophetisch und apokalyptisch beschwören kann (astrologisch mit der arabischen Konjunktionen-Lehre) als die Gewissheit der immer möglichen fatalen Wende, welche die unaufhörliche *revolutio* des genetisch potenten Himmels garantiert. Hierher gehört dann auch die *imago* des geborenen Führers, des „Engelspapstes", des wahren Königs (*princeps a diis electus*)[1557], der die Welt verändert, der Gesandte des Himmels und geborene Heiland ist. Das ist das

---

[1554] Sie ist in der Antike spätestens seit Arat und seiner umfangreichen Rezeption (MASTORAKOU 2020) gut greifbar, ihr 'Gründungsmanifest' bleibt der platonische Spät-Dialog „Timaios"; die Astrologie gehört selbstverständlich auch in diesen Rahmen, wenn sie auch nicht mit solcher Frömmigkeit identisch sein muss. (SCHMID 2005; 2006; 2007; 2020; SCOTT 1991.

[1555] In Griechenland war schon der Kynismus als 'Keimzelle' der Stoa eine solche 'Weg-von-der-Kultur-Bewegung'. Im Bereich der 'Gegenkultur' der 70er Jahre kann hier an Robert Crumbs LSD-inspirierte Comic-Figur „*Mr. Natural*" (ersonnen 1967) gedacht werden.

[1556] GRAHAM 1981, 140: Als idealen Fürsten setzt König Wen etwa einen alten Fischer ein, der so aussieht, als hätte er nie etwas anderes gemacht als fischen. Seine Massnahmen in Graham's Übersetzung: „*No reforms were made in the statutes, no special decreees were issued. When three years later King Wen toured the state, the order of the knights was leaderless and disunited, the senior officers did not fulfill their potentialities, traders did not venture to bring their peck-and-bushel measures over the borders. The order of knights being leaderless and disunited was because they conformed to the ruler above. Senior officials not fulfilling their potentialities was because everyone worked together.*" (etc.) – Als der König dieses System auf das ganze Reich ausdehnen wollte, erbat der alte Fischer Bedenkzeit und verschwand für immer.

[1557] FEARS 1977.

autorisierte Individuum, dem das Schicksal die Welt in die Hände legt:[1558] *principatum fato dari*, das römische Kaisertum werde durch das Fatum verliehen, wie ein solcher Kaiser, astrologisch interessiert wie sein ebenfalls kaiserlicher Vater, gesagt haben soll.[1559] Und dazu gehört der Nimbus, der Schein, der die Köpfe der Auserwählten umgibt, die Krone, das Diadem und andere Erscheinungsformen menschlicher 'Herausgenommenheit'. – Vieles davon war auch in Ägypten Teil des öffentlichen Rituals, das durch weitere kultische Bedürfnisse der Ptolemäer ergänzt worden ist.

Wäre es also möglich, dass eine astrologische Zeitlichkeit sich als Weg aus der kulturellen Ungleichzeitigkeit erweisen könnte? Zumal ihr „schicksalskontingent" stark auf das Individuum bezogener Charakter bei entsprechend mangelhafter Rücksicht auf autonome Subjektivität mit deren Bedürfnis nach „Beliebigkeitskontingenz" in einer Welt, die überall von theomorphen Königen politisch abhing, nicht allzu negativ ins Gewicht fallen konnte. – Wie sah denn aber eine astrologische Zeitlichkeit unabhängig vom konkret astrologischen Horoskop-Format, das ja sozial nirgends verbindlich war, aus? Und worin lag ihre mögliche 'superkulturelle' Verbindlichkeit, wie sie auch einer modernen (Atom-)„Zeit" in naturalisierter Form eignen könnte? – Davon abgesehen, dass eben auch die „Natur" ein kulturspezifisches Konzept ist, vorab im negierten Weltbezug moderner Physikalität.

Ich nehme an, dass die spezifische Zeitlichkeit der Astrologie, sofern man sie aus ihr überhaupt 'isolieren' kann, am besten der greifbaren Zeitauffassung bei Aristoteles entsprechen dürfte, dies in der Annahme, dass Aristoteles „Zeit" als die Bewegtheit der Welt aufgefasst hat, die sich von der ewigen Peripherie der Kosmoskugel her als ihr 'Wirklichkeits-Impuls' dem intramundanen Bereich mitteilte. D. h. dass hier eine Konzeption von Zeit vorlag, die „Zeit" als das an der Bewegtheit des Himmels Ermessbare wahrnahm, wobei der Himmel schon physikalisch als astronomische Körperlichkeit galt, die allerdings physiko-theologisch mit 'superphysikalischen' Eigenschaften in einen Zustand unscharf definierter Göttlichkeit durch die Schule Platons erhoben worden war[1560] – man könnte das vereinfachend als „metaphysische" Physikalität des Himmels bezeichnen. – Dass das eine irgendwie babylonisch anmutende Zeitauffassung ist, lässt sich schon aufgrund ihrer 'deszendenten Ontologie' vermuten; für eine initiativ-menschliche Freiheit scheint sie genau so wenig beeinflussbar oder auch nur erreichbar zu sein wie der Lauf der Sterne. Dem Determinismus dagegen ist sie offenbar affin. Die menschliche Autonomie mit ihrem tragischen Eigenbereich der „Geschichte" wird in solcher Zeitlichkeit allerdings reflektiert, denn Aristoteles lebt in der Welt dieser Autonomie – die Platon schon als die 'Höhle der Unwirklichkeit' karikierte, und zwar in der umfangreichen Teleologie, und im Widerspiel von „Möglichkeit" und „Wirklichkeit". Wobei die Möglichkeit in der (politischen) Perspektive des Handelns eigentlich das Erste sein müsste, bei Aristoteles aber von der resultierenden Wirklichkeit ontologisch degradiert wird, und zwar so sehr, dass dabei die

---

[1558] Das schrieb schon der Achämenidenkönig auf sein Grab: *„Als Ahuramazdā sah, dass diese Erde in Aufruhr war, darauf übertrug er sie mir, mich machte er zum König. Ich bin König. Nach dem Willen Ahuramazdās setzte ich sie (die in Aufruhr geratene Erde) an ihren Platz."* (KOCH 1992, 294).

[1559] Titus nach Sueton (Tit. 9,1).

[1560] SCHMID 2005, 119-183; 2006; 2007.

Wirklichkeit als das 'Erwirkte' und Erwirkbare allen Handelns dem Möglichen als sein 'Ergebnis' immer schon vorausgesetzt ist. Die sogenannte *causa finalis* bewegt schon das Mögliche, so wie das Huhn dem Ei als das chronologisch spätere 'Herauskommen' dem Wesen nach (wie Aristoteles sagen würde)[1561] vorausliegt. Diese Wesens-Teleologie (s. o.: „*damit dem Leben des Ganzen ein glückliches Sein beschieden sei*")[1562] war kosmologisch fest verankert: der göttliche Geist bewegte im Denken seiner selbst – da es nichts Göttlicheres gab, es zu denken – die Welt, und diese Bewegung, auf die sich alles bewegte Leben wie das Liebende auf das Geliebte bezog,[1563] war somit die letzte Ursache allen Geschehens in der Welt. Sie war die Zeit, die das Mögliche in seine Wirklichkeit hinein bewegte, was eine eidetische Geschlossenheit[1564] dieser Welt implizierte, die auch eine räumliche war. In dieser Welt war die Wirklichkeit eine Art formaler Vergangenheit, eine Bestimmtheit, in der alle Zukunft ihr Ziel finden konnte; und dabei war das 'Ideale' – es konnte verfehlt werden, auch das ontologisch Defizitäre existierte – nichts anderes als die 'realexistierende' Wirklichkeit des ewigen, göttlichen Kosmos, der damit auch so etwas wie eine realexistierende Theodizee gewesen ist.

Wenn Zeit die Bewegung des ewigen Himmels ist, dann ist auch alles Historische als Geschehen in der Zeit durch den göttlichen Himmel bewegt – auch wenn diese Göttlichkeit bei Aristoteles im Sinne „negativer Theologie" als positive ziemlich unausgesprochen bleibt: sie beruhte erscheinend auf abstrakt 'beseelter' Sphärenkörperlichkeit, wobei die Beseelung hier bloss für die Motorik astronomischer Phänomenalität aufkommen musste: die Sphären redeten nicht, waren auch nicht zornig,[1565] sondern kreisten bloss in ihrer eminent-geometrischen Denkbarkeit. Das war bei den mythologisch wie metereologisch sehr aktiven Göttern, denen die Himmelszonen in Babylon zugeordnet waren, noch etwas anders. – Für babylonische 'Historiographie' galt jedenfalls (nach Jean-Jaques Glassner), dass man wenig nach den „intrinsischen" Ursachen von Ereignissen gesucht habe; man gab sich zufrieden damit, „*d'en trouver la cause première dans la volonté divine*".[1566] Konkret hiess das auch, dass Geschichte in ihrer 'göttlich besetzten' Zeitlichkeit in Babylon mit „Astronomie" eng verbunden blieb.[1567] – Wenn nun offensichtlich Aristoteles ein „kosmifiziertes" Konzept von

---

[1561] Vgl. Met. 1072b 35f.: „*denn der Same geht aus anderem, ihm selbst vorausgehenden Vollendeten hervor, und das erste ist nicht der Same, sondern das Vollendete* (to teleion)." (Übers. Bonitz).
[1562] Plat. Nom. 903c.
[1563] Arist. Met. 1072a 23f.; 1072b 3; vgl. LERNER 1996, 52ff.; POLITIS 2004, 275-281.
[1564] SCHMID 2006; EFFE 1970 spricht von einer „*'eidetischen' Seinskontinuität*" (43).
[1565] Vermutlich waren sie aber glücklich, weil sie um das „Leben" des Geistes kreisten, der sich sozusagen dem unversieglichen Glanz der eigenen Göttlichkeit hingab. (Met. 1072b 17 zur *hedoné*). Ihm konnte nichts fehlen, wenn er selber das Beste war.
[1566] 2019, 259.
[1567] Das gilt auch für Berossos: „*history and astronomy were inextricably linked in Babylon in later periods*" (DILLERY 2015, 247, mit dem Hinweis auf die „Ephemeriden" zu Alexanders Tod mit ihrem typischen „*mixing of astronomical and political information*"). – Laut VERBRUGGHE/WICKERSHAM glaubte Berossos „*in a continuity of history with patterns that repeated themselves (i. e. cycles of events as there were cycles of the stars and planets)*": 1996, 32. Dazu GLASSNER (ebd.): „*Les historiens mésopotamiens s'intéressèrent à l'évènement en tant qu'élément d'une série, en tant qu'il dévoilait une variation conjoncturelle.*" (Wozu man auf die

Zeitlichkeit entwickelt hat, ist es durchaus möglich, dass er, wie indirekt auch immer, von babylonischen Konzeptionen inspiriert worden wäre.[1568] Die Stelle in der Metaphysik, wonach alle Bewegung überhaupt mit den Bewegungen der Himmelskörper „zusammengespannt" sei,[1569] ist hervorragend kompatibel mit angenommener Koinzidenz von Sternen und Ereignissen, die für babylonisches Verständnis von „Geschichte" sicherlich als charakteristisch gelten kann, wo sie auch zum „Objekt prognostischer Wissenschaft"[1570] werden konnte. – Und im Übrigen erhellt schon aus dem mittelalterlichen Umgang mit Aristoteles, wie sehr man ihn für Astrologie-kompatibel hielt. Von Albertus Magnus kann etwa gesagt werden, dass er Aristoteles konsequent astrologisierend ausgelegt habe, und in dessen Kommentar zur aristotelischen Schrift über Entstehen und Vergehen sieht Darrel Rutkin eine *„astrologizing natural philosophy"*.[1571]

Aristoteles dürfte kaum an Geschichte gedacht haben – oder eher an ihre Entmachtung[1572] – als er seine Kosmologie der geistbewegten Welt entwarf. – Dass er dabei Zeit mit Veränderung und Bewegung, und zwar konkret mit (kreisförmiger) Ortsbewegung assoziiert, ist offensichtlich.[1573] Und er lässt auch keinen Zweifel daran, dass es sich um die Bewegung der Himmelskörper handeln muss.[1574] – Dabei zeigt das 12. Buch seiner Metaphysik, dass es Aristoteles um die letzten Gründe der Wirklichkeit und aller Veränderung geht, und dass sich das Denken darüber vollkommen auf den endlichen, in kugelförmiger Dinglichkeit abgeschlossen Kugelkörper des Universums bezieht. Es bezieht sich damit auf eine zum Gegenstand objektivierte Phänomenalität, die nun in ihrer erhabenen und inkorruptibel umgreifenden Erscheinung – als Naturding – selbst wieder theophan werden kann: für den Theoretiker, der die ontologische Hierarchie, und das Mysterium ihrer „Wirklichkeit" zu denken im Stande ist. – Wichtig ist, dass Aristoteles hier eine Theologie der Welt entwickelt, bei der es ihm explizit um das „Ganze" geht. Es ist eine Theorie von höchster denkbarer Universalität: *„So the project of book XII is to search for the ultimate explanation of all things, and in particular of nature and the universe as a whole. The aim is eventually (in XII. 6-10) to argue that there is a single explanation of the regular and uniform change that is distinctive of nature*

Herkunft des Wortes „Konjunktur" aus der astrologischen Konjunktionen-Lehre des Mittelalters hinweisen darf, die natürlich in letzter Ableitung auch babylonische Wurzeln hat).

[1568] Für das zentrale Konzept der „beseelten Sterne" (mit Referenz Arist. cael. 285a 29: *„empsychos"*) weist etwa Ross (2020, 164) auf eine mögliche ägyptische Quelle.

[1569] Met. 1074a 18f. wo es heisst, dass es keine Bewegung geben könne, die sich nicht auf Gestirnsbewegung beziehe (wörtlich: mit ihr „zusammengespannt" sei: μὴ συντείνουσαν πρὸς ἄστρου φοράν).

[1570] *„l'objet d'une science prédictive"* (Glassner 2019, 243).

[1571] 2019, 29.

[1572] Schmid 2009; 2016, 367-423.

[1573] Siehe Politis 2004, 269f. zu den Stellen aus der Metaphysik.

[1574] Etwa Met. 1071b 6-11: *„ Unmöglich aber kann die Bewegung entstehen oder vergehen; denn sie war immer. Ebensowenig die Zeit; denn das Früher und Später ist selbst nicht möglich, wenn es keine Zeit gibt. Die Bewegung ist also ebenso stetig wie die Zeit, da diese entweder dasselbe ist wie die Bewegung oder eine Affektation (pathos) derselben. Stetige Bewegung aber ist einzig die Ortsveränderung, und zwar unter dieser die Kreisbewegung."* (Übers. Bonitz).

as a whole, and that this explanation is provided by something that is itself changeless and distinct from nature as a whole – by God. "[1575]

Aristoteles geht also von der Gleichförmigkeit der lückenlos kontinuierlichen Zeit aus, die nicht nur das Universale der Zeitlichkeit, sondern letztlich auch ihre Göttlichkeit als Erscheinungsform des bewegend Göttlichen ausmacht. Dabei ist diese universale Theorie der Zeit als Teil einer Theorie des Universums zugleich von bestimmter Konkretheit; was Vasilis Politis so formuliert: *„For what the ultimate cause of change is supposed to explain is not simply motion and change in general, but a specific change of a particular thing, namely the perfectly uniform, circular motion of the outermost heaven. And this is evidently one particular event, even if a maximally cosmic one, which contrasts with any other event within nature, such as the growing of the grass in the garden.* "[1576] – Und der Grund für diese explizite Singularität – oder Individualität – der universalen Weltbewegung liege, so Politis, in ihrer „Kontingenz": sie könnte als Veränderung (*change*) anders sein, als sie ist.[1577]

Nehmen wir den offensichtlichen Anspruch einer astronomisch-teleologischen Zeit auf Universalität ernst – denn von dem expliziten Global-Bezug abgesehen ist sie eine „physikalische", d. h. dem Anspruch nach kulturell 'keimfreie' Version der Zeitlichkeit – so fragt sich, worauf sich diese Universalität beziehen kann, denn solcher Bezug wäre auch für die Frage nach ihrer interkulturellen Akzeptanz von Belang. – Und hier scheint mir die These sehr gut vertretbar, dass sich diese „metaphysische" Kosmologie im Rahmen einer dezidierten 'Wesens-Philosophie', die allem theoretischen sogenannten „Essentialismus" historisch zugrundeliegt, eben auf Individualität explizit bezieht, die sie gerade in der aristotelischen „Substanzphilosophie" ontologisch[1578] und zugleich kosmologisch verankert. In diesem Licht ist das 12. Buch der aristotelischen Metaphysik auch eine 'Meditation' über Individualität, die gerade in ihrem Bezug auf das „Ganze", das Insgesamt des Seienden, das in der aristotelischen Kosmologie zur physikalistisch 'ersichtlichen', bergenden Kugel der göttlichen Wirklichkeit wird, sich gegen das Lokale, Familiäre, Soziale wie Kulturelle behauptet in einer neuartigen Autonomie, die sich mit 'Kampfbegriffen' wie „Geist", „Seele", „Substanz" oder das „Abgetrennte" durchsetzt und damit ein neues „An sich"-Sein der Dinge als unmittelbares Bestimmtsein 'im Ganzen', als autonome *quidditas* postuliert. – Dem entspräche die Astrologie als „genethlialogischer" Schlachtruf nach dem eigenen Schicksal, als eine Art Pendant zu philososophisch[1579] zur Schau getragener 'Unabhängigkeit' des Geistes, die dann als Haltung auch zur sozialen Konfektion gemacht werden konnte und kann in der

---

[1575] POLITIS 2004, 259.

[1576] Ebd. 275.

[1577] Zum Beleg nimmt POLITIS Arist. Met. 1072b 4-7, in folgender Übersetzung: *„If something changes, it could have been different [from what it in fact is]; hence the first motion in space [i. e. the motion of the first heaven], even if it is in a state of actuality [since it always moves in the same way], still, in so far as it changes, to that extent it could have been different [from what it in fact is], i. e. different in respect of place even if not in existence."* (274).

[1578] Man könnte vielleicht sagen, dass sie damit auch der „Ontologie" zugrundeliegt.

[1579] Zu den asketischen Neigungen der führenden „Philosophen", die Abstinenz in vielerlei Hinsicht pflegten – auch Theophrast war Vegetarier – und auf Keuschheit und Reinheit der Lebensführung achteten, siehe SCHOLZ 1998, 28ff. (dort auch zur Ehelosigkeit von Platon, Xenokrates, Arkesilaos, Epikur, Theophrast).

Stilisierung des philosophischen 'Gedankenträgers' zur Marke[1580] oder der affektierten Individualität des „Genialen".

In der aristotelischen Zeitkonzeption wurde die explizite Zeitlichkeit, und damit die je geeignete Singularität, aufgehoben in einer Ewigkeit der bewegten Welt, die eine Ewigkeit des 'Essentiellen' war. Nach der inhärenten Folgerichtigkeit dieser Metaphysik war jedes individuelle Wesen – qua Wesen – ein Ganzes, weil es nur als 'unvermittelte' Teilhabe am Ganzen war, was es war.[1581] Und dies belegt die Ikonographie des Horoskop-Formulars mit anschaulicher Evidenz: die Himmelsschale mit Tierkreis und Sternen verfügt die Geschlossenheit einer 'Gestalt' des Wesentlichen, das in dem paradigmatisch expliziten Zeitbezug des Geburtsmoments – im Moment des „Aufsteigens" des Ortshorizonts – an eine existenzielle Singularität gebunden und theoretisch aufwendig 'rückverwiesen' wird. In dieser Ikonographie der einschliessenden Himmelssphäre ist jedes Wesen in seiner Natalität in den Kreis eines *bios* eingeschlossen.[1582] Es hat ein eigenes Leben – als fatale Wesentlichkeit in tragisch oder gar „überdeterminiert" zu nennender Weise unabhängig vom eigenen subjektiven Wollen –, das allein zu ihm gehört.

In einer 'identitätspolitischen' Ungleichzeitigkeit der Ursprünge der eigenen Gesellschaft und ihrer gemischten Kultur, die auch in den Historisierungen der 'indigenen' Intellektuellen Berossos und Manetho keineswegs entschärft wurde, scheint das Horoskop das universal übertragbare Modell einer mythischen Zeit[1583] 'ewiger Anfänglichkeit' zu empfehlen. War das eine Alternative? – Wenn in der Debatte um die Integrationskraft einer „historischen" Zeit die Frage auftaucht, wie *„subjektives Zeiterleben in der Geschichtlichkeit kultureller Erfahrungen bezogen ist auf jenen Wandel, den wir Geschichte nennen"*, dann verweist das zugleich auf *„die ungeklärte Frage nach dem Verhältnis von objektiver Zeit und subjektiven Zeithorizonten"*.[1584] Und hier ist es offensichtlich, dass die Horoskop-Astrologie diese Frage je nach Interpretation entweder löst oder einfach umgeht dadurch, dass sie den subjektiven Zeithorizont prinzipiell auf astronomisch-physikalistischer Basis objektiviert im Horoskop-Formular. Sie unterstellt also diesen Horizont der objektivierten Singularität einer astronomischen Ortskonstellation – moderner gesprochen: einer 'absoluten' Zeitlichkeit des Geburtsmoments, dessen bürgerlich-kalendarische (kulturelle) Basis jeweils in eine astronomische (naturale) Universalzeit zu übersetzen bzw. aus ihr 'rückzuübersetzen' war.[1585]

[1580] ZANKER 1995.

[1581] Siehe oben A 1379 zur 'Deadalus-Version' von Identität (nach dem Romanhelden bei Joyce), die sich in letzter Ableitung auf *„the universe"* bezieht.

[1582] SCHMID 2016, 429f., wo das als „anti-historisch" bezeichnet wird.

[1583] Jedenfalls eine Zeit göttlicher Beweger, die sogar die Namen und einige Eigenschaften griechischer (zuvor: babylonischer) Götter angenommen hatten. – Namen, die bis heute in latinisierter Form die Erinnerung an diese Götter einer kolonial siegreichen Tradition (die in der Moderne um „Uranus", „Neptun" und „Pluto" erweitert worden sind) weltweit aufrechterhalten.

[1584] UHL 2003, 71.

[1585] Der Geburtstag des Augustus zum Beispiel ist kalendarisch unscharf wegen der Unzuverlässigkeit des spätrepublikanischen Kalenders – man kann aufgrund astrologischer Andeutung (des von Augustus verwendeten Capricorn-Signets) versuchen, ihn 'absolut' zu verifizieren (SCHMID 2005; BRIND'AMOUR 1983).

In der kosmischen Ikonographie der „Nativität" fungiert der „Horizont" im astronomisch-geographischen Wortsinn als zeitliche Konkretisierung des Subjektiven in den Rahmen seiner fatalen Individualität hinein. – Doch als Individualisierung über den kosmischen 'Ganzheits-Bezug' löst diese Objektivierung das Subjekt zugleich aus den kollektiven Relationen jeder „historischen" Zeit. D. h. sie distanziert es gegenüber der Gewichtigkeit historisch relevanter Epochalisierungen, sofern sie diesen die fatale Epoche der Geburt entgegenhält. – Hier geht es um Ursprünge – sie spielen in den „nationalen" Erzählungen der sich institutionalisierenden Geschichtswissenschaft im 19. Jahrhundert eine wichtige Rolle, denn die Historie sollte den Nationen eine die politische Sonderung legitimierende Autochthonie der Vergangenheit zur identitätspolitisch wertvollen Erzählung machen. Marc Bloch sprach gar vom „*Götzen Ursprung*"[1586], denn der Hinweis auf Ursprünglichkeit war fundierend gewesen bei den Versuchen, das politisch eigenmächtige Kollektiv etwa „völkisch" oder mindestens über den Nachweis kultureller Kohärenz zu essentialisieren. – Und vielleicht ist hier auch der Gedanke plausibel, dass die Sehnsucht nach gemeinsamen Ursprüngen, die das Diverse und Ungleichzeitige einten und verbanden, dem erfahrenen Verlust an subjektiver Ursprünglichkeit der Individualität abhelfen und ihn kompensieren sollte. Dann wäre eine in ihrer „Nativität" essentialisierte Individualität entweder zum Ausweg aus der kulturell borniert „Geschichte" geworden oder zum utopisch-revolutionären Einbruch einer providentiell umgerüsteten „Natur", die schon den Kynikern und Stoikern als fundierenden Kultur-Kritikern zum alternativen Reich normativer Verheissung geworden war.

Dabei war aber die keimfrei „natürliche" Zeit der Astronomie, die via Horoskop unmittelbar das Erleben der Individuen strukturieren und epochalisieren konnte, nicht so supra-kulturell, wie sie vermutlich schon als Ausweg aus kultureller Ambiguität sein wollte. Denn auch sie war ja das Produkt eines (gemischt) kulturellen Milieus. Und sie war vor allem, sobald sie eine gewisse soziale Sichtbarkeit erlangte, ihrerseits für politische, d. h. kollektiv übergreifende Zwecke verwendbar, wobei auch ihr universalisierender Anspruch den Bedürfnissen sozio-kulturell exklusiver Welt-Hegemonie dienen musste. – Ich verweise hier auf das Konzept einer historischen Global-Zeit, wie es spätestens mit der Verwendbarkeit des astronomischen Himmels-Globus als Symbols des römischen Anspruchs auf weltpazifierende Hegemonie[1587] seit der späten Republik greifbar wird.[1588] Und das hatte griechische Wurzeln etwa in den universalgeschichtlichen Vorstellungen des Polybios und mehr noch des Poseidonios. Beide waren bewegt durch das miterlebte Schauspiel des römischen Aufstiegs zur 'alternativlosen' Vorherrschaft über den gesamten Bereich dessen, was für diese Autoren das 'Theater' historischer Selbstentfaltung menschlicher Grösse sein musste.[1589]

[1586] 2002, 30ff.

[1587] Dazu auch das 'augusteische Arrangement' mit *Ara pacis* und Meridian auf dem Marsfeld, sofern es eine kosmische „Isorrhopie" als Fundament römischer Welt-Friedensordnung nahelegte: SCHMID 2005, 305-340; 2023 (leicht revidierte englische Version).

[1588] SCHMID 2017.

[1589] Das „Globale" wird hier allerdings politisch zum kollektiven Subjektbezug – inkarniert bloss etwa in der 'natalen' Individualität des Augustus – als der verallgemeinerten Wahrnehmbarkeit der Welt in kugelförmiger Gegenständlichkeit, als Himmelsglobus in Händen zu halten, zum

Poseidonios wollte nach einem Fragment bei Diodor den Historiker gar als „Diener der Vorsehung"[1590] verstehen. Und dass es sich um eine globale, ja dezidiert „kosmische" Vorsehung handelte, legt nicht nur sein Stoizismus nahe, sondern vorab die Versicherung Augustins, dass er offenbar durch Astrologie beeinflusst gewesen sein müsse.[1591]

Eine universalhistorisch anwendbare Global-Zeit wäre erstens nur durchsetzbar, wenn sie selber das Mass aller markanten Epochalität zu werden vermöchte. Das Datum von Christi Geburt hat sich zwar als chronologischer Aufhänger überall durchsetzen können, und immerhin wurde Christus als Kosmokrator auch mit dem Reichsapfel dargestellt, womit er die Ikonographie römischer Machthaber fortsetzte, die seit Pompeius den Globus in Händen hielten,[1592] aber es hat eine bloss chronologische Epochalität geschaffen, die weder mit den populäreren Epochalisierungen (Antike/Mittelalter/Neuzeit) noch mit den spezifisch altertumswissenschaftlichen korrespondiert. Der Beginn der Kaiserzeit oder der Spätantike sind hier die Wendepunkte: Caesar Augustus, nicht Christus macht die Epoche. Und was die Möglichkeit astronomisch ausgerichteter Gliederung historischer Zeit betrifft, ist die arabische Lehre von den „Grossen Konjunktionen" ein sehr ernst gemeinter Versuch, der explizit auf „revolutionäre" Wendepunkte[1593] aus war; aber sie hat sich, schon weil sie die historische Meistererzählung menschlicher Autonomie auf einem Hintergrund anti-historischer Entmachtung solcher Autonomie deuten wollte, nicht behaupten können. Sie geriet in Vergessenheit, als die nun selber „revolutionäre" Bürgerautonomie ihre Geschichte mit erstmals institutionell organisiertem Forscher-Ernst neu zu erzählen begann.

Doch das Problem der Historisierung des Universalen ist durch eine moderne Globalgeschichte ebenso wenig zu lösen wie durch das römische Projekt von Politik als Realisierung einer mundanen Vorsehung.[1594] Beides muss, als kulturell explizites Konstrukt einer Weltordnungs-Ideologie, an dem Problem scheitern, eben selber Teil eines jetzt kollektiv-modernen Projekts kultureller Dominanz zu bleiben. – Und was die Zeitlichkeit als naturalisierten Eich-Parameter etwa einer „Atomuhr" anginge, so versteht es sich wohl, dass ihr metaphorischer „Urmeter" kaum in Nairobi oder Kalkutta zur sicheren Aufbewahrung käme. Und noch der erste Welt-Klima-Gipfel kam nicht ohne das imperiale Symbol einer – übrigens keineswegs schwarzen – Hand aus, die den Globus umschloss wie erstmals die Hand des Pompeius, des römischen Generals mit ausserordentlichem *imperium*, der ganze Erdteile erobert hatte.

Sitzgegenstand des *genius populi Romani* oder zur Fussstütze des siegreichen Octavian, des künftigen Augustus als Weltenherrschers dienend: SCHMID 2017, 292ff.

[1590] Diodor I 1,3; dazu SCHMIDT 1980, 73f. A 38; MALITZ 1983, 416 („kosmische Geschichtsschreibung").

[1591] Civ. Dei V 2 (*philosophus astrologus* und *fatalium siderum assertor*).

[1592] SCHMID 2017, 296.

[1593] Dieses „revolutionäre" Element astrologischer Prognosen ist offenbar sehr alt: GLASSNER 2019, 247 mit Keilschrift-Passagen, die eine Konstellation mit dem Reichwerden der Armen und umgekehrt dem Armwerden der Reichen, mit Königssturz und Rebellion in Zusammenhang setzen: „*Le pays entier se rebellera contre le fils du roi qui sera monté sur le trône. Un quidam se dressera et assassinera le roi et ses conseillers dans le palais*" etc.

[1594] Dazu gibt es aktuelle „globalgeschichtliche" Parallelen: BENTLEY 2003, 53, wo die moderne Globalgeschichte als logische Folge der Evolution seit der Steinzeit betrachtet wird (zit. SCHMID 2017, 292 A 38).

Nimmt man die kulturelle Unmöglichkeit einer 'suprakulturellen' Zeitlichkeit der stets kulturell expliziten Geschichte ernst, kann man in dem Versuch, eine Universalzeit als Gliederung menschlichen Lebens verbindlich zu machen, die das Historische – und damit bestimmt auch ein soziokulturelles Gefälle – einfach umging, eine sinnvolle Strategie erkennen. Geschichte wurde hier mit einer ontologisch superpotenten Hülle umgeben – deren Götterglanz nach Meinung eines Platonschülers gar „allen Menschen besonders gemeinsam"[1595] war. Sie wurde nicht abgeschafft, wurde nicht durch Mythos oder Propaganda ersetzt, jedenfalls nicht durch die anonymen „Erfinder" des Horoskops. Aber sie wurde doch wohl je nach Standort sehr erheblich entmachtet, indem sie einfach als ganze in einen sternenbestickten Umschlag gesteckt wurde. Und es ist zweifellos von Belang, dass die unmittelbar betroffene und angesprochene Instanz dieser mundanen Superpotenz nicht das Volk, der Staat oder das Kollektiv war – es sei denn als „aspektierter" König –, sondern das Individuum in seiner selber mundanen „Nativität".

[1595] Philipp von Opus: Plat. Epin. 984a (*koinotera sympantōn anthrōpon agalmata*).

6. Kapitel: Das Milieu

6. 1: Hermetismus und Alchimie

Hermetismus

Das Textcorpus der sogenannten *Hermetica*[1596] ist schon deshalb mit der Entstehung der Astrologie in Zusammenhang gebracht worden, weil astrologische Schriften unter der Autorschaft des Hermes publiziert wurden; es wurden dem „Hermes" schon früh wichtige astrologische Doktrinen zugeschrieben.[1597] Dass hier alternative Quellen etwas mehr über das Milieu und eventuell über dessen Intentionen verraten könnten, in welchem auch die Horoskop-Astrologie „erfunden" wurde, liegt nahe, denn zweifellos entstammt diese Literatur einem gräko-ägyptischen Milieu wohl erst der Kaiserzeit, doch könnten auch hier ihre Wurzeln früher liegen. Und hier stellt sich die Frage nach dem Ausmass kultureller Hybridität. Die meist griechischen Texte sind offensichtlich in Ägypten entstanden; neben ihrer erkennbar platonisierenden Frömmigkeit ist das Gewicht ihres gewollt ägyptischen Horizonts zu erwägen.

Das Offensichtliche am Hermetismus ist ein Bedürfnis nach Weisheit, nach übermenschlich potentem Wissen, nach Orientierung durch fraglose, weil durch menschliches Dafürhalten nicht zu gefährdende Erkenntnis und Einsicht über die Welt und den Menschen, der in ihr seinen Ort finden musste. Es war eine 'übernationale' Orientierung, die hier gegeben und gesucht wurde, denn der ägyptische Hermes, Thoth, sprach aus Ägypten auf Griechisch, aber so, als ob er zu Ägyptern auf ägyptisch spräche. Noch in der Renaissance galt er, Hermes, als universale religiöse Unterweisung, welche älter als die Bibel sei.[1598] Dass er überhaupt als „Hermes" oder als Unterweisung sprach, die an eine andere mythisch-divine oder semi-divine Figur ergangen war, dass er also eine wie wir heute sagen „pseudepigraphische" Instanz gewesen ist und sein wollte, ist gewiss von Bedeutung. Wie die Autorschaft des fundierenden Texts zur Horoskop-Astrologie (Nechepso/Nechepsos und Petosiris, unser „NP-Autor") will auch die weit gestreute der sogenannt „hermetischen" Traktate nicht in Gestalt historisch greifbarer Persönlichkeiten fassbar werden. Sie will selber als Autorsubjekt nicht evident werden, wie etwa „Thukydides der Athener", der sein explizit selber Erkundetes und Erlebtes mit dem Stempel der authentischen, persönlich inkriminierbaren und historisch eindeutig lokalisierbaren Zeugenschaft versieht.

Der hermetische Autor und sein Publikum wollen das historisch 'Behaftbare' nicht. Ihnen liegt nichts an der Auseinandersetzung, die jede authentisch signierte Botschaft eröffnen kann, damit nichts an der Debatte, in deren Feld sich persönliche Autorschaft erst noch als Autorität erweisen müsste. – Die Botschaft des Hermes spricht nicht aus dem Bereich historisch verifizierbarer Zeitlichkeit; sie will ahistorisch sein und ist wo nicht eine anti-moderne doch mit Sicherheit eine 'anti-historische' Autorität. Zwar

---

[1596] NOCK/FESTUGIÉRE 1945ff.; COPENHAVER 1992; deutsch: COLPE/HOLZHAUSEN 1997.
[1597] GUNDEL/GUNDEL 1966, 10-27; FESTUGIÈRE 2014, 105-202 (1944, 89-186); PINGREE 1978 II, 429-433; FOWDEN 1986, 91ff.; BULL 2018, 383-394.
[1598] YATES 2002; FAIVRE 2016.

findet etwa das Gespräch des „Asclepius" offensichtlich in einem Tempel[1599] Ägyptens statt[1600], aber die Gegenwart des Gesprächs entspricht gewiss nicht der kaiserzeitlichen Abfassungszeit des Traktats, denn es ist ein Gespräch *in illo tempore*, in einer Zeit von mythischer Unausgesprochenheit.

Das bedeutet nicht, dass diese Literatur einfach als Zeugnis griechischer Ägyptomanie, etwa esoterischer Bedürfnisse griechisch gebildeter Eliten, bedient von Alexandrinern vom 1. Jhdt. n. Chr. aufwärts, anzusehen wäre. Die ersten Hinweise auf esoterisches Wissen, das unter dem Namen des Hermes segelte, beziehen sich offenbar auf Astrologisches,[1601] generell auf Literatur, die auf die Verbundenheit aller Dinge, die „kosmische Sympathie", eine weltumgreifende Vorsehung als Gegenstand entscheidenden Wissens[1602] verwies. Hier tauchte in aktueller Interpretation auch das Scheinproblem einer „mechanistischen Doktrin" der Astrologie auf, die dem individualistischen Bedürfen eines *„religious spirit"* im westlichen Sinne nicht entsprochen hätte,[1603] die somit zum religiösen oder theologischen Geist der Hermetik nicht recht zu passen schien. Aber das Problem hierbei war eben nicht das Individuum: In der Tat kann die Hermetik und erst recht die mit ihr verwandte Gnosis als eine 'individualistische' Seelen- und Erlösungsfrömmigkeit gelten.[1604] Doch wird ein Individuum, um das sich ein ganzer Kosmos dreht, durch das Horoskop-Formular erst zu einer fatalen neuen Gegenständlichkeit erhoben. Und diese ist in einem Rahmen kosmischer Entsprechungen, von Sympathien und Antipathien wie in der Alchemie, erst 'lesbar' geworden. Astrologie, Hermetismus und Alchemie können auf einen gemeinsamen mentalen Horizont verweisen, der gräko-ägyptisch und damit geeignet für kulturell hybride Formationen war. – Dass dieser Horizont nicht homogen sein konnte, leuchtet ein. Der Widerspruch, den Garth Fowden zwischen der astrologischen *„vision of Man as the helpless victim of ineluctable forces"*[1605] und der hermetischen Botschaft einer religiösen Befreiung der Seele betonte, ist durchaus vorhanden, und ein vergleichbarer Widerspruch unterscheidet die Astrologie auch von der Alchemie, mit der sie trotzdem bis in die frühe Neuzeit verbunden blieb. Aber was die Astrologie am meisten von der Hermetik entfernte, die sie gerade mit ihrem Modell eines astronomisch expliziten

---

[1599] Asclepius 1, (40 M.): *adytum.*

[1600] AUFRÈRE 2021, 116f. vermutet ein alexandrinisches Milieu; er meint auch, dass sich die philosophischen Hermetica „*vom physischen und monumentalen Ägypten mehr oder weniger verabschieden; so sehr kann hier die Wirklichkeit – wie in jeder esoterischen Literatur – im Schatten bleiben oder unter dem Deckmantel der Mehrdeutigkeit ausgedrückt werden*" (117). – Vgl. 124f.: der Blick auf echt Ägyptisches (wie den Tierkult) kommt wie von aussen.

[1601] FOWDEN 1986, 3 A 11, dort auch die Ansicht (nach FRASER und FESTUGIÈRE), wonach *„some astrological Hermetica will have been of Ptolemaic origin"*. Wobei auch die NP-Texte diesem „hermetischen" Milieu zugeordnet werden – was allerdings bloss auf eine Zuordnung von Pseudonymen herauskommt. Als erste historisch datierbare Referenz gilt Thrasyllos, der Intimus des Augustus (ebd.).

[1602] FESTUGIÈRE 2014, 75 nennt „hermetisch" eine Vision oder Theophanie, wo der Gott offenbare *„non plus quelque fait contingent […] mais une doctrine de religion, de morale ou de science."* Es ist klar, dass zu dieser Definition auch unser NP-Text passen würde.

[1603] FOWDEN 1986, 91.

[1604] FESTUGIÈRE 2014, 61 zu den sich häufenden Wortbildungen mit *„monos"*: man wolle *„ 'seul à seul' avec Dieu"* sein. – Gott, das Göttliche spricht hier zum Einzelnen, nicht zum Kollektiv.

[1605] FOWDEN 1986, 91.

'Weltinnenraums', der einen analogen Innenraum der Seele formte, inspiriert haben dürfte, war ihr ausgesprochen unreligiöser, weil naturalisierend säkularer Charakter.

Das religiöse Pathos des Hermes Trismegistos, das besonders noch die Renaissance bewegte,[1606] ist nicht bloss für die Frage nach dem Einfluss eines priesterlichen Milieus in Ägypten[1607] auf den Hermetismus von Belang, sondern weist zudem auf ein im weiteren Sinne religiöses, oder sagen wir: weltanschauliches Bedürfnis hin, das kulturübergreifend gewesen sein muss. Die Autoritäten, Techniker, Exegeten und Schriftsteller, die diese Bedürfnisse oft pseudonym artikulierten und in ihrem Namen neue Orientierung in schriftlicher und mündlicher Form verbreitet haben,[1608] sind als Autoren auch kulturell uneindeutige Figuren;[1609] es stellt sich die Frage, aus welchen Quellen sie selber geschöpft haben mögen.

Dass es Spuren von ägyptischer Lehre, Tradition, Ritualität und Mythologie in der Hermetik gibt, ist nicht zu bestreiten.[1610] – Ein Aspekt ist hervorzuheben: Erik Iversen wies, mit spezifischer Hinsicht auf den sogenannten „Shabaka-Text", der auch als „memphitische Theologie" bezeichnet wurde, auf die kosmologische Seite ägyptischer Religion hin, auf *„the cosmogonic and cosmological concept developed and formulated by Egyptian theologians in their synthesizing efforts to establish, on a monarchical basis, a universal religion of state to counterbalance the disintegrating tendencies of local cults posing constant threats to the religious and political stability and unity of the country."*[1611] – Damit hätte Iversen eine ägyptische Quelle für den „holistischen" Charakter einer Weltvorstellung gefunden, die den göttlichen Geist als belebend-bewegendes Prinzip aller Wesen kenntlich werden liess.[1612] Das hätte man auch griechischer Metaphysik zuschreiben können: Iversen bezieht sich auf eine *„classicist attitude"*, wo er eine Aristoteles-Stelle zur kontinuierlichen Wirklichkeit Gottes, die man zur Erhellung einer hermetischen Stelle über *„aeternitas (aion) and tempus (chronos)"* im Asclepius heranziehen könnte, fast gleichlautend in einem ägyptischen Pyramidentext findet.[1613] Was wie aristotelischer Einfluss aussieht, kann Element ägyptischer Theologie sein; wenn z. B. das Konzept „Seele" (*psyche*) seit Platon zu einem entscheidenden Begriff griechischer Metaphysik geworden ist, dann ist es nicht irrelevant, dass laut Iversen der ägyptische „Ba" *„directly translated into Greek as psyche"* worden sei.[1614] Das bedeutet, dass wir nicht ausschliessen können, dass betont „griechische" Konzepte

---

[1606] Jetzt MORESCHINI 2021; vgl. FAIVRE 2016; EBELING 2005; YATES 2002.

[1607] Schon FESTUGIÈRE (2014, 97) stellt sich die Frage nach *„prêtres égyptiens ou Grecs installés en Égypte"*. Jetzt dazu WINKLER 2021.

[1608] Zur einer mündlichen Dimension hermetischer Unterweisung FOWDEN 1986, 98 (wo die Notwendigkeit eines *„spiritual master"* erwogen wird, um den „Weg" hermetischer Initiation zu vollenden).

[1609] Dazu FESTUGIÈRE 2014, 26ff., der von einer *„religiosité diffuse"* spricht, die sich an eine *„Âme universelle"* richte, mit Poseidonios als Paradigma. Im Folgenden nennt er Namen wie *„Dion le Cynique"*, Epiktet, Marc Aurel, Maximus von Tyrus, Vettius Valens und den Autor des *Asclepius*.

[1610] STERNBERG EL-HOTABI 2021 (mit weiterer Lit.).

[1611] 1984, 7.

[1612] Ebd. 10: *„in all its various forms of appearance the 'power' of the divine mind is the fundamental animating force in the hearts of every living creature."*

[1613] Ebd. 35.

[1614] Ebd. 33.

oder deren Elemente vorab im kosmologischen und religiösen oder „theologischen" Bereich ägyptisch inspiriert gewesen sind. Hier könnten auch Griechen ihnen Bekanntes in der Form von *„alien wisdom"* wiedergefunden haben und griechisch gebildete ägyptische Intellektuelle, d. h. Priester, hätten ihrerseits auf ihnen Vertrautes stossen können.

Was hat es mit der Form der dialogischen Unterweisung der hermetischen Traktate auf sich, die an die Initiation eines Priesterschülers in einem ägyptischen Tempel erinnern oder diese evozieren? Nimmt man das sogenannte „Thotbuch",[1615] eine ägyptische Unterweisung für angehende (Schreiber-)Priester im „Haus des Lebens" zum Beleg, dann zeigt sich hier die dialogische Form als ein Modell für die hermetische Belehrung des Schülers, der eine Initiation erfahren soll, die ihm eine spirituelle Wiedergeburt ermöglicht.[1616] Und auch der hermetische Aufstieg der Seele[1617] durch die Sphären der Planeten als Schicksalsmächte kann an das altägyptische Wissen um die Mächte erinnern, welche die Zonen beherrschten, welche die Sonne auf ihrer Fahrt durch den Tag und die Nacht durchqueren musste, und die der König sowie der Priester, der ihn vertrat, mit Namen kennen sollte.[1618] Der Hermetiker möchte wie der Priester, der als Helfer des Sonnenlaufs an der regenerativen Unsterblichkeit der Welt im Licht der sich wiedergebärenden Sonnengottheit teilhaben will, dem Göttlichen nahe sein, welches Zeit und Sterblichkeit überdauert.

Für den Schreiberpriesterschüler im sogenannten „Thotbuch" gibt es einen Gottesbezug, der Initiand tritt in eine offensichtlich tradierte, in dem „Lebenshaus" der Tempel institutionalisierte Gottesnähe ein. Er kann sich gar Wiedergeburt erhoffen durch das Erlernen der Schrift. Im Rahmen einer kühnen Theologie, welche Teil einer staatstragenden Ritualität war (die *„maintenance of the annals of the kings"* gehörte zu des Schreibers Aufgaben)[1619], hatten sogar die Hieroglyphen ihre Ba-Seelen.[1620] – Die ganze Metaphorik wirkt attraktiv, man findet hier jedenfalls nicht den Mangel an religiösem Gehalt, den griechische Metaphysik hätte ersetzten müssen. So wird der Schüler explizit mit den seligen Toten verglichen; ja er mischt sich wie sie unter die Besatzung der Barke des Sonnengotts, er lernt *„the heavenly constellations, and achieves control over his body"*.[1621] Die Arbeit des Schreiber-Priesters, der sich speziell Thoth weiht, entspricht der Arbeit auf den Feldern der Unterwelt, und dabei wird das Schreibrohr als *„reed of life"* bezeichnet.[1622] Der Intellektuelle im Haus des Lebens[1623] dient also in seinem bedeutsamen Tun dem Leben und dem belebenden Licht, das er stützt, etwa durch Vorlesung heiliger Texte. Er durchquert die Seen der Unterwelt, sein ganzer Beruf ist ja massiv symbolisch aufgeladen, und nimmt an dem Kampf gegen die

---

[1615] Jasnow/Zauzich 2014.

[1616] Fowden 1986, 68-74; 106-112; Bull 2018, 191-315.

[1617] Bull ebd. 316-371.

[1618] S. o. 205-220 zu Sonnenliturgie und Unterweltsbüchern.

[1619] Jasnow/Zauzich 2014, 21. Vgl. 69_ *„They will proclaim the royal titulary, and they will [recount] the ones who were kings."*

[1620] Ebd. 20f.

[1621] Ebd. 24. – Vgl. 59: *„I wish to bark among the dogs of Shai, the great one"*.

[1622] Ebd. 25.

[1623] Ebd. 31: Der Schüler im Haus des Lebens werde als *„The-one-who-loves-knowledge"* bezeichnet.

mythischen Widersacher des Lebens teil, wobei das „Kämpfen" hier *„perhaps the act of writing itself"*[1624] meine. Er kennt das Amduat und weiss auch um die „Arme des Schu", der die Toten aus der Unterwelt hebt, um einen neuen Zyklus des Lebens zu beginnen.[1625]

Nun mag all dies zur hermetisch-gnostischen Hoffnung auf Befreiung vom Tode passen,[1626] und besonders auf eine Befreiung, die mit Wissen und Kenntnis der Schriftzeichen und Bücher verbunden ist. Was aber den ägyptischen Priesterinitianden am meisten vom eingeweihten Hermetiker, aber auch vom Astrologen und von jedem griechischen Intellektuellen unterscheidet, das ist der ganz offizielle 'Dienstcharakter' seines Tuns, das einem Amt entsprach, welches symbolisch konkret eine mythische Struktur des Weltlaufs evozierte und rituell mit-inszenierte. Der Priester nimmt an dem staatswichtigen Unternehmen der Erhaltung des Lebens, des Sonnenlaufs im steten Kampf gegen das Verdunkelnde und Verneinende, rituell aktiv teil. Als zu den guten Geistern des Lebenshauses gehörig, unterstützt er die „würdigen Toten".[1627] Dagegen hat die hermetische Einweihung diesen institutionalisierten Bezug zur Gesellschaft nicht mehr. Sie kümmert sich um die Seele des Einzuweihenden, dessen sozialer Ort gar nicht greifbar ist. Dem mythisch-rituellen Ensemble Ägyptens mit seiner expressiven Unterwelt als Teil einer kreisenden Prozessualität des göttlichen Lebens, das im heliomorphen König dieser Gesellschaft zugewandt, ja spezifisch verbunden war, würde er selbst als ein ägyptischer Priester nur noch in akzidenteller Weise angehören. Das gilt erst recht für den Astrologen: Wenn wir uns diesen als Priester vorstellen, dann fällt das völlige Desinteresse am Jenseits und an aller Unsterblichkeitshoffnung, also das Säkulare der Astrologie, erst recht auf.[1628] Beide aber, Astrologe wie Hermetiker, sind ganz offensichtlich nicht Teil eines kollektiven Unternehmens, das den König, alle Lebenden und Verstorbenen und dazu den ganzen Kosmos einbegreift, und dabei den Lauf der Welt mitträgt und mitgestaltet.

Die Verschriftlichung eines hermetischen oder astrologischen Traktats, meist in griechischer Sprache, ist nicht Teil eines geheiligten Weltgeschehens, in welches Ägypten mit allem, was es bewohnt, stets weltfromm rituell involviert bleibt. Das Ensemble umgreifender Ganzheit, in welchem 'alchemistisch' Dinge wie Wesen einander anziehen und abstossen oder entsprechen können,[1629] das sie explizieren ohne es kultisch

---

[1624] Ebd. 28.

[1625] Ebd. 27.

[1626] Zu Ägypten meint ASSMANN (2011, 15): *„Es gibt wohl keine zweite Kultur auf der Welt, die sich der Zeit als Vergänglichkeit mit solcher Leidenschaftlichkeit entgegengestemmt hat. Andere Kulturen haben metaphysische Gegenwelten entworfen zur Vergänglichkeit des Menschlichen und Irdischen, die Ägypter aber haben alles daran gesetzt, ihre menschliche und irdische Welt ins Unvergängliche zu transformieren."*

[1627] Ebd. 29.

[1628] Das gilt auch von astrologischen Inhalten, die unter dem Namen des „Hermes" kursierten: *„Hermès astrologue"* interessiere sich nicht für das Jenseits, wie schon FESTUGIÈRE (2014, 138) bemerkt hat.

[1629] Das 'Ganzheitliche' ergibt sich für ägyptische Theologie aus der Göttlichkeit der Welt; so wurde der *„perceptible cosmos"* angesehen als *„the physical body of the creator"* (Ptah war alles im Himmel, auf der Erde, im Wasser und dazwischen): IVERSEN 1984, 9; vgl. 30, wo der platonische Timaios als *„the most 'Hermetic' of the dialogues"* bezeichnet werden kann, weil der Kosmos dort als Lebewesen und als wahrnehmbarer Gott fungiere und von *„the Hermetic 'alchemic' conception of the divine nature oft the elements"* die Rede ist.

zu inszenieren, ist eine physikalisierte Welt-Kugel mit göttlicher Motorik. Es ist eine vergleichsweise explizite, extrasubjektive Ganzheit – ein extrasubjektives All – im Gegensatz zur 'impliziten' Ganzheit, die in den ägyptischen Tempeln kultiviert wurde. Zwar ist auch im Horoskop-Formular, das möglicherweise von gräko-ägyptischen Intellektuellen mit Priesterbezug entwickelt worden ist, das Menschliche einbezogen, aber der Deuter/Berechner des Formulars mundaner Ganzheit ist selbst nicht Teil einer göttlichen Seinsgemeinschaft, die sich mit dem semi-divinen König als Bindeglied realisiert. Er hat kein Amt und keine Aufgabe in diesem 'kosmischen Zusammensein', er nimmt an der Weltlichkeit seines Gegenstands nur theoretisch teil, weil man dasselbe Welt-Formular auf alles Geborene anwenden kann. Er deutet es von aussen als einen Systemkomplex, der nach den eisernen Gesetzen der Folgerichtigkeit für ein urteilend omnipotentes Subjekt organisiert erscheinen muss: *ratio omnia vincit*.[1630] Die Offenbarung des Gottes, die dem einsamen König „Nechepsos" zu Teil wurde,[1631] erging an einen Autor, der als pseudonymes Subjekt den König der sozialexistierenden Weltlichkeit ersetzen muss. Die Ganzheitlichkeit der theoretischen Konzeption ist zur plausiblen Konstruktion der „kosmischen Sympathie" geworden. Sie ist in das Medium der '*physis*-Rationalität' übersetzt, in das Medium einer bürgerlich-autonomen Subjektivität, die griechischer Herkunft sein muss.

Der esoterisch-priesterliche Habitus der hermetischen Literatur ist nicht das Einzige, was sie mit fundierenden Texten der Astrologie gemeinsam hat. Er ist Expression einer interkulturellen Auseinandersetzung, oder sogar einer neuen Mentalität, die man auch als „hellenistisch" bezeichnen kann.[1632] Wenn Ronaldo Gurgel Pereira zum Hermetismus von einem „symbolischen Universum" spricht, welches enthalte „*a new worldview replacing both traditional Egyptian and Hellenic discourses*",[1633] so fragt sich neben dem konkreten Problem der Interkulturalität oder Hybridität dieses „Universums", was seine Besonderheit ausmachte und was möglicherweise die Motive hinter seiner offenbaren „Neuheit" sein könnten. – Das kulturell Diffuse,[1634] Gemischte oder „synkretistisch" Uneindeutige hat Festugière schon markant betont, der hier auch an die „Fabel" vom „barbarischen" Ursprung der Philosophie denkt, an eine Bereitschaft jedenfalls unter Griechen seit dem 4. Jhdt. v. Chr., von einer ur-menschlichen Weisheit oder religiösen Inspiration auszugehen.[1635] Aristoteles habe hierbei den „Magern" die Priorität noch gegenüber den Ägyptern gegeben.[1636] Auch indische Gymnosophisten und

---

[1630] Manil. IV 932.

[1631] Vett. Val. VI 1,9.

[1632] GURGEL PEREIRA 2010, 84 spricht von einer „*new mentality*" im hellenistischen Ägypten, in welcher kulturelle Integration reflektiert sei; vgl. 59: „*Cultural hybridism, biculturalism and syncretism were all relevant and complementary elements of the formation of the new symbolic universe in Hellenistic Egypt.*"

[1633] Ebd. 29. – Vgl. PLEŠE 2021, 146, der hier eine „*kreative Verknüpfung religiöser und philosophischer Traditionen*" sieht. – Es ist möglich, dass dafür gerade die Astrologie zu einem erfolgreichen Paradigma geworden ist.

[1634] FESTUGIÈRE 2014, 26ff. („*religiosité diffuse*").

[1635] Der *consensus omnium gentium* (Aug. CD VIII 9; zit. FESTUGIÈRE ebd. 37).

[1636] FESTUGIÈRE ebd.; vgl. BIDEZ/CUMONT 2007, 11, wonach Eudoxos die These der Priorität der Weisheit der „*mages*" vertrat.

Juden und dann auch Druiden mussten integriert werden in eine neue suprakulturelle Genealogie der Weisheit, die Festugière in der Akademie beginnen lässt und, als Quelle des Prooms bei Diogenes Laërtios, etwa beim Peripatetiker Sotion von Alexandria (im 2. Jhdt. v. Chr.) auch philosophiehistorisch ausgeführt sieht.[1637] Das ist ein mentaler Horizont, der nicht nur für hermetische, sondern auch für alchemistische und astrologische Texte ein internationales Autorenkollegium verantwortlich machen konnte, das von Abraham, Moses, Pythagoras, Zoroaster und Demokrit bis zu Ostanes, Nechepso und natürlich Hermes[1638] und Asklepios reicht. Derartige Zuordnung ist also viel älter als die Ansicht, die seit der Übersetzung hermetischer Traktate durch Marsilio Ficino (1463) von einer Art kulturell 'unverdorbener' Theologie dieser Schriften ausging, die man mindestens als zeitgenössisch mit Moses (wo nicht älter) ansah.[1639] Der Geist pseudepigraphischer 'Übergeschichtlichkeit' kann auch als „hermetisch" oder als fundamental für das mentale Milieu gelten, dem der Hermetismus entstammt oder dem er entsprechen wollte.[1640]

„Hermes" wurde zum pseudonymen Inbegriff des „göttlichen Intellektuellen".[1641] Er war eigentlich eine Metapher humaner Autorität mit superhumaner Kompetenz, die unter anderem für die soziale Metaphysik zentrale Funktionen des Königs übernehmen konnte, wo solches Königtum der kulturellen Tradition inhärent war. So etwa die Garantie oder rituelle Konstruktion der „Ganzheit" der Welt, welche nicht zuletzt auch die Kluft zwischen kultureller und naturaler Sphäre zu überbrücken oder zu überwölben hatte; Astrologie und Alchemie bewerkstelligen dies durch neue theoretische und 'naturalisierte'[1642] Welt- oder Universalsystematiken. Hermes war und wurde schon in Ägypten[1643] auch ein Gott der Gelehrten und einer universellen Lesbarkeit der Welt (*ratio omnia vincit!*), die in den Tempeln Mesopotamiens und Ägyptens weit über das 'Erscheinungsfixierte' einer naturalisierten Welt als den vornehmlich intelligiblen Gegenstand von rationaler Erkenntnis hinauswies. Solche Erkenntnis verhiess den Griechen eine neue Technizität im Herstellen von „Entsprechungen", wofür sie seit der stoischen „Sympathie" von allem mit allem intellektuell aufgeschlossen sein mussten. Der Schritt zu solch gewichtigem

---

[1637] FESTUGIÈRE ebd. 36f.

[1638] Ebd. 118ff. zur fiktiven Autorschaft des Hermes für astrologische Traktate (schon bei Manilius galt Hermes als Erfinder der Astrologie: I 30), den man öfter auch einfach vor den selber schon ungreifbaren Gründer-Autor gesetzt habe.

[1639] IVERSEN 1984, 27. – FESTUGIÈRE ebd. 86: schon im 2./1. Jhdt. v. Chr. habe es eine jüdische Gleichsetzung von Thoth mit Moses gegeben.

[1640] Laut PLEŠE 2021, 146 ist es eine „Geistesreligion" (Asclepius 25: *mentis religio*), und sie betrachte die Traditionen, die sie neu interpretiere, als *„übereinstimmende und kompatible Zeugnisse der Ewigen Weisheit, die sich aus ein- und derselben Quelle speisen, eines transzendenten Geistes, die allen in gleicher Weise zugänglich ist."*

[1641] AUFRÈRE 2021, 130ff.

[1642] Ebd. 129: es gehe auch darum, *„eine naturalistische Konzeption des ägyptischen Universums umzusetzen".* – Im Übrigen meint AUFRÈRE, dass die *„griechische Intelligentsia"* eine *„Liebhaberin ägyptischer Paradoxographie"* gewesen sei; er weist auf die grosse *„Welle von Übersetzungen orientalischer Weisheitstexte"* unter dem zweiten Ptolemäer in Alexandria hin.

[1643] Ebd. 132 (Thot wurde zum Gott, der die Taten der Götter aufschrieb, also gleichsam zum Historiker der Götter); FESTUGIÈRE 2014, 84 (der „Sekretär" der Götter, der auch Schicksals-Herrscher und Vermesser der Zeit war).

theoretischem Holismus war schon in Athen mit dem platonischen „Timaios" erfolgt und er war programmatisch mit einer Offenheit für die Autorität orientalischer Priester-Wissenschaft verbunden. Dies in einem Ausmass, das es ermöglichte, dass im Umkreis der Akademie unter den direkten Schülern Platons der Gedanke vorhanden gewesen sein soll, Platon selber sei eine „Inkarnation des Zoroaster"[1644] gewesen.

Das pseudonyme Autorenkollektiv der hermetischen Literatur weist somit auf eine supra-kulturelle *koiné* von supponierter oder realer Priester-Weisheit hin; auf eine 'deszendente Epistemologie'[1645] von „theologischer" Betrachtung der Welt, getragen von realen oder imaginären Tempeln und ihren realen oder imaginären[1646] Priesterschaften, von einer internationalen Elite der 'Wissensgetriebenen' im aristotelischen Sinn,[1647] welche im Kosmos, insbesondere in der himmlischen Erscheinung des Erhabenen, der „ersten Natur" der primärwesentlichen Instanz, kurz: in dem wahrnehmbar Göttlichen (*theos aistethos*)[1648] eine transkulturell verbindende und verbindliche „Chiffre der Transzendenz" (Jaspers) oder einfach das bestimmend Göttliche gefunden hatte. Das war eine kulturell hybride Anschauungsform des Göttlichen. Man nehme als Beispiel das sogenannt „ptolemäische" Weltmodell, welches zur theoretischen Norm-Konstruktion als Anschaulichkeit des mundan autoritären und autorisierend Göttlichen geworden ist: Ein intellektuell überaus attraktives Modell realexistierender göttlicher Verfügungsmacht über die Welt. Die astrologische „Tetrabiblos" seines mathematischen Chefkonstrukteurs ist ein erläuterndes Dokument, welches nicht zuletzt den theologischen Anspruch alexandrinischer Wissenschaft verdeutlichen kann.

Dass zu einem hermetischen 'Milieu' der Kaiserzeit zweisprachige ägyptische Priester gehört haben dürften, wird kaum bestritten.[1649] Von einem neuen „Markt"[1650] in der Kaiserzeit für Priester, die ihre Ressourcen aufbessern mussten, ist die Rede – das bezeichnet auch eine Lage, in welcher offenbar im Umkreis von Tempeln Horoskope

---

[1644] BIDEZ/CUMONT 2007, 14.

[1645] Zu einer solchen seit Platon SCHMID 2005, 119-202; vgl. FESTUGIÈRE 2014, 76: „*Comme la raison de l'homme est incapable à atteindre aucune vérité certaine dans aucune branche du savoir, on consultera les dieux pour en obtenir la science.*"

[1646] PLEŠE 2021, 145: die hermetischen Texte können ihr soziales Milieu nicht spiegeln, weil sie eine „*mystische Welt jenseits der Alltagsrealität*" evozieren. Das ist übrigens zum Unterschied von der astrologischen Literatur zu betonen: Letztere stellt ja den Alltag dar mit allen denkbaren Kalamitäten, will gerade ihn einer strikten und autoritären Herrschaft mathematisierend rationaler Fatalität unterstellen – sie unterstellt ihn einer Systematik von idealer Intelligibilität.

[1647] Met. 980a 21 („*Alle Menschen sind von Natur zum Wissen getrieben.*")

[1648] In diesem Bezug des Göttlichen zur wahrnehmbaren Welt sah IVERSEN einen 'ägyptischen' Zug des Hermetismus (1984, 9): laut Plutarch identifizierten die Ägypter den Horus mit dem *kosmos aisthetos*; in ägyptischen Texten der „memphitischen Tradition" gilt laut IVERSEN, „*that the perceptible cosmos was in fact considered the physical body of the creator*" (Ptah).

[1649] PLEŠE 2021, 152 (sie lesen auch philosophische und astronomische Texte); schon FESTUGIÈRE stellte sich die Frage, ob für gewisse Texte „*prêtres égyptiens ou Grecs installés en Egypte*" verantwortlich seien (2014, 97).

[1650] Nach DIELEMAN 2005, 292 (allerdings mit Bezug auf die Spätantike): „*a new religious market, where phenomena such as astrology, initiation and personal contact with the divine are gaining ground at the expense of age-old types of communal religion.*" – Zu dieser "merkantilistischen" Begründung jetzt kritisch ESCOLANO-POVEDA 2020,130.

erstellt worden sind.[1651] Zlatko Pleše spricht von einem „*'Tauschgeschäft' zwischen autochthonen Priestern mit fremden Orientalisierern*"[1652] und generell von „*Mobilität, Austausch, Akkulturation und Nachahmung*"[1653]. Was die Priesterfrage angeht, die uns spezifisch für die Zeit der Entstehung der Horoskopastrologie interessiert, ist Sidney Aufrère im Hinblick auf die Hermetik skeptisch: „*Man kann in der Tat die Vorstellung von griechisch-ägyptischen Kreisen vertreten, die auf verschiedenen Niveaus – intellektuellen und volkstümlichen – von Denkströmungen durchzogen sind, welche eine oberflächliche Prägung durch eine priesterliche Kultur haben, wobei aber engere Verbindungen zu denen, die über das profunde Denken der 'Häuser des Lebens' verfügten, ausgeschlossen sind.*"[1654] Andererseits ist Marina Escolano-Poveda der Meinung, dass gerade diese Priesterschaft der „Häuser des Lebens" die hermetische Literatur nicht nur hervorgebracht habe, sondern dass überhaupt die ägyptische Priesterschaft als die „Hermetiker" im Sinne von Garth Fowden zu identifizieren sei.[1655] Gemäss Escolano-Poveda fand die Auseinandersetzung von ägyptischer Kult-Ritualität mit griechischer Philosophie in den ägyptischen Tempeln der frühen Kaiserzeit statt.[1656]

Zu dem, was im engeren Bezug zur „philosophischen" Hermetik hier 'milieubildend' wirkte, gehört jedenfalls platonische Philosophie.[1657] Das kann man unterdessen betonen, ohne abwertende und den ägyptischen Hintergrund nivellierende Begriffe wie „Proletarierplatonismus" zu verwenden.[1658] Zu beachten ist eine interkulturelle Übertragbarkeit von platonischen Prämissen,[1659] welche sehr wohl Intentionen im Umkreis Platons entsprochen haben könnte. Ich meine damit zuerst einmal Platons Ägyptenbild, das so etwas wie das Paradigma einer hierokratischen Ordnung enthielt,[1660] einer Gesellschaft, die sich an das überdauernd Wesentliche hielt und dabei von einer priesterlichen Elite Orientierung bezog.[1661] Das war Teil einer grundlegenden politischen Debatte oder Fragestellung im 4. Jhdt. v. Chr., die in Athen als kritisch erlebt

---

[1651] WINKLER 2021.

[1652] 2021, 156.

[1653] Ebd. 157. – Vgl. 149f. zu sich gräzisierenden ägyptischen Eliten, die griechische Bildung annehmen und ihre Kinder in Alexandria studieren lassen.

[1654] 2021, 143.

[1655] 2020, 156.

[1656] Ebd. 155.

[1657] TORNAU 2021.

[1658] Ebd. 173 (mit weiteren Beispielen, die einfach einen abgesunkenen Platonismus als hermetisch betrachten).

[1659] Ebd. 174: „*Ein griechisch und ägyptisch gebildeter, an Religion und Philosophie interessierter Autor dürfte das Sonnengleichnis der* Politeia *instinktiv als diskursive Auslegung des altägyptischen Motivs der welterschaffenden und welterhaltenden Sonne gelesen und letzteres ebenso unwillkürlich als symbolische Kondensation des platonischen Gedankengangs begriffen haben.*"

[1660] Offenbar so sehr, dass ein Kleriker des 12 Jhdts. (Wilhelm von Conches) in Platons Beschreibung ein ägyptisches Modell der ihm vertrauten monastischen Welt erkannte: *Mala enim colloquia corrumpunt bonos mores. Ideo sacerdotes in claustris suis erant sicut hodie est.* (Glosae super Platonem zu Tim. 24a, S. 95 JEAUNEAU).

[1661] ASSMANN 2000, 48ff.

worden ist. Ein modellhaftes Ägypten[1662] konnte in diesem Horizont sogar, laut Jan Assmann, als eine *„dritte Option neben der orientalischen Despotie und der okzidentalen Demokratie"* fungieren.[1663] Als Alternative zu Demokratie wie Despotie erscheint bei Platon bekanntlich die massgebliche Utopie,[1664] doch wie sie verfassungsmässig aussehen könnte, wird immer unklar bleiben, denn Platons Antwort auf das Problem wird seit dem Timaios[1665] zu einer autoritativen Kosmologie.[1666] In dieser wurde die Utopie des Idealen zur „natürlich" realen Existenz oder gar zur mundanen Inkarnation in phänomenaler Leibhaftigkeit.[1667] Im *Kosmos-Ouranos* umgreift sie die Welt „ätherisch" und ontologisch in fundierender Kugelform der 'Ganzheitlichkeit', die zugleich als die Sichtbarkeit Gottes[1668] bezeichnet werden kann, d. h. als Theophanie für ein neues Gottesverständnis, das laut dem unmittelbaren Platonschüler Philipp von Opus[1669] für alle Menschen einsehbar, annehmbar oder verständlich sein konnte. Das war eine neue, astronomisch regelhafte und darin selbst normative Göttlichkeit, die laut dem Opuntier explizit im Orient, in *„Syrien und Ägypten"* schon entdeckt und durch Erfahrung erkundet worden war.[1670] Zwar würden die Griechen alles verbessern, was sie von anderen übernehmen,[1671] wie es dort heisst, doch damit wurde von griechischer Seite zugleich eine 'kulturelle Unvollständigkeit' registriert, die der Ergänzung durch ältere Weisheit[1672] bedarf.

Wenn wir von späterer Legende absehen, welche Platon unter anderem auch zum ersten Alchemisten erhob,[1673] gibt es immer noch genügend Hinweise, die für ein konkretes akademisches Interesse an *„alien wisdom"* sprechen. Nicht zuletzt soll der

---

[1662] Zur Vorbildlichkeit Ägyptens für Platon auch SCHÄFER 2005, 45ff.

[1663] ASSMANN 2000, 46f.

[1664] Die Politeia als erste griechische Utopie: WINIARCZYK 2011, 18f.; vgl. SCHMID 2016, 409-423.

[1665] Der Dialog Timaios ist offensichtlich auch für die hermetischen Texte ein relevanter Einfluss: *„Mit dem für den kaiserzeitlichen Platonismus besonders massgeblichen Dialog Timaios teilen die Hermetica das Interesse für Kosmologie und Theologie, d. h. für das naturphilosophische Unterfangen, Struktur und Entstehung der körperlichen Welt durch die providentielle Wirksamkeit eines guten göttlichen Prinzips zu erklären."* (TORNAU 2021, 171f.). – Der Timaios war auch massgeblich für den griechischen Hintergrund von Astrologie: SCHMID 2005, 119-202

[1666] SCHÄFER 2005.

[1667] SCHMID 2005, 119-157

[1668] *theos aisthetos*: Der Schlusssatz des Timaios (zum Kosmos) lautet: *„Ein sichtbares Lebewesen das alles Sichtbare umgreift, Ebenbild des Denkbaren als wahrnehmbarer Gott ist er das Grösste, Beste, Schönste und Vollendedste geworden: dieser eine Himmel der einzig geboren ist."*

[1669] Plat. Epin. 984a: die Planeten wurden zu den „Standbildern der Götter" erklärt, und zwar solchen, die *„von den Göttern selbst gemacht"* worden sind (d. h. ja: von kulturellen Normen nicht beeinflusst, daher interkulturell akzeptabel sind), und sie sind die schönsten und verehrungswürdigsten aller Götterbilder, *„denn nie wird man schönere noch so sehr allen Menschen gemeinsame* (koinotera sympantōn anthropōn) *oder an so erhabenen Orten aufgestellte und ein so vollkommenes Leben, solche Reinheit und solche Würde an den Tag legende Götterbilder erblicken"* (Übers. Schleiermacher).

[1670] Ebd. 987a.

[1671] Ebd. 987b.

[1672] Für ASSMANN 2000, 66 wird Ägypten *„Projektionsfläche selbstkritischer Diagnosen. Die Griechen sind die grossen Erfinder und Neuerer, aber was ihnen abgeht, ist die Weisheit […]"*.

[1673] LINDSAY 1986, 23 und sonst.

sterbende Platon einen „Chaldäer" bei sich gehabt haben, mit dem er sich – die Deutung der Episode ist umstritten – über die Korrektheit eines Rhythmus unterhielt; wobei eventuell Platon den Chaldäer korrigierte und wiederum der Chaldäer gegenüber dem sterbenden Platon sogar *„die Unterlegenheit der nicht-griechischen Kulturen"* anerkannt und zugleich seine *„Vertrautheit mit griechischer Bildung"* bekundet habe, wie es Konrad Gaiser formulierte.[1674] – Ob diese etwas schulmeisterliche Deutung richtig ist, spielt keine Rolle (die Szene ist stark verkürzt überliefert), denn sie würde auf jeden Fall auf eine Auseinandersetzung über kulturellen Vorrang hinweisen. Da als Quelle dieser Erzählung Philipp der Opuntier gilt,[1675] der ja die überlegene Sternkunde des Orients erwähnt, die jetzt durch Griechen zu adaptieren sei, um eine neue Sternfrömmigkeit mit 'oikumenischem *appeal*' zu begründen, können wir auch vermuten, dass entsprechende Kompetenzen in der Begegnung von „Chaldäern" und Griechen um Platon eine Rolle gespielt haben. Nach Gaiser handle es sich bei Platons Gast um *„einen orientalischen Weisen, der sich besonders auch auf die Sternkunde und die Rituale der persischen Religion verstand"*.[1676] Ob der „Chaldäer" Perser war, wie der „Mithridates", der nach Diogenes Laërtios (III 25) eine Statue Platons in der Akademie aufstellte, oder „Mager", wie Seneca überliefert,[1677] ist wohl weniger relevant als die vermutbare historische Zuverlässigkeit des Berichts nach Neanthes,[1678] der damit belegen kann, was Gaiser so zusammenfasst: *„Der Chaldäer in Platons Haus ist sicher nicht zu trennen von den orientalisierenden Bestrebungen im Schülerkreis Platons, wie sie besonders für Eudoxos von Knidos und Herakleides Pontikos bezeugt sind."*[1679]

Im vierten Jahrhundert haben sich führende Intellektuelle in Athen für das autoritative Priesterwissen benachbarter Hochkulturen interessiert. Es gibt auch eine Überlieferung, die Platon selber, eventuell zusammen mit Eudoxos, nach Ägypten schickt.[1680] Das mag sein wie es will:[1681] Platons Bewunderung für Ägypten ist offensichtlich, und beispielsweise die Annahme von Susan Stephens, wonach Platon für sein Konzept einer politisch verbindlichen „natürlichen Richtigkeit" (*orthotēta physei* nach nom. 657a) die ägyptische *ma'at* zum Vorbild genommen habe,[1682] ist durchaus nicht abwegig. Vielleicht ist es auch mehr als blosse Koinzidenz, dass uns die aristotelische Konzeption der Zeit, die sich an einer bewegten Himmelskörperlichkeit

---

[1674] 1988, 430.

[1675] Überliefert durch den Biographen Neanthes von Kyzikos, dazu SCHORN 2007.

[1676] 1988, 434.

[1677] Epist mor. 58,31: „Mager" seien beim Tod Platons in Athen gewesen (*magi, qui forte Athenis erant, inmolaverunt defuncto*) und hatten Platon mit einem Opfer verehrt. – Zu iranischem Einfluss auf die Akademie BIDEZ/CUMONT 2007, 11ff.

[1678] GAISER 1988, 429 meinte sogar: die „Situation, die Motive, der Sinn des Ganzen dürfen als historisch gut bezeugt und somit als authentisch gelten"; vgl. SCHORN 2007, 119ff.

[1679] Ebd. 434.

[1680] Dazu BULL 2018, 43f.; kritisch zu dieser Tradition LEFKOWITZ 2007 (die darin spätere Erfindung sieht, die bloss lokalisiere, was aus den Werken der Autoren selber zu erschliessen war).

[1681] TORNAU 2021, 174 A 19 mit Quellen.

[1682] 2016, 54. – Stephens meint auch, dass Platon sich nach Ägypten gewandt habe, weil das bei athenischen Konservativen beliebte Modell der 'anti-modernen' Alternative Sparta obsolet geworden war (ebd. 50).

ermisst, welche zugleich als Theophanie einer Präsenz des Göttlichen fungiert, durchaus als 'naturalisiert ägyptisch' vorkommen kann.

Entscheidend ist im obigen Zitat zum „natürlich Richtigen" die Massgeblichkeit „*physei*", also die Verlagerung des gerade auch für Menschen Autoritativen in die „Natur". Dafür hat die Natur teleologisch neu ausgerichtet, die für griechische Rationalität fundamentale Natur-Konzeption umgeschrieben werden müssen. Und das hat vor allem der Dialog „Timaios" geleistet, der entsprechend einflussreich wurde[1683] und eine philosophische Kosmos-Frömmigkeit begründete, die sich noch in der Hermetik und Alchemie auswirken konnte[1684] und für die griechische Akzeptanz der Astrologie grundlegend wurde. – Der durchschlagende Erfolg dieser neuen Theologie des Natürlichen, die eigentlich in einer 'Kosmifizierung' des Natürlichen[1685] bestand und dem in Alexandria mathematisch vollendeten „ptolemäischen Weltbild" zugrunde lag, weist auf ein Bedürfnis von Kreisen griechischer Intelligentsia nach Massgeblichkeit hin, die man in Anbetracht ihrer „physiko-theologischen"[1686] Ausrichtung als eine supra- oder gar anti-kulturelle[1687] bezeichnen muss. Damit war eng verbunden die Offenheit für 'anderskulturelle' Traditionen, denn wer die Natur – auf- oder umgerüstet zum providentiellen Kosmos – zur Norm erhebt,[1688] weist die Verbindlichkeit der eigenen Tradition in Schranken. Und mehr noch, er entfernt sich von Normen, die als „kulturelle" gerade für Menschen im Kollektiv verbindlich sein müssen – so wie in obigem Zitat (A 1650) Jacco Dieleman für die Spätantike auf den neuen „religiösen Märkten" des kaiserzeitlichen Ägyptens von „*initiation and personal contact with the divine [...]* spricht als einem Angebot „*at the expense of age-old types of communal religion*" (Astrologie wird namentlich erwähnt). Wir würden das heute als „esoterisch" bezeichnen und vielleicht auf den Verbindlichkeitsschwund der Kirchenfrömmigkeit als aktuelle Version „metaphysischer Obdachlosigkeit" zurückführen.

Kulturelle Normen prägen das Leben des Kollektivs, sie ordnen und orientieren es. Die „Natur" ist dagegen eine umgreifend weltkonstruktive Norm, wo man ihr bestimmenden oder gar autoritativen Charakter zuerkennt; sie spricht zum Individuum ebenso wie zum Kollektiv. Bekanntlich kann in der Berufung auf das Richtige „von Natur", das sozusagen in den 'Dingen selbst' sich offenbare, auch der Einzelne gegen das Kollektiv recht haben. Die Essentialität der Welt verleiht dem „natürlich" Bedeutsamen eine Verbindlichkeit, die von kollektiven Zuständigkeiten, ja vom Zustand der „Kultur" überhaupt befreien kann. Ihre unverstellt bedeutsame Unverfügbarkeit ist die vorzügliche Waffe aller Kulturkritik. Eine solche wendet sich in der Regel gegen den Zustand der

---

[1683] Vgl. SCHMID 2005, 128 (er war das meistkommentierte Prosawerk der Antike).

[1684] Für die griechischen Voraussetzungen der Hermetik und die griechischen Prämissen antiker „Sternfrömmigkeit" überhaupt bleibt wohl der zweite Band von FESTUGIÈRE's „Révélation" („Le Dieu cosmique"), von 1949 (jetzt 2014) unübertroffen.

[1685] SCHMID 2016, 403ff.

[1686] SCHMID 2007; MOREAU 1939.

[1687] Siehe den Schlachtruf „zurück zur Natur" (SHARPLES 2006, 232f.; LOVEJOY/BOAS 1935; SCHMID 2016. 403f.). Kyniker und Stoiker beziehen sich letztlich auf einen Paradigmenwechsel, für den nicht zuletzt der „Timaios" steht (SCHMID 2020).

[1688] Dass Platon das tat, indem er die Differenz von *nomos* und *physis* (Kultur und Natur) einebnen wollte, hat Festugière richtig bemerkt (unten A 1821).

zeitgenössischen Aktualität. In der 'Erfindung der Metaphysik' im 4. Jahrhundert v. Chr. in Athen lässt sich ein Paradigmenwechsel der Abkehr von einer als oberflächlich, dekadent und unverbindlich erfahrenen Modernität erkennen.[1689] Es war eine Abkehr – auch von der Demokratie als zentralem Vehikel der Modernität –, welche die Zuwendung zu einem halb imaginären Königtum des Wesentlichen, einer Autorität des transkulturell Wirklichen[1690] oder einfach priesterlich kosmosfrommer Weisung einschliessen konnte. Und dem mochte ein durch Priester-Autorität bezeichnetes „Morgenland" als die kastalische Verheissung für intellektuelle Glasperlenspieler auch mehr oder weniger entsprochen haben. Dass dieser anti-moderne Paradigmenwechsel zwar die Monarchie nur indirekt herbeiwünschte – Platon spielte mit dem Gedanken an „Philosophen", astronomisch gebildete Oligarchen und temporäre Tyrannen als Installateure gerechterer Ordnungen; Xenophon schrieb über den Bildungsweg eines idealen Königs im angrenzenden Morgenland –, bezeichnet ein urbanes, durch politische Autonomie und ihr entsprechende *physis*-Rationalität geprägtes Milieu griechischer Intellektueller. Und doch ist es kein blosser Zufall, dass die Monarchie zum politischen Paradigma auch der intellektuellen „hellenistischen" Welt geworden ist. Selbst wenn man das Projekt einer positiven Multikulturalität als politisches Programm des Aristoteles-Zöglings Alexander nicht beim Wort nehmen darf, konnte Alexanders Weltpolitik doch wie der Versuch aussehen, den neuen kosmischen Holismus der Metaphysik, dem die Stoa eine materialistische Basis verschaffte, als politisch-militärische Welteroberung zu realisieren, womit man womöglich auch nur ein orientalisches Welt-Königtum so wörtlich genommen hätte, wie es wohl nie gemeint gewesen war.

Der in vielen Schattierungen bezeugte kulturelle „Synkretismus" hellenistischer Reiche[1691] hatte vermutlich mehr zur Voraussetzung, als die nackte Tatsache, dass sich nun überall „Indigene" mit politisch massgeblicher Fremdkultur abzugeben hatten. Denn es hat den Anschein, dass es unter den Tempel-affinen[1692] Bildungs-Eliten der führenden Gesellschaften zumindest die Bereitschaft zu einer Art von priesterlichem Konsens gegeben hat. Priester in Mesopotamien und Ägypten und griechische 'Bildungspriester' eines neuen Bezugs zur göttlichen Welt hatten genügend Gemeinsamkeiten, um sich gegenseitig zu respektieren und voneinander auch anregen zu lassen.[1693] In Indien nahm

---

[1689] SCHMID 2020.

[1690] Vgl. SCHÄFER 2005, 48 A24 zu Platons Hochschätzung ägyptischer, d. h. anti-moderner, Kunst, „*wobei er primär an die statuarischen und monumentalen Skulpturen denkt, bei denen keine Rücksicht auf den Standpunkt des Betrachters genommen wird.*" – Dass hier die Rücksicht auf Subjektivität gemeint ist, erhellt aus der griechischen Wichtigkeit der Perspektive, womit nicht die Dinge selber, sondern ihre Wahrnehmbarkeit im Zentrum der Anstrengungen stand: SCHMID 2016, 83ff.; GOMBRICH 1962, 99-125.

[1691] Ein viel besprochenes Beispiel dafür ist Kommagene, wozu jetzt VERSLUYS 2017, der von einer „*cultural oikumene*" spricht (14) und von einer „*globalised world*" seit ca. 200 v. Chr. (23). Eher untypisch ist die hier offenbar greifbare 'Konstruktion' eines synkretistischen Stils von der monarchischen Spitze her.

[1692] Auch die Akademie hatte bekanntlich den rechtlichen Charakter einer Kultgemeinschaft; Enthaltsamkeit, Askese und Vegetarianismus war unter den neuen „Philosophen" nicht selten (vgl. unten, A 1838).

[1693] Wenn STEVENS (2016, 196ff.) die Frage nach Kulturkontakten von den Höfen her angeht (nur die Könige sind im Sinne damaliger Historiographie historische Akteure), so mag das der

der Zug militärischer Expansion dann auch noch indische Yogis auf, aber die Aufgeschlossenheit für kulturübergreifende Weisheit geht sicher Alexanders Kriegszügen voraus.[1694] Solche Aufgeschlossenheit entsprang in Athen einem Unbehagen in der eigenen Kultur, und wie immer, wo sich kulturkritischer Widerstand gegen die eigene Modernität artikuliert, wird das Individuum, das sich über die kollektiven Verbindlichkeiten seiner kulturellen Aktualität hinwegsetzt, zum 'Zentralorgan' einer neuen Verbindlichkeit superkultureller, hier auch auf mesopotamisch-ägyptischer Basis astronomisch naturalisierter, Normativität der göttlichen Welt. In Griechenland wurde das neue Organ individueller Betroffenheit von der ordnenden Präsenz des göttlichen Kosmos mit Begriffen wie „Seele", „Geist" oder „Wesen" semantisch umkreist. Das waren Begriffe, die das Menschliche nicht als politisches, nicht als gesellschaftliches oder kulturelles Wesen angesprochen haben. Und das war wohl auch die Voraussetzung für die erstaunliche Kompatibilität griechischer Metaphysik mit Judentum, Christentum und Islam, durch welche Kompatibilität diese Metaphysik wohl eigentlich das Fortleben des griechischen Natur-Begriffs und seiner Rationalität ermöglicht hat, übrigens in der Folge auch die historische Neugier und das Verständnis für andere Religionen und Kulturen. Solche Kompatibilität kultureller Systeme ist nur dort möglich, wo das Fremde unmittelbar, und nicht als kulturelles Konzept, das die eigene Kollektiv-Identität gefährdet, ansprechen kann. Individualität ist per definitionem kulturell tolerant, sofern sie mit dem Kollektiven, und damit auch mit der eigenen Kultur, nie völlig kompatibel sein kann.

Voraussetzung des intellektuellen Projekts einer verbindlichen Weltlichkeit, die „für alle Menschen" ersichtlich sein könnte, ist eine Entpolitisierung des Kosmos gewesen, die als solche nicht von Ägypten oder Mesopotamien ausgehen konnte, weil nur in Griechenland eine ernsthafte politische Kosmologie nicht existieren konnte, da nur eine anti-monarchische Gesellschaft dafür keine Verwendung haben kann.[1695] Der neue Kosmos von kulturneutraler oder internationaler Berechenbarkeit war von kulturkritischen und damit von kulturell entfremdeten[1696] Individuen entworfen worden, und wird sich idealerweise auch auf solche beziehen, damit auch auf kulturell entwurzelte, wie sie ja gerade durch 'Kolonialwelten', in denen auch der bilingue Einheimische zum Fremdling in der eigenen Heimat werden kann, zahlreich

---

Quellenlage geschuldet sein, aber es bildet die ,indirekten' Begegnungen gegenseitiger Einflussnahme, bei der selbst das Hörensagen bewegen kann, nicht wirklich ab.

[1694] Ägyptische, babylonische und persische Gelehrte haben ihrerseits untereinander Austausch, Anregung und Kontakte gehabt schon lange vor Alexander: berühmt ist der Ägypter Udjahorresnet am Hof des Kambyses (ASSMANN 1999, 408ff.; DILLERY 2015, 34-41).

[1695] In Ägypten gab es eine „Entpolitisierung" der Kultur laut ASSMANN (2000, 30) mit der Eingliederung Ägyptens in das römische Reich. Denn diese ägyptische Kultur war jetzt nur noch sekundär 'staatstragend'. Da damit auch ägyptische Kosmologie im weiteren Sinne zusammenhing, lässt sich hier anmerken, dass eine entsprechende Entpolitisierung der Kosmologie in der Astrologie schon vorweggenommen war. Und man könnte ergänzen, dass letztere in Ägypten wohl entstanden ist, als auch schon der 'Schatten von Eleusis' d. h. der Schatten Roms über Ägypten lag. Dass das Entscheidende zunehmend anderswo geschah, konnten aufmerksame Beobachter auch in Ägypten schon im 2. Jhdt. v. Chr. wahrnehmen.

[1696] So sehr entfremdet, dass sie wie Sokrates in der „Apologie" den Tod dem Leben in der verdorbenen Gemeinschaft vorziehen, einer Gemeinschaft, die sie sogar als ein Höhlengefängnis empfinden, das sie aus der wahren Natur weg in eine Schattenwelt gesperrt hat.

hervorgebracht werden dürften. – Wenn also die Sterne der Astrologie auch – anders als der rituell begehbare, tradierte Mythos vom Kosmos – keine Sozialnormen anbieten und kein Königtum 'bedeuten' konnten, es sei denn das fatale Königtum der Individualität selbst, dann umkreisen sie ein kulturell isoliertes oder absolutes Individuum, das seinen „überwölbenden Sinn" in keiner gemeinsamen Tradition mehr fand. Ja, sie umkreisen sogar nach den Texten der Astrologie ein ziemlich 'sinnloses' Individuum, welches fraglos den Wechseln und Zufällen des Daseins ausgeliefert zu sein scheint. Bloss die Instanz, die das 'Sinnlose' (weil Kontingente) verfügt, ist dabei eigentlich über alles Sozio-Kulturelle erhaben. Es ist eine naturalisierte, mechanisch sich fortdrehende Welt, die aber imstande ist, als das Werkzeug der Zeit das Individuum als sozial absolutes zu diskriminieren und unterscheidbar zu machen. In seiner Ausgeliefertheit wird es dabei zum wirksamen Faktor, zu einer eventualistisch existierenden Entität, ja zur kosmisch fundierten Identität. Es ist also die Vereinzelung, die soziale Entwurzelung oder Bindungslosigkeit als das sozio-kulturell Negative, was hier als fatale Weltbindung in ein Positives, in eine 'mundane Position' erhoben, eingeschrieben oder objektiviert wird. Hier artikuliert sich eine neue Dimension der Vereinzelung, eines Mangels an kultureller Eindeutigkeit. Denn die Identität eines Horoskops kann man mit niemandem teilen.

Die Konstruktion einer neuen suprakulturellen Ganzheitlichkeit, die als Metaphysik Furore machte und auch noch den hermetischen Traktaten ihren Stempel aufdrückte, hatte von Anfang an mit einem kulturellen Unbehagen zu tun, das sich in Athen nach dem traumatischen Scheitern der führenden Demokratie nach neuer Verbindlichkeit umsah. Es war eine konservative Revolution gegen die Autonomie kollektiv ermächtigter Subjektivität und ihren Weltverlust,[1697] die sich zu einer Frömmigkeit asketischen Tempelwissens hingezogen fühlte, die dann idealerweise unter dem Schutz eines 'sarastrischen' Königtums von weltkonstruktiver Weisheit und Güte stehen mochte. Ihr Leitbild war eine Herrschaft des Geistes,[1698] oder der (Welt-)Seele als des Edleren über das Niedrigere und des Wesentlichen über das Ephemere. Die griechischen Nachfolge-Philosophien dieser Metaphysik zeichnen sich alle in irgendeiner Form durch Ideale der asketisch-entsagenden oder kynisch-anachoretischen Lebensführung aus. Auch ein ergänzender Hedonismus hat sich dabei in der Regel um Haltung bemüht. Die grosse transkulturelle Klammer eines theoretisch verbindlichen Horizonts war die Kosmoskugel als das ultimative Modell idealer Ganzheit und Einheit als göttlicher Einfachheit der Welt. Und diese physiko-theologische Verbindlichkeit, die eine göttliche Welt zur Erscheinung werden liess, kann sehr gut als eine „Re-mythologisierung"[1699] der Welt im Medium der 'Wissenschaftlichkeit' verstanden werden. Sie war damit aber auch mit dem Respekt vor „ungleichzeitigen" Kulturen verbunden, und eine solche wurde bei Platon im „Kritias" kurzerhand als proto-ägyptische Urzeit nach Athen verlagert. So wurde eine Philosophie geschaffen, der im Medium der griechischen *physis*-Rationalität die integrative und orientierende Kraft des Mythos zukommen sollte. Damit war auch das Eingeständnis des Scheiterns der eigenen

---

[1697] SCHMID 2020; 2016, 367-437.
[1698] Nach JAEGER 1955, 158 realisiere die aristotelische Himmelsmetaphysik den platonischen Grundgedanken einer „Herrschaft des Geistes".
[1699] SCHMID 2005, 145 A 115 „Remythisierung des Logos" (Krämer) und „re-symbolization of cosmogony" (Voegelin); dazu SCHEFER 1996.

Modernität verbunden. Diese war „seinsvergessen", gottlos, „erscheinungsobsessiv" dem Glanz der Oberflächen als dem Medium menschlich autonomer Macht und Grösse verfallen.[1700] Doch mit der Konstruktion neuer umgreifender Ganzheit waren auch wieder neue Probleme verbunden, die man als „alchemistisch" bezeichnen kann: es musste nicht weniger als ein „kompaktes" Kontinuum geschaffen werden, welches die Unvereinbarkeit menschlich autonomer „Kultur" mit extrahumaner „Natur" zu überspielen vermochte, um zu jener grundsätzlichen und mythischen „Konsubstantialität" der Welt zu gelangen, in deren Licht die Dinge miteinander verwandt sein sollten so wie das Menschliche mit der Welt. Dabei war das Paradigma für diese Weltanalogie alles Humanen überall der König, der als menschliches Wesen mit der Sonne oder dem Himmel eng, oft sogar familiär verbunden war. Er war dem welterhellenden Licht der „Natur" so nah wie dem Gold,[1701] das in Ägypten als „Fleisch der Götter"[1702] galt.

Die supponierte Konstruktion einer theoretischen „Kompaktheit", provisorisch zu definieren als 'physiko-kulturelles' Kontinuum, musste im griechischen Fall vor allem eine Hauptschwierigkeit bewältigen: sie musste Bereiche 'naturalisieren' oder auf naturalistische Weise in ein theologisches Modell einbinden, die phänomenal nicht objektivierbar sind. Man kann die Körperlichkeit der Planetensphären als Beispiel nehmen, die bis in die frühe Neuzeit zum unlösbaren Problem einer „quintessentiellen" Sphärensubstanz werden musste, weil dieser Kosmos ein natürlich oder „objektiv"[1703] vorliegendes Ding zu sein hatte, das zugleich von einer „mental"[1704] hypcraktiven Schale umgeben und von dieser nicht nur bewegt, sondern auch ontologisch fundiert werden sollte. Es war dies somit, der platonische „Timaios" war Ausgangspunkt, eine Naturalisierung jener „Kompaktheit", die alle nicht-autonomen Kollektive kennzeichnen muss, die sich als Teil der Welt ohne politisch-kulturelle Eigensphäre erfahren. Die aber nur funktionieren kann, weil es für sie auch das distinkt „Natürliche" nicht gibt. Das kann dazu führen, dass bei den südamerikanischen Achuar wilde Tiere nicht nur Persönlichkeiten wie Menschen haben, sondern offenbar auch sehr menschenanaloge Formen der „Kultur".[1705] Der Mythos, auch in Ägypten, lässt Tiere zu Gestalten des Göttlichen werden, womit sie zu formenden und bestimmenden Mächten menschlicher Kultur werden können. Der Apisstier ist selber Erscheinungsform göttlicher Macht[1706] und darin dem König und über ihn auch dem Menschlichen verwandt, ebenso wie das kulturell wenig einladende Krokodil, das in Tebtynis im Fayum noch im 2. Jhdt. n. Chr. als Hauptgottheit verehrt wurde, gemäss Aufrère *„le crocodile aux yeux d'or mis clos guettand ses proies dans les canaux."*[1707]

Die theoretische Unmöglichkeit, 'unsichtbare' Grössen oder Zusammenhänge in die Sprache einer phänomenalisierenden Naturalität zu übersetzen, so wie man dem „Geist" eine Sphärenkörperlichkeit der 'dritten Art' verschaffte, hat schon zu einer

---

[1700] SCHMID 2020.

[1701] LINDSAY 1986, 35ff. (zum Gold in der Alchemie).

[1702] FRASER 2018, 727.

[1703] DASTON/GALISON 2017.

[1704] Der sich ewig aktualisierende Geist war ja für Aristoteles und seine Nachfolger der Motor der Welt (SCHMID 2005, 168-174).

[1705] DESCOLA 2011, 21-55.

[1706] Thompson 2012, 177-192.

[1707] 2007, 41.

dramatischen Ausweitung des Materie-Konzepts bei den Stoikern geführt, das Seele und Geist materialisieren und bei Demokrit Träume aus Atomen bestehen lassen musste.[1708] Damit hat sich griechisches Denken den weltverbundenen, monarchisch-hierokratischen Hochkulturen schon soweit angenähert wie möglich. Die 'mythologische Kompaktheit' ägyptischer Wissenstraditionen hatte gerade im Platonismus und seinen Derivaten ein ihr entgegenkommendes Element im Fremden. So kann im Hermetismus Ägyptisches in elementarer Form entweder bewahrt oder in neuen strukturellen Bezügen oder veränderten mentalen Horizonten sogar erneuert worden sein. Die neue Astrologie kann als Triumph babylonisch-ägyptischen Stils „kompakter" Weltanalogien oder „korrelativen Denkens", wie das die Sinologie[1709] formuliert, im neuen Medium technologisch siegreicher, weltobjektivierender Naturalität gelten. Aber sie könnte ebenso als Triumph der „neo-kompakten" Kosmosfrömmigkeit griechischer Metaphysik gelten. Im ptolemäischen Ägypten konnten sich jedenfalls Vertreter verschiedener Kulturen mit einem sehr verwandten Bedürfnis nach Adaption des jeweils anderen treffen. Das Neue war – dafür sind Astrologie und Alchemie das beste Zeugnis –, dass zur entscheidenden theoretischen Matrix der Konservierung „kompakter" Weltanalogie der Naturbegriff der siegreichen Griechen werden musste. Astrologie und Alchemie sind mehr oder weniger elaborierte Adaptionen mythisch-rituell gebundener Wissens-Traditionen in den Rahmen einer physiko-rationalen Methodik, die im Kern immer auch einer subjekt-zentrierten Phänomenalisierung der Dinge, generell und vereinfacht einer 'Verdinglichung' der Welt und ihrer „kompakten" Bezüge entsprach, die man später als „okkult"[1710] betrachten musste.

Zum Gefäss der Bewahrung „kompakter" Weltbezogenheit wurde das Individuum in seiner Singularität. Es war der neue Ort des Erfahrens von Weltverbundenheit, die von der kolonialen Entwertung der kulturellen Parameter des je eigenen Kollektivs nicht betroffen war. Das siegreiche griechische Subjekt lieferte in seiner tragischen Bedingtheit durch schicksalskontingente Individualität die neue Formalität für eine in Ägypten traditionelle, umfassend 'analogisierende' Weltfrömmigkeit, wie sie sich auch etwa in den griechischen Zauberpapyri[1711] ausdrücken konnte. Das Individuum als neuer Erfahrungsort oder Bezugspunkt von Wirklichkeit wurde in Hermetik und Gnosis in Ägypten zum „Weltinnenraum" einer „seelischen" Selbst- als Gottes-bezogenheit, sofern die auch 'konfliktisch' akzentuierte Erfahrung von Individualität das Individuum gegenüber dem Kollektiv und seiner Ritualität zum einsamen, elitär-asketischen Gegenspieler gemacht hatte. Zu einem Gegenspieler, der sich real oder metaphorisch in den Schutz ehrwürdiger Tempel oder 'esoterischer' Gemeinschaften flüchtete, vielleicht um der Nachstellung durch den *profanum vulgus* zu entkommen.

[1708] LINDSAY 1986, 109f.
[1709] Wohl nach Joseph Needham (SCHMID 2016, 261 A 15) – vgl. ROCHBERG 2016, 142 zu Mesopotamien: *„the correlation, not the cause, was of importance"*.
[1710] Dazu RÖHR 1923.
[1711] GUNDEL 1968; DIELEMAN 2005.

Zu dem Milieu und seinen Motiven, in welchem man die ersten gräko-ägyptischen Astrologen ansiedeln kann, gehört auch die Alchemie. Sie kann uns weitere Aufschlüsse liefern über die Bedürfnisse, welche kulturübergreifend Menschen und Ideen zusammenbrachten in einem Ausmass, welches bedeutsame hybride Systematiken hervorzubringen und auszuarbeiten imstande war. Dabei gilt von der Alchemie wie von der Astrologie, dass sie zum Teil mit dem Hermetismus zusammenfallen konnte, sofern „Hermes" auch als Urheber alchemistischer Weisheit auftrat; Festugière behandelt sie wie die Astrologie im ersten Band seines monumentalen Überblicks über den Hermetismus.[1712] Dass sie wissenschaftsgeschichtlich wohl noch grösseres Gewicht hat als die Astrologie, ist natürlich von Bedeutung.[1713] Es unterstreicht die kulturgeschichtliche Wichtigkeit des gräko-römischen Ägyptens als Knotenpunkts hochbedeutsamer synthetischer Leistungen. Was uns vor allem, neben 'weltsystematischen' Parallelen, interessiert, ist der Umstand, dass auch hier einer bi-kulturellen Autorschaft eine tragende Rolle zukam. In der Alchemie ist der 'pseudepigraphische' Stil der Autorschaft noch markanter als in der Astrologie.

Wie der Hermetismus hat auch die Alchemie Züge einer Erlösungsreligion entwickelt.[1714] Und auch hier konnte man über den Anteil Ägyptens nachdenken,[1715] der vorab für die wissenschaftsgeschichtlich relevante technisch-handwerkliche Seite unbestritten ist,[1716] der aber auch für die 'mystische' oder theologische Erhöhung der „chemischen"[1717] Verwandlung in Gold, von Bedeutung ist, das in Ägypten als „Fleisch der Götter" galt und u. a. in der Herstellung von Kultstatuen in Tempel-Ateliers selbst einen kultischen Stellenwert hatte, ebenso wie die Herstellung selbst.[1718]

Während die alchemistische Literatur wie die hermetische erst in der Kaiserzeit fassbar wird, hat man auch hier einen schattenhaften Gründer, der vermutlich ein griechisch schreibender Ägypter aus dem 2. Jhdt. v. Chr. war, nämlich den viel beschriebenen Bolos von Mende, dem man ein Werk zugeschrieben hat, das bezeichnenderweise unter dem Pseudonym „Demokrit" erschienen ist,[1719] wobei dieser (Pseudo-)Demokrit seine Einsichten wiederum in einem Tempel von dem persischen

---

[1712] 2014, 233-298; diese Passage gilt noch für Beck 1991, 496 A 12 als „*the best introduction to the art*".

[1713] Überblick zum Ganzen bis in die Neuzeit bei Principe 2013; Bachmann/Hofmeier 1999; mit ausgreifendem Horizont Eliade 2018; Keyser 2018. – Zur Antike Viano 2018; Fraser 2018; Irby-Massie/Keyser 2002, 228-254; Lindsay 1986.

[1714] Festugière 2014, 276: „*On se trouve bien désormais en présence d'une religion qui vise au salut de l'âme et qui recherche ce salut par la gnose.*"

[1715] Fraser 2018, 723f; Derchain 1990; Martelli 2013, 63-69; Escolano-Poveda 2020, 132-147.

[1716] Principe 2013, 10: „*In Egypt, artisans had devised an array of processes for making and working glass, producing arificial gems, compounding cosmetics, and creating many other commercial products in what might be called an ancient chemical industry.*"

[1717] Zur Herkunft des Namens, der nach einer Version auch einfach „Ägypten" bedeuten könnte: Viano 2018, 469; ausführlich Lindsay 1986, 80-103.

[1718] Fraser 2018, 726f.; Derchain 1990.

[1719] Dazu jetzt Martelli 2013 (kommentierte Edition).

magus „Ostanes" erhalten haben will.[1720] – Was immer diese Alchemie in ihrer Entstehung gewesen ist: sie sollte doch ganz ohne Zweifel ein eingeweihtes, tempelnahes Wissen sein,[1721] das unter 'historischen' Prämissen nicht zu fassen sein wollte, denn die Wahrheitssucher, denen es zu Teil wurde, haben tief unter dem Firnis ihrer eigenen kulturellen Umwelt gegraben. Sie forschten nach Wissen, das mindestens bis auf „Zoroaster" zurückging,[1722] auf jenen präkulturell-"barbarischen" Ursprung aller Philosophie,[1723] der schon den Pythagoras als Archegeten griechischer Wissenschaft über die Fundamentalien der Welt instruiert hatte. Das war ein durchaus kulturkritischer Zug, den diese Literatur mit der griechischen Kosmosfrömmigkeit teilt, sofern auch diese eine physiko-theologische Ordnungsvision als Alternative zur krisenhaft erfahrenen Unordnung ihrer „zeitgenössischen" Gesellschaften entworfen hat.[1724] Es ist daher kein Zufall, dass man allenthalben Platon und Aristoteles zu Archegeten der Alchemie erklärt hat.[1725]

Bolos von Mende gilt heute zwar nicht mehr unbestritten als Autor eines fundierenden Pseudo-Demokriteischen Werks,[1726] das den Titel *physika kai mystika* trug. Doch bleibt er im Hintergrund als halbwegs fassbare Figur des vermutlich 2. Jahrhunderts v. Chr. bestehen, auf welche tragende Maximen der alchemistischen Literatur zurückgehen könnten.[1727] – Was greifbar ist am vermutbaren Ursprung dieser alchemistischen Literatur, der mit Bolos wenigstens zeitlich etwas einzugrenzen und geographisch zu lokalisieren wäre, das ist eine Vorstellung der Welt, in der alles mit allem zusammenhängt, in der die Dinge sich „sympathetisch" und „antipathetisch" zueinander verhalten, in der alles durch Entsprechungen und Analogien aufeinander bezogen ist, ja deren Gesamt-Homogenität so gross ist, dass sich gewisse Komponenten aufgrund der Mischung ihrer Elementarqualitäten ineinander verwandeln lassen.[1728]

[1720] LINDSAY 1986, 17; BIDEZ/CUMONT 2007, I 202ff.; zur Ostanes-Tradition auch BECK 1991, 554ff. sowie BIDEZ/CUMONT ebd. I 167-212.

[1721] Dass ein ägyptisches Priestermilieu auch diese alchemistische Literatur hervorbrachte, vertritt nachdrücklich ESCOLANO-POVEDA 2020, 133ff.

[1722] BIDEZ/CUMONT 2007.

[1723] Eine vergleichbar 'suprahistorische' und 'superkulturelle' Dimension beanspruchte bis in die Neuzeit hinein die sog. „*Tabula Smaragdina*" (BACHMANN/HOFMEIER 1999, 22-41).

[1724] SCHMID 2020; 2005; 2009.

[1725] VIANO 2018, 469: „*Plato and Aristotle appear atop lists of old masters of the art; some alchemists are referred to as 'exegetes of Plato and Aristotle'*". LINDSAY 1986, 23f.: Platon (über den Timaios) als „*fondateur de l'alchimie en tant que science*"; 104f. zur Genealogie der Alchemisten von Hermes und Moses aufwärts (mit allen griechischen Philosophen; es gibt auch Genealogien, die mit Platon und Aristoteles beginnen).

[1726] MARTELLI 2013, bes. 36-48 (die Schrift wird ins 1. Jhdt. n. Chr. datiert); übernommen bei PRINCIPE 2013, 215 (A6) sowie bei ESCOLANO-POVEDA 2020, 138.

[1727] Zu Bolos FESTUGIÈRE 2014, 213ff. (wo er als „Neupythagoreer" gilt; er sieht ihn am Ursprung einer „*littérature médico-magique* […] *née en Égypte au IIe siècle avant notre ère, puis répandue dans tout l'orient*"); 238ff.; LINDSAY 1986, 110ff.; MARTELLI ebd.; RÖHR 1923, 56. – Für FRASER (2018, 725) ist Bolos ein „*hellenized Egyptian and Pythagorean*".

[1728] LINDSAY ebd. 23: Platon und Aristoteles hätten dabei eine Rolle gespielt „*en ce qui concerne la vulgarisation de l'idée selon laquelle la matière était composée d'éléments sujets à transmutation.*"

Was als alchemistische, dem „Demokrit" als führendem griechischen Elementartheoretiker zugeschriebene Leitmaxime galt, die immer wieder zitiert wurde,[1729] lautet in der Übersetzung von Diels: *„Eine Natur freut sich der anderen. – Eine Natur vergewaltigt die andere. – Eine Natur besiegt die andere."*[1730] – Was das besagen mag, lässt sich erahnen: die elementaren Sympathien und Antipathien der Dinge, ihre Affinitäten, Entsprechungen oder Aversionen untereinander sind hier durch eine gemeinsame „Konsubstantialität" gemeistert, da sie ja allesamt durch den Begriff der *physis* bezeichnet werden können. Ihre elementare Naturalität, darin sie nach heutigen Prämissen allesamt das uns Verfügbare wären, ist ihr gemeinsamer Nenner, gleichsam die alles verbindende Weltlichkeit. Die Maxime lässt sich somit als eine Art von Prinzipien-Monismus verstehen: passenderweise dem Demokrit zugeschrieben[1731], für welchen alles aus Atomen bestand, selbst die Träume.[1732] Sie war besonders kompatibel mit der stoischen „kosmischen Sympathie", sofern auch diese auf einem gemeinsamen Substrat von allem, explizit auch von Seele und Geist,[1733] beruhte. – Laut Festugière sei der „Kanon" der Alchemie eine Verbindung der *„loi de sympathie"* mit der etwa aus Aristoteles bezogenen *„idée de matière première".*[1734] Ja er sieht dabei als führend *„l'un des grands principes de la physique grecque: l'unité de la matière première et l'explication te tout changement comme le passage d'une qualité à une autre".*[1735]

Veranschaulichen lässt sich das in der Obsession, Metalle in Gold[1736] verwandeln zu wollen, und dabei offensichtlich nach dem Prinzip der Auflösung in eine Urform der Metalle[1737] vorzugehen, aus welcher dann das Gold gleichsam neu entstünde – analog der Erneuerung der Welt in der Nachtfahrt der Sonne durch die Unterwelt und

---

[1729] Pseudo-Demokrit P. 84 MARTELLI (*hē physis tē physei terpetai, kai hē physis tēn physin nikā, kai hē physis tēn physin kratei*). Auf lateinisch bei Firmicus, Math. IV 22, wo sie dem *iustissimus Aegypti imperator* Nechepso zugeschrieben wird. FESTUGIÈRE (2014, 249) sah hier das „Gesetz" der Alchemie formuliert, das gegenüber den technischen Handbüchern der Ägypter das Neue gewesen sei. Er schreibt es dem Bolos zu.

[1730] Zit FESTUGIÈRE ebd. 247 A 3.

[1731] Zu dessen Verhältnis zur Alchemie LINDSAY 1986, 141: *„Démocrite et les alchimistes partageaient la même attitude vis-à-vis de la matière, bien que l'addition des concepts stoïciens de pneuma, de champs de force, était nécessaire pour conférer cohérence et dynamisme au système."*

[1732] Ebd. 109. – Zum 'demokriteischen' Hintergrund ausführlich ebd. 104-125.

[1733] FORSCHNER 2018, 104-117; 117ff. zum 'geistkörperlichen' *pneuma* (*„das alles durchdringende feinst-körperliche Substrat"*).

[1734] 2014, 251.

[1735] Ebd. 250.

[1736] DERCHAIN 1990, 238 zum „Sprössling des Goldes im Haus des Goldes", wobei hier (im ägyptischen Tempel, wo auch die Statuen der Götter hergestellt werden) das Gold für das Göttliche und den König steht. Konkret geht es aber auch um die Statuen selbst (ebd. 240), um die rituell zuständige Erscheinungsform des Göttlichen und Reinen, also um die Phänomenalität des Unsichtbaren.

[1737] VIANO 2018, 476: *„One needs first to remove the qualities that distinguish a metal by bringing it back to the primordial, indeterminate metallic matter, and then to give it the properties of gold."* – Laut FESTUGIÈRE (2014, 251) sei hier die Ansicht des Aristoteles wichtig, dessen *prima materia* ein *„être virtuel"* sei, ohne determinierte Form, das alles werden könne. Nach LINDSAY (1986, 132) enthalte das verflüssigte Blei alle Potentialitäten, da es *„représentait en un sens l'état amorphe de l'Espace platonicien, ou la Matière Première aristotelicienne".*

wiederum analog der Erneuerung durch den Schlaf, wo auch dieser dem verjüngenden Rückgang durch das und Wiedererstehen aus dem Urgewässer[1738] *nun* entspräche. Der Alchemist möchte die „natürliche" Entstehung der Metalle nachahmen und technisch verkürzen, sofern er ihre substantialen Eigenschaften – ihr Wesensformendes – versteht und beherrscht, indem er sie 'destilliert' oder abscheidet. Er setzt sich, so Mircea Eliade, selbst an die Stelle der Zeit.[1739] Und die Zeitlichkeit ist von Bedeutung: Wenn in den isolierbaren „Qualitäten" alle Dinge miteinander verwandt sind, so sind sie auch verwandt mit der Welt, und sind es besonders mit der chronischen Singularität dieser Welt, als der Zeit. So wie Tag und Jahr vergehen, so dass in jedem Ergebnis auch ein Anfang sein kann, so haben auch alle Dinge als Singularitäten Anteil an einer 'metabolischen Potenz' der Welt. Von der Latenz alles Bestehenden, das darin nur scheinbar ein Bestehendes ist, als von der Möglichkeit zur 'eventuellen' Veränderung, welche Möglichkeit jede Gegenwart als bestimmte Singularität der Zeit in sich enthält, geht auch die Astrologie aus. Als biographische Ereignis-Potenz ist jede menschliche Singularität eine fatale Möglichkeit zur Veränderung. – Diese 'Alterität des Identischen' (Ovids Rabe war einst weiss)[1740] ist auch das Unheimliche oder das metabolische, „revolutionäre"[1741] Potential der Individualität. So wie ein Horoskop das genetische Programm des noch gar nicht Vorhandenen ausspäht – das Gegenwärtige ist nur die Hülle diversester Eventualitäten –,[1742] so ist dem Alchemisten die Dingwelt nur ein Vorläufiges,[1743] eine Matrix mannigfaltigster Transmutationen: Ovids Rabe wäre in das ihm angestammte Weisse zurück zu verwandeln, und von dort zu vergolden, womöglich um ihn seiner wahren, göttlichen Natur zuzuführen.

Die Welt des angeblichen „Demokrit" und vermuteten Bolos ist eine magische.[1744] In ihr wird etwa die Fähigkeit der Metalle, die Farbe und damit die Qualität zu wechseln, mit dem Chamäleon verglichen. Das Auge des Chamäleons lässt, lebend ausgerissen, mit Ziegenmilch Gerstenkörner verschwinden; Kopf und Hals, auf Eichenholz verbrannt, wehren Gewitter ab, ein Falke, der ein auf der Erde kriechendes

---

[1738] ELIADE 2018, 238 zum *vas mirabile*: „ *les appareils sont le siège d'un retour au Chaos primordial, d'une répétition de la cosmogonie; les substances y meurent et y ressuscitent pour être finalement transmuées en or."*

[1739] „ *en assumant la responsabilité de changer la Nature, l'homme se substitua au Temps"* – was Tausende von Jahren brauchte um zu reifen „ *dans les profondeurs souterraines"*, das will er in einigen Wochen erreichen (2018, 237).

[1740] Met. II 631f. – Der herodoteische König Gyges war einmal Leibwächter, Ptolemaios Lagos ebenso, Augustus, der Gründer einer Monarchie, auf den sich noch die letzten amtierenden Habsburger 'zurückführen' wollten, war ein gewisser Gaius Octavius, Sohn eines römischen Ritters gewesen. – Verwandlung passt zu einer Welt, in der was gross war klein und was klein war gross werden musste (Hdt. I 5).

[1741] ARENDT 1974, 271ff.

[1742] So wurde von einem Profi wie dem Astrologen Thrasyllus erwartet, dass er eine ihm drohende Todesgefahr voraussehen konnte, er wäre sonst als unzuverlässiger Scharlatan von Tiberius angeblich beseitigt worden: Tac. Ann. VI 21.

[1743] Laut LINDSAY (1986, 131) habe für die Alchemisten die Materie nur eine „potentielle" Existenz: „ *Ils tiennent à l'idée d'un mouvement continu du potentiel vers le réel."*

[1744] Zur Bedeutung der Magie für die Welt der Priester in ptolemäisch-römischer Zeit ESCOLANO-POVEDA 2020, 127-132 mit Kritik an DIELEMAN 2005.

Chamäleon überfliegt, fällt zu Boden wie von einer unbekannten Kraft angezogen.[1745] Allgemein ist es eine Welt der Entsprechungen, sodass strukturell analoge Formen einander ersetzen können: Fehlt der für ein Rezept notwendige Rhabarber, kann auch das Schöllkraut (*Chelidonium*) verwendet werden, da das letztere Affinitäten zum Rhabarber habe.[1746] – Dieses 'Platzhalterprinzip' ist in ominösen Systemen üblich, wo in einem prognostischen Schema systematisch äquivalente Phänomene einander ersetzen können; sie nehmen im semantischen Ensemble analoge Rollen ein.

In einem „Buch des Krates" heisst es: „*Wisse, dass das Kupfer, ganz wie der Mensch, einen Geist und eine Seele hat.*"[1747] – Wie liesse sich das jenseits der Mythologie denkbar machen? Etwa, indem man aristotelisierend die Seele und mit ihr den Geist als die Form des Körpers (Aristoteles *de anima* 413a) nähme,[1748] wenn man also die Seele in 'phänomenalisierender' oder naturalisierender Weise betrachtete, z. B. kinetisch als Fähigkeit zur Selbstbewegung nach Plato. Dann liess sich die Potenz eines Körpers, sich zu verwandeln, etwa durch Veränderung von Eigenschaften, und zu anderen sympathetisch oder antipathetisch zu sein, als „seelische" bezeichnen. – Dann wäre die Alchemie gewissermassen eine Konsequenz der Phänomenalisierung des Unsichtbaren oder der Naturalisierung des Nicht-Naturalen? – Hätte sie spezifisch, gerade in Ägypten, einfach Zusammenhänge rationalisiert, die wir eigentlich als mythisch, magisch oder etwa 'ritualistisch'[1749] bezeichnen würden, etwa so, wie wenn man die Transsubstantation beim Abendmahl als chemischen Prozess auffassen wollte?

In gewisser Weise liesse sich das alchemistisch bewältigte Problem einfach als Naturalisierung von 'mythischen' Relationen bezeichnen, wobei hier mit dem unscharfen Begriff des „Mythischen" am einfachsten jene fundamentale „Konsubstantialität" der Welt bezeichnet werden soll, in welcher das Natur-Konzept wie wir es kennen nicht mehr funktioniert, weil hier alles natürlich sein kann, Dinge beseelt und in ihrer Anordnung

---

[1745] LINDSAY 1986, 129f.

[1746] Ebd. 133.

[1747] LINDSAY 1986, 128.

[1748] Das gemeinte Verhältnis fasst VAN DER EIJK (2000, 76) im folgenden langen Satz zusammen: „*Just as mechanical or material explanations are ultimately unsatisfacory to Aristotle, and just as he feels the need for a formal principle, a* telos *that goes beyond the mechanical structure and serves as the explanation why a mechanism is such as it is and not otherwise, and why it is orientated in a particular direction, likewise, in the explanation of living beings, and of man in particular, Aristotle may have felt that what is needed is something that goes 'beyond' the natural, psycho-physical, composite unity of a human being – indeed something divine, the* nous, *which both emerges and overrides the bodily* krasis, *something that is both connected with and goes beyond it – and must do so in order to retain its independent status as an explanatory principle.*" – Und das klingt eigentlich schon 'alchemistisch' genug. – Ausführlicheres zum Verhältnis von Körper und Seele spezifisch bei Aristoteles (in *De anima*) in ROMEYER DHERBEY/VIANO 2019.

[1749] FRASER 2018, 728: So wie die rituelle Operation (etwa der „Mundöffnung") die „*transformation of an ordinary object into an icon*" bewirke (ein Objekt wird zum religiös und wohl auch magisch potenten Götterbild), so würde der alchemistische Prozess zu einer „*transformation that was verifiable in empirical terms*". – Vergleichbar auch ESCOLANO-POVEDA 2020, 134, wonach die „*ritual implications in the context of the Egyptian temples* […] *would be an early precedent of the combination of technical and philosophical elements that constitute what we understand as alchemy in later periods.*"

auch für den Ordnungsbedarf der Menschen zuständig sind: Der selbe Geist bewegt hier die ganz verschiedenen Bereiche der Natur und Kultur. Das hat Eric Voegelin mit dem von Jan Assmann[1750] in der Ägyptologie rezipierten Begriff der „Kompaktheit" umschrieben. Diese beschreibt Gesellschaften, die ich als nicht-autonom bezeichne, also Gesellschaften von schwacher oder unexpliziter 'Eigenweltlichkeit', die mit einem anderen Begriff Voegelins in einem „partizipatorischen" Verhältnis zur Welt stehen. Das sind Gesellschaften, die in der Regel Könige haben, welche meist explizit als Bindeglied zwischen der Gesellschaft und der göttlichen und götterbewohnten Welt fungieren und deren göttlicher Glanz nicht nur durch ihr oft goldenes Accessoire sondern öfter auch explizit durch Sonnenverwandtschaft ersichtlich werden soll, wodurch sie eine Sonderstellung erhalten, die das Menschliche immer auch transzendieren kann.[1751] Natur und Mensch und alle Dinge untereinander im Ganzen der Welt sind dabei „konsubstantial", sind verwandt: Auch die „Natur" ist beseelt, ist geistvoll, sendet göttliche Botschaften, hat eine politisch wie kulturell relevante Struktur, und im Märchen sprechen bekanntlich Tiere, die selber verwandelte Menschen sein können. In der Sinologie spricht man von einem entsprechenden *„correlative thinking"*[1752], einem assoziativen Zuordnen von Bereichen, die wir als strikt gesondert betrachten würden, wie das auch in der Astrologie systematisch betrieben wird.

Eric Voegelin hat das „Kompakte" am Anfang seines monumentalen Werks *„Order and History"*, das er als Flüchtling im amerikanischen Exil schrieb, unter dem Oberbegriff einer *„predominance of the experience of participation"* so formuliert:

> *„Whatever man may be, he knows himself a part of being. The great stream of being, in which he flows while it flows through him, is the same stream to which belongs everything else that drifts through his perspective. The community of being is experienced with such intimacy that the consubstantiality of the partners will override the separateness of substances. We move in a charmed community where everything that meets us has force and will and feelings, where animals and plants can be men and gods, where men can be divine and gods are kings, where the feathery morning sky is the falcon Horus and the Sun and Moon are his eyes, where the underground sameness of being is a conductor for magic currents of good and evil force that will subterraneously reach the superficially unreachable partner, where things are the same and not the same, and can change into each other."*[1753]

Dieses Modell des "kompakten" Stils beschreibt nicht nur sogenannte "Hochkulturen" wie Ägypten, Mesopotamien oder Altchina, sondern auch andere, wie die "schamanischen", wo etwa bei den sibirischen Tungusen von einer *„ tier- menschliche[n] Wesensgemeinschaft"*[1754] *gesprochen werden"* konnte. *„Diese galt als idealer Urzustand – während etwa bei den Griechen ein urtümliches 'tierisches Leben' (θηριώδης βίος) seit der 2. Hälfte des 5. Jahrhunderts zur geläufigen Vorstellung von*

[1750] Siehe dazu ASSMANN in VOEGELIN 2002, 17-23.
[1751] Zur Sonderstellung (als *„Ausnahmestellung in der Zeitlichkeit"*) des Pharao ASSMANN 2011, 21. Zum ganzen SCHMID 2005, 65-91.
[1752] Siehe zu diesem Begriff NEEDHAM 1956, 253ff, und jetzt WANG 2012, bes. 40-82 und sonst.
[1753] 1956, 3.
[1754] FRIEDRICH 1966, 193.

Intellektuellen wurde, wobei dieses Mischleben als Mangelzustand betrachtet wurde, der das eigentlich Menschliche verdeckte.[1755] *Bei den Tungusen aber bildeten im idealen Zustand Menschen, Tiere und Geister eine Familie, deren Mitglieder nach Belieben die Gestalt wechselten und in die Welt der jeweils anderen Gattung übertreten konnten. In der 'Jetzt-Zeit' sind aber dazu bloss noch die Schamanen fähig; bei diesen sei daher 'das tierische alter ego' ein 'inhärenter Wesensbestandteil.'*[1756] [1757] – Damit können generalisierend alle Gesellschaften beschrieben werden, die nicht „autonome" sind, die nicht politisch eine eigene Welt gegen die Welt setzen, indem sie die letztere zur „Natur" als zu dem reduzieren, was Erscheinung für ihre autonome Subjektivität ist – und was innerhalb der Folgerichtigkeit von deren Wahrnehmung, als von deren Evidenz, sich vollziehen und befinden muss. Eigentlich läuft das auf alle Gesellschaften hinaus, die man heute als „vormodern" bezeichnet.

Man könnte daher meinen, dass ein Hybridgebilde wie die Alchemie dem Aufeinandertreffen von 'physiko-rationalem' (*polis*-griechischem) und „kompaktem" (ägyptischem) Denken, Wahrnehmen und Erfahren im spätptolemäischen Ägypten entsprungen wäre. Gänzlich falsch kann das nicht sein; es ist aber auch nicht ganz so einfach, denn blosse Akkulturation könnte solch aufwendig synthetische Leistungen wie Astrologie und Alchemie nicht erklären. Hier musste von beiden Seiten Anstrengung investiert und muss Interesse am jeweils anderen vorausgesetzt werden. Das „hellenistische" Phänomen interkultureller Neubildung hat tiefere und ältere Wurzeln als die militärisch-technologische Tatsache kolonisierender Eroberung, ein Konzept, wie es dem Geist des 19. Jahrhunderts entsprach. Diese Wurzeln werden in Griechenland fassbar mit dem 4. Jahrhundert v. Chr., wo nach der traumatisierend wirkenden Erfahrung des Peloponnesischen Kriegs nach Alternativen zur eigenen Modernität gesucht wurde. In diesem Zusammenhang steht die erstaunliche Episode von einem zu Besuch in Athen weilenden Chaldäer, einem Priester von *„alien wisdom"*, der den sterbenden Platon zum Lächeln gebracht haben soll.

Es ist davon auszugehen, dass griechische Intellektuelle von sich aus den Weg zu einer Weisheit gesucht haben, die von der eigenen als aporetisch empfundenen Modernität[1758] nicht korrumpiert war. Dabei ging es vor allem Platon und seiner Schule um eine neues, autoritatives und nicht durch machtlose Tradition und die entgötterte Oberflächlichkeit der eigenen Moderne korrumpiertes Wissen. Roger Beck sprach zu den griechischen Pseudepigrapha, die unter der Flagge orientalischer Weisheit des „Zoroaster"-Umkreises segelten, von *„the desired authority of a remote and relevational wisdom".*[1759] Die „Ferne", aus der die massgebliche Orientierung in die „Höhle" eigener kultureller Unwirklichkeit dringen sollte, war die Ferne von der eigenen, kulturell erfolgreichen und fundierend urbanen Gegenwart. Tragend für das Bedürfnis nach 'unverdorbener' Weisheit – ihre „Natürlichkeit" wurde zur Parole „kynischer" Zivilisationsverächter, deren grosses Vorbild Sokrates war – war ein Unbehagen in der

---

[1755] UTZINGER 2003, insb. 107, 116ff.; DIERAUER 1977, 29; Parallelen aus China, wo aber Urkönige die Menschen von tierischer Wildheit befreien mussten und die Daoisten gerade diesen Urzustand idealisierten: LEWIS 1990, 170ff.; GRAHAM 1989, 45f. (Mo Tzu).

[1756] FRIEDRICH 1966, 193.

[1757] Zitiert aus SCHMID 2016, 173.

[1758] Ebd. 368-437; SCHMID 2020.

[1759] 1991, 493.

Kultur, offenbar des Individuums, das für seine Individualität noch keinen Namen hatte,[1760] sich aber in seiner näheren sozialen Umwelt nicht wirklich 'gemeint' fühlte. Es suchte für seine kulturell entwurzelte und damit negierte Identität einen neuen, umfassenden, „umgreifend" weltlichen Rahmen, der es in seiner Entfremdung von unmittelbar kultureller Umgebung bestätigte und ihm zugleich einen weiteren Horizont eröffnete. Der neue Weltbezug war theoretisch ein supra-kultureller „Natur"-Bezug, der seit dem „Timaios" explizit an der alle Welt sphärisch einschliessenden *proté physis* ausgerichtet war. – Man hat diese neue „kosmische" Identität mit ihrem „Holismus"[1761] verkannt und sah darin einen Überrest weltgebundener Archaik, eine 'proto-metaphysische' „Eingebundenheit", für die dann auch der stoische Holismus und natürlich die Astrologie reklamieren werden konnte.[1762] Wobei man auch die Vorsokratik in diesem Licht einer Rückprojektion aus der Metaphysik interpretierte und deren 'mechanistisch-moderne'[1763] Züge ignorierte.

Dabei sollte man auch den Unterschied, welchen Festugière[1764] und ihm folgend Roger Beck[1765] zwischen der 'reinen' Erkenntnissuche des Aristoteles und der „hellenistisch" angeblich strikt „utilitaristisch" orientierten und sozusagen philosophisch unreinen Alchemie (und Astrologie) machen,[1766] nicht überbewerten.[1767] Denn auch wo die Astrologie als eine Art von bloss 'angewandter' Metaphysik bezeichnet werden kann, darf man zugleich festhalten, dass sie die ontologische Hierarchie der griechischen Metaphysik in der detaillierten Entmachtung der subjektiven als „sublunaren" Eigenmächtigkeit des Menschen übernimmt. Und darin ist sie Teil einer priesterlich-elitären *koiné* geworden, in deren Rahmen sich Gelehrte aus verschiedenen Kulturen zusammenfinden konnten in einem gemeinsamen 'Projekt' der 'Erhöhung des ersichtlich Göttlichen',[1768] denn sie hatten kompatible Interessen. – Zu bedenken ist auch, dass der Horizont damaliger Intellektueller nicht gar so homogen zu sein hatte, wie das heutzutage

---

[1760] Es wird aber in der aristotelischen Philosophie beharrlich angesprochen mit einer neuen Begrifflichkeit, die um das „Wesen" (*ousia*) und seine „substanzielle" Unhintergehbarkeit kreist.

[1761] Plat. Tim. 92c zum *"heis ouranos hode monogenes on"*, dem einen und ein(zig)geborenen Himmel. – Zur alchemistischen Formel *„hen to pan"* Martelli 2013, 54; nach Pseudo-Demokrit p. 102 MARTELLI ist materielle Separierung eine Illusion (er spricht von *„polyhylon phantasian"*) wo doch *„eine physis"* alles besiege. – Zum grossen Gewicht der „Einheit" in China WANG 2012, 47-51.

[1762] SCHMID 2020, 99.

[1763] Wozu jetzt BERRYMAN 2009.

[1764] 2014, 210f.

[1765] 1991, 496 (*„practical arts lie at the origins of Hellenistic wisdom"*).

[1766] Sie wolle *„lire la destinée des hommes"* (FESTUGIÈRE 2014, 211).

[1767] Das Problem wurzelt hier in der unglücklichen Epochalisierung des „Hellenistischen", das ein klassizistisch orientiertes Verständnis dazu zwingt, das „Hellenistische" jedenfalls später als die massgeblichen Denker der Metaphysik anzusetzen. Dann liegt es nahe, nach grossen Differenzen zwischen „klassischer" Metaphysik und hellenistischem „Holismus" zu suchen. – Würde man den Hellenismus nach dem Peloponnesischen Krieg oder mit dem „Timaios" Platons statt mit Alexanders Eroberungen beginnen lassen, würde sich das Problem anders stellen: man würde hier auf Kontinuitäten statt auf epochalen Bruch (der vielleicht ein Postulat ist) achten.

[1768] Dass dieses Milieu vorab in den ägyptischen Tempeln domiziliert gewesen sei, betont ESCOLANO-POVEDA (2020). Sie sieht auch in dem pseudo-demokriteischen „Ostanes" einen ägyptischen Priester (138).

mit massenmedialer Vereinheitlichung der „Diskurse" der Fall sein müsste. Nicht nur im ptolemäischen Ägypten konnte damals vergleichsweise viel mehr kulturelle „Ungleichzeitigkeit" nebeneinander existieren, auch unter Eliten: Man durfte in Alexandria sowohl Anhänger heliozentrischer wie geozentrischer Weltmodelle sein – das war ja später nicht mehr möglich.

Zu Festugières Fundamentalkritik an hellenistischen Afterwissenschaften wie Alchemie und Astrologie[1769] im Vergleich mit einer methodisch sauberen und theoretisch unvoreingenommenen Naturbetrachtung des Aristoteles ist Folgendes zu ergänzen: Wenn laut Festugière[1770] Aristoteles vorbildlich wissenschaftlich in seinem Erkennen vom Phänomenalen aufsteigt, um dann bei einer Finalität, also dem Anteil an providentieller Anordnung der Welt, anzukommen, so besagt das, dass Aristoteles von der *physis*, als von dem vorliegend Allgemeinen und Evidenten ausgeht. Das Erste Bewegende bezieht sich bei ihm auf das Verallgemeinerbare der „Natur". – Das ist bei der Astrologie anders, da sie vom 'ereignisformenden *telos*' ausgeht, als der bewegenden Finalität nicht des Verallgemeinerbaren, sondern des Einmaligen. Sie geht also nicht vom Phänomenalen aus, vermutlich, weil sie als Praxis schon mesopotamisch aus einem Verfahren *„before nature"* herkam. Sie setzt immer das 'Unsichtbare' der Singularität voraus, das Latente einer 'genetischen Disposition', das dazu ganz unabhängig von der Phänomenalität des 'Gegenstandes' (des „Nativen") analysiert wird. Diese teleologische Disposition der Dinge ist „genotypisch" nicht Teil der immanent korporealen Phänomenalität ihrer Gegenständlichkeit – ihre Gegenständlichkeit ist vielmehr externalisiert, in die Himmelssphären verlagert, wo auch Dinge keine strikte Physikalität mehr haben können, sondern eine super-physikalische Stofflichkeit annehmen müssen (*quinta essentia*). Wenn Festugière betont,[1771] dass dagegen die 'klassische' Methode auf das „Maximum der Intelligibilität" aus sei (*„Elle réduit le multiple a l'un, le singulier à l'universel."*), dann besagt das doch, dass das Singuläre dabei reduziert wird. Da Aristoteles auf die *physis*, damit auf das Verallgemeinerbare hin arbeitet, kann er das Singuläre nur im Ganzen, als Prinzip der Welt und von diesem Allgemeinsten her denken. Das trennt auch seine 'eigenschaftslosen' Planetensphären von den Göttern der Astrologie.[1772]

Bei seinem Verdikt[1773] über das rein kontemplative Erkenntnisideal des Aristoteles im Vergleich zu den „utilitaristisch" unsauberen hellenistischen Pseudowissenschaften verkennt Festugière die letztlich grössere, generelle Zweckgebundenheit aller '*physis*-Rationalität', welche verfügbar machen, reduzieren, berechenbar und manipulierbar machen will, um die Autonomie des Bürger-Subjekts zu erweitern. Und er verkennt, dass die „theologische" Physik des Aristoteles sich gerade auf den Weg gemacht hatte, diese Enge einer auf Wiederholbarkeit reduzierten Welt zu erweitern. – Das ägyptische gelehrte Milieu hatte dieses Problem deshalb nicht, weil es auf Anordnung der Welt im strikt Phänomenalen nicht angewiesen war, weil Phänomenalität als selbständige Kategorie nicht existierte, da es ontologisch nicht auf

---

[1769] Vgl. 2014, 234: *„mélange de philosophie grecque, empruntée surtout à Platon et à Aristote, et des rêveries mystiques."*
[1770] Ebd. 205ff.
[1771] Ebd. 209f.
[1772] Immerhin hatte später Albertus Magnus keine allzu grosse Mühe bei einer astrologiekompatiblen Auslegung aristotelischer Physik (RUTKIN 2019, 26ff.).
[1773] Ebd. 210f.

geteilter Evidenz subjektiver Wahrnehmungen beruhte. Es hatte zweifellos ein anderes Ordnungsverständnis, das man vergleichsweise als „deszendent"[1774], also nicht aus der 'reinen' Phänomenalität aufsteigend, bezeichnen darf. Was Festugière übersehen musste, ist eben der Umstand, dass sich seit dem platonischen „Timaios" die griechische „Wissenschaft" selber auf den Weg gemacht hatte zu einem „deszendenten" Ordnungsverständnis – was zu einer „kosmischen" Uminterpretation der „Natur", laut Philipp von Opus inspiriert von Mesopotamien und Ägypten, führen musste.

Wenn Roger Beck von einer „Wissenschaft für alle Menschen" spricht, auch hier Festugière zu Hermetismus, Astrologie und Alchemie folgend,[1775] so ist dieser „globale" Horizont, der im Horoskop-Formular anschaulich wurde als Form fataler Identität, ernst zu nehmen. Er entsprach einem 'internationalen' Bedürfnis einflussreicher intellektueller Eliten, und war ein dezidiert „theologischer"[1776]. Dabei ist es von Belang, dass von griechischer Seite die neue „Theologie" nicht bloss kosmologisch verankert, sondern von Anfang an mit dem anti-modernen Leitbegriff der „Seele" verknüpft gewesen ist. Es war ja die „Seele" (oder in ihr der „*nous*"), in deren Namen die neue 'Global-Göttlichkeit' alles umgriff und belebend durchdrang. Francesco Ademollo hält erhellend dazu fest: *„There is an analogy between the universal penetration of the cosmic soul throughout the cosmic body and that of the individual soul throughout the individual body."*[1777] – Die Kosmos-Kugel als Erscheinungsform des fugenlosen Zusammenhangs der Welt wurde zum Erläuternden, zur Metapher oder zum Pendant der Absolutheit von Individualität, sofern sie als geschlossen in sich selbst erschien; man könnte von einer kosmischen Eigenweltlichkeit des Individuums sprechen, im dezidierten Gegensatz zur politischen Eigenweltlichkeit des Subjekts, von einer natürlichen Eigenweltlichkeit im Gegensatz zur kulturellen des Kollektivs. Die Astrologie ist eine Explanation dieser neuen Eigenweltlichkeit.

Der Bezug zum „Natürlichen" war dabei kulturkritisch gemeint und anti-modern reaktionär, wobei zu betonen ist, dass die „Natur"-Begrifflichkeit physiko-theologisch 'umkonstruiert' worden war. Bereits der platonische „Timaios", der als Kunstmythos die Natur als von der Vorsehung entworfenen und autoritär regierten[1778] Kosmos durch den *logos* entstehen liess, weist auf eine Welt, die durch göttliche Weisheit, ja geometrische Idealität, bewegt und beseelt wurde. Und das göttlich Bewegende, also das Denken im zwiefachen sphärischen Umschwung von Identität und Differenz bei Platon und das weltbewegende Denken des Denkens bei Aristoteles,[1779] war als Prinzip des beseelenden Geistes durch seine Bindung an ein naturalisiertes Körper-, Bewegungs- und Zeitkonzept[1780] eine suprakulturelle Dimension, die ich schon mangels besserer Begrifflichkeit als „theologisch" bezeichnen möchte. – Das heisst, dass sich hier schon vor Alexander etwas wie eine 'theologische Internationale' gebildet hat. Aristoteles wies darauf hin, dass die meisten Menschen das Göttliche mit dem Himmel verbinden, und ein

---

[1774] S. o.

[1775] 1991, 495; FESTUGIÈRE 2014, 35-60.

[1776] FESTUGIÈRE 2014, 1070-1077 zur Geschichte des Begriffs „Theologie" seit Platon.

[1777] 2020, 118.

[1778] So vorab SCHÄFER 2005.

[1779] Platon: Tim. 37a; Aristoteles: Met. 1074b 35.

[1780] Vgl. ASSMANN 2011, 17 zur 'Unkulturalität' natürlicher Zeitkonzepte (Zeit sei im Gegensatz zur Ewigkeit ein *„natürliches Mysterium"* nach J. L. Borges).

anderer Platonschüler sah in den Planeten neue „natürliche", allen evidente Götter für alle Völker.[1781] Roger Beck meinte dazu (mit dem Verweis auf Festugière und Momigliano): *„There developed in the Hellenistic age a 'science' which claimed, in a catholic and rather undiscriminating way, the authority of every learned culture known to – or guessed at by – the Greeks of that period. Here, side by side with a wisdom imputed to the Persian magi, we find a wisdom of the priests of Egypt, of the Brahmans of India, of the Jews, of the Chaldean astrologers, and so on."*[1782]

Das war ein neuer "synkretistischer" Horizont, in welchem unter anderem eine ganze pseudepigraphische und vorab alchemistisch potente Literatur um die Namen persischer Weiser kreiste, mit „Zoroaster" an der Spitze, dessen griechischer Name *Zoroastres* wohl auf Xanthos den Lydier zurückgeht, wobei die etymologisch interessante Version mit *–aster* seit Dinon (im 4. Jhdt. v. Chr.) belegt ist. Der „Stern" im Namen von interkulturelle Geltung beanspruchender Weisheit passte laut Bidez und Cumont zu dem *„culte rendu par les Mages sous la voûte céleste aux seules vraies images de la divinité, le feu et l'eau"*[1783], also zu einem vielleicht imaginären Kult, der ohne Tempel auskam, oder besser: der den Kosmos selber als Tempel benutzte. Diese *Magi*, welche Beck (1991) weitgehend für griechische Imagination hält, sollen schon Pythagoras, Demokrit und Platon belehrt haben;[1784] wir kennen sie alle noch als die zu „heiligen Königen" umfunktionierten drei Magi oder „Weisen" aus dem Morgenland,[1785] die dem Stern nach Bethlehem folgten. – Auf die Frage nach der historischen Greifbarkeit einer „magusäischen" iranischen Religion[1786] soll hier nicht weiter eingegangen werden. Einiges, wie der alchemistische Pseudo-Demokrit, der auf den verstorbenen „Ostanes" zurückgehen wollte, ist in Ägypten entstanden. Es ist allerdings bedenkenswert, dass immerhin Eudoxos gemeint haben soll, die Weisheit der „Mager" sei älter als die der Ägypter[1787], wobei Eudoxos ja auch in Ägypten gewesen sein soll, angeblich mit Platon,[1788] und dass laut Bidez und Cumont die Imago des allweisen Zoroaster im Umkreis der platonischen Akademie entstanden sei, inklusive der Vermutung, Platon sei eine (Re)Inkarnation des Zoroaster[1789]. Sogar der aristotelische Gedanke einer periodischen Wiederkehr von *„les mêmes opinions dans la pensée humaine"* sei vielleicht von dieser supponierten 'Gleichzeitigkeit' Platons mit Zoroaster ausgegangen[1790], und der Aristotelesschüler Aristoxenos habe geglaubt, Pythagoras sei

---

[1781] Plat. Epin. 985c-e; 987d-988a; FESTUGIÈRE sah darin den Beginn einer neuen *„religion philosophique"* als *„religion du Dieu cosmique"* (2014, 629 = 1949,157); Aristoteles (cael. 270b 5ff; vgl. Met. 1074b 1ff.) meinte, dass die meisten Menschen, auch die Barbaren, das Göttliche im Himmel lokalisierten.

[1782] 1991, 495; vgl. MOMIGLIANO 1971, 3: *„The search for cultural heroes and religious guides was never confined to one country only. It already embraced Brahmans, Magi, Egyptian priests and Druids by the beginning of the second century B. C."*.

[1783] 2007 I, 10.

[1784] Ebd. I, IX.

[1785] Ebd. I 50ff.; II 113-135 mit syrischen Texten zu diesen drei *magi*.

[1786] Siehe auch MOMIGLIANO 1975, 123-150; BURKERT 2003, 107-133.

[1787] BIDEZ/CUMONT 2007, 11.

[1788] Beider Aufenthalt wird für unwahrscheinlich gehalten von LEFKOWITZ (2007), doch ist das mindestens für Eudoxos durchaus nicht unmöglich (vgl. MOMIGLIANO 1975, 144).

[1789] Bidez/Cumont 2007, I 14.

[1790] Ebd. 16.

nach Babylon gekommen sei und habe dort Zoroaster gehört[1791]. Wenn wir vom Platonschüler Herakleides Pontikos hören, er habe ein Werk mit dem Titel „Zoroaster" geschrieben,[1792] dann ist es erwähnenswert, dass Bidez und Cumont den Herakleides als *„Paracelse de l'antiquité"* bezeichnet haben.[1793] Und es ist aufschlussreich, dass Herakleides ein Interesse an „Mirakel und Mythen"[1794] hatte, an Mysteriösem, wie dem Verlassen des Körpers durch eine Seele,[1795] und dass er *„au moyen d'un langage scientifique emprunté aux théories de Démocrite sur l'enthousiasme et la télévision"*[1796], also über „parapsychologische" Phänomene geschrieben haben soll.

Was wir als „parapsychologisch" bezeichnen, auch Wahrsagen und Orakel fallen eigentlich darunter, hat mit der „Psyche" zu tun, mit dem unsichtbaren Prinzip, das in der neuen physiko-theologischen Kosmologie die sichtbar „natürliche" Welt zusammenhielt, belebte und bewegte. In einer aufschlussreichen Arbeit über den „okkulten Kraftbegriff" in der Antike hat Julius Röhr[1797] aufgezeigt, wie innerhalb hellenistischer „Naturwissenschaft" Potenzen, Kräfte und Beziehungen eine Rolle spielten, die nach heutigen Massstäben als „okkult" bezeichnet werden können. Das fängt schon mit aristotelischen und stoischen Grundbegriffen wie dem *„logos spermatikos"* oder der *causa finalis* an, womit Potenzen angesprochen sind, die *„eine Pflanze oder ein Tier aus der Keimzelle gestalten"* und die *„nicht messbar, nicht quantitativ umzuwandeln"* sind.[1798] Desgleichen die oft gerade in der Alchemie bemühte „Sympathie" und „Antipathie", die auch als Auswirkung der Eigenart von Dingen aufgefasst wurden,[1799] aber auch schon die zentralen Kategorien von „Potenz" und „Akt" (*dynamis* und *energeia*), die laut Röhr unterschiedslos für „Kraft" gebraucht worden sind.[1800]

Es ging um „Kräfte" wie die reinigende gewisser Heilmittel,[1801] die zerstörende von Giften, auch um Eigenschaften von Steinen mit der „Kraft", auszutrocknen, um Hyänenhaut, welche Saatgetreide widerstandsfähiger macht, das Maulwurfsherz, das als Amulett getragen Kraft verleihe, um Zauberworte, Taufwasser, Kräfte durch Beschwörung, oder gar um Jesus, der (Luk. 8,46) fühlte, wie eine *dynamis* von ihm ausgehe.[1802] Es versteht sich wohl, dass die Magnetkraft als *„Prototyp der okkulten Kraft"* galt,[1803] wobei die lateinische Begrifflichkeit all dieser Kräfte und Vermögen etwa

---

[1791] Ebd. 33. – Für den Pythagoreer Nikomachos von Gerasa (im 1 Jhdt.) galten Zoroaster/Ostanes als Autoritäten *„à propos des sphères planétaires et des anges qui président à leurs révolutions"* (ebd. 32f.); siehe auch BURKERT 2003, 124ff.

[1792] Ebd. 14f.; dazu GOTTSCHALK 1980, 106-112.

[1793] BIDEZ/CUMONT ebd. – Zu Herakleides auch KRÄMER 1983, 88-102; WEHRLI 1983, 523-529.

[1794] GOTTSCHALK 1980, 1

[1795] Ebd. 10.

[1796] BIDEZ/CUMONT 2007, I 15.

[1797] 1923.

[1798] Ebd. 4.

[1799] Ebd. 6 (*idiotētes arrētoi* und Wirkungen *apo tēs holēs ousias* die *„beide als qualitates oder proprietates occultae und actiones a tota substantia das ganze Mittelalter überdauert haben"*); es geht um eine *„Fähigkeit gewisser Dinge […] andere zu fördern und zu hemmen."* (Ebd. 31).

[1800] Ebd. 5.

[1801] *dynamis kathartiké* udgl. (ebd. 9).

[1802] Ebd. 10-15.

[1803] Ebd. 29.

durch Wortfelder wie *vis, virtus, potentia, efficacia, eventus, effectus*[1804] umschrieben werden kann. Dass hier die „Auswirkung" der Gestirne ergänzt werden kann, ist einleuchtend, und man könnte sogar versucht sein, den oben als „eventualistisch" bezeichneten Interpretationsstil dieser Astrologie auch dadurch zu erklären: Die Handbücher sollten die Macht, das Vermögen und die Kraft der Gestirne und Konstellationen demonstrieren; als Grundlage astrologischer Kunst sollte die 'Effektivität' der Konstellationen dargelegt und erwiesen werden. „Naturwissenschaftlich" oder physikalistisch gelesen wird das Corpus der astrologischen Literatur zur Einführung in die Erforschung der 'Wirksamkeit' der Gestirne.

Auch Phänomene wie das „Mitklingen der Saite" oder das 'ansteckende' Gähnen wurden als Belege von 'sympathetischen' Wirkungen betrachtet,[1805] zudem alle möglichen „Fernwirkungen", darunter die des Gebets oder die Möglichkeit der Mantik[1806]. Die „Sympathie" war für Parallelismen und Entsprechungen verantwortlich, wo die Luftveränderung Pflanzen spriessen lässt und auch die verschiedensten Einwirkungen des Mondes zu berücksichtigen sind. *„Ohne ersichtlichen Grund folgt, auch in dem räumlich weit Entfernten, das πάθος des anderen Körpers. Gerade das Fehlen eines Grundes für das zweite πάθος, das Fehlen eines Zwischengliedes, gibt aber den sympathetischen Erscheinungen das Mystische, das ihnen vielfach, ja fast immer anhaftet, und das sie zur Grundlage der einen Hälfte der Magie, der sogenannt sympathetischen Magie, macht."*[1807] Röhr hielt aber auch fest: *„Eine der auffälligsten Erscheinungen des Mitaffiziertwerdens [...] war die wechselseitige Beeinflussung von Leib und Seele."*[1808]

Die Einführung des „Seele"-Begriffs in die Philosophie der Natur durch Platon hat die nun von der Vorsehung angeordnete Welt mit „okkulten" Kräften und supra-rationalen Beziehungen anfüllen müssen. Auch die Kohäsion dieser Welt, die sie eine und eine bestimmte sein liess und in der Sphärenform als vollendeter Selbstbezug anschaulich wurde, war durch eine kohäsive Kraft der generellen „Sympathie" aller Dinge begründet.[1809] Und die Einheit des lebendigen menschlichen Organismus, seine innerkörperlichen Zusammenhänge – wenn ein Teil leidet, wird das Ganze affiziert – wurde zum Simile für die Welt, die ein grosses Lebewesen war, dessen Belebtheit in allen Gliedern als ein Durchdrungensein von der belebenden Weltseele oder dem Geist gedacht wurde, der in der Stoa zum materiell greifbaren *„pneuma"* geworden war. Da die Stoa die vielen neuen Probleme einer theologischen Physik, die das Sichtbare vom Unsichtbaren beherrscht, geformt und durchdrungen sein liess, durch ein Materiekonzept zu lösen versuchte, das nun auch Seele und Geist umfasste bzw. zu besonders „feinstofflicher" Körperlichkeit erklärte, stellte sich für sie noch spezifisch *„the problem*

[1804] Ebd. 26; auch *potestas* (30) und Adjektive wie *potens; efficax, valens, bonus, fortis* (33).

[1805] Ebd. 38f.

[1806] RÖHR 1923, 45f.

[1807] Ebd. 50.

[1808] Ebd. 39, dazu wird aus „Arist. Physiognom. 4" zitiert: *hē psyche kai to sōma sympathein allēlois.* – Dass der Begriff der *dynamis* in Philosophie und Medizin der post-klassischen Zeit immer wichtiger in den Modellierungen der Seele-Körper-Beziehungen wurde, betont VON STADEN (2000, 84); er nimmt für „Dynamis" etwa *„capacity", „faculty", „potentiality".* Man geht also kaum fehl, hier ein Grundkonzept „hellenistischer" Wissenschaftlichkeit zu postulieren.

[1809] Ebd. 40ff.; REINHARDT 1926.

of defining the difference between soul and body within a theory that insists on the corporeality of both[1810]. Das Göttliche wurde zum intelligenten Pneuma, der Himmel, wie der Geist im Körper das *hegemonikon* von allem in der Welt, war zugleich *„the purest part of the aether"*, der als der *„primary god"* alles durchdringe[1811].

Diese Vorstellung der organischen Kohäsion von Welt und Mensch musste auch durch eine Forschung affiziert werden, die von der strikten Phänomenalisierung im Sinne der Naturalität von Welt und Körper ausging.[1812] Als Herophilos in Alexandria die Nerven entdeckte, wurde dadurch auch die Frage nach *„bodily organs as instruments of the soul"*[1813] neu gestellt. Und dieses Problem war eben deshalb gewichtig, ja unumgänglich, weil eine Potenz wie die Seele als „Weltseele" zum dominanten und kinetisch ersichtlichen Teil der Physikalität in jedem Sinne geworden war.[1814] Man konnte als sezierender Mediziner das „seelische Pneuma" als ganz besonders feinen Stoff ansehen,[1815] und blieb damit im Rahmen einer generellen Vorstellbarkeit, die von der Alchemie nicht sehr weit entfernt war, und die Heinrich von Staden als *„amalgam of teleology and mechanism"*[1816] bezeichnet hat. – Der Begriff der „Seele", zusammen mit „Geist" (*nous*) zentral für die neue Theologie der griechischen Anti-Moderne, die gegen die Erscheinungsobsession der Bürgerpoliten mit der Gewichtigkeit des Unsichtbaren ins Feld gezogen war, stand hinter der Lehre der kosmischen Sympathie als göttlicher Vereinheitlichung der Welt zum Kosmos (*„henosis"*). Der Jude Philo in Alexandria wollte diese Lehre schon dem Moses[1817] zuschreiben. Sie war interkulturell übertragbar gerade weil sie auf einer „physikalischen" Vorstellung der Welt beruhte, auf einer Welt, die als vorliegendes Phänomen für jedermann evident und nach Möglichkeit verfügbar war.

Für den neuen theologisch-teleologischen „Holismus",[1818] war der Begriff der „Seele" das Gegenprinzip der modernisierend das kollektive Subjekt ermächtigenden und

---

[1810] VON STADEN 2000, 96ff. – Laut KRÄMER 1983, 91 wäre gerade Herakleides Pontikos (auch er als Timaios-Exeget) mit seiner Auffassung von einer Stofflichkeit der Seele zum Ausgangspunkt geworden für den Gedanken einer *„Wesensgleichheit von Gestirn- und Seelensubstanz"*; *„Insbesondere weist die Konzeption des Herakleides samt der materiellen Seelenauffassung auf die Substanzgemeinschaft von Gott, Gestirnen und Seelen in der Stoa voraus."* – Nach 98 ebd. war Herakleides *„einer der meistgelesenen Autoren der Antike"*.

[1811] ADEMOLLO 2020, 118 (nach D. L. VII 138-140).

[1812] Etwa Straton von Lampsakos, Peripatetiker in Alexandria, soll in seiner Seele-Konzeption Anregungen der Medizin und Biologie aufgenommen haben: BERRYMAN 2020, 12.

[1813] Ebd. 2020, 21

[1814] Zur „Weltseele" und einer entsprechenden „Physiko-Theologie" MOREAU 1939.

[1815] So Herophilos nach Epikur und den Stoikern (VON STADEN 2000, 90f.).

[1816] Ebd. 92.

[1817] RÖHR 1923, 43. – Vgl. MOMIGLIANO 1975, 147 zu Numenios von Apamea, der Platon als *„an Atticising Moses"* bezeichnen konnte.

[1818] Seine griechische Geschichte, die zugleich eine Geschichte gelehrter Kosmosfrömmigkeit ist, hat bisher unübertroffen FESTUGIÈRE im zweiten Band seiner „Révélation d'Hermès Trismégiste" geschrieben („Le Dieu cosmique"): 1949 (2014, 460-1083); vgl. SCHMID 2005, 119-183. MOREAU (1939, 9) bezeichnete als Prämisse des platonischen Timaios das *„penser le donné comme un Tout"*. – Dieser „Holismus" liegt als Gemeinsames der antiken und noch der mittelalterlichen und frühneuzeitlichen Astrologie und Alchemie bei aller Verschiedenheit zugrunde: NEWMAN/GRAFTON 2001, 18ff. betonen den Unterschied, der sich dabei allein aus der praktischen

bestätigenden „Erscheinung",[1819] die sich im Körper eine Festung uneinnehmbarer Ersichtlichkeit gegen die neue Hegemonie der Seele erhielt.[1820] Im Namen dieser Beseelung oder aristotelisierend im Namen des weltbewegenden „Geistes" war die Kluft zwischen Kultur und Natur übersprungen[1821] und eine neue theoretische „Kompaktheit" der Welt geschaffen: Seele und Geist bilden das Epizentrum menschlicher Kulturalität, und gerade sie wurden von Platon und Aristoteles an die Ränder des Sphärenkosmos als allbewegende und alles beseelende Naturmacht versetzt. Sie waren als das Innerste des Humanen – allerdings nicht nur, doch besonders des Humanen[1822] – zugleich das Äusserste und zwar als die genetisch formende, kinetisch bewegende, seelisch belebende, mental aktive und ontologisch fundierende „Natur", die als solche die Erscheinung des Göttlichen war, der *theos aisthetos*, zu dessen irdischen Pendants erstaunlicherweise hellenistische Könige[1823] werden konnten. Die neue „Kompaktheit" eines theologisch erweiterten Naturkonzepts war also ein politisch allerdings imaginäres oder utopisches Pendant zu den mentalen Horizonten der nicht-autonomen Gesellschaften, in denen der Mensch als König und über ihn selber an der göttlichen 'Substanz' der Welt teilhatte, in der das Natürliche in seiner als mythisches Drama erfahrenen Rhythmik für die menschliche Welt ordnende Kraft entfaltete, da es selber als göttlich belebende Präsenz erfahren wurde. Menschliches, Kulturelles und Natürliches waren „konsubstantial" miteinander verwandt als partizipierend an einer „umgreifenden" Weltlichkeit mit ordnend-intelligiblem Potential, das sich in ihrer 'Lesbarkeit' manifestierte, welche überall zur 'Geschäftsgrundlage' einer priesterlichen Sozialdominanz gehörte.

Das neue Modell einer „konsubstantialen" Welt der Analogien und Entsprechungen[1824] hatte als ein Konzept „kosmischer Sympathie" mit ägyptischer Vorstellbarkeit der Welt einiges gemeinsam; Joachim Friedrich Quack bezeichnet solche

---

Ausrichtung der Alchemie gegenüber der rein theoretischen der Astrologie erklärt. Erst Ficino habe der mittelalterlichen Alchemie (wieder) einen explizit „kosmischen Charakter" verschafft (ebd. 25), d. h. er hat offenbar das platonische 'Kerndogma' der Beseelung der Welt wieder zu Ehren gebracht, das für die gräko-ägyptische Konzeption fundierend gewesen ist.

[1819] „*Der griechische Naturbegriff (und eine auf ihn bezogene Rationalität) ist entscheidend phänomenaler Art. Er konzipiert die Welt als eine Welt „für uns": wie wir sie wahrnehmen. Die Welt kann als Natur nicht mehr selbst intendieren, sie nimmt uns nicht wahr, wir sind nicht „Natur" für sie; sie folgt vielmehr den Zwängen der Folgerichtigkeit unseres Wahrnehmungsvermögens. Der Naturbegriff ist das Komplement einer kollektiven Autonomie, er setzt die politisch weltbildende Massgeblichkeit autonomer Subjektivität voraus. Weder in Mesopotamien, noch in Israel noch in China oder Ägypten gab es eine Entsprechung für den Naturbegriff.*" (SCHMID 2020, 93, dort weitere Lit.).

[1820] Zu dem „*warfare*"-Dualismus (von Geist/Seele vs. Leib nach dem Phaidon) bei Platon siehe ROBINSON 2000, 42ff.

[1821] Siehe Plat. nom. 890d. Dazu SCHMID 2005, 125 A 25: FESTUGIÈRE 1949, 280 (=2014, 752) A 1: Platon als „*le premier avait résolu l'antinomie dénoncée par les sophistes entre physis et nomos*", und zwar „*en montrant que le vrai* nomos *s'identifie avec physis*". Und BURKERT 1962, 70: „*so war es eben Platons grosses Anliegen,* physis *und* nomos *wieder zusammenzuführen; alle spätere Kosmosfrömmigkeit knüpft an den Timaios an.*"

[1822] Der Mensch als „*Himmelgewächs*" nach Plat. Tim. 90a (*phyton ouranion*).

[1823] KYRIELEIS 1986.

[1824] Die kinetische Version nach Aristoteles liess jede Bewegung überhaupt mit einer Himmelsbewegung zusammenhängen (d. h. mit der Manifestation einer göttlichen Korporeität): Met. 1074a 18-31.

„Sympathie" sogar als „urägyptisch"[1825]; Heike Sternberg-el Hotabi ergänzt dazu, wie hier „alle Phänomene in der göttlichen und irdischen Sphäre miteinander verbunden sind. Nichts ist einzeln isoliert"[1826] – und, so können wir ergänzen: damit nicht im Ausmass griechischer Rationalisierung auf Verallgemeinerung angewiesen. Denn die Phänomenalisierung auf der Basis des „Natur"-Konzepts bedarf deshalb der kategorischen Verallgemeinerbarkeit, weil ihr das Singuläre in der Tat völlig ungebunden ist, und der Beliebigkeit der Position des politisch ermächtigten Betrachter-Subjekts zu verfallen droht. In Rahmen einer umgreifend „sympathetischen" Partizipation ist dagegen das Singuläre nie isoliert, sondern in anziehende wie abstossende „Bezüge" eingebunden, die mit seiner weltanalogen Wesenhaftigkeit zusammenhängen. Das illustriert das Horoskop-Formular, indem dort das Singuläre kraft seiner 'Weltgebundenheit' gerade erst als Singularität denkbar gemacht werden kann, ohne dass es dabei als absolut Singuläres, „einzeln isoliert", in der Verallgemeinerbarkeit wieder zu verschwinden drohte als ausgesonderter Fall eines regelhaft-natural Allgemeinen. Dabei ging die „Kompaktheit" im ägyptischen Verständnis noch einiges weiter als die rekonstruierte „Neo-Kompaktheit", die als neue „Welt"- oder „Natur"-Anschauung aus der griechischen Metaphysik hervorging, denn sie vermochte sogar, den Unterschied zwischen Mensch und Natur rituell in einer kulturell inszenierten Form der Partizipation zu überbrücken: „In Ägypten hört die Schöpfung nicht auf, sondern ereignet sich jeden Tag neu, wobei die Menschen aufgefordert sind, sich mit Kulthandlungen an der Inganghaltung der Welt zu beteiligen."[1827] Und obschon das Horoskop mehr als nur eine Andeutung dieser steten Erneuerung in der weltlichen Singularität des Geborenen enthält, hat es weder der Astrologe noch sein Klient vermocht, wie der ägyptische Priesterschüler[1828] durch Ausübung seiner Tätigkeit den Lauf der Welt und gar den Weg zur Unsterblichkeit aller zu befördern.

In einem griechischen gelehrten Horizont musste eigentlich der Naturbegriff es verhindern, in der Welt eine 'intendierende Instanz' wahrzunehmen[1829], mit der man in Ägypten und Mesopotamien sogar rituell kommunizierte. Zum Gegenüber wurde der neuen „Physiko-Theologie" eine theoretische Präsenz, ja eine theoretische Individualität der Welt: Der Kosmos wurde zum Inkarnat einer Theorie der Wesentlichkeit, die erst in der Astrologie wieder zur 'Praxis' wurde, indem mittelbar oder instrumental zwar die Götter eine partielle mythische Individualität sich erhielten, dabei aber unfrei an die Naturgesetze der Astronomie gebunden blieben, wobei die eigentliche Individualität dieser Welt sich erst in der Nativität des Geborenen realisieren oder objektivieren konnte. Der Kosmos als göttliches Lebewesen wurde innerhalb einer theologisch erweiterten Natur-Konzeption sozusagen im „nativen" Menschen zur eigenmächtig intendierenden Instanz. Die göttliche Individualität des Kosmos konnte im Horoskop des Nativen zum Ausdruck kommen, ja sie wurde zum formal Individuierenden selbst als kosmisches

---

[1825] Zit. STERNBERG-EL HOTABI 2021, 240. – Man könnte auch sagen ur-mesopotamisch (HEEßEL 2005; ROCHBERG 2016, 154).

[1826] Ebd.

[1827] STERNBERG-EL HOTABI 2021, 244.

[1828] Vgl. JASNOW/ZAUZICH 2014, 20-28. – Zur Aufgabe der Priester, die zu der „basic theological role of the pharaonic monarchy" beizutragen hatten, „to maintain the universe in the form in which it had been created by divine agency", SAUNERON 2000, 34f.

[1829] SCHMID 2016, 182-218.

Formular der *menschlichen* Individualität. Und in dieser Form war der Spagat zwischen der generalisierten Natur und der Singularität des Wesentlichen geschafft. Auch das war Hybridität im kühnsten Sinne, als Generalisierung des Singulären,[1830] und funktionierte nur unter der Annahme von „okkulten" („sympathetischen") Verbindungen des autonomen Subjekts aller Rationalität mit weltlichen Entsprechungen, die das Individuelle, biographisch Expressive seiner Subjektivität semantisch prägten und damit 'lesbar' machten. Diese („sympathetischen") Entsprechungen und Analogien sind hier das Mittel, um nichts weniger als den Abgrund zwischen kollektiv-intersubjektiver Eigenweltlichkeit und dem weltlichen *periechon* zu überbrücken – und dem entsprach der 'Abgrund' zwischen der technokulturell dominanten polisbürgerlichen Eigenweltlichkeit, der die Welt ein kulturell entäussertes 'Anderes der Natur' geworden war, und der mythiko-rituellen Weltverbundenheit einer Gesellschaft wie der ägyptischen, deren höchstes Anliegen es war, dem Lauf der Sonne zu dienen, ihm gerecht zu werden, ihn zu befördern und zu beschützen.

Das zentrale Medium einer anti-modernen und anti-demokratisch kulturkritischen 'Internationalen', die das Göttliche zu neuen „theologischen" Ehren bringen und den Geist zur weltsteuernden Autorität erklären wollte, war die „Seele", die für den sterbenden Sokrates zum uneinnehmbaren Rückzugsraum seiner rebellischen Individualität gegen den Zugriff des politisch ermächtigten Bürgerkollektivs geworden war, denn der Zugriff war auf das Erscheinende beschränkt Nur der Körper fiel dem erscheinungsobsessiven Kollektiv in die Hände, während sich der anti-moderne Held in die soziopolitische Unverfügbarkeit der Seele rettete: sie war mit dem unsterblichen Reich der Ideen und ihrer weltkonstruktiven Autorität verbunden. Die unsterbliche Seele verabschiedete sich, etwa im platonischen „Phaidon", aus der Alternativlosigkeit des Politischen; sie war seit Platons „Timaios" mit einer neuen Göttlichkeit der Welt verbunden, die sich in einer „realexistierenden" Göttlichkeit des Himmels und der Sterne manifestierte. Die neue „theologische" Autorität des Göttlichen ging einher mit einer griechischen Rezeption astronomischer Daten aus Mesopotamien und Ägypten und war mit der geometrisierend idealen „Kosmifizierung" einer Welt verbunden, die zugleich zur Erscheinungsform des „eingeborenen" Göttlichen und einer „Herrschaft des Geistes" (Werner Jäger) werden musste.

Da der astronomische Bereich nun sowohl göttlich als auch im physikalischen Sinne korporeale Erscheinung war, ergab sich seit dem sehr einflussreichen „Timaios", dem Manifest einer religiösen Revolution laut Festugière,[1831] das „alchemistische" Problem, dass Seele und Geist als Substanz der neuen Göttlichkeit *„is now described as*

[1830] Das gibt es auch in Mesopotamien, allerdings *„before nature"*, siehe Rochberg 2016 *passim* (und 108 zu einer Unterscheidung des Vitalen, der *„irregularity of vital phenomena"* im Gegensatz zur *„uniformity of physical phenomena"* nach G. Canguilhem). – Offensichtlich hat man weder in Babylonien noch in Ägypten das („psychisch") Belebte oder Belebende von der Regularität des 'natürlich' Beobachtbaren kategorisch getrennt; damit konnte auch im „Regulären" Intention, Botschaft, Expression – etwa göttlicher, daimonischer oder semantischer Präsenz – zu vernehmen bzw. zu interpretieren sein. Die (Re-)Integration der *psyché/nous*-Instanz in die explizit evidente *physis*, also in die griechische Natur-Wissenschaft, war die Vorbedingung einer griechischen Astrologie.
[1831] 2014, 572 (=1949, 100): *„Platon fonde une religion nouvelle qui s'appuie sur les progrès récents de la science astronomique."*

being in some measure material"[1832]. Der astrale Bereich wurde zur inkarnierten Theophanie der neuen Göttlichkeit griechischer „Theologen"; die Denkbarkeit von Göttern, in denen das Wort Fleisch und der Geist „Phänomenologie" wurde, hat unter anderem die stoische Auffassung der Materialität von allem hervorgebracht. Sie führte zur Annahme eines „fünften Elements", aus dem die Himmelssphären bestanden, zur Konzeption der Welt als der bewegenden Manifestation der „Wirklichkeit selbst", ja zum Postulat einer erlesenen Materialität, aus welcher der Geist bestand (*e qua sit mens*).[1833] – Das entsprechende Problem hatte noch der jüngere Zeitgenosse des Ptolemaios, Galen, der als Arzt und Praktiker theologischen Erwägungen einerseits aus dem Wege ging, zum anderen aber einem teleologischen Naturkonzept folgte,[1834] das letztlich aus dem „Timaios" stammte. So kam auch er, laut Philip van der Eijk, nicht darum herum, „*the physiology of psychological processes*"[1835] zu diskutieren, ja es finde sich bei ihm eine Spannung zwischen „*material determinism*" und „*teleological instrumentalism*",[1836] die etwa dadurch zu lösen war, dass man die Mischung (*krasis*) der Elemente des Körpers als Seele bezeichnete.[1837]

Die neue „Kompaktheit" als Verbundenheit aller Dinge war also spezifisch darin, dass sie auf einem Natur-Konzept beruhte, was von griechischer Seite viel mit der kulturkritischen Gemütslage ihrer philosophischen Konstrukteure zu tun hatte. Das war für die ägyptische Seite, wo sie von der neuen Physiko-Theologie angesprochen wurde, sicher das Neue, und im besten Fall ein neues Medium, um die kulturell vertraute Erfahrung umfassender Partizipation in einer „Konsubstantialität" des Diversen anders, in der Begrifflichkeit der kulturell überlegenen Macht zu artikulieren. Die griechischen Eliten, die mit der neuen Theologie zu Priestern einer Geist- als Kosmos-Frömmigkeit ohne Tempel geworden waren, mussten sich den Priestern in Babylon und Ägypten von Anfang an geistesverwandt fühlen. Das belegt nicht nur der Chaldäer an Platons Totenbett, sondern auch das Ägypten, welches schon Solon als Inbegriff selbstbewusst athenischer Weisheit besucht haben soll. Die hierokratische Autorität des Göttlichen, welcher in den Tempeln Ägyptens und Babyloniens eine fromme Gelehrsamkeit diente, wurde im „orientalischen" Priester zur Erscheinung. Und seine asketisch-elitäre Figur kann sehr gut auch die asketischen Neigungen und Attitüden des neuen philosophischen Priestertums des Geistes inspiriert haben.[1838]

[1832] ROBINSON 2000, 47.

[1833] Cic. Tusc. I 22. Dazu etwa MOREAU 1939, 121. Bei Galen wird auch das Pneuma zu „*some kind of matter proper to the soul*" (VAN DER EIJK 2020, 75 A 41); oder Galen spricht von „*the good mixture of the substance of the thinking body*" (*tēs ousias eukrasia tou noountos sōmatos*), zit. VAN DER EIJK ebd. 76 A 46; oder zur Wirkung des Pneuma in den „Höhlen" des Gehirns: Dies sei das erste Instrument der Seele, obschon es „*would be rash for me to call it the substance (ousia) of the soul*" (zit. ebd. 74).

[1834] VAN DER EIJK ebd. 63.

[1835] Ebd. 64.

[1836] Ebd. 65ff.

[1837] Ebd. 66

[1838] Man war im Zeichen rationaler Kontrolle über Indifferenzien wie politischen Ruhm, Heim, Familie, Sex, Reichtum und dergleichen erhaben; zu den asketischen Neigungen der führenden „Philosophen", die Abstinenz in vielerlei Hinsicht pflegten – auch Theophrast war Vegetarier – und auf Keuschheit und Reinheit der Lebensführung achteten, siehe SCHOLZ 1998, 28ff. (dort

Die neue politische Theologie war ursprünglich nicht an realexistierenden Monarchien orientiert, weil ja der König in autonomen Kollektiven immer latent als „*monarchos*", d. h. als Tyrann erscheinen musste. Deshalb haben die hellenistischen Monarchien auch wenig aus den Möglichkeiten dieser Theologie gemacht[1839] (erst Augustus benutzte die Globus-Imago und vor allem seine astrologische Nativität),[1840] ihre Legitimation beruhte auf griechischen wie indigenen Elementen des Kultrituals, die dabei selten wirklich verschmolzen, auf griechischem Herrscherkult sowie auf Übernahme der kosmischen Königsrolle, wo diese als Tradition vorhanden war. Hier war offenbar auch die Kooperation mit den Priestereliten wenig problematisch, wo das Königtum selbst grundsätzlich akzeptiert wurde oder gar unverzichtbar für das Leben der Gesellschaft war.[1841] Für das neue, als Theologie der *physis* politisch unausgesprochene oder utopische Königtum der Seele und die mundane Hegemonie des Geistes war der priesterliche Weise die gegebene Figur erwünschter Autorisierung. So gesehen war auch der mythische „Zoroaster" ("Sarastro") ein Beleg für griechische Träume von neuer, kulturell unverbrauchter Autorität, wie sie dann auch die bedeutende Autorschaft des fundierenden Textes zur Horoskop-Astrologie (Nechepsos/Petosiris) für sich in Anspruch nimmt.

Die vielen hellenistischen und dann auch kaiserzeitlichen Texte, die in irgendeiner Form die sympathetischen Bezüge und Verwandlungen einer „konsubstantialen" Welt traktieren, die vom Hauch diviner Providenz durchdrungen ist[1842] und den Eindruck einer verzaubert-magischen Sphäre hinterlassen können, seien sie hermetischer, alchemistischer oder astrologischer Art, sind der Ausdruck einer priesterlich-elitären Subkultur[1843] mit kulturübergreifendem Anspruch. Sie wurde getragen von einer internationalen Gemeinschaft, die schon vor Alexanders Eroberung mindestens als literarisches und eben auch dezidiert „theologisches" Projekt existiert hat.[1844] Was es für einen bilinguen Ägypter bedeutete, den mythisch wie rituell vertrauten Zusammenhang von Mensch und Welt[1845] etwa stoisierend pantheistisch in die Form griechischer „Naturwissenschaft" übersetzt zu sehen, ist für uns schwerer zugänglich. Es lässt sich aber vermuten, dass schon die *lingua franca* der weltbeherrschenden Macht, zu

---

auch zur Ehelosigkeit von Platon, Xenokrates, Arkesilaos, Epikur, Theophrast). – Vgl. zur Abstinenz und Askese ägyptischer Priester ESCOLANO-POVEDA 2020, 109ff.

[1839] *pace* die pseudopythagoreischen 'Goodenough-Texte'. ERWIN GOODENOUGH, 1979 (1928), sah in ihnen eine *"offizielle politische Philosophie des Hellenismus"*; dazu SCHMID 2005, 209.

[1840] SCHMID 2005.

[1841] Vgl. jetzt dazu PFEIFFER/KLINKOTT 2021 sowie CLANCIER/GORRE 2021.

[1842] Vgl. Ovid Met. XV 165-172.

[1843] „Subkultur" bedeutet hier, dass diese Literatur offenbar nicht offiziös war, d. h. nicht den Glanz der herrschenden Monarchien feierte; ihr Kosmos war nicht Teil eines sozialen Ordnungsrituals, das über den König die Gesellschaft mit dem göttlichen Glanz der Welt verband.

[1844] Vgl. BURKERT 2003, 125 (zu möglichen persischen Einflüssen auf griechische Philosophie): *„das Verständnis griechischer Geistesgeschichte kommt nicht herum um die Frage nach solchen Begegnungen, noch ehe Alexander der Grosse das Tor zum Osten aufstiess."*

[1845] Dieser Zusammenhang war in Ägypten noch einiges deutlicher als in Babylon vom König abhängig, der *„ the sole intercessor between mankind and the gods"* gewesen ist (CLANCIER/GORRE 2021, 92). Er war so etwas wie die rituelle Ermöglichung allen Priestertums (PFEIFFER in: PFEIFFER/KLINKOTT 2021, 237: *„ the conditio sine qua non of the existence of every priesthood"*) und wörtlich der *„master of the ceremonies"* (ebd. 236), was der anthropologischen Rolle des Königtums nach HOCART (1970, 86) als *„principal of the ritual"* genau entspricht.

der die Konzeptualität der „Natur" gehörte, eine gewichtige Anziehung ausgeübt haben muss. Hier konnte auch ägyptisches Elitenbewusstsein einen neuen, attraktiven und alsbald international gesuchten Ausdruck finden.

6. 2: Ägyptische Priester, alexandrinische Gelehrte und eine neue Globalität

Was uns an den ägyptischen Priestern der Ptolemäerzeit interessiert, ist ihre Fähigkeit zur theoretischen Innovation[1846] und zu kultureller Aufgeschlossenheit. Und ihre Involviertheit in die „Geschichte", die für unser Wahrnehmen die Erzählbarkeit einer Krise ihrer Kultur, der herrschenden Dynastie und des „Reiches" war, dessen Beamtete und Vertreter sie als Erben einer ungeheuren Tradition gewesen sind. Dabei soll das Erkenntnisinteresse an einer hypothetisch angenommen Erfinder-Person ausgerichtet werden, der Einfachheit halber als „NP-Autor" – die Autorschaft des in der antiken Astrologie zum Standard erhobenen „Nechepso(s)/Petosiris Textes – ins zweite Jahrhundert v. Chr. versetzt. Es wird also das Phantom eines Autors zu heuristischen Zwecken verwendet, um für es ein wahrscheinliches oder mindestens mögliches Milieu zu rekonstruieren. Versuchsweise, der Mangel an Quellen sowie die gewollte Pseudonymie dieser halb verschollenen Autorschaft lassen nur hypothetische Annahmen zu, soll ein Autor aus dem Umfeld gräko-ägyptischer Intelligenz, dem Priesterstand mindestens nahestehend, angenommen werden. – Dass ein einzelnes Autor-Individuum eine diverse astronomische Parameter zur kühnen Systematik innovativ verbindende Theorie entworfen und auf Griechisch publiziert hätte, ist natürlich eine Arbeitshypothese. Sie hat den Vorteil, das reale Ereignis theoretischer Innovation erzählbar zu machen. Es kann aber auch ganz anders gewesen sein, und mehrere ungreifbare Autoren hätten die neue Astrologie schrittweise hervorgebracht, wobei uns die Zwischenglieder[1847] fehlen.

Die Hypothese des Erfinders, naheliegend wegen des Auftauchens einer fertigen Systematik, welche vor „NP" nicht greifbar ist, liess schon Franz Boll an ein „Genie" denken, dem er dann auch unsere raffinierte Ordnung der Planetenwoche zuschreiben wollte.[1848] Natürlich wäre es befriedigend, ein so nachhaltig wirksames und rezipiertes Gedankensystem physiko-theologischer Psychologie einer markanten, kulturell unvoreingenommenen, systematisch ungewöhnlich begabten und ehrgeizigen Persönlichkeit zuzuschreiben, die sich selbst immerhin eine 'königspriesterlichen' Position („Nechepso" und „Petosiris") und darüber hinaus die unmittelbare Inspiration durch eine Gotteserscheinung[1849] zuschrieb.

[1846] Laut ESCOLANO-POVEDA 2020, 157 waren Priester „innovativ" und *„ready to integrate in their own traditions external elements that were deemed useful"*.

[1847] Etwa die sog. Salmeschiniaka (QUACK 2018, 99f.).

[1848] BOLL 1912, 2559.

[1849] Vett. Val. VI 1,9.

Nehmen wir also an, ein Priester, der griechischen Sprache in mehr als ephemerem Ausmass mächtig, vielleicht gemischter griechisch-ägyptischer Herkunft[1850] und überhaupt von einer im Griechischen soliden[1851] Bildung, hätte, offensichtlich im Austausch mit alexandrinischer Gelehrsamkeit, irgendwann um die Mitte des 2. Jahrhunderts v. Chr. diese Astrologie, also das 'Formular' des Horoskops, entwickelt.[1852] Ob er das alleine tat, oder ob er das neue System mit einem Kollegen erarbeitet hätte, was sich dann in der Form der Edition unter doppelter Autorschaft niederschlug, das ist nicht zu entscheiden.[1853] Jeder mögliche Autor hätte in einem bestimmten Umfeld leben müssen, das ihn auch geprägt hätte. Wir nehmen hypothetisch als Umfeld einen ägyptischen Tempel der Ptolemäerzeit an; „NP" wäre sicherlich ein besonders gebildeter Intellektueller gewesen – wie z. B. ein Schreiber aus einem Haus des Lebens.[1854] Von einem solchen, der von seinem Tempel in ein Kollegium geschickt wurde, welches den Pharao Psammetich II. nach Palästina begleiten sollte, hiess es (nach Serge Sauneron), man hätte ihm keine Frage stellen können, auf die er nicht zu antworten gewusst hätte.[1855]

Das ägyptische Priestertum hätte jedenfalls als vorhandenes 'Gefäss' für die neue Autorität einer Schicksals-Expertise dienen können. Heisst es doch, und das ist durch lange Tradition verankert und im Tempeldienst institutionalisiert, dass die Priester beschäftigt sind mit den „Plänen der Götter", in deren Händen alles Leben liegt.[1856] Leben, Sicherheit und Glück sollen in göttlicher Verfügung liegen, die es den ihrigen, also den Götterfrommen zukommen lassen,[1857] was zur Astrologie nicht ganz passt, weil ja die fatalen Sterne in ihrer 'naturalisierten' Existenz nicht danach fragen, ob man sie respektiere oder nicht, weshalb ihnen nie echter Kult zukam[1858]. Allerdings heisst es auch

---

[1850] Vgl. BAINES 2004, 42ff. zu Dioskurides, der sich ganz ägyptisch bestatten liess, obschon er vermutlich einen griechischen Vater hatte; es wäre auch eine ägyptische Familie denkbar, die sich im Laufe der Generationen zunehmend gräzisiert hatte – auch das Umgekehrte gab es, Griechen, die in die ägyptische Priesterklasse eindrangen, dort aber mit zunehmender Integration an sozialem Rang einbüssten: GORRE 2009, 531; oder hohe griechische Militärs, welche Priesterfunktionen (Prophet des Chnoum, Archistolist: ein Herodes, nach GORRE ebd. 8f.) übernehmen, vielleicht auch nur als nominelle Ehrung (im 2. Jhdt. v. Chr.). – Zur 'Verwischung' bzw. Funktionalisierung ethnischer Herkunft als Identität etwa CLARYSSE 2019; CHAUVEAU 2000, 156ff.; COUSSEMENT 2016 (zur Verwendung verschiedener Namen in verschiedenen Kontexten).

[1851] HEILEN 2015, 554, zu Spuren von Versen in den Fragmenten des NP-Textes. Vorauszusetzen sind auch Kenntnisse in griechischer Philosophie (peripatetisch-platonisch, vielleicht über die Stoa vermittelt; vielleicht auch doxographischer Art).

[1852] Dass die „Hellenisierung" auch unter den Priestern im 2. Jhdt. v. Chr. besonders stark war (so GORRE 2009, XXII: königliche Schreiber trügen jetzt vermehrt griechische Namen) entspricht wohl der anerkannten Tendenz des zunehmenden Aufsteigens von Ägyptern in 'griechische' Positionen in dieser Zeit.

[1853] Thesen dazu nach HEILEN: 2015, 555.

[1854] SAUNERON 2000, 61; 132ff. zu den Hierogrammateis und ihrem universal angelegten Wissen, das nebst Astronomie, Theologie und Ritualkunde auch Heilpflanzen und Geographie umfasste.

[1855] SAUNERON 2000, 106 (ein Priester des Amun).

[1856] Ebd. 24f. (laut einem Text aus Edfu).

[1857] Ebd.

[1858] Man darf aber Formen indirekten Kultes gelehrter Herkunft annehmen, etwa im Beispiel der römischen Säkularfeier unter Augustus, die sich m. E. auch als Kultfeier für Sonne und Mond als die göttlichen Mächte einer epochalen Zeitlichkeit verstehen lässt (wobei explizit Sol für Apollo und Luna für Diana stehen konnte): SCHMID 2004.

im Papyrus Insinger: *„Neither the impious nor the godly man can alter the lifetime that was assigned for him.*"[1859]

Umfang und Intensität des ägyptischen Tempeldienstes müssen noch in der späteren Ptolemäerzeit von beeindruckender Dimension gewesen sein,[1860] was auch in einer bedeutenden Tempelbautätigkeit[1861] zum Ausdruck kommt.[1862] Dabei galten die Priester als „Gottesdiener", welche die Macht hatten „die Türen des Himmels zu öffnen".[1863] Sauneron hat sowohl die Heterogenität dieses Priestertums als auch die immer wieder inspirierende Intensität seiner Frömmigkeit und Spiritualität betont.[1864] Im Tempel selber fanden im Rahmen des rituellen Umgangs mit den Göttern nebst Umzügen auch Musik und Tanz statt, morgens etwa, um die Götter zu wecken.[1865] Er war ein Zentrum umfassend professioneller „Kultur", wie man heute sagen würde, denn er war Kirche, Universität, Konzertsaal, Festplatz, Seminar, Bibliothek,[1866] Museum, Atelier und Theater in einem. Das letztere in der urtümlichen Form der Bühne der Götter, als der Ort der Inszenierung, Evokation und Verkörperung des Göttlichen.[1867] Dabei sind die Priester überhaupt die Interpreten des Götterwillens,[1868] sie fungieren quasi als Sprachrohr der Götter,[1869] und daher gehören Orakel-Anfragen und deren Beantwortung durch göttlichen Wink, etwa beim Barken-Orakel durch die Bewegung der Barke mit dem Götterbild, zu ihrem Beruf.[1870] Auch die Bewegungen des Apis-Stiers konnten, als Bewegungen des ersichtlich Göttlichen, als ominöse, d. h. als semantisch aufgeladen interpretiert werden.[1871] Von diesem 'Berufsfeld' war der gedankliche Weg zur Interpretation der

---

[1859] Zit. ESCOLANO-POVEDA 2020, 38 (P. Insinger 18,5).

[1860] ZIVIE-COCHE/DUNANT 2013, 333-345.

[1861] ARNOLD 1999

[1862] Überblick zu Tempeln und Tempeldienst vom Alten Reich bis zur Römerzeit in ZIVIE-COCHE/DUNANT 2013, 269-368.

[1863] SAUNERON 2000, 59; ZIVIE-COCHE/DUNANT 2013, 313 zum Tempel als Ort, an dem *„das Göttliche sich auf Erden verwurzelt und manifestiert"*, wobei der Naos des Tempels auch als „Horizont" bezeichnet wurde: *„ Wenn der Naos der Horizont und der Himmel des Tempels ist, in dem die Statue des Gottes weilt, mit der sich sein Ba vereinigt, ist der Tempel insgesamt als heiliger Ort im Gegensatz zur profanen Aussenwelt seinerseits ein Mikrokosmos der zugleich ganz Ägypten und den organisierten Kosmos abbildet.*" (Ebd. 314). – Das entspricht strukturell durchaus dem Horoskop als Formular, das man recht treffend auch als geometrisch-astronomische Konstruktion eines Horizonts bezeichnen könnte.

[1864] Ebd. 27; vgl. ZIVIE-COCHE/DUNANT 2013, 330f.

[1865] SAUNERON ebd. 66ff.; ZIVIE-COCHE/DUNANT ebd. 328ff. mit dem Hinweis auf die 'Konkordanz' des Rituals mit dem Sonnenlauf (Gottesdienst zu Sonnenaufgang, mittäglicher Kulmination und Sonnenuntergang).

[1866] Dabei muss aber der vergleichsweise nicht-öffentliche Charakter der Tempel-Bibliotheken betont werden (RYHOLT 2013, 37).

[1867] Theater mit Göttern: LEPROHON 2007; eine Art 'Drehbuch' eines 'Mysterienspiels' bei DAUMAS 1958, 377-387; ZIVIE-COCHE/DUNANT 2013, 336ff.

[1868] SAUNERON 2000, 96.

[1869] Ebd. 101 (*"spokesmen of the divine"*).

[1870] Ebd. 102. Die Fragen, die gestellt wurden, ähneln denen, die man aus der „Katarchen"-Astrologie kennt, und waren durch Ja oder Nein göttlicherseits zu beantworten.

[1871] Ebd. 103.

Bewegungen des göttlichen Kosmos, als des sichtbaren Lebewesens das alles Sichtbare umfasst,[1872] nicht allzu weit.

Dabei sei es ein Grundsatz entsprechender Frömmigkeit, dass alle Dinge der Welt bei der Schöpfung ihre Prägung erhalten hätten: *„Everything was defined at the time of its creation and organized so as to remain unchanging for all eternity."*[1873] Das ist mit dem Weltverstehen der Astrologie mindestens kompatibel, sofern die Konstellationen der himmlischen Sphären ja tatsächlich alles Aktuelle bewegten, während sie selber erscheinend eine „Präsenz des Ursprungs"[1874] verkörperten, und das taten sie auch als Konstellationen eines Horoskops, die das Originäre einer Geborenheit als göttliche Prägung wie eine genetische Information bewahrten. Die Präsenz des Göttlichen hatte sich im Rahmen griechischer Kosmo-Theologie an den Himmel zurückgezogen, nachdem sie womöglich aus den Tempeln für einen gehobenen griechischen Geschmack verschwunden war, und wirkte von dorther ein, als göttliche Schale, mit der formenden Potenz der 'Ursprungsmacht', die dem Himmlischen überhaupt zukam.[1875] Man kann sagen, dass für die antiken Astrologen die wirksamen Konstellationen auch die Schöpferkraft des Ursprungs verkörperten und dadurch Lebensformen kreierten aus dem ursprünglich für alle Zeiten gegebenen oder 'archetypischen' Form-Material. Nur der Umstand, dessen Paradoxie mit einem griechischen Paradigmenwechsel zusammenhängt, dass diese göttliche oder gar theophane Präsenz des Ursprünglichen zugleich eine „natürliche" war,[1876] wirkt als Fremdkörper im ägyptischen Rahmen einer liturgisch konkreten Frömmigkeit des Austauschs und der Kommunikation mit dem Göttlichen, ohne die auch das Königtum seine Funktion verliert.

Offenbar hat man aber in den „Häusern des Lebens" nicht bloss die verehrten Texte des Altertums abgeschrieben und restauriert, sondern auch entsprechende Inhalte reflektiert und erneuert; laut Serge Sauneron haben Priester auch neue theologische Texte verfasst, die aus eigener Reflexion und vielleicht nach Debatten unter Kollegen entstanden sind.[1877] Es ist also möglich, dass die geistige Atmosphäre in einem grösseren ägyptischen Tempel noch in der Spätzeit geistig anregend und inspirierend war.

Der universale Umfang gottesdienstlichen Wissens machte Spezialisierung unter den Priestern unabdingbar. Es muss Spezialisten für Zeitrechnung und Astronomie[1878]

[1872] Plat. Tim. 92c.

[1873] SAUNERON 2000, 28; ZIVIE-COCHE/DUNANT 2013, 315, wonach der Tempel die Welt „beim ersten Mal" evozieren soll, also als *„Urort"*. Generell ist das 'Ursprüngliche' eine Macht; SAUNERON (ebd. 123) benennt sogar als *„one of the most fatal errors"* im spirituellen Leben der Ägypter *„an irrational belief in the omnipotence of old texts"*.

[1874] SCHMID 2007.

[1875] Arist. Met. 1074b1-14: zur ewigen Einsicht (zuständig daher für alle Menschen und Zeiten), dass die „ersten Wesenheiten" (*protai ousiai*, das sind kosmologisch die geistbewegten Planetensphären) Götter sind.

[1876] Es wundert nicht, dass der Status des „Natürlichen" nach unserem Verständnis dabei unzulässig oder irrational erweitert wurde, und für die Schwierigkeiten dieser „metaphysischen" Fusion des Göttlichen und des Naturalen zeugt die nur noch alchemistisch verstehbare 'quintessentielle' Materialität der Planetensphären.

[1877] 2000, 133 (*„Some of the most beautiful spiritual and moral texts we have sprang from the reflections and convictions of obscure scribes whose names will forever remain unknown to us."*); ZIVIE-COCHE/DUNANT 2013, 354f.

[1878] Ebd. 136; WINKLER 2011, 95-99

gegeben haben, und die grösseren Tempel haben entsprechende Literatur beherbergt.[1879] So gab es in der Bibliothek des Sobek-Tempels von Tebtunis laut Kim Ryholt griechische Texte zu Astrologie und Medizin (der Zustand der Bibliothek entspricht dem 3. Jhdt. n. Chr.), aber auch Texte mit mundanen Sothis-Prognosen im 'babylonischen' Stil.[1880] – Dass in ägyptischen Tempeln schon lange vor Alexander auch babylonische Astronomie zu prognostischen Zwecken rezipiert worden ist, steht ausser Frage.[1881] Kenntnisse der Himmelsbewegungen und der planetaren wie der 'dekanalen' Perioden waren für Zeitrechnung und Kultausübung wichtig; das war traditionell auch mit divinatorischen Fragestellungen verbunden, d. h. mit Evaluationen zur 'Qualität' von Tagen und Zeitperioden, aber auch von Finsternissen,[1882] und es sind aus der Zeit vor der Horoskop-Astrologie einige diesbezügliche Spezialisten namentlich bekannt[1883].

Wenn somit Tempelbibliotheken zweifellos astronomische Tafeln, d. h. Daten zu diversen astronomischen Parametern, enthalten haben werden, die entsprechend durch Gebrauch und Observation erneuert und ergänzt worden sein dürften, dann versteht sich auch, dass diese Tempel für die spätere Produktion von Horoskopen grundlegend werden mussten.[1884] Sie archivierten notwendige astronomische Basis-Daten zur Berechnung, wie datierte Eintritte von Planeten in die diversen Tierkreiszeichen[1885], die man anderswo nicht leicht fand[1886]. In einem solchen Tempel dürfte die Kunde von babylonischen Geburtsomina vorhanden gewesen sein,[1887] und ein gedankenreicher, entsprechend fachkundiger Priester hätte hier die Musse finden können, ein neuartiges System von Entsprechungen zu entwerfen. Wichtige Bedingung war dafür aber die Möglichkeit, den sogenannten „Aszendenten" (horoskopos), den an einem Ort zu einem Zeitpunkt aufgehenden Grad des Tierkreises zu bestimmen. Dazu musste man die je nach geographischer Lage unterschiedlichen Aufgangsgeschwindigkeiten der einzelnen Tierkreiszeichen kennen – der Tierkreis, der sich in Ägypten schnell verbreitete,[1888] ist zweifellos babylonischer Herkunft und wurde zu einem wichtigen Element der Gliederung der Zeit, und dies vorab in der Astrologie. Sehr vermutlich wurde hierfür eine neue Technik zur Berechnung der Aufgangszeiten, welche Hypsikles in Alexandria im 2. Jahrhundert v. Chr. publiziert hat, besonders relevant.[1889]

[1879] Generell zur Astronomie in Ägypten BROWN 2018, 64ff.; QUACK 2018, 69-78.

[1880] 2013, 28f.; 33f.; WINKLER 2021, 125ff.

[1881] WINKLER 2011, 147-150.

[1882] Ebd. 151-223.

[1883] WINKLER 2021, 114-125.

[1884] BOHLEKE 1996, 35 meinte, dass „in the cosmopolitan, ethnically diverse Fayum the temple libraries, which conserved and generated many genres of literary and scientific writings, counted astrology among the spheres of knowledge taught to young scribes."

[1885] WINKLER 2021, 97

[1886] Ebd. 101f.

[1887] Zur These, dass babylonisches Wissen über Ägypten (d. h. Tempel- oder Priester-Wissenschaft) zu den Griechen gelangte QUACK 2018, 109; WINKLER 2021, 103 A 72.

[1888] WINKLER ebd. 91f.

[1889] FRASER 1972, 435ff. (mit dem Hinweis, dass Hypsikles für astrologischen Bedarf gearbeitet habe); HEILEN 2015, 554; MANITIUS 1888; NEUGEBAUER (in DE FALCO/KRAUSE 1966, 5-22) – die Datierbarkeit von des Hypsikles Schrift „Anaphorikos" ist für die Datierung des NP-Textes zentral.

Natürlich gäbe es für dieses alexandrinische Element und für andere eindeutig griechische Züge dieser Astrologie den eleganten Ausweg, mit Stefan Heilen „NP" als einen gelehrten Griechen anzunehmen, der seinerseits schon ägyptische Vorläufer benutzt hätte.[1890] Das erscheint durchaus plausibel; ich halte es für etwas wahrscheinlicher, dass ein gebildeter (Semi-?)Ägypter sich griechische Theorie und den fortgeschrittenen Stil ihrer *physis*-Rationalität aneignete, als dass ein Grieche sich durch eine traditionell ägyptische Semantisierung der Zeit hätte innovativ bewegen lassen, es sei denn, er fand das systematisch Entscheidende dort schon vor. Wie auch immer: Da die Berechnung von saisonal sich verändernden Taglängen mit entsprechenden Listen ebenfalls zur Zeitmessung in ägyptischen Tempeln und damit zum Aufgabenbereich von Priestern gehört haben muss,[1891] war eine 'alexandrinische' Rationalisierung solcher Berechnung, die auch der Berechnung der Aufgangszeiten der Zeichen zugrunde lag, für jeden entsprechend interessierten Priester ein relevantes Wissen. Hier zeigte sich die Möglichkeit, auf moderne astronomisch-geographische Methoden der Welt-Rationalisierung zurückzugreifen, und solche Möglichkeit war für die neue Astrologie offenbar Bedingung. Entsprechende Methodik verschaffte eine neue astronomische Durchsichtigkeit von Lokalität im zeitlichen Verlauf. Man konnte nun für jeden Ort zeitlich die Phasen der Himmelsrotation nach der Masseinheit der Tierkreisgrade abgrenzen. Das erlaubte es auch, Stunden astronomisch exakt zu illustrieren, sie als zodiakale Relation zu definieren und in solcher 'Relationalität' die systematisch raffinierte Semantik der Zeitlichkeit zu entwickeln, welche die Horoskop-Astrologie ausmacht. – Zu betonen ist also die Wichtigkeit von Alexandria, die Präsenz einer entscheidenden griechischen Zentrale der Welt-Rationalisierung mit ihrer damals charakteristischen Physiko-Theologie im Horizont indigen ägyptischer Tempelwissenschaft. – Bei aller vorhandenen kulturellen Distanz muss man übrigens nicht annehmen, dass gebildeten Ägyptern der Zugang zur Bibliothek von Alexandria und darin eben z. B. zu des Hypsikles Schrift über die Aufgangszeiten verwehrt oder erschwert gewesen wäre.[1892] Ägypter, jedenfalls wenn sie gehobeneren Standes waren, müssten ebenso wie Juden in Alexandria in dieser Zeit auch Zugang zu „*academic methods developed in the Museum*" gehabt haben.[1893]

Die Fusion von Griechischem und Ägyptischem (mit mesopotamischem Hintergrund) ist mit den greifbaren Quellen nur schwer zu veranschaulichen und als 'Aktion' oder Ereignis zu historisieren; das Auftauchen der astrologischen Literatur bezeugt aber, dass sie stattgefunden haben muss. Wenn wir einen Priester hierbei als Ereignisträger und im pseudonymen Autorsubjekt bezeugten Akteur supponieren, dann wird auch die Situation der sozialen Gruppe dieser Priester in spätptolemäischer Zeit für uns bedeutsam. Da aus den prosopographischen Zeugnissen jener Zeit[1894] nur wenig an Erkenntnis darüber zu gewinnen ist, was solche Leute – oder was vielleicht ein etwas atypischer Einzelner unter ihnen – zur Systematisierung des Geburtshoroskops bewogen haben mag, werden auch indirekte Zeugnisse wichtig. So die erzählende demotische

---

[1890] HEILEN ebd. 555 mit A 891 zum Fragment aus Hephaistion (1,23), welches laut PINGREE u. a. „*Aristotelian physical theories*" voraussetze.
[1891] SAUNERON 2000, 152f.
[1892] Siehe BÄBLER 2021, 26.
[1893] RÜGGEMEIER 2021, XXII.
[1894] GORRE 2009.

Literatur,[1895] von der man annehmen kann, dass sie hauptsächlich von Priestern, die der entsprechenden Schrift kundig waren und Zugang zur Überlieferung hatten, für einen Leserkreis weitergegeben wurde, der wohl auch hauptsächlich aus Priestern bestand.[1896] Man kann daher vielleicht dieser Literatur einige Hinweise zum 'mentalen Horizont' jener Kreise entnehmen, in denen sich unser präsumptiver 'Erfinder der Astrologie' bewegt haben muss. So steht fest, dass die oft märchenhaften Geschichten, die so beliebt waren, dass sie abgeschrieben und erzählt wurden, gerne oder gar durchgehend in einer Zeit angesiedelt waren, in der es 'indigene' Pharaonen gab,[1897] also in einer Welt, deren Kultur durch koloniale Fremdeinwirkung noch unbehelligt gewesen war. Das war die Atmosphäre einer intakten Weltlichkeit, die durch den Pharao und seine Nähe zu und Verwandtschaft mit den Göttern garantiert und durch den alltäglichen Dienst der Priester in Stand gehalten wurde.[1898]

Was hier zum Beispiel auffällt, ist die Möglichkeit, in diesen Erzählungen vertraute Elemente des realen Priester-Alltags, wie den Kampf um Sinekuren, in mythischen oder märchenhaften Dimensionen zu spiegeln.[1899] Ganz häufig, und wohl auch traditionell, ist der Typus eines Priesters mit bedeutenden magischen Fähigkeiten, welche auch die Potenz einbegreifen, das Verborgene zu sehen und zu erkennen, ja sogar die Worte zu verstehen, welche die Götter untereinander sprechen,[1900] die Kunst, mit Tieren zu sprechen und diese zu verstehen[1901] und gar die Unterwelt zu kennen und das Schicksal von Verstorbenen zu wissen[1902]. Da ist es nicht erstaunlich, dass Petese, eine legendäre Priesterfigur, ein astrologisches Buch herausgibt, das eigentlich vom weisen Imhotep geschrieben wurde,[1903] womit er wie der Inbegriff des wissenden Gegenübers zu einer wesentlich 'lesbaren' Welt aussieht. Petese soll auch den Ägypten bereisenden Platon instruiert haben[1904] – denn was ist die Ideenlehre anderes als das Postulat einer wesens- und weltformenden Potenz, die sich in den Begriffen und Dingen als das nur dem Wissenden Sichtbare verbirgt?

Das Wissen, das die romantischen Akteure eines priesterlichen Heldentums erwerben, ist nicht bloss ein gerne in abseitig versteckten Büchern verborgenes,[1905] sondern es ist oft geradezu ein den Menschen verbotenes und die Ordnung gefährdendes, zu welchem jeder Zugang ohne göttliche Erlaubnis strafbar[1906] ist. Diese Priester-Figuren

---

[1895] DIELEMAN/ MOYER 2010; QUACK 2009; jetzt in Übersetzung zugänglich bei HOFFMANN/QUACK 2018. ESCOLANO-POVEDA 2020, 13-84.

[1896] DIELEMAN/MOYER ebd. 434.

[1897] Ebd. 436.

[1898] Laut dem (ptolemäischen) Papyrus Jumilhac (von BAINES 2004, 41 als „propaganda text" bezeichnet) heisst es, dass „if offerings were not made to the gods and proper forms observed, the order of the Egyptian world – in indigenous perspective the world as such – would be destroyed." (BAINES ebd.).

[1899] ESCOLANO-POVEDA 2020, 18f.; QUACK 2009, 61ff.

[1900] ESCOLANO-POVEDA ebd. 24.

[1901] Ebd. 75.

[1902] Ebd. 64f.

[1903] Ebd. 33f.; QUACK/RYHOLT 2019.

[1904] AUFRÈRE/MARGANNE 2019, 506.

[1905] ESCOLANO-POVEDA ebd. 25: Vgl. SAUNERON 2000, 48, wonach zur priesterlichen Initiation auch das Mitteilen geheimer Formeln, vielleicht magischer Art, gehört haben muss.

[1906] ESCOLANO-POVEDA ebd. 35.

lassen somit eine durchaus „faustische" Vermessenheit des Erkenntnisdrangs erkennen,[1907] wobei strukturell eine *„connection of priestly characters with libraries and bibliographic knowledge"*[1908] erkennbar wird.

Die Imago des vermessen omnipotenten Zauberers hat offensichtlich eine soziale Funktion, denn in den märchenhaften Erzählungen rettet der Magier-Priester durch seine Kunst Ägypten, und zwar gegen auswärtige Feinde, die sich selber potenter Zauberer bedienen: In der Geschichte Setne II ist Si-Osiris *„actually the magician Horus son of Paneshe, who had returned to earth in order to save Egypt from the attack of the Nubian sorcerer Horus son of the Nubian woman"*.[1909] Im Bilde magischer Priester-Potenz erweist sich die Überlegenheit ägyptischer Magie etwa über nubische oder assyrische; so muss ein durch nubische Wachs-Männer, geformt vom mächtigen Zauberer, entführter Pharao durch ebensolche Kreationen ägyptischer Magie zurückgeholt werden:[1910] Es ist bedeutsam, dass somit der Priester den König, den er ja eigentlich bloss kultisch vertritt, retten muss. Er ist der eigentliche Held,[1911] der für die politische Schwäche, für die gerade im magischen Angriff zutage tretende Wehrlosigkeit des Pharao, aufzukommen hat.

Diese Geschichten sind auch im Zeitraum der Erfindung des Horoskop-Formulars im priesterlichen Milieu geschätzt und jedenfalls nicht verschmäht worden; sie transportierten die Imago magischer Priestermacht in einer Zeit, in der die ägyptische Dynastie gewiss kein heroisches Bild abgab, ihre ausserägyptischen Gebiete verlor und den Riesenschatten Roms wachsen sah,[1912] der am Tag von Eleusis in Gestalt eines römischen Beamten (168 v. Chr.)[1913] um den Seleukidenkönig auf ägyptischem Boden einen magischen Zirkel in den Sand zeichnete, der diesen König – der Ptolemäer zählte schon nicht mehr – offensichtlich bannte. Die einst weltbestimmende Potenz Ägyptens, seine alte magische Mächtigkeit, war dahin. Mit Rom war nun die entscheidende Weltmacht eine ferne Instanz, die etwa so unangreifbar schien wie die Sterne am Himmel. War also die Beliebtheit von Geschichten mächtigen Priesterzaubers zu jener Zeit auch Symptom einer Ohnmachtserfahrung, d. h. des Umgangs mit ihr? Und könnte das am Ende auch für die Erfindung der Astrologie gelten? Im letzteren Fall wäre im Herzen der Ohnmacht die Idee einer Übermacht des fatalen Kosmos entstanden, der seinerseits der ungreifbar überlegenen imperialen Supermacht noch weit und unantastbar überlegen war. In der 'physikalistisch' rationalisierten Fassung dieser kosmischen Fatalität hätte ein Unterlegener die Waffe der Siegreichen sich zu eigen gemacht, nämlich die Naturalisierung als Rationalisierung der Welt, deren notorische und öffentliche Plausibilität auch von den technologisch Überlegenen nicht in Frage gestellt werden konnte. Der wissende Kenner eines Systems von Entsprechungen und Zuordnungen wusste die Umschwünge des Geschicks auch der Mächtigsten zu berechnen, denn er

---

[1907] Ebd. 52 *„thirst for knowledge"* (am Beispiel von Setne und Naneferkaptah als grenzenlos und unfromm kenntlich).

[1908] Ebd. 51.

[1909] Ebd. 61.

[1910] Ebd. 68.

[1911] Ebd. 72f. zum Papyrus Vandier, wo der kranke König von einem jungen Priester gerettet werden muss. Dieser geht in die Unterwelt, verkehrt mit der Göttin Hathor etc.

[1912] Zur Krise HÖLBL 1994, 111-269; PFEIFFER 2017, 112-192 HUSS 2001, 473-670.

[1913] BLASIUS 2011, 162 (mit A 5 zu den Quellen).

kannte die Namen der Mächte, welche die Stunden, Jahre und Monate beherrschen. War nicht auch er ein priesterlicher Mensch, der für die Schwäche des indigenen Königs, an dem ja der ordentliche Verlauf der Welt hing, idealerweise einzuspringen hatte? – Wenn uns die offenbar beliebten Geschichten von magisch unbezwingbarer Findigkeit von Priestern auch an das Problem der Identität und der sozialen Rolle in einer niemals eindeutigen Welt in dieser Priesterschaft oder genereller: in den indigenen Eliten erinnern können, dann müsste sich ebenfalls fragen lassen, ob nicht auch unser NP-Autor eine neue „Identität" als Priester, ob er nicht, wie man heute formulieren würde, auch sich selbst als Priester 'neu erfunden' hätte?

Wir kennen den Typus des potenten Zauberers auch aus unserer Literatur, aus E. T. A. Hoffmann etwa, wo vielleicht der „Archivarius Lindhorst" aus dem „Goldenen Topf" der bekannteste ist. Man kann auch an den „Doktor Prosper Alpanus" in „Klein Zaches" denken, oder an den Orgelbauer Abraham im „Kater Murr". Der findige Mann, der im Falle des Archivarius auch ein Salamander ist und aus der Urzeit der Welt stammt, hilft jeweilen dem Helden zu seinem Leben und seiner Liebe in einer Welt, die von widrigen Mächten bedroht wird: In der Erzählung „Das fremde Kind" will sogar ein Gnom, der auch eine riesige Fliege ist, die Welt mit pedantisch freudlosem Fliegenexkrement punktieren, sie in ein schulheftmässig kariertes Schwarzweiss umformatieren. Der potente Zauberer, in seiner Tier-Nähe der Welt und ihrem Urzustand magisch verbunden, übt in den Erzählungen die königlich-paternitäre Funktion des Welt-Gewährens aus. Und die magisch souveränen, oft auch skurrilen, stets aber überzeugend scharfsinnigen Figuren potent-origineller Männlichkeit mögen bei Hoffmann auch einen biographisch bekannten Mangel an erfahrener 'überzeugender Väterlichkeit' ersetzt haben.

Das ist als psychologische Motivsuche aus historisch erschlossener Zeit natürlich höchstens metaphorisch auf die Frage nach Motivierendem in einem ganz anderen mentalen Horizont übertragbar, wobei man anfügen darf, dass zuweilen auch modernen Motiven noch Ägyptisches zugrunde liegt, und gerade dort, wo es ums Zaubern geht, wie in der bis heute populären Geschichte vom „Zauberlehrling"[1914]. Dass sich in der neuen Horoskop-Astrologie offenbar von Anfang an das 'Sentiment' siegreich rationaler („*ratio omnia vincit*"!) Überlegenheit Ausdruck verschaffte, lässt sich immerhin behaupten. Der NP-Autor gebraucht als Neologismus das Wort „*ouranobatein*", er „beschreitet" mit seinem Wissen den Himmel[1915], und als solcher 'Himmelsbeschreiter' blickt er wie Jean Paul „vom Weltgebäude herab"[1916] auf die käferköpfig weit unter ihm wühlenden Menschen, die in den Fesseln eherner Festlegungen durchs Leben getrieben werden, Festlegungen, die sie nicht kennen, er aber schon. Dass das astrologische Verhältnis von himmlischer Omnipotenz zu intramundaner Existenz ganz ohne Vermittler auskommt, ist hier noch einmal zu betonen, denn zwischen beidem steht nur der Interpret, da es zu einem Himmel, der aus physikalischen Körpern mit nachträglich 'metaphysisch' eingeschriebener Göttlichkeit besteht, kein kultisch relevantes Verhältnis und daher mit ihm auch keinen rituellen Austausch geben kann. Vermutlich antwortet auch die theoretisch gewagte, divinatorisch innovative Kreation

---

[1914] Nach Lukian, Der Lügenfreund 34-6.
[1915] Vett. Val. VI 1,9.
[1916] Jean Paul, Rede des toten Christus von Weltgebäude herab, dass kein Gott sei (Siebenkäs, Erstes Blumenstück).

dieser Astrologie auf einen erfahrenen Mangel. Die unausweichliche Weltlichkeit des Horoskops könnte einen drohenden Weltverlust auffangen und die erfahrene Schwäche oder Belanglosigkeit der königlichen Macht kompensieren, nämlich deren Unfähigkeit, die Welt als primäre Ordnungspotenz für die menschliche Existenz zu garantieren.

Das gälte dann allerdings nur mit einer bedeutenden Einschränkung: Der Astrologe, und damit jene priesterlich-exegetische Autorität, die massgeblich durch die NP-Autorschaft 'erfunden' wurde, hat offensichtlich kein 'nationales' Amt, sein Wissen ist nicht das Rettende für Ägypten, es bezieht sich nicht auf die Gesellschaft wie das königliche, in dessen Rahmen ein Priester Stellung und Prestige erhält und damit auch eine strikt definierte Rolle, die sich sogar auf seine Erscheinung auswirken musste[1917]. Das neu formulierte Ordnungswissen, ein Wissen um die göttliche Ordnung der Welt, kann sich als Astrologie nicht auf die eigene Gesellschaft beziehen. Nicht auf das Kollektiv, dem der Priester als Ägypter, was immer nun genau seine ethnische Herkunft sein mochte, angehört. Es ist deshalb plausibel, dass es sich auf eine universalere 'Grösse' jenseits von sozialer wie politischer Identität beziehen muss, eine Grösse, die soziopolitisch und kulturell gar nicht zu definieren wäre.

Der Hinweis auf die Fähigkeit ägyptischer Eliten, auch ihnen Fremdes zu assimilieren, würde aber nicht ausreichen, um eine Konstruktion wie die Astrologie plausibel erscheinen zu lassen, wo in ihr ja der Königsbezug für das Funktionieren der Ordnung der Welt belanglos werden muss. Wie immer und über welche Zwischen-Stufen die Entwicklung des Horoskops zustande kam, sie scheint, da nicht aus sozialer Bewegtheit heraus verständlich, wesentlich ein individuelles Handeln gewesen zu sein und setzt damit ein gewisses Mass an Distanz auch zur eigenen kulturellen Herkunft voraus. Das gilt auch dann, wenn man solche Herkunft grundsätzlich als „hybrid" bezeichnen will,[1918] denn auch als solche kann sie Verhalten und Wahrnehmen determinieren. – Ein solcher hier supponierter Akt ist schwierig zu 'historisieren', weil „Geschichte" in kollektiv-kulturellen Räumen zur Erscheinung wird. Zwar realisiert sich Geschichte in Singularitäten wie Ereignissen, aber der Sinnzusammenhang, das historisch Intelligible, kann nur kollektiv fassbar werden. Deshalb spielt ja z. B. die Soziologie methodisch in der aktuellen Historiographie eine gewichtige Rolle, während Psychologie in der fachhistorischen Methodik kaum, oder höchstens als 'Massenpsychologie', eine Rolle spielen kann. Einzelnes vertritt hier stets das Verallgemeinerbare, steht immer im Licht einer machtfähigen Gruppe, die sich historisch agierend zum „Staat" formiert, weil in ihm die organisierte Grösse und Gewaltigkeit des Menschlichen zur Erscheinung kommt, welche schon die ersten „Historiker" so faszinierte. In solchem Rahmen könnte die Erfindung des Horoskops als der originelle Akt eines Einzelnen höchstens noch indirekt fassbar werden, nämlich als Rezeptionsspur in einer sich in der Folge herausbildenden Literatur astrologischer Handbücher und einer Praxis der 'Horoskop-Industrie', die auch einige Spuren hinterlassen hat. Doch ist es strenggenommen nicht zulässig, die Sache selbst, also den originären Akt, aus seiner Rezeption herzuleiten oder ihn gar durch sie begründen zu wollen. Denn darin wäre ja die Kontingenz unterschlagen, dass es diese Horoskop-Astrologie gar nicht zwingend geben musste.

[1917] Etwa die Rasur aller Körperbehaarung (SAUNERON 2000, 37).
[1918] S. o. 253f. zu Bhaba.

Ein geeigneter sozio-kultureller Horizont für die gesuchte Innovation könnte den Akt immerhin als plausibel, als denkbar in einem Ensemble von Erzählbarkeiten über die Vergangenheit erscheinen lassen. Hier fehlt uns vielleicht der nachvollziehbare Begriff einer Bi- oder Multi-Kulturalität, die systematisch eine überkulturelle Identität fataler und kosmischer Bestimmung zur Singularität entwerfen konnte.

Dabei lässt sich die äussere Lage der Welt, in der diese Astrologie kreiert worden sein muss, noch am besten beschreiben: Das zweite Jahrhundert v. Chr. ist „historisch" vergleichsweise hell, es lässt sich erzählen als progressiver Abstieg der hellenistischen, insbeondere der ptolemäischen Königsmacht und gleichzeitiger Aufstieg Roms zur ersten Weltmacht, die sich auch explizit als globale inszenierte und verstand. Zusätzlich zu äusserem militärischen Druck durch die Rivalität anderer hellenistischer Königshäuser, die nach Alexander allesamt im Glanz des Siegerglücks erscheinen mussten, hatte der Ptolemäerstaat mit inneren Aufständen von indigenen Ägyptern zu kämpfen und vor allem mit massiven Problemen dynastischer Art. Die Thronfolge, oder besser das Verhältnis des unbestrittenen dynastischen Anspruchs zu der realen Erscheinungsform der beanspruchten Macht, war seit dem Tode des Ptolemaios IV., als ein unmündiger Knabe als Herrscher dastand, notorisch umstritten Dabei spielten auch die Frauen des Königshauses, die bis zum Schluss oft Kleopatra hiessen, eine dramatische Rolle. Das alles ist heute bei aller Limitation des Wissbaren aus ferner Zeit in immer lesbareren Erzählungen nachvollziehbar, wobei sich, der Quellenlage und der Orientierung der Erzählungen wegen, das erzählte Drama vorab als Folge von Staatsaktionen, Feldzügen, Intrigen der Macht, also von Siegen und Niederlagen sowie von kulturell expressiv gewordener Reflexion, dank Quellenfunden manchmal auch aus 'inoffiziellen' Sphären,[1919] darstellen muss.[1920] Für unser Erkenntnisinteresse ist aber die Erzählung über die Krise der ptolemäischen Reichsmacht, die mit der Provinzialisierung Ägyptens durch Rom endete, ein zu grosser Mantel oder Rahmen, zumal dabei vieles, wie es sich für historische Reflexion gehört, bestritten werden kann, zum Beispiel die Einordnung von apokalyptischen ägyptischen Texten wie dem „Töpferorakel" oder dem „Lamm des Bockhoris". Diese wurden als Expression von indigener Krisenerfahrung im 2. Jahrhundert, als der Seleukidenkönig schon in Ägypten stand, interpretiert,[1921] sind aber vielleicht gar nicht in diesem konkreten Zusammenhang entstanden[1922].

Unbestritten als Rahmen und seit Polybios vielfach bezeugt und bestätigt ist im zweiten Jahrhundert das anwachsende ägyptische Element[1923] in dem Einflussbereich des

[1919] Ein Überblick zu demotischen Quellen dazu bei HOFFMANN 2000.

[1920] Ausführlich und als Referenz unverzichtbar zur Ptolemäergeschichte ist HUSS 2001; schwer zu überbieten als Gesamtdarstellung ist HÖLBL 1992; gut lesbar ist PFEIFFER 2017. Zu den Aufständen VEÏSSE 2004; zur Krise BLASIUS/SCHIPPER 2002; JÖRDENS/QUACK 2011. Die zweifellos zunehmende Kenntnis von Teilen der Alltagswirklichkeit im ptolemäischen Ägypten ist für die hier vorliegende 'Entstehungs'-Frage noch wenig ergiebig, denn die Veralltäglichung von Astrologie ist später und auch nur indirekt bezeugt. Und über die 'Psychologie' innerhalb einer multikulturellen Gesellschaft in der Antike gibt es nur Mutmassungen.

[1921] KOENEN 2002; THISSEN 2002.

[1922] Siehe dazu die Kritik von QUACK 2011.

[1923] Diese zunehmende Sichtbarkeit des Ägyptischen im griechischen Bereich zeigte sich auch in der Kunst: *„Griechische Werke wurden mit einem ägyptischen Touch versehen, und in ägyptische Arbeiten drangen griechische Elemente ein. Der griechisch-ägyptische 'Misch-Stil', der in einem*

politisch und kulturell führenden Griechentums, das die militärisch-technologisch siegreiche Elite[1924] der sogenannt „hellenistischen" Welt stellte. Dieser Rahmen ist für ein hybrides Gebilde wie die Astrologie ohne weiteres plausibel. Auch die in Aufständen greifbaren Spannungen zwischen hellenistischer Zentrale und Teilen der indigen traditionellen Welt, wie in Theben, wo sich eine Weile lang Gegenkönige hielten,[1925] könnten das Interesse an einer Theorie fataler Determination jenseits des Zugriffs aktueller politischer Macht begründen: Im Mittelalter sind öfter astrologische Berechnungen zu Prognosen verwendet worden, die den Trägern der Macht Katastrophenhorizonte und den Ohnmächtigen revolutionäre Aussichten eröffnet haben.[1926] Für das damalige Ägypten konnte auch schon auf „deprived priestly circles" als Urheber oder Zielpublikum von Texten wie dem „Töpferorakel" mit seinem negativen Bild von Alexandria verwiesen werden. Gemeint waren Kreise, die durch neue, herrschertreue Priesterfamilien ersetzt oder durch 'charakterlose' Mitläufer überholt worden waren.[1927] Zu den 'Horoskop-Erfindern' könnte das insofern passen, als sie eben nachweislich einen Weltbezug systematisieren, der ohne Könige auskommt. Mit dem Glanz der Ptolemaier hat diese Astrologie nie etwas zu tun gehabt; auch in der letzten Zeit ist es nicht Kleopatra, sondern der Usurpator eines noch nicht vorhandenen Thrones Augustus gewesen, der sich mit einem Horoskop legitimierte.

Spuren eines Krisenhorizonts, der vermutlich auch motivierendes Empfindungsleben beeinflussen musste, finden wir im Bereich der ersten Astrologie in direkter Form nicht.[1928] Es sei denn, wir nehmen das Nechepso-und-Petosiris-Pseudonym als Manifest revolutionär-indigener Ambition. Dabei gibt es aber auch Zeitzeugen in anständig überlieferter Form, die auch die uns interessierende Krise reflektiert haben, wie Polybios, welcher ein Zeitgenosse 'unseres' supponierten Autor-Phantoms gewesen sein müsste. Dieser Zeuge steht kulturell als Grieche 'auf der anderen Seite', doch hatte er sich immerhin in der Nachfolge eines thukydideischen Wirklichkeitspathos ernsthaft um Askese im Urteil zu bemühen. Dass ihn der kulturell elitäre Dünkel seiner Schicht und seine Herkunft aus einer politisch aktiven und einflussreichen Familie daran gehindert haben muss, den Intentionen und Möglichkeiten von ambitionierten Ägyptern gerecht zu

---

nicht unbeträchtlichen Mass die Kunst der folgenden Zeit charakterisieren sollte, war geboren." (Huss 2001, 451).

[1924] Das Militär war ein gewichtiges Vehikel sozialen Aufstiegs und damit auch interkultureller Dynamik im ptolemäischen Ägypten (Fischer-Bovet 2014).

[1925] Veïsse 2004, 228-244.

[1926] Dazu nur etwa Zambelli 1986; Bignami-Odier 1952; Smoller 1994.

[1927] Honigman 2021, 128.

[1928] Oder höchstens in der Form einer nachträglichen Prognose, wie in einem dem NP-Autor zugeschriebenen Fragment: „Wenn aber von Osten her die Finsternis der Sonne oder des Mondes entsteht, wird es Mordtaten geben in Syrien, und der, der über Ägypten herrscht und (der, der) über Syrien herrscht, entzweien sich untereinander (und) werden nach einem Jahr und sechs Monaten beide übel zugrunde gehen." (CCAG VII, p. 133 Z. 13-20; Übers. Blasius; zit. nach Blasius 2011, 184). – Das tönt eher nach Krisenbewältigung durch Überlegenheit im 'babylonischen Stil': dem historisch komplexen Geschehen wird die bestimmte Konstellation einer Finsternis als Ursache und Plausibilität zugrunde gelegt. Die Krise wird zu einer idealerweise berechenbaren Fatalität in einem durchaus anti-historischen Horizont, der allein in der Demontage politisch-autonomer Potenz zum Ausdruck kommt (wobei eine politisch autonome Potenz des Menschlichen weder in Mesopotamien noch in Ägypten vertraut war).

werden oder sich auch nur dafür ernsthaft zu interessieren,[1929] ist plausibel, und man rät daher gegenüber seinen Erzählungen über die ptolemäischen Verhältnisse, die er persönlich gut kannte[1930], zu Skepsis.[1931] Aber er kann trotzdem als Zeitgenosse der Entstehung eines sich abzeichnenden politischen Ausgriffs über die ganze bekannte Oikumene zum Zeugen werden für eine neue Wahrnehmbarkeit der Welt gerade im Rahmen der neuen 'weltimperialen' Potenz Roms, die auch für das ptolemäisch regierte Ägypten im zweiten Jahrhundert als neue politische und für Polybios auch „historische" Bedingung greifbar werden musste.

Denn Polybios hat die berühmte Passage geschrieben, nach welcher mit der in seiner Gegenwart sich realisierenden Vormacht Roms über die bekannte Welt nun das Unabsehbare interhumaner Ereignisketten zum Bestandteil *einer* grossen Erzählbarkeit geworden sei. Polybios hätte nach aktuellem Jargon das umgreifende „Meisternarrativ" einer „Weltgeschichte" postuliert und es in dem aktuellen Geschehen der militärisch-politisch sich realisierenden Supermacht Roms verankert: Alle Erzählbarkeit über die sich erscheinend spiegelnde Grösse des Menschlichen hatte nun einen einzigen Körper und auch ein Ziel erhalten (I 3,4-4,2); die Beherrschung der Schauplätze, die für Polybios zählten, liessen Rom als die historisch weltgewährende Macht erscheinen. Und wenn die Geschichte (*ten historian*) jetzt „körperhaft" zur einen geworden sei, ist anzunehmen, dass die neue korporeale Basis einer neuen Weltgeschichte eben die Welt und damit Geschichte so global geworden wäre, wie der imperiale Anspruch Roms, der alsbald anfing, den Sphären-Globus als Zeichen seiner Herrschaft[1932] zu verwenden. Der Globus erschien als das geeignete Symbol entfesseltenr menschlicher Expansion,[1933] für eine Allmacht der Geschichte, die lediglich durch die Ränder der Welt begrenzt werden kann – und er war und ist daher auch ein Symbol der Welt- und Grenzenlosigkeit autonomer Kollektive und ihrer expansiven Unruhe, wie sie bereits Herodot, als *hybris*, beschrieb.[1934]

Nun ist das Auftauchen einer neuen 'Globalität' von Macht in hellenistischer Zeit nicht zu trennen von der neuen, geographisch schrittweise ausgearbeiteten, erkundeten und erwiesenen[1935], „Globalität" als Kugelsphärenform der Welt. Diese theoretische Globalisierung der Welt als geographische Kartographierung auf der Basis des astronomischen Sphärenmodells war zur Zeit des Polybios noch im Fluss,[1936] und Polybios selber, der in der Geschichte antiker Geographie durchaus eine Rolle spielte,[1937] konnte die Erfahrung machen, wie nach dem Ende des „punischen Banns" über den Westen der Oikumene neue Bereiche für die rationalisierende Wahrnehmung zugänglich

---

[1929] WALBANK 2002, 67 (Polybios habe „*the growth in Egyptian influence*" gar nicht wahrgenommen bzw. kommentiert).
[1930] WALBANK ebd. 53-69.
[1931] Siehe nur die generelle Kritik bei PFEIFFER (2017, 100ff.).
[1932] SCHMID 2016, 543; 2005, 248f.; 305; 2017, bes. 293ff.
[1933] Er war, als geometrisch ausgearbeitete Rationalisierung, auch ein Beleg für den etwa bei GEHRKE (2007, 22f.) schon im babylonischen Bereich postulierten Zusammenhang von Geometrisierung und Weltherrschaft, d. h. auch: von Rationalisierung als Ordnen des verfügbar Gewordenen.
[1934] SCHMID 2016, 522.
[1935] Eratosthenes sammelte in Alexandria schon im 3. Jhdt. v. Chr. alle Belege für die Sphärizität der Welt (OLSHAUSEN 2007, 108; GEUS 2007, 119).
[1936] WALBANK 2002, 47.
[1937] ABEL 1974, 1062ff.

wurden, welche man zuvor als *terra incognita* noch mit Fabelwesen bevölkert hatte.[1938] – So gesehen war auch der Ausgriff Roms ein Sieg über mythische Räume, da er neue Zugänglichkeit schuf, ein Ausgreifen der Rationalität, welche die autonomen Kollektive auszeichnete.[1939] Schon Alexander hatte ja auf seinem Eroberungszug „Bematisten"[1940] mitgeführt, zur Vermessung der im Ausgriff erkundeten Welt, und ihre Berichte lagen dem späteren Chefbibliothekar von Alexandria, Eratosthenes, zusammen mit anderen Reiseberichten vor.[1941]

Alexandria wurde zum Zentrum der theoretischen Globalisierung der Welt als geographisch-astronomischer Rationalisierung.[1942] Ihr entsprachen diverse Methoden der Einteilung zwecks Lokalisierung von Ortschaft auf der Oberfläche der Sphäre. Das war die Basis unserer Längen- und Breitengrade, die vorab von Eratosthenes, Hipparch, Marinos von Tyros und Ptolemaios entwickelt worden sind. Dabei war man sich im Klaren, dass die „Oikumene", die bekannte bewohnte Welt, räumlich nur einen Teil auf dem Erdglobus einnahm; ja der Oikumene-Begriff setzt offenbar die Globus-Konzeption voraus, wobei der Umfang des Globus von Eratosthenes schon ziemlich genau berechnet worden war:[1943] Weil aber *„die Region, in der die Griechen lebten, nur einen Teil der Welt darstellte […] benötigten sie einen neuen Begriff, um den bekannten Teil von dem unbekannten Teil der Erde zu unterscheiden. Sie fanden ihn in der Neuschöpfung Oikumene, d. h. 'bewohnte Erde'."*[1944] Dabei hat schon Eratosthenes den Globus für ringsum bewohnt gehalten.[1945]

Für die astrologische Praxis unverzichtbar war nach den Quellen die rudimentäre Einteilung der Oikumene in „Klimazonen", was in etwa unserem Konzept der geographischen Breite entspricht.[1946] Diese wurden schon früh über die Berechnung

---

[1938] WALBANK ebd. 35; GEUS 2007, 122: Eratosthenes hatte wegen der Karthager noch kaum Kenntnisse über den iberischen Raum.

[1939] Die Welt wurde auch kulturgeographisch, d. h. ethnographisch-historisch vermessen. Es gab etwa Reiseberichte von Megasthenes, Deinarchos und Dionysios, die alle *„als Gesandte der hellenistischen Königshäuser wertvolle Informationen über Indien zusammengetragen"* hatten (GEUS ebd. 121). – D. h. Rom hat nur die 'Verfügbarmachung der Welt' der hellenistischen Monarchien weitergeführt.

[1940] RATHMANN 2007, 89f.

[1941] GEUS 2007, 113f. Zum Zusammenhang von Kartographie und Eroberung siehe auch DORSCH/SCHRÖDER 2017, 333: *„mapping and empire-building seem to be intrinsically linked with one another. In this vein, historians of cartography have pointed to 'Empire' as 'a cartographic construction'"*.

[1942] WALBANK 2002, 45ff.; OLSHAUSEN 2007; GEUS 2007; HONIGMANN 1929; BERGGREN/JONES 2000 (zu Ptolemaios, dem gedanklichen Vollender dieser 'Globalität' der Welt). – Laut GEUS (ebd. 112) dürfte Eratosthenes auch das Wort „Geographie" 'erfunden' haben.

[1943] OLSHAUSEN 2007, 108ff.

[1944] GEUS 2007, 113.

[1945] Ebd. 119.

[1946] Zu den Zonen ABEL 1974; HONIGMANN 1929, 3; wobei HONIGMANN (ebd. 41) zurecht festhalten konnte: *„Die Astrologie war daher* [scil. wegen der Berechnung des aufsteigenden Grades] *darauf angewiesen, sich mit geographischen Dingen auseinanderzusetzen, und speziell die Breitentafeln waren für sie wichtig."* – Jedes Horoskop setzt geographische Kenntnisse voraus.

der wechselnden Taglängen (des längsten Tages)[1947] bestimmt. Da nun die irdischen Klimata und Lokalitäten überhaupt bei der astronomischen Basis der Erdsphärizität zu den Himmelkreisen in Beziehung gesetzt und anhand von kulminierenden Sternbildern und der Dauer des längsten Tages definiert werden mussten,[1948] ergab sich hier wie für die Astrologie das Problem einer möglichst genauen Zeitbestimmung. So sei *„the lack of exact chronometers"* ein Hindernis für Hipparchs Methode der exakten Bestimmung der Längengrade gewesen.[1949] Denn die Sphärizität des Erd-Raumes entsprach im hier vorliegenden griechischen Zweisphärenmodell[1950] der Sphärizität des himmlischen *periechon*, also des rotierenden Himmels, dessen unausgesetzte Bewegung als das Zählbare die Zeit im aristotelischen Sinne war.[1951] Die Kugelform der Welt war damit sowohl eine zeitliche wie als stetige Bewegtheit durch das Bewegende der Wirklichkeit selbst eine räumliche Dimension. Der schon erwähnte Hypsikles von Alexandria, der offenbar astrologische Zwecke bediente mit der vom NP-Autor übernommenen Methode zur Berechnung der lokalen Aufgangszeiten der Tierkreiszeichen,[1952] teilt den Tierkreis in 360 Grade ein, wobei er sowohl mit Zeit- als mit Ortsgraden rechnete,[1953] die sozusagen ineinander übersetzbar sind[1954]. Damit ist der Tierkreis Raumeinheit und Zeiteinheit zugleich, und man kann sagen, dass hier die räumliche Dimension der Rationalisierung der Zeit als ihrer 'Entmythisierung' dient. Die bewegte Himmelssphäre war eine 'mythologisch neutrale' Zone der Gliederbarkeit von Zeit, die dann im physiko-theologischen Rahmen mythologisch neu 'beschrieben' werden konnte, indem Zeichen und Grade bestimmte Bedeutungen als 'Konstellationen' diviner Typologie, einer göttlichen Ausdrücklichkeit der Welt erhielten, die nun auf physikalistisch-rationale Weise das Geschehen im sublunaren Bereich formen und bestimmen sollte.

Wenn Otto Neugebauer sich dagegen wehrte, die Schrift des Hypsikles auf astrologische Zwecke zu reduzieren, weil sie methodisch zur geographischen Lokalisierung dienen konnte,[1955] so folgern wir daraus, dass das Formular des Horoskops eben auch im Zusammenhang der Rationalisierung des Weltbezugs verstanden werden muss. Es theoretisiert Lokalität in dem neuen Format der 'Globalvorstellung' der Welt. Denn in der Tat 'verortet' ein Horoskop den Zeitpunkt der Geburt und in ihm die Singularität des Geborenen auf dem Erdglobus. Es globalisiert ihn im wörtlichsten Sinne.

[1947] Ebd. 9; vgl. zur Methodik BERGGREN/JONES 2000, 7-14; NEUGEBAUER in: DE FALCO/KRAUSE 1966, 18ff.

[1948] Ebd. 25.

[1949] WALBANK 2002, 43.

[1950] BERGGREN/JONES 2000, 6f.; siehe dazu ausführlicher AUJAC 2012, 23-67.

[1951] Laut AUJAC ebd. 47 galt für die Griechen: *„tous les cercles, tropiques, équateur, cercles arctiques, sont avant tout des cercles célestes, don't les terrestres ne sont que la projection"*.

[1952] Dass er für Astrologen arbeitete, meinte schon MANITIUS (1888, III), der das Werk dann nicht dem Hypsikles selber zuschreiben wollte. Dagegen dann dezidiert NEUGEBAUER in DE FALCO/KRAUSE 1966, 18f.

[1953] MANITIUS ebd. XIV (ein Tierkreisgrad braucht zum Aufstieg durchschnittlich 4 Minuten).

[1954]Hypsikles unterscheidet Zeit- und Ortsgrade (14, S. 47 DE FALCO/KRAUSE): *„Wenn der Tierkreis in 360 gleiche Bogen zerlegt wird, so soll jeder dieser Bogen ein Ortsgrad genannt werden. Ebenso soll, wenn die Zeit in der der Tierkreis von einem beliebigen Punkt zum gleichen Punkt gelangt in 360 gleiche Zeiten geteilt wird, jede dieser Zeiten ein Zeitgrad heissen."* (Griech. *moira topike* und *moira chronike* (S. 36 ebd. Z. 56/63).

[1955] Ebd. 18ff.

Damit geraten wir aber mit einem weiteren Modernisierungstheorem in Konflikt, denn es versteht sich, dass die „Globalisierung" ein exklusiv modernes Element menschlichen Orientierens geworden ist. Dafür spricht die Eroberung neuer Erdteile im kolonialen Ausgriff der Moderne und deren Vermessung und Kartierung. Globalität wurde mit der Erdumsegelung erst erfahrbar und konnte ein modernes Bewusstsein prägen. Dazu wird auch gerne argumentiert, wie die „Vormoderne" an eine platte Erde geglaubt haben soll, was auch noch für das Mittelalter eine durchaus irrige Annahme ist:[1956] richtig ist, dass die Moderne die Kugelform der Erde von der Antike übernommen hat. Es ist aber schon verschiedentlich auf eine antike 'Globalität' verwiesen worden,[1957] und dabei wurde z. B. die folgende Definition des Globalen verwendet (nach W. G. Hopkins, bezogen auf die Zeit von 1600-1800): *„increased connectivity, the existence of a common market, the domestic impact of market integration, the idea of belonging to one world, a stress on the local as a part of global developments, the universalisation of the particular in combination with a particularisation of the universal, relatively dramatic time-space compression and cosmopolitism"*[1958]. Diese Vereinheitlichung der Welt hat man gerade für Roms Hegemonie in Anschlag gebracht. Zur Illustration konnte die oben zitierte Passage aus Polybios dienen (I 3,4-4,2), nach welcher mit Roms Herrschaft über die Oikumene alle Geschichte zu einer Geschichte werden müsse.[1959] Dabei legt bereits die Geschichte der antiken Geographie nahe, dass die Wurzeln der antiken „Globalisierung" hellenistisch sind. Eratosthenes, und in seiner Nachfolge Ptolemaios, ist noch im 3. Jhdt. v. Chr. in Alexandria zum massgeblichen Theoretiker der Einheit der Welt im Erdkugel-Konzept geworden. Nach Roland Robertson und David Inglis gab es schon in der hellenistisch-römischen Antike einen globalen Geist; es gab Reflexion und *„ 'global' premodern sensibilities"*, und: *„Many thinkers of the period from the reign of Alexander the Great in the late fourth century BC through to the height of Roman power in the second century AD identified and reflected upon what they took to be the increasingly interconnected nature of all parts of the known world."* Die Autoren finden *"strikingly 'modern' sentiments"*, vermuten aber zu Unrecht, dass *„This sense of worldwide interconnectedness was primarily secular and empirical rather than speculative and theological in nature"*.[1960] – Es ist im Gegenteil so, dass die theoretische 'Kosmifizierung' des griechischen Natur-Konzepts durch die Metaphysik einer holistischen Auffassung der allgemein 'sympathetischen' Verbundenheit aller Dinge zugrunde lag, wie sie dann in Astrologie und Alchemie zur Anwendung kam. Der Globus war zuerst ein Postulat des Idealismus (der Erdglobus als sphärisches Abbild der göttlichen Welt- als Himmelssphäre), das dann mit geometrisierender Evidenz erhärten werden konnte. Seit Eratosthenes war der Umfang dieser Erdkugel theoretisch erkannt, obschon die Bewohntheit der antipodischen Zonen und deren Aussehen eine theoretische Annahme blieb.

Wenn dieser Globalismus aber theoretische Wurzeln hat – ich würde ihn metaphysisch oder theologisch nennen –, dann ist er auch älter als der oikumenische Feldzug Alexanders. Er beginnt akut zu werden mit der Konzeption des göttlichen

---

[1956] SIMEK 1992.
[1957] PITTS/VERSLUYS 2015; ROBERTSON/INGLIS 2006.
[1958] PITTS/VERSLUYS ebd. 17.
[1959] Ebd. 18; ROBERTSON/INGLIS 2006, 36f.
[1960] ROBERTSON/INGLIS ebd. 34.

kosmos/ouranos im platonischen Timaios als Bezugspunkt und mundaner Rahmen einer neuen Singularität des Menschlichen, das sich unabhängig vom und gegen das Kollektiv als beseeltes und geisttragendes „Wesen" reflektiert. Als ein Wesen, das nach dem Zeugnis dieser Metaphysik in seiner 'sozial absoluten' Wesentlichkeit unmittelbar weltlich sein will, weil es pathetisch an der „Wirklichkeit" teilhat, die nicht bloss Wahrheitserfahrung, sondern zugleich weltbewegend ist: es ist so wirklich wie diese Welt, und dies im polemisch artikulierten Gegensatz zur notorischen Möglichkeit der sozio-kulturellen und politisch expliziten Eigenwelt kollektiver Autonomie.

Die Verbindung von Globalität und Individualisierung, wobei die erstere zum theoretischen Instrument der letzteren wurde, ist bisher kaum wahrgenommen worden,[1961] doch hat das Horoskop als Formular nataler Existenz gerade diese Verbindung anschaulich gemacht als eine Unmittelbarkeit des Einzelnen, Partikularen zum Ganzen, welches als himmlische Sphäre dieses Einzelne aus allen anderen Bezügen heraushebt. Das Horoskop kann als ein kosmopolitisches Formular gelten, denn es ist eine universale Form, die alles Geborene als in die Erscheinung analog dem Ekliptikgrad im Osthorizont aufgehendes Ereignis darstellt, und legt doch zugleich das jeweils Geborene auf die geographische Lokalität seines Geburtsorts fest. Alle Orte sind nämlich prinzipiell astronomisch naturalisiert, d. h. auch 'kulturneutral' lokalisiert worden. Im Horoskop erscheint jede Geburt als 'globales Ereignis'. Nach der Ikonographie des Horoskops war es eben dieses 'Globale', das ein Individuum aus seiner parochialen Enge befreite. Über die astronomisch-geographische Rationalisierung der Geburt zu einem spatio-temporalen Ereignis wurde theoretisch auch das Individuelle zur objektiviert-globalen Lebensform.[1962] Analog dazu war durch eine astronomische Geographie, die in Alexandria von Eratosthenes bis Ptolemaios massgeblich gestaltet wurde, mit Längen und Breiten und kartographierter Oikumene jede denkbare Lokalität zum 'globalen Ort' geworden. Jede Geburt war sozusagen auf dem doppelten Himmels- und Erd-Globus ablesbar geworden, und es scheint, als hätte sie damit auch als Fatalität an der Lesbarkeit der Welt in ihrer geometrischen Vermessenheit und Anordnung Teil.

Dies ist somit in der Suche nach einer Autorschaft für diese Astrologie zu berücksichtigen: sie bediente sich eines Weltmodells, dessen astronomisch-geographische Ausarbeitung im zweiten Jahrhundert v. Chr. noch keineswegs abgeschlossen war. Es ist nur eine mögliche Hypothese, dass dieser mundane Charakter von Identität, den ein Horoskop so sorgfältig wie möglich ausarbeiten sollte, für einen

---

[1961] HÜBNER 2005, 263, hat immerhin, zu Jacob Burckhardt, bemerken können: *„Burckhardt hat auch bemerkt, dass die höchste Stufe des Individualismus der Kosmopolitismus sei. Dies gilt nicht nur im geographischen, sondern auch im kosmischen Sinne, denn das Individuum fand sich im gesamten Kosmos zuhause".*

[1962] Siehe dazu nur die Einleitung des ersten Buches des Hephaistion von Theben, der im 5. Jhdt. vorab Ptolemaios und Dorotheos von Sidon als Quellen benutzte, in der Übersetzung von Robert Schmidt, über *"what was said by the ancients concerning the stars, whether signifying or causing or even in some other fashion encircling and turning everything here under the Moon with their figures relative to each other and to the earth, and with their phases and with their other natural characteristics".* Das ist eine globale 'Umzingelung' – (*perikyklounton* nach Hephaistion, während das Vorbild Ptolemaios vom 'Umgreifenden' (*emperiechomenon*) der stellaren Sphäre sprach – und sie ist eben „allem unter dem Monde" das Gemeinsame, und zwar, wie es das Horoskop als globales Formular belegt, in seiner Einmaligkeit, als dezidiert und bestimmt „eines".

intellektuell gräzisierten Ägypter, dessen ethnisch-kollektive Identität unscharf und zweideutig geworden war, eine gewisse Attraktivität besessen haben kann. Und es ist davon auszugehen, dass sich im Horoskop auch der Vorgang einer hellenistischen 'Globalisierung' der Welt spiegelte, deren Auswirkung in einer neuen Vorstellbarkeit der Welt auch in Ägypten erfahrbar geworden ist.

Fazit

Wir wissen nichts über die Autorschaft, welche die Horoskop-Astrologie begründete und nur wenig über die Vorgaben, die massgeblich waren. Zweifellos ist dabei das kulturell Verschiedene in einer neuen, synthetischen Form verbunden worden – das ist öfter bemerkt worden, etwa im Hinweisen auf 'abstruse' Vermischung von Rationalität und Aberglauben, von „Wissenschaft und Religion", von Mythologie und Mathematik. Einiges davon konnte allerdings schon zur platonischen Kosmologie gesagt werden.[1963] Auch sie ist nicht ohne Kontakte zum „Orient" verständlich und auch dabei wurden bewusst kulturelle Grenzen überschritten. Dies erinnert schon an das romantische Programm nach Hölderlin, „Vernunft und Offenbarung" wieder zusammenzubringen.[1964] Und wenn der theoretisch-systematischen auch eine kulturelle Hybridität entsprochen hat, darf wohl diese Astrologie in ihrer methodischen Konsequenz als das chef d'oeuvre solcher Hybridität bezeichnet werden.

Wir können das alles nur aus den strukturellen Elementen des fertigen Konstrukts erschliessen. Dabei ist unzweifelhaft griechischer Herkunft die 'aristotelische Physik' dieser Astrologie, in welcher die Bewegtheit der Welt samt ihrer 'eidetischen' Strukturierung kausal von der primärbewegenden Wirklichkeit der Himmelssphären abhängen musste; also die 'ontologische Deszendenz' der Weltkonzeption. Damit zusammenhängend der Naturalismus, also die 'physiko-rationale' wie physiko-theologische Methodik der sphärischen Phänomenalisierung von Himmels- und Erdkugel, letztere auch geographisch vermessen. Ebenfalls griechisch ist der teleologische Determinismus, der zum Teil aus der astronomischen Naturalisierung des Fatalen, in der Stoa schon ausgiebig reflektiert, folgen musste, der aber auch als Negation von Autonomie und Freiheit auf eine zivile Tradition solcher Freiheit referiert. Der

---

[1963] Etwa SCHÄFER 1993, 76, wo Platon eine „politische Astrologie" unterstellt wird, oder SCHEFER 1996 („vom Logos zurück zum Mythos").

[1964] „das Prinzip finden, das mir die Trennungen, in denen wir denken und existieren, erklärt, das aber auch vermögend ist, den Widerstreit verschwinden zu machen zwischen dem Subjekt und dem Objekt, zwischen unserem Selbst und der Welt, ja auch zwischen Vernunft und Offenbarung" (Brief Hölderlins an Niethammer vom 24. Februar 1796, zit. nach MATUSCHEK 2021, 143).

Astrologe Vettius Valens aus Antiochia hat wohl das ausführlichste und gründlichste Dokument solcher Negation verfasst, das aus der Antike überliefert ist. Das hat auch apologetisch-polemische Züge, die sich auf ein urbanes und im Kern „politisches" Selbstverständnis beziehen müssen. Es sei daran erinnert, dass die Zuschreibung des astrologischen Determinismus an den 'unfreien Orient' eines der grössten Hindernisse für das Verständnis der hellenistischen Akzeptanz von Astrologie gewesen ist.[1965]

Was ist ägyptisch in dieser Astrologie?[1966] – Sicherlich die umfassende 'Semantisierung' der Zeit als 'stündliche' Dramatisierung von Tages- und Nachtzeit auf dem Hintergrund einer kultisch aktualisierten Verbundenheit des menschlichen Lebens mit diesem Drama der Himmelsbewegung als mythischer wie realer Fahrt des Sonnengottes. Das entsprach der 'individualastrologischen' Einteilung des Geburts-Horizontes durch die Sektorierung des umgebenden Himmels in die „Häuser" (loci) des Horoskops, im Gegensatz zur 'mundanen' Einteilung der Ekliptik in die zwölf Tierkreiszeichen, denen dann auch, vermutlich ebenfalls in Ägypten, systematisch die Planeten zugeordnet worden sind.[1967] Ägyptisch war also die Semantisierung des Tageslaufs und seiner Stunden, wogegen die Semantik des Jahreslaufs schon entscheidend durch den ursprünglich babylonischen Zodiakos geprägt worden ist. Fundamental war auch eine in Ägypten vorhandene 'Infrastruktur' der Tempelgelehrsamkeit mit Archivierung astronomischer Daten und institutionalisierter Professionalität von Priestern, die auch die ominöse Bewegtheit göttlicher Wesentlichkeit studierten. Dazu kommt eine sozialdominante Tradition des Reflektierens der Singularität des Daseins, auch im Kult der Gebürtlichkeit[1968], im monumentalen staatlichen (Grabes-)Kult der Sterblichkeit,[1969] welcher grundiert wurde durch die Wahrnehmung einer steten 'Aufgangsqualität' des Lebens.

[1965] SCHMID 2005, 9-16.

[1966] Das Babylonische daran, das wohl meist in Ägypten schon rezipiert worden ist, kann als gut erforscht gelten; ich verweise an dieser Stelle nur auf Francesca Rochberg (etwa ROCHBERG-HALTON 1988; 1989; ROCHBERG 1998; 2004; 2010).

[1967] Ich vermute, dass letztlich die Analogie zu den zwölf Tierkreiszeichen der Zwölfzahl der loci zugrunde liegt; so „beherrschten" die Planeten über die ihnen zugeordneten Tierkreiszeichen, die im Rahmen des täglich durch den Tierkreis herumwandernden Horizonts je in einen der 12 loci fielen, einen Sektor nicht bloss der Ekliptik, sondern auch des lokalen Horizonts (so im Osten das erste, im Westen das siebte, im Süden das zehnte Haus etc.). Die wohl systematisch naheliegende Konsequenz, die Häuser analog der Folge der Tierkreiszeichen auch semantisch zu gewichten, also das erste Haus analog dem Widder, das zweite analog dem Stier etc. aufzufassen, ist wohl erst in der modernen Astrologie gezogen worden. – Eine andere These zur Entstehung dieser Häuser verfolgt im Moment ANDREAS WINKLER (mündliche Mitteilung), der das auf die in der frühen Astrologie zweifellos wichtigen „Lose" (der Tyche und des Daimon) zurückführen will, die man als ekliptische Distanzen wohl von ganzen Tierkreiszeichen vom Aszendenten aus zählte.

[1968] Hier ist natürlich zu betonen, dass das Prinzip des Geburtsomens aus einer astronomischen Konstellation babylonisch ist: ROCHBERG 1998; SACHS 1952.

[1969] Dazu etwa ASSMANN 2003; ELSAS et al. 2015. – Eine starke Vorstellung von individuellem Jenseitszugang könnte auch das eher abschreckende Bild des menschlichen Diesseits nach den astrologischen Lehrbüchern plausibler machen. Die dramatische Auffassung von Geburt und Tod als von den limitierenden Ereignissen der menschlichen Singularität war kompatibel mit einer Welt, welche als das tägliche Sterben und neu Geborenwerden der Sonne erfahren wurde.

Wird ein Motiv fassbar für das Postulat einer Globalform des Individuellen, die sich im Format des Horoskops theoretisch isolieren liess?[1970] Nimmt man die späthellenistische Ausgangslage für die Entwicklung dieser Astrologie im 2. Jahrhundert v. Chr. ernst, könnte eine strukturelle Krise der Monarchie gerade für Teile der indigenen Eliten in einem wankenden Kolonialreich, dessen eigener „globaler" Anspruch durch das Ausgreifen Roms revidiert werden musste, zum Motiv werden für die Entwicklung einer Theorie, die das Singuläre menschlicher Existenz als unmittelbar und theoretisch globales Format determinieren wollte. Unmittelbar meint hier: nicht vermittelt durch den König, der in der indigenen Tradition das unersetzliche Bindeglied einer Ordnung des Verbundenseins von Gesellschaft mit göttlicher Welt gewesen ist. Der sonnenverwandte König war der Garant für die Erfahrung von Wirklichkeit in jeder Hinsicht, sofern sie immer auch die Wirklichkeit der Welt war.

Die Stelle des Verbindenden zwischen der Welt mit ihrer Wirklichkeit und dem Menschlichen hat in der Horoskop-Form die Individualität übernommen. Genau besehen die Individualität der Welt, die sich in der Gebürtlichkeit des „Nativen" spiegelte und zugleich realisierte. Und diese Individualität liess sich theoretisch naturalisieren und methodisch vergegenständlichen. Die „kompakte" Verbindung von Mensch und Welt war in dem 'hellenistischen' Medium einer astronomischen Faktizität artikuliert und sichtbar gemacht, womit sie keiner rituellen Bestätigung oder Autorisierung mehr bedurfte. Sie war weder durch Politik noch Kultur mehr beeinflussbar. Bei aller fatalistischen Determination, die gerade aus der Physikalisierung der Kontingenz einer Geburt folgen musste, war das Horoskop auch ein neues Format menschlicher Unabhängigkeit, nämlich von Politik, soziokulturellem Umfeld und gar von Religion.

Das Individuum als kosmischer Horizont – so wurde es gegenständlich im Horoskop – war auch ein Ersatz für die fadenscheinig gewordene Funktion des Königtums, und in diesem Licht ist die Erfindung der Nativität das Symptom einer Krise. Es war ein fatales und evident melancholisches Königtum der Individualität, das nunmehr selber 'das Gewicht der Welt' tragen musste. Das Individuelle als fatale Eminenz kann aber eigentlich auch eine Konkurrenz, theoretisch-utopisch, zur sozial elevierten Rolle des Königs implizieren. Und für einen „revolutionären" Ursprung der Nativitäten-Astrologie gibt es neben dem keineswegs verächtlichen Hinweis auf den astrologischen Ursprung des modernen Revolutionsbegriffs selbst[1971] ein gewichtiges Indiz: Diese Astrologie hat sich in ihrer langen Karriere niemals von ihrem sozial zweideutigen Status befreien können,[1972] der sie auch sehr früh schon der rechtlichen Verfolgung oder scharfer Kritik ausgesetzt hat, und dies erstaunlicherweise auch dort, wo sie wie in der römischen Kaiserzeit und in der Renaissance beträchtliche soziale Sichtbarkeit und das dezidierte

---

[1970] Mit Fug konnte WOLFGANG HÜBNER (2014a, 38) generalisierend festhalten: „The complement to individualism is universalism. It is no coincidence that the book held by Plato in Raphael's "School of Athens" is the Timaeus in which microcosm and macrocosm are intervowen. To this universal world-view corresponds the astrological universalism with its combination of religion and science, penetrating all fields of the world and human life, so the individual is integrated into the universe. The astrological world-view is principally based on the pantheistic cosmology and the cosmopolitism of the Stoic philosophy".

[1971] Dazu SCHMID 2005, 409f.

[1972] VANDEN BROECKE (2003, 1) wies auch auf „the problematic position of astrology in virtually any grand narrative of the history of Western science" hin.

Interesse nicht nur der Mächtigen gewann. Verfolgt wurde sie von der römischen Justiz, wo nicht zuletzt das Horoskop des Kaisers ein Sakrileg war (sofern sich nicht der Kaiser selbst dafür interessierte), von der mittelalterlichen Kirche, wo dann auch das Horoskop Christi zum Sakrileg werden konnte[1973], von der bürgerlichen Aufklärung, die sie fast zum Verschwinden brachte,[1974] und noch z. B. durch die Nazis[1975] und die nobelpreisprämierte „Wissenschaft",[1976] als „Astrologie" in den frühen 70er Jahren einen Boom mit „Astroshows" zur besten Sendezeit erlebte. Es ist kein Zufall, dass Astrologen schon zu Komplizen des revolutionären Ursprungs der römischen Monarchie geworden sind: Augustus gab sich zeitlebens als auch astrologisch 'Erhabener', sein Name konnte als Explikation seiner erlauchten Nativität gelesen werden.[1977]

Das Revolutionäre konnte sich auf das Singuläre – das Einmalige von Individualität ist das noch Unerhörte und damit das revolutionäre Ferment schlechthin – beziehen. Aber das war es nicht allein: Gefährlich und skandalös musste der prognostische Anspruch sein, der sich wie alle Divination ausgerechnet auf das kontingent Unerrechenbare bezog. Und zum Bereich der Kontingenz gehören ja alle Konstanten der Individualität, als Geburt, Einmaligkeit, Zeitlichkeit und Tod. Der Anspruch, gerade das potentiell Revolutionäre zu beherrschen – es berechenbar und objektivierbar zu machen indem man es dem natürlich Phänomenalen unterstellte – war das Ärgerliche für alle Kritiker, die es von Anfang an gab, und war zugleich die Verheissung eines „faustisch" erweiterten Wissens für die theoretischen Akteure der Astrologie und all die Mächtigen und Ohnmächtigen, die ihre Dienste in Anspruch genommen haben.

Robert Schmidt, der als kürzlich verstorbener Privatgelehrter die antike Astrologie mit ungewöhnlichem Ernst studiert hat, schrieb einleitend zu einer Quellensammlung, die er für eine Astrologen-Universität in den USA[1978] verfasst hat, zur Charakterisierung des einmaligen *„philosophischen Programms"* dieser antiken Astrologie, das sich explizit gegen die metaphysische Unmöglichkeit systematischer

---

[1973] HÜBNER 2014a, 27. – Ein Horoskop Christi (offenbar mit einem Aszendenten von 8° Jungfrau) hat es sogar von Albertus Magnus gegeben; und es musste auch ein Empfängnishoroskop her: VANDEN BROECKE 2003, 48 A 48.

[1974] HÜBNER ebd. 58: *„ The Enlightenment expelled astrology so radically from universities and from life in general that the Romantics, although sympathetic to the astrological mentality, found nothing left to grasp."*

[1975] HOWE 1995.

[1976] FEYERABEND 1980, 181-9. – Vgl. RUTKIN 2019, vi: Der Wissenschaftshistoriker George Sarton (in Harvard) wollte 1955 alle Astrologen eingesperrt wissen.

[1977] SCHMID 2005.

[1978] Dem „Kepler College" wurde die Lizenz zur akademischen Graduierung in den USA, die im Jahr 2000 provisorisch gewährt wurde, nach scharfer Kritik aus dem offiziellen akademischen Sektor (*„ The fact is that astrology, whether judged by its theory or its practice, is bunkum. In a free society there is no reason to prevent those who wish to learn nonsense from finding teachers who want to make money peddling nonsense. But it is inexcusable for the government to certify teachers of nonsense as competent or to authorize – that is, endorse – the granting of degrees in nonsense"*) im Jahre 2010 verweigert (siehe den englischen Wikipedia-Artikel dazu) und es existiert offenbar im Moment als *"online certificate program"*.

Erkennbarkeit des Akzidentellen gewandt habe:[1979] *„It is my contention that the framers of Hellenistic astrology took on the systematic study of the accidental and contingent in the world and in human life as their special province, with the intention of reinstating it as a proper subject of metaphysical inquiry."*

[1979] Kepler College Sourcebook of Hellenistic Astrological Texts, 2005, 13. – Man könnte sich also fragen, ob nicht die Astrologie auch einem epistemologischen Mangel in der Beschränkung auf das verallgemeinerbar Naturale als des einzig Erkennbaren abhelfen wollte, den es in ägyptischer und mesopotamischer Tempel-Wissenschaft nicht gab.

Bibliographie

ABEL. KARLHANS: Zone. Das Problem der Biosphäre im geographischen Denken der Antike, München 1974 (=Sonderdruck aus RE Suppl. XIV).

ABELS, HEINZ: Identität. 3. Aufl., Wiesbaden 2017.

ABRY, JOSEPHE-HENRIETTE (ed.): Les tablettes astrologiques de Grand (Vosgues), Lyon 1993.

— What was Agrippina Waiting for? (Tacitus, Ann. XII 68-69), in: OESTMANN 2005, 37-48.

ADAIR, AARON: A Critical Look at the History of Interpreting the Star of Bethlehem in Scientific Literature and Biblical Studies, in: BARTHEL/VAN KOOTEN 2015, 43-84.

ADEMOLLO, FRANCESCO: Cosmic and Individual Soul in Early Stoicism, in: INWOOD/WARREN 2020, 113-144.

AGAMBEN, GIORGIO: Homo sacer. Die souveräne Macht und das nackte Leben, Frankfurt a. M. 2002.

— Der Gebrauch der Körper, Frankfurt a. M. 2020.

ALFÖLDI, ANDREW: From the Aion Plutonios of the Ptolemies to the Saeculum Frugiferum of the Roman Emperors, in: K. H. KÜNZL (ed.): Greece and the Eastern Mediterranean in Ancient History and Prehistory. Studies pres. to F. Schachermeyr, Berlin/New York 1977, 1-30.

AMES, ROGER T.: Putting the *Te* back into Taoism, in: CALLICOTT/AMES 1989, 113–144.

ANGEHRN, EMIL: Die Überwindung des Chaos. Zur Philosophie des Mythos, Frankfurt a. M. 1996.

ANONYM: Das konspirationistische Manifest, Berlin 2022.

ARENDT, HANNAH: Vita Activa, München 1981.

— Zwischen Vergangenheit und Zukunft, München 1994.

— Vom Leben des Geistes, München 1998 (1979).

— Über die Revolution, München 1974.

ARNASON, JOHAN P.: Rehistoricizing the Axial Age, in: BELLAH/JOAS 2012, 337–365.

ARNOLD, DIETER: Temples of the Last Pharaohs, New York/Oxford 1999.

ASSMANN, ALEIDA/ FRIESE HEIDRUN (Hgg.): Identitäten. Erinnerung, Geschichte, Identität 3, Frankfurt a. M. 1998.

ASSMANN, JAN: Ägypten. Theologie und Frömmigkeit einer frühen Hochkultur, 2. Aufl., Stuttgart 1991.

— Ägypten. Eine Sinngeschichte, Frankfurt a. M. 1999.

— Weisheit und Mysterium. Das Bild der Griechen von Ägypten, München 2000.

— Tod und Jenseits im Alten Ägypten, München 2001.

— /KUCHAREK, ANDREA (Hgg.): Ägyptische Religion. Götterliteratur, Berlin 2018.

— Ma'at. Gerechtigkeit und Unsterblichkeit im Alten Ägypten, München 1990.

— Art. *Sonnengott*, in: W. HELCK/ R. OTTO (Hgg.): Lexikon der Ägyptologie, Bd. V (1988), 1087-1094.

— Steinzeit und Sternzeit. Ägyptische Zeitkonzepte, München 2011.

AUFRÈRE, SIDNEY: Welches Ägypten-Bild zeigt das *Corpus Hermeticum*?, in: GALL 2021, 109-144.

— Thot Hermès l'Égyptien. De l'infiniment grand à l'infiniment petit, Paris 2007.

— /MARGANNE, MARIE-HÉLÈNE: Encounters between Greek and Egyptian Science, in: VANDORPE 2019, 501-518.

AUJAC, GERMAINE: Claude Ptolémée. Astronome, astrologue, géographe, Paris 2012.

AZZOLINI, MONICA: Reading Health in the Stars: Politics and Medical Astrology in Renaissance Milan, in: OESTMANN *et al.* 2005, 183-206.

BACHMANN, MANUEL/HOFMEIER, THOMAS: Geheimnisse der Alchemie, Basel 1999.

BÄBLER, BALBINA: Whose „Glory of Alexandria? Monuments, Identities, and the Eye of the Beholder, in: SCHLIESSER et al. 2021, 29-48.

BAINES, JOHN: Egyptian Elite Self-Presentation in the Context of Ptolemaic Rule, in: HARRIS/RUFFINI 2004, 33-61.

BAMBOROUGH, J. B.: Robert Burton's Astrological Notebook, in: The Review of English Studies, NS 32 No. 127 (1981), 267-285.

BAKHOUCHE, BÉATRICE *et al.* (eds.): Les astres. Les correspondances entre le ciel, la terre et l'homme, Montpellier 1996.

BARKHAUS, ANNETTE et a. (Hgg..): Identität, Leiblichkeit, Normativität. Neue Horizonte anthropologischen Denkens, Frankfurt a. M. 1996.

BARTH, HEINRICH: Philosophie der Erscheinung. Eine Problemgeschichte. Teil I: Altertum und Mittelalter, Basel 1966.

BARTHEL, PETER/VAN KOOTEN, GEORGE (eds.): The Star of Bethlehem and the Magi, Leiden 2015.

BARTON, TAMSYN: Ancient Astrology, London/ New York 1994.

— Power and Knowledge. Astrology. Physiognomy and Medicine under the Roman Empire, Ann Arbor 1994 (=1994a).

BAYLY, C. A.: The Birth of the Modern World 1780-1914, Malden 2004.

BECHTOLD, CHRISTIAN: Gott und Gestirn als Präsenzformen des toten Kaisers, Göttingen 2011.

BECK, ROGER: A Brief History of Ancient Astrology, Malden 2007.

— Thus spoke not Zarathustra: Zoroastrian Pseudepigrapha of the Greco-Roman World, in: M. BOYCE/F. GRENET (eds.): A History of Zoroastrianism, Zoroastrianism under Macedonian and Roman Rule, Leiden 1991, 491-565.

BECK, ULRICH/BECK-GERNSHEIM, ELISABETH: Riskante Freiheit. Individualisierung in modernen Gesellschaften, Frankfurt a. M. 1994.

BECKER, FRANK *et al.* (Hgg.): Die Ungewissheit des Zukünftigen. Kontingenz in der Geschichte, Frankfurt/ New York 2016.

BEIERWALTES, WERNER: Proklos. Grundzüge seiner Metaphysik, Frankfurt a. M. 1965.

BELLAH, ROBERT N. /JOAS, HANS (eds.): The Axial Age and Its Consequences, Cambridge, Mass. 2012.

BENTLEY, JERRY: World History and Grand Narrative, in: STUCHTEY, BENEDIKT/FUCHS, EBERHARDT (eds.): Writing World History 1800-2000. Oxford 2003, 173-196.

BERGDOLT, KLAUS/LUDWIG, WALTHER (Hgg.): Zukunftsvoraussagen in der Renaissance, Wiesbaden 2005.

BERGGREN, J. LENNART/JONES, ALEXANDER: Ptolemy's Geography. An Annotated Translation of the Theoretical Chapters, Princeton 2000.

BERNER, ULRICH: Der Begriff „Synkretismus" – ein Instrument historischer Erkenntnis?, in: Saeculum 30.1 (1979), 68-85.

BERNHARDT, MARKUS et al. (Hgg.): Möglichkeitshorizonte. Zur Pluralität von Zukunftserwartungen und Handlungsoptionen in der Geschichte, Frankfurt/ New York 2018.

BERRYMAN, SYLVIA: The Mechanical Hypothesis in Ancient Greek Natural Philosophy, Cambridge 2009.

— Hellenistic Medicine, Strato of Lampsacus, and Aristotle's Theory of Soul, in: INWOOD/WARREN 2020, 9-29.

BHABHA, HOMI K.: Die Verortung der Kultur, Tübingen 2000.

BICHLER, REINHOLD/ROLLINGER, ROBERT: Herodot, Darmstadt 2000.

BIDEZ, JOSEPH/CUMONT, FRANZ: Les mages hellénisés, 2 Bde., Paris 2007 (1938).

BIGNAMI-ODIER, JEANNE: Études sur Jean de Roquetaillade, Paris 1952.

BIKERMAN, ELIAS: Institutions des Séleucides, Paris 1938.

BLASIUS, A./SCHIPPER B. U. (eds.): Apokalyptik und Ägypten. Eine kritische Analyse der relevanten Texte aus dem griechisch-römischen Ägypten, Leuven 2002.

BLASIUS, ANDREAS: Zur Frage des geistigen Widerstandes im griechisch-römischen Ägypten – die historische Situation, in: BLASIUS/SCHIPPER 2002, 41-62.

— Antiochos IV. in Ägypten – Ptolemaios VI. in Syrien, in: JÖRDENS/QUACK 2011, 161-185.

BLOCH, MARC: Apologie der Geschichtswissenschaft oder der Beruf des Historikers, Stuttgart 2002.

BOBZIEN, SUSANNE: Determinism and Freedom in Stoic Philosophy, Oxford 1998.

BÖHME, GERNOT: Selbstsein und derselbe sein. Über ethische und sozialtheoretische Voraussetzungen von Identität, in: BARKHAUS 1996, 322-340.

BÖRM, HENNING (ed.): Antimonarchic Discourse in Antiquity, Stuttgart 2015.

BOHLEKE, BRIANT: In Terms of Fate: a survey of the indigenous Egyptian contribution to ancient astrology in light of Papyrus CtYBR inv. 1132(B), in: Studien zur Altägyptischen Kultur 23 (1996), 11-46.

BOHN, CORNELIA/HAHN, ALOIS: Selbstbeschreibung und Selbstthematisierung: Facetten der Identität in der modernen Gesellschaft, in: WILLEMS/HAHN 1999, 33-61.

BOLL, FRANZ: Art. Hebdomas, in: RE VII 2 (1912), 2547-2578.

— Kleine Schriften zur Sternkunde des Altertums, Leizig 1950.

— Aus der Offenbarung Johannis, Leipzig/Berlin 1914.

— Studien über Claudius Ptolemaeus, Leipzig 1894.

— /GUNDEL, WILHELM/BEZOLD, CARL: Sternglaube und Sterndeutung. Die Geschichte und das Wesen der Astrologie, Berlin 1926.

BOLLANSÉE, JEAN: Hermippos of Smyrna and his Biographical Writing. A Reappraisal, Leuven 1999.

BRAUNSPERGER, GUSTAV: Beiträge zur Geschichte der Astrologie der Blütezeit vom 15. bis zum 17. Jahrhundert, Diss. München 1928.

BOUCHÉ-LECLERCQ, AUGUSTE: L'astrologie grecque, Paris 1899.

BOWEN, ALAN C./ ROCHBERG, FRANCESCA (eds.); Hellenistic Astronomy. The Science in its Context, Leiden 2020.

BRENNAN, CHRIS: Hellenistic Astrology. The Study of Fate and Fortune, Denver 2017.

BRIND'AMOUR, PIERRE: Le calendrier romain, Ottawa 1983.

BROWN, DAVID: The Interactions of Ancient Astral Science, Bremen 2018.

— Mesopotamian Planetary Astronomy-Astrology, Groningen 2000.

BUGH, GLEN R. (ed.): The Cambridge Companion to the Hellenistic World, Cambridge 2006.

BULL, CHRISTIAN H.: The Tradition of Hermes Trismegistus. The Egyptian Priestly Figure as a Teacher of Hellenized Wisdom, Leiden 2018.

BURCKHARDT, JACOB: Griechische Culturgeschichte Bd. IV (= JBW 22), München/Basel 2012.

— Griechische Culturgeschichte Bd. I (= JBW 19), München/ Basel 2002.

— Aesthetik der bildenden Kunst. Über das Studium der Geschichte (= JBW 10), München/Basel 2000.

— Alte Geschichte, Teilband 1. Ägypten und Alter Orient. Römische Republik (= JBW 23,1), München/Basel 2022.

BURKERT, WALTER: Weisheit und Wissenschaft. Studien zu Pythagoras, Philolaos und Platon, Nürnberg 1962.

— Griechische Religion der archaischen und klassischen Epoche, Stuttgart 1977.

— Die Griechen und der Orient, München 2003.

CALLICOTT, J. BAIRD/AMES, ROGER T. (eds.): Nature in Asian Traditions of Thought: Essays in Environmental Philosophy, New York 1989.

CAMPION, NICHOLAS: A History of Western Astrology, Vol. I und II, London 2008-9.

CANCIK, HUBERT: Antik. Modern. Beiträge zur römischen und deutschen Kulturgeschichte, Stuttgart/Weimar 1998.

— Umfang und Grade der Selbst-Historisierung der griechischen und römischen Kultur. Zu Kriterien für „Modernität" am Beispiel von Geschichte, Geschichtsbewusstsein, Geschichtlichkeit, in: CANCIK et al. 2020, 15-37.

— / REBENICH, STEFAN/ SCHMID, ALFRED (Hgg.): Archäologie der Moderne. Antike und Antike-Rezeption als Paradigma und Impuls, Basel 2020.

— / CANCIK-LINDEMAIER, HILDEGARD: „Oikumenische Geschichte": Die Begründung von Universalgeschichtsschreibung bei Diodor von Sizilien, in: Hyperboreus 16/17 (2010/11), 167–182.

CANCIK-LINDEMAIER, HILDEGARD: Selbst: Selbstwahrnehmung, Selbsterhaltung, Selbstliebe. Zur Permanenz stoischer Anthropologie des Individuums, in: CANCIK et al. 2020, 111-132.

CASSIRER, ERNST: Individuum und Kosmos in der Philosophie der Renaissance, Hamburg 2013.

CHAKRABARTY, DIPESH: Provincializing Europe. Postcolonial Thought and Historical Difference, Princeton 2008.

CHANIOTIS, ANGELOS: The Ithyphallic Hymn for Demetrios Poliorketes and Hellenistic Religious Mentality, in: PANAGIOTIS 2011, 157–196.

CHARPIN, DOMINIQUE: 'I am the sun of Babylon': Solar aspects of Royal Power in Old Babylonian Mesopotamia, in: HILL et al. 2013, 65-96.

CHAUVEAU, MICHEL: Egypt in the Age of Cleopatra. History and Society under the Ptolemies, Ithaca & London 2000.

CLANCIER, PHILIPPE/GORRE, GILLES: The Integration of Indigenous Elites and the Development of *poleis* in the Ptolemaic and Seleucid Empires, in: FISCHER-BOVET/VON REDEN 2021, 86-105.

CLARK, RONALD W.: Sigmund Freud, Frankfurt a. M. 1981.

CLARYSSE, WILLY: Ethnic Identity: Egyptians, Greeks, and Romans, in: VANDORPE 2019, 299-313.

CLAUSS, JAMES J./CUYPERS, MARTINE: A Companion to Hellenistic Literature, Malden 2010.

COLILLI, PAUL: Agamben and the Signature of Astrology. Spheres of Potentiality, Lanham 2015.

COLPE, CARSTEN/ HOLZHAUSEN, JENS (Hgg.): Das Corpus Hermeticum Deutsch, Stuttgart 1977.

CONRAD, SEBASTIAN *et al.*: Globalgeschichte, Frankfurt/New York 2007.

COPENHAVER, BRIAN P.: Hermetica. The Greek *Corpus Hermeticum* and the Latin Asclepius in a new English translation with notes and introduction, Cambridge 1992.

CORNFORD, FRANCIS M.: Thucydides Mythistoricus, London 1907.

COUSSEMENT, SANDRA: 'Because I am Greek'. Polyonymy as an Expression of Ethnicity in Ptolemaic Egypt, Leuven 2016.

CRAMER, FREDERICK H.: Astrology in Roman Law and Politics, Philadelphia 1954.

— Expulsion of Astrologers from Ancient Rome, in: Classica et Mediaevalia XII (1951), 9-50.

CRONE, KATIA *et al.* (eds.): Über die Seele, Frankfurt a. M. 2010.

CSAPO, ERIC/ MILLER, MARGARET: The Origins of Theater in Ancient Greece and Beyond. From Ritual to Drama, Cambridge 2007.

CSAPO, ERIC/ SLATER, WILLIAM R.: The Context of Ancient Drama, Ann Arbor 1994.

CUMONT, FRANZ: L'Égypte des astrologues, Bruxelles 1937.

— Astrology and Religion among the Greeks and Romans, New York 1912.

— Astrologie (Bibliotheca Cumontiana/Scripta minora IV) ed. D. PRAET/B. BAKHOUCHE, Turnhout 2014.

DANIEL, UTE: Kompendium Kulturgeschichte. Theorien, Praxis, Schlüsselwörter, Frankfurt a. M. 2001.

DANZER, GERHARD: Identität. Über die allmähliche Verfertigung unseres Ichs durch das Leben, Berlin/Heidelberg 2017.

DASTON, LORRAINE: Gegen die Natur, Berlin 2018.

— /GALISON, PETER: Objektivität. Frankfurt a. M. 2017.

DAUMAS, FRANÇOIS: Les mammisis des temples égyptiens, Paris 1958.

DE FALCO, V./KRAUSE, M.: Hypsikles: Die Aufgangszeiten der Gestirne, Göttingen 1966.

DELORIA, VINE, Jr.: Red Earth, White Lies, Golden, Colorado 1997.

DERCHAIN, PHILIPPE: Les impondérables de l'hellénisation. Literature d'hiérogrammates, Turnhout 2000.

— L'*Atelier des Orfèvres* à Dendara et les origines de l'Alchimie, in: Chronique d'Egypte 65 (1990), 219-242.

DESCOLA, PHILIPPE: Jenseits von Natur und Kultur, Frankfurt a. M. 2011.

DESMET, MATTIAS: The Psychology of Totalitarianism, London 2022.

DESMOND, ADRIAN/MOORE JAMES: Darwin, München/Leipzig 1995.

DETIENNE, MARCEL: Les maîtres de vérité dans la Grèce archaïque, Paris 1967.

DIELEMAN, JACCO: Priests, Tongues, and Rites. The London-Leiden Magical Manuscripts and Translation in Egyptian Ritual (100-300 CE), Leiden 2005.

—/ MOYER, IAN: Egyptian Literature, in: CLAUSS/CUYPERS 2010, 429-447.

DIERAUER, URS: Tier und Mensch im Denken der Antike. Studien zur Tierpsychologie, Anthropologie und Ethik, Amsterdam 1977.

DILLERY, JOHN: Clio's Other Sons. Berossos and Manetho, Ann Arbor 2015.

— Literary Interaction between Greece and Egypt: Manetho and Synchronism, in: RUTHERFORD 2016, 107-137.

DOOLEY, BRENDAN (ed.): A Companion to Astrology in the Renaissance, Leiden/Boston 2014.

DORSCH, SEBASTIAN/SCHRÖDER, IRIS: Introduction: Spatiotemporalities of Cartographic Empire-Building, in: MEYER 2017, 333-337.

DU GAY, PAUL et al.: Identity. A Reader, London 2000.

DUHEM, PIERRE: Le système du monde. Histoire des doctrines cosmologiques de Platon a Copernic, Bd. II, Paris 1954.

EBELING, FLORIAN: Das Geheimnis des Hermes Trismegistos, Geschichte des Hermetismus von der Antike bis zur Neuzeit, München 2005.

EDDY, SAMUEL K.: The King is Dead. Studies in the Near Eastern Resistance to Hellenism 334-31 B.C, Lincoln 1961 (ND Eugene 2020).

EFFE, BERND: Studien zur Kosmologie und Theologie der Aristotelischen Schrift „Über die Philosophie", München 1970.

ELIADE, MIRCEA: Forgerons et alchimistes, Paris 2018.

ELLIOTT, ANTHONY (ed.): Routledge Handbook of Identity Studies, London/ New York 2011.

ELSAS, CHRISTOPH et al. (Hgg.): Sterben, Tod und Trauer in den Religionen und Kulturen der Welt, Bd. 3: Bestattungsbräuche, Totenkult und Jenseitsvorstellungen im Alten Ägypten, Berlin 2015.

ERIKSON, ERIK H.: Identität und Lebenszyklus, Frankfurt a. M. 1973.

ERLER, MICHAEL/ SCHORN, STEFAN (eds.): Die griechische Biographie in hellenistischer Zeit, Berlin/New York 2007.

ERMAN, ADOLF: Die Religion der Ägypter, 2. Aufl., mit einem Vorwort von J. ASSMANN, Berlin 2001.

ESCOLANO-POVEDA, MARINA: The Egyptian Priests of the Greaeco-Roman Period. An Analysis on the Basis of the Egyptian and Graeco-Roman Literary and Paraliterary Sources, Wiesbaden 2020.

EVANS, JAMES: The Astrologer's Apparatus : a Picture of Professional Practice in Greco-Roman Egypt, in : Journal of the history of Astronomy 35 (2004), 1-44.

EYSENCK, HANS JÜRGEN/NIAS, DAVID: Astrologie – Wissenschaft oder Aberglaube?, München 1982.

EVERSON, STEPHEN (ed.): Psychology (= Companions to ancient thought 2), Cambridge 1991.

FABIAN, JOHANNES: Time and the Other. How Anthropology makes its Object, New York 2014.

FAIVRE, ANTOINE: Renaissance Hermetism, in: MAGEE 2016, 133-142.

FEARS, J. RUFUS: *Princeps a Diis electus*: The Divine Election of the Emperor as a Political Concept at Rome, Rom 1977.

FEENEY, DENIS: Caesar's Calendar. Ancient Time and the Beginnings of History, Berkeley 2007.

FEKE, JACQUELINE: Ptolemy's Philosophy. Mathematics as a Way of Life, Princeton 2018.

FESTUGIÈRE, ANDRÉ.: La révélation d'Hermès Trismégiste, Paris 2014 (neu ediert).

— La révélation d'Hermès Trismégiste, vol. II (Le Dieu cosmique), Paris 1949.

— La révélation d'Hermès Trismégiste, vol. I (L'astrologie et les sciences occultes), Paris 1944.

FETZ, RETO L./ HAGENBÜCHLE ROLAND/ SCHULZ, PETER (Hgg.): Geschichte und Vorgeschichte der modernen Subjektivität, Berlin & New York 1998.

FEYERABEND, PAUL: Erkenntnis für freie Menschen, Frankfurt a. M. 1980.

— Über die Methode. Ein Dialog. Eine Verteidigung der Astrologie, Tübingen 2010.

FISCHER-BOVET, CHRISTELLE: Army and Society in Ptolemaic Egypt, Cambridge 2014.

—/ VON REDEN, SITTA (eds.): Comparing the Ptolemaic and Seleucid Empires: integration, communication, and resistance, Cambridge 2021.

FLETCHER, RICHARD/ HANINK, JOHANNA (eds.): Creative Lives in Classical Antiquity, Cambridge 2016.

FÖGEN, MARIE THERES : Die Enteignung der Wahrsager. Studien zum kaiserlichen Wissensmonopol in der Spätantike, Frankfurt a. M. 1997.

FORSCHNER, MAXIMILIAN: Die Philosophie der Stoa. Logik, Physik und Ethik, Darmstadt 2018.

FOWDEN, GARTH: The Egyptian Hermes. A historical approach to the late pagan mind, Cambridge 1986.

FRANK, GUNTER: Das Staatsverbrechen. Warum die Corona-Krise erst dann endet, wenn die Verantwortlichen vor Gericht stehen, Berlin 2023.

FRANK, MANFRED: Die Unhintergehbarkeit von Individualität, Frankfurt a. M. 1986.

— /HAVERKAMP, ANSELM (Hgg.): Individualität, München 1988 (= Poetik und Hermeneutik 13).

— Ansichten der Subjektivität, Frankfurt a. M. 2012.

— /RAULET, GÈRARD /VAN REIJEN, WILLEM (Hgg.): Die Frage nach dem Subjekt, Frankfurt a. M. 1988.

FRANKFURTER, DAVID: Religion in Roman Egypt. Assimilation and Resistance, Princeton 1998.

FRÄNKEL, HERMANN: ΕΦΗΜΕΡΟΣ als Kennwort für die Menschliche Natur, in: Ders.: Wege und Formen frühgriechischen Denkens, München 1955, 23–39.

FRIEDMANN, DIETMAR: Persönlichkeitstypen. Spezialisten für Lebenskompetenzen, Darmstadt 2018.

FRIEDRICH, ADOLF: Das Bewusstsein eines Naturvolks vom Haushalt und Ursprung des Lebens, in: MÜHLMANN/MÜLLER 1966, 186–195.

FRAHM, ECKART: Rising Suns and Falling Stars: Assyrian Kings and the Cosmos, in: HILL et al. 2013, 97-120.

FRASER, P. M.: Ptolemaic Alexandria, Oxford 1972.

FRASER, KYLE: Distilling Nature's Secrets: The Sacred Art of Alchemy, in: KEYSER/SCARBOROUGH 2018, 721-742.

FRAZER, JAMES GEORGE: Lectures on the Early History of the Kingship, London 1905.

FRIESE, HEIDRUN: Identität: Begehren, Name und Differenz, in: ASSMANN/FRIESE 1998, 24-43.

FROMMHOLT, KATRIN: Bedeutung und Berechnung der Empfängnis in der Astrologie der Antike, Münster 2004.

FROSH, STEPHEN: Identity after Psychoanalysis, in: ELLIOTT 2011, 49-66.

FUCHS, PETER: Moderne Identität – im Blick auf das europäische Mittelalter, in: WILLEMS/HAHN 1999, 273-297.

GAISER, KONRAD: Philodems Academica. Die Berichte über Platon und die Alte Akademie in zwei herkulanensischen Papyri, Stuttgart 1988.

GALL, DOROTHEE (Hrsg.): Die göttliche Weisheit des Hermes Trismegistos. Pseudo-Apuleius, Asclepius, Tübingen 2021.

GEHRKE, HANS-JOACHIM: Die Raumwahrnehmung im archaischen Griechenland, in: RATHMANN 2007, 17-30.

GELLER, MARKHAM J.: Melothesia in Babylonia. Medicine, Magic, and Astrology in the Ancient Near East, Boston/Berlin 2014.

GERHARDT, VOLKER: Individualität. Das Element der Welt, München 2000.

GEUS, KLAUS: Die *Geographika* des Eratosthenes von Kyrene: Altes und Neues in Terminologie und Methode, in: RATHMANN 2007, 111-122.

GIESELER GREENBAUM, DORIAN: The Daimon in Hellenistic Astrology. Origins and Influence, Leiden 2016.

— The Hellenistic Horoscope, in: BOWEN/ROCHBERG 2020, 413-427.

— Hellenistic Astronomy in Medicine, in: BOWEN/ROCHBERG 2020, 303-331 (=2020a).

— Temperament. Astrology's Forgotten Key, Bournemouth 2005.

— /ROSS, MICAH T.: The Role of Egypt in the Development of the Horoscope, in: L. BAREŠ et al. (eds.): Egypt in Transition. Social and Religious Development of Egypt in the First Millenium BCE, Prag 2010, 146-182.

GILL, CHRISTOPHER: The Structured Self in Hellenistic and Roman Thought, Oxford 2006.

GILLS, BARRY K./THOMPSON, WILLIAM R.: Gobalization and Global History, London/New York 2006.

GLASSNER, JEAN-JACQUES: Le Devin historien en Mésopotamie, Leiden 2019.

GÖHLICH, MICHAEL: Homi K. Bhabha: die Verortung der Kultur, in: JÖRISSEN/ZIRFAS 2010, 315-330.

GOFFMAN, ERVING: Wir alle spielen Theater. Die Selbstdarstellung im Alltag, München 2003.

GOMBRICH, E. H.: Art and Illusion. A Study in the Psychology of Pictorial Representation, London 1962.

GOODENOUGH, ERWIN R.: Die politische Philosophie des hellenistischen Königtums, in: H. KLOFT (Hg.): Ideologie und Herrschaft in der Antike, Darmstadt 1979, 27-89.

GORRE, GILLES: Les relations du clergé égyptien et des Lagides d'après les sources privées, Leuven 2009.

— A religious continuity between the dynastic and the Ptolemaic Periods? Self-representation and identity of Egyptian priests in the Ptolemaic period, in: E.

STAVRIANOPOULOU (ed.): Shifting social imaginaries in the Hellenistic world: Narrations, practices, and images, Leiden/Boston 2013, 99-114.

GOTTSCHALK, H. B.: Heraclides of Pontus, Oxford 1980.

GOURÉVITCH, DANIELLE: La lune et la règle des femmes, in: BAKHOUCHE 1996, 85-99.

GRAFTON, ANTHONY: Cardanos Kosmos. Die Welten und Werke eines Renaissance-Astrologen, Berlin 1999.

GRAHAM, ANGUS: Chuang-Tzǔ. The Inner Chapters, London 1981.

— Disputers of the Tao. Philosophical Argument in Ancient China, Chicago 1989.

GRANT, EDWARD: Planets, Stars, and Orbs. The medieval Cosmos, 1200-1687, Cambridge 1994.

— The Condemnation of 1277, God's Absolute Power, and Physical Thought in the Late Middle Ages, in: Viator 10 (1979), 211-244.

GRETHLEIN, JONAS: Das Geschichtsbild der Ilias. Eine Untersuchung aus phänomenologischer und narratologischer Perspektive, Göttingen 2006.

— Historia Magistra Vitae in Herodotus and Thucydides? The exemplary use of the past and ancient and modern temporalities, in: LANIERI 2011, 247–263.

GRIEWANK, KARL: Der neuzeitliche Revolutionsbegriff: Entstehung und Entwicklung, Frankfurt a. M. 1969².

GRUEN, ERICH S.: The Construction of Identity in Hellenistic Judaism. Essays on Early Jewish Literature and History, Berlin/Boston 2018.

GÜTHENKE, CONSTANZE: 'Lives' as Parameters. The Privileging of Ancient Lives as a Category of Research, c. 1900, in: FLETCHER/HANINK 2016, 29-48.

GUNDEL, HANS-GEORG: Zodiakos. Tierkreisbilder im Altertum, Mainz 1992.

— Weltbild und Astrologie in den griechischen Zauberpapyri, München 1968.

— /BÖKER, ROBERT: Art. Zodiakos, in; RE 10 A (1972), 462-709.

GUNDEL, WILHELM: Dekane und Dekansternbilder, (Studien Warburg XIX), Hamburg 1936.

— /GUNDEL, HANS GEORG: Astrologumena. Die astrologische Literatur in der Antike und ihre Geschichte, Wiesbaden 1966.

GURGEL PEREIRA, RONALDO: The Hermetic Logos: reading the Corpus Hermeticum as a Reflection of Greco-Egyptian Mentality, Basel 2010.

HABERMAS, JÜRGEN: Der philosophische Diskurs der Moderne, Frankfurt a. M. 1988.

HAGENBÜCHLE, ROLAND: Subjektivität: Eine historisch-systematische Hinführung, in: FETZ et al. 1998, 1-41.

HÄGG, THOMAS: The Art of Biography in Antiquity, Cambridge 2012.

HAHM, DAVID E.: The Origins of Stoic Cosmology, Ohio 1977.

HALL, STEWART et al. (eds.): Questions of cultural identity, London 1997.

HALL, DAVID L./AMES, ROGER T.: Anticipating China. Thinking through the Narratives of Chinese and Western Culture, New York 1995.

HAND, ROBERT: Traditionelle Astrologie, Tübingen 2007.

HANSEN, KLAUS P. (Hg.): Kulturbegriff und Methode. Der stille Paradigmenwechsel in den Geisteswissenschaften, Tübingen 1993.

HARDT, MICHAEL/NEGRI, ANTONIO: Empire, Cambridge, Mass. 2000.

HARRIS, W.V./RUFFINI, GIOVANNI (eds.): Ancient Alexandria between Egypt and Greece, Leiden 2004.

HAUBOLD, JOHANNES et al. (eds.): The World of Berossos, Wiesbaden 2013.

HAUBOLD, JOHANNES: 'The Wisdom of the Chaldaeans': Reading Berossos, Babyloniaca Book I, in: HAUBOLD 2013, 31-45.

HEEßEL, NILS P.: Stein, Pflanze und Holz. Ein neuer Text zur 'medizinischen Astrologie', in: Orientalia n. s. 74 (2005), 1-22.

HEGEL, GEORG W. F.: Phänomenologie des Geistes (Hgg. E. MOLDENHAUER/ K. M. MICHEL), Frankfurt a. M. 1986 (= Werke 3).

— Vorlesungen über die Philosophie der Geschichte (Hgg. E. MOLDENHAUER/ K. M. MICHEL), Frankfurt a. M. 1986 (= Werke 12; hier zitiert als: 1986a).

HEIDEMANN, FRANK/ DE TORO, ALFONSO: New hybridities: societies and cultures in transition, Hildesheim 2006.

HEILEN, STEPHAN: *Hadriani genitura*. Die astrologischen Fragmente des Antigonos von Nikaia, Berlin/ New York 2015.

— Some metrical fragments from Nechepsos and Petosiris, in: BOEHM, ISABELLE et al. (eds.): La poésie astrologique dans l'antiquité, Paris 2011, 23-93.

— Hellenistic Horoscopes in Greek and Latin: Contexts and Uses, in: BOWEN/ROCHBERG 2020, 428-446.

— Sexuality and Eroticism in the Horoscopes of Antignus of Nicäa, in: MHNH 14 (2014), 119-146.

HEINIMANN, FELIX: Nomos und Physis, Basel 1945.

HEKSTER, OLIVIER/FOWLER, RICHARD (eds.): Imaginary Kings. Royal Images in the Ancient Near East, Greece and Rome, Stuttgart 2005.

— Imagining Kings: From Persia to Rome, in: DIES. 2005, 9-38.

HENRICH, DIETER: "Identität" – Begriffe, Probleme, Grenzen, in: MARQUARDT/STIERLE 1979, 133-166.

HILL, JANE A./JONES, PHILIP/MORALES, ANTONIO J. (eds.): Experiencing Power, Generating Authority. Cosmos, Politics, and the Ideology of Kingship in Ancient Egypt and Mesopotamia, Philadelphia 2013.

HIRSCH, EIKE CHRISTIAN: Der berühmte Herr Leibniz. Eine Biographie, München 2016.

HÖLBL, GÜNTHER: Geschichte des Ptolemäerreiches, Darmstadt 1994.

HOCART, MAURICE: Kings and Councilors, Chicago & London 1970 (1936).

— Kingship, Oxford 1927.

HOFBAUER, HANNES: Zensur. Publikationsverbote im Spiegel der Geschichte. Vom kirchlichen Index zur YouTube-Löschung, Wien 2022.

HOFFMANN, FRIEDHELM: Internationale Wissenschaft im hellenistischen Ägypten, in: F. HOFFMANN/K. S. SCHMIDT (Hgg.): Orient und Okzident in hellenistischer Zeit, Vaterstetten 2014, 77-112.

— Ägypten. Kultur und Lebenswelt in griechisch-römischer Zeit. Eine Darstellung nach den demotischen Quellen, Berlin 2000.

— /QUACK, JOACHIM FRIEDRICH: Anthologie der demotischen Literatur, Berlin 2018.

HOLDEN, JAMES H.: A History of Horoscopic Astrology, Tempe 2006.

HONIGMAN, SYLVIE: The Shifting Definition of Greek Identity in Alexandria through the Transition from Ptolemaic to Roman Rule, in: SCHLIESSER 2021, 125-143.

HONIGMANN, ERNST: Die sieben Klimata und die ΠΟΛΕΙΣ ΕΠΙΣΗΜΟΙ. Eine Untersuchung zur Geschichte der Geographie und Astrologie im Altertum und Mittelalter, Heidelberg 1929.

HORKHEIMER, MAX/ADORNO, THEODOR W.: Die Dialektik der Aufklärung. Frankfurt a. M. 1988.

HORNUNG, ERIK (Hg.): Die Unterweltsbücher der Ägypter, Düsseldorf & Zürich 1989.

— Einführung in die Ägyptologie, Darmstadt 1993.

— Der Eine und die Vielen. Altägyptische Götterwelt, 6. Aufl., Darmstadt 2005.

— Geschichte als Fest. Zwei Vorträge zum Geschichtsbild der frühen Menschheit, Darmstadt 1966.

HOWE, ELLIC: Uranias Kinder: Die seltsame Welt der Astrologen und das Dritte Reich, Weinheim 1995.

HSU, CHO-YUN: Ancient China in Transition. An Analysis on Social Mobility, 722–222 B.C., Stanford 1965.

HÜBENER, WOLFGANG: Der dreifache Tod des modernen Subjekts, in: FRANK et al. 1988, 101-127.

HÜBNER, WOLFGANG: Körper und Kosmos: Untersuchungen zur Ikonographie der zodiakalen Melothesie, Wiesbaden 2013.

— Raum, Zeit und soziales Rollenspiel der vier Kardinalpunkte in der antiken Katarchenhoroskopie, München 2003.

— Gender in Ptolemy's Apotelesmatica, in: MHNH 14 (2014), 147-165.

— The Culture of Astrology from Ancient to Renaissance, in: DOOLEY 2014, 17-58 (=2014a).

— Astrologie in der Renaissance, in: BERGDOLT/LUDWIG 2005, 241-279.

— Die Eigenschaften der Tierkreiszeichen in der Antike: Ihre Darstellung und Verwendung unter besonderer Berücksichtigung des Manilius, Stuttgart 1981.

HUGHES, DAVID W.: Astronomical Thoughts on the Star of Bethlehem, in: BARTHEL/VAN KOOTEN 2014, 103-137

HUNGER, HERMANN: Astrological Reports to Assyrian Kings, Helsinki 1992.

— /PINGREE, DAVID: Astral Sciences in Mesopotamia, Leiden 1999.

HUSS, WERNER: Ägypten in hellenistischer Zeit 332-30 v. Chr., München 2001.

INWOOD, BRAD/WARREN, JAMES (eds.): Body and Soul in Hellenistic Philosophy, Cambridge 2020.

IRBY-MASSIE, GEORGIA/KEYSER, PAUL T.: Greek Science of the Hellenistic Era, London/New York 2002.

IVERSEN, ERIK: Egyptian and Hermetic Doctrine, Kopenhagen 1984.

JÄCKEL, MICHAEL: "Bowling alone". Die Soziologie und der Individualismus, in: WILLEMS/HAHN 1999, 211-230.

JAEGER, FRIEDRICH/RÜSEN, JÖRN (Hgg.): Handbuch der Kulturwissenschaften 3: Themen und Tendenzen, Stuttgart 2011.

JAEGER, WERNER: Solons Eunomie (1926), in: Scripta minora I, Rom 1960, 315-337.

— The Theology of the Early Greek Philosophers, Oxford 1947.

JASNOW, RICHARD/ ZAUZICH, KARL-THEODOR: Conversations in the House of Life. A New Translation of the Ancient Egyptian Book of Thoth, Wiesbaden 2014.

JASPERS, KARL: Vom Ursprung und Ziel der Weltgeschichte, Frankfurt/Hamburg 1955.

JÖRDENS, ANDREA/QUACK, JOACHIM FRIEDRICH (Hgg.): Ägypten zwischen innerem Zwist und äusserem Druck. Die Zeit Ptolemaios' VI bis VIII, Wiesbaden 2011.

JÖRISSEN, BENJAMIN/ ZIRFAS, JÖRG (eds.): Schlüsselwerke der Identitätsforschung, Wiesbaden 2010.

JOHNSON, JANET H. (ed.): Life in a Multi-Cultural Society. Egypt from Cambyses to Constantine and Beyond, Chicago 1992.

JONES, ALEXANDER: A Portable Cosmos. Revealing the Antikythera Mechanism, Scientific Wonder of the Ancient World, Oxford 2017.

— Astronomical Papyri from Oxyrhynchus, Philadelphia 1999.

— The Stoics and the Astronomical Sciences, in: INWOOD, BRAD (ed.): The Stoics, Cambridge 2003, 328-344.

— /TAUB, LISA (eds.): The Cambridge History of Science, Vol. 1, *Ancient Science*, Cambridge 2018.

JULLIEN, FRANÇOIS: Der Umweg über China. Ein Ortswechsel des Denkens, Berlin 2002.

JUNGE, MATTHIAS: Individualisierung, Frankfurt/ New York 2002.

JÜTTERMANN, GERD et al. (Hrsgg.): Die Seele. Ihre Geschichte im Abendland, Göttingen 2005.

KAEGI, WERNER: Jacob Burckhardt. Eine Biographie, Bd. 3, Basel 1956.

KARFIK, FILIP: Die Beseelung des Kosmos, München/Leipzig 2004.

KENNEDY, E. S./ PINGREE, DAVID: The Astrological History of Masha'allah, Cambridge Mass. 1971.

KENNEDY, ROBERT F. JR.: The Real Anthony Fauci. Bill Gates, Big Pharma, and the Global War on Democracy and Public Health, New York 2021.

KELSEN, HANS: Society and Nature. A Sociological Inquiry, London 1946.

KERSCHENSTEINER, JULA: Kosmos. Quellenkritische Untersuchungen zu den Vorsokratikern, München 1962.

KEUPP, HEINER: Diskursarena Identität: Lernprozesse in der Identitätsforschung, in: H. KEUPP/R. HÖFER (Hrsgg.): Identitätsarbeit heute. Klassische und aktuelle Perspektiven zur Identitätsforschung, Frankfurt a. M. 1997, 11-39.

KEYSER, PAUL T./ SCARBOROUGH, JOHN (eds.): The Oxford Handbook of Science and Medicine in the Classical World, Oxford 2018.

KEYSER, PAUL T.: The Longue Durée of Alchemy, in: KEYSER/SCARBOROUGH 2018, 409-430.

KIRK, G. S./RAVEN, J. E./SCHOFIELD, M. (eds.): Die vorsokratischen Philosophen, Stuttgart 1994.

KLIBANSKY, RAYMOND/PANOFSKY, ERWIN/SAXL, FRITZ: Saturn und Melancholie. Studien zur Geschichte der Naturphilosophie und Medizin, der Religion und der Kunst, Frankfurt a. M. 1992.

KNÄBL, WOLFGANG: Das Problem der Kontingenz in den Sozialwissenschaften und die Versuche seiner Bannung, in: BECKER 2016, 119-138.

KNAPPICH, WILHELM: Geschichte der Astrologie, Frankfurt a. M. 1967.

KOBUSCH, THEO: Individuum, Individualität I. Antike und Frühscholastik, in: HWPh IV, 300-304.

KOCH, HEIDEMARIE: Es kündet Dareios der König. Vom Leben im persischen Grossreich, Mainz 1992.

KOCH-WESTERNHOLZ, ULLA: Mesopotamian Astrology, Kopenhagen 1995.

KOENEN, LUDWIG: Die Apologie des Töpfers an König Amenophis oder das Töpferorakel, in: BLASIUS/SCHIPPER 2002, 139-197.

KÖNIG, JASON/ OIKONOMUPOULOU, KATERINA/ WOOLF, GREG (eds.): Ancient Libraries, Cambridge 2013.

KOMOROWSKA, JOANNA: Vettius Valens of Antioch. An intellectual monography, Kraków 2004.

KOSELLECK, REINHART: Vergangene Zukunft. Zur Semantik geschichtlicher Zeiten, Frankfurt a. M. 1989.

— Historia Magistra Vitae, in: KOSELLECK 1989, 38–66.

KRÄMER, HANS-JOACHIM: Der Ursprung der Geistmetaphysik. Untersuchungen zur Geschichte des Platonismus zwischen Platon und Plotin, Amsterdam 1964.

— Die Ältere Akademie, in: ÜBERWEG (Die Philosophie der Antike, Bd. 3, 1983, ed. H. FLASHAR), 3-174.

KÜNZL, ERNST: Himmelsgloben und Sternkarten, Darmstadt 2005.

KUTSCHERA, ULRICH: Der Corona-Wahn. Schluss mit Virus-Angst, Ekel-Masken und Impf-Manie, Hamburg 2022.

KYRIELEIS, HELMUT: *theoi horatoi*. Zur Sternsymbolik hellenistischer Herrscherbildnisse, in: Studien zur Klassischen Archäologie (FS F. HILLER), Saarbrücken 1986, 55-72.

LAL, VINAY: The History of History. Politics and Scholarship in Modern India, New Delhi 2003.

LANCIERS, EDDY: Die ägyptischen Priester des ptolemäischen Königskultes (Zusammenfassung), in: JOHNSON 1992, 207-8.

LANGE-EICHBAUM, WILHELM/ KURTH, WOLFRAM: Genie, Irrsinn und Ruhm. Genie-Mythus und Pathographie des Genies, 6. Aufl., München 1967.

LANIERI, ALEXANDRA (Hg.): The Western Time of Ancient History. Historiographical Encounters with the Greek and Roman Pasts, Cambridge 2011.

LAUSEN, TOM/VAN ROSSUM, WALTER: Die Intensiv-Mafia. Von den Hirten der Pandemie und ihren Profiten, München 2021.

LEFKOWITZ, MARY R.: Visits to Egypt in the Biographical Tradition, in: ERLER/SCHORN 2007, 101-113.

LEMAY, RICHARD: Abu Ma 'Shar and Latin Aristotelianism in the Twelfth Century: The Recovery of Aristotle's Natural Philosophy through Arabic Astrology, Beirut 1962.

LEMERT, CHARLES: A history of identity: the riddle at the heart of the mystery of life, in: ELLIOTT 2011, 3-29.

LEPROHON, RONALD J.: Ritual Drama in Ancient Egypt, in: CSAPO/MILLER 2007, 259–292.

LERNER, MICHEL-PIERRE: Le monde des sphères I: Genèse et triomphe d'une représentation cosmique, Paris 1996.

LEWIS, MARK E.: Sanctioned Violence in Early China, New York 1990.

LIGHTFOOT, JANE L.: Pseudo-Manetho, *Apotelesmatica*. Books Two, Three, and Six: Edited with Introduction, Translation, and Commentary, Oxford 2020.

LINDSAY, JACK: Les origines de l'alchimie dans l'Egypte Gréco-Romaine, Monaco 1986.

LIVINGSTONE, ALASDAIR: Hemerologies of Assyrian and Babylonian Scholars, Bethesda 2013.

LÖWITH, KARL: Vom Sinn der Geschichte, in: L. REINISCH (Hg.): Der Sinn der Geschichte, 3. Aufl. München 1967, 31–49.

— Weltgeschichte und Heilsgeschehen, Stuttgart 1953.

LLOYD, GEOFFREY E. R.: Principles and Practices in Ancient Greek and Chinese Science, Aldershot 2006.

— /SIVIN, NATHAN: The Way and the Word. Science and Medicine in early China and Greece, New Haven 2002.

LONG, ANTHONY A.: Representation and the self in Stoicism, in: EVERSON 1991, 102-120.

LOTH, OTTO: Al-Kindi als Astrolog, in: Morgenländische Forschungen, FS H. L. Fleischer, Leipzig 1875, 261-309.

LOTZ, ALMUTH: Der Magiekonflikt in der Spätantike, Bonn 2005.

LOVEJOY, ARTHUR O./ BOAS, GEORGE: Primitivism and Related Ideas in Antiquity, Baltimore 1935.

LUDWIG, WALTHER: Zukunftsvoraussagen in der Antike, der frühen Neuzeit und heute, in: BERGDOLT/LUDWIG 2005, 9-64.

LUHMANN, NIKLAS: Weltzeit und Systemgeschichte, in: Ders.: Soziologische Aufklärung, Bd. 2: Aufsätze zur Theorie der Gesellschaft, Opladen 1975, 103-133.

LYONS, CLAIRE L./PAPADOPOULOS, JOHN K. (eds.): The Archaeology of Colonialism, Los Angeles 2002.

MAAZ, HANS-JOACHIM: Das falsche Leben. Ursachen und Folgen unserer normopathischen Gesellschaft, München 2017.

— Der Gefühlsstau. Psychogramm einer Gesellschaft, München 2010.

MACMILLAN, MARGARET: Krieg. Wie Konflikte die Menschheit prägten, Berlin 2021.

MACMULLEN, RAMSAY: Social History in Astrology, in: AncSoc 2 (1971), 105-116.

MAGEE, ALEXANDER (ed.): The Cambridge Handbook of Western Mysticism and Esotericism, Cambridge 2016.

MAJOR, JOHN S. et al. (eds. and transl.): The Huainanzi. A Guide to the Theory and Practice of Government in Early Han China, New York 2010.

MAKROPOULOS, MICHAEL: Modernität und Kontingenz, München 1997.

MALITZ, JÜRGEN: Die Historien des Poseidonios, München 1983.

MALKIN, IRAD: A Colonial Middle Ground: Greek, Etruscan, and Local Elites in the Bay of Naples, in: LYONS/PAPADOPUOLOS 2002, 121-147.

MANITIUS, KARL: Des Hypsikles Schrift Anaphorikos nach Überlieferung und Inhalt kritisch behandelt, Dresden 1888

MANSFELD, JAAP (Hg.): Die Vorsokratiker, Bd. I, Stuttgart 1983.

MARQUARD, ODO: Der Einzelne. Vorlesungen zur Existenzphilosophie, Stuttgart 2013.

— / STIERLE, KARLHEINZ (eds.): Identität, München 1979.

MARTELLI, MATTEO: The Four Books of Pseudo-Democritus, London/New York 2013.

MASTORAKOU, STAMATINA: Aratus and the Popularization of Hellenistic Astronomy, in: BOWEN/ROCHBERG 2020, 383-397.

MATUSCHEK, STEFAN: Der gedichtete Himmel. Eine Geschichte der Romantik, München 2021.

MAUL, STEFAN M.: Die Wahrsagekunst im Alten Orient. Zeichen des Himmels und der Erde, München 2013.

— Sonnenfinsternisse in Assyrien: Eine Bedrohung der Weltordnung, in: H. KÖHLER et al. (Hgg.): „Stürmend auf finsterem Pfad". Ein Symposium zur Sonnenfinsternis in der Antike, Heidelberg 2000, 1-12.

MAUL, THOMAS: Was man wann wissen konnte. Hinweise zur Aufarbeitung der Corona-Verbrechen, Norderstedt 2023.

MC GINN, BERNARD: Visions of the End. Apocalyptic Traditions in the Middle Ages, New York 1979.

— The Calabrian Abbot. Joachim of Fiore in the History of Western Thought, New York 1985.

MEAD, GEORGE H.: Geist, Identität. Leiblichkeit, Frankfurt a. M. 1973.

MEIER, CHRISTIAN: Die Entstehung des Politischen bei den Griechen, Frankfurt a. M. 1983.

MEINZER, MICHAEL: Der französische Revolutionskalender (1792 - 1805), Planung, Durchführung und Scheitern einer politischen Zeitrechnung, Oldenburg 1992.

MEISSNER, BURKHARD: Historiker zwischen Polis und Königshof, Göttingen 1992.

MEYEN, MICHAEL: Cancel Culture. Wie Propaganda und Zensur Demokratie und Gesellschaft zerstören, Berlin 2024.

MEYER, HOLT et al. (eds.): SpaceTime and the Imperial, Berlin/Boston 2017.

MICHEL, JEAN-DOMINIQUE: Autopsie d'un désastre. Mensonges et corruption autour du covid, Ferrières 2024.

MILL, JOHN STUART: On Liberty, Kitchener, Ontario 2001.

MOMIGLIANO, ARNALDO: Alien Wisdom. The Limits of Hellenization, Cambridge 1975.

MONTELLE, CLEMENCY: The Celestial Sphere, in: BOWEN/ROCHBERG 2020, 9-23.

MOREAU, JOSEPH L.: L'âme du monde de Platon aux Stoïciens, Paris 1939.

MORESCHINI, CLAUDIO: Die Rezeption des Asclepius in der Renaissance, in: GALL 2021, 283-306.

MORRIS, ELLEN: Propaganda and Performance at the Dawn of the State, in: HILL et al. 2013, 33-64.

MORRIS, ROSALIND C.: Can the Subaltern Speak? Reflections on the History of an Idea, New York 2010.

MOYER, IAN S.: Egypt and the Limits of Hellenism, Cambridge 2011.

MÜHLMANN, WILHELM E./MÜLLER, ERNST W. (Hgg.): Kulturanthropologie, Köln/Berlin 1966.

MÜLLER, REIMAR: Die Entdeckung der Kultur. Antike Theorien von Homer bis Seneca, Düsseldorf/Zürich 2003.

MÜLLER-ULLRICH, BURKHARD: Ich-habe-mitgemacht. Das Archiv des Corona-Unrechts, 2023
(Kontrafunk-Verlag).

MYRES, J. L.: Herodotus. Father of History, Oxford 1953.

NANDY, ASHIS: History's Forgotten Doubles, in: History and Theory 34, 2 (1995), 44–66.

NEEDHAM, JOSEPH: Science and Civilisation in Ancient China, vol. 2: History of Scientific Thought, Cambridge 1956.

NEUGEBAUER, OTTO/ VAN HOESEN, HENRY BARTLETT: Greek Horoscopes, Philadelphia 1959.

NEWMAN, WILLIAM R./ GRAFTON, ANTHONY (eds.): Secrets of Nature. Astrology and Alchemy in Early Modern Europe, Cambridge, Mass. 2001.

NEYER, FRANZ J./ASENDORPF, JENS B.: Psychologie der Persönlichkeit, 6. Aufl., Berlin 2018.

NISSING, HANS-GREGOR (Hg.): Natur. Ein philosophischer Grundbegriff, Darmstadt 2010.

NOCK, ARTHUR D./ FESTUGIÈRE, ANDRÉ: Corpus Hermeticum, Paris (4 Bde.) 1945-1954.

NORTH, J. D.: Astrology and the Fortune of Churches, in: Centaurus 24 (1980), 181–211.

— Some Norman Horoscopes, in: CH. BURNETT (ed.): Adelard of Bath. Scientist and Arabist of the early twelfth century, London 1987, 147-161.

OEHLER, KLAUS: Subjektivität und Selbstbewusstsein in der Antike, in: FETZ et al. 1998, 153-176.

OESTMANN, GÜNTHER et al.: Horoscopes and public spheres. Essays in the history of astrology, Berlin 2005.

OLSHAUSEN, ECKART: Eratosthenes in der geographischen Tradition der Griechen, in: RATHMANN 2007, 103-110.

OSTERHAMMEL, JÜRGEN: Die Verwandlung der Welt. Eine Geschichte des 19. Jahrhunderts, München 2011.

PABST, ANGELA: Kaiser Augustus, Stuttgart 2014.

PACHOUMI, ELENI: The Religious-Philosophical Concept of Personal Daimon, in: Philologus 157 (2023), 46-69.

PANAGIOTIS, P. IOSSIF et al.: More than Men, less than Gods. Studies on Royal Cult and Imperial Worship, Leuven 2011.

PANKENIER, DAVID W.: Astrology and Cosmology in Early China. Conforming Earth to Heaven, Cambridge 2013.

PARPOLA, SIMO: Letters from Assyrian and Babylonian Scholars, Helsinki 1993.

PATTON, KIMBERLEY C.: Discussion, in: CSAPO/MILLER 2007, 361–375.

PAYNE, RICHARD: A State of Mixture. Christians, Zoroastrians, and Iranian Political Culture in Late Antiquity, Oakland 2015.

PETERSON, ERIK: Der Monotheismus als politisches Problem. Ein Beitrag zur Geschichte der politischen Theologie im Imperium Romanum, Leipzig 1935.

PFEIFFER, STEFAN: Die Ptolemäer. Im Reich der Kleopatra, Stuttgart 2017.

— Herrscher- und Dynastiekulte im Ptolemäerreich: Systematik und Einordnung der Kultformen, München 2008.

— /KLINKOTT, HILMAR: Legitimizing the Foreign King in the Ptolemaic and Seleucid Empires. The Role of Local Elites and Priests, in: FISCHER-BOVET/VON REDEN 2021, 233-261.

PFISTER, FRIEDRICH: Art. Epiphanie, in: RE Suppl. IV (1924), 277–323.

PINGREE, DAVID: The Thousands of Abu Ma'shar, London 1968.

— From Astral Omens to Astrology. From Babylon to Bīkāner, Rom 1997.

— The Yananajātaka of Spujidhvaja, Cambridge Mass. 1978 (I & II).

PITTS, MARTIN/VERSLUYS, MIGUEL JOHN: Globalisation and the Roman world: perspectives and opportunities, in: PITTS/VERSLUYS 2015, 3-31.

— Globalisation and the Roman world. World History, connectivity and material culture, Cambridge 2015.

PLEŠE, ZLADKO: Die Hintergründe des Corpus Hermeticum: Autoren, Leser, Gemeinschaften, in: GALL 2021, 145-170.

POLITIS, VASILIS: Aristotle and the Metaphysics, London/New York 2004.

PRICE, SIMON: Rituals and Power. The Roman Imperial Cult in Asia Minor, Cambridge 1984.

PRINCIPE, LAWRENCE M.: The Secrets of Alchemy, Chicago 2013.

QUACK, JOACHIM F.: Egypt as an astronomical-astrological centre between Mesopotamia, Greece, and India, in: BROWN 2018, 69-123.

— On the Concomitancy of the Seemingly Incommensurable, or, Why Egyptian Astral Tradition Needs to be Analyzed within its Cultural Context, in: STEELE 2016, 230-244.

— "As he Disregarded the Law, he was Replaced During his Own Lifetime". On Criticism of Egyptian Rulers in the So-Calles *Demotic Chronicle*, in: BÖRM 2015, 25-43.

— Zeit, Krise und Bewältigung: Ägyptische Zeiteinheiten, ihre Schutzgötter und deren bildliche Umsetzung, in: TH. GREUB (Hg.): Das Bild der Jahreszeiten im Wandel der Kulturen und Zeiten, München 2013, 73-98.

— The Naos of the Decades and its Place in Egyptian Astrology, in: ROBINSON/WILSON 2010, 175-181.

— Einführung in die altägyptische Literaturgeschichte III. Die demotische und gräko-ägyptische Literatur, 2. Aufl., Münster 2009.

— War der Meder an allem schuld? Zur Frage des realhistorischen Hintergrundes der gräkoägyptischen prophetischen Literatur, in: JÖRDENS/QUACK 2011, 103-131.

— Beiträge zu den ägyptischen Dekanen und ihrer Rezeption in der griechisch-römischen Welt (FU Berlin 2002, noch unpubl. Habilitationsschrift).

— /RYHOLT, KIM: Petese Interpreting Astrology by Imhotep to King Nechepsos, in: DIES.: Demotic Literary Texts from Tebtunis and Beyond, The Carlsberg Papyri 11, Kopenhagen 2019, 161-183.

QUANTE, MICHAEL (Hrsg.): Personale Identität, Paderborn 1999.

RAAB, JÜRGEN/ SOEFFNER, HANS-GEORG: Lebensführung und Lebensstile – Individualisierung, Vergemeinschaftung und Vergesellschaftung im Prozess der Modernisierung, in: JAEGER/ RÜSEN 2011, 341-355.

RAAFLAUB, KURT/WALLACE, ROBERT W.: "People's Power" and Egalitarian Trends in Archaic Greece, in: RAAFLAUB/OBER/WALLACE 2007, 22–48.

— /OBER, JOSIAH/WALLACE, ROBERT W. (eds.): Origins of Democracy in Ancient Greece, Berkeley 2007.

RATHMANN, MICHAEL (Hg.): Wahrnehmung und Erfassung geographischer Räume in der Antike, Mainz 2007.

— Wahrnehmung und Erfassung geographischer Räume im Hellenismus am Beispiel Asiens, in: RATHMANN 2007, 81-102.

RAUTHMANN, JOHN F.: Persönlichkeitspsychologie. Paradigmen – Strömungen – Theorien, Berlin 2017.

REBENICH, STEFAN: *Monarchie*, in: Reallexikon für Antike und Christentum 24 (2012), Sp. 1112–1196.

— Altertum und Moderne. Das Bild der Antike in den Geschichtlichen Grundbegriffen, in: CANCIK *et al.* 2020, 305-337.

— / WIENAND, JOHANNES (Hgg.): Monarchische Herrschaft im Altertum, Berlin 2017.

— Monarchische Herrschaft im Altertum. Zugänge und Perspektiven, in: REBENICH/WIENAND 2017, 1-41.

RECKWITZ, ANDREAS: Die Gesellschaft der Singularitäten, Frankfurt a. M. 2019.

REEVES, MARJORIE: The Influence of Prophecy in the Later Middle Ages. A Study in Joachimism, Oxford 1969.

REHLINGHAUS, FRANZISKA: Die Semantik des Schicksals. Zur Relevanz des Unverfügbaren zwischen Aufklärung und Erstem Weltkrieg, Göttingen 2015.

REIMANN, SARAH: Die Entstehung des wissenschaftlichen Rassismus im 18. Jahrhundert, Stuttgart 2017.

REINER, ERICA: Babylonian Celestial Divination, in: SWERDLOW 1999, 21-38.

REINHARDT, KARL: Kosmos und Sympathie, München 1926.

REYDAMS-SCHILS, GRETCHEN: Demiurge and Providence. Stoic and Platonist Readings of Plato's Timaeus, Turnhout 1999.

RICE, E. E.: The Grand Procession of Ptolemy Philadelphos, Oxford 1983

RIST, JOHN: Stoic Philosophy, London 1969.

RITNER, ROBERT K.: Implicit Models of Cross-Cultural Interaction: A Question of Noses, Soap, and Prejudice, in: JOHNSON 1992, 283-290.

ROBERTSON, ROLAND/INGLIS DAVID: The global *animus*, in: GILLS/THOMPSON 2006, 33-47.

ROBINSON, DAMIAN/WILSON, ANDREW (eds.): Alexandria and the North-Western Delta, Oxford 2010.

ROBINSON, T. M.: The Defining Features of Mind-Body Dualism in the Writings of Plato, in: WRIGHT/POTTER 2000, 37-55.

ROCHBERG, FRANCESCA: Before Nature. Cuneiform Knowledge and the History of Science, Chicago 2016.

— In the Path of the Moon. Babylonian Celestial Divination and Its Legacy, Leiden 2010.

— The Heavenly Writing. Cambridge 2004.

— Babylonian Horoscopes, Philadelphia 1998.

ROCHBERG-HALTON, FRANCESCA: Babylonian Horoscopes and their Sources, in: Orientalia N. S. (1989), 102-23.

— Aspects of Babylonian Celestial Divination: The Lunar Eclipse Tablets of Enuma Anu Enlil, Horn 1988.

ROEDER, GÜNTHER: Kulte und Orakel im alten Ägypten, Düsseldorf/ Zürich 1998.

RÖHRIG, BRIGITTE: Die Corona-Verschwörung. Wie Milliardäre, Politiker und Staatsdiener wissentlich und willentlich Freiheit und Gesundheit ausradierten, Berlin 2023.

ROETZ, HEINER: Zu den Antizipationen modernen Denkens in der chinesischen Philosophie der Achsenzeit, in: CANCIK et al. 2020, 61-88.

RÖHR, JULIUS: Der okkulte Kraftbegriff im Altertum, Leipzig 1923 (= Philologus Suppl. XVII Heft 1).

ROHBECK, JOHANNES/NAGL-DOCEKAL, HERTA (Hgg.): Geschichtsphilosophie und Kulturkritik. Historische und systematische Studien, Darmstadt 2003.

ROMEYER DHERBEY, G./VIANO, C.: Corps et âme. Études sur le *De anima* d'Aristote, Paris 2019.

ROSA, HARTMUT et al. (Hgg.): Soziologische Theorien, 3. Aufl,, Göttingen 2018.

ROSS, MICAH T.: Demotic Horoscopes, in: BOWEN/ROCHBERG 2020, 447-463.

— Hellenistic Egyptian Planetary Theory, in: BOWEN/ROCHBERG 2020, 160-165.

RÜGGEMEIER, JAN: Alexandria: Hub of the Hellenistic World, in: SCHLIESSER et al. 2021, XII-L.

RUDOLPH, ENNO: Odyssee des Individuums. Zur Geschichte eines vergessenen Problems, Stuttgart 1991.

— Von der antiken Ontologie zur modernen Anthropologie des Individuums, in: CANCIK et al. 2020, 133-142.

RUTHERFORD, IAN (ed.): Greco-Egyptian Interactions. Literature, Translation, and Culture, 500 BCE-300 CE, Oxford 2016.

RUTKIN, DARREL: Sapientia Astrologica: Astrology, Magic and Natural Knowledge, ca. 1250-1800. I. Medieval Structures (1250-1500): Conceptual, Institutional, Socio-Political, Theologico-Religious and Cultural, Cham 2019.

RYHOLT, KIM: New Light on the Legendary King Nechepsos of Egypt, in: JEA 97 (2011), 61-72.

— Libraries in ancient Egypt, in: KÖNIG et al. 2013, 23-37.

SACHS, ABRAHAM: Babylonian Horoscopes, in: JCS 6 (1952), 49-74.

SAMBURSKY, SHMUEL: Physics of the Stoics, London 1987 (Repr. von 1959).

SAUNERON, SERGE: The Priests of Ancient Egypt. New Edition, Ithaca NY 2000.

SCHÄFER, LOTHAR: Das Paradigma am Himmel. Platon über Natur und Staat, Freiburg/München 2005.

— Herrschaft und Vernunft in Platons TIMAIOS, in: L. SCHÄFER/E. STRÖKER (Hgg.):Naturauffassungen in Philosophie, Wissenschaft und Technik, Bd. I, Freiburg 1993, 49-83.

SCHEFER, CHRISTINA: Platon und Apollon. Vom Logos zurück zum Mythos, St. Augustin 1996.

SCHELLER, BENJAMIN: Kontingenzkulturen – Kontingenzgeschichten. Zur Einleitung, in: BECKER et al. 2016, 10-30.

SCHIRREN, THOMAS: Jeder Mensch ein Künstler?! Der moderne Mensch als Erbe der Sophisten. Eine Spurensuche, in: CANCIK et al. 2020, 143-176.

SCHLIESSER, BENJAMIN et al. (eds.): Alexandria. Hub of the Hellenistic World, Tübingen 2021.

SCHMID, ALFRED: Der Einspruch gegen die eigene Modernität: Prolegomena zur Dialektik der Moderne, in: CANCIK et al. 2020, 89-109.

— Die Geburt des Historischen aus dem Geiste der Politik. Zur Bedeutung frühgriechischer Geschichtsschreibung, mit einem Seitenblick auf China, Basel 2016.

— Augustus und die Macht der Sterne. Antike Astrologie und die Etablierung der Monarchie in Rom, Köln/Weimar 2005.

— Kinesis, Physis, Politik – 'Anschauungsform' bei Thukydides, in: WüJbb NF 22 (1998), 47–72.

— Epoche als Ritual. Anmerkungen zu den augusteischen Säkularspielen, in: A. V. MÜLLER/J. V. UNGERN-STERNBERG (Hgg.): Die Wahrnehmung des Neuen in Antike und Renaissance (= Colloquium Rauricum 9), München/ Leipzig 2004, 90–103.

— Das ptolemäische Weltbild, in: A. LOPRIENO (Hg.): Mensch und Raum von der Antike bis zur Gegenwart (= Colloquium Rauricum 9), München/ Leipzig 2006, 127–149.

— Der Himmel als Präsenz des Ursprungs. Intentionen antiker Physiko-Theologie, in: E. ANGEHRN (Hg.): Die Frage nach dem Ersten in Philosophie und Kulturwissenschaft (=Coll. Raur. 10), Berlin/ New York 2007, 61-83.

—Astrologie als Einspruch – aber gegen was?, in: G. P. URSO (ed.): Ordine e sovversione nel mondo greco e romano. Att. conv. Cividale del Friuli, Pisa 2009, 207-222.

— Ein Strukturvergleich der altorientalischen und der historisch-mediterranen Königsherrschaften, in: TH. R. KÄMMERER (ed.): Identities and Societies in the Ancient East-Mediterranean Regions. Comparative Approaches, Münster 2011, 277–286.

— Die Macht des Schicksals: Zur antiken Vorgeschichte des Reichsapfels, in: MEYER 2017, 285-301.

— Zur Konzeption des Geschichtlichen bei Jacob Burckhardt. Überlegungen anlässlich der Neuedition des vierten Bandes der Griechischen Culturgeschichte, in: AKG 94, 2 (2012), 433–449.

— The Authority of the Roman Heavens, in: BOWEN/ROCHBERG 2020 (=2020a), 347-357.

— The Peace of Augustus, the Equinox, and the Centre of the World, in: J. A. NORTH (ed.): The Religious History of the Roman Empire. The Republican Centuries, Oxford 2023, 350—388.

SCHMIDT, KATHARINA: Kosmologische Aspekte im Geschichtswerk des Poseidonios, Göttingen 1980.

SCHMIDT, KIRSTEN: Was sind Gene nicht? Über die Grenzen des biologischen Essentialismus, Bielefeld 2014.

SCHMIDT, ROBERT: Kepler College Sourcebook of Hellenistic Astrological Texts, Cumberland 2005.

SCHMIEDER, FALKO: Gleichzeitigkeit des Ungleichzeitigen. Zur Kritik und Aktualität einer Denkfigur, in: Zeitschrift für kritische Sozialtheorie und Philosophie 2017, 4 (1-2), 325-363.

SCHMITZ, WINFRIED: Haus und Familie im antiken Griechenland, München 2007.

SCHNIEDER, BENJAMIN: Substanz und Unabhängigkeit, in: TRETTIN 2005, 53-80.

SCHOENER, GUSTAV-ADOLF: Astrologie in der Europäischen Religionsgeschichte. Kontinuität und Diskontinuität, Frankfurt a. M. 2016.

SCHOLZ, PETER: Der Philosoph und die Politik: Die Ausbildung der philosophischen Lebensform und die Entwicklung des Verhältnisses von Philosophie und Politik im 4. und 3. Jh. v. Chr., Stuttgart 1998.

SCHORN, STEFAN: 'Periegetische Biographie' – 'Historische Biographie'. Neanthes von Kyzikos (FgrHist 84) als Biograph, in: ERLER/SCHORN 2007, 115-156.

SCHÜTZ, ASTRID et al.: Lehrbuch Persönlichkeitspsychologie, Bern 2016.

SCHULZE, GERHARD: Die Erlebnisgesellschaft. Kultursoziologie der Gegenwart, Frankfurt/New York 2005.

SCHULZE-EISENTRAUT, HARALD/ ULFIG, ALEXANDER (Hgg.): Gender Studies. Wissenschaft oder Ideologie?, Baden-Baden 2019.

SCOTT, ALAN: Origen and the Life of the Stars. A History of an Idea, Oxford 1991.

SEGALERBA, GIANLUIGI: Aspekte der Substanz bei Aristoteles, in: H. V. GUTSCHMIDT et al. (Hrsgg.): Substantia – Sic et Non, Frankfurt/ New Brunswick 2008, 35-84.

SHANKMAN, STEVEN/DURRANT, STEPHEN: The Siren and the Sage. Knowledge and Wisdom in Ancient Greece and China, London/New York 2000.

SHARPLES, ROBERT W.: Philosophy for Life, in: Bugh 2006, 223–240.

SHAW, GARRY J.: Götter am Nil. Ägyptische Mythologie für Einsteiger, Darmstadt 2015.

SHOEMAKER, SIDNEY: Personen und ihre Vergangenheit, in: QUANTE 1999, 31-70.

SIMEK, RUDOLF: Erde und Kosmos im Mittelalter. Das Weltbild vor Kolumbus, München 1992.

SIMIAND, FRANÇOIS: Historische Methode und Sozialwissenschaft, in: M. MIDDELL/ ST. SAMMLER (Hgg.): Alles Gewordene hat Geschichte. Die Schule der ANNALES in ihren Texten, Leipzig 1994, 168-232.

SIMMEL, GEORG: Das individuelle Subjekt. Philosophische Exkurse. Herausgegeben und eingeleitet von Michael Landmann, Frankfurt a. M. 1987.

SIMON, MARCEL (ed.): Les syncrétismes dans les religions grecque et romaine (Coll. Strasbourg 9-11 juin 1971), Paris 1973.

SMITH, JONATHAN Z.: Map is not Territory, Chicago 1993.

SMOLLER, LAURA A.: History, Prophecy, and the Stars. The Christian Astrology of Pierre d'Ailly, 1350-1420, Princeton 1994.

SÖNNICHSEN, ANDREAS: Die Angst- und Lügenpandemie. Ein Beitrag zur Aufarbeitung der Coronakrise, Norderstedt 2023.

SONNTAG, MICHAEL: „Das Verborgene des Herzens". Zur Geschichte der Individualität, Reinbek bei Hamburg 1999.

SORABJI, RICHARD: Porphyry on self-awareness, true self, and individual, in: G. KARAMANOLIS/ A. SHEPPARD (eds.): Studies on Porphyry, London 2007, 61-69.

SPAEMANN, ROBERT: Natur, in: NISSING 2010, 21-34.

SPIVAK, GAYATRI CHAKRAVORTY: „Can the Subaltern Speak?": revised edition from the „History" Chapter of Critique of Postcolonial Reason, in: MORRIS 2010, 21-78.

STEEL, CARLOS et al. (eds.): The Astrological Autobiography of a Medieval Philosopher. Henry Bate's Nativitas (1280-81), Leuven 2018.

STEELE, JOHN (ed.): The Circulation of Astronomical Knowledge in the Ancient World, Leiden 2016.

STEGEMANN, VIKTOR: Art. Horoskopie, in: Handwörterbuch des deutschen Aberglaubens, Bd. 4 (1931f.), 342-400.

STEPHENS, SUSAN: Plato's Egyptian Republic, in: RUTHERFORD 2016, 41-59.

STERNBERG EL-HOTABI, HEIKE: Ägyptische Religion und Hermetismus am Beispiel des Asclepius, in: GALL 2021, 223-263.

STEVENS, KATHRYN: Between Greece and Babylonia. Hellenistic Intellectual History in Cross-Cultural Perspective, Cambridge 2019.

STEWART, CHARLES/ SHAW ROSALIND: Syncretism/ Anti-Syncretism: The Politics of Religious Synthesis, London/ New York 1994.

STOLLBERG-RILINGER, BARBARA (Hg.): Ideengeschichte, Stuttgart 2010.

STRAUB, JÜRGEN: Personale und kollektive Identität. Zur Analyse eines theoretischen Begriffs, in: ASSMANN/ FRIESE 1998, 73-104.

— Identität, in: F. JAEGER/ B. LIEBSCH (Hgg.): Handbuch der Kulturwissenschaften, Bd. 1 (Grundlagen und Schlüsselbegriffe), Stuttgart/ Weimar 2011, 277-303.

STROOTMAN, ROLF: Courts and Elites in the Hellenistic Empires. The Near East After the Achaemenids, c. 330 to 30 BCE, Edinburgh 2014.

STRUCK, PETER T.: Divination and Human Nature. A Cognitive History of Intuition in Classical Antiquity, Princeton 2016.

SZLEZÁK, THOMAS A.: 'Seele' bei Platon, in: KLEIN 2005, 65-86.

— Der Begriff 'Seele' als Mitte der Philosophie Platons, in: CRONE 2010, 13–34.

SWERDLOW, N. M. (ed.): Ancient Astronomy and Celestial Divination, Cambridge (Mass.) 1999.

TALKENBERGER, HEIKE: Sintflut. Prophetie und Zeitgeschehen in Texten und Holzschnitten astrologischer Flugschriften 1488-1528, Tübingen 1990.

TARRANT, HAROLD: Thrasyllan Platonism, Ithaca N. Y. 1993.

TAUB, LIBA CH.: Ptolemy's Universe. The Natural Philosophical and Ethical Foundations of Ptolemy's Astronomy, Chicago 1993.

TAYLOR, CHARLES: Quellen des Selbst. Die Entstehung der neuzeitlichen Identität, Frankfurt a. M. 1996.

TERIO, SIMONETTA: Der Steinbock als Herrschaftszeichen des Augustus, Münster 2006.

TESTER, JIM: A History of Western Astrology, New York 1989.

THAGARD, PAUL R.: Why Astrology is a Pseudoscience, in: PSA: Proceedings of the Biennial Meeting of the Philosophy of Science Association (1978), 223-234.

THEILER, WILLY: Zur Geschichte der teleologischen Naturbetrachtung bis auf Aristoteles, Diss. Basel 1924.

THISSEN, HEINZ JOSEF: Das Lamm des Bokchoris, in: BLASIUS/SCHIPPER 2002, 113-138.

THOMPSON, DOROTHY J.: Memphis under the Ptolemies, Princeton (2nd ed.) 2012.

THORNDIKE, LYNN: A history of magic and experimental science during the first thirteen centuries of our era, New York 1923–60.

TOOLEY, MARIAN J.: Bodin and the Mediaeval Theory of Climate, in: Speculum 28 (1953), 64-83.

TORNAU, CHRISTIAN: Platonische Philosophie im *Asclepius*, in: GALL 2021, 171-222

TRETTIN, KÄTHE (Hrsg.): Substanz. Neue Überlegungen zu einer klassischen Kategorie des Seienden, Frankfurt a. M. 2005.

TREUSCH-DIETER, GERBURG: Metamorphose und Struktur. Die Seele bei Platon und Aristoteles, in: JÜTTERMANN 2005, 15-42.

TUAT = Texte aus der Umwelt des Alten Testaments, Hgg. O. KAISER *et al.*; Gütersloh 1986-1991 (ND Darmstadt 2019).

UHL, ELKE: Gebrochene Zeit? Ungleichzeitigkeit als geschichtsphilosophisches Problem, in: ROHBECK/NAGL-DOCEKAL 2003, 50-74.

ULLMAN, WALTER: A History of Political Thought: The Middle Ages, Harmondsworth 1970.

ULRICH, JÖRG: Individualität als politische Religion, Albeck 2002.

UTZINGER, CHRISTIAN: *Periphrades Aner*. Untersuchungen zum ersten Stasimon der Sophokleischen „Antigone" und zu den antiken Kulturentstehungstheorien, Göttingen 2003.

VANDEN BROECKE, STEVEN: The Limits of Influence. Pico, Louvain, and the Crisis of Renaissance Astrology, Leiden 2003.

VAN DER EIJK, PHILIP: Galen on Soul, Mixture and Pneuma, in: INWOOD/WARREN 2020, 62-88.

— Aristotle's Psycho-physiological Account of the Soul-Body Relationship, in: WRIGHT/POTTER 2000, 57-77.

354

VAN DER LOO, HANS/ VAN REIJEN, WILLEM: Modernisierung. Projekt und Paradox, München 1997.

VANDORPE, KATELIJN (ed.): A Companion to Greco-Roman and Late Antique Egypt, Hoboken 2019.

—— /CLARYSSE, WILLY: Cults, Creeds, and Clergy in a Multicultural Context, in: VANDORPE 2019, 408-427.

VAN ROSS, ANDREW: *Incertus et inaestimabilis.* Kontingenz und Risikopraxis in der mittleren römischen Republik, in: BERNHARDT 2018, 45-63.

VARELA, MARIA DO MAR CASTRO/DHAWAN, NIKITA: Postkoloniale Theorie. Eine kritische Einführung, 2. Aufl., Bielefeld 2015.

VEÏSSE, ANNE-EMMANUELLE: Les „révoltes égyptiennes". Recherches sur les troubles intérieurs en Égypte du règne de Ptolémée III à la conquête romaine, Leuven 2004.

VERBRUGGHE, GERALD P./WICKERSHAM, JOHN M.: Berossos and Manetho. Introduced and Translated, Ann Arbor 1996.

VERNANT, JEAN-PIERRE: Les origines de la pensée grecque, Paris 1962.

—— Mythe et pensée chez les Grecs, I & II, Paris 1974.

VERSLUYS, MIGUEL JOHN: Visual Style and Constructing Identity in the Hellenistic World. Nemrud Dağ and Commagene under Antiochos I, Cambridge 2017.

VIANO, CRISTINA: Greco-Egyptian Alchemy, in: JONES/TAUB 2018, 468-482.

VOEGELIN, ERIC: Ordnung und Geschichte, Bd. I, Die kosmologischen Reiche des Alten Orients – Mesopotamien und Ägypten, München 2002.

—— Der Gottesmord, München 1999.

—— Order and History. Vol. IV: The Ecumenic Age, Baton Rouge/London 1974.

—— Order and History. Vol. I: Israel and Revelation, Baton Rouge/London 1956.

VOGT, PETER: Kontingenz und Zufall. Ein Ideen- und Begriffsgeschichte, Berlin 2011.

VAN ROSSUM, WALTER: Meine Pandemie mit Professor Drosten. Vom Tod der Aufklärung unter Laborbedingungen, Neuenkirchen 2021.

VON BEZOLD, FRIEDRICH: Astrologische Geschichtsconstruction im Mittelalter, in: Deutsche Zeitschrift für Geschichtswissenschaft 8 (1892), 29-71.

VON BOMHARD, ANNE-SOPHIE: The Naos of the Decades – The Discovery of new Fragments and their Contribution to the Interpretation of the Monument, in: ROBINSON/WILSON 2010, 161-173.

VON HUMBOLDT, WILHELM: Schriften zur Anthropologie und Geschichte (= Werke in fünf Bänden I), Darmstadt 1960.

VON LIEVEN, ALEXANDRA: Grundriss des Laufes der Sterne, Das sogenannte Nutbuch, Kopenhagen 2007.

—— Schweine, Fische, Insekten und Sterne: Über das bemerkenswerte Leben der Dekane nach dem Grundriss des Laufes der Sterne, in: M. GELLER/K. GEUS (Hgg.): Productive Errors: Scientific Concepts in Antiquity, Berlin (TOPOI) 2012, 115-141 (preprint).

—— Divination in Ägypten, in: AoF 26 (1999), 77-126.

—— Das Göttliche in der Natur erkennen. Tiere, Pflanzen und Phänomene der unbelebten Natur als Manifestationen des Göttlichen, in: ZÄS 131 (2004), 156-172.

VON MOOS, PETER: Unverwechselbarkeit. Persönliche Identität und Identifikation in der vormodernen Gesellschaft, Köln/ Weimar 2004.

VON STADEN, HEINRICH: Body, Soul, and Nerves: Epicurus, Herophilus, Erasistratus, the Stoics and Galen, in: WRIGHT/POTTER 2000, 79-116.

VON STUCKRAD, KOCKU: Geschichte der Astrologie. Von den Anfängen bis zur Gegenwart, München 2003.

WALBANK, FRANK: Polybius, Rome and the Hellenistic World. Essays and Reflections, Cambridge 2002.

WALKER, SUSAN/BIERBRIER, MORRIS (eds.): Ancient Faces. Mummy Portraits from Roman Egypt, London 1997.

WANG, ROBIN R.: Yinyang. The Way of Heaven and Earth in Chinese Thought and Culture, Cambridge 2012.

WARBURG, ABY: Heidnisch-antike Weissagung in Wort und Bild (Leipzig 1920), in: Ausgewählte Schriften (Saecula Spiritualia I), hrsg. von D. WUTTKE, Baden-Baden 1979, 199-304.

WATSON, BURTON: Ssu-ma Ch'ien. Grand Historian of China, New York/Lon-don 1958.

WEBER, PETER JOHANNES: Die Bibliothek von Hans Meyer und das Traumbuch Cardani, in: Freiburger Geschichtsblätter 76 (1999), 227-236.

WEHRLI, FRITZ: Der Peripatos bis zum Beginn der römischen Kaiserzeit, in: ÜBERWEG (Die Philosophie der Antike, Bd. 3, 1983, ed. H. FLASHAR), 459-599.

WEIL, ERIC: La Philosophie de Pietro Pomponazzi. Pic de Mirandole et la critique contre l'astrologie, Paris 1985.

WIEMER, HANS-ULRICH: Siegen oder Untergehen? Die hellenistische Monarchie in der neueren Forschung, in: REBENICH/WIENAND 2017, 305-339.

WIGGINS, DAVID: Substance, in: TRETTIN 2005, 105-144.

WINIARCZYK, MAREK: Die hellenistischen Utopien, Berlin/Boston 2011.

WINKLER, ANDREAS: Looking at the Future. Divination and Astrology in Ancient Egypt, Diss. Uppsala 2011 (noch unpubl.).

— Some Astrologers and their Handbooks in Demotic Egyptian, in: STEELE 2016, 245-286.

— Stellar Scientists: The Egyptian Temple Astrologers, in: JANEH 8(1-2), 2021, 91-145.

WILDBERG, CHRISTIAN: Astral Discourse in the Philosophical Hermetica (Corpus Hermeticum), in: BOWEN/ROCHBERG 2020, 580-604.

WILLEMS, HERBERT/HAHN, ALOIS (Hrsgg.): Identität und Moderne, Frankfurt a. M. 1999.

WODARG, WOLFGANG: Falsche Pandemien. Argumente gegen die Herrschaft der Angst, München 2021.

WOLIN, SHELDON S.: Umgekehrter Totalitarismus. Faktische Machtverhältnisse und ihre Auswirkungen auf unsere Demokratie, Frankfurt a. M. 2022.

WOLKENHAUER, ANJA: Sonne und Mond, Kalender und Uhr. Studien zur Darstellung und Reflexion der Zeitordnung in der römischen Literatur, Berlin 2011.

WRIGHT, JOHN P./POTTER, PAUL (eds.): Psyche and Soma. Physicians and Metaphysicians on the Mind-Body Problem from Antiquity to Enlightenment, Oxford 2000.

YAMAMOTO, KEJI/BURNETT, CHARLES (ed. and transl.): On historical astrology: the Book of Religions and Dynasties (On the Great Conjunctions)/Abu Ma'shar, Leiden 2000.

YATES, FRANCIS: Giordano Bruno and the Hermetic Tradition, London/New York 2002.

YOUNG, ROBERT C.: White Mythologies. Writing History and the West, 2nd edition, London 2004.

ZAMBELLI, PAOLA (ed.): *'Astrologi hallucinati'*. Stars and the End of the World in Luthers's Time, Berlin 1986.

ZANKER, PAUL: Die Maske des Sokrates, München 1995.

ZARNOW, CHRISTOPHER: Identität und Religion, Tübingen 2010.

ZHOU, YIQUN: Festivals, Feasts, and Gender Relations in Ancient China and Greece, Cambridge 2010.

ZIMA, PETER V.: Theorie des Subjekts, 4. Aufl., Göttingen 2017.

ZIRFAS, JÖRG: Identität in der Moderne. Eine Einleitung, in: JÖRISSEN/ ZIRFAS 2010, 9-17.

ZIVIE-COCHE, CHRISTIANE/DUNAND, FRANÇOISE: Die Religionen des Alten Ägypten, Stuttgart 2013.

ZUCKER, ARNAUD: Psychology and Physiognomics, in: GEORGIA L. IRBY (ed.): A Companion to Science, Technology, and Medicine in ancient Greece and Rome, Chichester 2016, 483-499.

Abb. I

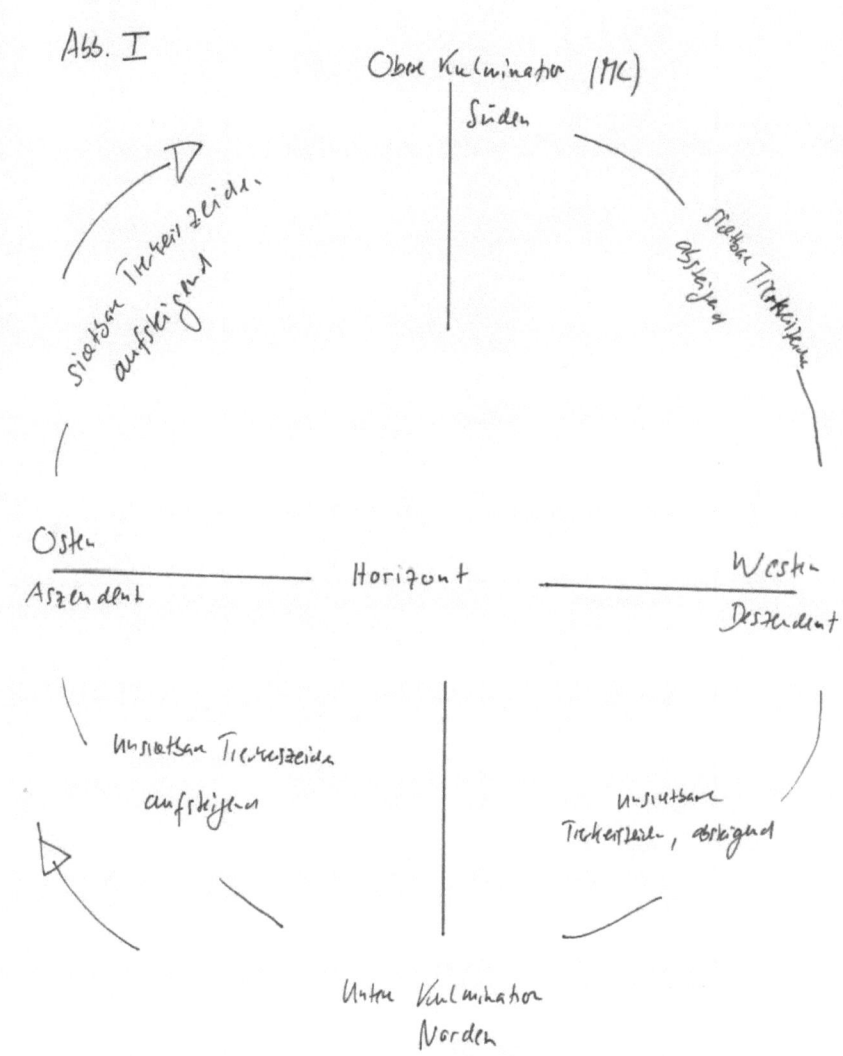

Obere Kulmination (MC)
Süden

sichtbare Tierkreiszeichen aufsteigend

sichtbare Tierkreiszeichen absteigend

Osten
Aszendent

Horizont

Westen
Deszendent

unsichtbare Tierkreiszeichen aufsteigend

unsichtbare Tierkreiszeichen, absteigend

Untere Kulmination
Norden

Abb. II

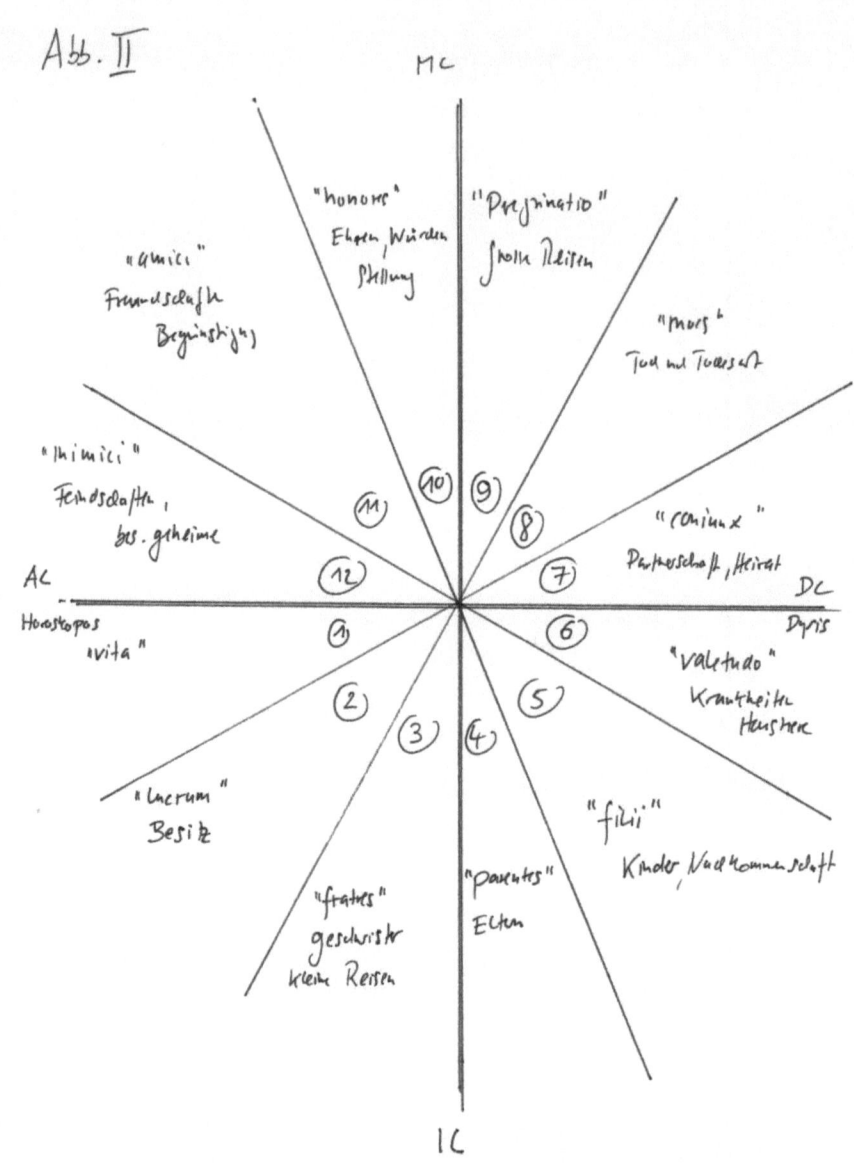

MC

"honores"
Ehren, Würden
Stellung

"Peregrinatio"
große Reisen

"amici"
Freundschaft
Begünstigung

"mors"
Tod und Todesart

"inimici"
Feindschaften,
bes. geheime

⑪ ⑩ ⑨
⑧

"coniunx"
Partnerschaft, Heirat

⑫ ⑦

AC ——————————————————— DC

Horoskopos
"vita"

① ⑥ Dyris

② ⑤

"valetudo"
Krankheiten
Haustiere

③ ④

"lucrum"
Besitz

"filii"
Kinder, Nachkommenschaft

"fratres"
geschwister
kleine Reisen

"parentes"
Eltern

IC

359

Abb. III

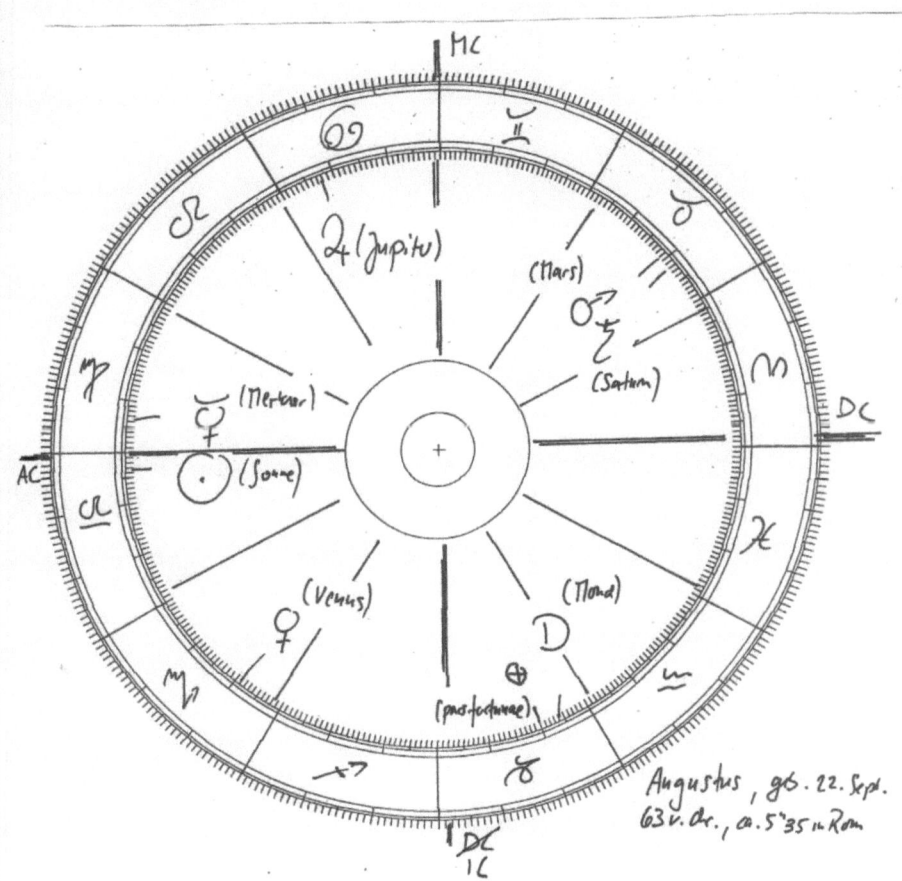

Augustus, geb. 22. Sep.
63 v. Chr., ca. 5²35 i. Rom

Abb. IV

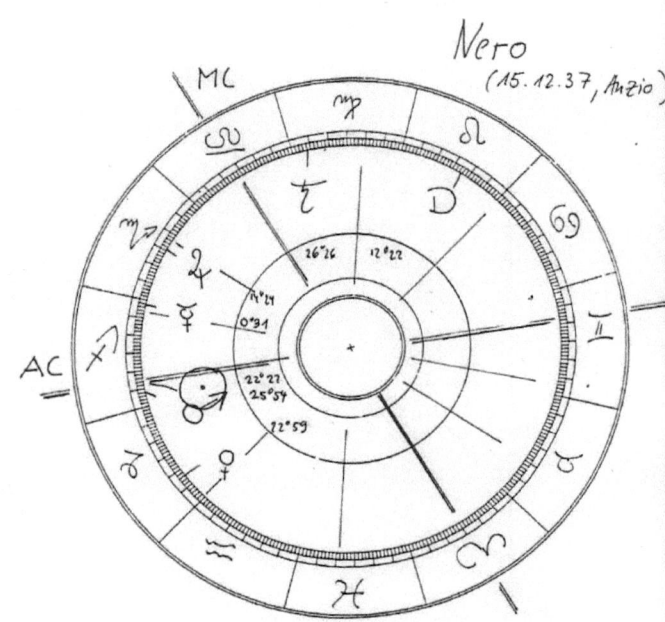

Nero
(15. 12. 37, Anzio)